让法律被信仰

法之治

现代经济法学

第二版

孙晋 主编

法律出版社
LAW PRESS·CHINA

主编简介

孙　晋

1971年生，安徽人，法学博士，1996年至今在武汉大学法学院工作。2005年11月破格晋升副教授，2007年9月至2008年8月援疆任新疆大学法学院副院长，2008～2009年伯克利加州大学法学院访问学者，2011年晋升教授，2012年遴选为博士研究生导师，2014～2015年入选国家“双千计划”挂职江苏省镇江市中级人民法院副院长，2019年2～3月在中共中央党校学习。现为武汉大学与国家发改委战略合作共建基地——武汉大学竞争法与竞争政策研究中心主任、武汉大学网络治理研究院执行院长，兼任中国商业法研究会副会长、中国法学会经济法学研究会常务理事。

主要研究竞争法、企业（公司）法、经济法基础理论、互联网与法律。主要著作有《竞争性国有企业改革路径法律研究》《反垄断法——制度与原理》《中国企业法制的演进与变革》《产融结合的金融监管和反垄断规制研究》《中国与世界：竞争法发展研究报告》；主编《现代经济法学》《商法学》《房地产法》《网络法》等教材。在《中国法学》、《人民日报》、*Canadian Social Science*、*Frontiers of Law in China*、《中国法学》（英文版）、《新华文摘》、《中国社会科学文摘》等报刊公开发表中英文论文150余篇。主持国家社科基金重点项目和一般项目、教育部规划基金项目和后期资助项目、最高人民法院重大司法研究课题、中国法学会部级课题、国家市场监管总局政策研究课题等50余项。

作者简介

李国海

男，1969年12月生，湖南永州人。武汉大学法学博士，中国社科院法学所博士后。现任中南大学法学院教授、博士研究生导师，经济法学科带头人，经济法研究所所长，中南大学企业法与国企改革研究中心主任，湖南省反垄断与反不正当竞争执法研究会副会长，《经济法论丛》编委会主任。

主要研究方向为经济法基础理论、竞争法、国有企业法等。出版专著《反垄断法实施机制研究》《英国竞争法研究》《反垄断法律责任专题研究》，主编法学著作及法学教材等10余部；在《法学评论》《法商研究》等期刊发表论文100余篇；主持国家社科基金项目等课题多项。

刘桂清

男，1968年生，湖北谷城人。武汉大学法学博士，华东政法大学博士后。现任中南财经政法大学法学院教授，中国法学会经济法学研究会理事、中国商业法研究会理事。

主要研究方向为经济法、竞争法、公司企业法。出版专著《反垄断法中的产业政策与竞争政策》《产业政策竞争导向转型的法律规制研究》《公司治理视角中的股东诉讼研究》；在《政法论坛》《法律科学》《法商研究》《现代法学》《法学评论》等期刊发表学术论文50余篇，其中多篇被《中国社会科学文摘》、中国人民大学书报资料中心《复印报刊资料》等转载；主持和参与教育部人文社科基金、国家社科基金等课题10余项。

管　斌

男，1972年生，湖北通山人。湖南大学法学博士，德国Bayreuth大学访问学者。现任华中科技大学法学院教授，金融法研究中心执行主任、经济法学硕士研究生导师组组长，中国法学会财税法学研究会理事、中国社会法学研究会理事、中国法学会经济法学研究会理事、中国法学会证券法学研究会理事等。

主要研究方向为经济法学和社会法学。出版《金融法的风险逻辑》《混沌与秩序：市场化政府经济行为的中国式构建》《经济法权研究》《金融法学专论》等著作；在《中国法学》《法商研究》《华中科技大学学报》等期刊发表学术论文、译文70余篇；主持教育部人文社会科学项目、中国法学会项目等课题多项。

焦海涛

男，1982年生，安徽无为人。北京大学法学博士。现为中国政法大学民商经济法学院教授。

主要研究主要方向为经济法基础理论和竞争法。出版《反垄断法实施中的承诺制度》《反垄断法上的社会政策目标》等专著；在《中国法学》《现代法学》《法学评论》等期刊发表学术论文50余篇；主持国家社科基金项目、司法部国家法治与法学理论项目等课题多项。

常 健

男，1976年生，河南济源人。中国人民大学法学院法学博士，中国政法大学法学博士后，美国哥伦比亚大学法学院Edwards访问学者。现任海南大学法学院教授、博士研究生导师，海南大学中国特色自由贸易港研究院常务副院长。

主要研究方向为经济法基础理论、企业公司法学、金融法学。出版《金融稳定视阈下中央银行法律制度研究》《公司章程论》等专著6部；在CSSCI来源期刊发表论文50余篇；主持国家社科基金项目、教育部人文社科基金等课题12项。

李胜利

男，1972年生，安徽颍上人。中南大学法学博士。现任安徽大学法学院副院长，教授、博士研究生导师，安徽大学经济法制研究中心副主任、研究员。

主要研究方向为市场规制法。出版《美国联邦反托拉斯法百年：历史经验与世界性影响》等学术著作多部；在《法商研究》《法学评论》《财贸经济》《法治日报》（理论版）等期刊报纸发表学术论文、译文60余篇；主持国家社科基金项目、教育部人文社会科学项目等课题多项。

序　言

教材在知识传播中扮演着极其重要的角色。初学者对某一门学科知识的了解基本是从教材开始的;外行者往往也是从教材入手一窥该门学科的面貌。正因如此,教材撰写必须慎重。教材安排是否得宜、结构是否合理、内容是否及时更新,直接影响人们对某一学科的认识正确与否。好的教材不仅能够传播知识,还可以通过对常识与共识的普及,让读者群对某一学科形成基本一致的看法,以致了解并最终认可该学科。正因如此,我们常看到,同一学科的不同教材在内容上往往差别不太明显。这是教材作为知识传播最普遍途径所应具备的最基本属性。如果某一学科内部的不同教材之间差别太大,甚至在基本问题上也有观点相异甚至冲突,则初学者定会无所适从,外行者也无法通过教材把握该学科的基本面貌。这种状况一旦出现,必然会阻碍该学科知识的普及,降低该学科在人们心中的认可度,最终有碍该学科的正常发展。

遗憾的是,经济法学教材在我国当前就遭遇到了这种尴尬局面。翻看市面上的各种经济法教材,一个直观印象是,人们对经济法的概念、体系、属性、法域归属等基本问题的看法尚不尽一致。因此,初次接触经济法的学生学习经济法总是十分吃力。经常出现的情况是,大多数学生在学完一学期经济法后,对其印象依然是"大杂烩",难以形成一个系统认识。好不容易有了一些粗略看法,当学生再去阅读其他经济法教材时,观点间的差异之冲击又会让学生怀疑其之前的看法。如此一来,学生翻看的教材越多,对经济法的认识就可能越混乱。

造成这种状况的主要原因可能是,经济法理论发蒙不久,制度建构尚未定型,法律实践差别较大,人们对经济法许多问题的认识尚处探索之中,远未达成共识,故而呈现在不同教材中,观点或理论间的差异就比较普遍。这是正常现象,因为任何一个学科,从创立到成熟,难免经过不断争鸣、不断探索和不断修正。但关键是,如果不同观点仅是解释问题的角度、深度或广度不同,则不论解释力的多少或高低,都能促进学科发展,推动理论进步;相反,如果人为追求观点间的差异,刻意进行所谓的学术创新,就可能失去学术创新的基本理性,结果可能会给该学科发展带来阻碍。在我国目前的经济法学界,有人就认为,各类理论观点间显得有些"过度竞争"了,结果带来了整体上的纷乱、散乱或混乱。①

学者间的观点不同,编写的教材就会呈现差异。在社会科学领域,这种状况比较普遍,但教材不同于专著,专著间应是“小同大异”,而不同教材则应“大同小异”。换言之,编写教材不是为“著书立说”,而是尽量凝聚共识以更好地普及专业常识。因此,评价教材的优劣应该有着不同于专著的衡量标准:教材的内容不应求深、求广、求异,而应求俗、求精、求同。具体言之,第一,教材不应过多展现编写者的个人学说,而应将该学科的基础知识呈现出来,即教材内容不应过深,而应通俗易懂;第二,教材内容无须涉及该学科的所有问题,而应专于基本问题,解决对该学科的基本认识问题;第三,教材本质上是一种普及读物,不过是将人们对某学科的共同性认识展现给读者,因而其内容应体现学界共识,不成熟的或分歧较大的问题、观点或理论,在教材中应尽量少涉及。总而言之,教材是一种普及专业知识的载体,通过教材的编写、发行、传阅,应能进一步凝聚共识,促进学科的发展与成熟。

以上是我们对教材编写的基本认识,正是带着这种认识,我们组织了一批近年来在我国经济法学界崭露头角,也是各自学校经济法教学科研骨干的中青年学者,编写了这本《现代经济法学》教材。这本教材的编写者有一些共同点:一是对当前经济法学教材乱象有着基本一致的看法,甚至都曾深受其害,因而希望这种状况能尽早改变;二是都属经济法学界的积极探索者和耕耘者,不爱慕虚名,也谈不上功成名就,因而也不会有非要创立一种学说的思想包袱;三是正因年龄相仿和情怀相当,谁也不享有“学术霸权”,也不会有“为尊者讳”的顾虑,故而能畅所欲言,言而由衷。基于这些共同点,我们自然有所期望——期望这不再是一部加深人们误解而是有助于普及经济法常识的教材。当然,我们也深知,期望是美好的,现实却可能是残酷的。期望通过一两部教材来消除长期存在的误解或统合各种观点间的分歧几乎不可能,但只要每一本教材都尝试放弃学术创新的念头,而在普及常识上多做一些努力,则慢慢地,人们自然会了解经济法的“庐山真面目”。基于此,我们提倡,每一位教材的编写者尤其是主编应当有一种促进专业知识普及的责任感。提出或深化一种理论的重任,请留给专著;教材该涵盖的,主要是专业知识。

理念指导行动。有了一致的理念,教材编写起来就顺理成章。我们的做法是,第一步,翻阅市面上各种主流经济法教材,采百家之长,求大同存小异,基于教材内容应体现“基础知识”“基本问题”“基本共识”的原则,并结合我们对经济法的理解,确定了教材目录与内容框架。第二步,确定分工,即各编写者根据自身专长领取撰写的章节,然后完成初稿。第三步是统稿。第三步耗费的时间最长,也是我们最重视的一步。尽管初期交流之后,各编写者将对经济法的共同性认识贯穿在了各自撰写的章节之中,但观点在总体或细节上的差异仍或多或少存在,因此,统稿最核心的任务是统合不同章节之间

① 参见张守文:《经济法研究的“合”与“同”》,载《政法论坛》2006年第3期。

的观点差异。这通过编写者之间的多次沟通,以及对书稿的不断修改得以完成。统稿的第二个任务,是将看似分散的各章节串联起来,主要是以“总论”中对经济法的基本认识来指导分论章节的撰写,确保分论的内容是对总论的一脉相承,总论分论之间能前后呼应。因为我们知道,总论与分论间的脱离,也是当前经济法教材普遍存在的一个问题,我们通过提炼经济法的基本原则如竞争中立和公平竞争原则,以统率和协调各个具体的经济法制度,希望在这方面也能有所弥补。在通常情况下,因术业有专攻,加之经济法内容比较庞杂,总论与分论让一个人来撰写难度较大,而在不同人撰写的情况下,保证总论与分论之间的前后呼应是必须遵守的底线。

总体上,经济法教材极为难写。难写的主要原因倒不是经济法内容过多,而是当前的经济法教材太多、观点不一。尽管我们带着较多期望来撰写这本教材,但作品一旦完成,就需要接受行家和读者的检验。编者学识有限,有时甚至力不从心,教材的不足、不妥甚或错漏在所难免,烦请各位方家、读者指正。

本教材第一版于2014年年初由武汉大学出版社出版,6年过去了,我国经济法学界和实务界的共识更多了,经济法理论和制度都有了长足进步,我们为此进行了再版修订,且为了扩大影响,特在法律出版社出版,希望收到更好的社会反响。

编 者

2020年6月

目　　录

第一编　经济法基础理论

第一章　经济法的产生和发展 …………………………………………………………（3）
第一节　经济法产生的社会根源 …………………………………………………（3）
一、生产社会化与市场失灵 ……………………………………………………（3）
二、国家调节机制对市场失灵的救济和补位 ……………………………………（6）
三、经济法的产生 ………………………………………………………………（8）
四、法律体系的演变 ……………………………………………………………（9）
第二节　不同类型经济法的沿革和发展 …………………………………………（12）
一、西方国家经济法的产生和发展 ……………………………………………（12）
二、社会主义国家（转型、转轨国家）经济法的产生与演进 ……………………（21）
［复习思考题］ ……………………………………………………………………（30）
第二章　经济法的概念和调整对象 ……………………………………………………（31）
第一节　经济法的概念 ……………………………………………………………（31）
一、经济法的定义和本质 ………………………………………………………（31）
二、国内外关于经济法概念诸说 ………………………………………………（34）
第二节　经济法的调整对象 ………………………………………………………（38）
一、经济法调整对象的特定性 …………………………………………………（38）
二、经济法调整对象的范围和分类 ……………………………………………（43）
三、关于经济法调整对象各种主要观点评介 ……………………………………（46）
［复习思考题］ ……………………………………………………………………（51）
第三章　经济法的价值与地位 …………………………………………………………（52）
第一节　经济法的价值 ……………………………………………………………（52）
一、实质正义 ……………………………………………………………………（52）
二、社会效益 ……………………………………………………………………（54）
三、经济自由与经济秩序的统一 ………………………………………………（56）
第二节　经济法的地位 ……………………………………………………………（58）
一、经济法的地位 ………………………………………………………………（58）
二、经济法与邻近法律部门的关系 ……………………………………………（59）
［复习思考题］ ……………………………………………………………………（65）

第四章 经济法的基本原则和调整方法 …………………………………… (66)
第一节 经济法的基本原则 …………………………………………… (66)
一、经济法基本原则的含义 …………………………………………… (66)
二、经济法基本原则的确立及其内容 ………………………………… (67)
第二节 经济法的调整方法 …………………………………………… (74)
一、法的调整方法概述 ………………………………………………… (74)
二、经济法调整方法的特点 …………………………………………… (75)
第三节 经济法责任制度 ……………………………………………… (76)
一、经济法责任的概念 ………………………………………………… (76)
二、经济法的责任形式与制裁方法 …………………………………… (77)
[复习思考题] ………………………………………………………… (79)
第五章 经济法的渊源和体系 ………………………………………… (80)
第一节 经济法的渊源 ………………………………………………… (80)
一、经济法渊源的宏观理解 …………………………………………… (80)
二、经济法渊源的微观理解 …………………………………………… (82)
第二节 经济法的体系与内容 ………………………………………… (84)
一、经济法体系划分的理论依据 ……………………………………… (85)
二、经济法的基本体系与内容 ………………………………………… (88)
[复习思考题] ………………………………………………………… (91)
第六章 经济法的制定与实施 ………………………………………… (92)
第一节 经济法的制定 ………………………………………………… (92)
一、经济法制定的特点 ………………………………………………… (93)
二、经济法制定的立法技术 …………………………………………… (95)
第二节 经济法的实施 ………………………………………………… (97)
一、基础性因素——经济法理念的树立 ……………………………… (98)
二、制度性因素——知法、守法、执法的落实 ……………………… (101)
[复习思考题] ………………………………………………………… (105)
第七章 经济法运行程序 ……………………………………………… (106)
第一节 经济法运行程序概述 ………………………………………… (106)
一、经济法程序的基本含义 …………………………………………… (106)
二、经济法程序的重要地位 …………………………………………… (107)
三、经济法程序的具体结构 …………………………………………… (112)
第二节 经济法的执法程序 …………………………………………… (113)
一、执法程序的基本含义 ……………………………………………… (113)
二、执法程序的主要类别 ……………………………………………… (114)

三、执法程序的结构优化 …………………………………………………… (115)
第三节 经济法的守法程序 …………………………………………………… (116)
一、守法程序的基本含义 …………………………………………………… (116)
二、守法程序的主要类别 …………………………………………………… (117)
三、守法程序的结构优化 …………………………………………………… (117)
第四节 经济法的诉讼程序 …………………………………………………… (118)
一、诉讼程序的基本含义 …………………………………………………… (118)
二、管理行为的诉讼救济 …………………………………………………… (119)
三、市场行为的诉讼救济 …………………………………………………… (120)
[复习思考题] …………………………………………………… (121)

第二编 市场规制法律制度

第八章 市场规制法概述 …………………………………………………… (125)
第一节 市场规制的概念及相关理论 …………………………………………………… (125)
一、市场规制的定义 …………………………………………………… (125)
二、市场规制的分类 …………………………………………………… (126)
三、市场规制的相关理论 …………………………………………………… (127)
第二节 市场规制法的概念与特点 …………………………………………………… (131)
一、市场规制法的概念和调整对象 …………………………………………………… (131)
二、市场规制法的特点 …………………………………………………… (132)
第三节 市场规制法的功能、手段与体系 …………………………………………………… (133)
一、市场规制法的功能 …………………………………………………… (133)
二、市场规制法的规制内容和手段 …………………………………………………… (134)
三、市场规制法的体系 …………………………………………………… (135)
[复习思考题] …………………………………………………… (137)
第九章 反垄断法 …………………………………………………… (138)
第一节 反垄断法概述 …………………………………………………… (138)
一、市场垄断与反垄断立法 …………………………………………………… (138)
二、反垄断法的特征 …………………………………………………… (141)
三、反垄断法的法律地位 …………………………………………………… (143)
第二节 垄断协议规制制度 …………………………………………………… (145)
一、垄断协议的概念 …………………………………………………… (145)
二、垄断协议的特征 …………………………………………………… (145)
三、垄断协议的分类和表现 …………………………………………………… (146)

四、垄断协议的规制原则 …………………………………………………… (147)
五、我国对垄断协议的反垄断法规制 ………………………………………… (148)
六、我国规制垄断协议的最新立法进展 ……………………………………… (152)
第三节 滥用市场支配地位规制制度 ………………………………………… (154)
一、市场支配地位的含义 ……………………………………………………… (154)
二、市场支配地位的表现形式 ………………………………………………… (155)
三、市场支配地位的界定 ……………………………………………………… (156)
四、市场支配地位的滥用 ……………………………………………………… (157)
五、我国对滥用市场支配地位行为的法律规制 ……………………………… (163)
六、我国规制市场支配地位滥用的最新立法进展 …………………………… (165)
第四节 经营者集中控制制度 ………………………………………………… (166)
一、经营者集中的反垄断法界定 ……………………………………………… (166)
二、经营者集中的分类及其意义 ……………………………………………… (167)
三、经营者集中控制实体标准 ………………………………………………… (169)
四、经营者集中控制程序制度 ………………………………………………… (170)
第五节 行政性垄断规制制度 ………………………………………………… (174)
一、行政性垄断概述 …………………………………………………………… (174)
二、我国《反垄断法》对行政性垄断的规制 …………………………………… (175)
三、我国《反垄断法》规制行政性垄断的规定有待完善 ……………………… (179)
第六节 反垄断法的实施 ……………………………………………………… (183)
一、反垄断法实施概述 ………………………………………………………… (183)
二、反垄断法行政执行制度 …………………………………………………… (184)
三、我国反垄断法行政执法与司法的协调 …………………………………… (189)
四、反垄断法的适用除外与域外适用 ………………………………………… (190)
五、反垄断法法律责任制度 …………………………………………………… (195)
第十章 反不正当竞争法律制度 ……………………………………………… (198)
第一节 反不正当竞争法概述 ………………………………………………… (198)
一、不正当竞争行为概述 ……………………………………………………… (198)
二、反不正当竞争法概述 ……………………………………………………… (200)
三、反不正当竞争法与相邻法律的关系 ……………………………………… (207)
第二节 不正当竞争行为的认定与规制 ……………………………………… (209)
一、混淆行为 …………………………………………………………………… (210)
二、商业贿赂行为 ……………………………………………………………… (214)
三、虚假宣传行为 ……………………………………………………………… (218)
四、侵犯商业秘密行为 ………………………………………………………… (224)

五、不正当有奖销售行为 …………………………………… (230)
六、诋毁他人商誉 …………………………………… (232)
七、网络不正当竞争 …………………………………… (237)
第三节 《反不正当竞争法》的实施 …………………………………… (244)
一、我国行政执法主体及权限 …………………………………… (244)
二、不正当竞争行为的法律责任 …………………………………… (245)
[复习思考题] …………………………………… (247)
[法律职业资格考试真题] …………………………………… (247)
第十一章 消费者权益保护法律制度 …………………………………… (250)
第一节 消费者权益保护法概述 …………………………………… (250)
一、消费者问题与消费者运动 …………………………………… (250)
二、消费者保护立法 …………………………………… (252)
三、消费者的概念 …………………………………… (253)
四、国家对消费者的特殊保护 …………………………………… (256)
第二节 消费者的权利与经营者的义务 …………………………………… (257)
一、我国消费者的权利 …………………………………… (258)
二、经营者的义务 …………………………………… (262)
第三节 消费者权益争议的解决 …………………………………… (265)
一、消费者权益争议的解决途径 …………………………………… (265)
二、损害赔偿责任主体 …………………………………… (266)
三、法律责任 …………………………………… (267)
[复习思考题] …………………………………… (268)
[法律职业资格考试真题] …………………………………… (268)
第十二章 产品质量法 …………………………………… (271)
第一节 产品质量法概述 …………………………………… (271)
一、产品 …………………………………… (271)
二、产品质量 …………………………………… (272)
三、产品质量法 …………………………………… (273)
第二节 产品质量监督制度 …………………………………… (273)
一、产品质量标准(化)制度 …………………………………… (274)
二、产品质量检验制度 …………………………………… (274)
三、企业质量体系认证制度 …………………………………… (275)
四、产品质量认证制度 …………………………………… (275)
五、产品质量监督检查制度 …………………………………… (276)
六、产品质量社会监督制度 …………………………………… (276)

第三节 产品质量义务制度 ………………………………………………… (276)
一、生产者的产品质量义务 ……………………………………………… (277)
二、销售者的产品质量义务 ……………………………………………… (277)
第四节 产品质量责任制度 ………………………………………………… (278)
一、产品质量责任概说 …………………………………………………… (278)
二、产品质量民事责任 …………………………………………………… (278)
三、产品质量行政责任 …………………………………………………… (282)
四、产品质量刑事责任 …………………………………………………… (283)
第五节 食品安全法律制度 ………………………………………………… (284)
一、食品安全法概述 ……………………………………………………… (284)
二、从政府规制到社会共治 ……………………………………………… (285)
三、食品安全风险监测和评估制度 ……………………………………… (286)
四、食品安全标准法律制度 ……………………………………………… (288)
五、食品生产经营制度 …………………………………………………… (289)
六、食品检验法律制度 …………………………………………………… (293)
七、食品进出口法律制度 ………………………………………………… (294)
八、食品安全事故处置制度 ……………………………………………… (295)
九、食品安全监督管理制度 ……………………………………………… (297)
十、法律责任制度 ………………………………………………………… (299)
[复习思考题] ……………………………………………………………… (302)
[法律职业资格考试真题] ………………………………………………… (302)
第十三章 反倾销法、反补贴法和保障措施法 …………………………… (303)
第一节 反倾销法 …………………………………………………………… (304)
一、反倾销立法概况 ……………………………………………………… (304)
二、倾销和损害的确定 …………………………………………………… (305)
三、反倾销调查程序 ……………………………………………………… (307)
四、反倾销措施 …………………………………………………………… (309)
五、反倾销税和价格承诺的期限与复审 ………………………………… (310)
第二节 反补贴法 …………………………………………………………… (312)
一、反补贴立法概况 ……………………………………………………… (312)
二、补贴与损害的确定 …………………………………………………… (313)
三、反补贴调查程序 ……………………………………………………… (316)
四、反补贴措施 …………………………………………………………… (318)
五、反补贴税和承诺的期限与复审 ……………………………………… (319)
第三节 保障措施法 ………………………………………………………… (321)

一、保障措施立法概况 …… (321)
二、采取保障措施的实体条件 …… (321)
三、保障措施调查程序 …… (322)
四、保障措施 …… (323)
五、保障措施的期限与复审 …… (324)
[复习思考题] …… (325)
[法律职业资格考试真题] …… (325)

第三编 国家投资经营法律制度

第十四章 国家投资经营法概论 …… (331)
第一节 国家投资经营法的概念与立法体系 …… (331)
一、国家投资经营法的概念 …… (331)
二、国家投资经营法的立法体系 …… (331)
第二节 国家投资经营法的性质和地位 …… (333)
一、国家投资经营法的部门法属性 …… (333)
二、国家投资经营法在经济法中的地位 …… (334)
[复习思考题] …… (336)
第十五章 国家投资法 …… (337)
第一节 国家投资法概述 …… (337)
一、国家投资和国家投资法的界定 …… (337)
二、国家投资的基本原则和国家投资管理体制 …… (338)
第二节 政府投资法律制度 …… (339)
一、政府投资的范围与决策 …… (339)
二、政府投资的资金管理与项目实施管理 …… (341)
第三节 国有企业投资法律制度 …… (342)
一、国有企业投资的含义及基本原则 …… (342)
二、国有企业的投资自主权 …… (343)
三、国有企业投资的监督管理 …… (344)
[复习思考题] …… (347)
第十六章 国有企业法 …… (348)
第一节 国有企业概述 …… (348)
一、国有企业的定义和特征 …… (348)
二、国有企业的分类 …… (349)
第二节 国有企业法概述 …… (351)

一、国有企业法的概念、性质和特征 …… (351)
二、国有企业法的渊源 …… (353)
第三节 国有企业的设立和经营制度 …… (354)
一、国有企业的设立、变更和终止 …… (354)
二、国有企业的经营方式 …… (355)
第四节 国有企业的治理制度 …… (357)
一、国有企业的出资人 …… (357)
二、国有企业的经营者 …… (358)
三、国有企业的监事会 …… (359)
四、国有企业的职工和职工代表大会 …… (359)
五、国有企业的党组织 …… (360)
第五节 国有企业改革 …… (361)
一、国有企业改革的探索历程 …… (361)
二、国有企业的公司制改造 …… (363)
三、国有股减持和股权分置改革 …… (364)
[复习思考题] …… (368)
第十七章 国有资产法 …… (369)
第一节 国有资产及国有资产法概述 …… (369)
一、国有资产的定义、分类及形成途径 …… (369)
二、国有资产法的概念和性质 …… (371)
三、我国国有资产法的立法构成 …… (371)
第二节 企业国有资产法 …… (373)
一、企业国有资产的含义及其权利主体 …… (373)
二、企业国有资产的管理 …… (374)
三、国家出资企业出资人权利的行使 …… (377)
第三节 行政事业性国有资产法律制度 …… (382)
一、行政事业性国有资产的范围与配置 …… (382)
二、行政事业性国有资产的使用与处置 …… (382)
三、行政事业性国有资产的管理 …… (383)
第四节 国有资产法律责任制度 …… (384)
一、与企业国有资产有关的法律责任 …… (384)
二、行政事业性国有资产法律责任制度 …… (386)
[复习思考题] …… (387)

第四编 宏观经济引导与促进法律制度

第十八章 宏观经济引导与促进法概述 ……………………………… (391)
第一节 宏观经济引导与促进法的概念与体系 …………………… (391)
一、宏观经济引导与促进法的概念 ……………………………… (391)
二、宏观经济引导与促进法的体系 ……………………………… (392)
第二节 宏观经济引导与促进法的规范与实施 …………………… (393)
一、宏观经济引导与促进法的规范性质 ………………………… (393)
二、宏观经济引导与促进法的规范方式 ………………………… (394)
三、宏观经济引导与促进法的实施方式 ………………………… (396)
[复习思考题] ……………………………………………………… (396)
第十九章 计划法及产业政策法 ……………………………………… (397)
第一节 计划法概述 ………………………………………………… (397)
一、计划和计划法的概念 ………………………………………… (397)
二、计划法的体系 ………………………………………………… (399)
三、计划法律关系 ………………………………………………… (401)
四、计划法的原则 ………………………………………………… (405)
五、计划法的地位 ………………………………………………… (408)
第二节 计划法基本制度 …………………………………………… (409)
一、计划法实体制度 ……………………………………………… (409)
二、计划法程序制度 ……………………………………………… (410)
三、计划的法律救济和法律责任 ………………………………… (411)
第三节 产业政策法概述 …………………………………………… (414)
一、产业政策法概念及其特点 …………………………………… (414)
二、产业政策法立法模式 ………………………………………… (415)
三、产业政策法体系的基本构成 ………………………………… (415)
四、产业政策法的保障措施 ……………………………………… (416)
五、我国的产业政策与产业政策法 ……………………………… (416)
第四节 产业结构政策法 …………………………………………… (418)
一、产业扶持政策法 ……………………………………………… (419)
二、产业调整政策法 ……………………………………………… (420)
三、产业技术政策法 ……………………………………………… (420)
第五节 产业组织政策法 …………………………………………… (422)
一、反垄断政策法 ………………………………………………… (422)

二、中小企业政策法 …………………………………………………… (423)
三、企业兼并与联合法 …………………………………………………… (423)
四、直接管制政策法 …………………………………………………… (424)
[复习思考题] …………………………………………………… (427)
第二十章 财政法 …………………………………………………… (428)
第一节 财政与财政法概述 …………………………………………………… (428)
一、财政的概念、类型和职能 …………………………………………………… (428)
二、财政法的概念和特征 …………………………………………………… (430)
三、财政法的体系 …………………………………………………… (431)
四、财政法的基本原则 …………………………………………………… (431)
第二节 财政管理体制法 …………………………………………………… (433)
一、财政管理体制的概念和依据 …………………………………………………… (433)
二、财政管理体制的类型和内容 …………………………………………………… (434)
三、我国现行财政管理体制的主要内容 …………………………………………………… (434)
第三节 财政预算法 …………………………………………………… (437)
一、预算的概念、内容和体系 …………………………………………………… (437)
二、国库集中支付制度 …………………………………………………… (438)
三、预算的国际实践 …………………………………………………… (439)
四、预算职权的划分 …………………………………………………… (441)
五、预算制定和实施的主要程序 …………………………………………………… (442)
第四节 财政收入法 …………………………………………………… (445)
一、国债法律制度 …………………………………………………… (445)
二、彩票法律制度 …………………………………………………… (450)
第五节 财政支出法 …………………………………………………… (452)
一、政府采购制度 …………………………………………………… (452)
二、财政转移支付制度 …………………………………………………… (459)
[复习思考题] …………………………………………………… (463)
[法律职业资格考试真题] …………………………………………………… (463)
第二十一章 税法 …………………………………………………… (464)
第一节 税收与税法概述 …………………………………………………… (464)
一、税收的概念和特征 …………………………………………………… (464)
二、税收的分类 …………………………………………………… (466)
三、税法的概念和体系 …………………………………………………… (467)
四、税法的构成要素 …………………………………………………… (467)
五、税法的基本原则 …………………………………………………… (469)

第二节　税收征纳实体法 …………………………………………………… (471)
一、税收征纳实体法概述 …………………………………………………… (471)
二、商品税法律制度 …………………………………………………… (471)
三、所得税法律制度 …………………………………………………… (476)
四、财产税法律制度 …………………………………………………… (482)
第三节　税收征纳程序法 …………………………………………………… (492)
一、税收征纳程序法概述 …………………………………………………… (492)
二、税收管理程序制度 …………………………………………………… (493)
三、税收确定程序制度 …………………………………………………… (494)
四、税收征收程序制度 …………………………………………………… (495)
五、税收执行程序制度 …………………………………………………… (495)
六、税务检查制度 …………………………………………………… (499)
七、税收处罚程序制度 …………………………………………………… (500)
八、税务救济程序制度 …………………………………………………… (501)
[复习思考题] …………………………………………………… (501)
[法律职业资格考试真题] …………………………………………………… (501)
第二十二章　中央银行法和金融监管法 …………………………………………………… (503)
第一节　中央银行法概述 …………………………………………………… (503)
一、中央银行的概念与历史发展 …………………………………………………… (503)
二、中央银行的性质、职能与组织机构 …………………………………………………… (507)
三、中央银行法的性质与地位 …………………………………………………… (509)
第二节　中央银行的法律职能 …………………………………………………… (510)
、货币政策及货币政策工具 …………………………………………………… (510)
二、中央银行的金融服务 …………………………………………………… (515)
三、中央银行的金融监管 …………………………………………………… (517)
第三节　金融监管法概述 …………………………………………………… (521)
一、金融监管概述 …………………………………………………… (521)
二、金融监管体制 …………………………………………………… (523)
三、金融监管法概述 …………………………………………………… (525)
第四节　我国金融监管的法律规则 …………………………………………………… (526)
一、银行业监督管理法律制度 …………………………………………………… (526)
二、保险业监督管理法律制度 …………………………………………………… (529)
三、证券业监督管理法律制度 …………………………………………………… (531)
[复习思考题] …………………………………………………… (533)
[法律职业资格考试真题] …………………………………………………… (534)

第二十三章 价格法 …………………………………………………………… (536)
第一节 价格法概述 …………………………………………………………… (536)
一、价格与价格体系 …………………………………………………………… (536)
二、价格法的概念 …………………………………………………………… (537)
三、价格法的作用 …………………………………………………………… (538)
第二节 经营者价格行为 …………………………………………………… (539)
一、经营者定价 …………………………………………………………… (539)
二、经营者的价格权利与义务 ……………………………………………… (541)
第三节 政府的定价行为 …………………………………………………… (545)
一、政府定价 …………………………………………………………… (545)
二、政府指导价 …………………………………………………………… (547)
三、价格听证制度 …………………………………………………………… (548)
第四节 价格总水平调控 …………………………………………………… (550)
一、价格总水平的含义 ……………………………………………………… (550)
二、价格总水平调控的具体措施 …………………………………………… (550)
第五节 价格监督检查与违法责任 ………………………………………… (552)
一、价格监督检查 …………………………………………………………… (552)
二、违反价格法的责任 ……………………………………………………… (554)
[复习思考题] …………………………………………………………… (557)
第二十四章 房地产宏观调控法 ………………………………………… (558)
第一节 房地产宏观调控概述 ……………………………………………… (558)
一、房地产宏观调控法的含义 ……………………………………………… (558)
二、房地产宏观调控手段 …………………………………………………… (558)
三、房地产宏观调控的原则和作用 ………………………………………… (560)
四、我国房地产宏观调控政策回顾 ………………………………………… (561)
五、我国房地产市场泡沫及原因 …………………………………………… (563)
六、我国房地产宏观调控存在的主要问题 ………………………………… (565)
七、完善我国房地产宏观调控法律制度建议 ……………………………… (567)
第二节 房地产金融法律制度 ……………………………………………… (570)
一、房地产金融概述 ………………………………………………………… (570)
二、房地产信贷制度 ………………………………………………………… (571)
三、住房公积金制度 ………………………………………………………… (574)
四、房地产资产证券化制度 ………………………………………………… (576)
五、我国住房金融制度存在的问题与完善措施 …………………………… (580)
第三节 房地产税收法律制度 ……………………………………………… (582)

一、房地产税收概述 …………………………………………… (582)
二、我国房地产税收的种类 ……………………………………… (583)
[复习思考题] …………………………………………………… (587)

第二版后记 …………………………………………………… (589)

第一编　经济法基础理论

第一章　经济法的产生和发展

【重点内容提示】

经济法产生的社会根源是,生产社会化导致市场失灵,需要确立国家调节机制以对市场失灵救济和补位,国家管理经济职能因此日趋发达。经济法的产生引起法律体系的演变。资本主义国家经济法和转型(转轨)国家经济法这两大经济法体系有着不同的成长轨迹,然而各国经济法并非互相孤立,它们都遵循着经济法的普遍规律和一般原理,互相关联、相互影响,呈现出同向发展的态势。

第一节　经济法产生的社会根源

一、生产社会化与市场失灵

人类社会的经济形态经历了漫长的自然经济阶段。中世纪末期,欧洲国家的资本主义商品经济逐步发展并上升至社会经济的主导地位,近代以来商品经济社会最终建立。在自然经济阶段,人们的生产主要是为自己消费,自给自足。当时也时常发生一些产品和劳务的交换活动,并且交换的尺度很早就开始按照价值量进行。也就是说,小商品生产或简单商品经济早已存在,但不够发达。作为社会经济的主导方面,资本主义商品经济的生产目的是通过交换以获取利润。因此,商品交换繁荣起来。

商品交换形成市场并依赖市场,市场是商品交换关系的总和,市场随着商品交换的产生、发展而产生、发展。在自然经济社会,商品交换关系简单,市场不发达;进入资本主义商品经济社会之后,商品交换日益发达,市场相应地迅速发达起来。在商品经济社会,市场成为人们各种经济活动的枢纽环节,连接着从生产到消费的社会再生产全过程。用以交换的商品种类不断增多,不仅原已存在的消费品和生产资料等传统商品市场更加繁荣,还陆续出现了资本市场、劳动力市场、技术市场、信息市场等各种生产要素市场。并且,各类市场互相关联、有机结合。从地域来说,在一国范围内,商品交换打破了各地隔离封闭的状态,各地方市场互相沟通交流,逐渐形成全国统一市场。各地方、各行业的生产经营者和消费者,可以自由出入统一市场,进行商品交换,并开展自由竞争。这就是市场所具有的统一性和开放性。

在统一和开放的市场中,广大生产经营者自由和充分竞争,使价值规律充分发挥作用,不仅能从微观上调节各生产经营者间的利益关系,而且能够在社会经济的宏观和总体上调节资源的配置和资本的流向,调节社会经济的结构和运行。价值规律的这种调节作用,是通过市场实现的,因此又称为市场调节。市场调节是社会经济本身具有的内在机制。市场调节这只"无形之手"在悄悄地发挥作用,统一市场内的资源得以优化配置,社会经济得以维持大致协调的各种结构比例关系,从总体上维持比较稳定的运行。资本主义社会初期,国家一般不介入经济生活,国家调节经济职能不发达,社会经济的稳定运行基本上单靠市场这一种调节机制即可有效地进行调节。

由于市场在商品经济社会中的极端重要性,以及市场机制对社会经济的充分调节功能,人们把此时的社会经济又称为市场经济。所谓市场经济,其实就是上升为社会经济主导地位的发达的商品经济,即商品经济社会的商品经济。商品经济相对于自然经济和产品经济来说,主要是从生产目的是否为了交换以及交换是否按照价值尺度进行这一角度划分的。市场经济相对计划经济来说,主要是从社会经济驱动和调节的机制模式即经济体制角度划分的。市场经济最基本的特征是以市场调节为基础性调节机制。特别是在市场经济刚刚建立及其发展的第一阶段,市场调节几乎是唯一的调节机制,此即调节机制的一元化。在市场经济初级发展阶段,市场调节的作用是充分有效的。

然而,市场调节机制也有其局限性,此即市场缺陷。市场缺陷可以从多方面来分析和归纳,从造成市场失灵的原因来分析,市场缺陷主要可以归纳为下列三种:一是市场障碍,即在自由竞争的市场上总会存在一些阻碍市场机制发挥作用的因素,使在有些经济领域,市场机制不能进入施展其作用;二是由于市场机制具有唯利性和趋利性,因而它是一种非理性的调节,有些经济领域尤其公共领域民间投资不愿进入,市场机制也不能发挥调节作用;三是市场调节具有被动性和滞后性,它是一种事后调节,往往在造成资源严重浪费和经济社会动荡衰退之后才缓慢恢复正常。①

市场调节的上述三个缺陷在后来工业革命和社会化大生产的冲击下日益发展和放大,并引发了严重后果,并最终引起市场调节机制的变化。

首先,由于生产社会化,经营者通过资本积累和集中使企业规模不断扩大,少数大企业具有雄厚经济实力并取得支配地位。其中,部分优胜者在与实力相差悬殊的交易相对方进行交易时,不再愿意受主体平等、意思自治等交易规则的制约,试图利用自身的经济优势左右交易的关键条件,强制交易相对方服从既定条件,一次获取远高于平均利润以上的利润,挤压竞争者或交易相对方的利润空间,不断提高自身的市场支配地

---

① 国内外经济学界、法学界关于市场缺陷有多种分析表述,常见的有诸如垄断、外部性、公共产品、信息不对称等。我国著名经济法学家漆多俊教授认为,这些提法所指的内容都可以分别归并到"市场三缺陷"之中。"三缺陷"的归纳是从造成市场失灵的原因和为什么市场需要国家调节这一角度来进行的,具有逻辑自洽性和周延性;特别是它符合100多年来各国市场和社会经济的实际情况。参见漆多俊、冯果主编:《经济法学》(第3版),武汉大学出版社2011年版,第29～32页。

位。我们还常常看到,虽然有一些经营者并不一定具备较高的市场支配地位,但他们通过共谋、协议或者其他协调一致的方式,或通过股份、业务和人事控制的办法,或干脆合并集中,直接或间接地提高他们对其他经营者的影响力和对消费者的控制力。其目的和结果都是为了获取远超过市场平均利润率以上的利润。[①] 这是市场机制第一个固有缺陷的显露和其所造成的严重后果。

其次,产业革命以后,科技和生产力迅速发展,经济部门、行业和产品不断新旧更替。许多行业所需投资规模大、周期长,有些需要进行较长时间的前期研究开发,短期内无盈利,甚至有失败和赔本的风险,私人投资者望而却步。而如果不作投资或投资不足,则那些未来很有发展前景并影响其他行业甚至整个经济发展的行业就不能及时成长,对经济的全局和未来发展不利。随着经济发展和社会进步,要求公共设施和公用、公益事业投资不断扩大,私人投资对这些领域也往往不愿涉足。私人投资者对眼前经济利益的追逐,往往很少顾及社会经济的可持续发展和其他社会效益,使自然资源和人类共同生活的自然环境遭到破坏,而且不愿为保护环境资源和治理污染进行投资,发生“公地悲剧”。这说明市场机制的唯利性如今也日益暴露出其缺陷和严重后果,有许多公共领域和幼稚产业无法指望其进行调节,这是市场机制第二个缺陷的暴露。

最后,产业革命引发生产高度社会化和垄断企业形成后,市场的第三个缺陷即市场调节的被动性和滞后性的后果也十分严重了。经营者的市场信息不足和滞后,首先直接影响经营者个体经济效益和利益。过去由于规模不大,一些经营者亏损和破产无关社会经济全局和整体。如今企业规模扩大,垄断企业形成,它们对于超额垄断利润追逐的心理,往往使之忽视市场需求而不断扩大投资,以致造成生产过剩和产品大量积压。其后果不仅造成这些企业的亏损和破产,而且由于这些大企业的亏损和破产又直接影响市场的供求关系,引起其他企业和经济部门的连锁反应,甚至引发经济危机和社会动荡。生产过剩还造成资源的极大浪费,影响社会经济的持续发展。此外,在某些行业投资膨胀的同时,另一些行业往往投资不足,因而常常发生结构性危机。由于上述原因,19 世纪自英国开始,在各资本主义国家爆发了一次又一次的周期性经济危机。19 世纪末以后经济危机进一步加剧,每次危机发生后,虽然由于市场机制的作用,经济又会慢慢复苏和再次繁荣,但新一轮危机又开始酝酿。这给经济造成了巨大伤害,使社会动荡不安。

综上所述,曾被人们视为万能的市场调节再不能像从前那样充分和有效地发挥作用了,人们发现市场失灵了。市场缺陷及其引起的市场失灵在造成经济危机严重后果的同时,也引发了一系列其他社会问题,包括失业率上升、收入分配不公、贫富差距拉大、社会矛盾加剧和各种群体性运动频繁等,这些问题导致社会动荡和影响政局稳定。这迫使人们思考对策,寻求其他补救措施。有什么办法和力量能够弥补市场的各种缺

---

① 参见张守文主编:《经济法学》,北京大学出版社 2007 年版,第 272 页。

陷呢？人们想到了在社会上最具权威、最有力量的国家机器:只有国家堪当重任。但此前扮演“守夜人”的国家是不怎么干预经济的,自由资本主义时期奉行自由放任经济原则;如今为了国家和社会总体利益,国家不能不介入社会经济,实行一定的国家调节。

二、国家调节机制对市场失灵的救济和补位

19 世纪末 20 世纪初,资产阶级及其国家统治者、思想家们,日益严重和尖锐的经济和社会问题迫使他们必须立即拿出对策。具体应对方案虽然各有差异,但其中一个基本思想由朦胧到越来越清晰,当时各种现实问题都集中地表明,不能再固守过去(自由资本主义阶段)那种自由放任的传统观念和制度,必须借助国家力量自觉和主动地对经济、社会进行干预和调节。

国家介入经济是为了对社会经济进行某种调节,以维护和促进社会经济结构和运行的协调、稳定和发展,这就是国家调节。国家介入社会经济,应怎样着手进行调节呢?由于国家调节乃是针对市场缺陷引起的市场失灵而采取的救济措施,市场缺陷包括市场障碍、市场唯利性及市场调节的被动性和滞后性三个方面,所以国家调节的基本方式和做法便主要是如下三种。

首先,由于市场上存在种种限制竞争、不正当竞争和其他不公平交易行为,使市场机制不能发挥作用,妨碍经济结构和运行,并引起其他社会问题,国家介入经济进行调节,就必须对市场进行干预,以国家强制力反对垄断和限制竞争,反对不正当竞争和其他不公平交易,以排除市场障碍,让市场机制恢复其应有调节职能。它主要包括反垄断和限制竞争、反不正当竞争、规制其他不公平交易行为等。为此,国家需要明确哪些行为和情况是应当加以反对的,怎样防止和处置——通过怎样的方式和程序,适用哪些措施等。

其次,由于市场机制的唯利性,有些经济领域,民间投资不愿进入,市场机制也发挥不了调节作用。针对这种情况,国家介入经济以后,便只能以国家拥有和可支配的资源参与直接投资经营,以促进那些对于国计民生和国民经济总体利益与长远发展关系重大,而民间投资不愿进入的行业、产品或地区的经济发展,借此以调节社会经济的结构和运行。由于,国家投资经营主要是对市场失灵的补救,因此它应尊重市场调节的基础性地位:一方面,国家在进行国家投资时应尽量考虑市场因素,尽可能引入市场机制的作用;另一方面,国家应该根据情况变化适时调整国家投资的规模、方向和重点。国家投资规模过大,或结构不合理,或某些行业、产品可以不必再由国家控制时,国家应及时缩减投资,或调整投资结构,或将某些行业交由民间经营。进入与退出是国家参与投资经营这一调节方式相辅相成的两个方面,该二者需要有机结合加以运用。

最后,由于市场调节作用的被动性和滞后性,它不能预见和防止经济结构失衡、经济运行波动和经济危机的发生,不能避免周期性出现经济危机和社会严重后果。针对这一情况,国家调节的任务是需要随时调查了解社会及各部门、各行业、各地区的经济和市场情况,掌握各种经济数据和信息,作出科学分析和预测;或进而制订一定时期的

经济和社会发展规划或计划,制定和实施各种经济政策,运用税率、汇率、利率等经济杠杆和其他政策工具,引导或约束社会投资和其他经济活动;国家还可以给企业和其他经营者提供必要的基础设施和条件以及其他各种服务和帮助。因此,这种国家调节称为国家宏观调控。

以上三种调节方式,国家往往将其结合起来综合运用。例如,国家在对市场竞争进行规制的同时,可以允许实行某些必要的国家垄断,实行国家投资经营;在实行国家投资经营时,要注意避免国家垄断的滥用,防止对正常竞争的不必要限制,以尽量发挥市场机制的作用。在对社会经济实行引导调控过程中,也要考虑对市场秩序的规制问题以及国家投资问题;在国家制定计划(规划)时往往把市场规制和国家投资二者也纳入加以统筹规划,并运用相关经济政策和调节工具对其加以引导和控制。国家投资经营这种调节方式是基于市场机制的唯利性这一缺陷才使用的,当某些领域民间投资不愿进入时,国家可以首先考虑运用引导和政策鼓励方式,如果仍然不行,才决定实行国家直接投资。可见,国家投资经营与引导调控的调节方式也是需要结合运用的。以上国家调节的三种基本方式及其综合运用,构成国家调节机制(调节活动)的全部内容。

上述对国家调节三种基本方式的论述不仅是一种理性分析,更主要是对一个世纪以来各国的国家经济活动实践的考察和归纳,它确实是基本符合历史和现实情况的。综观19世纪末以来的情况,现代各国的国家调节机制正是这样应运而生的,国家调节经济的做法,也正是大致运用了这样的三种基本方式,只是各国国家调节方式发达和完备的程度和时间先后有所不同而已。

国家调节的出现及其与市场调节的并存,这是社会经济调节机制的二元化。调节机制二元化,标志着市场经济自形成以来进入了第二个发展阶段。第一个阶段在调节机制上的特征是市场调节为唯一调节机制,即一元化;调节机制二元化是市场经济第二个发展阶段的显著特征。市场经济发展的第一阶段,人们又称为自由市场经济阶段;第二阶段,人们多称为现代市场经济,其实最好称为"社会市场经济",①因为自19世纪末以来,市场和整个经济生活都社会化了,而"现代"一词并不确切,因为自20世纪特别是80年代以来,"当代"的市场又在发生着新的重大变化,新的调节机制又正在形成和发达,调剂机制体系正在三元化(出现了国际调节)。② 这标志着如今的市场经济正在步入另一个新的发展阶段即国际性市场经济阶段。

---

① 自由市场经济阶段,即相当于列宁所谓的自由资本主义阶段;而本书所谓社会市场经济,即相当于列宁定义的垄断资本主义阶段。两类划分标准稍有不同:列宁的划分重在市场竞争状况,本书则主要是从经济体制(调节机制模式)的角度划分的。

② 参见漆多俊:《市场、调节机制与法律的同步演变——世纪之交的回顾与展望》,载漆多俊主编:《经济法论丛》(第1卷),中国方正出版社1999年版;漆多俊:《市场国际化、国际调节及相关法律问题》,载漆多俊主编:《经济法论丛》(第9卷),中国方正出版社2003年版。

三、经济法的产生

在资本主义国家,国家调节无论是作为一种新的调节机制或是国家经济调节职能,都是对过去自由放任传统的重大转变,是国家权力的扩张,这必须有法律依据和授权,为此需要改变和调整原有法律体系,颁布新的法律。例如,德国1919年《魏玛宪法》确立了政府干预经济的原则,授权政府可以采用调节管制经济措施,当时颁布了一系列相关法律;美国在罗斯福新政期间也大量采取政府调节管制经济的改革措施,为此国家颁布一系列法律。

另外,国家调节也需要相关法律予以规制和保障。从19世纪末开始,因经济和社会的迫切需要,国家调节应运而生。但是,由于国家长期远离社会经济生活,国家调节是一种新的职能活动,对于如何有效调节缺乏经验,容易导致违背客观经济规律,把社会经济结构和运行搅乱的结局。同时,国家乃是权力中心,权力如不受到制约,容易随意扩张或被滥用。特别是权力与经济的结合,容易产生腐败和侵犯民众正当经济权益的情形。可见,国家调节也有种种危险,调节不当也会发生失灵现象。这即为人们所谓的“政府失灵”。鉴于此,必须对国家调节活动加以约束和规范。因此,要顺利有效地实施国家调节,还需要法律予以保障。

事实上,从19世纪末以后,国家调节在西方资本主义国家出现和逐渐发达的同时,关于国家调节的法律也开始出现和逐渐完备起来。

按照前面的论述,针对市场机制存在三种缺陷,国家调节采取了三种基本方式,而这三种调节活动都需要制定法律,所以关于国家调节的法律主要由以下三个方面构成:

一是为规制和保障国家调节所采取的第一种调节方式,即国家对市场的干预规制,国家需要制定市场规制法。它主要包括反垄断(限制竞争)法、反不正当竞争法、其他不公平交易规制法。这类法律需要规定其规制对象的标准和种类、主管机关的职权、违法确认、处罚方式、实施程序等问题。

二是为规制和保障国家调节的第二种方式,即国家参与投资经营活动,国家需要制定国家投资经营法。它主要包括国家投资法、国有企业法和国有资产法,其中包括国家投资和国有企业的动态调整与改革、企业国有资产监管的法律。此外,还包括国家为调节市场而直接参与其他市场经济活动的法律。

三是为了规制和保障国家调节的第三种方式,即国家对经济的引导调控,国家需要制定国家经济引导调控法(或称宏观调控法)。

以上三个方面的法律有着许多共同特点:它们所规范的都是国家经济调节活动;其目的和作用在于规制和保障国家调节,以维护和促进社会经济的结构和运行协调、稳定和发展,并进而维护和促进整个社会的稳定和进步;它们所调整的是在国家调节社会经济过程中所发生的社会关系,它们直接涉及社会经济领域,具有经济性内容。

但是,这些国家调节经济的法律与传统法律存在较大不同。一方面,它们同以往调整民间社会(私人)经济关系的法律有着明显不同:以往那些法律所规范的是民间社会经济行为，调整民间社会各主体（自然人、法人）之间的平等经济关系，在商品经济社会主要是一般商品货币关系，法律调整原则是平等、自愿、等价和诚实信用等。当时国家制定这种法律主要让社会各主体遵行，国家一般不直接参加该种法律关系，不以自己为一方权利义务主体。这类法律即为民商法。而如今关于国家调节经济的法律，它们所调整的则是一种国家直接参与发生的社会关系，这种关系以国家为一方主体，是有关国家经济调节与被调节、管理与被管理的关系。法律适用的原则与民商法不同，例如，它并不以平等、自愿、等价为必须遵行的准则。此外，在其他诸如调整方法、责任制度和制裁方式等方面也大不相同。

另一方面，这些关于国家调节经济的法律虽然涉及国家管理活动——因为国家经济调节也是一种国家管理，其所调整的社会关系必以国家（它的代表者）为一方主体，但其所规范和调整的，不是一般的国家行政管理，而是经济调节性管理，它涉及经济领域深层次的问题，即有关社会经济总体结构和运行的问题。另外，在其他方面如法律的功能和任务、调整原则和方法等，都与行政法很不相同。

民商法、行政法的法律属性决定了其调整对象和范围的局限性，对宏观经济运行和社会公共秩序调整缺乏能力，即缺乏应对和满足社会公共性凸显需求的能力。正是因为民法、行政法不能完全因应社会公共性的凸显所体现的时代精神和所反映的社会要求，因而必然导致法律变革，即“法律社会化”，并要求产生新的法律部门。这样，因应上述社会公共性的凸显所体现出的时代精神和所反映的社会要求，调整上述社会公共性社会关系的经济法就应运而生了。①

总而言之，有关国家调节经济的法律是具有许多明显新性质、新类型的法律。19世纪与20世纪之交，这类法律在一些国家开始大量出现，人们称之为经济法。经济法这一新的法律部门于是产生。而上述三个方面的法律便是经济法体系的三个基本构成。在我国经济法学界，人们将这种学说理论称为“三三理论”。②

四、法律体系的演变

经济法的出现导致传统法律体系发生重大变革。法律体系是随着社会关系的变化而演变着的。早期社会的法律体系中虽然也已包含调整多种社会关系的多种法律规范，但并未也不需要分立各种法律部门，长时期以刑法为主而“诸法合体”。封建社会末期，商品经济发达起来，市场经济体制开始形成，民商法得以发展。资产阶级政治革命成功后，各国立即大量制定和完善民商法律并编纂民商法典，民商法正式作为独立部门法从浑然一体的法律体系中分立出来，与此同时，刑法也得以确立了自己单一的体系，行政法也逐渐发达起来。19世纪末以后，由于社会经济需要国家调节，因而国家经

---

① 参见邱本：《经济法总论》，法律出版社2007年版，第173页。

② “三三理论”也称“国家调节学说”，是我国著名经济法学家漆多俊先生于20世纪80年代初首创的经济法理论体系。

济调节职能发达起来,经济法便应运而生成为新的法律部门,这是符合社会经济关系和法律体系演变规律的。

经济法同民商法都是经济领域的法律,为什么在有了甚为发达的民商法之后,还需要经济法呢?因为它们虽然都涉及经济领域,却是分别调整两类不同社会经济关系的法。经济法是规范国家调节的,国家调节是新出现的调节机制和刚发达的国家职能,因国家调节而发生的有关当事人之间的权利义务关系需要新的法律——经济法加以规定。而民商法只是调整自然人和法人他们之间平等的经济交往(商品交换)关系,不能调整国家调节中的社会经济关系。

民商法是适应商品生产和商品经济出现,并逐渐发达而产生和发展的。到了封建社会末期,特别是资产阶级革命成功后,各主要资本主义国家形成了全国统一市场,建立了商品经济社会。商品经济是交换经济,它要求各经济主体之间的经济活动以平等、自由、自愿、公平、等价等为原则,他人不得干涉,国家也不得干预。但需要国家以立法形式确立这些原则,并制定和完善相应规则。所以各国资产阶级革命成功后便立即着手制定民法典,确立了契约自由、所有权绝对和过错责任等原则,建立了民商法经济秩序。

资本主义社会初期民商法立法热潮的兴起和当时人们的民商法立法理念的形成,同资产阶级早期一些著名思想家关于革命和政治、经济、社会、法律方面的学说主张,如"天赋人权论"、"社会契约论"、"自由放任主义"、自然法学派思想等密切相关,构成当时民商法立法的主要思想理论基础。

民商法虽然以个体权利为本位,重在维护个体权益,但它通过对个体自由和权益的维护,不仅有利于促进微观领域的公平和效率,而且由于它维护了市场的公平自由竞争秩序,使价值规律和市场机制能够充分发挥作用,因而能使社会经济在宏观和总体上得到调节。正因如此,我们说民商法是市场调节的基本法律保障。

由于民商法对微观经济领域的直接作用,以及它对宏观领域的间接(自发的、客观上的)作用,形成了一种完整、和谐的社会经济秩序,这就是民商法秩序。在自由竞争市场经济阶段,它同调节机制一元化(市场调节)相适应,在调整经济关系的法律中,也基本上只依靠民商法这一法律部门。

但是,19 世纪末以后,民商法的自由主义精神和个体权利本位倾向遭遇挑战。首先,生产社会化和垄断的出现,使个体同社会的矛盾突出起来。少数垄断组织的自由往往限制和剥夺广大中小经营者和消费者的自由,它们权利的行使往往侵犯他人的权利。特别是大企业独家或以契约、投资等办法同其他企业联合起来,对市场进行垄断,限制竞争,或者从事不正当竞争和其他不公平交易活动,使价值规律和市场调节机制失灵。其次,随着生产社会化、科技发展和整个社会的文明进步,新技术、新产品的研制开发需要进行长期投资和风险投资,社会公共和公益事业需要扩大投资。而这些领域的投资盈利率低、风险大,民间投资者往往不愿涉足,而投资自由又是无可非议的法律原则。总而言之,19 世纪末以后,由于生产社会化使个体同社会、垄断组织同社会公众的矛盾突出起来,暴露了传统民商法原则的局限性和不合理性,迫使人们对于民商法立法理念和原则进行反思,也对整个自由资本主义时期立法的自由主义倾向和个体权利本位思想发生了动摇。

19 世纪中期,资产阶级改良派人士主张对个人的自由权利作出限制,强调社会利益和团体主义,认为个人与社会乃是一个有机整体,个人不能离开社会,社会利益是全体个人最高利益之所在。就经济领域而言,主张国家应代表社会领域对私人经济进行必要干预,在立法上提倡社会本位。此外,耶林、庞德等法学家也认为法律社会化的重要和紧迫,因此,从 19 世纪末开始,各资本主义国家为适应社会化要求而纷纷修订法律原则或重新制定各种有关法律。

在资本主义国家的法律改革中,首先着手的对象便是民商法。这就是民商法的社会化和现代化。许多国家纷纷制定和修订民商法。民商法社会化的基本精神,是对自由主义和个体权利本位绝对化倾向作出修正。社会化的核心内容,是调整财产所有权绝对性、契约自由和过错责任这些支撑传统资产阶级民法的三大基本原则(基本法律制度)。调整修正后的民商法对个人权利和意志自由作了适当限制,强调了个人义务和对社会的责任。

民商法的社会化是对社会和时代发展演进的积极回应。但仅靠民商法的改革并不能解决因生产社会化和整个社会发展而引起的个体同社会之间的全部矛盾,不能满足社会和时代发展对法律的全部要求。这是由民商法本身固有的特性决定的,民商法是调整自然人、法人这些个体间的财产(以及人身)关系的,个体权利和意志自由不能不成为它关注的基点——立法的基本出发点和立足点。虽然随着发展它需要同时考虑和维护社会利益,但也是首先从注重维护个体正当利益出发,是从个体这一角度和侧面来兼顾社会总体和全局。从这个意义上来说,即使现代民商法按其固有的价值取向也仍然是以个体为本位。只是在现实立法中不能再片面强调个体权利,而应同时注重个体的义务,特别是个体对社会的义务。这一点民商法(私法)同各种公法和经济法是不同的,后者虽然也不能忽视和侵犯个体权益,但其毕竟首先是从社会利益出发,立法的着眼点和立足点(关注的角度和侧面)有所不同,我们完全可以说后者是以社会为本位的。就经济领域的立法而言,这正是经济法不同于民商法的显著特征,虽然 19 世纪末以来民商法也开始了社会化进程却仍显不足,于是,经济法应运而生。经济法出现后,它同民商法配合,分别从个体和微观、社会总体和宏观两个不同的角度和侧面,共同协调个体同社会的矛盾,保障社会经济生活的繁荣和发展,建立和维护一种新的社会经济法律秩序。

19 世纪末发生的社会化进程,也引起了法律体系中其他法律部门的变化。例如,随着国家职能的演进,即经济调节职能的逐渐发达,国家的行政管理和行政法也更多地涉及经济领域,经济领域的行政管理有所加强,这方面的法律规定增多,它们还需要协调处理好同国家经济调节和经济法的关系。在许多方面,特别是在微观经济管理领域,它们同国家经济调节和经济法常常发生重合或交叉,在主管机关及其管理活动等方面,有时很难区分是行政管理还是国家调节,是在实施行政法还是在实施经济法。这些现象使人们产生错觉,以为经济法属于行政法,经济法本不存在,或最多它只是行政法的一个分支,即所谓"经济行政法",认为19世纪末以来的社会化和国家调节职能的发达,只需行政法扩大其调整对象范围,增加其功能和任务即可。这种意见当然是不对的。但也反映出行政法同经济法的联系,行政法同过去相比发生了许多变化。

法律体系的变化还表现在其他部门法的许多方面。19世纪末以来所发生的是整个法的体系重大变化,而经济法的出现和成为新的独立法律部门,正是在整个法的体系变化的大格局中发生的,是这个时期法的体系演进中最重大的事件之一。

第二节　不同类型经济法的沿革和发展

一、西方国家经济法的产生和发展

经济法以独立法律部门的面貌出现,始于19世纪末20世纪初。当时欧美各主要资本主义国家都相继完成了工业革命,生产社会化程度大大提高。俄国在十月革命后建立了苏维埃社会主义国家,其生产和社会生活也社会化了。社会化引起社会经济关系及其他各种结构关系的调整和变动,引起了各种经济问题,促进各国经济法的产生。各国经济法的产生和发展有着基本的普遍的规律和共同点,但又有各自不同的特点,形成各种经济法类型、模式或板块。最显著的是中国及苏东国家等实行或曾实行社会主义制度,后来又都进行改革和体制转轨转型的一些国家,它们的经济法同西方国家分属于不同模块——我们可以把这些国家的经济法统称为"转型(转轨)国家经济法"模块,以区别于西方的"市场经济国家经济法"模块。当然同属西方国家也并不一定雷同,例如,美国同德国、日本的经济法就有着明显差异。但是,所有各模块和各国的经济法并不是互相孤立的,它们都遵循着经济法的普遍规律和一般原理,并且是互相关联、互相影响的,进入21世纪以来,经济法的两大模块呈现殊途同归的发展态势。正是所有各国和各模块的经济法运动,才组成世界经济法总潮流巨大、丰富和活生生的动态景观。[①] 我们首先看西方资本主义国家,并且以其中最具代表性的美国、德国、日本等国家的经济法为主,按照各国所共处的时代特征和阶段性,作总体和概览性论述。

以美国、德国和日本等国家的经济法兴起为代表,一个世纪以来,它们的发展历程大致可分为如下几个阶段。

(一)19世纪末至第一次世界大战后

这是现代经济法的萌芽与新生阶段。美国1890年颁布的《谢尔曼法》(《保护贸易

---

① 参见漆多俊:《时代潮流与模块互动——"国家调节说"对经济法理论问题的破译》,载漆多俊主编:《经济法论丛》(第13卷),中国方正出版社2007年版,第1～55页。

和商业免于非法垄断和限制法》)及1914年颁布的《克莱顿法》和《联邦贸易委员会法》等一批反垄断法,是经济法独立的先声,是现代经济法最早的法律表现形式。

美国自独立战争和南北战争后,全国统一的自由市场逐渐形成。19世纪后期,产业革命的完成推动生产社会化迅速发展,其市场由自由竞争阶段进入社会化市场阶段,企业迅速集中,规模扩大,市场内部联系更加紧密,垄断组织和垄断行为也由此滋生。1879年美国出现了第一家托拉斯——美孚石油公司。不久后,美国掀起了合并浪潮。至20世纪初,各重要工业部门都被一两个大托拉斯所垄断,它们垄断市场,操纵价格,排斥其他经营者特别是广大中小经营者,并肆意损害广大消费者的正当权益,还豢养政客、贿赂官员、操纵立法并渗入政治领域。给美国的民主政治造成严重威胁。工业化和城市化本来引起社会经济结构调整和社会分化,加上托拉斯组织的横行,更加深化了这种社会矛盾,社会不公平现象十分突出。许多中小企业倒闭破产,失业率急剧上升,贫富差距拉大,赤贫人口增多,企业劳资关系紧张。这些情况引起社会各界关注和不安,各地不断爆发大规模的反抗托拉斯的群众性运动。[①] 1890年国会通过由上议院议员谢尔曼提出的反托拉斯法案——《谢尔曼法》,这是美国最早的一部反垄断法,它连同1914年美国国会通过的《联邦贸易委员会法》和《克莱顿法》等,构成了美国反垄断法的主干。

美国是资本主义国家中奉行自由放任经济政策最典型的国家之一。美国法律授权国家介入社会经济生活规制垄断,标志着对过去传统的重大改变——国家调节作为一种新的经济调节机制和一种新的国家职能开始出现。而《谢尔曼法》等反垄断法的颁布,则标志着一种新的性质的法律即经济法的诞生。人们也许感到有点奇怪:既然美国最重视自由放任,为什么美国民众却最早同意国家出面干预"私人经济"呢?这看似一个悖论,其实正是美国长期的自由放任经济传统使人们对垄断和限制自由竞争最敏感,他们只有通过"国家之手"反对限制竞争,才能维护或还原自由竞争。这是民众赞同国家改变自由放任传统而干预经济生活的重要原因。当然,另外,也正是由于美国的自由放任主义传统,在国家开始介入之初,国家调节的力度和方式都是非常有限的,当初主要限于反垄断,因而其经济法体系也基本上限于反垄断法。并且,在当时较长一段时间内,国家规制垄断不力,法律并未得到很好的实施。这种情况直到罗斯福新政改革之后才明显改变。

在美国最早出现的经济法,由于当时基本上仅限于反垄断法,加上美国并不注重从法理上对法的体系构成加以区分,所以其经济法在其他国家的传播和影响当时并不突出。对经济法在世界范围内的传播和发展影响最大的要算是第一次世界大战时期的德国。

---

① 参见漆多俊:《时代潮流与模块运动互动——"国家调节说"对经济法理论问题的破译》,载漆多俊主编:《经济法论丛》(第13卷),中国方正出版社2007年版,第1~55页。

德国的经济法是不同于美国的另一个特色鲜明的模块。在这里,国家权力一开始就较顺畅地介入经济进行多方面的干预,而无自由放任的传统约束,其经济法一开始就涉及较广泛的内容。

德国是后起的资本主义国家,1870 年普法战争前完成工业革命,战后实现国家统一,全国市场开始形成。为了抵御英国等发达国家商品入侵,并迅速崛起,以同发达国家平起平坐,人们希望借助国家力量干预经济。当时德国经济学家李斯特提出了"国家干预主义",主张采取贸易保护主义政策,反对自由贸易。德国资本主义经济的发展一开始就同国家干预相关。[①] 20 世纪初至第一次世界大战前后,德国利用国家力量统治经济,使国民经济服从于发动战争和战后恢复重建。正是在这种背景下,德国政府大量介入社会经济生活,对经济实行统制,颁布了大量政府管制经济的法律。同美国的情况不同,德国干预经济方式有其自身特点:一是涉及的领域广,并采取了多种措施对社会经济进行较全面的干预,不仅仅局限于垄断一个领域;二是就对待垄断的态度而言,德国政府当时主要不是予以禁止和限制,而是鼓励、扶助,甚至国家参与某些垄断,在战后也采取过一些限制卡特尔的措施。与之相适应,这个时期德国的经济法立法的特点有:一是量多,经济法性质的法律规范成批涌现;二是面广,不限于垄断和竞争领域的立法;三是出现许多促进、扶助垄断和国家垄断的立法;四是强行性立法多,许多经济性法规带有浓厚的行政法色彩,或简直与行政法难以区分;五是由于当时所立法几乎都同战争相关,其经济法的非经济性色彩十分强烈。[②]

这个时期德国颁布的经济法主要有 1915 年颁布的《关于限制契约最高价格的通知》,1916 年颁布的《确保战时国民粮食措施令》,1919 年颁布的《魏玛宪法》和一系列社会化法,如《卡特尔规章法》《煤炭经济法》《钾素经济法》等。特别是《魏玛宪法》在奉行"经济自由""契约自由"的同时,确立"社会化"原则,规定对私有经济实行限制,包括对某些私人企业实行社会公有的规定。该宪法开创了授权政府对全国经济生活进行直接干预和管制的先河。

《魏玛宪法》及上述各种法律,突破了传统的"公法"与"私法"的界限及其所涉及的内容和范围,确认了国家对社会经济的直接干预管理。这引起了德国法学界的注意,学者们开始积极研究,认为这是不同于以往法律的一个新的部门法,他们称之为"经济

---

① 德国的国家主义思潮甚至可以追溯到 17 世纪的"开明君主专制",统治者借口"公共福利"可以干预民众私生活事务。

② 在美国和德国分别出现的经济法,虽然其产生的基本原因都是生产社会化和市场缺陷,使国家干预经济成为必要,但国家干预经济的方式不同:在美国是反垄断,以维护自由公平竞争;在德国则是实行较全面的经济统制,这实为限制自由竞争。前者的国家干预措施是被动的、消极的;后者是政府的主动、积极介入。两国的上述特点,不仅在经济法出现之初如此,而且以后长时期内仍然基本保持着。鉴于此,有些学者把以美国为代表的经济法称为"保障实质的契约与营业自由之经济法",而把德国(还有日本)为代表的经济法称为"经济统制实施手段之经济法"。

法”。德国的经济法立法及法学界的研究成果,后来传播到其他国家,影响了其他国家的立法和学术研究。对于经济法(学)成为一个独立法律部门和成为一个独立学科,以及其地位在世界范围内的形成和确立,当年的德国起了十分重要的推动作用。

(二)1929~1933年经济危机至第二次世界大战后

这是经济法在世界范围内迅速发展的阶段。第一次世界大战以后,各国政府对经济的干预曾一度稍有放松。但是几年以后,资本主义世界爆发了1929~1933年的经济危机。危机暴露了资本主义社会的生产社会化同无政府主义的矛盾。资本主义国家对国民经济必须进行更全面和强有力的总体性调节。这一阶段,国家对社会经济干预管理的特点,主要表现在两个方面:一是实行资本主义国有化,国家垄断资本主义出现并得到发展。国家不仅以政权身份对私人经济进行干预,而且开始以资本主义所有者身份直接参与生产经营领域的活动。二是国家经济职能全面强化,运用包括财政分配和经济计划在内的多种手段,对经济进行全面性、综合性和经常性的调节。主张国家积极干预经济的凯恩斯主义也正是在这个时期产生,并被各主要资本主义国家政府相继采纳,奉为指导原则。这个时候,经济法的立法在各国都呈现迅速发展的局面。

1. 美国

美国虽然于19世纪与20世纪之交开始采取了反垄断等国家干预措施,但基本上仍维持着自由放任方针。而工业革命和社会化进程引发的经济和各种社会问题越来越严重,1929年10月终于爆发了由证券市场崩溃开始的美国历史上最严重的经济危机。危机把美国资本主义制度推到了崩溃边缘,美国面临向何处去的抉择,是继续自由放任,还是改革,还是革命?① 在这种背景下,1932年富兰克林·罗斯福在大选中获胜,当选为美国总统。他在上任伊始即开始了轰轰烈烈的改革。1933年国会授予总统“紧急全权”,推行新的经济调节政策,此即罗斯福新政改革。

罗斯福新政可分为两个阶段:第一阶段的主要立法是在1933年3月9日至6月16日内完成(又称百日新政)的;第二阶段为1935年至1939年。第一阶段侧重于解决当务之急,即遏制萧条,挽救业已崩溃的金融体系和濒于崩溃的农业危机,复兴工业,消除普遍的失业和饥饿。第二阶段侧重于具有长远意义的立法,确立现代银行体系,建立相对公正的税收和福利制度等。② 整个新政期间共颁布了700多种重要法律。其中,第一阶段颁布的法律主要涉及:关于银行、货币和证券市场的立法,如《紧急银行法》《证券交易法》《格拉斯-斯蒂格尔银行法》等;关于重建工农业之间的平衡的立法,如《农业调整法》《土壤保持和作物调配法》等;关于对工业实行约束和调节的立法,如《全国工业复兴法》;关于社会救济和安置贫民的立法,如《联邦紧急救济法》《紧急救济拨款法》等;关于国营公司的立法,主要的是《田纳西河流域管理局法案》。第二阶段颁布的

---

① 参见陈明等:《相信进步——罗斯福与新政》,南京大学出版社2001年版,第43~51页。

② 同上书,第75页。

法律主要包括:关于政、企、劳动关系的《瓦格纳法》;关于加强对经济宏观调控、确立美国现代银行体系的1935年《银行法》;关于标志美国同极端个人主义传统决裂、普遍福利制度开端的《社会保障法》;关于取缔和管制公用事业控股公司的《公用事业控股公司法》;关于通过税收进行财富再分配,抑制财富集中和贫富两极分化的《财产税法》;此外还通过了《新农业调整法》和《公平劳动标准法》。罗斯福新政彻底改变了过去自由放任、全凭市场自发作用的局面,在危急关头国家充分担负起经济和社会调节职能。由于美国是法治国家,国家调节职能活动必须有法律依据,得到法律的保障,并受到法律的约束(规制),所以颁布了大量相关法律。这些法律规范的是国家调节,调整因国家调节而发生的社会关系,从性质上来说其显然不同于民商法或一般行政法,而属于经济法范畴。只是由于英美法系传统,人们不重视从理论上划分部门法,没有将这些立法统称为"经济法"罢了。

罗斯福新政期间颁布的经济法,无论从立法的数量、内容和体系或其实施的社会效果和影响等各个方面看,都标志着它作为事实上的一个独立部门法的成熟。它的产生及其立法上的许多特质,集中体现了经济法这个部门法的本质属性和一般规律。作为各国经济法之中的一个模块,美国经济法是最为典型的一个范式。

2. 德国

1929~1933年世界经济危机过后,在英国、美国等议会民主制国家,对经济的干预势头有所减弱,但在德国、日本、意大利法西斯国家,为重构国际秩序准备发动新的战争,进一步强化了国家对经济的统制。

德国在那次世界性经济危机期间,希特勒纳粹集团于1933年夺取政权后积极推行扶助卡特尔的政策,实行官民一体的经济统制。他们先用紧急命令宣布《魏玛宪法》中的关于民众权利的条款停止生效;继而颁布《消除国民与国家危机的法律》(《授权法》),规定政府可以自行制定同宪法相抵触的法律。这个时候先后颁布了不少有关政府管制经济的法律,其中包括1930年、1932年、1933年几次修订的《防止滥用经济力法令》,以加强卡特尔。1933年制定《强制卡特尔》,扶助和强制卡特尔的建立,利用卡特尔来统制市场。1934年还颁布了《经济有机结构条例》等。这个时期德国颁布的许多法律虽然从广义上说也具有某种经济法性质,但更多的是属于行政法或军事法性质,这种情况一直维持到第二次世界大战结束。1936年德国制定1936~1940年的"四年计划",这是资本主义世界第一个较为正规的全国经济计划。为实施计划,德国设立了"德国经济危机总委员会"和"执行四年计划全权机关",从而转入以战争为基础的经济总体调节体制。

第二次世界大战结束后的德国被分割为两个国家。在英、美、法占领区的前联邦德国,根据占领军的指令,颁布了《德国经济力过度集中排除令》(通称为《反卡特尔法》),禁止卡特尔和康采恩等企业的过度集中行为,并对大企业实行分割。

3. 日本

日本早自明治维新后就颁布了许多保护、鼓励和促进产业发展的法律,以加速发展资本主义经济。第一次世界大战后,为对付经济危机,国家干预更被提到显著地位,颁布了大量法律。这个阶段的经济法包括:作为农业危机的对策,有《米谷法》(1921年)、《肥料改良奖励规则》(1921年)、《农村工业奖励规则》(1935年)等;作为重、化工业保护促进的对策,有《关于奖励染料制造的法律》(1925年)、《制铁事业法》(1937年)等;作为垄断促进政策,有《出口组合法》(1925年)、《重要产业统制法》(1931年)、《石油法》(1934年)、《汽车制造业法》、《炼钢事业法》等;作为振兴出口和汇兑管理对策,有《出口补偿法》(1930年)、《资本逃避防止法》(1932年)、《外汇管理法》(1933年)等。此外这个时期日本建立了一批国有公司,并为此而颁布了诸如《国际电力通信股份公司法》(1925年)、《日本制铁股份公司法》(1933年)、《帝国燃料兴业股份公司法》(1937年)、《日本发送电股份公司法》(1938年)、《帝国矿业开发股份公司法》(1939年)、《大日本航空股份公司法》(1939年)等法律。

日本自20世纪30年代后半期开始,国家对经济的干预及经济法便具有经济危机对策和战时经济对策双重性;再往后,便完全转入战时危机统制。国家对生产、物资、价格实行全面管制,整编企业体制,并最后直接掌握军需企业。1938年制定了《国家总动员法》,并以此为中心,制定了《企业整顿法》(1942年)、《工商组合法》(1943年)、《军需公司法》(1943年)等,把国民经济完全置于战时国家直接统制之下。

日本在战败和接受波茨坦公告后,进入被占领期,经济体制发生重大变革,实行经济非军事化,确立和平经济和民主化经济。经济法立法也围绕这些变革进行。战后首先颁布了《经济力过度集中排除法》,它和其他一些解散财阀的法令,使大批垄断企业解体。1947年又颁布了《关于禁止私人垄断及确保公正交易的法律》(以下简称《禁止私人垄断法》),旨在防止将来垄断组织复活。这是日本反垄断的基本法律。1948年颁布《事业者团体法》,解散战时统制团体,禁止垄断行为。1949年颁布了《中小企业等协同组合法》,排除大企业对中小企业的支配。

第二次世界大战结束以后,各国为恢复战后经济,始终未放弃运用法律手段调节和组织经济。法国和其他西欧国家于战后建立了一批国营公司,并对战争时期同纳粹政权合作的企业实行惩罚性国有化。自20世纪30年代初资本主义世界经济危机至第二次世界大战结束后的一段时间,各国经济法立法的特点是:一方面,由于各国政府综合运用各种手段全面调节管制经济,所以立法内容和领域大大扩大。政府除大量采用行政和军事强制手段外,还大量直接参与生产经济活动,国家垄断资本主义极度膨胀;政府还运用计划组织和引导经济发展;战后反垄断措施也受到重视。现代经济法体系所包含的各个基本方面的内容都已具备。另一方面,立法多同危机和战争相关,具有很强的危机和战争对策性质,其非经济性因素和行政法、军事法色彩十分浓烈。

(三)20 世纪 50 年代至 20 世纪 80 年代

20 世纪 50 年代至 20 世纪 80 年代是经济法从立法中逐渐剔除非经济性因素、立法体系趋于完备的阶段。这一阶段经济法发展的主要特点在于:(1)各国经济经过第二次世界大战后的恢复、重建而进入和平发展时期,各国政府把经济发展放在头等重要地位。国家经济调节管理职能进一步发达,经济法的立法进一步加强并日益完善其体系。(2)经济法立法的非经济性因素减弱,经济调节性因素突出。(3)国家调节经济的各种基本方式综合运用,作为经济法体系三个基本构成的市场规制法、国家投资经营法以及以计划法和各种经济政策法为核心的宏观调控法,都不断发展和完善。

日本于 1952 年《旧金山和约》生效后,被占领状态结束。垄断资本主义经济逐步发展和完善。经济进入 20 年高速成长期。这个阶段的日本经济法由逐步缓和对垄断的禁止到促进垄断,并保障国家对经济生活越来越全面的调节、管理。日本经济法立法活动日益活跃,经济法日益发达并形成十分完备的体系。

1952 年独立后不久,日本即制定了禁止垄断法的适用除外规定,缓和对垄断的禁止。1953 年通过修改垄断禁止法,废除了对积聚的规定。这时还废止了《事业者团体法》。在缓和对垄断的禁止的同时,采取了促进企业合理化措施。1952 年制定《企业合理化促进法》。

1955 年日本经济开始高速增长,加上当时的国际环境和日本被纳入以美国为轴心的战后国际经济秩序,日本转入开放和自由化的经济体制。在对外经济中放宽了国家限制,在国内提倡企业自主性。这个时期,国家制定了以基本法为主的国民经济各部门法规和企业法,对经济结构和组织体制进行规范。其中重要的有:《中小企业基本法》(1963 年制定)、《中小企业现代化资金促进法》(1966 年修订颁布)、《中小企业现代化促进法》(1963 年制定)、《农业基本法》(1961 年制定)、《农业现代化资金促进法》(1961 年制定)、《石油业法》(1962 年制定)、《沿海渔业振兴法》(1963 年制定)及《林业基本法》(1964 年制定)。在对外经济方面,这个时期修改了《海外经济协作基金法》(1965 年)、《外国外汇管理法》(1970 年),制定了《石油开发公团法》(1969 年)等。1968 年还颁布了《消费者保护基本法》。

在日本经济高速成长期,政府十分重视运用经济计划从宏观上对经济进行调控,制定了一系列经济计划,颁布了许多计划法规。

1970 年以后,日本经济出现了几个不景气的阶段,但总体来说仍处于比较稳定的发展期。其经济政策的特点,是在前一阶段开放和自由经济原则下加强了国家管理。1975 年前,国家制定了对付美元危机和石油危机的一些经济法规。1976 年修改禁止垄断法,同 20 世纪 50 年代初修改的意向相反,这次是加强了对垄断的限制。但在对外经济上,1979 年修改的《外汇外贸管理法》更趋向于自由。

联邦德国于占领期结束后,制定了德意志联邦共和国基本法,实行“社会市场经济”,就是在基本的市场经济基础上,比较重视国家对经济的总体调节。联邦德国各届执政党认为,国家的经济管理应尽可能地维护和促进自由竞争和市场机制的作用,只是在必要和不得已的情况下国家才直接介入。他们运用经济计划和各项政策指导调控经济运行,先后推行“景气政策”、“繁荣政策”及“结构政策”等,围绕国家对经济的规划和各项基本政策,制定了大量经济法。1967年颁布《促进经济稳定与增长的法律》,它是关于国家基本经济政策和国家对经济实行宏观调控的一部总体性、综合性法律。在竞争法方面,联邦德国于1957年通过《反限制竞争法》,原则上禁止一切卡特尔,并对价格契约和支配市场等限制竞争的垄断行为予以禁止。1973年、1976年、1980年对该法作了修改,主要趋向进一步加强对垄断的限制,维护和促进自由竞争。《反限制竞争法》迄今仍在德国的经济法体系中占据重要地位。

法国自20世纪以来,国家对经济的调节及经济法的立法有过三次高潮。在20世纪30年代,为摆脱经济危机,法国同其他资本主义国家一样,运用凯恩斯主义大力干预经济。第二次世界大战以后,国家加强了对国民经济的综合性调节和管理,对于法国战后经济重建发挥了重要作用。1981年以社会党为主的法国左派执政后,进一步加强了国家在各个领域对经济的干预管理。法国的国家经济管理涉及面较广,特别是十分重视对企业竞争、银行和货币、价格和工资等方面的管理。在国有化方面,法国在西方国家中甚为突出。早在第一次世界大战期间,法国就把军火制造业、运输业、保险业和粮食贸易控制在国家手中。第一次世界大战后,政府把原属于德国人所有的阿尔萨斯—洛林地区的重要企业收归国有,这是法国国有化的发端。1936年至1937年的人民阵线时期、1945年至1946年的戴高乐临时政府时期、1981年社会党的密特朗出任总统后推行“法国式”社会主义时期,进行了三次大规模的国有化运功。法国的国有化程度跃居西欧各国之首。法国重视制定和实施经济计划。1945年成立综合计划委员会,制订了旨在恢复战后经济的“蒙内特计划”,从1954年起到1980年,连续制定6个经济计划。自第二次世界大战以来,法国经济基本上按照计划预定的总目标发展。法国经济的计划性对其他资本主义国家产生很大影响。英国、日本等国也仿效法国的做法,重视运用计划手段调节经济。为适应国家对经济总体调节和管理的需要,法国大量修改民商法条款,强调了国家和社会利益对私人权利的限制,同时制定了许多经济法规范,对农业、工商业、外贸等实行国家调节和控制。

（四）20世纪80年代至今

20世纪80年代至今是经济法体系趋于更加完善和日益国际趋同化的阶段。进入20世纪80年代,从撒切尔夫人执政的英国保守党政府开始,在全球范围掀起了私有化浪潮。这股私有化浪潮对于经济法的影响和意义在于,它表明:作为国家调节经济的一种方式和手段的国家投资举办国有企业,不能无节制地运用,否则反而妨害国民经济的正常运行和效益。其主要原因是国家参与或干预过多,制约了市场调节机制的作用。在市场经济社会,市场调节本来应是其基础性调节机制,排斥了它的作用难免使经济运行偏离正常轨道。第二次世界大战结束后又经过了几十年经济和平发展,制约经济的许多非经济性因素逐渐减少。20世纪80年代末90年代初世界冷战局面基本结束，经济更加需要按其自身规律运行。西方经济学界出现对凯恩斯国家干预学说修正和批判的各种流派，它们对各国政府的经济政策发生一定影响，其中有些学说被当政者采纳作为制定经济政策的理论基础，例如，英国撒切尔夫人1979年执政后全面实施“货币主义”的政策主张；美国前总统里根则推崇“供给学派”，使之成为当时政府经济政策的理论根据；而“新古典综合派”的许多经济学家曾在美国政府担任过要职，对制定经济政策起了重要作用。当代社会经济仍需要国家调节，但应将其控制在必要的范围内，并选取更加合适的方式。这引起各国经济立法在内容和体系上发生某些明显变化。

另外，由于现代高科技领域突飞猛进，国内、国际经济联系日益紧密，生产更加社会化和国际化，更加需要各国政府从全国乃至世界范围的宏观高度，来规划经济发展战略和策略，协调各种经济关系，指导和促进本国经济发展。在调节方式上需要综合运用各种手段，特别是运用计划、各种经济政策和经济杠杆，建立科学的宏观调控体系，以引导调控方式为主，要改变过去政府过多直接参与和干预的做法。对于某些国内大型企业，特别是大型跨国公司来说，政府过多的直接指令，不仅不合适，往往也行不通。合适的做法是，政府为它们提供国内外有关情报信息和各种社会服务，并予以政策性指导。对于国际间的经济交往，需要遵循国际准则和国际惯例，需要各国协商，各国政府行为也需要受到一定约束，更不能动辄使用强制做法。这些都是导致当代国家的经济调节方式改进的因素。加上许多年来各国在宏观调控方面已积累了丰富的经验，现在能够建立一套较为完整和科学的体系，并使之成为当前各国调节经济的主要手段。由于这些原因，这一时期各国加强了对经济宏观调控方面的立法，逐步完善其内部体系，并使这方面的立法在经济法立法体系中的地位上升，逐渐成为经济法体系中最主要的、起主导作用的构成部分。经济法体系中的其他方面的立法，甚至包括反垄断法和国家投资经营法，也往往被纳入宏观调控体系予以统筹规划。这是20世纪80年代以来经济法立法内容和体系上又一明显的变化趋势。

20世纪末和进入21世纪之后，各国的经济法发展的另一个趋势是日益国际趋同化。经济法国际趋同化有两层含义：一方面，人类社会发展本来有着许多基本共同点，遵循着一些基本的共同规律。当前各国、各民族地区虽仍然实行各种不同的政治制度和社会制度，但总体来说都在朝着更加文明、进步的方向发展。特别是在基本经济体制方面，越来越多的国家都在先后实行各种不同类型的市场经济，都在充分发挥市场调节作用的基础上实行一定的国家调节，而且国家调节的基本做法也相同或相近。这些都决定着各国经济法在许多制度和规定上有许多共同点，并不断互相吸收借鉴。另一方面，当前各国市场和经济正在日益国际化和全球化，各国对经济国家调节及其经济法必须日益重视考虑其他相关国家和国际的各种因素和影响。

市场国际化现象由来已久，自第二次世界大战以后，特别是20世纪末期，这一进程加快，趋势进一步加强。市场国际化和全球化，要求有与之相适应的调节机制。在国际市场上,其基础性调节机制仍然是市场调节(这是国际市场调节)。同时,各国的国家调节也发挥重要作用。但仅凭这两种机制尚不足以确保有效调节,还需要一种新的调节机制,即国际调节。所谓国际调节,是指两个以上国家、区域性或全球性的组织机构,通过协商或以国际条约形式或借助国际惯例,对国际市场经济的结构和运行实行调节,以维护和促进国际经济总体上的协调、稳定和发展。它是同市场调节和国家调节不同的第三种调节机制。国际市场经济同时需要上述三种调节机制,它们互相配合,形成调节机制体系,综合发挥调节功能。①

国际调节需要法律加以规范和保障,这就是国际经济法。国际性市场调节的法律是国际民商法。此外,还有规范各国的国家调节的经济法。当市场国际化和全球化、市场经济进入第三个发展阶段即国际市场经济以后,各国经济法的立法和实施需要越来越多地考虑国际因素,需要同国际经济法和国际民商法相协调和接轨。这一点在各国的涉外经济领域表现尤为突出。各国的涉外经济领域同时也是国际经济领域,可以说,国际经济就是由所有各国的涉外经济构成的。各国对其涉外经济领域的国家调节及经济法对涉外经济的适用,显然是不能不考虑相关各国的政策、法律,特别是国际性立法和惯例。这就是当前各国经济法发展的又一个明显的特点和趋势。②

二、社会主义国家(转型、转轨国家)经济法的产生与演进

(一)社会主义国家经济法产生和发展的背景与途径

20世纪先后出现了一批社会主义国家也有经济法。经济法作为国家调节社会经济之法,无论在资本主义国家还是社会主义国家,其产生和发展的基本原因具有一致性,这就是生产社会化和国家调节管理经济职能的出现和发达。只有如此,才需要有规范和保障国家调节管理经济这种职能活动的法律。但是,在两种类型的国家,生产社会化的原因、途径、内容和程度等很不相同,国家经济职能活动的性质、方式、范围和程度等也很不相同。这些都决定了社会主义国家经济法产生和发展的背景、途径及立法理念、价值取向、立法内容和体系等,同资本主义国家有着明显的差异。

19世纪及其稍后一段时间的思想家和政治家们针对社会化引起的经济社会问题,分别提出了各自不同的拯救方案,在思想理论体系上和在社会实践中产生了分野。按照马克思主义和稍后出现的列宁主义理论,20世纪初中期,首先在俄国,接着在东欧、东亚,发生了社会主义革命,建立了一批社会主义国家。其在建国以后继续以该理论为指导思想从事革命和建设,进行各种国家管理,包括经济管理活动。各社会主义国家在革命前,生产社会化程度本来不高;但政治革命成功后要重新组建社会主义经济基础,

① 参见漆多俊:《市场、调节机制与法律的同步演变——世纪之交的回顾与展望》,载漆多俊主编:《经济法论丛》(第1卷),中国方正出版社1999年版。

② 参见漆多俊:《市场国际化、国际调节及其相关问题》,载漆多俊主编:《经济法论丛》(第9卷),中国方正出版社2004年版;漆多俊:《WTO与国际调节下的中国涉外经济法》,载日本独协大学:《国家学术交流年鉴》18号,2005年12月。

要实现生产资料社会主义公有制,因此生产社会化迅速发展起来。这里的生产社会化,主要不是由于生产力和商品经济逐步发展引起的,不是社会经济领域自身矛盾运动的自发要求和必然结果,而主要是基于革命理念,由国家政权力量促成的,受意识形态、政治制度等上层建筑支配。例如,各社会主义国家往往采取剥脱和改造等革命措施,消灭封建的和资本主义的私人经济,并把广大的城乡个体经济组织为公有制经济;此外,国家还大量投资新建国有经济。尤其特别重视生产关系的社会化——生产资料所有制的公有化和不断升级、过渡。社会主义国家虽然在理论上也承认生产关系变革要适应生产力发展的要求,但实践中往往忽视后者,使生产关系社会化大框架严重超越、脱离生产力发展的水平。社会主义国家长期实行统一的计划经济体制和中央集权式的国家经济管理体制,几乎完全排斥市场机制的作用,因此这里的生产社会化是整个国民经济都被置于国家计划和政府的管辖控制之下,受国家统一意志支配,企业和地方缺乏经济自主性的"全国一盘棋"式的社会化模式。

社会主义国家的经济职能异常发达,但它同资本主义国家19世纪末以后所开始担负的经济职能也有明显区别。首先,从原因来看,社会主义国家的经济职能是根据马克思列宁主义理论,在通过政治革命建立社会主义国家后,国家"重新组建"并在以后不断发展社会主义经济基础时发生的。其次,从经济职能的性质来看,在社会主义国家,其经济职能是对社会经济全面的组建、组织、管理和控制。所谓调节,一般是对既存的社会经济施加的作用,以影响和改变其总体结构和运行。传统马克思主义政治教科书也是把社会主义国家经济职能称为组织经济文化建设职能,当然有时也把它称为国家调节或计划调节。因为社会主义国家对经济的组织管理往往都纳入统一的国家计划,实行计划经济体制,所以国家调节又被称为计划调节。但在过去很长一段时间内,这种国家调节或计划调节乃是社会经济几乎唯一的调节机制。因此,即使称为国家调节,它同市场经济国家的国家调节也是不同的。最后,从经济职能的范围、秩序和行使方式来看,在市场经济条件下,市场机制是基础性调节因素,国家调节被控制在十分必要的有限范围内,国家经济职能的行使受到严格限制。国家调节所采取的方式,最基本的是对市场竞争的规制、国家参与投资经营和对社会经济予以宏观指导调控。社会主义国家经济职能的范围则广泛得多,国家几乎把整个社会经济都置于严格控制下。国家组织管理经济的方式,主要依靠革命措施、执政党和国家的文件、领袖及各级党政领导人的权威和指示以及大量的政府行政命令,实行直接的指令性管理。

社会主义国家实现组织管理社会经济的职能,也需要制定一些相关法律。由于国家对社会经济的组织管理直接制约社会经济的结构和运行,从广义上来说,这也可以视为一种国家调节,所以,关于国家组织管理经济的法律具有经济法性质。一般来说,国家经济调节职能发达,为规范和保障这种国家调节的法律即经济法便也发达。各社会主义国家从其建立起,经济职能便十分发达,那么,这是否意味着经济法也十分发达呢?事实并非如此。总体来说法律的运用和调整并未得到充分重视,法制不健全。即使在某些方面制定了一些法律，但这些法律在内容和性质上也具有浓厚的行政性色彩。

此后，这些社会主义国家先后进行了各种改革。20 世纪 80 年代末 90 年代初，苏联、东欧国家的社会制度纷纷发生剧变，在经济体制上改行市场经济。国家经济职能随之转变，经济法也发生了重大变化。中国在 70 年代末开始进行经济体制改革，逐渐引入市场调节机制，并在 90 年代初期决定实行社会主义市场经济体制。在这期间，国家经济职能的行使方式发生了变化，直接干预逐渐被控制和减少，对社会经济结构和运行实行调节和调控的意识逐步增强。同时逐步引进市场机制，并使国家调节同市场调节相配合。另外，国家越来越重视法制建设，颁布了许多关于国家组织、管理和调节经济的法律法规。这些立法逐步同行政法相区别，而且日益增强了经济法的性质和特征，经济法逐渐发达起来。

当前中国仍处于经济体制转轨时期，一方面，市场经济体制处于迅速发育之中而尚未完全建立和健全，市场机制在许多领域尚未成为基础性调节机制，其作用仍受到制度和历史因素制约，国家经济职能行使方式和范围仍有待继续转变；另一方面，国家法制建设和人们的法治观念仍有待加强。在这种情况下，我国经济法的立法和实施也正处于转变时期。有些重要立法尚需制定，许多立法在内容上尚需进一步剔除计划经济体制因素，并使之同行政法相区别，淡化其行政法色彩。尤其重要的是需要大力加强经济法的实施机制，切实保障实施。经济法立法的完善和切实施行，将有力促进我国市场经济体制的发育和建立。只有市场经济充分发育，我国的经济法才会更加完善。

本书在论述西方市场经济国家经济法产生的根源及其立法体系时指出，由于生产社会化和垄断的形成，引起市场固有的三个缺陷的显露和市场失灵；国家调节机制和国家经济调节职能因而得以出现和发达，其相应的采取三种基本调节方式；为规范和保障国家调节，经济法应运而生，其体系构成包含三个基本方面的法律。我们看到，各社会主义国家经济法产生和发展的路径及体系构成等不同。这里的社会化是执政党和政府组织实施的，不是社会经济自身运行发展的结果，即不是为了弥补市场机制的缺陷和市场失灵才需要国家调节。这里的经济法（如果可以称得上是经济法），虽然也必定是规范国家调节活动的，但其功能主要侧重于“保障”国家管理（“管理工具论”），其价值取向重在秩序与效率；经济法内容体系十分广泛、全面，多强行性规范，而不是（至少在实行计划经济体制时期不是）按照“市场三缺陷—国家调节三方式—经济法体系三构成”模式形成。过去社会主义国家市场长期不发达，市场机制基本上被排斥。但是，当这些社会主义国家一旦实行市场经济体制，市场机制成为基础性调节因素后，国家经济管理职能活动的范围和方式会发生重大变化，市场的缺陷便会显露，防范和化解这些缺陷造成的严重后果，便会显得十分重要。那时，国家经济职能便会由全国统制转变为国家调节，重在针对市场缺陷采取对策，经济法的内容和体系便会相应发生变化，逐渐围绕“三构成”建立和完善自己的体系。

综观两种不同社会制度国家经济法的产生和发展历程，我们看到了两条不同的运行轨迹:一条是由国家放任市场作用到逐渐加强国家调节,由较单一的民商法经济法律秩序到经济法产生和逐渐发达,确立由民商法和经济法等部门法共同组成的新的经济法律秩序。另一条是由国家包揽经济、市场几为空白,到逐渐“引入”市场因素,转变国家职能,并最终使市场机制成为基础;经济法由同行政法为一体,并且它们共同排斥民商法作用,到经济法逐渐剔除异己因素而性质日趋纯正,内容体系也基本围绕“三构成”,最后完全适应市场经济的要求。20 世纪的这两条道路最终在 21 世纪殊途同归,在全球化时代的市场经济调节下,世界各国的经济调节机制、国家经济职能和经济法(其他法律部门亦同)的情况大同小异、日益趋同。

(二)社会主义国家经济法立法概况

1. 苏联、东欧国家的经济法

苏联的经济法大致可以分为以下几个时期:1917 年至 1925 年国民经济恢复时期;1926 年至 1936 年工业化建设时期;卫国战争时期;20 世纪 50 年代中期至 80 年代末经济体制改革时期;20 世纪 90 年代初以后苏联解体和社会制度根本性变革时期。

俄国在十月革命胜利后,为了建立社会主义经济基础,立即颁布了《土地法令》,宣布土地国有。1918 年颁布《工业国有化法令》,将一切大型企业完全收归国有(后来中小型企业、商店也都被国有化)。1922 年在颁布《民法典》的同时,制定了《集体农庄法》和《劳动法》。1921 年开始实行新经济政策,利用商品货品关系恢复和发展经济,允许私营经济存在,并以租让、租借形式发展国家资本主义。1925 年完成了国民经济恢复工作。

1926 年进入工业化建设时期以后,苏联的经济法以规范国营企业为核心。早在 1923 年便制定了第一个托拉斯条例,1927 年又制定新的《国营工业托拉斯条例》,强调了计划原则,这是直至 20 世纪 60 年代中期国营企业的基本法。此外,这个时期还制定了《农业劳动组合章程》等重要立法。

20 世纪 50 年代中期开始,苏联陆续改革其经济管理体制,在继续加强国家控制和计划经济的同时,逐步引入市场调节机制。与此同时,也重视法制建设。这个时期颁布了大量经济法,其中重要的有 1957 年颁布的《关于进一步改进工业和建筑业管理组织法令》《苏联各经济行政区国民经济委员会条例》,1965 年颁布的《关于改进工业管理系统和改革某些管理机构的决议》《社会主义国营生产企业条例》《苏联各工业部条例》《关于完善工业生产计划和加强经济刺激条例》,1973 年颁布的《关于进一步完善工业管理的若干措施》,1973 年至 1979 年还先后颁布的《全苏共和国联合公司总条例》《生产联合公司条例》《生产技术产品供应条例》《日常消费品供应条例》等重要法规。

20 世纪 80 年代中期以后,苏联经济体制改革进入一个新阶段。为推进改革,颁布了一系列经济法规,如 1986 年颁布的《关于进一步完善国家农工综合体经营管理经济机制的决定》《关于完善国营商业和消费合作社的计划、经济刺激与管理的决定》《关于完善对外经济联系管理措施的决定》《苏联个体劳动法》,1987 年颁布了《根本改革经济管理的基本原则》《苏联国营企业(联合公司)法》等。

1969 年苏联科学院社会科学部委托部分学者起草了一部《经济法典》,在学术界进行讨论。1985 年苏联科学院又对以拉普捷夫为首的委员会草拟的《苏联经济法典(草案)》进行讨论,并于 1987 年将修改后的草案予以公布,扩大了讨论范围。但结果一直未能提交立法机关审议。

1991 年苏联解体。解体后的俄罗斯及其他共和国全面实行市场经济和私有化,并出现严重经济危机。这时它们颁布的大量经济法规,其宗旨主要在于保障向市场经济和私有化过渡,并为反危机制定各种具体措施。

东欧国家的经济法状况,同苏联大同小异。20 世纪 80 年代末以前,它们的经济法以维护国家对国民经济的全面管理特别是计划管理和公有制经济为其主要任务。企业法特别是国营企业法构成经济法的中心环节。这些国家的经济法数量多,体系比较完备,内容涉及计划、财政、税收、金融、信贷、价格、投资及工业、农业、建筑业、交通运输、商业、外贸等国民经济各个方面和行业部门。特别值得提到的是,捷克斯洛伐克还于 1964 年颁布了《经济法典》,这是迄今为止出现的唯一的一部经济法典。这些国家发生剧变后,其经济法立法围绕经济体制的彻底转变而彻底变革。

2. 中国经济法立法概况

中国经济法的产生与发展历程可分为两个阶段:第一阶段(1979 年至 1992 年),这是中国经济法的产生和初步发展时期;第二阶段(1992 年以来),这是中国经济法勃兴和走向成熟时期。随着计划经济体制向有计划的商品经济体制的转换,经济法在中国诞生了。20 世纪与 21 世纪之交及其以后,随着加入 WTO 和国家民主法治建设的深入发展,我国经济法在性质、内容和体系上又有了新发展。改革开放的不断深化,引出了"市场经济就是法治经济"的命题,中央和地方的经济立法积极性空前提高,经过 30 余年,基本上符合市场经济需要的比较完整的经济法体系在我国已初步形成。①

1949 年至 1953 年,是国民经济恢复时期。这一阶段的国家管制经济的重点是:(1)废除旧的生产关系,改革所有制,建立新的经济基础。(2)恢复和发展经济。为此,国家颁布了《土地改革法》、《管制美国在华财产冻结美国在华存款命令》及其他有关没收帝、官、封、资,实行国有化的法,以及《关于国营、公营工厂建立工厂管理委员会的指示》《关于在生产厂矿建立责任制的指示》《私营企业暂行条例及其实施办法》《对外贸易管理暂行条例》等法规。

1954 年召开第一届全国人民代表大会,颁布了第一部宪法。宪法确定了实行社会主义工业化和社会主义改造,建立社会主义社会的基本方针。为此颁布了《农业生产合作社示范规章草案》《高级农业生产合作社示范章程》《关于对手工业的社会主义改造工作进行全面规划的通知》《关于发展国民经济的第一个五年计划的决议》等法规。

---

① 参见史际春主编:《经济法》(第 2 版),中国人民大学出版社 2010 年版,第 45 页。

这些法规的贯彻执行,对社会主义改造的顺利完成和建设事业的初步发展,起了重要保障作用。

1956 年社会主义改造完成后,中共第八次代表大会决定,国家主要任务由解放生产力转为保护和发展生产力,同时强调要加强法制。但是,从 1957 年开始,“左”倾思潮泛滥,经济工作严重违背客观规律,基本法制原则被当作资产阶级的东西加以批判否定,经济法受到严重削弱。1960 年至 1962 年,全国处于严重经济困难时期,中央提出了“调整、巩固、充实、提高”方针。为了贯彻这一“八字方针”,党和国家发布了一些规范性文件,其中重要的有 1961 年颁布的《国营工业企业工作条例(草案)》《农村人民公社工作条例(草案)》等。

1966 年开始 10 年“文化大革命”,国家法制被践踏,经济立法工作停滞,原有经济法也在事实上停止施行。

1978 年 12 月中共中央召开十一届三中全会。会议确定全党、全国的工作重点转移到以经济建设为中心的社会主义现代化建设上来,健全社会主义民主,加强社会主义法制。从 1979 年开始,实行经济体制改革和对外开放。我国的经济法立法迅速增多,部门法地位基本确立。1979 年以后中国经济法的发展具有以下特点:

第一,数量急剧增多,覆盖面广。10 余年间,从中央到地方,各权力机关和行政机关制定了大量法律、法规,其中,由全国人大及其常委会、国务院制定的经济法律、法规达 600 多个。

第二,立法紧紧围绕经济体制改革和对外开放进行。经济法的立法总结改革经验,指导改革,为改革服务,随着改革的不断深化而不断“废、改、立”。这不仅是这一时期经济法内容上的显著特点,也是立法形式和程序上的特点。经济法立法工作根据改革需要,采取“成熟一个,制定一个”的做法。并且,许多法规先以试行法或暂行规定形式颁布。

第三,立法反映计划经济与市场调节相结合的经济体制。改革开放以来,国家逐步减少干预经济的力度,充分发挥市场机制的作用,立法主要有以下变化:(1)减少了国家对企业内部生产经营管理和企业对外经济活动进行参与或干预的直接规定,而让这些领域由民商法、劳动法等部门法调整。经济法对这些方面不作规定或只规定对民商法、劳动法等的适用条款。与此同时,加强了民商事立法,其中最重要的是 1986 年颁布了《民法通则》。(2)加强了国家宏观调控方面的立法,制定、修改计划、财政、税收、信贷、价格等方面的法规,逐步建立宏观调控体系,发挥各种经济杠杆和经济计划、价格政策的调节作用。(3)加强了组建和培育市场的立法,制定和逐步完善生产资料市场、消费品市场、资金证券市场、技术市场、劳务市场、企业产权转让市场、房地产市场、信息市场等方面的管理法规,建立和逐步完善市场体系,发挥市场在国家对国民经济管理中的中枢环节作用。

第四,国有企业改革是经济体制改革的中心环节,也是这一时期经济法的中心内容。关于企业的立法和企业改革一直是主题,1992 年企业改革开始步入新阶段,形成包括两个基本方面的改革格局:一方面,对国家独资的国有企业采取新措施,大力转换其经营机制;另一方面,改组或新建股份制企业。1992 年 7 月国务院发布了《全民所有制工业企业转换经营机制条例》;1992 年 5 月起,国家经济体制改革委员会等单位联合制定《股份制企业试点办法》《股份有限公司规范意见》《有限责任公司规范意见》等关于股份制企业试点的 15 个全套政策法规。

1992 年春,邓小平视察我国南方发表重要谈话,提出要进一步解放思想,加快改革步伐。接着,党中央和国务院作出加快改革开放和经济发展的一系列决定,其中包括加快国有企业改革,把企业推向市场。1992 年 10 月,中共召开第十四次全国代表大会,正式提出建立和发展社会主义市场经济体制,并把这作为国家经济体制改革的目标。1994 年全国八届人大一次会议通过宪法修正案,规定"国家实行社会主义市场经济"。国家经济体制的重大转变必然引起中国经济法的重大变革,中国经济法进入了一个新的发展时期。

1993 年以后,国家围绕推进改革和建立社会主义市场经济法律体系框架颁布了大量法律、法规。其中许多同完善经济法立法体系相关,是一些基本性法律。例如,在产业政策方面,1994 年国务院制定了《90 年代国家产业政策纲要》,1993 年国务院制定了《90 年代中国农业发展纲要》,同年全国人大常委会制定了《农业法》和《农业技术推广法》,1993 年国务院批发全国第三产业发展规划基本思路,1995 年国家计划委员会等三个部门发布《指导外商投资方向暂行规定》,1997 年 12 月国家计划委员会等部门分别发布《当前国家重点鼓励发展的产业、产品和技术目录》和修改后的《外商投资产业目录》;在国家投资和国有企业改革方面,继 1992 年颁布关于国有企业改组股份制的一系列法规之后,在关于国有资产的管理、运营、评估、考核、监督方面又颁布不少法规,已形成较完整的体系,此外,1993 年年底还颁布了《公司法》;税收方面,自 1994 年 1 月起实行新税制,颁布了各个税种的专门条例,并于 1995 年修改,颁布《税收征收管理法》;金融方面,1995 年颁布了《中国人民银行法》和《商业银行法》,1998 年年底颁布了《证券法》;在市场竞争方面,1993 年颁布《反不正当竞争法》《消费者权益保护法》《产品质量法》,1995 年发布《制止牟取暴利的暂行规定》,1997 年 3 月国务院发布《反倾销和反补贴条例》。在此期间,国家还在着手准备制定反垄断法。按照当时国家立法规划,在 2000 年以前要形成我国市场经济法律体系框架,其中包括要建成与市场经济体制相适应的我国经济法立法体系的框架。

进入 20 世纪与 21 世纪之交至今,我国经济法又有了新的发展。主要是受三件大事的影响:一是我国加入世界贸易组织(WTO);二是党和国家于 20 世纪末提出治国方略要实现由人治向法治转型,建设社会主义法治国家;三是党和国家关于科学发展观和建设和谐社会的重大决定和措施。

20 世纪末,我国加入 WTO 的谈判进入实质性阶段,并于 2001 年年底正式成为

WTO成员。在市场国际化背景下,国际市场除需要两种主要的调节机制(全球化市场的市场调节机制、各主权国家各自的国家调节机制)之外,还需要国际调节。国际调节在当前主要是对各国国家调节的再调节。各国的国家调节政策和措施(特别是在其有关涉外经济领域)需要同有关国家的和国际的调节政策和措施尽量协调一致,遵守国际调节规定。[①] 中国在加入WTO以后,需要履行在加入时中国政府作出的承诺。因此,在加入WTO前后,我国对有关法律作了一系列的重大调整,修订了原来的立法,制定了新的法规。立法内容涉及关税和国内税制改革、外商投资政策立法、外贸政策法、涉外金融政策和国内金融改革、对知识产权的保护和对其中不正当竞争的限制、本国市场培育和对市场竞争的规制的立法等各个方面。[②] 除直接属于经济法范畴的立法外,还有其他许多领域的改革和立法,例如,关于行政改革、司法改革等方面,也同我国经济法的发展、完善密切相关。加入WTO是推进我国经济法发展的一次重要机遇。

20世纪末执政党和国家提出"依法治国,建设社会主义法治国家"的任务,确定了治国方略要由人治向法治转型的目标。这对我国法律变革的影响无疑是重大和深远的。过去我国曾奉行"法律虚无主义"和"法律工具主义",法制尚不健全,法律无权威,实施不力,重视保障国家权力的运行,强调民众遵守的义务,而不够重视维护民众的权利。其中经济法同其他法律一样也被当然地认为是"管理法"和"维权(力)法",而不是"维权(利)法"和"控权(力)法"。而其实,法治最本质的特性乃是"良法善治",良法和法治的核心是维护最广大民众的权利。在社会划分为国家公权力部门与普通民众的情况下,要能有效维护民众的权利,必须恰当控制公权力,即为了维权(利),必须控权(力),控权(力)是良法和法治的关键。[③] 经济法作为规范国家调节之法,按照其产生和发展的社会根源和历史使命,它是国家介入社会经济生活行使调节权的依据,它当然有保障国家调节的作用,但同时也是规制国家调节权力、防止其滥用的重要保障,其最终目的在于,维护广大民众和社会的根本的、总体和长远的利益。也就是说,经济法最本质的宗旨和使命是"维权(利)"的,是"维权(利)法"。经济法的立法和实施只有符合这一基本要求,才具有良法和法治的特征。因此我们需要更新观念,按照良法和法治的要求重新审视过去的法律,并指导今后的立法和实施。从国家提出建设法治国家任务以来,经济法和其他部门法的改革正在朝着民主法治方向前进。当然这是一个较长的转型过程,不能指望一蹴而就。

21世纪之初,党和国家又提出科学发展观和建设和谐社会的基本理论。科学发展

---

① 参见漆多俊:《市场、调节机制与法律的同步演变——世纪之交的回顾与展望》,载漆多俊主编:《经济法论丛》(第1卷),中国方正出版社1999年版;漆多俊:《市场国际化、国际调节及其相关法律问题》,载漆多俊主编:《经济法论丛》(第9卷),中国方正出版社2004年版。

② 参见漆多俊:《WTO与国际调节下的中国涉外经济法》,载日本独协大学:《国家学术交流年鉴》18号,2005年12月。

③ 参见漆多俊:《控权:通向法治之路的关键》,载《经济与社会体制比较研究》2006年第6期。

观是全面建设小康社会和推进社会主义现代化建设始终要坚持的重要指导思想,构建社会主义和谐社会是全面建设小康社会的重要内容。这就要求在新的历史时期,坚持以科学发展观为指导,不断提高构建社会主义和谐社会的能力,实现全面建设小康社会的奋斗目标。党和国家的这些方针路线必然深刻影响我国的法律,特别对经济法而言,它直接构成经济立法和实施的基本指导思想:经济法需要确保国家调节"以人为本",以促进"经济社会全面、协调、可持续发展,促进经济社会和人的全面发展",实现"构建和谐社会"的目标。①

2013年11月12日中国共产党第十八届中央委员会第三次全体会议通过了《中共中央关于全面深化改革若干重大问题的决定》,该决定明确了全面深化改革的三大经济体制改革要点:一是经济体制改革是全面深化改革的重点,其核心问题是如何处理好政府和市场的关系,使市场在资源配置中起决定性作用和更好地发挥政府作用;二是坚持和完善基本经济制度,加快完善现代市场体系、宏观调控体系、开放型经济体系,加快转变经济发展方式,加快建设创新型国家,推动经济更有效率、更加公平、更可持续发展;三是以经济建设为中心,发挥经济体制改革牵引作用,推动生产关系同生产力、上层建筑同经济基础相适应,推动经济社会持续健康发展。尤其是关于"使市场在资源配置中起决定性作用和更好地发挥政府作用"新论断的提出,对我国经济法的现代化提供了理论指导,指明了发展方向;而决定和其后党的十九大报告关于新时代"确立竞争政策基础性地位"、全面实施公平竞争审查制度和完善反垄断法并加强竞争执法的决定,以及2019年10月底党的十九届四中全会通过的《中共中央关于坚持和完善中国特色社会主义制度、推进国家治理体系和治理能力现代化若干重大问题的决定》,则为进一步修订完善《反垄断法》、加强改进竞争执法,优化产业政策、改善宏观调控,赋予了我国经济法(学)新内涵和新目标,为实现经济法现代化提供了制度保障和实施路径。

目前,我国的经济、政治和社会体制的改革和转轨、转型还在继续进行,我国的法律包括经济法是处于转型时期的法律,是转变中的法律,它将随着改革和转型而不断变革和发展完善。今后我国经济法的发展还将显现新的阶段性。总的来说,自改革开放以后,我国经济法逐渐以一个崭新独立的部门法面貌,立于各部门法之林,在保障和规制国家调节、促进经济协调、稳定和发展、维护社会公平方面,发挥着其他部门法不可替代的重要作用。随着经济法的进一步完善,也随着人们对经济法的本质属性和固有价值、功能的认识和在立法与实施中的准确把握,经济法对推进改革和转型,促进经济发展和社会进步,必将发挥更加重要的作用。

---

①　参见漆多俊、漆丹:《科学发展观:当代中国经济法良法观之核心》,载《法学评论》2006年第6期。

复习思考题

➢ 1. 经济法产生的社会根源是什么?

➢ 2. 试分析“市场三缺陷—国家调节三方式—经济法体系三构成”的逻辑推理?

➢ 3. 1979 年以后我国经济法的发展呈现哪些特点?

第二章　经济法的概念和调整对象

【重点内容提示】

本章通过对经济法的产生和发展根源的分析，对经济法本质属性的探究，指出经济法是调整国家经济调节关系，实现国家经济调节意志的法律规范的总称。经济法的调整对象具有特定性，即国家经济调节关系，经济法的调整对象按照不同的标准，又可划分为不同的种类。

第一节　经济法的概念

一、经济法的定义和本质

经济法是19世纪末20世纪初以后出现的一个新法律部门。它的出现，不仅引起传统法律体系的重大变革和社会生活的重大变化，也引起社会各界人士，特别是法学家们的密切关注和研究热情。由于是新事物，人们对其认识需要有一个逐步深化的过程，加上各国的经济、政治制度和法律文化传统等存在差异，人们对经济法的认识，包括对其本质属性和基本特征的把握，并不完全一致。但经济法毕竟是一种客观存在，中外学者的看法也总有许多基本共同点和相似处。并且随着各国经济法的不断发展和在现实生活中作用的彰显，人们的认识会进一步趋于深刻和准确。

对事物本质属性的研究有多种方法，其中，探本溯源不失为有效方法之一。在人类社会发展史上，原有法的体系中并没有经济法，为什么后来出现了，它调整何种特殊社会关系而为原有法律（如民商法、行政法等）所不能调整呢，它有着怎样特殊的价值、功能和使命等，这些问题弄清楚了，经济法的本质属性便会一目了然。

本书依据的理论是在通过对经济法产生和发展的社会根源作深入分析，考察近代以来市场、经济调节机制、国家职能与法律的同步演变关系，特别是近100年来的史实的基础上，揭示经济法的本质和各种基本特性，构建经济法学科理论体系。

从世界范围来看，经济法乃是在19世纪各主要资本主义国家相继完成产业革命，实现生产社会化之后才出现的。生产社会化使得社会经济的调节机制出现二元化，即原来一元化的市场机制不足以有效调节，而需要新的调节机制即国家调节出现加以辅助和配合。国家经济调节既是一种新的经济调节机制，也是一种新的国家职能。国家调节活动需要有相应的法律依据、法律保障和对于这种权力的法律规制。这种专门规范国家经济调节活动之法便是经济法。原有法的体系中其他部门法(包括民商法和行政法)不能担当此种调整任务,经济法是一种新的法律。

对认识经济法来说,生产社会化和经济调节机制由一元化进入二元化,市场调节机制的失灵和国家调节的出现,是个十分关键的因素。"国家调节"是认识经济法本质的中心环节。抓住了这个关键和中心环节,经济法的本质属性和各种特征都可以由此引申出来。例如,法律是一种行为规范。经济法是国家经济调节中有关人们的行为规范,包括各调节主体实施经济调节行为和各被调节主体有关的经济行为和经济管理行为的规范。

经济法通过对国家调节社会经济过程中人们行为的规范,调整在国家调节中有关人们之间的社会关系,即国家经济调节关系,确立国家经济调节中有关主体间的权利义务关系,形成国家经济调节法律关系。

国家调节经济的作用和目的是通过国家必要的职能活动,调整、影响社会经济的结构和运行,以使之实现国家所预期的目标。这决定了经济法的基本任务、作用和宗旨。

国家调节经济是国家意志的体现。并且就应然性而言,国家经济调节作为国家的一项新的职能,它实际上是在履行一种社会公共职能,因此,国家调节的意志既是国家意志,也代表着全社会民众的意志,是社会意志的体现。从法律的意志性方面来说,经济法是国家意志的体现,并且也应当是社会意志的体现。

对于经济法的本质属性和特征还可以从其他许多方面来分析,而它们都同"国家调节"密切相关。综合以上对经济法各种属性和特征的表述,经济法概念可作如下界定:经济法是调整在国家调节社会经济过程中发生的各种社会关系,促进社会经济实现国家意志预期目标的法律规范的总称。

在上述定义中,"在国家调节社会经济过程中发生的各种社会关系",即为"国家经济调节关系",因此,定义也可以简要表述为经济法是调整国家经济调节关系,实现国家经济调节意志的法律规范的总称。这一定义有如下特点。

第一,定义由两部分构成:前面揭示经济法的调整对象,后面揭示其任务与作用。定义揭示经济法的调整对象,是在国家调节社会经济过程中发生的各种社会关系,即国家经济调节关系。这同其他部门法的调整对象明显不同,因而使经济法同其他部门法相区别。定义揭示经济法的基本任务与作用,是确保国家调节依法作用于社会经济,影响经济结构和运行,使其实现国家意志所预期的目标。

上述所谓社会经济结构,是指经济体系中的各方面,再生产的各环节之间的比例关系,包括产业结构、行业结构、产品结构、地区结构等。经济运行是指经济的总体性运动和发展变化,是动态的、纵向的。在一般情况下,或者说国家调节按其本来的使命,是希望维护和促进社会经济的结构和运行能够协调、稳定和发展。所谓协调,主要指社会经济内部各种结构和比例关系的大致均衡;所谓稳定,主要是指避免经济停滞、过速增长或大起大落;所谓发展,是指经济在质和量上的提高和增长。社会经济协调、稳定和发展,是一个健康的社会经济体的内在要求,也是经济法的应有宗旨。

当然,这里讲的是应然性,历史和现实中往往存在有时候某些国家调节,其国家意志发生偏离的情形,即那种国家调节并非真正为了社会经济的协调、稳定和发展,而是为了使经济服从国家统治者某种政治的、军事的目的和需要。在这种情况下,国家调节往往容易搅乱社会经济正常的结构和运行,使之畸形发展。因此,需要具体分析各国、各时期的各种国家调节活动的真实意图及其经济法立法所真实体现的目的和宗旨。

第二,这是经济法最一般性、较宽泛的定义,它只揭示经济法最基本的属性,适用于各个国家各个不同发展阶段的经济法。也就是说,一方面,凡具备该定义上述基本规定性的,便属于经济法范畴;否则不能算作经济法。另一方面,由于各国各发展阶段情况不尽相同,其经济法的各种特性有明显差异,需要具体分析,甚至可以作出不尽相同的经济法定义。

首先,在法的调整对象方面,各国各发展阶段的国家调节职能活动的发达程度、任务、范围、基本方式等是不尽相同的,经济法调整对象虽然必定是国家经济调节关系,但这种调整对象的种类、性质等有所不同。例如,有的国家开始时只是市场规制(特别是反垄断)关系发达,而宏观引导调控关系尚不发达,因此便有人认为经济法只是或主要就是反垄断法;有的国家对经济生活重在运用行政的甚至政治性、军事性方式进行指令性管制,国家调节带有浓厚的行政管制色彩,因此便有人认为经济法就是国家对经济的管理法或管制法。

其次,在法的任务和作用方面,各国各阶段制定的经济法也有所不同。如前所述,有的主要在于通过国家调节以影响、改变社会经济的结构和运行,使社会经济协调、稳定和发展,并进而解决其他社会问题;有的则是通过影响经济结构和运行以达到其他(如政治、军事等)目的。这些都影响各国经济法的性质,并可以引起定义上的差异。但即使这样,“调整国家经济调节关系”和“实现国家经济调节意志”这两个基本任务和作用,是不管哪个国家、哪个时期的经济法都具备的。

最后,法有应然法与实然法之分,经济法也如此。如前所述,经济法按其产生和发展的社会根源和历史使命,它是规范国家经济调节的,通过调整国家经济调节关系,影响社会经济结构和运行,实现维护和促进社会经济协调、稳定和发展的目标。但现实中的经济法却存在同上述目的和宗旨并不一致的情形。按照国家的经济调节职能和经济法的应有属性,这里的国家调节应当代表社会意志,实际上应当是一种“社会调节”。这里的“国家”应当已经是“社会性国家”,而并非过去那种纯政治性国家了。因此,经济法应当是社会全体民众意志的体现,是社会性法。但是,现实中经济法所体现的有时并非社会意志,而只是某些政治统治者们狭隘的阶级、集团利益和意志而已。鉴于上述情况,如果分别按照经济法的应然性和实然性来下定义,两者可以有所不同。但是,本书的上述定义是最一般性和宽泛性定义,应然与实然两者都可以涵盖。由于各国的实然法从发展趋势看是应当和必然向着应然法趋近的,本定义可以容纳各国实然法的发展进化过程。

二、国内外关于经济法概念诸说

“经济法”一词是“舶来品”。据迄今史料所载,“经济法”一词最早是法国空想共产主义者摩莱里在1755年出版的《自然法典》中提出的。在该书第四篇,作者拟制了“合乎自然意图的法制蓝本”,其第二部分标题为“分配法或经济法”,共12条。从所含条文内容上来看,所谓“分配法或经济法”,是指在作者所设想的未来理想的公有制社会(作者“遗憾”地认为“现在确实几乎无法建立这样的共和国”),用以“调整自然产品或人工产品的分配”的法律规定。在这里,“经济法”一词还不是一个科学的概念,而只是一种唯理论的对于未来的主观构想。①

1842年法国空想共产主义者德萨米出版《公有法典》,该法典第三章标题为“分配法和经济法”,其含义与摩莱里的大致相同。德萨米在分配问题上接受了摩莱里的思想,但德萨米的“经济法”概念包括的内容比摩莱里的更广,涉及各种经济法律制度。实际上他的所谓“经济法”是泛指各种经济方面的法律,而不是今天人们所特指的调整某一定社会经济关系的经济法。因为在德萨米看来,社会各种经济关系都应当是由一个公共权力部门统管的。

1865年法国思想家蒲鲁东在其《工人阶级的政治能力》一书中也使用了“经济法”概念。蒲鲁东认为,法律应该通过“普遍和解”的途径解决社会生活的矛盾,但是,不改组社会,“普遍和解”就无法实现,而且,构成新社会组织基础的就是“经济法”。因为公法和私法都无助于实现这一目标,一个会造成政府过多地限制经济自由的危险,另一个则无法影响经济活动的全部结构。因此,社会组织将建立在“作为政治和民法之补充和必然结果的经济法”的基础之上,其目的在于维护社会正义。应当说,普鲁东已经准确地把握了“经济法”的一些本质属性。②

现代经济法概念的形成,始于第一次世界大战前后的德国。当时德国颁布了一系列国家干预经济的法规,有些法规直接以“经济法”命名,如1919年颁布的《煤炭经济法》《碳酸钾经济法》等。这些法规有一个共同的显著特征,即国家对于社会经济的干预。它们既不同于民法,也有别于行政法,于是学者们把它们命名为“经济法”。自此,“经济法”概念开始在德国流行起来,继而在世界各地传播开来,形成各种经济法学说。

经济法概念从其形成时候起,人们就有不同的理解。德国继“战时经济统制法”之后,又陆续出现多种不同的学说,有集成说、对象说、机能说、世界观说和方法论说等。③

---

① 唯理论是唯物主义社会哲学的一个派别,它的特征是把理性制度同非理性制度对立起来,认为现存制度是非理性的,是人类理性愚昧和错误的结果,应当使理性的光芒驱散无知的黑暗,以建立合乎自然和理性的制度。包括摩莱里在内的空想社会主义者的思想中都有这种唯理论观点的因素。

② 邱本:《经济法总论》,法律出版社2007年版,第17页。

③ 德国和日本的各种经济法学说的主要观点,详见漆多俊:《经济法基础理论》,武汉大学出版社1993年版。

德国的经济法学说不久便传入日本。在第二次世界大战结束前,日本的经济法研究受德国学说影响很大,基本上是照搬德国的经济法概念。这种情况与两国当时实行的经济体制和所奉行的基本政策相近似有关。第二次世界大战前日本的对象说主要受基尔德斯密特的对象说影响,并兼具机能说特点,认为经济法是独立的法律分支,而与公法、私法三分鼎立。日本的“否定说”否认经济法的独立存在,认为它只是分属于历来的公法、私法等法律领域的各种经济法令的汇集综合名称而已。

此外,有的学者主张避免使用引起争论的“经济法”一词,而以“经济统制法”表示有关经济统制的实体法的汇集。

第二次世界大战以后,日本的经济体制发生重大变化,根据美国旨意制定了一系列经济民主化的法律,如财阀解散法、垄断禁止法等。以后日本的自由经济体制就是以此为起点建立起来的,这种情况对日本的经济法学说产生重要影响。这一时期日本的经济法学说,主要有金泽说、今村说、高田说、丹宗说、正田说等。[①]

日本的经济法学说主要围绕国家统制经济和反垄断以揭示经济法的中心概念。有的学说认为经济法主要就是指反垄断法,如丹宗说、正田说;有的学说则认为,反垄断法虽然属于经济法的重要内容,但经济法不限于反垄断法,金泽说、今村说、高田说属之。

例如,金泽良雄认为,经济法是“适应经济性即社会协调性要求的法,也就是主要为了以社会调节的方式解决有关经济循环中所产生的矛盾和困难(市民法自动调节作用的局限)的法。换句话说,经济法也就是在资本主义社会,为了以‘国家之手’(代替‘无形之手’)来满足各种经济性的,即社会协调性要求而制定的法”。经济法“是为了弥补民法调整所不及的法律空白状况,即其中包含的与市民社会私人方面相对的公共(社会)方面的法”。经济性即社会协调性的要求,由于时代和社会的不同而有各种不同表现,有时表现为卡特尔助长法,有时则表现为竞争秩序维持法。[②] 丹宗昭信则认为,经济法是“国家规制市场支配之法”。所谓“市场支配”,即指垄断和限制自由竞争。认为国家为了维持竞争秩序而介入市场的法,就是本来意义的经济法,它以“市场支配”这一独立的社会经济生活事实为其规制对象,从而与民商法、劳动法、行政法等法律部门相区别。[③] 丹宗说的要义在于把经济法界定为自由竞争法。[④]

英国、美国有较为发达的经济法,并且出现较早。它们颁布了较完备的反垄断法,制定了大量干预、参与和指导、促进社会经济活动的法律法规。美国于19世纪末20世纪初颁布的反垄断法,是现代经济法最初的典型表现形式;而20世纪30年代罗斯福新政所颁布和实施的大量关于国家调节社会经济的法律,则更标志着美国经济法体系的

① 德国和日本的各种经济法学说的主要观点,详见漆多俊:《经济法基础理论》,武汉大学出版社1993年版。

② 参见金泽良雄:《经济法概论》,满达人译,甘肃人民出版社1985年版,第24~29页。

③ 参见[日]丹宗昭信等编:《现代经济法入门》,谢次昌译,群众出版社1985年中文版,第5~7页。

④ 参见邱本:《经济法总论》,法律出版社2007年版,第21页。

完备。但是,在长时期内,这些国家不流行"经济法"这一概念,不仅立法中不使用它,而且学术界也很少使用这一概念。但学者们一般都知道,所谓经济法在他们那里主要就是指反垄断法等法律。

苏联的经济法研究早在20世纪20年代就开始了。20世纪30年代后期遭到批判,沉寂了一段时间。在50年代末,经济法学重新兴起。在长期研究过程中,苏联法学界先后出现多种经济法学派,主要有两成分法说、战前经济法说、战后经济法说、综合部门说、经济—行政法说等。[①] 其中最重要、影响较大的当属战后经济法说。它由B.B.拉普捷夫等人在50年代末60年代初提出。认为"经济法调整社会主义组织及其内部单位之间在领导经济活动和进行经济活动时形成的关系",包括纵向经济关系(经济管理关系)、横向经济关系和内部经济关系,并认为纵向经济关系与横向经济关系及它们所反映的计划关系(或组织关系)与财产关系是统一的,这是"经济法作为部门法的理论基础"。[②] 这种理论被人们称为"纵横经济法学说"。随着苏联政治经济体制的改革,"纵横经济法学说"的具体内容也有所变化和发展,正如他们所指出的,"在由计划经济向市场经济过度的时候。经济活动正在成为经营活动","在社会主义经济法观念中这曾经是有计划有组织成分和财产成分结合在一起的有计划性质的关系。现在已经谈不上这种结合,作为宏观范畴的计划工作已被有意识地抛弃"。"这也就决定经济法的新内容。经济法也就正在成为经营活动法"。[③] 经济法概念流传到中国的时间较晚。20世纪70年代末,中国法学界开始进行经济法研究,并逐步形成自己的各种经济法概念。1979年6月在第五届全国人民代表大会第二次会议上,中央领导人提出:随着经济建设的发展,我们需要制定各种经济法。[④] 随后,在国家和中共中央许多正式文件中越来越多地使用经济法概念。20世纪80年代,中国经济法学界形成了许多学派,关于经济法的概念,众说纷纭,莫衷一是。在20世纪80年代初,主要有纵横经济关系说、纵横统一说、综合说、经济行政法说、学科经济法说和国家经济管理关系说等。1989年以后,出现密切联系说或管理协作说。1992年在国家决定建立社会主义市场经济体制以后,人们又分别提出了经济协调关系说、需要干预经济关系说、经济管理与市场运行关系说、宏观调控说、行政隶属关系说等。

鉴于我国的经济法概念之争基本上围绕着经济法调整对象问题进行,因此,关于经济法概念诸说的内容及本书作者对它们的评论,拟在后面章节详细论述。

---

① 参见莫斯科大学、斯维德洛夫法学院合编:《经济法》,中国人民大学苏联东欧研究所译,中国人民大学出版社1980年版,第22页。

② 参见[苏联]B.B.拉普捷夫主编:《经济法》,中国社会科学院法学研究所民法经济法研究室译,群众出版社1987年版,第4~15页。

③ 参见[苏联]B.B.拉普捷夫:《经济法——经营活动法》,载《外国法译评》1993年第4期。

④ 参见彭真:《关于七个法律草案的说明》(1979年7月在第五届全国人民代表大会第二次会议上的报告)。

综观上述各国学者对于经济法概念含义的理解和表述,可以发现有以下一些较明显的特点。

首先,各西方国家经济法概念和含义要比苏联等转轨国家范围小。在西方国家,经济法概念大多突出或围绕国家对社会经济的"统制"、"规制"、组织或约束,即国家对经济的干预、调节和组织管理这一中心,有的甚至将经济法概念进一步限定在"国家对垄断和市场的统制"(如日本的丹宗昭信等学者)。其经济法概念一般都不同民法相混杂。而苏联、东欧国家及我国的情况则不同。自20世纪30年代苏联的"战前经济法"开始,人们扩大了经济法调整对象的范围,把"各社会主义组织之间的关系以及公民之间的关系"(E. B. 帕舒卡尼斯)或"社会主义组织及其内部单位之间在领导经济活动和进行经济活动时形成的关系",即纵向经济关系、横向经济关系和内部经济关系(B. B. 拉普捷夫)都纳入经济法范围。他们把应归民法调整的平等主体的公民和法人之间的经济关系也视为经济法的调整对象。这是一种"大经济法"观点。在我国,这种"大经济法"观点也曾十分盛行。1992年以后,许多学者纷纷改变了观点,提出了一些新的主张,但仍在不同程度上保留着一些"大经济法"观点的痕迹。两种社会制度的国家在经济法概念上出现这样的明显差异,不是偶然的,其原因同这两种类型的国家所实行的经济体制和国家经济管理体制,以及这些国家在经济法兴起以前的立法背景相关。

其次,我们发现中国特别是在20世纪80年代的许多关于经济法概念的主张,同苏联的一些观点十分相似,有些如出一辙。例如,中国的"纵横说"或"纵横统一说"。其后的"密切联系说"或"管理协作说"也基本上不脱离其窠臼。这种现象也是可以理解的。70年代末80年代初,我国经济法兴起的时候,由于当时的苏联、东欧国家的政治、经济制度同我国基本相同,我国的法学思想理论和立法长期受苏联影响,人们最容易接受苏联的学术观点,无须作大的修改即可拿来运用。中国经济法研究前期之模仿苏联,同日本在第二次世界大战以前之仿效德国,情况是十分相似的。当初日本的经济法概念和其他理论主张基本上是引进德国的研究成果;至第二次世界大战后,由于社会情况发生变化,法学家们需要独立思考,对经济法有关问题进行再认识,形成了新的经济法概念和理论。我国1992年经济体制改革进一步深化,且此前苏联、东欧国家先后发生了剧变,原来仿效苏联的一些经济法观点已站不住脚,逐渐为越来越多的人反对,有关的经济法学家也纷纷改变观点。

此外,就我国各种经济法概念及其发展演变而言,我们发现,它同国家经济体制改革的各个发展阶段密切相关。改革初期,同计划经济体制和高度集中统一的国家经济管理体制相适应,"大经济法"观点流行。随着改革的不断深入,国家实行"有计划的商品经济",人们对于经济法的概念的理解逐渐缩小其范围。到了1992年国家决定建立社会主义市场经济以后,"大经济法"观点在我国经济法学界的主流地位才彻底动摇。

当然,早在20世纪80年代初,我国也有学者持同"大经济法"观点完全不同的意见,一开始就突出了经济法的国家经济干预、调节和管理这一本质。① 但这种意见长时间内未受到足够重视,至20世纪90年代初开始被越来越多的学者所注意,对动摇"大经济法"观点在中国长达10余年的主导地位和推动我国经济法理论研究,发挥了重要作用。

第二节 经济法的调整对象

一、经济法调整对象的特定性

经济法是规范国家经济调节之法,其调整对象是在国家调节社会经济过程中发生的有关主体之间的社会关系,即国家经济调节关系。

法律总是调整社会关系的,作为经济法调整对象的国家经济调节关系,也是一种社会关系,即人与人之间的关系,但是,它同其他法律调整的社会关系比较有不同特点,它是一种特定的社会关系:(1)这种社会关系发生在国家调节经济过程中,是由国家调节引起的社会关系,如在反垄断过程中发生的以代表国家的反垄断主管部门同垄断企业之间的关系、在国家实行财政税收或金融调控过程中发生的国家机关同企事业单位和个人之间的关系等。如果不是发生在国家调节经济过程中,不是由国家调节引发的社会关系,如在普通的国家行政管理过程中由行政管理引发的国家行政管理关系,或在一般商品交换中发生的商品交换关系,则不由经济法调整,而由行政法或民商法调整。(2)这种社会关系的主体即当事人有一方为国家或代表国家的机关,它们担负着国家经济调节职能,是一种调节、管理主体,而相对方则为被调节被管理主体,有接受国家调节的义务。因而,国家经济调节关系的主体双方地位是调节(管理)与被调节(被管理)关系,具有不平等性。这同民商法所调整的平等主体之间的社会关系是不同的,同行政法所调整的普通行政管理与被管理关系也有区别。(3)这种社会关系不是当事人之间完全自愿协商的关系,而具有一定强制性;同时,国家调节主体有时也需要运用协商机制,并尽量让被调节主体自觉自愿,但并不以协商和自愿为原则。民商法主体之间是以自愿协商为原则,行政法一般并不依靠经济政策和经济杠杆对当事人进行引导和约束。(4)这种社会关系具有经济性内容,因为国家经济调节涉及社会经济的结构和运行,必触及有关当事人经济利益,但不是一般平等主体之间商品交换那样的经济关系。

下面进一步论述国家经济调节关系同民商法、行政法等部门法所调整的社会关系有着明显的联系和区别,以论证经济法调整对象具有特殊质的规定性。

(一)国家经济调节关系与民间社会经济关系——经济法与民商法

国家经济调节引起的社会关系是涉及经济领域并具有经济性内容的一种社会关

---

① 参见漆多俊:《国民经济的法律调整》,河南人民出版社1986年版,第1~47页。

系。经济领域或涉及经济领域,并具有经济性内容的社会关系,有各种不同情况,可分为不同类型。首先,可分为民间社会经济关系与国家经济管理关系两大类;其次,国家经济管理又可分为一般性行政管理与国家为调节经济的目的而实行的国家调节。国家调节也是一种管理,可称之为国家经济调节管理。在国家经济调节中发生的以国家为一方主体的社会关系,是一种国家经济调节管理关系。

所谓民间社会经济关系,是指民间社会的自然人和法人从事经济活动,相互之间发生的经济关系。此即我国通常所称的“平等主体间经济关系”。

民法的调整,是把经济关系作为私人之间的平等交往来对待,以意思表示为核心实行当事人自治,调整的目标是当事人之间的利益平衡,并消极地防止这种交往损害他人的利益、集体利益和社会公共利益。而经济法的调整,是把经济关系作为整个社会交往的一部分,调整的目标是通过积极的手段,力求使这种交往对整个经济生活乃至社会生活产生有利的影响。

国家经济调节关系同民间经济关系在主体身份和地位、社会关系的内容、形式和处理原则等方面,都有着显著不同。民法的调整旨在保证民事交往合乎当事人的真实意愿,安全而有效率;经济法的调整追求社会整体经济和社会利益的最大化。二者彼此协调,相互衔接,密切配合,保证具体经济关系既符合当事人的利益和愿望,又能够促进社会公共利益。二者缺一不可。社会关系性质和类别不同,决定用以调整它们的法有所不同。民商法调整民间社会经济关系,而不能调整国家经济调节关系;经济法调整国家经济调节关系,而不能调整民间社会经济关系。把一些民间经济关系当作经济法调整对象来看待,夸大经济法调整对象的范围,这是不妥的,是一种“大经济法”观点。[①] 相反,把应属经济法调整的国家调节关系纳入民法范畴,否认经济法是一个独立部门法,认为经济法没有存在必要,这同样是错误的,曾被人们称为“大民法”观点。

经济法同民法在调整对象上也存在密切联系和某些交叉,这特别表现在国家直接投资经营这一领域。当国家投资开办和经营国有企业时,国家既是经济调节主体,又是投资主体和企业经营管理主体。从其基本性质上说这是国家经济调节的一种基本方式和活动,所发生的是一种国家经济调节关系,原则上属于经济法调整对象范畴;但从投资经营活动来说,国家又以一种同其他民间经济主体平等的身份出现,所发生的社会关系具有与一般民间社会经济关系同样的性质。例如,民法关于物权、债权、合同等的规定,对国家投资和国有企业来说,也基本适用。特别是当国有企业实行租赁、公司制等民营方式时,不仅在国家同企营者之间适用民商法有关规定,而且对于该种企业的内部关系,国家基本上放开由企业自主处理,基本上适用民商法或劳动法等有关规定。此

---

① 在我国有些学者把经济法调整对象笼统地称为“经济关系”,没有区分是民间平等主体间经济关系还是国家经济调节关系,这是“大经济法”观点的表现。

外,当国家发行政府债券时,一方面,它作为国家调节经济的一种必要措施,发生的是国家经济调节关系,属于经济法范畴;另一方面,这也是一种民事行为,国家是债务人,同作为债权人的债券认购人之间发生债权债务关系。这种债的关系虽然具有特殊性,对其特殊性需由经济法加以规定,但基本上适用民法债的规定。即使在国家运用计划和经济政策对社会实行促导和调控时,国家也不免采取民事方式,例如,为落实某些计划指标而采取订货合同形式,同社会各方发生合同关系。在诸如以上国家各种经济调节活动中,本为调节管理主体的国家,却以一种特殊民事主体身份出现,同社会有关各方发生一种特殊民事关系。这种关系基本上适用民法,经济法只对其中具有特殊性的方面作出特别规定。

(二)国家经济调节关系与国家行政管理关系——经济法与行政法

近年来,经济法与行政法的关系问题成为法学界关注的一个热点,究其原因,在于一些学者将经济法的调整对象归结为纵向经济关系、国家干预关系或不平等主体之间的关系等,或者将经济法视为经济行政法、国家干预法等,使经济法调整的经济关系与以纵向和隶属为特征的行政关系界限不明。

如前所述,经济法所调整的国家经济调节关系也是一种国家经济管理关系。行政法所调整的是国家行政管理关系。国家行政管理中一部分涉及经济领域,并具有经济性内容,因此这也是一种国家经济管理,其所发生的社会关系也是一种经济管理关系。但这种经济管理关系同经济法所调整的国家经济调节关系有所不同,它们是不同性质和类别的两种经济管理关系。前者作为国家行政管理,是国家为了维护社会、治安或政治秩序,保障国家行政管理职能实现,而对于社会经济活动以及对国家机关自身的经济活动和经济管理活动实施的日常性管理;后者则是国家为了调节社会经济的结构和运行,促进社会经济协调、稳定和发展,对社会经济的总体或同总体密切相关的部位或方面实行某种强制、直接参与或促导。这两种国家管理及由其产生的管理关系在管理目的、管理方式、原则、内容和深度、侧重角度、主体等方面均有所区别。

第一,管理目的和任务不同。一般行政管理在于保障国家各级行政机关的行政活动正常进行,以维护政治、治安及其他社会秩序。国家经济调节,则通过国家对社会经济生活的干预、参与或促导,影响社会经济的结构和运行,保障和促进社会经济按照国家意志发展。国家经济调节的最终目的,可能有两种情况:一是经济性的,即为了社会经济健康、有效地运行和发展;二是非经济性的,例如,为政治、战争、治安等目的而采取重大经济措施,而该经济措施影响到社会经济的结构和运行。在后一种情况下,国家的最终目的是通过首先影响社会经济来实现的,影响经济的结构和运行是国家经济调节活动的直接目的(或说第一目的),这当然也是国家经济调节活动。这时,它同一般行政管理的区别,还需要从所采用的干预方式和手段、它对社会经济影响的深度和广度等方面加以认定。①

第二,管理方式和手段不同。一般行政管理主要采取行政命令式直接管理。国家经济调节则需要从总体和宏观上掌握国民经济运行状况和变化趋势,遵循客观经济规律,运用强制方式排除对价值规律和市场调节机制作用的障碍;或者由国家直接参与经济活动;或者运用计划、经济政策和经济杠杆对经济进行宏观调控,以促导经济运行。国家经济调节虽然也需要对市场和企业进行各种必要的指令性直接管理,但这种指令性直接管理的目的,是为了实现国家对社会经济的宏观管理总目标,它必须服从这一总目标。而这同一般行政管理是不同的。

第三,管理原则不同。一般行政管理贯彻命令与服从原则,近代各民主国家实行不同形式的民主集中制原则。国家经济调节,则特别强调兼顾各方经济利益,注重社会经济总体效益。而一般行政管理不以兼顾经济利益和注重经济效益为其基本原则。

第四,管理内容与深度不同。一般行政管理涉及政治、治安、文教、卫生等非经济领域,此外也包括一些经济领域。国家经济调节则只涉及经济领域。对于两者均涉及的经济领域,其所涉及的程度与内容也不相同。国家经济调节,需要涉及生产、流通、分配、消费等国民经济的各方面和社会再生产的各环节,有时要深入个别生产过程之中。它要分析研究国民经济的各种总量关系和变化、各种结构关系和变化,要制订计划、经济政策并运用各种调节手段,直接影响国民经济的结构和运行。而属于行政管理范畴的经济管理,则不涉及深层次的经济问题。它"只限于……关于经济管理机构的建立,它们活动的原则等一般问题,而未深入到……经济领域中的关系","常常在它刚刚要真正展开时就中断了",因而形成行政管理(和行政法)不能深入触及的"某些死角"。②而这些"死角",只有靠国家经济调节(和经济法)来调整。

第五,侧重的角度不同。国家经济调节主要是从国民经济的总体和宏观角度来规划和调节其总体结构和总体运行,重在掌握和影响各种经济总量指标的变化。通过国家计划、经济政策和经济法规的制定和实施,将各种经济总量指标分解和落实。当然,国家的各种具体经济调节措施的落实要涉及市场和企业这些微观领域的管理。而作为一般国家行政管理,则主要是微观管理,如财政、税务、工商、物价等国家机关日常从事的对于市场和企业等的管理,大量和主要属于微观直接管理。它们当然也需要作宏观上的规划和决策,但它们作为国家一般行政机关,其宏观管理是执行其行政管理职能的行为。在微观经济管理领域,如上所述,发生了国家经济调节同行政管理的交叉。当这

① 金泽良雄把国家对经济的干预,分为经济性目的、经济性干预和非经济性目的、非经济性干预。并认为,有些非经济性干预"表面上,虽属于一种公安、卫生上的干预,但实质上往往是推行某种经济政策的干预",这些也应视为经济法调整范畴。参见[日]金泽良雄:《经济法概论》,满达人译,甘肃人民出版社1995年版,第26~28页。

② 参见莫斯科大学、斯维德洛夫法学院合编:《经济法》,中国人民大学苏联东欧研究所译,中国人民大学出版社1980年版,第15页。

些国家行政机关执行其职务时,从完成其维护社会治安、政治秩序方面来说,是在执行行政管理,发生行政管理关系,受行政法调整;而从落实国家经济调节任务方面来说,他们的行为同时又具有经济法性质。

第六,管理主体不同。行政管理主体是行政机关和行政人员。而国家经济调节主体主要是与维护市场竞争和进行宏观调控有关的当事人,介入其中的也不尽是行政机关、行政人员,甚至主要不是行政机关和行政人员。例如,它的宏观经济决策和对决策实施的监督检查;还包括司法机关,例如,它对于垄断和不正当竞争行为的管辖;还包括一些特别设立的专门执行机构,如许多国家的反垄断、兼并和不正当竞争的专门局和委员会。国家经济调节主体也包括许多担负经济管理职能的国家行政机关,如财政、税务、工商、物价等行政管理机关。当它们执行管理职能时往往兼具双重身份,即当它们依照行政法行使一般行政管理时,是行政法主体;当它们贯彻某些经济政策,执行国家经济调节使命时,又具有经济法主体身份。

国家行政管理同国家经济调节上述种种不同,决定了由其发生的国家行政管理关系同国家经济调节关系的不同。前者由行政法调整,后者由经济法调整。行政法不调整由国家经济调节引起的社会关系,同样,经济法也不调整一般国家行政管理关系。

但是,国家经济调节关系和经济法,同国家行政管理关系和行政法的密切联系,也确实是非常明显的。国家调节与行政管理在最终目的和任务上有共性,特别是如前所述,有些经济调节措施虽直接影响经济结构和运行,但其最终目的却是政治性、社会性或甚至军事性的。国家调节的主管机关,主要的是国家有关行政机关。国家调节所采取的方式有许多类似或甚至同时就是行政管理方式,特别是为了保障宏观调节措施和目标最后落实和实现,而在微观经济领域所实施的管理活动,它们往往同时就是行政管理活动。

在国家经济调节职能和经济法的出现初期,特别是在有着以行政权力为中心的传统的一些国家,国家调节同行政管理措施结合尤其紧密,经济法的行政法色彩更浓,或简直难以区分。以后,国家调节职能进一步发达,调节方式更多、更有特色、也更自成体系,经济法于是逐渐剔除其行政法因素,性质日趋纯一。但即使如此,经济法同行政法的联系仍然是非常密切的,特别是在微观经济领域,这两个部门法的交叉和融合,是必需和不可避免的。当前和今后都会如此。这是由社会经济关系的性质决定的。社会经济关系大致可以分为两类:一类是具有普遍性的社会经济关系;另一类是具有特殊性的社会经济关系。前者中的市场竞争关系和宏观调控关系由经济法调整,后者主要由行政管理并对行政管理进行行政法调整。社会经济关系的上述双重性质以及法律和行政的属性决定了:社会经济关系的法治化,必须将经济法和行政法并立同行、和衷共济、取长补短、相互配合,相得益彰,为共同促进社会经济的发展而努力。

但是,有人会提出这样的问题:既然国家经济调节也是一种国家管理,在历史上,国家对经济的管理关系原来一直同国家行政管理关系交错在一起,并都由行政法规范调整;即使经济法出现以后,特别在其初期,它仍同行政法联系紧密,那么,国家经济调节关系为什么不能由行政法统一调整,而还需要一个新的部门法即经济法呢?或者如有些学者所说,诚然,如今现实生活中的确存在行政法“未深入”的经济领域,因而形成“某些死角”,但这些“死角”不是可以通过建立行政法的亚部门法即“经济—行政法”来予以解决吗?①

对于上述问题,我们需要从两个方面来思考。首先,要认识前面已论述过的经济法同行政法在调整对象等方面的区别;有区别,才有划分这两个部门法的可能性。其次,还要看这两个部门法区分的必要性。国家对社会经济(全局或局部)进行某些调节,古已有之,但过去不够发达,因此不需要有单独的部门法来调整。而有了国家便有大量行政管理活动,行政管理关系较发达,需要有相应的行政法规范予以调整。但早期立法是诸法合体,行政法也未能独立。到资产阶级革命成功后实行权力分立,加之当时民法、刑法分离,行政法才独立出来。行政法独立后,国家经济调节职能仍不发达,并且当时国家许多类似经济调节的活动也往往采取同一般行政管理无所区别的做法,因此仍可以主要由行政法统一加以调整,经济法不需要成为新的部门法。但是,19 世纪末 20 世纪初以后,情况有了很大变化。生产社会化和垄断的形成使市场失灵,国家调节机制和国家经济调节职能发达起来,国家经济调节关系发达起来。它涉及社会经济的全局和总体,涵盖各关键部位,自身形成一个统一的体系。调整国家经济调节关系的法律规范因而十分发达,量多、涵盖面广,且自成体系。经济法于是形成一个发达的独立法律部门。人类社会法的体系的演变和新的部门法的形成,主要取决于社会生活和社会关系的发展和发达程度,是为了满足法调整社会关系的需要。一种如此发达和自成体系的社会关系——国家经济调节关系,一个如此庞大而自成体系的法律规范群体——经济法群体,怎么能勉强附于其他部门法之中,或作为其一个分支呢?这不是“地位”之争,而是法调整社会关系的实际需要。只有经济法成为独立部门法,才能按照它特有的原则和方法有效地调整现代社会如此发达和重要的国家经济调节关系。

二、经济法调整对象的范围和分类

经济法所调整的国家经济调节关系既然有其特殊质的规定性,其外延也就具有确定性,不能随意把别的社会关系也视为国家经济调节关系而由经济法调整。但是,国家经济调节关系本身在不同国家、不同时期其发达程度是不同的。这主要同国民经济运行状况和国家实行的经济体制和经济管理体制相关。如果在某个时期国民经济运行特别需要国家加强调节措施,而国家也确实加强了这种调节,则这时国家经济调节关系较为发达,涵盖的范围较为广大;否则,发达程度稍次,涉及范围稍窄。如果国家实行计划

① 这是 C. H. 勃拉图西、C. C. 阿列克谢耶夫《关于国民经济管理的法律问题研究》中的话,参见莫斯科大学、斯维德洛夫法学院合编:《经济法》,中国人民大学苏联东欧研究所译,中国人民大学出版社 1980 年版,第 15 页。

经济体制和高度集中统一的经济管理体制,则国家调节和管理范围极广,否则稍窄。中国原来对国民经济,国家管理既严格又广泛,使整个国民经济都置于国家直接控制之下。在经济体制改革后,逐步引入市场调节机制,国家对经济干预管理的方式、程度和范围发生了一些变化。如今,国家经济体制正在向市场经济过渡,国家的干预管理将进一步控制在必要范围,以满足国家对经济的必要调节为限。因此,我国的国家经济调节关系的内容和涉及范围发生了变化。

尽管各国各个时期的国家经济调节关系的发达程度和涉及范围有所不同,但现代国家都十分重视和加强对社会经济的国家调节。现代社会国民经济是社会经济各部门、各环节、各地区密切关联的有机整体,牵一发而动全身。国家调节重在从国民经济总体和全局角度着眼,并需将各种调节措施落实到微观领域,因此,必然涉及国民经济的各个方面和环节中。只是并非对它的各个方面和环节中的所有问题事无巨细一律都管,而只是关心其中同国民经济总体和全局(结构和运行)相关需要国家调节和管理的一些问题。后者才是经济法的调整对象,而国民经济中其他方面的问题,则由其他部门法如民法、行政法等去解决。

作为经济法调整对象的国家经济调节关系,按照不同标准,可划分为不同的种类:

(一)按照国家调节经济的基本方式,可分为市场障碍排除关系(或称国家对市场规制关系)、国家投资经营关系和宏观引导调控关系

市场障碍排除关系,是国家运用强制干预性调节方式反对市场垄断和不正当竞争所发生的一种国家经济调节关系。国家以自己(它的代表机关)为一方主体,另一方主体主要是实施或可能实施垄断和不正当竞争行为的经营者。它们在关于垄断和不正当竞争行为的调查、处理和制裁等方面发生的社会关系,由市场障碍排除法(主要是反垄断法和反不正当竞争法)调整。

国家投资经营关系,是国家参与经济活动,直接投资经营国有企业或从事其他商业或金融活动过程中发生的各种社会关系。它包括国家投资决策和实行过程中各有关国家机关之间、国家机关同社会组织之间发生的关系;在国有企业设立、组织与经营管理活动中国家主管部门相互之间、主管部门同企业之间和企业内部(这主要是指在实行“国营”情况下)等方面的关系。

宏观引导调控关系,是国家运用以促导为主的经济调节方式所发生的社会关系。在国家对社会经济引导、促进和调控中所发生的社会关系主要包括国家计划的制定和实施过程中各国家机关、国家机关同企业、事业单位和其他社会组织之间的关系;国家各项经济政策制定和实施中有关各方之间的关系;国家在运用各种经济调节手段和政策工具(例如,税率、利率、汇率等经济杠杆)过程中有关各方面之间的关系。

(二)按照国家调节经济目标和任务所主要侧重的方面,可分为经济运行调节关系与经济结构调节关系

调节宏观经济运行,主要是控制国民经济各种总量增长变化的规模和速度,保障社

会总供给与总需求的平衡，防止和克服国民经济停滞、过快增长或大起大落。控制各种经济总量需要将各种总量指标进行分解，落实到各经济部门、行业、地区和有关企业、事业等社会单位。在这个过程中发生的国家机关之间、国家机关同企业事业等社会单位之间的各种社会关系，可称为经济运行调节关系。

调节宏观经济结构主要是协调各产业、各行业、各地区等之间的发展比例关系。在这个过程中发生的国家机关之间和它们同社会各方的社会关系，可称为经济结构调节关系。

(三)按照社会经济的宏观与微观、总体与局部关系，可以分为宏观经济调节关系与微观经济管理关系

宏观经济调节，是指国家对国民经济总体发展及其经济总量变化进行全局性和综合性的规划、组织、引导、控制和监督；微观经济管理，本书在这里是指国家对各个具体的市场和企业等基本经济活动单位实行的管理。

国家经济调节从本质上来说是宏观性的，但是，微观经济单位是国民经济的基本细胞，是国民经济活动的基础。微观经济单位的生机与活力，最终决定着整个国民经济发展的效益和成果。宏观经济调节必须落实到微观经济单位的经济活动上。国家宏观经济调节是否卓有成效，不仅取决于其本身的正确、得当，更取决于微观经济单位对于宏观调节措施是否作出积极、恰当的反应。因此，国家经济调节必须包括微观管理。宏观调节与微观管理，是国家经济调节两个相辅相成的方面，两者既有矛盾，又是统一的。正确的方针应是宏观管好与微观搞活相结合。国家在微观经济管理过程中同有关方面发生的经济管理关系，除一般来说多属于国家行政管理范畴外，也具有某种经济法性质。在这里发生经济法同行政法调整对象的交叉。

(四)按照国家经济调节实施过程各环节，可分为经济决策管理关系、组织实施管理关系、对国家经济调节过程的监督和对于纠纷与违法的调处关系

国家经济决策，是指国家机关对于国家未来经济发展目标及实现目标的措施、步骤等所作的选择和决定。经济决策管理，是指国家对有关国家机关和人员经济决策权限与责任的划分和监督，它包括经济信息管理、预测管理、目标管理与计划管理等。其主要形式是编制经济计划，制定经济政策，确定经济项目，拟订重要措施。近代以来，各国重大经济决策权掌握在国家权力机关手中，行政机关在宪法和法律规定权限范围内也享有较广泛的经济决策权，如制定经济方面的政策性文件和行政法规、编制经济计划和国家预算等。地方权力机关和地方政府依据国家法律和中央政府授权，享有在本辖区内的经济决策权。一方面，各级国家机关应该严格按照经济决策权限分工进行决策，不得超越规定权限，不得滥用或随意放弃决策权，不得因渎职、懈怠而造成决策失误，否则，应承担相应责任；另一方面，对于国家各项经济决策，各有关单位和人员必须遵照执行。其可以提出意见或建议，但不得违反，否则，也应承担责任。这就是因经济决策而发生的经济决策管理关系。

当国家的经济决策确定以后,大量的工作是组织实施,它涉及各级政府、政府各部门及其工作人员,以及企业事业单位、公民等社会各主体,涉及社会经济生活的各个方面,围绕国家的各种经济调节管理活动,发生各种调节与被调节、管理与被管理关系。

对于国家的经济决策,特别是其组织实施过程,国家的权力机关、行政机关,特别是司法机关,要实行检查监督,并对其中发生的争议与违法行为进行调解、仲裁和诉讼。肯定和奖励模范遵守执行者,否定和制裁其违反者。在以上过程中,有关各方之间发生的关系,也是国家经济调节关系的内容,属于经济法调整对象范畴。

(五)按照经济成分,可分为国家对国有经济的调节管理和对非国有经济的调节管理

对于非国有经济,国家以政权体现者身份实施调节管理。管理方式主要是要求它们遵守国家政策法律,照章纳税;完善市场体系,维护竞争秩序,反对垄断和不正当竞争行为,排除市场障碍;通过国家指导性计划、经济政策和各种经济杠杆等宏观调控手段,对其经济活动进行引导、鼓励或限制。此外,也通过建立各种社会保障体系、发展各种公共事业等,为其创造良好的外部环境和提供服务。国家对非国有经济一般不下达指令性计划,不干预其内部生产经营、劳动人事、工资分配等事务。

对于国有经济,国家以政权和财产所有权人双重身份实施调节管理。除以政权身份实施管理同对非国有经济相同以外,作为财产所有人,首先,需要确定国有资产的投资方向、规模和经营形式;其次,它的主管机关应清查、考核国有企业财产保值、增值情况,按照所实行的不同经营形式,确定国家与企业之间的收益分配方式、比例或定额,拟订企业财务会计制度,并对企业财务进行审查和审计监督,决定或批准企业的设立、合并、分立、终止、拍卖,批准企业兼并和破产申请,对于采取股份制经营形式的公司,国家有关主管机关需委派代表行使股东权。

在上述对国有经济和对非国有经济的调节管理过程中,国家机关之间及其同各经济单位之间发生的社会关系,属于经济法调整对象。

(六)按是否具有涉外因素,可分为国内经济调节关系与涉外经济调节关系

涉外经济是国民经济的一个重要的有机组成部分。对涉外经济的调节是国家对整个国民经济调节的一个重要领域。国家对涉外经济和国内经济调节管理中所发生的社会关系,都是属于经济法调整对象范围。

此外,国家经济调节关系还可作其他多种分类,例如,按照国家调节所涉及国民经济的各职能方面(如计划、财政、税收、金融等)和各行业部门(如工业、农业、商贸、运输、通信等),可分为各种相应的国家调节关系;按照国家政治、经济和其他社会形势,可分为平常时期国家调节关系与特定(非常)时期国家调节关系,后者如作为战争、经济危机、大自然灾害等的对策所实行的国家调节及其中发生的社会关系。

三、关于经济法调整对象各种主要观点评介

关于经济法调整对象,国内外众说纷纭。国外诸学说的观点,本章第一节关于经济

法概念部分已经涉及,这里只对我国法学界在经济法调整对象问题上的各种观点进行评介。

我国的经济法研究起步虽晚,但一开始就非常热烈,特别是在经济法调整对象问题上,争论尤为激烈。人们提出了各种各样的观点和主张,并陆续形成诸如“纵横经济关系说”“密切联系说”“管理—协作说”“经济管理关系说”“综合说”“学科说”等较为系统、有一定影响的学说。各家在经济法调整对象的种类、性质和范围上意见各不相同。为了简明起见,我们可以按照所主张的调整对象的范围大小,将这些观点分为全、大、小、无四类,分别介绍。

所谓“全”,是指主张经济法调整一切经济关系。例如,有人认为,“经济法是国家为调整经济关系而制定的法律规范”,“是调整经济关系的法规的总称”;①有人认为,“经济法是调整社会经济关系的法,它调整的是经济关系,包括国内经济关系和对外经济关系”;还有人认为,“经济法是调整国民经济关系的法律规范的总称”。

鉴于民法也调整一定的经济关系,上述主张经济法调整一切经济关系的人,如何看待经济法与民法的关系呢?主要有两种态度:一是“取消论”,即认为,既然经济法调整各种经济关系,民法的调整对象便只剩下婚姻家庭关系和与婚姻家庭关系密切相关的一些财产关系。“那么,民法的传统体系就被打破了,民法的本来含义改变,因此,再使用‘民法’一词就没有必要了”,可以“建立我国的婚姻家庭法”。二是“归并论”,即主张把民法归并于经济法之中,成为经济法的一个核心部分或作为经济法的基本法。这可表示为“经济法 = 民法 + 各种部门(或单项)经济法规”。

例如,有人认为,“在民法之外,相应地制定一系列单行的经济法规——与民法彼此配合,相互补充。只有各种经济法规与民法结合起来,才能构成一个完整的调整经济关系的法律体系”。至于民法被归并于经济法之中以后,民法的地位怎样,又有两种意见:一是认为民法不再为宪法下面的一级独立部门法,而只是属于经济法之中“调整基本经济关系”,“相当于经济法总则”的一个部分;二是认为民法仍然为独立部门法。不过,后种观点实际上是否认经济法为独立部门法,只把经济法作为民法的一个别称(把其中的“经济法规”作为民法这个基本法的特别法)而已。

由于这些人主张的经济法调整对象范围十分广泛,包括一切经济关系,所以谓之“全”。这类观点流行于20世纪80年代初期,即中国经济法研究起步阶段。接受这种观点的人不多,影响不大。以后,很少有人再坚持这种观点了。

所谓“大”,是指主张经济法所调整的经济关系范围过大,把应由别的部门法,特别是民法调整的范围也视为经济法调整对象。按其划分经济法调整对象标准的侧重点和范围大小程度,又有多种情况:有的按照经济关系所属领域,认为经济法调整生产领域的经济关系,民法调整消费领域的经济关系;有的按照经济关系主体类型,认为经济法

① 以下所引的各种观点详见漆多俊:《经济法基础理论》,武汉大学出版社1996年修订版的有关注释。

调整社会组织(或仅指“经济组织”,或仅指“社会主义”的组织或经济组织,或还包括国家机关等)之间的经济关系(或还包括上述组织与公民之间的经济关系),民法则调整公民之间(或还包括公民与社会组织之间)的经济关系;有的将上述两种标准(领域与主体)结合起来,认为经济法调整的是社会组织之间在生产领域中的经济关系,民法则调整公民之间在消费领域的经济关系;有的除依据主体标准外,还提出了“经济管理”和“经济活动”标准,认为经济法调整国民经济管理和各种经济组织在经济活动中发生的经济关系;有的则不分主体,主张经济法调整国民经济管理和生产经营活动中发生的经济关系;有的则把经济关系区分为“纵向性”与“横向性”(此外还有“内部性”),认为经济法调整纵向、横向另加内部经济关系,此即所谓“纵横说”;有的则在“横向”经济关系中分出“与纵向关系密切联系的横向关系”,或者“与纵向关系(或经济管理关系)密切联系的协作关系”来,此即所谓“密切联系论”或者“管理—协作论”等。

在上述各种观点和主张中,经济法调整对象的范围都过大,但按其大的程度,又可分为两类:一是以“纵横说”为代表,其范围更大一些;二是“密切联系论”和“管理—协作论”为代表,其范围有所缩小,但仍偏大。“纵横说”出现于20世纪80年代初期,当时影响较大。“密切联系论”和“管理—协作论”则是20世纪80年代中期以后(1986年我国《民法通则》颁布以后)提出的,其出现以后,立即取代了“纵横说”的主导地位,而被我国经济法学多数人所接受,并在其后一段时间居于主流地位。

“密切联系说”同原来“纵横说”最大的区别,在于放弃了经济法“调整社会组织之间在经济活动中所发生的社会关系——横向经济关系”的主张,而改为主张经济法只调整上述经济关系中的一部分,即与经济管理关系(或说纵向经济关系)“密切联系”的那一部分,或者把横向经济关系改为“经济协作关系”。其实,所谓与纵向关系“密切联系”的横向关系,毕竟是一种横向关系,即平等主体之间的关系;所谓与经济管理关系“密切联系”的经济协作关系,毕竟是一种协作关系,协作关系也是一种横向关系,它们与其他横向经济关系在基本性质上是一致的,因此应归民法调整。有些人把“经济协作”与“组织经济协作”这两个不同的概念混淆了。经济协作,是平等主体之间的关系,必须贯彻平等、协商、有偿和等价原则,适用民法的调整方法。组织经济协作,则是国家主管机关同下属的地区、部门或单位之间的关系。国家为了实现对国民经济的宏观调控职能,需要组织、协调各有关地区、部门和单位进行经济协作,因而发生以国家(它的代表者)为一方主体同有关各方的组织经济协作关系。组织经济协作关系属于国家经济调节管理关系,它由经济法调整。例如,国家主管机关依据国家计划,组织甲、乙进行经济协作,国家与甲和国家与乙之间是组织协作关系,归经济法调整;而甲与乙之间是协作关系,应归民法调整。总而言之,“密切联系说”和“管理—协作论”,仍然夸大了经济法调整对象的范围,仍然属于一种“大经济法”观点。

所谓“小”,这里主要是指主张经济法调整对象同各种经济管理关系相关的各种观点。有三种代表性意见:一种意见认为,经济法调整“经济管理关系”,包括宏观经济管理关系和微观经济管理关系（经济组织内部管理关系）。它排除各种横向经济关系于经济法调整对象之外，却未能区分国家对经济的管理（国家经济管理）与非国家（非政府）的属于企业内部或行业协会内部的管理，后者乃是一种企业或行业协会的自律性管理，这一般属于民商法范畴，不是经济法的调整对象。

另一种意见认为，经济法调整政府经济管理关系。它进一步把社会组织自身进行的自律性管理排除在经济法之外，但未能很好地界定经济法同行政法的关系，把大量的国家行政管理（特别是一些经济领域的行政管理）纳入了经济法范畴。

还有一种意见认为，经济法调整同国家调节社会经济相关的国家经济管理关系，或者称之为国家经济调节关系，或国家经济调节管理关系。这种意见早在 20 世纪 80 年代初期就被学者提出，但当时并未受到学术界重视，直至 20 世纪 90 年代特别是国家决定实行社会主义市场经济以后，才被越来越多的学者所注意和接受。①

所谓“无”，是指认为经济法并无特有的调整对象，人们所谓经济法调整对象，其实都是其他部门法的调整对象。例如，横向经济关系是民法调整的，纵向经济关系应归行政法调整，因而他们认为，经济法不是一个独立的基本部门法。但他们中许多人同意使用“经济法”这一概念，对于这一概念的含义，有的认为它是分属于其他各部门法的调整各种经济关系的法律规范的综合概念，此即“综合经济法说”；有的则认为它只是一门法律学科，这门学科的任务是“研究经济法规运用各个基本法手段和原则对经济关系进行综合调整的法律”，此即“学科经济法论”。也有人不同意使用“经济法”这一概念，认为人们所谓经济法的调整对象，应部分或全部地属于行政法的调整范围。对于这一部分经济关系，或归行政法调整，或在行政法之下设立一个新的行政法分支，即“经济行政法”。后种主张被称为“经济行政法论”。

我国法学界 20 世纪 80 年代关于经济法调整对象的各种观点，人们统称为“经济法诸论”。1992 年下半年，国家决定实行社会主义市场经济体制。搞市场经济，需要以市场调节作为社会经济结构和运行的基本调节机制，政府应减少对社会各经济主体的直接指令性干预。平等主体间经济关系将更加发达，需要民法加以调整。“密切联系说”等“大经济法”观点受到严重挑战，人们再次深深陷入困惑之中。许多人纷纷重新修正和更新原有的经济观念，提出了各种新的主张。择其要者，有“经济协调关系说”“国家干预经济关系说”“经济管理与市场运行关系说”“间接调控说”，此外，还有“行政隶属经济关系说”等。

“经济协调关系说”认为，“经济法是调整在国家协调经济运行过程中发生的经济关系的法律规范的总称”。并认为，所谓经济协调关系，包括四个方面内容：（1）企业组

---

①　参见漆多俊：《国民经济的法律调整》，河南人民出版社 1986 年版；漆多俊：《经济法基础理论》，武汉大学出版社 1993 年版及 1996 年、2000 年修订版。

织管理关系;(2)市场管理关系;(3)宏观经济调控关系;(4)社会经济保障关系。①

"国家干预经济关系说"认为,"经济法是国家为了克服市场调节的盲目性和局限性而制定的调整需要由国家干预的具有全局性和社会公共性的经济关系的法律规范的总称"。或者简言之,"经济法是调整需要由国家干预的经济关系的法律规范的总称"。认为经济法调整的对象分为下述四个部分:(1)微观经济调控关系,其中又包括国家对经济组织的调控关系及经济组织内部的调控关系;(2)市场调控关系;(3)宏观经济调控关系;(4)社会分配关系。②

"经济管理与市场运行关系说"认为,"经济法是国家为了保证社会主义市场经济的协调发展而制定的有关调整经济管理关系和市场运行关系的法律规范的统一体系"。他们将经济法的调整对象具体界定为四类:(1)国家经济管理关系;(2)市场运行关系;(3)组织内部经济关系;(4)涉外经济关系。并认为前两类关系是经济法调整对象的基本内容。③

有的学者鉴于曾在我国广为流传的"大经济法"观点的不合理性,提出了"行政隶属性关系说"。他们认为,经济法是"政府管理经济的法律","经济法调整行政隶属性经济关系","经济法是调整政府在调控社会经济运行、管理社会经济活动中而形成的经济关系的法律"。④

有的学者力图从"宏观经济"与"微观经济"角度来区分经济法与民法的调整对象和任务。例如,有的主张:"'加强宏观经济管理',正是经济法的任务,而'规范微观经济行为'则是民法的任务";⑤有的提出:"我国经济法是国家对国民经济进行宏观间接调控的部门法。"⑥

以上这些20世纪90年代以后提出的各种观点,人们称之为中国经济法"新诸论",与80年代的"老诸论"相区别。这些"新诸论"有着如下一些共同的特征:人们正在大力抛弃在计划经济体制和高度集中的国家经济管理体制影响下形成的"大经济法"观点和其他偏见,日益趋向于更准确地把握经济法的本质属性。他们把经济法明确定义

---

① 关于"经济协调关系说"的各种论点,参见杨紫煊、徐杰主编:《经济法学》,北京大学出版社1994年版,第21章及其他有关章节;还可参见杨紫煊主编:《经济法》,北京大学出版社、高等教育出版社1999年版,第27~32页。

② 关于"国家干预经济关系说"的各种论点,参见李昌麒:《经济法——国家干预经济的基本法律形式》,四川人民出版社1995年版;李昌麒:《论社会主义市场经济与法制观念的更新》,载《现代法学》1994年第1期;李昌麒主编:《经济法学》,中国政法大学出版社1994年版,第2章及其他相关章节。

③ 关于"经济管理与市场运行关系说",参见刘文华主编:《新编经济法学》,高等教育出版社1993年版,第1章第2节及其他相关章节。

④ 关于此说具体内容,请详见李中圣:《经济法:政府管理经济的法律》,载《吉林大学社会科学学报》1994年第1期。

⑤ 谢怀轼:《论建立适应社会主义市场经济的民法经济法体系》,载《法学研究》1993年第1期。

⑥ 王希仁:《经济法概念新论》,载《河北法学》1994年第2期。

为同国家协调、干预、管理或调控社会经济相关，尽管提法不同，却都在突出经济法的国家调节和管理社会经济这一基本属性。这些反映了我国经济法理论研究的进步。从总体来看，当前我国经济法学界的各种理论主张是逐渐接近和趋同了；但也还存在一些分歧。有些意见虽然看来改变了提法，但毕竟缺乏深刻和系统的研究和论证，在论述具体问题（如关于经济法调整对象所应包含的基本方面）时，时常显露出"大经济法"观点和其他偏见的痕迹。这些需要我们大家作进一步研究和探索。

复习思考题

➢ 1. 试述经济法的定义和基本特征。

➢ 2. 为什么说"国家调节"是理解经济法各种基本属性的关键？

➢ 3. 经济法的调整对象是什么？它的调整对象同民商法、行政法的调整对象比较有哪些联系和区别？

➢ 4. 简述国内外法学界在经济法调整对象上有哪些主要观点？你对这些观点有何评论？

第三章 经济法的价值与地位

【重点内容提示】

将经济法价值与一般意义上法的价值以及邻近法律部门——主要是民法和行政法——的价值进行比较，更能突出的经济法的实质正义、社会效益、经济自由与经济秩序和谐的独特价值。经济法的独特价值反映出经济法作为独立法律部门的地位。而将经济法与邻近法律部门——民商法、行政法、社会法、涉外经济法和国际经济法——的关系进行梳理，从理论层面厘清经济法与相关法律部门的联系与区别，显示出经济法独特的法律地位与存在意义。

第一节 经济法的价值

价值是法律科学的基本范畴之一，“在法律史的各个经典时期，无论是古代或近代世界里，对价值准则的论证、批判或合乎逻辑的适用，都曾是法学家的主要活动”。[①] 古今中外的学者通常认为法的价值包含秩序、正义、公平、效率、安全、自由等方面，法的价值在于实现由一定的社会经济条件所决定的正义、自由和秩序的要求。在现代社会中，经济法作为独立的法律部门，是调整经济管理关系、维护公平竞争关系、组织管理性的流转和协作关系的法。经济法的价值则是经济法通过其规范和调整所追求的目标。经济法的价值表现为实质正义、社会效益、经济自由与经济秩序的和谐。将经济法价值与一般意义上法的价值以及邻近法律部门——主要是民法和行政法——的价值进行比较，更能突出经济法独立法律部门的地位和独特的存在价值及意义。

一、实质正义

自从人类社会发生公正与不公正的社会问题以来，正义一直被视为人类社会的崇高理想和美德，法一直被视为维护和促进正义的艺术或工具。许多著名的思想家和法学家强调，正义是法的实质和宗旨，法只能在正义中发现其适当的和具体的内容，也只能在正义中显现其价值。但是，“正义有着一张普洛透斯似的脸（a protean face），变幻无常、随时可呈不同形状并具有极不相同的面貌”。[②] 从法哲学的理论高度来看，思想

---

① ［美］庞德：《通过法律的社会控制——法律的任务》，商务印书馆1994年版，第55页。

② ［美］E. 博登海默：《法理学、法律哲学与法律方法》，中国政法大学出版社1999年版，第252页。

家与法学家在许多世纪中已提出了各种各样的不尽一致的“真正”的正义观，其中比较有影响的有：正义意味各得其分，各得其所；正义指一种德行；正义意味着一种对等的回报；正义指一种形式上的平等，指某种“自然的”从而也是理想的关系，指法治或合法性，指一种公正的体制等。在上述诸种正义观中，社会体制即社会基本结构的正义具有决定意义，①是首要的正义。而社会基本结构的正义包括两个基本方面，首先是社会各种资源、社会合作利益和负担的分配方面的正义，即实质正义；其次是社会争端和冲突的解决方面的正义，即形式正义。

近代法尤其是近代大陆法系或民法法系，从亚里士多德的校正正义中发展出来的形式正义，其要求同等的人受到同等的对待。众所周知，在各个法律部门所确立的形式正义是以民法为典型代表的。民法的形式正义的价值取向，从根本上来说，是与法律的普遍性相联系的，其以个人主义为指导，以抽象的人格平等为假设条件，强调机会均等，一视同仁，提倡对所有的人普遍平等地执行法律和制度。民法形式正义的价值取向表明，民法试图用自然法来建立永恒不变的法律与正义，只要实现平等对待就足够了。与此同时，民法的正义价值又承认市场主体起点不平等的合理性——只要这种不平等不是市场外的因素造成的，他们之间的交易就是公平的。②

然而随着社会的发展，社会政治、经济结构日益复杂，国家积极地参与经济生活的管理、调控和运作之中；同时，人们之间的能力、财富等方面存在极大差别，如果法律严守形式正义的需求对所有人一视同仁，也就必然导致甚至加剧竞争结果的实质不平等。面对这些问题，以形式正义为基本价值取向的民法无力解决，从而导致了新的正义观及相应的法律规范的出现。“经济法产生于国家不再任由纯粹司法保护自由竞争，而要求通过法律规范以其社会学的运动法则来控制自由竞争的时候。”③相对民法的形式正义来说，经济法所要实现的法的价值首先在于实质正义。从理论角度来讲，经济法在追求和实现实质正义的过程中，其强调针对不同情况和不同的人予以不同的法律调整，要求根据特定时期的特定条件来确定经济法的任务，以实现最大多数人的幸福、利益和发展；同时，随着法律调整手段的丰富性和多样化，立法者和社会赋予执法者以不同程度的自由裁量权，而执法者不仅根据普遍性规范来解决问题，也针对个别情况、个别主体、个别案情作特殊调整，体现了实质正义要求法及其调整所具有的能动作用、灵活性和适应能力；实质正义的法律调整手段之多样化，更表现为经济法为了纠正社会不会而采取的种种积极措施或手段。④ 从实践角度来讲，经济法在追求实质正义的过程中，亦努力

① 所谓社会基本结构，是指一整套的主要的社会制度、经济制度、政治制度、法律制度。社会基本结构的作用是把各种主要的社会组织一体化，在社会成员之间分配社会合作项目和利益。参见张文显：《法哲学范畴研究》（修订版），中国政法大学出版社 2001 年版，第 203 页。

② 参见贾海燕：《经济法价值分析》，载《法学论坛》2002 年第 6 期。

③ ［德］拉德布鲁赫：《法学导论》，中国大百科全书出版社 1997 年版，第 77 页。

④ 参见史际春、邓峰：《经济法总论》，法律出版社 1998 年版，第 154 ~ 155 页。

平衡各种市场主体的意志和利益,维护和保障最大多数人的福祉。一方面,经济法从市场规制角度出发禁止垄断、限制竞争、不正当竞争等破坏竞争秩序的行为以维护自由公平的竞争环境;对市场交易主体一方处于弱势地位的消费者给以特殊的保护,以维护交易的公平和社会的稳定。另一方面,经济法从国家宏观经济角度,通过金融、税收、产业指导等经济手段引导市场主体作出促进社会经济发展的选择;规定企业、金融机构等权利义务,促进社会经济收益的公平和社会分配的公正。所以,“民法作为经济自由主义和法律形式正义的代表,对于当代社会整体利益、公共秩序以及弱势群体的关注力不从心;而经济法作为一种独立的法律类型或形态,满足了社会对法律提出的关涉个人道德和尊严、关涉公共利益和秩序、关涉社会发展和资源保护等各种新的要求,而这些要求的实现即充分满足了经济法实质正义的价值目标”。①

法的根本目的在于正义的实现,行政法法也不例外。然而行政法对正义价值的追求与经济法又有不同,其对行政程序正义更加关注。美国著名的行政法学家伯纳德·施瓦茨精辟地指出:“行政法的要害不是实体法,而是程序法。”现代行政法是通过对行政机关行使权力的程序的规范和制约,最终达到行政法控权的目的的。一个行政机关,权力即使再大(如可以限制公民的人身自由),如果其行使方式有严格的程序规范,遵守一整套公开、公正、公平的程序规则,其对相对人权益的威胁并不是很大;相反,即使其权力很小(如仅可对公民进行小额罚款),但如果其行使方式没有程序制约,可以任意行为,其对相对人权益亦可能造成重大威胁。② “行政法的基本目标是在公民受到不法行政行为损害时为他提供充分的救济。”③正是在这种价值理念的指引下,在具有经济内容的行政中,行政法对正义价值的追求不体现在国家干预经济的手段正确与否,而体现在防止权力在适用这种手段的过程中被滥用,并以有效的方式来监督权力的行使。显然,行政法对程序正义价值追求是有别于经济法的实质正义价值的。

二、社会效益

效益(效率)作为经济学上的概念,表达的是投入与产出、成本与收益的关系,其基本意义是从一个给定的投入量中获得最大的产出,即以最少的资源消耗取得同样多的效果,或以同样的资源消耗取得最大的效果。效益作为一种法的价值目标导入法学领域始于20世纪六七十年代法律经济学的勃兴。从法哲学角度来讲,所谓法的效益价值是指法能够使社会或人们的较少或较小的投入而获得较多或较大的产出,以满足人们对效益的需要的意义。④ 法的效益价值在于,利用权利和义务的分配方式,来规范资源的有效配置,及利用法律的有机作用促使效益结果的出现。法律不仅要以自由、正义、

---

① 江帆:《经济法实质正义及其实现机制》,载《环球法律评论》2007年第6期。

② 参见姜明安主编:《行政法和行政诉讼》,北京大学出版社1999年版,第15页。

③ [美]伯纳德·施瓦茨:《行政法·序言》,群众出版社1986年版,第3页。

④ 参见卓泽渊:《法的价值论》,法律出版社1999年版,第206页。

秩序、安全和平等为指向，而且要以效益为皈依；法律所指向的自由、正义、秩序等价值之实现是建立在法律效益前提下的。法律效益作为现实的法律价值，总是与某种评价相关联的，包括个人效益价值和社会整体效益价值；其中，法的社会效益外延十分广泛，主要表现为权力运用效率的提高、社会资源的高效合理配置和社会公正的维护等。①

有学者认为，在民法的规制与引导之下，个人自由竞争成为规范经济活动之高度有效手段，可以将劳动与资本引导至能产生最大利益之场所，实现对资源分配及利用的低成本、高效率，促进社会经济的发展。② 可见民法根源于社会分工、个人占有和个体小生产，它追求的价值目标虽然也是效益，却是以个人利益为基点的，它确认和保护单个经济主体依照自主意志与市场规则来实现自己利益的最大化，它的效益价值追求的是个体的、微观的经济效益。一般而言，民法的个体效益价值追求在法律上主要表现在两方面：一是民法规范不应为主体行为设置人为障碍，不得使主体的交易成本无谓增加；二是民法规范应该尽量增加或保护交易的达成，而不是减损主体的交易机会。③ 基于民法对个体效益价值的追求，按照亚当·斯密的观点，个人追求利润最大化的行为最终会促进实现社会的财富最大化。换言之，民法的价值取向是充分保证个体效益的实现，而对社会效益的维护则是间接的，主要是通过调整个体利益之间的冲突来实现个体与社会效益的平衡。这在市场经济发展的初期无疑是行之有效的。然而，随着商品经济的发展，市场自身固有的缺陷，单纯依靠市场机制并不能实现整个社会的“帕累托最优”。面对市场失灵，面对“对个体利益的无限追求反过来会扼杀个体利益”的悖论，④虽然传统民法亦作了一些修正，如对契约自由作出了限制，从过错责任发展出无过错责任等，但其自治性的性格及个体本位的价值取向使其无力解决效率与公平、个体利益与公共利益等矛盾问题。于是一个新兴的法律部门——经济法应运而生。

经济法自产生之日起就以社会效益作为自己的价值取向。经济法根源于集体协作、共同占有和社会化大生产，其效益观所追求的社会效益在于它不是一般而言的经济成果最大化，同时更是宏观经济成果、长远经济利益以及人文和自然环境、人的价值等诸多因素的优化和发展，微观和经济的成果只是社会效益的组成部分之一。⑤ 具体而言，经济法把对经济主体行为的评价视角从自身延展到整个社会。也就是说，经济主体追求效益的行为，必须置于社会效益之中来认识和评价，只有符合社会效益的行为，才能得到肯定。经济法从社会效益的需要出发实现社会经济资源的优化配置，即通过经济法的一些强制性规范来规制经济生活，重新确立经济主体的行为模式，界定经济个体

---

① 参见卢云主编：《法学基础理论》，中国政法大学出版社 1993 年版，第 218 页。
② 参见梁慧星：《民法总论》，法律出版社 1996 年版，第 33 页。
③ 参见何平：《论民法与经济法价值定位的二元互补律》，载《山东法学》1999 年第 4 期。
④ 参见欧阳明程：《整体效益：市场经济条件下经济法的主导价值取向》，载《法商研究》1997 年第 1 期。
⑤ 参见史际春、邓峰：《经济法总论》，法律出版社 1998 年版，第 157 页。

活动领域和行为方向。[①] 一方面,经济法对社会效益价值的追求,要求个人经济行为与社会总体的经济发展相协调,其不是追求每个市场竞争主体的个体利益最大化,而是侧重于促进市场的整体运行效益、调控个别、微观经济效益以取得国民经济整体效益最优。另一方面,经济法亦在实现社会整体利益的最大化的过程中综合运用各种手段防止"市场失灵"与"政府失灵"状态的出现,为市场主体的竞争与发展创造良好的经济环境和法治环境,从而为每个市场竞争主体自由竞争以实现个体利益的最大化提供了有力保障。总而言之,"经济法是实现经济效益与社会效益统一的法"。

行政法对"效益"的价值追求与经济法、民法有着明显区别。行政法调整的主要是行政管理关系,其并未直接介入生产过程,不能直接创造财富,而且其在调整行政管理关系过程中都以消耗社会物质为代价。因此,行政法并不以"经济效益"为其价值追求,而是以努力提高行政效率为其价值取向。在行政法规制行政机关依法行政过程中,一方面,要求行政管理人员在作出行政决策时尽可能减少误差,做到行政管理活动的效果与管理目标之间的一致或基本一致;另一方面,也要求行政管理人员在工作中提高工作效能,加快行政行为的进程。行政法在提高行政效率价值取向的指导下,通过行政决策的准确化和工作效能的提高,不仅减少行政管理过程中的物质消耗,而且也间接地改变再生产过程中社会资源的占用和消耗同所提供的劳动成果的比率,从而对社会经济效益的增长起到积极作用。[②]

三、经济自由与经济秩序的统一

自由是人生而具有的属性。从哲学角度来讲,自由是要能够行使自己的意志或者至少自己相信是在行使自己的意志,其是对血缘、宗法联系、思想禁锢和专制政经体制之解放。法律上的自由是对自由的设定和保障,是人们在法律许可的范围内按照自己的意志进行活动的权利。而秩序从广义来说是指自然界与人类社会发展和变化的规律性现象,某种程序的一致性、连续性和稳定性是它的基本特征。自由与秩序本身是一对与生俱来的矛盾。当放任、无度之自由破坏了由一定生产方式所决定的作为社会之人与人的正常秩序之时,法律就必须发挥其强制作用,规制自由以恢复秩序。法律,甚至于社会都是在"既定之合理秩序对社会个体不时发生的自由冲动构成约束并予以匡正,而社会经济发展不断引起新的自由要求,又对旧的秩序时时构成冲击"[③]的轮回中而不断发展与进步的。自由作为传统的基本精神,天然地贯穿于民法之中。民法所追求的自由带有浓烈的个人主义色彩,这突出表现在民法最基本原理——私法自治原则中(它是建立在19世纪个人自由主义观念基础之上,即依个人意思形成其私法上的权利义务关系)。民法自由始终以个人权利的弘扬为最终目的,其基本内涵在于:一是行

---

① 参见莫俊:《论现代经济法的价值取向》,载《山东法学》1998年第4期。

② 参见江合宁:《对经济法与行政法价值定位的思考》,载《经济管理》2000年第5期。

③ 史际春、邓峰:《经济法总论》,法律出版社1998年版,第158页。

为自由,即民事主体可以支配自己的经济活动方式,选择做或不做什么;二是意思自治,即要求任何主体在经济活动中都仅依自己的个人意志决定行为的内容,排除任何形式的意志强制。① 当然,民法对自由价值的追求并不排斥其对秩序价值的向往。在"让市场机制自主发挥作用以实现经济运行的良好的状态"的经济学观念的指引下,民法试图在无任何外力干预的市场经济自然秩序状态下,最大限度地发挥市场主体的自由,即为市场机制的自由发挥创造条件以保障和实现人们最大的经济自由。

过于理想化的东西往往在残酷的现实面前不堪一击。随着市场经济的深入发展,当19世纪末期垄断等现象出现之时,民法所热切追求的经济自由与自然经济秩序的和谐状态即宣告终结。自始就将公与私融为一体的经济法,在自身对经济自由与经济秩序独特的价值追求中,开始重塑市场经济的自由与秩序的和谐与统一。如前所述,经济法以实质正义和社会效益为其价值取向,在经济法对经济自由与经济秩序的价值追求中,实质正义与社会效益价值亦发挥了其应有作用。例如,经济法在自由价值的追求中,多数情况下它总是表现为以适当牺牲个人自由去争取社会自由,以此实现社会效益和实质正义。社会整体的自由不仅是经济法独特自由价值取向追求的结果,更可以认为其表现为一种秩序,这种秩序以整体社会经济发展的整合选择度的延拓为目标,更强调社会整体经济的发展应有广阔的空间。可见,经济法所追求的自由与秩序的价值取向并不是割裂的,而是统一的、和谐的。现代经济法更是保障和实现经济自由的法律手段,经济自由是其出发点和归宿;通过为保障和实现经济自由而采取干预、限制的手段,以达到一种良好的社会经济秩序,从而实现自由与秩序之平衡。经济法对于经济自由和经济秩序之统一性与和谐性的实现,在于经济法是一种将代表"公"的国家意志渗入经济关系之法律制度化的产物。② 为实现这一目的,要求经济主体按照经济法制之规定,保证其行为之合法性,彼此间形成规范的相互关系,消除任何主体在市场活动中对自由之不当限制或无度妄为;要求国家经济机关积极执法,严格遵守法律约束,不得利用经济权限使经济主体承担不法义务或侵害其权利,并克服政府经济管理中非理性之任意;要求司法机关正确适用法律,保证经济司法之合法性。

现代行政法的"控权"为其理论基础,其核心内容自然是行政职权的赋予、行使及违法行使行政职权的法律责任。因而,在自由与秩序的价值选择中,行政法往往侧重于对"秩序"的追求。行政法在立法中合理设定行政机关的权力范围,公平分配双方的权利与义务;行政执法既要求公民服从行政权,又掺入民主与公平的机制与因素,以保证权力的正当使用;而行政救济则是对行政行为的审查或行政权滥用的监督和对公民权利的法律保障。可见行政法的"秩序"价值的追求处处表现于行政机关与行政相对人之间在权利上的动态平衡之中,而行政管理的井然有序正是在这一动态过程中得以

① 参见何平:《论民法与经济法价值定位的二元互补律》,载《山东法学》1999年第4期。

② 参见史际春、邓峰:《经济法总论》,法律出版社1998年版,第158页。

实现。

所以,经济法与一般意义的法以及民法、行政法的价值取向定位差异,是经济法与民法、行政法在法律体系中必然分野的根源所在。这不仅决定了经济法与民法、行政法各自迥然有异的法律精神与基本观念,从而使它们在根本价值取向或法律理论上大异其趣。由此也突显和验证了经济法作为独立法律部门的地位和在现代法律体系中的独特的存在价值与意义。

【典型案例】信达糖酒批发站假冒他人注册商标不正当竞争案

1999年9月,齐齐哈尔市工商局建华分局对齐齐哈尔市建华区信达糖酒批发站(以下简称信达糖酒批发站)经销假冒黑龙江北大仓集团有限公司"北大仓"牌白酒案进行立案调查。经查,信达糖酒批发站自1995年开始经销从北大仓集团直接购进的"北大仓"牌系列白酒,购进价格一直较高。后来,信达糖酒批发站得知哈尔滨某批发商处的"北大仓"牌白酒价格较低,即于1999年6月,分两次从该批发商处购进"北大仓"牌白酒共计300箱,然后加价在当地销售。经北大仓集团鉴定,信达糖酒批发站经销的这批是假冒"北大仓"牌白酒,主要理由是,该批酒的"北大仓"商标样式、外包装、封条、防伪标志等与其使用的不同,酒的理化指标也不同。建华分局在查证上述事实后认定,信达糖酒批发站违反了我国1993年《反不正当竞争法》第5条第1项的规定,构成假冒他人注册商标不正当竞争行为。依据我国1993年《反不正当竞争法》第21条第1款以及《商标法》、《商标法实施细则》(现已失效)的有关规定,对信达糖酒批发站实施了行政处罚。

对于该案的查处直接体现了经济法各项价值。(1)在实质正义方面:打击了制假售假和侵犯注册商标专用权的不正当竞争行为;(2)在社会效益方面:保护了被侵权人的利益,打击制假售假的同时也保护了广大消费者的合法利益;(3)在经济自由与经济秩序统一方面:不正当竞争行为严重扰乱了正常的市场竞争秩序,对于不正当竞争行为进行打击不仅维护正常的市场经济秩序,同时也维护了所有正当竞争企业的利益和正当竞争的自由。

第二节　经济法的地位

一、经济法的地位

经济法的地位,即经济法在法律体系中的地位,它主要是指经济法在整个法律体系中是否为一个独立的法律部门、它的重要性及与其他法律部门之间的相互关系。

经济法在各国法律体系中成为独立的法律部门的前提条件在于:一是国家在事实上已经较全面地负担国民经济管理职能,较广泛地、深入地介入社会经济生活,调节和影响着国民经济的运行,因而以国家(或其代表者)为一方主体而发生的国家经济管理关系十分发达;二是该国法制,特别是经济法制比较健全,重视并实际运用法律手段调节和管理经济。[①] 在我国,一方面,国家对广泛的介入经济生活,运用法律的、经济的手段对社会经济的运行进行全面的调节,如对产业政策的调整、对房地产市场的管控、对生活消费物价水平的调节等,全面而细致;另一方面,改革开放以来,我国先后颁布《消费者权益保护法》、《反不正当竞争法》、《反垄断法》、《商业银行法》、《中国人民银行法》、《预算法》及各种税收类法律等,已经形成了比较完善的社会主义市场经济法律体系。而改革开放以来,经济法涉及的法律已经占我国所颁布法律总数的70%以上。因此,经济法作为一个独立的法律部门,在社会主义市场经济运行过程中发挥着越来越重要的作用。

二、经济法与邻近法律部门的关系

(一)经济法与民商法的关系

民商法是与经济法关系最密切的法律部门之一。长期以来,对于两者的关系也在学者中间引起较大的争议。按照现行立法,民商法调整平等主体的公民之间、法人之间以及它们相互之间的财产关系和人身关系。但是,在现代社会,越来越多的财产关系暨经济关系的法律调整中具有社会性质或者国家意志性,[②]即需要从社会公共利益的角度出发对财产关系暨经济关系进行调整。从社会公共利益的角度出发对财产关系暨经济关系进行调整显然仅仅依靠作为私法并强调当事人之间自由意志的民商法是难以胜任的,经济法也因此应运而生。

经济法的出现,并非取代民商法在市场经济的地位,而是与民商法相辅相成,共同对社会经济生活起作用。尤其是经济法在对社会经济关系调整过程中需要采用民事的、行政的和刑事的等多种调整方法,经济法与民商法存在天然的联系。各个法律部门都由具体的概念、原则、制度、调整方法等要素所组成。民商法与经济法之间,许多要素在一定范围内和一定条件下是通用的,例如,法人制度、民事法律责任的适用等。所以,有学者认为,经济法与民商法的共同点在于:它们都调整经济关系,在调整中都可能运用民事的调整方法。此外,现代社会,民商法法律规则也随着社会经济的发展而进行着变革。在物权法律规则中,对所有权绝对的限制、承认基于公共利益国家征收、征用个人财产的权力等;在合同法律规则中,对契约自由予以限制,对格式条款予以规制,规定强制订约义务对经济上的弱势群体予以特殊保护,从追求形式正义到追求实质正义等;在归责原则方面,除过错责任原则外,无过错责任原则和公平责任原则兴起。民商法的基本观念暨民商法的本位已经从权利本位向社会本位迈进。[③] 这种发展趋势实质上也

---

① 参见漆多俊:《经济法基础理论》(修订版),武汉大学出版社1997年版,第113页。

② 参见史际春主编:《经济法》,中国人民大学出版社2005年版,第78页。

③ 参见梁慧星:《民法总论》,法律出版社1998年版,第34~37页。

是与经济法社会本位的发展趋势相一致的。①

但是,经济法与民商法对经济关系的调整也存在重大差别。(1)在调整目标方面,经济法的调整,是把经济关系作为整个社会(经济)交往的一部分,调整的目标是通过积极的手段,力求使这种交往对整个经济生活乃至社会生活产生有利的影响。而民商法的调整,是把经济关系作为私人之间的平等交往来对待,以意思表示为核心实行当事人自治,调整的目标是当事人之间利益的平衡,并消极地防止这种交往损害他人、集体和社会公共利益。(2)在调整的经济层次方面,经济法侧重(并非全部)从宏观、从利益协调方面减少社会经济震荡造成的破坏和优化经济结构,从而提高效率来促进社会整体效益的提高。而民商法侧重从微观、从经济发展所需动力方面,通过保障自由交易、自由竞争以提高效率来保障市场中每个人均有平等的机会来促进自身利益的增长。②(3)在调整经济关系的稳定性方面,经济法的稳定性较弱。由于经济法具有政策性的法律特征,所以在经济法的许多领域,如鼓励外商投资法律制度、促进产业发展法律制度、国有资产经营管理法律制度、财政税收法律制度、金融法律制度等,均会由于社会经济的发展变革而进行修改与完善。我国《鼓励外商投资产业目录》、《产业结构调整指导目录》以及《个人所得税法》等法律在近几年频繁修改;由于2007年美国次贷危机及其引发的全球金融危机的爆发,我国金融类法律的修改与变革也提上了立法机关的议事日程;这些都是经济法稳定性弱的表现。而民商法则是将市场经济最一般的要求,通过确立市场经济主体中最基本的主体——“自然人”和“法人”等的资格和身份,进而确立民事主体的基本权利范畴,在建立基本权利范畴的同时确立基本的民事活动规则——自愿、诚信、等价有偿、权利不得滥用等,并以法律的形式将上述基本规则明确规定,使之形成稳定状态。③

对于经济法与民商法的衔接,一般认为,经济法与民商法是以民商法中的诚实信用、社会公德、公共利益、善良风俗等弹性条款为连接点而加以衔接。具体而言,“诚实信用”原则作为民商法的一般条款,仅要求市场主体的行为不以损害他人利益为目的,当市场主体的民事行为或民事关系违反“诚实信用”等一般条款时,民商法并不对其作具体调整,至多宣告其无效或予以撤销。经济法以维护社会整体利益的平衡和自由公正的社会秩序为己任,对违反“诚实信用”的条款的行为设置了具体的规则,明确规定在维护宏观和微观的公平竞争秩序的条件下对市场主体的实体权利义务作进一步调整,即市场主体限制或牺牲一定的“自由”或“个人利益”,从而实现社会整体利益的增加。④

---

① 参见王全兴:《经济法基础理论专题研究》,中国检察出版社2002年版,第126页。

② 参见刘水林:《经济法与民法的市场经济学观念基础研究》,载《法商研究》1997年第1期。

③ 参见王全兴:《经济法基础理论专题研究》,中国检察出版社2002年版,第119页。

④ 参见史际春主编:《经济法》,中国人民大学出版社2005年版,第28页;王全兴:《经济法基础理论专题研究》,中国检察出版社2002年版,第125~126页。

这就是经济法在民商法调整基础上的“二次性”法律调整,[①]也是民商法是市场经济基础法、经济法是市场经济的基本法的体现。

总而言之,经济法与民法在调整经济关系时的视角、目标和价值取向不同。民法的调整旨在保证民事交往合乎当事人的真实意愿,安全而有效率;经济法的调整则追求社会整体经济和社会利益的最大化。二者彼此协调,相互衔接,密切配合,保证具体经济关系既符合当事人的利益和愿望,又能够促进社会公共利益,二者缺一不可,都是法律体系中重要的法律部门。

(二)经济法与行政法的关系

自经济法产生以来,有关经济法与行政法的关系问题一直是法学界关注的话题。尤其是一些学者将经济法的调整对象归结为纵向经济关系、国家干预关系或不平等主体间的关系等,或者将经济法视为经济行政法、国家干预法等,即将经济法视为行政法的一个分支,[②]使经济法调整的经济关系与以纵向和隶属为特征的行政关系界限不明。经济法与行政法的联系在于:经济法与行政法均调整纵向经济关系,经济法对经济的调节也往往会采用行政的调节手段。然而,两者的区别也是十分明显的。

从经济法与行政法所具有的精神角度来说,经济法主要体现科学精神;行政法主要体现人文精神。[③] 经济法的产生背景及立法者对其在经济发展中作用的诉求,决定了经济法如何规制,取决于人们对市场经济运行规律的认识,即取决于被官方及当时社会所公认的主流经济学理念,可以说,经济法就是把主流经济学关于市场经济运作所需的条件,及克服市场缺陷的方法等观念的制度化。经济法与经济学主流理论的这种紧密勾连性,意味着经济法的精神中不可避免地反映着经济学及经济学家的精神特征。“经济学虽是一门社会科学,但它(主流经济学)是一个高度理性化的学科,它最接近于数学和物理学。”[④]经济学具有的主流精神是科学精神决定了受经济学直接影响的经济法同样具有科学精神。而行政法产生于西方,主要是资产阶级出于反封建专制的需要及维护人的自然权利,防止权利滥用,必然诉求法律对行政权力规范和控制。因此,行政法主要源于启蒙思想家的政治哲学以及由此而产生的宪治理论。由此,行政法更多受到西方的人文主义关怀,体现了浓厚的人文精神。[⑤]

从经济法与行政法的视角和价值目标来说,经济法在调整纵向经济关系时,并不像行政法那样把国家机关视为社会的异化物来加以控制,而是将国家机关作为社会的当然代表和经济关系的主体,委以管理经济的具体任务,为其确定具体的“游戏”规则,赋予其相应的职权,并将其责任建立在对其行为内容的妥当性审查之上。而行政法的核

---

① 参见王志勇:《关于经济法概念和调整对象的再思考》,载《厦门大学学报》1997 年第 2 期。

② 参见王克稳:《行政法视野中的“经济法”——经济行政法之论》,载《中国法学》1999 年第 4 期。

③ 参见刘水林、李永宁:《经济法与行政法关系之精神透视》,载《法律科学》2001 年第 5 期。

④ 汪丁丁:《走向边缘》,生活·读书·新知三联书店 2000 年版,第 279 页。

⑤ 参见叶必丰:《行政法的人文精神》,湖北人民出版社 1999 年版,第 2 页。

心,是使国家行政权的行使符合法治原则,其价值目标是控制和限制行政权力,或者是使公权相互之间,以及公权与私权之间保持适当的平衡。① 两者具有明显不同的视角和价值目标。

从经济法与行政法的法律归类来说,经济法主要规定国家机关(包括行政机关)介入和参与经济关系的实体内容和具体程序,如税的要素及其征管、反垄断的内容和程序、金融监管的原则和程序等。而行政法,在一定意义上,其是国家行政机关管理经济和其他社会事务的基本程序法。

从经济法与行政法的主要内容来说,两者的差距也十分明显。在市场经济条件下,市场对整个社会资源的配置必然起基础性作用,市场对社会经济的调节也必须是基础性的。因此,市场主体的经济行为首先由市场规律去引导,国家只应对市场主体所为的不利于市场经济发展、不利于社会整体利益的行为作出否定性评判并加以干预。因此,经济法的核心内容主要在于市场主体对公平的市场竞争秩序的建立、自然资源、生态环境的保护、可持续发展战略的保障、社会整体利益的维护等所负的法定义务,即经济法是为防止市场失灵而由国家调节社会经济的法。而现代行政法以"控权"为其理论基础,因而其核心内容自然是行政职权的赋予、行使及违法行使行政职权的法律责任。②

因此,经济法与行政法既有联系又有区别。不能认为由行政机关执行的法都是行政法,许多经济法都由行政机关担任执法机关,如工商管理机关负责执行反不正当竞争法、技术质量监督部门负责执行产品质量法等,但并不意味着我国《反不正当竞争法》《产品质量法》等都是行政法。行政机关作为执法机关,既要遵守行政法的一般规定,也必须遵守有关济法的实体规定和具体程序规定,正如人民法院在民事审判中既要遵守《人民法院组织法》,又要遵守《民事诉讼法》,还要正确适用民事实体法一样。行政法规范着行政机关作为行政主体的组织原则、机构设置和一般行政程序,而经济法则规定着具体经济执法的原则、实体规定和具体程序。

(三)经济法与社会法的关系

社会法在我国并不是一个新鲜概念,早在20世纪30年代,一些有海外留学背景的学者开始向国内介绍西方国家的社会法,并发表了诸如《社会法的基础观念》《社会法在现代法制体系中之地位》等论文。20世纪90年代,社会法的研究在我国重新兴起,产生了一大批有影响力的学术成果。但是对于社会法的定义和具体的范围,并未形成统一的意见或观点。一般而言,狭义层面上使用的"社会法",即将社会法等同为作为法律部门之一的社会保障法;中义层面上使用的"社会法",即在与公法法域、私法法域对称的第三法域和狭义社会法之间具体寻求一个使用的层面;广义层面上使用的"社会法",即认为社会法是指或(实际上)将社会法当作与传统的公法、私法相对称的"第

---

① 参见史际春主编:《经济法》,中国人民大学出版社2005年版,第80页。

② 参见江合宁:《论经济法与行政法的区别》,载《现代法学》2000年第4期。

三法域”。[①] 在对社会法概念的不同理解中,在内涵上,至少有以下几点共识:(1)社会法是公法和私法融合的一种法律现象;(2)社会法强调法律应当以社会为本位;(3)社会法是政府与市场互动的法律表现;(4)社会法是应对社会危机、经济危机、生态危机等严重社会问题的危机对策法。[②] 社会法的基本特征应至少包括:第一,社会法的本位——社会整体利益;第二,社会法的基本原则——扶持社会弱势群体;第三,社会法的主体——特殊性、具体性和集团性的社会人;第四,社会法的调整手段和方式——行政、民事和刑事等诸种规制手段结合、并用;第五,社会法的法律规范——公法和私法的混合。[③]

经济法与社会法具有诸多相似性,如两者均为现代社会产生的新兴法律部门;两者均具有社会本位和公共利益优先的理念,强调既要具体规范政府的行为,又要规范非政府主体的相关行为;两者的法律规范均为公法和私法的混合,两者的法律调整方式均为行政、民事和刑事等诸种规制手段并用等。但经济法与社会法的区别也是十分明显的。一方面,经济法是由于社会分化后经济领域出现市场失灵,国家干预经济而产生的法。随着政府经济职能的加强,经济法也渐次从战争经济之法、克服经济危机之法发展到促进经济协调发展之法。而社会法的产生则直接导源于社会问题的大量出现,即在社会差异的基础上所形成的社会分化与失衡现象在资本化与工业化的双重作用下,已经形成带有普遍性并具有社会危机性的社会问题。为解决这些社会问题,社会法方法被普遍采用;随着社会运动的发展,政府社会公共事业职能也得以强化,社会法也不仅仅是解决社会问题之法,它也是促进社会公共事业发展之法。所以,经济法是国家调节社会经济以保障社会经济协调、稳定、健康发展的基本法律形式;而社会法则是解决社会问题和促进社会公共事业的基本法律形式。另一方面,经济法与社会法存在积极公平观和消极公平观的区别。经济法认为只有经济发展了,增量利益增加了,弱势群体才会得到更多的利益。而社会法的公平观主要关注的是对已形成的弱势群体的保护和扶助,因为它是一种弱者保护机制,是一种利益分配的平均正义立场,在我国《劳动合同法》《社会保障法》等法律中社会法的这种公平观表现得更为明显。[④] 此外,经济法与社会法的调整方式不尽相同。经济法的调整方式更为复杂和多样化,主要通过指令性调整方式、指导性调整方式和以私法主体身份介入经济关系进行干预等。社会法则主要通过倾斜待遇、团体契约、强制性最低标准等方式进行调整,如对贫困人员提供廉租

---

① 竺效:《祖国大陆学者关于“社会法”语词之使用考》,载《现代法学》2004 年第 4 期。

② 参见管斌、王全兴:《社会法在中国的界定和意义》,载漆多俊主编:《经济法论丛》,中国方正出版社 2005 年版,第 283 ~ 323 页。

③ 参见竺效:《“社会法”意义辨析》,载《法商研究》2004 年第 2 期。

④ 参见李昌麒、单飞跃、甘强:《经济法与社会法关系考辨——兼与董保华先生商榷》,载《现代法学》2003 年第 5 期。

房等。①

虽然经济法与社会法存在区别,但两者的关系则是在功能上相互配合,共同担负着社会整合的法律功能,共同促进社会经济的和谐发展。即(1)经济法承担着发展性社会整合功能,社会法承担着保障性社会整合功能;(2)在实现社会实质公平方面,经济法的积极平等观与社会法的消极平等观相互协调;(3)在社会整体性法益目标中,经济法的促进经济协调发展的经济效益目标与社会法的促进社会和谐的社会效益目标共同并举。②

(四)经济法与涉外经济法和国际经济法的关系

广义的涉外经济法,是指国内法中关于涉外经济交往的法律规定,即一国调整涉及本国与别国主体之间在经济交往中产生的特定的经济关系的法律规范的总称。我国的涉外经济法是调整在对外经济贸易和技术合作所产生的涉外经济管理关系和涉外经济合作关系的法律规范的总称。在我国,1979 年改革开放之后,为吸引外资和规范涉外经济法律关系,先后制订了涉及外商的企业法、税法和对外经济交往方面的其他法律法规,如《中外合资经营企业法》《广东省经济特区条例》《涉外经济合同法》等,形成了数量可观的调整涉外经济交往关系的法规。在 2001 年我国加入世界贸易组织之后,涉外经济法有萎缩的趋势。对外开放从特区遍及沿海和内陆各省市自治区,国民待遇原则的适用将在企业法和税法方面对内外资一视同仁。涉外经济合同法业已废止;各种涉外经济交往愈益与国际接轨,遵循我国参加或承认的国际条约、协定和国际惯例。因此,涉外经济法的数量与内容大幅减少,呈现逐渐并入经济法或者国际经济法的趋势。

国际经济法,是指调整国家之间、国际组织之间、国家与国际组织之间、国家与他国私人之间、国际组织与私人之间以及不同国籍私人之间,相互经济关系的法律规范的总称。它是随着各国之间贸易和经济往来日益增长以及国家对贸易和经济活动的干预日益加强而形成和发展的。作为一门学科,国际经济法学也于第二次世界大战后,逐渐发展起来。国际经济法的渊源主要是国际条约、协定和国际惯例,也包括某国的经济法、民商法等国内法。国际经济法和经济法的共同之处,在于它们都调整经济关系,在渊源和调整手段上也有相同之处;区别主要在于它们的调整对象、范围、宗旨有异,法律渊源各有侧重,调整手段是否具有国际性也有不同。③ 经济法立足于一国的法律和社会,主要调整国内的经济关系,法律渊源主要是国内法,宗旨是国内经济的平衡、发展及其社会利益最大化,调整手段主要是国内法上的各种鼓励、责任和救济制度等。国际经济法则是立足于国家或地区间的双边或多边关系,调整对象具有国际性,主体一方或双方是

---

① 参见杨旭:《经济法与社会法关系考察》,载《河北法学》2004 年第 9 期。

② 参见单飞跃:《社会整合:经济法与社会法的功能配合》,载《法学》2004 年第 5 期。

③ 参见史际春主编:《经济法》,中国人民大学出版社 2005 年版,第 84 页。

外国的政府、企业或个人等，法律渊源主要是国际条约、协定和惯例，宗旨是平衡不同国家及其国民间的利益关系；调整手段与经济法一样也有民事、行政、刑事和鼓励措施等，但也有国际法范畴的救济方式和途径。

通过将经济法与民商法、行政法、社会法、涉外经济法、国际经济法进行比较，从理论层面厘清经济法与相关法律部门的联系与区别，显示出经济法独特的法律价值与法律地位。上述法律制度均是促进社会经济发展所必需的法律规则，缺一不可。经济法与上述法律部门的相互衔接与密切配合，才能更有效地促进社会经济协调、稳定、快速发展。

复习思考题

- 1. 经济法的价值有哪些？
- 2. 经济法的价值与民商法、行政法的价值相比较有哪些区别？
- 3. 为什么说经济法是一个独立的法律部门？
- 4. 经济法与民商法的联系与区别有哪些？
- 5. 经济法与行政法的联系与区别有哪些？
- 6. 经济法与社会法的联系与区别有哪些？
- 7. 经济法与涉外经济法、国际经济法的联系与区别有哪些？

第四章　经济法的基本原则和调整方法

【重点内容提示】

经济法的基本原则，是指经济法作为部门法其所有的法律规范及从其制定到实施全过程都必须贯彻的原则。从市场“无形之手”与国家“有形之手”的互补、平衡的辩证关系出发，立足于经济法的目标和意义，可以归纳出经济法的调整原则包括维护市场竞争性原则、尊重市场价值规律原则、国家调节合法性原则、国家调节适度性原则、国家调节中立性原则、国家调节公共性原则等诸原则，其中尤以维护市场竞争原则和国家调节适度原则为最重要的根本性原则。经济法调整方法与其他部门法相比有自身特点，即实行提倡性规范与必要的强行性规范相结合，实行制裁与奖励相结合。与经济法调整方法相联系，经济法的责任形式与制裁方式也有自身特殊性。

第一节　经济法的基本原则

一、经济法基本原则的含义

根据《布莱克法律辞典》的解释，在法学中，原则是指法律的根本真理或准则，构成其他法律规则或准则的总括性原理或者准则。通常认为，法律原则比法律规则更具普遍性，法律规则比法律原则更具体或特殊。

经济法作为一个独立的部门法，应当有其特有的基本调整原则。由于经济法是一个新独立的部门法，对于其基本原则是什么，怎样确立其原则，人们众说纷纭。我们需要在正确把握法的原则的一般特点的基础上，根据经济法的特质来探寻经济法的原则。

法的基本原则，即立法和法的实施所遵循的原则，是法的要素之一，是由法所确立的在其调整一定社会关系时，在一定范围内普遍适用的基本准则。法的要素是指彼此相互联系、相互作用，构成法的完整系统的不可缺少的各种元素。法的系统是由法律规范、法律原则、法律概念三个要素构成的。法律规范在法的系统中处于主体地位，法律原则是制定或实施法律规范所必须遵循的原理和准则。

经济法基本原则是由经济法所确立，在其调整特定社会关系时所遵循的基本准则。经济法的基本原则应当具有法律规定性、行为准则性、普适性、定限性、一定的抽象性、可操作性、客观性和稳定性等特征。具体表现在：(1)它是由经济法确立和规定的，具有法律约束力；(2)它是规范国家经济调节活动中各有关主体行为的准则，即具有行为准则性;(3)它在经济法全部或一定范围内具有普遍适用性;(4)它只适用于经济法范围,不适用于其他部门法,此即为经济法基本原则的定限性;(5)它不同于经济法的各具体行为规范,而只是为人们行为指示基本方向和模式,因而带有一定的抽象性。但它毕竟具有对行为的指导性,即具有一定的可操作性;(6)经济法原则是一定社会关系的产物,是在国家调节过程中客观产生的,因而具有客观性;(7)经济法调整原则具有稳定性,即使国家的经济形势和某些经济政策发生变化,经济法的基本原则并不因此而改变。

经济法的基本原则应为经济法所特有,它不适用于其他部门法;反之,其他部门法原则也不适用于经济法,不能将其他部门法原则作为经济法原则,更不能将其他一些根本不是法的原则,不具有法的原则基本特征的东西,作为经济法的原则。这是经济法原则的特定性。

经济法的基本原则也可理解为经济法作为部门法其所有的法律规范及从其制定到实施全过程都必须贯彻的原则。由于现代各国经济法所调整的对象和担负的基本任务有其基本共同点,所以现代各国经济法的基本原则也基本上一致。下文着重讨论的是经济法的基本原则,即各国经济法共同适用的经济法的普遍性和公理性原则。

二、经济法基本原则的确立及其内容

法的原则主要是由法的基本任务和调整对象的种类和性质确定的。[①] 法有怎样的任务,其调整对象有怎样的特点,便需要贯彻怎样的原则。为了更好地实现一定任务,才需要确立一定的原则,法的原则是为实现法的任务服务的。法是调整一定社会关系的,不同种类和性质的社会关系,需要不同的调整原则。

法律原则作为一种重要的法律要素,其功能在于通过指导各种具体法律规范的制定和实施,恰当和有效地发挥法律的功能,释放其价值,实现人们(立法者)的法律理念。因此,法律原则的确立同法律的价值、功能和理念密切相关,它应当是后者的必然要求。如果人们对于法的应有价值和功能能够准确把握,在此基础上确立法的原则,则这些原则便是恰当的,必然正确指导法律的制定和实施,使法的应有价值和功能充分释放和发挥,最终实现预定的法律理念(这时,立法者的理念也趋近于法律理念的应然要求)。但是,如果人们未能准确把握法律的应有价值和功能,则在此基础上确立的法律原则必然不甚恰当,在实践中不能很好地指导法律的制定和实施,使法的应有价值和功能不能充分释放和发挥,妨害应有的法律理念的实现。可见,经济法原则的确立,既受到经济法的应有价值、功能及对于经济法的应有理念的制约,也受到现实中人们(立法者)对于经济法的价值、功能的把握及人们实际形成的理念等的影响。

---

① 在具体的立法中,对某个法律的原则的确立,还受立法者主观因素的影响,其中主要受其法律理念的支配。关于经济法基本原则与经济法理念的关系,可参见漆多俊:《经济法基础理论》(第4版),法律出版社2008年版,第132~142页。

当然,经济法作为部门法,其原则的确立还要受到国家宪法和宪法原则的制约。部门法原则不能同该国宪法原则相冲突,而应当是宪法原则的一种具体体现。

经济法的基本原则到底有哪些,人们观点不尽一致。例如,刘文华教授与史际春教授认为,经济法的基本原则包括三个方面:平衡协调原则、维护公平竞争原则和责权利相统一原则;[①]杨紫烜教授则认为,经济法基本原则表现在经济法主体利益协调原则和国家协调本国经济运行法定原则;[②]李昌麒教授认为,我国经济法基本原则有七个,即促进和保障社会主义市场经济健康发展的原则,促进和保障以社会主义公有制为主体的多种经济成分共同发展原则,遵循客观规律原则,实行经济民主原则,促进和保障社会主义公平竞争原则,兼顾国家、集体和个人利益原则,经济效益和社会效益相结合原则。[③]

经济法是保障国家经济调节之法,它调整的是在国家调节社会经济活动中所发生的国家经济调节关系。国家为什么要对社会经济进行调节?其根本手段,是通过矫正和弥补市场失灵以达到促进社会经济协调、稳定和可持续发展的目的;市场失灵时国家不调节不行,国家调节超越或小于市场失灵范围、调节力度过大或过小也不行,市场失灵得到矫正和弥补后"国家之手"不缩回来而是越俎代庖更不行。国家调节的正当性和合理边界在于此,经济法调整国家经济调节关系的目的和意义也在于此。舍此,则国家调节和经济法都将失去存在意义。所以,经济法的调整原则主要表现为对国家的"有形之手"即国家调节的约束和规范,其具体表现在以下几个方面。

(一)尊重和维护市场公平竞争原则

尊重和维护市场竞争原则可以简称为竞争性原则。在身份社会,国家机关对社会的管理主要侧重在身份方面,通过控制人口的流动,确保社会稳定。而在契约社会,国家机关对社会的管理主要侧重于经济方面,通过对经济活动的干预和监督,确保市场经济有序发展。传统的理论认为,国家调节有两种表现:一种是国家(政府)享有具体经营权,即政府以市场主体的身份参与具体的市场活动中,享有相关市场权力并承担相应义务;另一种是国家(政府)经济秩序维护权,即政府不直接参与具体的市场活动中,而是作为管理和监督主体来维护市场的正常秩序。当国家调节经济的权力界定为前一种类型时,政府经济权力就会渗透具体的社会经营活动中;而当国家调节经济的权力属于后一种类型时,政府经济权力就会退出具体经营活动。政府经济权力主要是维护市场的正常竞争秩序,而不是在相关市场活动中滥用自己的经营权,即把原来以具体经营权为主体的政府经济权力重新界定为政府作为公共权力代表所应有的经济权力——经济

---

① 参见史际春、邓峰:《经济法总论》,法律出版社 2008 年版,第 157 ~ 164 页。参见潘静成、刘文华:《经济法》,中国人民大学出版社 2008 年版,第 65 ~ 68 页。

② 参见杨紫烜:《国家协调论》,北京大学出版社 2009 年版,第 361 ~ 362 页。

③ 参见李昌麒:《经济法学》,法律出版社 2007 年版,第 76 ~ 84 页。

秩序维护权。[1] 政府应该做的不在市场里,极少直接参与经营,而是市场和经营之外的确立规则即建构完善法律制度,以统一的法律规则保证市场中所有的企业等主体享有同样的权利承担同样的义务,政府的另一个重要职责则是公正地执行规则。只有这样,市场才会变得更加公平,更加具有活力。也正因如此,现代国家(政府)对经济的调节纷纷采用后一种类型。我国也不例外,我国当前正处于由前一种类型向第二种类型转轨的发展过程之中。

市场主体公平竞争是最主要的市场规律,尊重市场基本规律,就必须遵循市场公平竞争原则,也就必然要求国家投资经营和宏观调控等国家调节举措不仅要"有法可依、有法必依",更要经过竞争评估,经得起竞争法尤其是反垄断法的检验,正如欧盟竞争法要求成员国实施体现产业政策的国家援助时需要以符合市场竞争原则为前提一样,在产业政策与竞争政策发生冲突时,一般以竞争政策优先适用。[2] 究其实质,这是坚持市场这只"无形之手"对社会资源进行配置的决定性地位而不是相反。

【典型案例】2009 年中国政府四万亿投资有违市场公平竞争原则

2009 年我国中央政府为了应对全球金融危机的冲击和保证国内生产总值(Gross Domestic Product,GDP)增长达到 8%,出台了四万亿投资计划和十大产业振兴规划,令国有企业获得了更多的政策和资源支持,而民营企业,尽管未被遗忘,却也难以获得更多的支持。经济刺激政策复苏了需求,但同时也带来了一些副作用,表面上看是"国进民退",实际上占有垄断地位或市场竞争优势的国有企业尤其中央企业在这一波经济刺激计划中成为最大的受益者,固化和(或)扩大了其在国内市场的垄断地位或市场竞争优势,民营企业难以分得杯羹,这进一步扭曲了我国比较脆弱的市场竞争格局并损害了刚刚确立的市场竞争机制。从本质上讲,四万亿投资计划的实施有违市场竞争原则。

我们并非在金融危机中一概反对国家干预,只是政府的投资刺激计划应该"师出有名",即由国家最高权力机关的立法批准。另外,政府的投资刺激举措只在万不得已,即出现市场失灵且市场不能自我救赎的情况下方能实施,而且在市场失灵恢复后应果断及时地退出市场。

(二)尊重市场价值规律原则

对于市场行为政府既不能擅自干预,又不能撒手不管,这就涉及"市场经济中政府调节经济的权力边界在哪里"这一本源问题。处理好这个问题的关键是政府在运用权力调节经济时应当尊重市场自身的规律尤其是价值规律。商品和服务的价格总是围绕

---

① 参见孙晋:《反垄断法:制度与原理》,武汉大学出版社 2010 年版,第 20 页。

② 参见孙晋:《国际金融危机应对与欧盟竞争政策——兼论后危机时代我国竞争政策和产业政策的冲突与协调》,载《法学评论》2011 年第 1 期。

价值上下波动的,通过价格的上下波动指挥经营者的经营决策,价值规律就发挥了作用,这就是市场规律最神奇、最伟大的地方。国家调节应当尊重市场价值规律,经济法通过对国家调节主体的授权和控权规定保障国家调节行为不违背市场价值规律。

【典型案例】兰州牛肉面限价案中的政府“有所为和/或有所不为”

2007年6月16日兰州市的部分牛肉面馆经营者,以面粉、牛肉、水、电涨价为理由,将打印好的涨价通告散发给其他经营者,牛肉面价格由每碗人民币2.5元上涨为人民币3元,小碗人民币2.8元统一涨价人民币0.5元。6月26日兰州市物价局对牛肉面提出了“限价令”:普通大碗牛肉面的价格不得超过2.5元,小碗牛肉面的价格不得超过2.3元。很快,“兰州市牛肉拉面限价令”引起了各方强烈反应。

事实上,“兰州牛肉面限价令”是一种典型的政府滥用经济权力违背价值规律的盲目行为。首先,按照我国《价格法》的规定,牛肉面的价格不在政府的指导价的范围内。其次,如果牛肉面要进入政府定价目录,则必须“由省、自治区、直辖市人民政府价格主管部门按照中央定价目录规定的定价权限和具体适用范围制定,经本级人民政府审核同意,报国务院价格主管部门审定后公布”。显然,牛肉面能否进入政府定价目录,也应该由甘肃省政府的有关部门上报国务院。最后,如果被列入政府定价目录,在具体制定政府指导价时,还应当事先召开听证会,广泛听取各方意见,但兰州牛肉面限价令制定过程中并没有经过上述程序。因此,在法律依据和程序上,限价令都是不符合的国家法律规定。由此可见,当前牛肉拉面的价格完全是由市场决定的。

面对牛肉面涨价,兰州物价局的限价行为反映了两点问题:一是政府在处理经济问题时没有注重运用市场规律,而是采取“限价”这样的强硬手段,其效果可能适得其反;二是政府有越权之嫌,政府没有对自己的经济权力进行合理的定位。在牛肉面这样一个几乎是完全竞争状态的市场上,政府应该做的工作包括以下两点:一是将牛肉面成本变动的相关信息公之于众,让公众充分地了解各种市场信息,即保障在信息获取层面上的公平。确保市场信息的完全流通与共享,通过无障碍的市场进出机制来保障供求关系平衡,严格监督产品质量来维护市场经济的公平竞争、健康运行。二是充分保障公众的自由选择权。如上所述,在这种完全竞争市场上,涨不涨价由经营者自己决定,消不消费由消费者自己决定,进入经营、维持经营还是退出经营,他们有权自己做主。做好了这两点,政府就不要再对牛肉面市场进行干预,市场竞争和利益博弈能够做好其余的事情。如果政府对牛肉面的质量不放心,还可以通过质量检查等方式进行监督,以维护市场规则的顺利运行。政府一纸限价令的后果必然影响市场经济秩序,一些经营者见无利可图,可能会降低产品的质量,这必将损害消费者的利益,与政府的初衷背道而驰。

(三)国家调节合法性原则

合法性原则包括符合实体法原则以及符合程序法原则。现代法治理论与实践表明,实体合法是程序正义的前提与基础,程序正义是实现和保证实体正义的手段。从某种意义上来说,现代法治更加注重程序正义。因为如果没有程序性上的约束,无论在实体法上对政府经济权力的约束多么完美,也终会成为虚幻。国家调节权力界定的程序公正包含以下几个方面:第一,国家调节的权力行使应当遵守法定性规则。国家调节经济的权力应当由包括宪法和经济法在内的法律明确和详细规定其范围、程序及责任。只有当掌握调节经济权力的主要主体——政府及其官员受制于他们不能更改的法律,经济权力的行使才有不被歪曲的可能。第二,国家调节的权力行使应当遵守中立性规则。政府的经济管理权力常常容易是滋生腐败的"温床",且经济管理权力具有强制性的特征,所以一旦它与经济利益沾上边甚至结盟,那么就容易产生严重的后果。因此必须在制度设计上保证国家调节的中立。第三,国家调节的权力行使应当遵守公开性规则。公开、透明是依法行政的基本要求,也是对政府的有效限制。经济权利的公开与透明不仅可以降低市场交易成本,提高经济效率,更重要的还在于很大程度上降低了欺诈、不公平的待遇和腐败的机会。

此外,国家调节的权力行使还应当具有可诉性。绝对的权力必然导致绝对的腐败。在界定政府具有经济管理权的同时,应当使其承担相应的责任和义务。权力与责任是对等的,缺乏责任制约机制的政府治理往往会出现效率低下、权力寻租和腐败现象的产生。建立完善的责任机制在有利于提高国家调节效率的同时,也有效地实现对经济管理权力致害的救济。而无论是宏观还是微观的经济管理权,在其所涉及的相对人是具体的或特定的相对方的情况下,即使相对人表现为多数人,法院也应当受理有关政府经济管理权致害的诉讼。

【典型案例】开征房产税勿忘税收法定原则

2011年年初,为了加强对房地产市场的财税调控,我国中央政府决定在重庆市、上海市等城市先行试点开征房产税,然后再推向全国。然而,房产税开征却遭到我国财税法学界广泛质疑,认为此举有违税收法定原则。税收涉及民众切身利益,税收方案理应付诸民众讨论,充分吸纳民意。更重要的是,我国《立法法》第8条规定:"下列事项只能制定法律……(六)税种的设立、税率的确定和税收征收管理等税收基本制度",且这里所谓的"法律"只作狭义理解,即必须经由全国人民代表大会或全国人大常委会审议通过的法律进行规定。这说明,无论是增加税种还是对既有税种进行改革,都必须采取立法形式予以确定,税法的立法和修改,权力属于全国人大及其常委会,这就是税法的税收法定原则。虽然国务院曾于1986年颁布《房产税暂行条例》,但在该条例中,规定居民非营业用房免征房产税。现在面向居民非营业用房征收房产税,相当于增设新税种,所以不应绕过"立法关",而《房产税暂行条例》亦不能作为房产税的征税依据。在实践中,开征房产税确实在一定程度上打击了"炒房"行为、抑制了过高房价。但无论当前作用有多大多明显,开征房产税都要讲求程序正当,不能将"税收法定"原则抛诸脑后,不能想征就征,这种违反国家调节合法性原则的宏观调控行为,无益于国家法治。

(四)国家调节适度性原则

经济法的适度性原则,是指政府在运用国家调节权力干预经济运行的过程中要把握一定的限度,权力要控制在合理的范围和力度之内,最终达到维护与稳定市场经济秩序即可。权力既不要滥用又不要不用,在运用的过程中更重要的是找到权力的平衡点,不让经济秩序与市场规律失去平衡性。经济法的适度干预原则实际上表明了经济法必然要面对的协调规则刚性与自由裁量的两难问题:既遵循规律,又不因规则的束缚而丧失对经济生活的适时回应;既承认自由裁量在国家干预中的现实必要性,又不因片面追求灵活而丧失对权力滥用的警惕。①

大体上,适度性原则包括"三度",即"法度、量度、质度"。"法度",即法定性原则,强调的是调节行为的适中,即矫正偏离价值规律的经济行为,无论鼓励促进或限制禁止,都要通过经济法律规定来实现。② 一切经济管理权力的运用都要符合经济实体法与经济程序法的规定,要以现行的制定得良好的、正义的宪法、法律、行政法规以及地方政府法规为出发点。合法性原则前文已详细论述,此处不再赘述。"量度",即有关国家调节的法经济学分析,国家经济管理权力的运用要考虑成本与实际效益。"干预必定会消耗资源,从而产生干预成本,干预成本主要包括干预行为的立法成本、执法成本以及市场主体的守法成本。"③根据经济学中的边际效用递减规律,干预的边际效益是递减的。干预在最初实施时,由于立法和司法的针对性强,会产生规模效应,干预效益比较高,但久而久之,当边际收益达到与边际成本相等的点时,干预的效益就会转而减少,以至到后来,虽然干预存在,但其效益微乎其微,而产生干预规模不经济的现象。因此,要充分发挥市场与政府各自的角色职能,实现干预目标上的均衡。重视干预的弹性适用,随时关注降低干预实施成本;注重干预方案间的支持与协调,发挥规模效益;最终,政府要做到花最低的成本,获取最大的干预效益。"质度",指国家调节要追求质量与好的效果。政府对市场的适度调节是对市场中存在的各种价值观的一种平衡,比如,效率与公平,自由与强制,经济增长和环境保护等。④ 维护社会经济总体效益,是经济法体系中全部法律规范都必须贯彻和遵循的。⑤

(五)国家调节中立性原则

中立性原则要求政府在运用经济权力干预经济运行的过程中要像法官一样居中裁

---

① 参见李昌麒主编:《经济法》,中国政法大学出版社 2009 年版,第 69 页。

② 参见孙晋:《论经济法的基本原则——以实证主义分析方法》,载徐杰主编:《经济法论丛》(第 5 卷),法律出版社 2005 年版,第 35 ~ 57 页。

③ 汪波:《政府行为的经济学分析》,载《地方政府管理》2001 年第 8 期。

④ 参见李曙光:《转型法律学——市场经济的法律解释》,中国政法大学出版社 2007 年版,第 288 页。

⑤ 参见漆多俊、冯果主编:《经济法学》(第 3 版),武汉大学出版社 2011 年版,第 79 页。

判,不偏袒任何一方市场经济主体。政府运用经济权力要"注重维护社会经济总体效益,兼顾社会各方经济利益公平"。[①] 政府就像市场经济大家庭中的家长,各类市场主体就像大家庭中的子女,当市场经济这个大家庭出现混乱、不遵守家规从而影响家族和谐与发展时,家长要手持正义之剑,居中担任矛盾的调解与裁判者,从而恢复家庭秩序。同样的道理,政府要做到的也仅仅是站在中立的角度去化解市场经济矛盾,维护市场经济秩序。中国已于2001年加入WTO,WTO要求法律透明,政策公开,政府平等对待所有市场主体,政府和企业处于平等地位。我国一些与WTO贸易规则不同的经济法律法规被制定、修改或者废止,同时针对居民企业主体与非居民企业主体给予相同的无歧视的待遇,不偏袒任何一方,正是政府经济管理权力运行中立性原则的良好体现。但是,这种居民企业与非居民企业差别性、歧视性的待遇在某些经济领域依然存在,今后,这将是法律法规立、改、废的重点,并最终实现无差别待遇,充分激发各市场经济主体的创造性,推动经济稳定、持续、健康发展。政府干预经济调节市场秉持竞争中立立场,就是中立性原则的主要体现。

（六）国家调节公共性原则

公共性原则,是指政府的主要经济职能是维护国家整体利益和社会公共利益。[②]

现代政府的职能逐渐转向服务型,政府在经济干预的过程中不应有自己的私利存在,政府经济干预应该以维护国家整体利益和社会公共利益。经济法不同于民法的个体本位与行政法的国家本位,经济法是以社会本位为宗旨,主要体现为以维护社会公共利益为出发点。社会公共利益就是能够为广大人民群众所能享受的利益,具有普遍性和同一性。政府经济权力行使的过程中需要找到社会总体经济效率同个体经济效率、社会公平同个体间公平之间的平衡点。由于社会经济总体乃由全部经济个体构成,维护社会总体经济效率必须注重维护而不是妨害广大个体效率,否则,维护社会总体效率便只是一句空话。但是社会总体效率同个体效率毕竟存在矛盾冲突,例如,垄断企业由于超额垄断利润形成的"效率"就妨碍着广大中小经营者和消费者的效率。因此,维护社会经济总体效率和社会经济公平的关键问题在于社会不同个体之间作出平衡,尽量找到最佳的界限或平衡点。

经济法将社会本位作为基本定位,就表明经济法在规范国家投资经营、反对垄断和不正当竞争、宏观经济调控和消费者权益保护等活动中,要求执法机关不能一味追求自身利益的最大化、不能嫌贫爱富、不能只做锦上添花而不做雪中送炭的事情,而忽视了对社会公共利益的关切。

---

① 漆多俊:《经济法价值、理念与原则》,载漆多俊主编:《经济法论丛》(第2卷),中国方正出版社1992年版。

② 参见[美]凯斯·R.桑斯坦:《权利革命之后:重塑规制国》,钟瑞华译,中国人民大学出版社2009年版,第263~264页。

第二节 经济法的调整方法

一、法的调整方法概述

法调整一定社会关系。法在调整社会关系时所采取的基本方式和手段,即为法的调整方法。法必须有适当的调整方法,否则,法便不能履行其调整社会关系的使命。

法作为一种行为规范,同其他规范如道德规范、纪律规范等一样,所采取的基本方法是,规定人们行为准则(模式),并规定人们违反或遵守准则所导致的后果。但法的调整方法同其他方法不同,其显著特征在于,这种调整方法是国家制定或认可的,并由国家强制力保证实施。

法对于人们行为规则的规定,采取的具体做法包括:在什么条件下,法命令或禁止人们为或不为某种行为——强行性规范;在什么条件下,法允许人们为或不为某种行为——任意性规范;此外,法还规定在什么条件下,鼓励、提倡人们为或不为某种行为——"提倡性规范"。①

传统法学理论中没有"提倡性规范"这一概念。所谓提倡性规范,是指鼓励、提倡人们为或不为一定行为的法律规范。它同强行性规范不同,它不是强行命令或禁止人们为或不为一定行为。它与任意性规范也不同,它不是一般地允许,而是鼓励或提倡人们为或不为一定行为,国家立法者的意志倾向性十分明确。②

法对后果的规定,是确定人们违反法律所规定的行为准则时所应当承担的责任和以何种方式使之实际履行其责任,以及在人们遵守行为准则时法律所持的态度和需要采取的措施。法律后果包括否定式与肯定式两种。

当人们违反法律强行性规范时,导致否定式法律后果即法律制裁。法律制裁是否定式法律后果的具体实现形式。法律也规定了对于违反强行性规范免于制裁或不予制裁的情形,这时,法律后果是一般性否定。当人们遵守强行性规范时,法律后果是肯定式的,但通常只是一般性肯定,即不需要另外采取某种具体肯定形式。

当人们违反或遵守任意性规范时,法律后果形式是否定式和肯定式的,但通常为一般性否定和一般性肯定,法律不需要另外规定其他具体的否定或肯定形式。

当人们违反提倡性规范时,法律后果是否定式的,但一般不需要规定法律责任,因而也不需要采取制裁。当人们遵守特别是模范地、成绩显著地遵守提倡性规范时,则可

① 漆多俊教授早在1991年发表《论经济法调整方法》(载《法律科学》1991年第5期、中国人民大学复印报刊资料《经济法》1992年第2期)、《论奖励》(载《法律与社会》1991年第5期),率先提出了"提倡性规范"这一概念,并对"提倡性规范"和"奖励"作了系统论述。

② 参见漆多俊:《经济法基础理论》(第4版),法律出版社2008年版,第144页。

能导致奖励这种具体形式的肯定式法律后果。

立法中提倡性规范与奖励规定的出现及其在现代国家立法中成为较为普遍现象，这与国家对社会生活管理职能直接相关。现代国家由于其管理职能扩大，越来越注重积极促进和组建新的制度和新的秩序，因而立法中的提倡性规范和奖励规定大量增多。国内外有许多法律文件更直接以“鼓励”“奖励”等词作为标题，这种情况特别在经济法、行政法、环境法、劳动法中较普遍。[①]

综上所述，法律一方面运用强行性、任意性或提倡性规范规定人们的行为准则，同时又规定法律责任和法律制裁或奖励等形式的法律后果。法律就是采取这种基本方法来调整社会关系，以实现其任务的。

各个不同部门法的调整方法有着基本共同点，但是因为各部门法各自的特定任务和调整对象有所不同，所以又有着各自不同的特点，形成各个部门法各自特有的调整方法。各部门法特有的调整方法，表现在它们所采取的规范方式和法律后果形式上的差异性上。在法律规范方式方面，有的部门法基本上采取强行性规范方式，如刑法；有的部门法大量采取任意性规范方式，如行政法、劳动法、环境法等。在法律后果方面，有的采取基本上全为制裁这种后果形式，如刑法；有的大量采取一般性否定和一般性肯定方式，如民法；有的则采取许多奖励这种肯定式法律后果，如行政法、劳动法、环境法等。在制裁方面，有的制裁措施十分严厉，如刑法；有的主要采取等价补偿的方式的制裁方法，如民法；有的主要采取财产和经济性的制裁方式，如民法、劳动法、环境法等；有的则程度不同地采取人身制裁方式，如刑法、行政法等；刑法与行政法的人身制裁方式和严厉程度又明显不同。如此等等，形成各个部门法调整方法上的特殊性。

二、经济法调整方法的特点

经济法的调整方法，是指经济法在调整国家经济调节关系时所采取的行为规范方式和法律后果形式。

经济法调整方法的特点是：既采取强行性规范方式，又有许多任意性规范，尤其注重采取大量提倡性规范方式，实行提倡性规范与必要的强行性规范相结合；既规定经济法责任和经济法制裁等否定式法律后果，又注重采用奖励这种肯定式法律后果形式，实行制裁与奖励相结合。

经济法调整方法的特点，是由经济法的任务和它的调整对象的性质和特点决定的。经济法的任务是保障国家经济调节，促进社会经济协调、稳定和发展。经济法所调整的国家经济调节关系，虽然也是一种管理与被管理关系，但又不同于行政管理关系。国家经济调节除运用必要的强制方式外，大量运用计划、经济政策和经济杠杆，对社会各经济活动主体进行引导和促进，此外，国家还直接参与一些经济活动。正是这些情况决定经济法在履行其调整使命时，既需要采取必要的禁止、命令等强行性规范方式，以保障

---

① 参见漆多俊：《经济法基础理论》（第4版），法律出版社2008年版，第143～144页。

国家对经济的干预、管制;又需要采取任意性规范方式,让社会经济主体自主从事经济行为,促进社会经济总体上健康运行;既采取制裁措施以保证实施强行性规范,又规定奖励措施,以加强鼓励和提倡的效果。

经济法调整方法的以上基本特点,在各国是一致的,具有共性。但各国,特别是实行不同经济体制和国家管理体制的国家,在具体做法上,又有所不同。在实行市场经济体制条件下,国家对经济的调节,往往被控制在十分必要的范围内,即国家认为必须采取某种调节措施,否则,社会经济便不能正常、有效运用时,才以“国家之手”予以适当调节。国家调节的基本方式是对市场予以规制,或直接参与投资经营,或从宏观上间接引导调控。经济法调整方法更多地采取提倡性规范和奖励的后果形式。然而在经济体制转轨转型国家,政府对经济管理范围更广泛,所采取的管理方式和手段,也较多表现为直接指令性管理。在这种情况下,经济法调整方法常见采用强行性规范和制裁的后果形式。

第三节 经济法责任制度

一、经济法责任的概念

经济法责任,是指人们违反经济法规定的义务所应付出的代价。[①] 不同部门法规定的法律义务性质不同,因此法律责任的性质也不相同。经济法规定的义务,是各种经济法主体(包括国家经济管理主体和被管理主体)在国家经济调节中必须依法正确实施调节和管理,以及服从和执行调节和管理,违反这些义务,即给国家经济调节和国家、社会或者具体的社会组织与公民的经济利益造成了危害。因此,经济法规定的法律责任即经济法义务违反人依据法律规定应付出的代价,便是弥补给国家经济调节和给国家、社会或其他被侵害者的经济利益造成的损害,消除上述方面已经造成和将会造成的不利影响。

经济法责任具有鲜明的经济性和社会性。所谓经济性,是指它系国家经济调节中发生的法律责任。对国家调节管理主体来说,是因违反法律规定的国家经济调节管理义务,而对国家和被调节管理主体承担责任;对被调节管理主体来说,是因其经济活动违反国家调节管理规定,而对国家和社会其他经营者、消费者承担责任。总而言之,上述这些责任都发生在经济领域,都因经济活动和国家经济调节管理活动而引起。所谓经济法责任的社会性,是指这种法律责任直接同社会利益相关。国家调节经济是为了社会经济总体利益和长远利益,是为了社会经济的秩序、效率和公平。这虽然也是一种国家职能,但具有社会公共职能性质。违反经济法所承担的责任,看起来是直接对国家

---

① 参见漆多俊:《经济法基础理论》(第4版),法律出版社2008年版,第147页。

或对企业、个人的责任,实际上由于所损害的主要是社会利益,而承担责任也主要是为了防止、弥补或消除社会损害,所以实际上主要是一种社会责任。在经济法的立法和实施中,认定责任条件、界定责任标准、掌握归责原则,最重要的是基于社会总体利益的考虑。这无论是在市场规制法还是在国家投资经营法或宏观引导调控法中,都是如此。

经济法责任,容易被误称为"经济法律责任"或"经济责任"。严格来讲,"经济法律责任"中的"经济法律"一词容易被人们肤浅地理解为"关于经济方面的法律",所以"经济法律责任"并非一个严谨的法律概念。同样地,"经济责任"是泛指一切具有经济内容的责任,经济责任只有上升为经济法规定之后,才能成为经济法责任。① 因此,我们不主张用"经济法律责任"和"经济责任"的称谓来代替"经济法责任"这一特定的概念。

二、经济法的责任形式与制裁方法②

经济法责任既然是经济法义务人应当为其行为给国家、社会或相关个体的经济利益当所造成的危害而付出的代价,这种代价就应当同国家、社会或其他被侵害者的经济利益相关,并与行为人在这方面所造成的危害的性质、后果和程度相当。它或者是对被侵害者的财产和经济利益进行补偿,或者是消除侵害行为可能继续产生的危害和影响,或者是限制或剥夺侵害人此后可能继续进行危害的资格和手段。因此,经济法责任的种类责任形式,主要包括财产和其他经济利益方面的责任、经济行为方面的责任、经济信誉方面的责任、经济管理行为方面的责任。

财产和其他经济利益方面的责任是经济法义务违反人因其行为给国家、社会或特定的社会组织与个人造成财产和其他经济利益损害,而应当以属于自己的财产和其他经济利益给被害者以补偿的承担责任方式。承当这种责任的条件,必须是违法行为已经造成财产和其他经济利益的损失,责任范围一般应是等价补偿。当然,社会组织或个人对国家和社会造成的经济危害,当其数额十分巨大时,仅以其所有的财产往往不能充分补偿,这时还必须采取其他责任形式如行政责任甚至刑事责任予以弥补。

经济行为方面的责任是经济法义务违反人以其经济行为受到某种限制作为代价承担责任的方式。经济行为受到限制,是指限制或剥夺其从事某种经济活动的资格和手段,限制其某些经济行为方式。这既是为了防止他们在以后的该种经济活动中继续作出危害行为,也是为了清除其危害行为造成的不良社会影响。在采取这种责任形式时,对于责任人经济行为的限制,必须是与其危害行为相关的哪些经济活动领域或相类似的经济行为,应受限制的经济活动领域和经济行为种类不宜过广。经济行为责任形式是经济法责任中普遍使用的一种责任形式,其适用对象为国家经济调节中的被管理

---

① 参见李昌麒主编:《经济法学》,中国政法大学出版社2009年版,第95页。

② 该部分主要借鉴了漆多俊教授的观点。参见漆多俊:《经济法基础理论》(第4版),法律出版社2008年版,第150~153页。

主体。

经济信誉责任,是经济法义务违反人以其经济信誉受到损失为代价承担责任的方式。以经济信誉受到损失为代价承担责任,对于违法行为人能起到有力的惩戒作用,防止危害继续发生;同时也能教育、警戒社会上的其他人,消除不良影响。经济信誉责任形式的适用对象主要是企业及其他生产经营者。他们承担这种责任的程度和范围,应与其社会危害的大小和范围相当。例如,我国《促进科技成果转化法》第47条也明文规定,在科技成果转化活动中弄虚作假或者采取欺骗手段,骗取奖励和荣誉称号、诈骗钱财、非法牟利的,由政府相关部门责令改正,取消该奖励和荣誉称号,没收违法所得,并处以罚款。给他人造成损失的,依法承担民事赔偿责任。构成犯罪的,依法追究刑事责任。

所谓经济管理行为责任,是指违反经济法所规定的经济调节管理义务的国家经济管理机关及其工作人员,以其经济管理行为受到某种限制为代价承担责任的方式。所谓经济管理行为受到某种限制,包括限制或剥夺其经济管理资格(经济管理职权),纠正、调整其经济管理行为。实行这种责任形式,可以终止其继续危害行为,减轻、补救其危害行为造成的损害,防止危害行为继续发生的可能性,消除其违法行为造成的社会影响。因此,这是一种十分必要和有效的责任形式。例如,我国《财政违法行为处罚处分条例》第3条规定:"财政收入执收单位及其工作人员有下列违反国家财政收入管理规定的行为之一的,责令改正,补收应当收取的财政收入,限期退还违法所得。对单位给予警告或者通报批评。对直接负责的主管人员和其他直接责任人员给予警告、记过或者记大过处分;情节严重的,给予降级或者撤职处分:(1)违反规定设立财政收入项目;(2)违反规定擅自改变财政收入项目的范围、标准、对象和期限;(3)对已明令取消、暂停执行或者降低标准的财政收入项目,仍然依照原定项目、标准征收或者变换名称征收;(4)缓收、不收财政收入;(5)擅自将预算收入转为预算外收入;(6)其他违反国家财政收入管理规定的行为。"

经济法责任形式中的经济责任(或财产责任),是经济法义务违反人以其财产或其他经济利益受到一定损失的方式承担的责任。为了强制实现这种责任形式,国家机关采取的制裁方式便是罚款、罚交滞纳金、罚息、收缴应上交收入、没收非法所得等货币制裁或者征购、征用、没收财产等实物财产制裁。

经济法责任形式中的经济行为责任,是经济法义务违反人以其经济行为受到某种限制为代价承担责任。这决定国家机关适用的制裁方式通常为强制整顿、强制停业、吊销生产许可证或营业执照、强制解散、限制从事某些经济活动的资格。

经济法责任形式中的经济信誉责任,是使责任人的经济信誉受到损失。所以国家机关适用的制裁方式通常包括通报批评、撤销荣誉称号等。

经济管理责任形式是以国家经济管理机关及其工作人员从事经济调节管理的资格和经济调节管理行为受到某种限制的方式承担责任。与此相适应的制裁方式通常包括:责令修改或撤销原来下达的经济管理决定,调整原来所下达的计划指标,责令减、免被管理主体原来规定上交的利润和收费,撤销摊派,停止、纠正或撤销不恰当的调节管理行为,撤销或调整其有关经济调节管理职权等。

复习思考题

➢ 1. 简述经济法原则的特点和种类?

➢ 2. 为什么说"维护社会总体经济效益和兼顾各方经济利益"是经济法的基本原则?

➢ 3. 什么是法的调整方法? 经济法调整方法有哪些特征?

➢ 4. 如何认识经济法调整方法与其他部门法调整方法的关系?

➢ 5. 经济法中的财产责任与民法中的财产责任有何不同?

➢ 6. 简述经济法的责任形式与制裁方式?

第五章　经济法的渊源和体系

【重点内容提示】

经济法作为新兴法律部门，其法律渊源与民商法、行政法等传统法律部门不同，除制定法渊源外，大量的经济政策、经济规则与司法解释在社会经济实践中与法并不能截然分开，成为经济法的基本渊源之一。现代市场经济中，国家调节社会经济的三种基本方式为强制、参与、促导，而与之相对应，作为现代市场经济基本法的经济法包含三种基本法律，即(1)为保障国家以强制方式排除市场障碍需要的市场规制法律制度；(2)为保障国家以直接参与方式投资经营需要的国家投资经营法律制度；(3)为保障国家以促导方式实行宏观调控需要的，宏观经济引导与促进法律制度。经济法的三种基本法律相互衔接、相互配合，共同保障社会主义市场经济的健康、有序发展。

第一节　经济法的渊源

法的渊源，即法的根源、本源，也指法的存在或表现形式。经济法的渊源，也就是经济法的根源、本源或称之为经济法的具体表现形式。我国作为大陆法系国家，法的渊源基本上是成文的制定法，经济法也不例外。但作为现代市场经济条件下产生与发展的新型法律，除成文制定法外，大量的政策、司法解释，甚至法学理论均需要作为经济法的法源因素予以考虑。

一、经济法渊源的宏观理解

对于经济法来说，除1964年捷克斯洛伐克制定了经济法典之外，并无其他国家单独制定统一的经济法典。经济法作为国家调节经济之法，是适应现代市场经济国家调节社会经济的需要而产生并形成独立的法律部门，是国家对经济调节的主要法律保障。经济法中关于规范经济运行的法律制度，理所当然的构成经济法的骨架，即大量以立法形式出现的经济法律是经济法的重要渊源。但在制定法之外，还存在大量经济基本政策以及经济运行中形成的被普遍遵守的习惯或管理，也在某种程度上发挥着法律规范的价值，亦不得不承认其效力。

（一）经济法的制定法渊源

改革开放以来，我国制定的法律法规中超过70%的部分属于经济类法律法规。我国制定的大量经济法律法规，成为我国经济法制定法的渊源。

这些法律法规，在经济法主体制度层面包括：《全民所有制工业企业法》《企业国有资产法》《乡镇企业法》《个人独资企业法》《中小企业促进法》《农民专业合作社法》《城镇集体所有制企业条例》《公司登记管理条例》等；在宏观经济调节与管理层面包括：《价格法》《预算法》《税收征收管理法》《外商投资企业和外国企业所得税法》《个人所得税法》《企业所得税法》《中国人民银行法》《商业银行法》《银行业监督管理法》《证券法》《保险法》《信托法》《证券投资基金法》《农业法》《邮政法》《铁路法》《产品质量法》《会计法》《审计法》《土地管理法》《森林法》《草原法》《矿产资源法》《水法》《渔业法》《节约能源法》《可再生能源法》《金融租赁公司管理办法》《信托投资公司管理办法》《证券交易所管理办法》《外资银行管理条例》《保险评估机构管理规定》《保险代理机构管理规定》《企业债券管理条例》《票据实施管理办法》《支付结算办法》《外汇管理条例》《贷款通则》《金银管理条例》《现金管理暂行条例》《银行账户管理办法》等；在规范和调节市场经济运行层面包括：《反垄断法》《反不正当竞争法》《电子商务法》《招标投标法》《政府采购法》《对外贸易法》《海关法》《进出境动植物检疫法》《动物检疫法》《消费者权益保护法》《广告法》《食品安全法》《保障措施条例》《反倾销条例》《反补贴条例》等。

（二）经济法制定法以外的法源

在我国，除经济法律法规外，基本经济政策也发挥着法律的某些功能。所谓基本经济政策，是指国家在经济领域采取的具有深层次意义的长远政策取向。一方面，基本经济政策是一定时期的立法和司法的指导方针、原则。例如，1993 年 11 月党的十四届三中全会召开通过《中共中央关于建立社会主义市场经济体制若干问题的决定》，该决定成为指导我国社会经济发展的核心性政策，社会主义市场经济的法律制定均以此决定为指导；2013 年 11 月党的十八届三中全会召开通过《中共中央关于全面深化改革若干重大问题的决定》，该决定成为我国深化经济体制改革，坚持和完善基本经济制度，加快完善现代市场体系、宏观调控体系、开放型经济体系，加快转变经济发展方式，加快建设创新型国家，推动经济更有效率、更加公平、更可持续发展的基本指导。再如，在金融领域，1983 年国务院《关于中国人民银行专门行使中央银行职能的决定》、1993 年国务院《关于金融体制改革的决定》、1996 年国务院《关于农村金融体制改革的决定》等，是国家对金融体制及其改革作出部署的核心文件，对金融领域的经济立法具有直接的导向作用。另一方面，较为具体、稳定的政策与法并不能截然分开，本身不妨就是法的规范。我国尚未制定有关政策性银行的法律法规，所以《国家开发银行章程》、《中国农业发展银行章程》和《中国进出口银行章程》成为我国三大政策性银行经营管理的重要法律依据。同样，在我国银行、证券交易所制定的各种组织业务规则、中央银行管理票据交换业务办法、银行间交易所用的各种约定书等，也由于在实践中广泛使用，而成为金融机构经营管理的基本规范和交易双方当事人的准据，具有相当的法律效力。1997 年为了防止在经济开发中乱占耕地、导致耕地面积锐减的状况，中共中央和国务院发布

《关于进一步加强土地管理切实保护耕地的通知》,决定冻结非农建设项目占用耕地1年,即用政策来冻结我国《土地管理法》关于国家建设征用耕地审批的法律规定;到1998年,又继续将冻结期延长至《土地管理法》修改为止。因此,我们在理解和适用经济法律、法规时,应当结合国家的有关基本经济政策,否则就难以把握其"法的精神"。

此外,最高人民法院和最高人民检察院发布的司法解释也是经济法重要的非制定法的法律渊源。在我国司法解释是一种具有中国特色的法律渊源,它不同于判例法和判例。因为它并不是在个案审判中产生的,实际上是一种最高司法机关的"制定法",主要是针对有关法律适用的普遍性指导意见。[①] 如最高人民法院《关于审理农村承包合同纠纷案件若干问题的意见》、最高人民法院《关于审理房地产管理法施行前房地产开发经营案件若干问题的解答》、最高人民法院和最高人民检察院《关于办理偷税、抗税刑事案件具体应用法律的若干问题的解释》等。

二、经济法渊源的微观理解

基于规范性法律文件的制定机关及其法律效力的不同,经济法的渊源还可以分为以下几种类型。

(一)宪法

宪法是国家的根本大法,具有最高的法律效力。宪法中关于社会主义经济制度的规定,是对经济关系进行法律调整的基本依据。宪法作为经济法的渊源,主要指《宪法》中涉及调整经济、民事关系的法律条文,如关于国家基本经济制度的"中华人民共和国的社会主义经济制度的基础是生产资料的社会主义公有制,即全民所有制和劳动群众集体所有制";关于国家经济体制的"国家实行社会主义市场经济。国家加强经济立法,完善宏观调控"等。而我国的各项经济法律中关于立法宗旨的规定,也都反映了宪法对我国经济立法和经济事业发展的根本要求。

(二)法律

法律,是指国家立法机关依照法定程序制定和颁布的规范性法律文件,是我国经济法的重要的法律渊源。经济法律不得与宪法相抵触,主要包括全国人民代表大会制定的《预算法》《中国人民银行法》等,以及全国人民代表大会常务委员会制定的《土地管理法》《价格法》《商业银行法》《证券法》《保险法》《信托法》《票据法》《证券投资基金法》《税收征收管理法》《外商投资企业和外国企业所得税法》《森林法》《草原法》《矿产资源法》《水法》《渔业法》《节约能源法》《可再生能源法》《反不正当竞争法》《消费者权益保护法》等。除上述专门的经济法律外,还有大量与经济相关的法律存在,例如,《物权法》(其中关于物权登记的法律规定)、《合同法》(其中关借款、融资租赁的法律规定)、《公司法》(其中关于公司登记、年审等法律规定)等。

---

① 参见史际春主编:《经济法》,中国人民大学出版社2005年版,第99页。

(三)行政法规

行政法规是国务院依据宪法和法律或最高国家权力机关的授权制定的规范性法律文件。例如,《国有企业资产监督管理暂行条例》《城镇集体所有制企业条例》《公司登记管理条例》《企业名称登记管理规定》《企业债券管理条例》《储蓄管理条例》《借款合同条例》《股票发行与交易管理暂行条例》《中国人民银行货币政策委员会条例》《人民币管理条例》《外汇管理条例》《外资银行管理条例》《金融机构撤销条例》《金银管理条例》等均为行政法规。行政法规是我国经济法的重要表现形式,但其不得与宪法和法律相抵触。制定行政法规也是国务院的一项重要职权和依法进行经济管理的一种重要手段。随着我国建设有中国特色的社会主义市场经济体制的发展,经济法领域行政法规的数量越来越多,其对经济影响的作用也越来越大、越来越直接。

(四)地方性法规

省、自治区、直辖市和较大的市的人民代表大会及其常务委员会可以根据本地方的具体情况和实际需要,在不与宪法、法律、行政法规相冲突的情况下,制定地方性法规。此外,全国人大及其常委会还专门制定了一些授权法,授权有关地方尤其是经济特区(如深圳),就经济体制改革和对外开放方面的问题制定法规和规章,实行先行先试。

在我国,改革开放以来的经济社会发展,除中央的宏观调控积极有效外,地方政府间的竞争成为推动地方经济社会发展的最主要动力之一。这在经济立法领域表现为大量地方性法规具有"试点"和"实验"的特点,不仅数量众多,甚至领跑国家的经济法律规则的制定,对促进我国地方社会经济发展发挥了关键性作用。例如,全国最早的消费者保护的法律规则,是 1987 年福建省人民代表大会常务委员会制定的《福建省保护消费者权益条例》,其推动了 1993 年《消费者权益保护法》的制定;广东省早在 1986 年就制定经济特区涉外公司条例,不仅为经济特区引进外资设立公司发挥了规范和调整的作用,也为制定全国性的公司法积累了经验。

当然,地方性法规近年来也有过于泛滥和越权的倾向。例如,《河南省种子管理条例》与《种子法》曾产生冲突;《湖北省企业国有资产监督管理条例》与《企业国有资产法》的立法理念存在较大差距等。过多而不必要的地方性法规,导致法的繁杂和相互衔接不畅,甚至可能产生冲突;而地方法规与法律等上位法的精神或者越权对属于国家立法权范围的事项擅作规定,则有违现代法治精神与规则,妨碍统一市场体系与规则的建立。

(五)部门规章

部门规章,是指作为国家最高行政机关职能部门为了实施法律和行政法规,依法制定和颁布的规范性文件。在经济法领域,国务院所属的有关部、委、局,尤其是具有经济管理职能的相关部、委、局,如国有资产监督管理委员会、国家发展和改革委员会、证券监督管理委员会、商务部、中国人民银行、银行保险监督管理委员会、财政部、国家税务总局、国家市场监督管理总局等发布的规章、命令、指示等,也是经济法的直接渊源之一。

在改革开放初期,部门规章曾是我国经济法律的最主要形式,推动社会经济的发展。如在《公司法》颁布前,原国家经济体制改革委员会、原国家计划委员会、财政部和中国人民银行等单位颁布的《股份制企业试点办法》、《股份有限公司规范意见》和《有限责任公司规范意见》等15个规章,在社会经济发展方面实际上发挥着公司法的作用。目前,由于我国经济、民事立法具有"宜粗不宜细"的立法特点,法律规则的可操作性不强,所以部门规章仍然起着填补法律漏洞、促进法律适用、规范经济运行的作用。例如,在我国《反垄断法》颁布后,国家发展和改革委员会制定《反价格垄断规定》《反价格垄断行政执法程序规定》,作为反价格垄断的执法规则,在实践中具体运用。

当然,部门规章也有其弊端。有些部门基于自身利益考量,通过部门规章的制定与实施维护其部门利益或行业利益;有些部门规章的规定存在与国家法律的冲突或衔接不畅等问题。上述问题也需要随着我国社会主义市场经济体制的完善和社会主义法律体系的完善而逐步修正与克服。

(六)地方政府规章

地方政府规章,是指省、自治区、直辖市和较大的市的政府为执行法律、行政法规和地方性法规,在法定权限内制定并发布的规范性文件。地方政府规章在制定的辖区内发生法律效力,成为经济法的渊源之一。例如,《山东省查处冒充专利行为暂行办法》《福建省商品质量仲裁办法》《海南经济特区土地监察规定》等。

(七)国际法律渊源

国际法律渊源其名称有条约、公约、协定、合约、盟约、换文、宣言、声明、公报等。我国缔结或参加的国际公约或协定以及在我国通行并认为司法机关认可的国际惯例,如国际货币基金组织、世界银行、国际复兴开发银行和世界贸易组织等中国作为成员国所缔结或加入的《国际货币基金组织协定》《世界贸易组织协定》等多边国际公约和条约,以及我国与其他国家如英国、荷兰、瑞士等签订的双边投资保护协定等,上述规则当其适用于经济法部门的经济法律关系时,就成为我国经济法的渊源。例如,在中国境内营运的国际集装箱班轮运输商违反《价格法》第14条的规定,串通定价与中国货主之间发生的价格卡特尔争议中,援用中国已经加入的联合国《1974年班轮公会行动守则公约》,对个别班轮公会成员的运价予以豁免。①

第二节 经济法的体系与内容

经济法作为新兴法律部门,可以说其体系仍处于构造之中。我国的学者按照不同

① 参见史际春主编:《经济法》,中国人民大学出版社2005年版,第100页。

的标准和方法尝试构造经济法的体系。例如,有学者认为,依据法部门尤其是经济法部门形成和发展的规律来确定经济法的调整对象,进而在经济法调整的范围内,依照经济和法律的内在逻辑来进行,以尽可能减少重合缺漏,做到结构清晰。按照经济关系及其经济法调整的内在逻辑,即主体在公共管理下从事经济活动,经济法可以大致分为经济法主体制度、公共经济管理法和经济活动法三个部分。① 有学者以现行的经济法律法规和经济法的调整对象与方法的不同,将经济法体系的结构分为市场主体规制法、市场秩序调控法和宏观调控法。② 有学者认为,经济法的调整对象主要包括市场主体的市场准入与退出关系、国家利用"有形之手"对市场缺陷的宏观调控关系、国家对市场行为的微观管理关系等,因此,经济法体系主要包括经济法主体法律制度、市场主体法律制度、宏观调控法律制度和社会保障法律制度等内容。③ 有学者从经济法学科的角度分析,经济法学框架宜由经济法总论、市场规制法学、宏观调控法学、特别经济法学、经济法史学和比较经济法学构成,所以经济法体系的结构分为市场规制法、宏观调控法和特别经济法三类。④ 也有学者认为,按照经济关系及其经济法调整的内在逻辑,经济法体系大致分为经济组织法、经济管理法和经济活动法三个部分。⑤ 此外,还有学者认为,经济法体系分为市场主体规制法律制度、市场秩序规制法律制度、宏观经济调控和可持续发展法律制度、社会分配法律制度。⑥ 可见,经济法体系问题的争论较大,目前学者的认识并不统一。

一、经济法体系划分的理论依据

市场经济自其形成至今已经历两个阶段:19 世纪末以前,以理性哲学和自由主义经济理论为指导的市场经济中,市场上经营者自由而充分地进行竞争,市场机制充分和有效地发挥作用,它是当时社会经济唯一的基本调节机制。这是市场经济的第一阶段,即自由市场经济阶段。19 世纪末以后,社会经济发展呈现新的形势,以德国为例,其在 19 世纪 70 年代出现了生产和资本的迅速集中,卡特尔在 1873 年的经济危机以后得到广泛发展,一些经济部门被一两个垄断组织所控制。如 1893 年在莱因—威斯特伐利亚建立的煤业辛迪加集中了该地区采煤量的 86.7%,1910 年达到 95.4%;钢业联盟和铁业联盟在第一次世界大战前夕垄断了全国钢铁产量的 98%。更重要的是,政府在社会经济发展中扮演了重要角色,俾斯麦任普鲁士首相时,推行"铁血"政策,大力修筑铁路,发展军火工业,在普法战争中打败法国,统一了德国。1870 年普鲁士的国有铁路已占全国铁路总长的 43.8%;在第一次世界大战前,德国政府拥有邮电事业和全国

---

① 参见史际春主编:《经济法》,中国人民大学出版社 2005 年版,第 100 ~ 104 页。
② 参见黄河主编:《经济法》,中国人民大学出版社 2003 年版,第 37 ~ 38 页。
③ 参见陶广峰主编:《经济法原理》,中国政法大学出版社 2005 年版,第 48 ~ 49 页。
④ 参见王全兴:《经济法基础理论专题研究》,中国检察出版社 2002 年版,第 11 ~ 15 页。
⑤ 参见潘静成、刘文华主编:《经济法》(第 2 版),中国人民大学出版社 2005 年版,第 92 ~ 94 页。
⑥ 参见李昌麒主编:《经济法学》,中国政法大学出版社 2007 年版,第 8 页。

93.6%的铁路、44个大型矿山、12个大型钢铁厂和其他重要产业。[①] 在美国,从1879年出现第一个托拉斯"洛克菲勒美孚石油公司",到1887年,棉籽油、亚麻油、制糖、铅冶炼、威士忌酿造等行业都出现了托拉斯,许多行业被托拉斯独占或操纵。如美孚掌握美国全部石油生产,美国制糖公司控制全美90% ~95%的制糖业,美国钢铁公司控制了美国70%的炼钢设备,在烟草、皮革、肉类加工、电气设备制造等行业中也存在类似现象。托拉斯从某一产品的最初原料开采或收购,到生产、销售,全部予以控制,非托拉斯成员企业在市场和价格方面无力与之开展竞争,中小企业纷纷倒闭。仅美国钢铁公司一个托拉斯,被它吞并和支配的企业就有700多家。[②] 经济的集中与垄断的出现,引发了严重的社会问题与社会矛盾,传统的自由市场经济阶段的经济规则已经无法对新的经济现象予以调节,发生了所谓的"市场失灵"现象。面对上述问题,在凯恩斯经济理论的指导下,国家调节应运而生;市场经济也进入了第二个阶段,即市场经济国家调节阶段。

国家调节社会经济有多种方式和手段,综观历史,特别是19世纪末20世纪初以来的经验,国家调节经济大致运用三种基本方式:[③]

(1)强制。即国家强行禁止、限制或命令社会经济主体从事某些经济行为,以实现国家调节经济的意图。例如,对于垄断的弊害,美国联邦于1887年制定了有关铁路管理的《州际商务法》(Interstate Commerce Act),并于1890年通过了参议员约翰·谢尔曼提出的《谢尔曼法》,开创了运用国家调节对市场经济发展中出现的垄断弊害进行纠正的立法先河。

【经典案例】美国司法部诉AT&T案[④]

1876年AT&T(美国电报电话公司)的前身贝尔公司取得了电话的专利权,美国的电信业便逐步形成了由AT&T一家企业独霸一个行业的局面。AT&T公司在美国的大城市铺设了地区性电话网络,这些网络相互连接,便可以提供长话服务。1881年AT&T购买了韦斯特(Western)电讯公司,这个公司从而成为AT&T电讯器材的独家供货商。随着科技的发展,尽管美微波通讯公司(MCI)可以通过无线电波向某些用户提供价格低廉的长话服务,但因其必须使用AT&T的电信网络,AT&T为了维护自己的垄断地位,便千方百计地抵制MCI的电信设备进入其网络。为了排除竞争者,AT&T不允许客户使用其他公司生产的电讯器材。在这种情况下,美国司法部1974年向AT&T提起反垄断指控。这个指控集中在以下三个方面:第一,排斥长话竞争者进入市话市场;第二,

---

① 参见潘静成、刘文华主编:《经济法》(第2版),中国人民大学出版社2005年版,第28页。

② 参见龚维敬:《美国垄断资本集中》,人民出版社1986年版,第276页。

③ 参见漆多俊:《经济法基础理论》,武汉大学出版社1998年版,第28~31页。

④ 参见王晓晔:《论网络部门的反垄断法——以电信业为例》,载找法网:http://china.findlaw.cn/jingjifa/fldf/lunwen/031672045.html,最后访问日期:2020年3月7日。

强迫用户购买韦斯特公司的电讯器材；第三，市话价格与成本不符。根据双方谈判，美国法院 1982 年对该案作出了最终判决：AT&T 公司于 1984 年一分为八，保留原公司名称的 AT&T 只能经营长话业务，被肢解的七个小贝尔公司如西南贝尔、太平洋贝尔、大西洋贝尔等只能经营市话业务。小贝尔的市话业务仍受政府的监督和管制，特别是不得凭借在市话市场的自然垄断地位参与长话市场的竞争。根据最终判决，贝尔公司必须对经营长话业务的企业不歧视地开放地区电信网络。经营长话的企业进入网络需要交付费用，费用标准由联邦电讯委员会制定。在这种情况下，经营长话业务的 MCI 公司便有可能与 AT&T 公司进行平等的竞争。

(2)参与。即国家直接参与某些经济活动，借以达到调节社会经济的结构和运行的目的。其主要做法是国家对于社会经济的投资，特别是国家直接投资开办国有企业或参股到民营企业，参与这些企业的经营；国家向企业订货、收购或供应，参与商品流通，国家向企业贷款或向社会发行国债，参与债权债务关系等。

(3)促导。即国家为调节社会经济，使其协调、稳定和发展，而对社会经济各主体及其行为予以引导、促进、帮助和提供各种必要服务。其主要做法是制订经济和社会发展计划和长远规划，制订各种经济政策，并综合运用财政、税收、金融、外汇、价格等各种经济调节手段，完善各种基础设施，建立社会保障制度和各种公共服务体系等，以保障国家调节，实现国家经济管理意图和经济发展目标。

总体而言，国家介入社会经济是一种国家调节作用。它是针对市场的缺陷而采取的救济措施。国家调节的主要任务和基本措施：(1)针对市场障碍，国家通过强制性规则，如反对垄断和限制竞争及对其他不正当竞争予以排除，让市场调节能够充分恢复其作用。(2)针对市场机制作用领域的局限性，国家通过参与社会经济活动，即调整或安排国家直接投资经营活动，以调节社会经济的结构和运行。(3)针对市场机制作用的被动性和滞后性，国家以引导、促进、帮助的形式，运用自己所掌握的情况和信息，并根据对客观经济规律的认识，凭借手中所握有的政策手段和工具，对社会经济实行总体规划、指导、提供各种帮助和服务。经济法则是适应国家调节的需要而产生和发展的，它是国家调节社会经济之法。由于国家调节采取了三种基本方式，所以经济法体系包含三种基本法律，即(1)为保障国家以强制方式排除市场障碍的需要，国家制定了市场规制法律制度，它包括反垄断和限制竞争法、反不正当竞争法以及其他有关市场障碍排除的法律规定；(2)为保障国家以直接参与方式投资经营的需要，国家制定了国家投资经营法律制度，它包括国家投资法、国有企业(含国家控股公司)法以及其他有关国家投资经营的法律；(3)为保障国家以促导方式实行宏观调控的需要，国家制定了宏观经济引导与促进法律制度，它包括计划法与产业政策法、财政法、税收法、金融法以及关于各种调节手段运用的法律规定。①

二、经济法的基本体系与内容

适应社会主义市场经济发展的要求,依据国家调节市场经济的基本手段,我国的经济法体系从宏观上大体分为市场规制法律制度、国家投资经营法律制度和宏观经济引导与促进法律制度三大类。

(一)市场规制法律制度

市场规制法律制度是调整市场竞争关系和政府对市场进行协调、监管过程中发生的市场管理关系的法律规范体系。市场规制法律制度的功能大体表现在两个方面,第一,垄断或不正当竞争的弊害是市场经济的自由竞争所无法自行克服的,为了弥补市场的缺陷,国家权力通过反垄断、反不正当竞争等形式介入市场履行强制干预的职能;第二,现代社会已经从“消费者主导”演变为“生产者主导”,消费者在现代市场经济中日益沦为弱势,国家则直接通过消费者权益保护的形式,对处于弱势的消费者予以倾斜性保护,防止和打击侵犯消费者权益的不法行为,维护社会公正并避免市场经济体制下社会矛盾的激化。市场规制法律制度的目标在于:保障市场主体地位的平等,保障市场主体的自主经营权;保障市场的统一和开放;保障完善、统一、稳定的市场活动规则能够得到有效实施;使市场中的违法现象能够得到及时制止。② 具体而言,市场规制法律制度包括以下法律规则:

(1)竞争法律制度。竞争法律制度是调整生产经营者之间的市场竞争关系和国家在维护公平竞争过程中发生的竞争管理关系的法律规范的统称。竞争法律制度对市场竞争关系和竞争管理关系的调整,意味着国家运用强制力量保证社会竞争关系地有序、健康,从而促进市场经济的健康发展。竞争法律制度主要包括《反垄断法》和《反不正当竞争法》,其涵盖反垄断法基本制度和反不正当竞争法的基本制度,即对横向限制、纵向限制和滥用经济优势地位规定了严格的禁止措施,并对反垄断的执法机构、执行程序等明确规定;明确规定11种不正当竞争行为,并规定了反不正当竞争监督检查的法律规则。

(2)消费者权益保护法律制度。消费者权益保护法是调整保护消费者权益过程中发生的社会关系的法律规范的总称。在现代市场经济条件下,市场启动的原动力是消费者的购买力,但消费者相对于经营者来说处于弱势,不能保障消费者的合法权益就会使消费者对市场失去信心,也就无法保障消费者的购买力。所以,对消费者权益进行保护,不仅有利于保障消费者的个人权益,对于维护经营者的经营活动、社会经济秩序和安全,乃至国家的声誉都有重要的作用。通过对消费者权益保护法律制度的授权,政府依法干预市场交易、维护交易秩序,成为保障市场经济健康、有序发展的重要环节。

---

① 参见漆多俊:《论市场经济发展三阶段及其法律保护体系》,载《法律科学》1999年第2期。

② 参见黄河主编:《经济法》,中国人民大学出版社2003年版,第136页。

(3)产品质量法律制度。产品质量法律制度是调整国家对生产经营者的产品的质量进行监管和对消费者的产品权益进行保护的过程中所发生的社会关系的法律规范的总称。为了维护市场经济秩序,政府必须运用强制性的法律手段确保产品的质量。在我国,产品质量的监督、生产者和销售者的产品质量责任和义务、产品质量责任构成了产品质量法的三大基本制度。产品质量法律中除对产品质量加以规定外,还明确了产品质量的宏观监督和微观管理,构建产品质量的事前、事中和事后的保障体系。

(4)反倾销、反补贴和保障措施法律制度。反倾销是世界贸易组织确立的唯一合法的、可单边采取的贸易保护制度,其目的在于保障出口国国内某一特定产业免受倾销行为的损害。反补贴,是一国认定从他国进口的某种产品存在补贴并对本国的相关产业造成实质性损害或产生实质性损害威胁或对其建立相关产业造成实质性障碍,而采取的贸易保护措施。保障措施,是指在 WTO 体制中,成员国可以在某些特殊情况下,为了保障本国利益、维护国家主权,背离多边贸易体制下应承担的义务而不必承担责任。所以,反倾销、反补贴、保护措施均为一国政府为了保障国内市场的有序运行而运用的强制性法律手段。基于此,反倾销、反补贴和保障措施法律制度也是市场规制法律制度的重要组成部分。

(二)国家投资经营法律制度

国家投资经营法律制度,是指关于国家直接参与某些生产经营活动,以调节社会经济的结构和运行的法律。国家投资经营或直接参与经营活动主要包括:(1)国家直接投资开办各类企业;(2)国家临时参与某些重要商品的购销或外贸活动;(3)国家直接从事如发行国债等债权债务关系。与国家投资经营或直接参与经营活动相对应的法律规则即为国家投资经营法律制度,其大体包括:国家投资法律制度、国有企业法律制度和企业国有资产法律制度。

1. 国家投资法律制度。国家投资法律制度是关于国家投资的决策与执行的法律规则。国家投资法律制度可以包括投资政策法和投资程序法。投资政策法主要体现国家对投资总体规模、投资方向的调节以及对投资在国民经济不同部分的调整,其是对国家投资政策实体性内容的规制。投资程序法则是对国家投资管理体制的建立、变更以及国家投资参与社会经营活动的步骤、做法进行程序性规制,通过程序控制保障国家投资活动的规范有序进行。

2. 国有企业法律制度。国有企业法律制度是关于国有企业的组织和经营管理活动的法律规范。在国有企业法律制度中应当贯彻的两个基本要素:(1)所有者支配,即企业切实为投资者所控制,并服从其意志和利益进行运作;(2)在所有者主导下,“所有”与“经营”分离或不分离由所有者自行选择,企业经营着的选择市场化、契约化。[①] 这两个基本要素是保障国有企业建立现代企业制度,并规范经营的基本法律理念。

---

① 参见史际春主编:《经济法》,中国人民大学出版社 2005 年版,第 164～165 页。

3.企业国有资产法律制度。企业国有资产法律制度是规范履行经营性国有资产出资人职责机构的职责、国家出资企业管理者的选择与考核、关于国有资产出资人权益的重大事项、国有资产转让、国有资本经营预算、国有资产监督等内容的法律规则。企业国有资产法律制度具有维护国家基本经济制度、巩固和发展国有经济、加强对国有资产的保护、发挥国有经济在国民经济中的主导作用、促进社会主义市场经济发展等功能。

(三)宏观经济引导与促进法律制度

宏观经济引导与促进法律制度是指国家运用计划、产业政策和各种经济调节手段,引导和促进社会经济协调、稳定发展的法律制度的总称。《中共中央关于建立社会主义市场经济体制若干问题的决定》中指出:"建立社会主义市场经济体制,就是要使市场在国家调控下对资源配置起基础性作用。为实现这个目标,必须建立……以间接手段为主的完善的宏观调控体系,保证国民经济的健康运行。"可见对宏观经济进行引导与促进,不仅是社会主义市场经济的客观要求,而且在社会主义市场经济中占有极其重要的地位。宏观经济引导与促进法律制度作为对宏观经济进行引导与促进的经济需求在法律领域的反应,具有调整范围的整体性和普遍性、调整方法的指导性和调节性、调整手段的综合性和协调性等特点。宏观经济引导与促进法律制度大体分为两类法律规范,即(1)规范指导性宏观经济引导与促进关系的法律规则,如计划法、产业政策法等;(2)规范调节性宏观经济引导与促进关系的法律规则,如财政法、税法、金融法、价格法、房地产调控法等。

1.规范指导性宏观经济引导与促进关系的法律规则。这类法律规则主要包括计划法、产业政策法等。计划法,也被称为规划法,是调整计划的制定、审批、执行、监督、检查以及调整、修改的法律规范的总称。计划并不是社会主义国家或计划经济独有的现象,西方国家也常利用计划作为政府对社会经济生活进行干预、调节的手段之一。例如,法国从1947~1992年已经连续实行了10个中长期计划,每个计划不仅有明确的战略目标,而且有相关的产业结构政策;日本自第二次世界大战后相继推行了12个全国性的经济计划,并以此指导政府有关部门的工作,诱导市场主体的行为,促进国民经济协调、健康的发展;在每年1月,美国总统发布的国情咨文讲话,也会对今后一年的政府工作作出规划。① 产业政策法是调整产业政策制定和实施过程中产生的经济关系的法律规范的总称。产业政策法的基本制度体系主要由产业结构政策法律制度、产业组织政策法律制度、产业技术政策法律制度和产业布局政策法律制度所构成。产业政策法往往是针对特定的产业而制定的,体现了国家的政策意图,目的是扶持或调整某个产业。例如,日本为了振兴机械工业,就制定和实施了《机械工业振兴临时措施法》(1956年),为了扶持特定电子工业及特定机械工业,就制定和实施了《特定电子工业及特定机械工业振兴临时措施法》(1971年)。韩国为了振兴电子工业,就制定和实施了《电

① 参见李昌麒主编:《经济法学》,中国政法大学出版社2007年版,第405页。

子工业振兴法》(1969 年),为了培育机械工业,制定和实施了《机械工业培育长期对策法》(1975 年)。

2. 规范调节性宏观经济引导与促进关系的法律规则。这类法律规则主要包括财政法、税法、金融法、价格法、房地产调控法等。这类法律规则与规范指导性宏观经济引导与促进关系的法律规则的主要区别在于规范调节性宏观经济引导与促进关系的法律规则的法律措施更为具体、直接,调整的范围相对确定,具有长期性。以中央银行法律制度为例,中央银行法规定的中央银行是一种特殊的金融机构,不以营利为目的,担负着制定和执行货币政策,调控货币流通,提供金融服务和稳定金融的职责,中央银行法实质上赋予中央银行在宏观上具有对国家金融体系进行调节的职能,中央银行运用多种货币政策工具调控货币供应量、保持国家金融稳定,从而引导和促进国家金融与经济的协调、稳定发展;中央银行对一国金融体系的调节具有专业性、系统性、长期性。

复习思考题

- 1. 经济政策在经济法实施中发挥这样的作用?
- 2. 地方性经济法规在我国是如何推进社会经济发展的?
- 3. 经济法的渊源有哪些?
- 4. 经济法体系划分的理论依据是什么?
- 5. 经济法体系是如何划分的?
- 6. 宏观经济引导与促进法律制度的特点有哪些?
- 7. 宏观经济引导与促进法律制度有哪些种类?

第六章　经济法的制定与实施

【重点内容提示】

经济法的有效实现，与经济法的制定与实施关系极大。我国长期的计划经济体制，导致政府在经济管理过程中习惯于运用内部文件和政策性规定，而对管理者与被管理者一体遵行立法机关颁行的法律行事则未重视。所以，良好的经济法律法规的制定，仅是经济法有效实施的前提；经济法的有效实施更多依赖经济法理念的深入人心，人人守法和高效、公平地执法等。本章重点分析经济法的制定和经济法的有效实施问题。对经济法的制定，即经济法的立法，着重分析经济法制定的基本特点和经济法制定的立法技术，从中可以看出经济法的制定具有很多独特之处，其与民商法、行政法等传统法律部门的法律制定有着显著区别。对于经济法的实施，着重强调经济法实施的前提或基础在于良好经济法理念的树立，在经济法理念的指导下，经济法的知法、守法、执法才能具体落实，最终保障经济法对市场经济运行的有效规制与调节。

第一节　经济法的制定

经济法的制定，即经济法的立法，是指国家机关依照法定职权和程序创制、修改、废止经济法律规范的活动，是经济法实施的前提条件。一般而言，经济法的制定主体必须是有法定立法权或被授予立法权的国家机关；经济法制定的程序必须是法定的程序；经济法制定的形式具有多样性，不仅有经济法的创制，还包括经济法的补充、修改、废止和认可；经济法制定活动具有专门性，即该活动只能由有立法权的国家机关（如全国人大及其常委会）或被授予立法权的国家机关（国务院或省、自治区、直辖市、较大的市政府）行使，其他任何机关、社会组织和个人都不能行使这项职权和活动。①

改革开放以来，尤其是1992年党的十四大将建立社会主义市场经济体制确定为经济体制改革的目标并将这一目标规定进《宪法》以来，我国的经济立法的制定取得了长足进步。统计资料表明，近20年来，全国人大及其常委会制定的各类法律中经济立法占70%。尤其是在我国加入WTO以后，国家在规范市场主体、健全市场管理、加强宏观调控、完善社会保障等方面制定了大量法律，《中小企业促进法》《银行业监督管理

---

① 参见黄河主编：《经济法》，中国人民大学出版社2003年版，第41页。

法》《反垄断法》《企业国有资产法》等一批重要的法律法规出台，还有很多法律法规依据市场经济的要求进行了修订。可以说，我国在经济法的制定方面取得了很大的成绩，初步建立了较完善的社会主义市场经济法律体系。

一、经济法制定的特点

由于经济法所调整的市场经济在自由竞争基础上形成的具有垄断性、盲目性的社会关系是一种具有显著特征的社会关系，所以有学者认为经济法本身具有以下特点：(1)当事人身份和角色具有特定性；(2)经济法的内容具有经济性、专业性；(3)经济法的法益具有复合性、法律关系具有层次性和手段具有综合性；(4)经济法的实现过程具有行政主导性和政策性；(5)经济法的法规具有专门性或单行性。[①] 经济法的独特特点显然不同于传统民商法、行政法，使经济法的制定也具有不同以往传统法律部门法律制定的特点。

(一)职权立法与授权立法相结合

国家权力机关作为专职立法机关，其立法行为是典型的依职权采取的行为，所以其立法为职权立法。为了保障经济法的权威性、统一性和完善性，经济法的制定显然应当以职权立法为主，即由国家权力机关主要是中央国家权力机关来制定基本的和主要的经济法律，如《反垄断法》《中国人民银行法》《银行业监督管理法》《企业国有资产法》《价格法》《消费者权益保护法》等。[②] 但经济法与传统法律部门不同，其内容具有经济性、专业性，尤其是在我国社会处于转型期，对经济法的需求及其迫切。在此种情况下，授权立法的经济立法方式被广泛采用，即国家权力机关授权相应的其他机关进行经济立法。例如，1984 年全国人大常委会《关于授权国务院改革工商税制发布有关税收条例草案试行的决定》、1985 年第六届全国人民代表大会第三次会议《关于授权国务院在经济体制改革和对外开放方面可以制定暂行的规定或者条例的决定》。在具体法律法规制定方面，以税收法律制度为例，由国务院制定的税收法律规则包括《增值税暂行条例》《营业税暂行条例》《消费税暂行条例》《印花税暂行条例》等。除国家最高权力机关对国家最高行政机关授权立法外，国家最高权力机关还对地方进行授权立法。全国人大及其常委会授权有关地方，尤其是经济特区(如深圳等地)，就经济体制改革和对外开放方面的问题制定法规和规章，实行先行先试。例如，1992 年全国人大常委会《关于授权深圳市人民代表大会及其常务委员会和深圳市人民政府分别制定法规和规章在深圳经济特区实施的决定》、1994 年全国人大《关于授权厦门市人民代表大会及其常务委员会和厦门市人民政府分别制定法规和规章在厦门经济特区实施的决定》、1996 年全国人大《关于授权汕头市和珠海市人民代表大会及其常务委员会、人民政府分别制定法规和规章在各自的经济特区实施的决定》等，是授权立法的典型事例。因此，在经

---

① 参见史际春主编：《经济法》，中国人民大学出版社 2005 年版，第 38～43 页。

② 参见邱本：《经济法原论》，高等教育出版社 2001 年版，第 203 页。

济法制定过程中,职权立法与授权立法相结合,共同推动经济法的发展,成为经济法制定有别于其他法律部门法律制定的独特之处。

(二)经济法制定的专门性或单行性

世界各国除1964年前捷克斯洛伐克曾经制定一部统一的经济法典外,尚无国家(地区)制定经济法典。因此,经济法的存在形式与以法典为核心的法律部门相比,主要为专门性立法样态,由适用领域和内容各异的诸多单行法所构成。究其原因,第一,经济法对象和内容的经济性、政策性、调整手段的综合性等,决定经济法是典型的针对具体问题、具体经济活动或活动领域的立法,难以从抽象的形式展开并编纂法典。第二,经济法涉及面宽,上至经济体制和整体经济运行,下至经济各领域、各地及诸多具体经济活动,内容庞大,编纂法典既无必要,从立法技术上看也不可行。① 虽然前捷克斯洛伐克确曾制定过一部经济法典,但其当时仍属行政性计划经济,经济关系相对单纯、简单,对有关法律规范和制度或可勉强编纂,且法典实施效果不明。所以,经济法的制定多以专门法或单行法的形式表现。以目前的现有条件来看,经济法法典的制定在理论上难以统和相关理论与制度,在实践中也没有先例,是不存在经济法法典制定的必要性与可行性的。

(三)中央统一立法与地方立法竞争状态并举

经济法所调整的是市场经济关系,市场经济是一种统一的经济,排除和防止地方保护、市场分割和部门利益成为保障市场经济健康、有序发展的必需。为了缔造和维护市场开放和市场统一,经济法的制定原则上讲应当以中央统一立法为一般性规则,即要求由中央国家权力机关和中央国家行政机关制定全国统一的、普遍适用的基本经济法律、法规。如我国《反垄断法》《反不正当竞争法》的制定,即采用中央统一立法的形式,使之成为维护市场统一、防止地方保护的基本法律规则。但我国国土面积广阔、民族众多、地方习俗与发展差异大,采取严格的"一刀切"的立法模式并不可行,必须因地制宜,在保障法律统一的前提下由各地地方权力机关和地方行政机关结合本地区的具体情况有针对性地制定符合本地区实际发展需要的地方性经济法规。② 此外,由于我国长期以来贯彻"宜粗不宜细"的立法原则,法律规则的可操作性较差,各地地方立法部门也基于实际需要制定与法律配套的相关地方性法规、规章,使法律规则进一步细化,更具有可操作性。而且中国目前在经济、社会、政治方面的发展是发源于各省而不是中央,经济发展的动力已经从中央转换到省,无论是沿海还是内地,各省不得不相互展开竞争。③ 因此,各地方基于自身经济社会发展的需要,在全国人大及其常委会授权范围内制定相关地方性法规、规章。一方面,对国家法律规则的不足起到弥补作用,甚至推

---

① 参见史际春主编:《经济法》,中国人民大学出版社2005年版,第42~43页。

② 参见邱本:《经济法原论》,高等教育出版社2001年版,第205页。

③ 参见萧鸣政、宫经理:《当前中国地方政府竞争行为分析》,载《中国行政管理》2011年第2期。

动国家法律的进步与完善。另一方面,各地因地制宜地开展立法工作,甚至纷纷出台完善的法律规则,努力为当地经济社会发展创造良好的法治环境,也使各地方立法呈现竞争的态势。

(四)经济政策法律化趋势明显

经济法是政策性很强的法律,国家的各类经济政策对于经济立法具有明显的指导意义。例如,1993 年党的十四届三中全会通过的《中共中央关于建立社会主义市场经济体制若干问题的决定》成为指导我国社会经济发展的核心性政策,社会主义市场经济的法律制定均以此决定为指导。"立法者不应该把自己看作是一个自然科学家。他不是在制造法律,不是在发明法律,而仅仅是在表述法律。"①很多国家经济政策甚至通过立法过程直接上升为法律。例如,1993 年国务院作出的《关于金融体制改革的决定》中确立的大量金融政策,在 1995 年颁布的《中国人民银行法》《商业银行法》等金融法律中得以体现。2006 年颁布的《国民经济和社会发展第十一个五年规划纲要》明确提出,发展循环经济,是建设资源节约型、环境友好型社会和实现可持续发展的重要途径,基于此,《循环经济促进法》被列入全国人大的立法规划并于 2008 年颁布。2013 年 11 月党的十八届三中全会召开通过《中共中央关于全面深化改革若干重大问题的决定》,助力争议了近 20 年的《存款保险条例》于 2015 年 5 月实施。

二、经济法制定的立法技术

由于经济法本身具有经济性、专业性等特点,所以经济法的制定是一项技术性很强的工作,要将经济发展的规律法律化上升为经济法规范需要有良好的立法技术作为支撑。除了一般法律规则制定的规范构建技术、语言表述技术等,经济法制定有许多立法技术是传统法律部门立法过程很少采用的。

(一)整体修法

经济法的制定往往涉及许多领域,法律制定的难度和复杂程度是传统法律部门立法过程无法比拟的。以金融法领域"金融控股公司法"制定为例,金融控股公司是一种金融跨业经营的模式,不仅与金融分业法律制度之间存在冲突与矛盾,而且其运营过程中还将涉及公司法中的人格否定和关联交易、反垄断法与反不正当竞争法、金融法上的信息披露制度等。仅对金融控股公司进行单项立法显然无法彻底解决这些问题,需要相关法律的配套性改革,这无疑是一个浩大的系统工程。针对这种情况,世界许多国家(地区)金融控股公司立法大多采取整体修法方式,即不是简单的事项立法,是对银行法、保险法、证券法及公司法等法律的修正汇集,这种立法模式不仅有助于节省立法成本,而且有助于金融控股公司立法,以《金融控股公司整备法》为例,其总则是由《日本银行法》(第 1 条)、《日本长期信用银行法》(第 2 条)、《日本外汇银行法》(第 5 条)、《日本保险业法》(第 4 条)、《日本证券交易法》(第 5 条)、《日本存款保险法》(第 6 条)

① 《马克思恩格斯全集》(第 1 卷),人民出版社 1956 年版,第 183 页。

的一部分修正所构成。《金融控股公司整备法》的附则中则将《日本独占禁止法》第116条删除。[①] 可见,日本的《金融控股公司整备法》并不是有关金融控股公司的重新立法,而是在既存的金融关系法的基础上统一追加、修正。随着金融控股公司创设所必要的法律条文不断完善,从而形成以《金融控股公司整备法》为核心,以独占禁止法、银行法、证券法、保险法等法律为补充的系统的金融控股公司立法体系。此外,美国《金融服务现代化法》最主要的立法目的,在于开放金融业跨业经营的限制,因此在该法中首先即取消了《格拉斯 – 斯蒂格尔法》中有关银行成立以证券业务为主的联属公司(第20条)以及银行与其州证券业务为主公司间董事的相互兼任(第32条)等限制,并在《银行控股公司法》(Bank Holding Company Act)第4条C项下增订第8款,从而明确金融控股公司与联属公司之间关系。我国台湾地区"金融控股公司法"中虽然未直接在条文中修正、追加其他相关规定之条文,但其亦是在原有台湾地区"银行法""证券交易法""保险法""公司法""金融机构合并法"等的基础上,对以上各规定中有关金融控股公司的组织、运营、监管等规范缺失、冲突之处予以系统规定。2001年7月我国台湾地区"金融控股公司法"颁布并于2001年11月1日正式施行之前,台湾地区又相继出台"金融控股公司设立申请书件及审查条件要点""金融控股公司合并资本适足性管理办法""金融控股公司内部控制及稽核制度实施办法"等10余部规范,进一步完善了我国台湾地区金融控股公司的"立法"体系和内容。

通过整体修法的立法技术的运用,注重单一法规的修正,并在立法过程中整合各个法规中相关条款,使金融法律相互衔接,不仅节省立法成本,有利于形成整体系统的法律体系,也减轻了各国(地区)金融控股公司立法对金融体制和金融法律体系的整体冲击,为实现平稳过渡创造良好的外部环境。

(二)法律名词精准界定

经济法具有专业性的特点,其法律规则往往也会涉及诸多新型法律名词与概念,所以经济法律规则的制定要力求精准,防止对法律的理解与运用过程中产生歧义。一方面,在我国某些法律中规定的具体制度如果过于原则,则会通过"实施条例""实施细则"等法规规章对于法律不明确的名词和制度精确化、细致化,使之具有可操作性。另一方面,在许多经济法律中都会直接对相关的名词进行精确解释。例如,在我国台湾地区"金融控股公司法"第4条专门规定"名词定义"条款,直接而明确地将金融控股公司法中的主要名词,如控制性持股、金融控股公司、子公司、关系企业等进行了界定。在我国,《企业国有资产法》第2条、第5条、第39条、第43条、第51条等,分别对企业国有资产、国家出资企业、企业改制、关联方、国有资产转让等名词进行了精确解释;《反垄断法》第12条、第13条、第17条等,分别对经营者、相关市场、垄断协议、市场支配地位等名词进行精确解释;《公司法》第216条对高级管理人员、控股股东、实际控制人、关

① 参见王文宇:《控股公司与金融控股公司法》,中国政法大学出版社2003年版,第215页。

联关系进行了精确解释。上述对法律名词的精准界定,不仅有利于明确专业法律术语的基本含义,也有利于保障立法的精准和严谨,实现法律的权威性和可操作性。

(三)促进型立法出现

现代市场经济,国家介入社会经济是一种国家调节作用发挥的过程,尤其是针对市场机制作用的被动性和滞后性,国家以引导、促进、帮助的形式,运用自己所掌握的情况和信息,并根据对客观经济规律的认识,凭借手中所握有的政策手段和工具,对社会经济实行总体规划、指导、提供各种帮助和服务。所以,大量的经济法是以引导、促进经济发展为目的制定的。例如,《循环经济促进法》《就业促进法》《农业机械化促进法》《民办教育促进法》《中小企业促进法》《消费者权益保护法》等。这些“促进型”法律与以往传统法律规则有着极大的不同。以《中小企业促进法》为例,该法中从资金支持、创业扶持、技术创新、市场开拓、社会服务等五方面规定了国家及其各类政府部门对于扶持和促进中小企业发展的责任与义务。而与国家及其各类政府部门的责任与义务相对应是中小企业发展中所享有的权利。权利和义务并不对等,国家及其各类政府部门承担了大量的责任与义务却鲜有规定其享有的权利,中小企业大量享有权利却仅规定了其遵守国家法律、遵守职业道德、恪守诚信原则等义务。未充分表明《中小企业促进法》的立法本意,即“为了改善中小企业经营环境,促进中小企业健康发展,扩大城乡就业,发挥中小企业在国民经济和社会发展中的重要作用”。国家为了实现上述目标采用立法的形式,通过明确国家及其各类政府部门的责任与义务,努力推动中小企业快速健康发展。《中小企业促进法》表明了在推动中小企业发展方面国家的态度,这是一种新型的促进型立法的模式,是与以往传统法律部门强调权利义务相对应的法律规则截然不同的。

第二节 经济法的实施

经济法的实施,是指经济法的贯彻执行,是经济法被遵守、适用及其在社会生活中得以实现的过程、方式和手段。经济法的实施具有十分重要的意义。没有法的实施,法就不会有生命力和价值,只能停留在纸面上成为一件装点门面的摆设,那么立法活动反而成了浪费资源的活动。① 经济法实施的要素为知法、守法、执法。② 但“徒法不能以自行”,③本书认为,经济法实施的要素如果仅仅是制度层面的经济法实施的保障,仅仅是知法、守法、执法,并不能导致经济法的有效实施并最终促进经济法治的形成。因为经

① 参见彭隋生主编:《经济法概论》,中国政法大学出版社 2001 年版,第 23 页。

② 参见潘静成、刘文华主编:《经济法》(第 2 版),中国人民大学出版社 2005 年版,第 101 页。

③ 《孟子·离娄上》。

济法的实施往往面对的是市场经济发展中出现的新情况、新问题,在无法可依的情况下,经济法的如何实施则需要更高层面的理念的指导。例如,英美法国家,其没有公法与私法的划分,更没有"经济法"的名头,但其对经济法律的良好运用在波音与麦道合并案、微软拆分案等经典并引起法学思维和理念变革的案件中有所体现。可归结为"经济法理念"的弘扬与普及。此外,知法、守法、执法的过程中,如果没有良好的经济法理念的指导,如何准确的理解经济法律、如何在执法过程中有效地适用经济法律,可能都会成为问题。因此,经济法的有效实施不仅需要制度层面的知法、守法、执法,也需要更为基础的良好的经济法理念的树立,两者有效结合才能全面保障经济法的有效实施,也才能保障经济法治的最终实现。

一、基础性因素——经济法理念的树立

(一)何谓经济法理念

法的理念,是指对法的应然规定性的、理性的、基本的认识和追求;从学术角度来看,它是法及其适用的最高原理;从实践来看,它是社会成员及立法、执法或司法者对待法的基本立场、倾向和最高行为准则。公平正义显然是最高层次、最基本的法理念。

具体到经济法而言,经济法的出现,打破了传统大陆法系法律部门划分的"和谐状态",成为新兴的法律部门。相对法的理念,经济法的理念是人们对经济法应然规定性的、理性的、基本的认识和追求,是经济法及其适用的最高原理。作为部门法,经济法的理念也应当是实现公平正义。当然,经济法对于公平正义的追求有其自身独特的特点。"经济法,尤其是我国由社会主义公有制主导之经济法的实质正义观,载于实现社会范围内的实质性、社会性的正义和公平。这种正义观,是一种追求最大多数社会成员之福祉的、社会主义的正义观。"①因此,经济法的理念正是这种正义观的具体体现,即经济社会化条件下的实质公平正义,其核心内容是社会整体经济利益的实现。②

经济法理念的重要意义在于:它主导着一国经济的法律调整,决定着其样式、倾向性和实际作用,有了适当、正确的经济法理念,就意味着符合客观要求的经济法制度的建立。没有法可以立法,没有适当的法可以通过修法、司法解释和各个法官依理念将现行法很好地适用于个案,从而发展完善相应的制度。若将一部法律比喻成一个人,那么具体的法律制度可以认为是这个人的血肉,法律的基本原则是这个人的骨架,而法律的理念则可以认为是这个人的灵魂。因此,经济法的理念是经济法和经济法学的灵魂暨最高原理,经济法学从总论到分则、经济法的各项具体制度都应能体现经济法的理念。也只有深入理解经济法的理念,即在经济社会化条件下的实质公平正义,立法部门在制定经济法律之时以经济法理念为指导,在立法中贯彻经济法的理念,其制定的经济法才能真正适应市场经济的发展需求,成为市场经济的基本法;各级政府部门在经济实践

---

① 史际春、邓峰:《经济法总论》,法律出版社1998年版,第154页。

② 参见史际春、李青山:《论经济法的理念》,载《华东政法大学学报》2003年第2期。

中,依据经济法理念具体运用经济法律规则,才能达到经济法立法的设计目的,构建市场经济条件下的公平与正义。

（二）经济法理念与经济法的实施

随着社会主义市场经济体制的发展与完善,我国正在实现着从民商法到经济法的时代跨越。在经济社会中,法律的实施在某种意义上说是以经济法的实施为主导的。然而,在我国经济法实施的现状却是难以令人满意的。例如,我国1995年《商业银行法》第43条规定:“商业银行在中华人民共和国境内不得从事信托投资和股票业务,不得投资于非自用不动产。”然而,中国建设银行于1995年8月11日同美国摩根士丹利集团等五家金融机构和投资机构合资组建中国国际金融有限公司,主要从事境内外股票证券的承销和政府债券的自营和代理买卖。这与我国1995年《商业银行法》第43条的规定不符,且仅仅是在《商业银行法》颁行生效(1995年7月1日)后一个多月发生,而且作为《商业银行法》主要起草人的中国人民银行还对其核发了业务许可证。无独有偶,1999年国务院批准成立四大金融资产管理公司开展“债转股”业务,2001年实施的国有股减持,2003年9月国有资产管理委员会公开招聘国有公司高级管理人员以及2003年12月国务院批准动用450亿美元外汇储备注资国有商业银行等行为,都多多少少值得商榷。[①] 法律的实施需要有正确理念的引导,在现时的中国市场经济现代性变革与超越的背景下,经济法实施更需要一个理性的、进步的与市场经济现代性的脉搏息息相关的理念的指引,现代经济法理念天然地应当承担起这份历史的责任。

第一,以现代经济法理念为指导,培育民众的经济法治信仰,奠定经济法实施的思想基础。法治是立法、执法、守法、法律监督的有机协调的法治;法治是以民众为基础的法治;法治是与社会政治、经济、文化等互为依托的法治;法治更是一种稳定有序的社会状态。法治需要全体社会成员的积极参与,在全社会范围内形成的一种社会状态。法治的形成首先就需要全体社会成员的心理认同,即在社会中形成普遍的法治信仰。在经济法实施中,法律信仰的培育需要正确的理念的指引。一方面,现代经济法理念与市场经济现代性的变革紧密联系,具有理性的和进步的趋势,符合市场经济发展的要求;[②]另一方面,经济法以经济社会化条件下的实质公平正义为根本追求、以社会整体经济利益实现为核心内容。其理念具有以人为本、追求经济社会全面协调、可持续、统筹兼顾发展的基本精神,这种理念易于被民众接受,深入人心。因此,以现代经济法理

---

① 参见常健、饶常林:《试论我国金融资产管理公司的立法完善——兼评〈金融资产管理公司条例〉》,载《浙江社会科学》2001年第2期;甘培忠:《国有股减持中的政府与市场——国有股减持困境的经济法分析》,载《法学家》2002年第4期;邹爱华:《质疑“国有资产监督管理委员会公开招聘国有公司高级经营管理者”》,载《粤港信息日报》2003年10月19日,第2版;常健:《外汇储备注资国有商业银行的法律分析——兼谈政府参与经济活动之法观念》,载《法律科学》2004年第4期。

② 参见常健:《现代性、经济法理念与经济法治——科学发展观语境下的解析与重塑》,载《现代法学》2005年第6期。

念为指导培育民众法治信仰是经济法实施的应有之义。在培育民众的经济法治信仰过程中,对国家经济管理者暨政府的经济法实施中法律信仰的培养应当是重中之重。中国法治的实现是一个综合系统的工程,需要政府推进与民众法治基础培养两种途径的结合,而在这两种途径中,政府推进又是占据着主导地位的。① 法治的实现主要依赖政府的推进,政府必须承担起推动中国经济法治建设发展的历史责任。经济法理念不仅是经济法及其实施的最高原理,其对实质公平正义的追求也体现了我国社会主义的价值观、正义观和历史观,是社会主义市场经济法治的理想与精神。在市场经济条件下,政府应在自身发展的同时树立全局意识,以人为本,推动社会经济整体平衡协调、统筹发展,最终实现社会发展与个人发展的实质公平正义。这要求政府干预或参与经济活动时应当树立追求社会与个人发展的实质公平正义,以实现社会整体经济利益的理念,即经济法理念。只有在正确的理念指导下,政府才能在经济法实施过程中逐步树立良好的法治信仰,在干预或参与经济生活时才能真正做社会经济管理者、国资抽象的所有人、国资出资人(股东)。在三种角色设置中,不得利益冲突,角色扮演不得错位,担当角色的机关及其工作人员应具有可问责性,并在角色定位准确、清晰的基础上落实责任,即"角色不得错位,利益不得冲突,人人可(被)问责"。② 我国的市场经济是政府推进型的市场经济,我国的经济法的实施同样需要政府的推进,政府干预或参与经济活动时以经济法理念为指导,真正做到"依法行政",才有利于在经济法实施过程中为全社会培育良好的法治信仰,从而奠定经济法实施暨经济法治社会形成与发展的思想基础。

第二,弘扬现代经济法理念,提高经济法律的运用水平,促进良好的经济法实施秩序的形成。经济法不同于其他传统法律部门,具有经济性或专业性、政策性、行政主导性及综合性的特征。经济法的特征凸显出其实施亦有别于其他传统法律部门,具有自己的特色。例如,经济法的执法或司法力度受经济政策的影响很大;③经济法的行政主导性更多地通过授予政府以法规制定权、自由裁量权和准司法决定权来体现的。经济法的特征使经济法相对于民法、刑法、行政法等传统法律部门来说更具有灵活性和模糊性,这无疑对经济法律在市场经济条件下的运用提出了较高要求。然而,在我国现实经济生活中,未考虑长远利益、集中各方意见、未重视对弱势群体利益的维护、执法手段单

---

① 参见常健、饶常林:《试论我国实行法治的途径》,载《江海学刊》2001 年第 1 期。

② 参见史际春:《新发展观与经济法治新发展》,载《法学家》2004 年第 1 期;常健:《外汇储备注资国有商业银行的法律分析——兼谈政府参与经济活动之法观念》,载《法律科学》(西北政法学院学报)2004 年第 4 期。

③ 条文大同小异的反垄断法,在美国被执行的力度就比日本、韩国等国家要严厉得多;在美国,不同时期对反垄断法的执行力度也是不一样的。如在 20 世纪五六十年代,美国奉行保护中小企业的意识和政策,反垄断法的执行即非常严格;一般而言,共和党执政时对待垄断的态度要比民主党执政时宽松。参见史际春、邓峰:《经济法总论》,法律出版社 1998 年版,第 59 页。

一粗暴在一定程度上还存在。凡此种种,皆可归结为缺乏现代经济法理念之故。现代市场经济就是法治经济,应维护社会整体经济利益、实现实质的公平与正义的诉求。

二、制度性因素——知法、守法、执法的落实

(一)知法

法律具有普遍性和规范性,其实施的前提是公布、公开、令公众周知。因此,为使经济法在社会经济生活中有效地实施,除坚持不懈地加强法制宣传教育外,行政机关、司法机关公开其操作章程、程序,令民众周知并接受其监督,是法治的应有之义。2001年,我国加入WTO,WTO组织的基本原则中明确规定了"透明度原则",即各国要向其他成员及时公开与贸易相关的政策、体制和规则。透明度原则具体表现在四个方面:(1)要求全部的贸易规则是公开的,是人人都可以得到的;(2)要求这些贸易规则是相当明确无误的,不是含糊的或模棱两可的;(3)这些贸易规则被要求具有一定的稳定性,而不是时刻在变动的,否则人们就无法依照贸易规则来行事;(4)如果贸易规则需要发生变化时,就必须事先通告各国,使各国有所准备。我国已承诺履行WTO透明度的规定。所以,透明度原则对我国法律实施中的"知法"提出了更高要求。经济类的法律规则都将以法律、法规的形式予以对外公布;内部文件将不能再成为经济执法的依据;内部的规定都必须公开,没有规定的要逐步制定法规。显然,经济法实施中的"知法",有利于提高政府办事效率,有利于净化贸易投资环境,有利于企业对政府的管理行为和执法情况进行监督,有利于各级政府依法行政、依法参与和引导市场经济的有序运行。

(二)守法

法的遵守,是指"国家机关及其工作人员,社会组织和自然人,自觉按照法律规范的要求进行活动,把法的要求变成自身的自觉行为,形成法律所要求的现实社会关系"。① 法的遵守,即守法,可能是出于法的威慑、道德的要求、社会的压力,甚至是心理的惯性,②但从根本上来看,取决于广大社会主体对法所确认和保障的利益关系的尊重和认同。法的遵守无须经过专门机构对法的积极适用,没有国家强制力的显性威慑与干预,具体表现为相关主体对法律权利的正确享有、积极义务的全面履行和禁止性规范的自觉遵守。法的遵守是法的内在要求,是法的实施的正常机制,是法的实现的理想状态。

经济法作为新兴的法律部门,对于经济法的实施体现在:一方面,其经济社会化条件下的实质公平正义暨社会整体经济利益实现的理念具有与传统法律部门理念明显的区别;另一方面,经济法本身亦随着社会经济的发展而不断完善,其本身也处于变化之中。民众心目中的经济法与严格意义上的经济法存在出入。有的社会民众对于"经济

---

① 参见黄建武:《法的实现——法的一种社会学分析》,中国人民大学出版社1997年版,第46页。

② 参见张文显主编:《法理学》(第2版),高等教育出版社2003年版,第253~256页。

法”的朴素认识,基本还停留在改革开放初期的“大经济法”的状态,依然把“经济法”视为与经济有关的法律,对于“经济法”的基本理念和价值追求的认识仍不清晰。在社会经济实践中,立法意义的经济法与司法意义的经济法存在脱节。从立法角度来讲,经济法目前已经发展成为我国社会主义法律体系的七大法律部门之一和三个不同层级的法律规范体系中不可或缺的组成部分,依据2008年中国国务院新闻办公室发布的《中国的法治建设》白皮书的描述,已经有54部现行有效法律文件被列入经济法范围。[①] 但经济法立法的发展并未直接引导经济法实施中司法的认同和同步跟进,对于大量经济法案件往往在司法实践中被认为非“民”即“行”,经济法纠纷案件在法院应由行政庭还是民庭受理都成为现实中难以解决的难题,甚至曾经出现一个政府采购合同分拆为两个诉讼,一方当事人在行政诉讼中胜诉却在民事诉讼中败诉,同一诉讼,两个判决冲突,无法执行。经济法并未在司法实践中被深入理解和普遍遵行。

因此,经济法守法的实现,需要提高全社会的经济法治水平及意识,并将其内化到每个社会成员的守法自觉性中。[②]

(三)执法

广义的经济法实施中的执法,是指作为社会公共利益代表者的行政机关行使社会经济调节权、作为社会公平的保障者的司法机关行使社会经济纠纷调处权以及自治团体对法律适用自我调节的过程。法律永远滞后于社会经济的发展,制定法的完善只能是相对的。所以,在经济法实施过程中要求国家经济管理机关、司法机关和自治团体在法无明文规定、规定不详甚至相互矛盾的情况下,依据法治的基本原则、经济法理念、经济法基本原则等,公正的适用法律,处理、解决相关权益的纷争。

就国家的经济管理机关而言,经济法执法与传统的行政执法有着明显区别:(1)经济法的执法目的是维护社会整体经济利益的实现;而传统的行政执法目的则以国家利益为目的。(2)经济法的执法依据是社会经济权利;而传统行政执法的依据是国家的行政权力。(3)以宏观调控为目的的经济法的执法通常没有特定的相对人;而传统的行政执法一般均有行政相对人。(4)经济法的执法可以选择传统的行政和司法两种途径使其保护社会整体经济利益的目的最终实现;而传统的行政执法本身即具有国家强制性。(5)经济法的执法具有一定的弹性,即只要最终能使社会整体经济利益得以保障,经济法的执法主体与相对人之间可以通过协商,以灵活的方式解决,如反垄断和解,不一定借助公权力;而传统的行政执法具有很强的刚性,即无论是行政机关还是相对人均必须严格地执行法律,否则将承担不利的后果。[③] 因此,对于国家的经济管理部门进行执法,经济法对其提出了较高的要求。经济管理部门运用经济法过程中,必须转变传

① 参见孟庆瑜:《中国经济法实施问题的理论检视与思考》,载《法学杂志》2010年第10期。

② 参见史际春主编:《经济法》,中国人民大学出版社2005年版,第114页。

③ 参见黄河主编:《经济法》,中国人民大学出版社2003年版,第48页。

统的行政执法的观念，树立经济法的理念，依据经济法的规则促进社会整体经济利益的实现。

经济法的出现打破了传统法律部门的“公”“私”分立的基本格局，使司法机关在受理经济法案件和运用经济法处理案件时产生了不适应。对于经济法的执行，在司法领域，一方面，应进一步强调当事人诉讼。我国《反垄断法》第50条规定：“经营者实施垄断行为，给他人造成损失的，依法承担民事责任”，被认为是“反垄断私人诉讼”的规则。借助垄断受害者直接提起诉讼，对于市场中的垄断行为予以遏制。在经济法的实施中，坚持市场主体求助司法最终解决表达了这样一个道理，即在重要的和直接涉及当事人切身利害的问题上，将矛盾“下交”，任由利害关系人自行解决或发动争议，这比政府依职权查处来得及时、有效。但《反垄断法》出台以来，尚无任何一起反垄断案件真正适用此项规则。《反不正当竞争法》对政府限价排挤和市场封锁规定的救济是由上级机关责令改正，以及由同级或上级机关对直接责任人员给予行政处分。这样的救济虽属必要，但是实际效果却不尽如人意。允许相关市场活动主体发动当事人诉讼，甚至对政府的抽象行政行为发动诉讼，是对市场经济运行实施的一种外部的、更权威有效的司法监督，是市场经济的应有之义。另一方面，逐步构建经济法视域下的公益诉讼机制，凸显经济法社会本位的利益观。作为适应法律社会化诉求而诞生的新兴法律部门，经济法天然担负着全面确立和实现社会本位的法律功能和作用。同时，社会本位作为一种区别于个人本位和国家本位的基本法律理念，也决定着经济法的基本立场、发展走向和基本归宿。[①] 在现代市场经济中，公共利益彰显出比任何时代都高的价值，对于社会公共利益的维护仅仅依靠传统的三大诉讼模式是不够的，经济法的实施必须寻求诉讼机制的创新。与传统意义上的民事诉讼、行政诉讼乃至刑事诉讼相对应，经济法的出现在司法领域不仅涵盖私益诉讼也应包括公益诉讼，成为具有经济法意义上的诉讼机制。其他国家通行的国家民事公诉和私诉，如美国联邦贸易委员会、日本公正交易委员会等对垄断组织或垄断行为发起的诉讼，给我国构建经济法意义上的公益诉讼提供了可以借鉴的参考。实际上，我国更具有开展经济法公益诉讼的土壤。在公有制条件下，政府等管理机关行使公共经济管理职能，与作为被管理者的公有制主体有着千丝万缕的联系，允许公共经济管理部门将问题或纠纷诉诸法院，寻求司法的公正裁决，既可以强化法律的权威，令公共经济管理部门摆脱利益纠葛，也可以提升公共经济管理部门经济执法的民主性。

【经典案例】河南省方城县检察院“民事公诉”第一案[②]

1997年5月据举报反映，河南省方城县工商局独树镇工商所将价值6万余元的门

① 参见李昌麒：《经济法理念研究》，法律出版社2009年版，第164页。

② 参见刘立新、邹鹏程、李东兴、李伟红：《日益醒目的“公益诉讼”》，载《信息导刊》2005年第44期。

面房,以2万元的价格卖给了私人。南阳市检察院随即指示方城县检察院调查此案。经查属实。但房子在买卖过程中,没有发现国家工作人员的职务犯罪线索,如何介入此案、如何挽回国家的损失成为摆在检察机关面前的难题。在中华人民共和国成立初期的一些法律和1954年的《人民检察院组织法》中规定,检察机关的职权之一就是对国家和人民利益重要的民事案件提起诉讼。1997年7月1日方城县人民检察院向法院递交了民事起诉状。1997年12月3日这起全国首例由检察机关提起的公益诉讼的案件胜诉。判决认为,原告依法实施法律监督,维护国有资产不受侵犯的起诉行为是正确的,判决"被告方城县工商管理局和汤某买卖契约无效"。方城县检察院办理的国有资产流失案件的胜诉,在我国法学界和司法实务界引起了巨大反响,被专家们称为"公益诉讼鼻祖"的经典案件。

四川省阆中市群发骨粉厂,是一家生产骨粉毛骨粒的个体私营企业。经该市环境监测部门监测,这家工厂多项排放物超标,严重污染了周边环境,居民饮用水源遭到严重破坏。该市环保局多次督促其限期整改,并责令及时搬迁,但该厂却未予有效整改。阆中市检察院为维护社会公共利益,保障群众身体健康,依法对该厂提起环境公益诉讼。法院审理后依法作出民事判决:被告阆中市群发骨粉厂立即停止对环境的侵害,排除妨害,在一个月内对现有生产机械设备和工艺流程进行更换和改进,逾期不能达标则停止生产。

此外,四川省检察院在全国率先提出设立"公益诉讼人"制度,明确规定了检察机关支持公益诉讼的范围,允许检察院以"公益诉讼人"身份保护国家和集体公共利益,并出庭为困难群体撑腰。一些检察机关还针对电信、电力、教育、卫生等系统的乱收费现象开展了监督,由原来单一办理国有资产流失案件,发展到对环境污染、行业垄断等侵犯公益案件的办理。检察机关通过公益诉讼,维护公民权利,进而维护国家和社会公共利益。

经济法的出现是经济社会化的结果,经济社会化条件下越来越多的自治组织出现。社会自治弥补了传统私法调整范围内对的当事人对立、冲突及其与国家公法权力运作之间的紧张状况。适应对新型社会化经济关系调整的需要,自治组织享有在社团章程范围内对其成员相关事务的管理协调权,以及对成员间纠纷的决定和裁处权。这种调整不仅涉及成员的传统人身权与财产权,还表现为对其行动自由和资格的约束,如对成员资格、行为的要求和规范。如果说一般诉讼机制主要表现为事后救济和消极作为的话,社会自治则侧重于事先、积极主动的管理协调。① 在现实经济生活中,如证券业协会、银行业协会、商会等各类社会自治组织大量出现,并在经济发展中发挥越来越重要的调节作用。例如,在银行业协会的推动下,银行服务性收费的调整;证券业协会参与

---

① 参见史际春主编:《经济法》,中国人民大学出版社2005年版,第118页。

对市场中不法行为的查处,甚至宣布违法者“终身禁止入市”;商会对于其成员之间的纠纷予以调节和仲裁等。经济社会化的发展促进了中间阶层及其自治功能的显现,在其背后则隐藏着市场经济发展所需的具体化、现实化和民主化的价值取向,各类自治组织的自律、自治机制成为经济法的执行过程中的重要组成部分,是党的十九届四中全会提倡的坚持和完善“共建共治共享”的社会治理制度建设的重要表现。

复习思考题

➢ 1. 经济法的制定与传统法律部门(如民商法)有何不同?
➢ 2. 经济法的立法技术有哪些创新与突破?
➢ 3. 经济法中促进型立法的价值是什么?
➢ 4. 如何理解经济法的理念?
➢ 5. 经济法的理念与民商法、行政法的理念有哪些区别?
➢ 6. 经济法的理念如何推进经济法的实施?
➢ 7. 应当如何构建经济法公益诉讼机制?
➢ 8. 如何理解经济法实现的社会自治性机制?

第七章　经济法运行程序

【重点内容提示】

经济法运行程序,指经济法制度在实践运作中所体现出来的一系列程式和次序的总称。部门法规范都由实体性规范与程序性规范构成,但程序性规范在经济法上具有特别重要的地位,它不仅是经济法规范的组成重要部分,也是影响经济法运行的重要因素。经济法程序是一个复杂系统,包含多种性质不同的法律程序,不同程序对经济法功能的实现具有不同作用。从经济法实施的角度来看,关注经济法运行程序,尤其需要明确执法程序、守法程序和诉讼程序在经济法上的基本地位及其功能差异。

第一节　经济法运行程序概述

一、经济法程序的基本含义

经济法运行程序,指经济法制度在实践运作中所体现出来的一系列程式和次序的总称。程序包括主要两项内容:一是程式,即制度展开的具体方式,它构成制度运作的基本内容,没有这些具体方式,制度便无法运作;二是次序,即制度展开方式呈现的操作步骤,有了具体方式,还要以适当的步骤呈现出来,如果步骤颠倒或混乱,制度的实施效果也会受到影响。通俗地说,程式指制度运作的基本要素,次序指这些要素的排列顺序。例如,预算法的实施通常体现为预算的编制、初审、审议、执行、调整、决算等程序,其中,编制、初审、审议、执行、调整、决算这几个要素可以看作是预算法实施的主要程式,而这几个程式如何排序,即哪个程式在先、哪个程式在后,则属于预算法实施程式的排列次序。

从静态角度来看,程序是法律规范的重要组成部分。法律规范的构成,可从多个角度进行分析。从形式特征来看,法律规范可分为规范性规范与标准性规范;①从功能上

① 从形式特征来看,法律规范可以分为规范性规范与标准性规范。规范性规范的行为模式与法律后果均是确定而具体的,可以直接使用而无须加以解释;标准性规范的行为模式或法律后果则不是很具体或明确,需要根据特定情况或特定对象加以解释方可适用。可参见张文显:《法哲学范畴研究》(修订版),中国政法大学出版社 2001 年版,第 51 ~52 页。

来看,法律规范可分为调整性规范与构成性规范;[①]从适用效力来看,法律规范可分为强制性规范与任意性规范;从具体内容来看,法律规范可分为实体性规范与程序性规范。不同种类的法律规范,对法律制度的功能实现具有不同作用。其中,从内容角度将法律规范分为实体性规范与程序性规范,是法律规范最常见的分类方法。但是,对这里的程序性规范,必须作广义理解。在传统法上,我们习惯性将程序法主要理解为纠纷解决程序法,包括诉讼法和非诉性纠纷解决法(如仲裁法)。这种理解是不周延的,在将事物以二分法进行分类的时候,两种子类别应当能够包含事物的全部内容,如果程序法仅指纠纷解决程序法,那么法律实施中众多的非纠纷解决程序便难以包含在实体法与程序法的二分法之中。因此,程序的内容非常广泛,诉讼程序只是法律程序的一部分。我们讲经济法的运作程序,显然不仅指经济法上的诉讼程序,而是指所有经济主体在经济法的执法、司法及守法过程中应当及可以遵循的程序总和。

从动态角度来看,任何法律制度的实施都离不开程序保障,没有了程序,制度只是静态的规范设置,其中的权利义务无法在现实中落实,制度目标也无法在现实中实现。程序主要服务于制度的有效运作,尽管我们承认,程序本身在现代法治理念中也有独立价值,但程序的首要功能还是保障实体制度的运作。因此,程序本身无法真正独立,离开了实体制度,程序也就失去了意义。基于此,任何部门法都由实体规范与程序规范共同构成,纯粹的实体法或程序法基本是不存在的。例如,我们说合同法主要是实体法,但合同的订立、履行、救济等内容显然是程序性的,即便有专门的诉讼程序来规范救济问题,合同的订立与履行等程序性内容也必然要在合同法中规定。经济法上同样如此,程序是经济法运行系统中的重要内容,经济法的实施必须要有相应的程序支撑,尤其在强调经济法法定原则的前提下,经济管理主体与市场主体都必须依据一定的程序来从事相应的管理行为与市场行为,特别对管理主体来说,作为公权机构,其“行权归责”都离不开相应的程序性制度的保障与规范。

由此可见,无论从静态的法律规范角度,还是动态的法律运行角度来看,程序性规范在经济法上都具有突出的地位,它不仅是经济法规范的组成重要部分,也是影响经济法运行的重要因素。

二、经济法程序的重要地位

(一)经济法的程序依赖问题

程序是所有部门法都离不开的内容,但在经济法上,由其自身属性决定,程序性规范往往具有特别重要的地位,甚至在某些子部门法中,程序性规范已逐渐超过了实体性规范。

---

① 从功能上来看,法律规范可以分为调整性规范与构成性规范。调整性规范的功能在于控制人们的行为,使之符合规范设定的行为模式;构成性规范的功能在于组织人们按照规范授予的权力或权利去活动。可参见张文显:《法哲学范畴研究》(修订版),中国政法大学出版社 2001 年版,第 52 ~ 53 页。

从经济法的产生与发展历程来看,实体性规则曾在早期经济法中占据主导地位,成为经济法规范的主要构成部分,但现代经济法在运行中越来越重视程序性制度建构,程序性规范占据了越发重要的地位。现代经济法的实施,对程序的依赖性非常明显,我们将这种现象称为经济法的程序依赖性。

提出经济法的程序依赖性,强调经济法程序规则的作用,不是说在经济法上程序规则比实体规则重要——相反,程序性规范总是服务于实体性规范的,而是为了说明,经济法调整行为的复杂性、多变性使其制度运作对程序性规范的需求相比传统法更为迫切,而且从经济法发展趋势来看,经济法中程序性规范与实体性规范的联系必将愈加密切,其融合程度亦会越来越强,这一过程中,程序性规范的地位势必也会随之提升。

对经济法程序依赖性的理解,还应避免走向绝对化:

第一,经济法程序依赖性的呈现,必然与一国经济法发展水平及法制传统相关,因此,不同国家或不同时期的依赖性程度及其表现会有较大差异。一方面,经济越是发达,经济生活中的市场行为就越为复杂,这对管理行为提出了更高要求,为了确保管理实效,避免“政府失灵”,法律制度在设计时就越要注重程序性规则的功能发挥;另一方面,程序性制度在法律体系中的地位与一国法制传统密切相关,随着程序性法治的理念逐渐深入,程序性规范的重要性会逐步提升,但这可能需要一个过程。例如,我国曾经一度重实体、轻程序,程序性规范往往依附于实体性规范而存在,表现在经济法上,对管理机关赋权的实体规范较多,程序性约束规范则相对较少或者执行不力(如预算法的“软约束”状态);随着现代法治理念的确立,程序法治的观念深入人心,当前法律制度中已越发重视程序性规范的独立价值,在经济法制度运行中,程序性手段也发挥了不可替代的作用。

第二,经济法程序依赖性在各子部门法中的体现也有相当大的差异。在消费者权益保护法中,关于经营者义务与消费者权利的规定,是典型的实体性规范,这构成了消法的最重要内容;关于消费纠纷解决的规定则属于程序性制度,与实体性规定相比,这些制度的内容相对薄弱,但随着消费者权益保护领域公益诉讼制度的确立,消法中的程序性内容显然也在不断增加。在竞争法中,对各种反竞争行为的立法宣示属于实体性规范,而反竞争行为判断的复杂性、专业性,使竞争法执法对程序性规范的需求尤为强烈——大多国家在实体规则之外,都另有详尽的竞争执法程序规定;同时,为了增强实体规则应对多变现实的适应能力,大多国家竞争法中的实体规则都相对简单,并一直保持高度的抽象性,为此不得不通过程序性规定来弥补实体规则不确定性的弊端,以致程序性规则在竞争程序法已经大大超过了实体规则的内容。在宏观调控法领域,计划法、预算法中必然规定计划、预算的编制、审批、执行、调整、决算等一系列程序,这些程序往往构成了计划法与预算法的主要内容;税法与金融法上的程序规定,则多限于金融调控程序、税收征管程序,以及实施有关监管措施的程序,而课税要素、金融调控手段与目标的实体性规定,则是主要部分。

第三,经济法的程序依赖性与经济法的诉讼化不是一回事。在经济法上,可诉性是一种争议较大的问题,很多学者主张经济法应当走向诉讼化,即经济法行为(无论是市场主体的行为还是政府管理行为)应当具有可诉性。但我们这里讲的经济法程序依赖性,并非指经济法的诉讼化。如前所述,诉讼程序只是法律程序的一部分,经济法的程序依赖性,也就体现为对各种诉讼与非诉讼程序的依赖性,而不限于诉讼程序。一方面,我国目前的经济法运作,甚至经济法纠纷解决,主要还是依靠行政执法的手段,而行政执法依赖的程序是各种非诉程序,这些程序与实体性规定高度融合,很难分开;①另一方面,即便经济法纠纷走向法院,法院审理的主要依据也是传统的民事诉讼与行政诉讼程序,经济法上的专门诉讼程序还不够普遍,更是没有统一的"经济法诉讼"程序。此外,即便现在大量倡导公益诉讼制度的推广普及,公益诉讼也非专门服务于经济法纠纷的解决,在环境法、劳动法等所有涉及社会公共利益的领域都可适用,所以,公益诉讼程序并非专属于经济法的诉讼程序,凡是涉及社会公共利益的法律部门,对公益诉讼都有较大的依赖性。

总而言之,理解经济法上的程序问题,应当关注各类程序,尤其是其中的非诉程序,而不能仅仅关注诉讼程序或者强调经济法的可诉性。

(二)程序依赖的形成原因

1. 经济法产生的时代背景

部门法意义上的经济法,产生于国家对市场经济积极的规制与调控以后,尤其是产生于资本主义大危机和第二次世界大战以后。其产生和发展的经济和社会基础,不是传统的近代市场经济或近代社会,而是现代市场经济和现代多元社会。②

在现代社会,随着人们交往的日渐频繁与社会分工的不断细化,社会呈现抽象性和多元化的特点。一方面,现代社会是一个典型的"陌生人社会",人们的交往远离了家族式的互帮互助,而表现为一种"理性的冷漠",其首要特征是抽象性。在抽象社会中,许多互动过程的进行必须借助某种"程式化或类型化的做法",而诸如公平、公正此类价值理性的实现也"经常要依循程序的方式才能获得保证"。③ 程序性是日益抽象的"陌生人社会"必须强调的重要特征,程序是维系"陌生人社会"有效运作的重要纽带。另一方面,现代社会还是个利益多元的社会,不同主体的利益需求相互交错、碰撞乃至冲突,而社会分工的精细化又加大了人们之间的交往频率与交往程度,更加剧了人们之间发生利益冲突的可能性。再这样一个多元利益共存的现代社会中,程序也构成了"互赖且互动"的陌生人之间维系良好秩序的必要条件。

为适应现代社会发展对程序的特别需求,产生时间较晚的现代法(包括经济法),

---

① 参见张守文:《论经济法的现代性》,载《中国法学》2000 年第 5 期。

② 张守文:《经济法理论的重构》,人民出版社 2004 年版,第 231 ~232 页。

③ 李猛:《论抽象社会》,载《社会学研究》1999 年第 1 期。

在规范构成上呈现一个共通点,即日益重视程序性制度的建构。这种背景依赖上的现代性,正是经济法中程序性规范地位提升的重要原因之一。

2. 提升执法能力的考虑

从结构与功能的关系来看,新问题的产生需要法律具备一定的新功能,而新功能的生成,则要求法律具备特殊的新结构。① 经济法的产生,正是为了解决“市场失灵”所导致的产业失衡、竞争失序等问题,这些问题都是以前未曾出现的复杂性问题。经济法要解决这些复杂问题,除在立法上进行新的制度建构外,还必须为法的实施设置详尽的程序性内容,以为执法机构提供支撑,解决其能力不足问题。通常来说,越是复杂的活动,执法机构对程序的需求就越强烈。因此,随着经济活动日趋复杂,企业行为方式越发精密,经济法的程序依赖性也必然越发明显。

进一步来说,经济法作用于市场经济领域,其主要功能在于确保政府的经济管理,面对企业纷繁复杂、不断变化的市场行为,要实现管理绩效,就必须在制度设计上确保执法机构有足够的执法能力。提高执法能力有多种方式,重要措施之一是程序化,即将执法活动分解为一个个相对可控的程式,在每一个程式中吸纳各方主体意见。在经济法上的大多执法程序中,参与性是重要特征之一。例如,在反垄断法和税法的实施中,垄断行为和应税行为的认定越来越离不开经济分析,而经济分析工作的完成,很多时候依赖于独立的第三方专业机构或专业人员;为更好地服务于反垄断执法和金融调控中,我国还专门设置了反垄断委员会和货币政策委员会,其构成人员就包括众多专业人士。

3. 经济法特殊的调整模式

根据伯克利学派代表人物诺内特与塞尔兹尼克关于法律类型的划分理论,②经济法是一种典型的“回应型法”(responsive law)。“回应型法”是一种不拘泥于形式上规则的法律,它强调法律必须更多地回应现实的需要。在对规则权威的削弱中,目的的地位得到了提升,目的在法律实施中取得了更重要的地位。目的不仅提高了法律推理的合理性,还使法律变得具有开放性和弹性。对法律目的的探究,还促使法律更多地追求实质性的结果,而不是法律形式。因此,“回应型法”既是一种“目的型法”,也是一种结果导向的法。

经济法产生于对现实问题的密切关注以及对传统法所信奉的规则至上的形式主义的克服过程之中,从一开始就强调结果导向、实质正义。作为强烈回应客观经济现实需要的法律类型,经济法与传统法尤其是民商法的一个较大不同是,经济法不大注重精密的“规则模型”的建构,规则的完整性、明确性、严密性、一致性在经济法上可能不会过于强调,适应变动不居的现实需要,对现实问题的有效解决,才是经济法关注的重点,所

---

① 参见张守文:《经济法理论的重构》,人民出版社 2004 年版,第 205 页。

② 具体论述可参见两位学者的著作——《转变中的法律与社会:迈向回应型法》(张志铭译,中国政法大学出版社 2004 年版)。

以，传统法所固有的形式特征在经济法中逐渐被舍弃了，经济法更加强调具体问题具体对待，更显得灵活多变，经济法实施更依赖执法机关的相机抉择。由此可见，法律形式主义所推崇的“一致性”“独立性”“遵循先例”等原则在经济法的实施中就可能是有所变异、简化甚至是可牺牲的。①

由于对实质性结果更为看重，以及为保持对客观现实的较强适应性，经济法在形式上的表现就是法律规则变得灵活、抽象、不确定。经济法规范中的很多概念或术语，往往具有较大的包容性，某种行为是否满足法律规定，需要结合特定情境才能确定。经济法规范性的弱化以及调整模式的抽象性，很多时候并非经济法的不足，而是其回应现实的基本要求。

独特的规范设置与调整模式，会对执法活动提出更高要求。在经济管理过程中，执法机构无时无刻不面临着对客观经济形势的具体判断，要确保这种判断的专业性、独立性，就必须在赋予其充分的相机抉择权力的同时，规范其权力的有效行使。经济管理者本身也是有限理性的主体，甚至也有非正当的利益追求，仅依靠其自身，以及封闭的决策程序，无法保证每项经济管理行为的合理性，因此，必须尽可能地将经济管理行为置于社会的监督之下，强调公权运作的可见性、可控性、交互性与可回应性，这就需要以程序规则来弥补实体规则抽象性的不足。

同时，为了确保法律实施效果，有些国家或地区还赋予经济管理主体专门的管理权，这些管理权不仅限于传统公法领域里的执法权，甚至还表现为特定情况下的准立法权与准司法权。这使经济法执法远较其他法律执行具有更强的最终效力，对相对方的权利义务也影响较大。越是如此，就越需要规范的程序设置。所以，经济法规范不能仅对管理主体及其管理权予以确立，还应规范管理权的运作，使其约束在公共利益的框架之内。换言之，为确保经济管理活动有效，遏止经济法执法的“内部化”与“部门化”，对管理主体自身的控制必然会成为经济法的应有内容之一，而控制的主要方法则是设置一系列严格的程序。随着经济管理行为重要性的增强，这种控制性程序也必然会越来越重要。

由此可见，客观经济现实的复杂多变决定了，经济法要想保持对现实的足够适应能力，就必须依赖灵活的规范设置与抽象的调整模式，而在这种规范设置与调整模式之下只有强调并依赖程序的保障、约束与指引，才能保证经济管理行为的过程与结果都是正当的、可接受的。

4. 为相对人提供稳定预期

经济法调整模式的特殊性也对相对人权益保护带来影响。法律规则的重要功能之一是为人们提供行为预期，但实体规则的灵活性、不确定性意味着行为的合法性与否缺

① 参见[美]迈克尔·D. 贝勒斯：《程序正义——向个人的分配》，邓海平译，高等教育出版社2005年版，第217～218页。

少明确的判断标准。对市场主体来说,在实体规则不明确的情况下,程序规则的重要价值之一就是帮助它们对自身行为形成稳定预期。

经济现实的易变性对调整经济的法律制度提出了确定性的挑战,经济法要想适应现实发展的需要就必须具有开放性与包容性。同时,在现代经济体系中,企业行为的复杂性不仅表现在行为方式上,还表现在行为效果上,为了追求更好的规制实效,做到“不枉不纵”,规范层面很难再设置出十分明确的违法性判断标准,取而代之的可能是弹性极大的标准条款或认定因素,这些条款或因素只有结合具体实践才能明确化。垄断行为的判断就是如此。尽管这样规定是为了“具体情况具体分析”,但对企业来说可能是沉重的种负担,因为企业无法预知自己行为的合法性,也就无法作出合理决策。

为了解决企业的后顾之忧,相关程序设计就显得尤为重要。一方面,市场主体迫切需要法律程序的指引,只有那些抽象的经济法规范逐渐程序化之后,其适用结果才是可预期的,并因而是可接受的;另一方面,一些特别程序的引入也能增强企业行为预期,例如,咨询程序、行政指导程序等旨在给市场主体提供帮助的程序在经济法上就较为普遍且十分重要。通常,在实体规则不明确的情况下,程序性规定越详细,企业就越能得到明确的方向。

可见,经济法上的程序设计,不仅是为了确立经济管理权并约束其行使,还在于保护相对人合法权益。虽然权力约束与权力保障的问题在所有涉及公权运作的领域都会存在,但经济法应对问题的复杂性,以及经济管理权的特殊性,使经济法程序与传统法领域的程序呈现较大差异。

三、经济法程序的具体结构

经济法程序是一个复杂系统,包含多种性质不同的法律程序,不同程序对经济法功能的实现具有不同作用。因而,关注经济法程序必须分析经济法程序的具体结构。

所谓经济法程序结构,就是指各类程序性规范在经济法程序系统中的排列组合及相互关系。根据不同标准,经济法程序可作不同分类。

第一,从经济法实施环节或程序的适用主体角度来看,经济法程序可分为执法程序、守法程序与诉讼程序。这三类程序对应经济法运行的三个环节,即执法、守法和司法,分别适用于执法机构、市场主体和法院。这是经济法程序最常见的分类。

第二,从程序的基本功能来看,经济法程序可分为诉讼程序与非诉程序。诉讼程序即司法程序,是由法院主导的纠纷解决程序。非诉程序即“非诉讼的程序”,是诉讼程序之外其他所有程序的总称。很显然,这里的非诉程序不是指“非诉性纠纷解决程序”(Alternative Dispute Resolution,ADR),因为大多非诉程序并不是为了解决纠纷的,可能就是普通的执法程序与守法程序。我国现行经济法中的程序性规定,绝大部分都是非诉程序。

第三,从程序的强制性程度来看,经济法程序还可分为强制性程序和任意性程序。

强制性程序指法律对其适用与否、展开顺序及适用结果等方面均有强制性规定的程序，执法机构与市场主体不得对这类程序的适用作出法律之外的安排。任意性程序，是指法律对其选择与否及适用过程未予强制规定，而由执法机构、市场主体或二者共同决定程序是否适用及如何适用的程序。

对经济法程序进行结构分析的目的是发现各类程序功能的差异，进而在追求经济法实施效果最大化的目标约束下，探求各类程序之前的组合关系。下文将对执法程序、司法程序与守法程序分别论述。

第二节　经济法的执法程序

一、执法程序的基本含义

执法程序是经济上的管理主体从事经济管理行为时必须或可以遵循的程序。经济法上的管理者主要是行政主体，故执法程序主要是行政程序，而非立法或司法程序。但由于宏观调控行为，尤其是其中的决策行为，往往是通过发布规范性文件等抽象形式表现出来的，因而其程序又有某种立法程序的特点。同时，随着某些执法主体享有了准司法权，如有些国家设置的独立规制机构，其执法程序有时与司法程序非常接近，如日本公正交易委员会处置垄断行为的程序就被成为“行政审判程序”——这里的“审判”不是司法审判，而是执法机构的“行政审判”，故称“行政审判程序”。①

经济法规范国家的经济管理活动，经济法执法是公权行使行为，这决定了经济法中

---

① 根据日本《禁止私人垄断法》的规定，公正交易委员会对垄断行为的处置程序即为“行政审判程序”，也可直称“审判程序”，指的是公正交易委员会在进行行政处分时，听取受处分方答辩的同时，为发现事实而进行的事前听取的一种方式，其与法院的审判模式基本相同。参见李国海：《反垄断法实施机制研究》，中国方正出版社2006年版，第271页。但是，日本2005年和2013年修改了《禁止私人垄断法》，两次修法的结果是，公正交易委员会的行政审判程序被全面废除。在2005年修法之前，审判程序是公正交易委员会作出“排除措施命令”的前置程序，即必须经过行政审判之后才能作出“排除措施命令”。由于这一程序过于漫长，尽管对行为人来说可能更加公平，但可能延缓案件处理程序，不利于竞争秩序的尽快恢复。所以2005年修法时，行政审查程序被改造为“排除措施命令”的救济措施，而不再作为前置程序，即对经公正交易委员会调查确认违法的垄断行为，公正交易委员会不必再付诸行政审查程序，而只需给当事人一个陈述意见、提供证据的机会，在此基础上，便可直接作出“排除措施命令”；当事人对该命令不服的，才可以向公正交易委员会提起行政审判程序申请。2013年，日本再次修订《禁止私人垄断法》，这次修法的核心内容是全面废除了行政审判程序。参见［日］稗贯俊文：《日本反垄断法的修订及其最新发展》，张广杰译，载《华东政法大学学报》2016年第4期。这次修订的背后原因可能在于，即便将行政审判程序改为事后救济机制仍不免存在漏洞，因为事后审判仍是公正交易委员会对自己已作出命令的审查，审查主体与审查对象都是公正交易委员会，本质上是自我监督，这很可能有损审判制度的公平性。

的执法程序很多时候都是法定程序,具有强制性。[①] 但这并非意味着,执法程序只能是执法机构必须遵守的强制性程序。执法程序有可能是任意性的,例如,我国《税收征收管理法》第58条规定,税务机关调查税务违法案件时,对与案件有关的情况和资料,可以记录、录音、录像、照相和复制。

二、执法程序的主要类别

(一)普通的行政程序

执法程序与执法行为密切相关,由于经济法上的执法行为主要体现为具体或抽象的行政行为,因此,经济法上的执法程序很多时候就是普通的行政程序。这是由行政法在一国法律体系中的基础性地位决定的。行政法的主要内容是行政权的配置及其运作,它为所有依赖行政权运作的其他法律部门提供基本的行政程序规则,因而也构成了这些法的运作基础。无论是经济法、环境法、劳动法还是其他法,凡涉及管理行为的,基本都体现为行政行为,也就需要遵守行政法的基本要求。

经济法上的经济管理行为,主要由行政主体实施,经济法的执法活动形式上看就是一个个具体或抽象的行政行为。市场规制法的执法活动主要是具体行政行为,宏观调控法的实施更多表现为抽象行政行为。无论哪种行政行为,其具体展开原则上都要遵守行政法的基本规定,例如,对市场主体行为的调查和处罚,必须符合我国《行政处罚法》的要求,实施行政强制措施必须符合我国《行政强制法》的规定等。

由此,经济法上的执法程序,主要就是行政程序,而行政程序的内容,在行政法中基本都有详细的规定,因此,如果程序一致的,经济法中一般不须再对其另行规定。即便有些经济法规范中也涉及执法程序的内容,但通常与行政法中的规定相差不大,或者直接是行政程序的移用。例如,我国《反垄断法》第六章为"对涉嫌垄断行为的调查",尽管该调查程序主要针对垄断行为,但具体程序与一般的行政调查没有太大差异,如调查时"执法人员不得少于二人,并应当出示执法证件",可以采取的调查措施包括现场检查、询问、证据保存、查询银行账户等。

(二)特别的执法程序

行政法中的规定只是行政程序的一般情况,如果其他部门法对执法程有特别要求或特别考虑的,也会作出特别规定。这种特别的执法程序在经济法中大致包括两块:一是行政法中也会涉及,但尚不构成所有行政管理领域普遍性规则的特别程序。这类程序在行政法中可能也会有所规定,但由于不像行政强制、行政处罚那样普遍,在其他部门法中涉及这类程序时,也需要专门规定下来。行政指导、行政和解等程序就是这类。

---

① 从字面上来看,法定程序应指法律所规定的程序,既包括强制性程序也包括任意性程序,但在我国法学界,法定程序的含义基本被特定化了,主要指法定的强制性程序。例如,《行政诉讼法》(2017年修订)第70条规定,具体行政行为如果"违反法定程序",则法院判决撤销或部分撤销该行政行为。这里,法定程序显然是指具有强制适用效力的程序。

如果经济法的实施中需要行政指导、行政和解的，这些内容应当进行特别规定。例如，我国《反垄断法》第六章“对涉嫌垄断行为的调查”中就规定了经营者承诺制度，这实际上就是执法机构与市场主体之间的和解。

二是行政法不会涉及，基本专属于经济法的特别程序。每个部门法都有自己的特殊性，体现在制度功能、调整范围、调整方法等方面，这使每个部门法或多或少会存在一些专属程序。在经济法上，有些管理行为是经济法独有的，实施这些行为所依赖的程序就构成了经济法上的特别程序，如预算程序、政府采购程序、公平竞争审查程序等。

从总体来说，经济法上的执法程序主要包括两类：一是一般性的行政程序，这和其他法上的执法程序没有差异，主要规定在行政法中，经济法中即便规定也和行政法一致；二是经济法上的特别程序，主要是基于经济法的特殊性而专门规定的程序，这类程序要么在其他法上不常见，要么专属于经济法。

三、执法程序的结构优化

在执法程序的内部结构上，我国当前经济法还存在一些问题，主要表现是某些执法程序的可操作性和可控性仍有待提高，尤其是其中具有约束效果的强制性程序偏少，对执法主体的程序控制仍然较弱。现行法对执法程序的规定，很多时候采用了“可以……”的表述模式，例如，我国《反垄断法》中共有 24 处使用了“可以”一词，其中 16 项的主语是“反垄断执法机构”，即反垄断执法机构被赋予了较大的自由裁量权。

从总体来看，赋予执法机关更多的裁量权，允许其根据市场情况进行具体选择，是符合经济法功能定位的，因为经济管理活动必须具有较强的适应性，但如果裁量权受到的控制较弱，可能会使经济法实施面临很多难题，如执法机关侵害市场主体权益、市场主体抵制情绪较高等。基于此，应对现行的执法程序予以优化。

执法程序的优化方向，主要是增加其中“约束性”程序的比重。执法程序虽在我国经济法程序中占据主导地位，但程序控制手段仍未得到广泛使用，执法行为的程序化水平总体不高。一方面，某些对市场主体权益影响较大的执法行为，其程序规定尚付阙如。例如，我国《反垄断法》第 45 条规定了经营者承诺制度，但在承诺制度适用中，保障利害关系人及社会公众利益的各类程序均未规定。另一方面，某些执法程序内容不明确，导致其可操作性差，甚至形同虚设。例如，我国《价格法》第 22 条规定：“政府价格主管部门和其他有关部门制定政府指导价、政府定价，应当开展价格、成本调查，听取消费者、经营者和有关方面的意见。”但具体调查和听取意见的途径或方式，消费者及相关主体提出意见的渠道等，则没有进一步规定。

第三节 经济法的守法程序

一、守法程序的基本含义

经济法中除规定适用于执法机构的程序外,还规定了很多适用于市场主体的程序,这些程序被人们称为守法程序,具体是指,市场主体从事经济法所规定的市场行为及接受经济管理主体管理时必须或可以遵循的程序。

经济法调整经济管理行为,经济管理行为的双方主体分别是管理机构和市场主体,所以,执法程序与守法程序是经济法运行中最基本的两类程序。在二者关系上,执法程序在经济法程序体系中通常处于主导地位,守法程序则多数情况下作为执法程序的补充,具有边缘性与辅助性。

这种非均衡的程序结构的形成与经济法功能密切相关。一般认为,经济法产生于市场失灵导致的产业失衡与竞争失序等"新问题"之上,市场失灵本身意味着单靠市场主体行为已无法解决市场中的某些"公共问题",这就需要国家以一种主动姿态对市场运行从微观与宏观等层面进行规制、调控,甚至直接参与。经济法的主要功能就在于赋予特定管理主体的经济管理权,即对市场进行适当矫正以克服市场自身的缺陷。管理主体从事经济管理活动,就必须具有相应的程序保障,在法定原则约束下主要就是指执法程序。

由此可见,经济法作为国家经济法管理之法的基本属性,必然要求经济管理行为相对于市场主体行为居于主导地位,这意味着经济法中的执法程序相对守法程序来说不仅数量更多,作用也更加明显。在经济法上设定各类经济管理行为及相应的执法程序,是对市场主体行为进行矫正的必然结果,也是保障经济法功能实现所必需。

但是,我们说执法程序更多,并不是说守法程序不重要。守法程序的恰当设置,对提升经济法实施效果有时具有不可替代的作用。例如,反垄断法中的经营者集中事前申报制度,它涉及申报主体、申报期限、申报材料、审查期限、救济措施等一系列程序性规定,如果能够结合本国经济发展现实,考虑市场结构现状及执法当局设置的特殊性,设置一套合理的申报与审查程序,必然有助于有效竞争秩序的形成。

如果将经济法与其他公法比,我们还会发现,经济法功能的实现对守法程序的依赖性要较其他公法明显。这与经济法守法在经济法实施中的地位密切相关。大多公法的实施都特别依赖执法的主导地位,守法的作用并不突出。在经济法的实施中,执法的主导性固然需要强调,但守法的特别作用也不能忽视。经济法要解决的市场问题不仅普遍,而且复杂、专业,这就使执法机关的执法资源及执法能力可能存在不足。经济法上的违法行为并不能总是得到追究,且人们逃避法律惩罚比其他法更加容易。在执法有时难以有效发挥作用的情况下,守法就变得尤为重要。因此,要确保经济法运作实效,在加强执法之余,还应激励市场主体自觉守法。法律制度应为市场主体的守法活动提供有效途径,其中较为重要的就是程序途径。例如,很多国家法律中都规定了市场主体向执法机关寻求意见的咨询程序,这就是一种能大大减少违法行为发生可能性的事前控制措施。

二、守法程序的主要类别

根据程序相对方的不同,守法程序可以分为横向程序与纵向程序两类。前者指市场主体从事经济法所规定的市场行为如竞争行为、与消费者交易行为时必须或可以遵循的程序。例如,经营者提供商品或者服务时,应当按照国家有关规定或商业惯例向消费者出具购货凭证或服务单据。后者指市场主体针对经济管理主体的执法行为而从事相应行为时必须或可以遵循的程序,如反垄断法中的经营者集中事前申报程序。

根据程序强制因素的差异,守法程序还可分为强制性程序、鼓励性程序和任意性程序。

第一,强制性程序,即具有强制性的程序,程序的履行与否对市场主体来说属于义务,如果违背法律的义务性规定,会带来法律责任。经济法中的很多规定对市场主体来说是义务性的,所以经济法中的很多守法程序也是强制性程序。例如,达到申报标准的经营者集中必须向反垄断执法机构申报,未申报的需要承担相应的法律责任;符合课税要件的应税行为也必须向国家纳税,未纳税或未及时纳税都可能产生相应的法律责任。

第二,鼓励性程序,即国家希望市场主体选择的程序,但不选择也不会带来否定性的法律评价。这类程序没有强制性,市场主体有选择的充分自由。它与任意性程序也不同,任意性程序通常不包含国家的倾向性,而鼓励性程序有明显的倾向性。鼓励性程序的主要功能,是引导(而非强制或放任)市场主体的行为。在现代经济法中,市场主体向执法机构咨询、商谈的程序,基本属于鼓励性程序

第三,任意性程序,是选择该程序还是其他程序完全由市场主体自己决定的程序。这里的任意性程序,主要指国家没有任何倾向性的纯粹任意性程序。例如,我国《食品安全法》第89条规定,“食品生产企业可以自行对所生产的食品进行检验,也可以委托符合本法规定的食品检验机构进行检验”。这里关于检验程序的规定,就是任意性的。

三、守法程序的结构优化

在守法程序的内部结构上,我国当前经济法也存在一些问题:一是执法程序的重要性已受重视,主导地位基本确立,但守法程序总体偏少;二是守法程序中的强制性程序较多,侧重引导的鼓励性程序偏少。基于此,可从以下方面对守法程序进行优化。

第一,在保证执法程序主导地位的同时,应重视守法程序作用的发挥。经济法执法的直接目的在于改变或引导市场主体的行为,但不可能所有的市场行为都会进入执法视野,因此,很多时候需要法律通过程序化的方式为市场主体提供指引,由市场主体自发调整自己的行为。可见,基于执法资源及执法能力的限制,守法程序在防止执法失败、增加执法实效方面具有重要作用。此外,执法活动的有效展开,大多时候需要借助

市场主体从事相关行为的必要信息,但执法机关可能无力收集这些信息,或无法确保所收集信息的完整性、充分性与及时性。这时,法律就可为市场主体设置一定的程序,要求其主动披露相关信息。市场主体披露信息的方式多种多样,除经济法上普遍存在的登记制度、许可制度外,申报制度、咨询制度、商谈制度等也具有类似功能,因此,这类程序可更多地引入。

第二,增加鼓励性程序的类别,以此促进市场主体从事有益的守法行为。经济法要对市场运行秩序予以矫正,必须依赖"令行禁止"的调整模式,但除限制与禁止之外,经济法运行中也需要积极的促进与鼓励。同时,在有些情况下或特定领域中,当强制手段难以奏效时,也可以考虑非强制性措施作用的发挥。例如,反垄断法实施中的宽大制度与承诺制度,就是鼓励垄断行为人尽早与执法机构合作的程序性制度,这类制度对节约执法资源、及时纠正垄断行为、快速终结案件处理过程等具有重要作用。

第三,在守法程序的设置中,应当兼顾执法效果与当事人利益保护。守法程序的设置,很多时候是为执法活动服务的,但执法是公权机构的职责,不能将这种职责转嫁给市场主体。如果守法程序的遵守会影响市场主体利益,应当强调程序的设置与履行符合比例原则的要求,而不能为了追求执法活动的便利,不必要地增加市场主体的负担。例如,我国《税收征收管理法》第 26 条规定:"纳税人、扣缴义务人可以直接到税务机关办理纳税申报或者报送代扣代缴、代收代缴税款报告表,也可以按照规定采取邮寄、数据电文或者其他方式办理上述申报、报送事项。"该条对纳税申报、报送事项的规定,充分尊重了纳税人的选择权,不仅能够增加市场主体守法的积极性,还能保证经济法的良性运行,实际上也是保护市场主体合法权益的重要手段之一。相反,如果法律非要规定纳税人必须当场办理申报、报送事项,则会给纳税带来不必要的负担,就与公权行使中的比例原则相悖。

第四节 经济法的诉讼程序

一、诉讼程序的基本含义

经济法中的诉讼程序,主要指法院参与的经济法责任追究或经济法纠纷解决程序。这与传统部门法对诉讼程序的界定一致。与民法、刑法等传统法相比,产生于现代经济与社会基础之上的经济法,其诉讼程序并不发达,并没有"经济法诉讼"之类的特别诉讼程序存在。这使人们对经济法的可诉性、经济法特别诉讼等问题关注较多,诉讼程序研究也就成了经济法程序研究的重点。目前,学界有人主张,应当建立经济法自己的诉讼制度。

诉讼程序的目的在于追究责任与解决纠纷。在经济法中,以诉讼方式追究责任或解决纠纷的,既可能是民事诉讼或行政诉讼等传统诉讼程序,也可能是公益诉讼等特别诉讼程序。

在经济法实施中,责任或纠纷可能发生在两类主体之间:一是经济管理主体与市场主体之间;二是市场主体之间。前者主要指,市场主体认为管理主体的管理行为违法或者不当;后者主要指,市场主体从事了经济法上的违法行为而给其他市场主体造成损害。对这两类行为的救济,都可能引起诉讼程序的展开,但诉讼程序的类型存在区别。

二、管理行为的诉讼救济

经济法上的管理行为,既可能是针对特定主体,体现为具体行政行为,也可能是针对不特定主体,体现为抽象行政行为。前者如执法机构对实施违法的垄断行为、不正当竞争行为、损害消费者利益行为的市场主体作出执法决定或进行行政处罚;后者如央行提高或降低存款准备金率、财政或税务部门改变税率或征税范围。现行法对这两类管理行为提供的救济途径并不相同。

就具体的经济管理行为来说,司法救济程序主要是普通的行政诉讼。行政决定或行政处罚针对的当事人如果对行政行为不服的,可以按照一般的行政诉讼程序进行救济。如果经济法上没有特别规定,当事人可以直接向法院提起诉讼;如果有特别规定,应按照特别规定的要求。例如,根据我国《反垄断法》的规定,当事人对反垄断执法机构作出的禁止集中或附条件批准集中的决定不服的,应当先依法申请行政复议,对行政复议决定不服的,才可以依法提起行政诉讼。这里就提出了复议前置的特别要求。

对抽象的经济管理行为来说,由于其不直接针对某个或某些市场主体,即便其存在违法或不当,在现行法框架下,潜在或间接受害人也难以提起行政诉讼。在宏观调控法领域,决策行为都具有这种属性。一般来说,这类行为不会对市场主体产生直接影响,纠纷发生的可能性较小,即使存在争议,也属于行政法上的抽象行政行为,这的确存在一定司法化障碍,但实际上这是一个行政法问题,而非经济法问题。在行政诉讼法中的相关规定修改之前,经济法上也不宜直接规定对这类管理行为的诉讼程序。

由上可知,在追究管理行为的法律责任上,经济法中并无特别诉讼程序的规定,如果要以诉讼方式来解决这个问题,只能是普通的行政诉讼。但由于受案范围存在限制,行政诉讼程序并不能解决所有的管理行为不当问题。

需要说明的一个问题是,在经济法的实施中运用行政诉讼程序是正常法律现象。如前所述,行政法在一国法律体系中具有基础地位,其制度设计本身就服务于所有涉及行政权运作的领域。就行政诉讼而言,它实际上可运用于所有依赖行政主体执法的公权运作领域。换言之,行政诉讼实际上不是专属于哪一个部门法的诉讼程序,而是所有以行政行为形式体现出来的纠纷,都可以也应该按这一程序解决。既然经济法的执法机构主要是行政主体,经济法上的执法程序主要是行政程序,经济管理主体与市场主体之间的争议自然就可以诉诸行政诉讼程序。在具体的诉讼过程中,判断行政行为的违法性及其承担,既需要看行政法的规定,也需要看经济法的规定,前者主要提供形式上的判断标准,如执法程序是否违法,后者则提供实质上的判断标准,如执法机构处罚当事人是否有明确的法律依据(如相关行为是否被规定为违法的垄断行为)。

三、市场行为的诉讼救济

市场主体实施的违法行为,在经济法上主要表现为各种损害社会公共利益的行为,如垄断行为、不正当竞争行为、侵害消费者权益的行为等。经济法是维护社会公共利益的法律部门,只有违法行为损害了社会公共利益,经济法才会介入。但是,损害社会公共利益的行为未必会造成特定主体损害。由此,经济法上的违法行为可分为两类:一是具有确定相对人的违法行为,例如,超高定价、价格歧视、市场混淆等垄断行为或不正当竞争行为在损害竞争秩序的同时,一般也会造成特定主体损害,侵害消费者权益的行为大多时候也存在特定受害人;二是没有特定相对人的违法行为,例如,掠夺性定价、不当有奖促销等垄断行为或不正当竞争行为尽管损害了竞争秩序,但未必会造成特定主体受损。对这两行为的责任追究,目前的诉讼程序存在较大差异。

在我国目前的经济法制度中,对市场主体违法行为的解决主要依靠行政执法,即执法机构可以依据经济法的相关规定直接对违法者施以行政处罚。如果以诉讼方式进行责任追究,主要有以下两个途径。

第一,损害特定主体利益的经济法违法行为,很可能被受害人以侵权或违约为由诉至法院。这类违法行为具有双重属性,既是经济法上的违法行为,也是民事违法行为,所以受害人完全可以向法院提起普通的民事诉讼。民事诉讼的提起一定程度上有助于解决经济法问题。但严格来说,受害人提起民事诉讼的主要依据是行为人违约或侵权,因而它实际上解决的只是民事问题,只不过这时,民事违法与经济法违法发生了竞合。但是,由于经济法上的违法行为损害社会公共利益,如果仅给予特定的受害人赔偿,显然不足以消除违法行为的消极后果,故在仅有民事判决的情况下,经济法违法问题并没有彻底解决。经济法并不会因为违法人已经赔偿了特定受害人而免除其经济法责任。例如,我国《反垄断法》明确规定,垄断行为给他人造成损失,行为人应承担民事责任,但同时,所有的垄断行为还要承担另一些经济法上的责任——罚款或吊销证照等,也即垄断行为人对受害人的赔偿并不足以抵消其对竞争秩序或消费者福利的损害,因而这时垄断行为人承担的法律责任实际上是双重的,既有民事责任,也有经济法责任。双重责任的承担,是由违法行为的双重属性决定的。由此可见,普通的民事诉讼程序虽然可能有助于解决经济法上的违法问题,但并不属于经济法上的诉讼程序,也即它不是专门针对经济法上的违法行为而设置的。

第二,损害不特定主体利益的经济法违法行为,目前的诉讼方式主要是公益诉讼。我国一度缺少公益诉讼的规定,致使众多损害社会公共利益的行为难以司法化。我国《民事诉讼法》在 2012 年修正时,专门在第 55 条规定了公益诉讼制度,即“对污染环境、侵害众多消费者合法权益等损害社会公共利益的行为,法律规定的机关和有关组织可以向人民法院提起诉讼”。2017 年修正后又增加一款:“人民检察院在履行职责中发现破坏生态环境和资源保护、食品药品安全领域侵害众多消费者合法权益等损害社会公共利益的行为，在没有前款规定的机关和组织或者前款规定的机关和组织不提起诉讼的情况下，可以向人民法院提起诉讼。前款规定的机关或者组织提起诉讼的，人民检察院可以支持起诉”。2013 年修改的《消费者权益保护法》第 47 条也规定：“对侵害众多消费者合法权益的行为，中国消费者协会以及在省、自治区、直辖市设立的消费者协会，可以向人民法院提起诉讼。”

公益诉讼，主要是对损害社会公共利益的违法行为提起的诉讼，这比较符合经济法上违法行为的特征。经济法上违法行为与民事违法行为的主要区别是损害的对象不同，经济法上的违法行为损害不特定主体的利益，也即损害社会公共利益，对这类违法行为，普通的民事诉讼基本无能为力，而公益诉讼能够较好地解决这类问题。

但是，从长远来看，我国现行法中的公益诉讼制度仍存在一定的限制，例如，公益诉讼的原告被限定为“法律规定的机关和有关组织”，在经济法领域，目前主要是省级以上的消费者协会和检察机关，这就将私人主体排除在公益诉讼的原告范围之外。因此，我国现行的公益诉讼并不包括英美法系国家的集团诉讼（Class Action）模式。集团诉讼的重要特点是，诉讼判决具有扩张效力，即既定判决对未明示退出该集团的所有成员生效。① 集团诉讼的原告虽然是特定受害人，但起诉的前提是社会公共利益遭受侵害，原告仅仅是得到法律授权而代表受害者群体提起诉讼，其身份实际上是社会公共利益的维护者与代表者，因而集团诉讼本质上也是一种公益诉讼。②

复习思考题

- 1. 如何理解程序在经济法实施中的作用？
- 2. 如何理解经济法执法程序与行政程序的关系？
- 3. 经济法中的守法程序有哪些类型？
- 4. 如何理解行政诉讼在经济法实施中的地位？
- 5. 如何对市场主体实施的经济法违法行为进行司法救济？

---

① 我国《民事诉讼法》虽规定了代表人诉讼制度，但其一个重要特点是权利人（受害人）需在一定期间向法院登记，未登记的则不受法院判决拘束。这与一般的集团诉讼制度不同，集团诉讼的判决是对不确定的集团成员生效，除非某些成员申请退出。

② 参见赵红梅：《经济法的私人实施与社会实施》，载《中国法学》2014 年第 1 期。

第二编　市场规制法律制度

第八章　市场规制法概述

【重点内容提示】

市场规制是政府为维护市场竞争秩序、保护消费者与劳动者利益，根据相应法律、法规、规章或政策，通过许可、认可、处罚等各种手段，对微观市场主体的市场进入和退出、价格、数量、质量等活动予以直接的控制、监督和制约。

市场规制法主要调整国家对市场进行规制过程中发生的社会关系（市场规制关系），除此之外，受政府规制的市场主体之间发生的不仅直接影响当事人双方利益而且直接影响社会公共利益的那部分市场关系，也应该属于经济法的调整对象，其与市场规制关系密不可分，不应该被人为机械地割裂开来。

市场规制法所规范的政府规制行为的内容和手段复杂多样，从内容上来讲，包括了对市场准入、价格、质量、数量、投资、财务会计、产品安全、生产安全、环境保护等的规制；从手段上来讲，包括了禁止、特许、许可、指令性价格、国家标准、行业标准、数量配额等形式。对不同内容的规制需要采用不同的手段。

第一节　市场规制的概念及相关理论

一、市场规制的定义

“规制”一词源于日本经济学家对英文“Regulation”一词的翻译，其含义是按照规则进行管理、制约。我国学者也曾使用“管制”一词表示相同的含义，但管制很容易使人联想到统制经济和命令经济形式，由此发生与计划经济体制下政府管理经济的手段相混淆之可能，而规制更接近英文原文，它所强调的是通过实施法律和规章制度来约束和规范市场主体及其行为，故称为规制更为恰当。事实上，现在大多数学者也都使用规制来表述市场经济条件下政府对经济的管理活动。

“规制”一词从提出至今，经历了一个从较为泛化到逐步走向专门化的演变过程。在早期，多数经济学家视规制为政府干预的同义词，在许多情况下，人们将政府所有行为都看作政府规制，如税收、政府支出、实施的各种政策目标等，其范围相当于法学界通常所说的市场规制、宏观调控以及其他国家调节行为。由于在如此广泛意义上使用“规制”一词，不仅无助于理论研究，而且会使问题更趋复杂，后来学界将规制限缩定义为政府对微观经济的干预、调节,[①]其范围相当于经济法学界所讲的市场规制,即除去宏观调控和国家投资经营的政府对微观经济领域的调节行为。

基于目前的理论研究成果以及学界的主流看法,市场规制作为国家调节行为的下位概念,可将其定义为:政府为维护市场竞争秩序、保护消费者与劳动者利益,根据相应法律、法规、规章或政策,通过许可、认可、处罚等各种手段,对微观市场主体的市场进入和退出、价格、数量、质量等活动予以直接的控制、监督和制约。这一定义强调了市场规制的目的正当性、规制依据的合法性、规制范围的微观性、规制内容和手段的多样性内涵,其中前两个方面也是市场经济体制下的政府规制与计划经济体制下的政府管理相区别的重要标志。

二、市场规制的分类

依据不同的标准可以对市场规制作出不同的分类,其中依规制内容不同进行的分类最具理论价值。

(一)经济性规制

经济性规制,是指在存在自然垄断和信息不对称问题的部门,主要为了防止无效率的资源配置发生和确保需要者的公平利用,政府机关通过许可、认可等手段,对企业的进入和退出、价格、服务的质量和数量、投资、财务会计等有关行为所进行的规制。

经济性规制的领域主要包括自然垄断领域和存在严重信息不对称的领域。自然垄断行业,如电力、铁路运输、自来水、煤气供应等产业,基本特征在于成本弱增性,具有显著的规模经济、范围经济效应。在这些产业的主要业务领域,由一家或少数几家企业提供产品和服务,通常比多家企业共同提供具有较高的生产效率。但在一家企业独占或少数几家企业寡占市场的情况下,如果不对它们进行规制,这些企业就会滥用市场支配力量,不仅提供的产品和服务质量没有保证,而且还通过制定高价索取垄断利润,从而扭曲社会分配效率。所谓存在严重信息不对称的领域,主要包括银行、保险、航空运输等产业。这些产业虽然不具有自然垄断性,但存在严重的信息不对称问题,企业往往是信息的发出者和操纵者,而消费者只是信息的被动接受者。而且,企业为了实现利益最大化,完全有可能通过信息误导欺诈消费者。因此,为了保证消费的公平,政府对这些产业也要实行市场进入规制和价格规制。[②]

(二)社会性规制

社会性规制,是指以保障劳动者和消费者的安全、健康、卫生以及保护环境、防止灾

---

① 如日本学者植草益在《微观规制经济学》中对规制下的定义是社会公共机构依照一定的规则对企业的活动进行限制的行为。我国学者余晖认为,规制,是指政府的许多行政机构以治理市场失灵为己任,以法律为根据,以大量颁布法律、法规、规章、命令及裁决为手段,对微观经济主体(主要是企业)的不完全是公正的市场交易行为进行直接的干预或控制。参见余晖:《政府与企业:从宏观管理到微观管制》,福建人民出版社 1997 年版,第 1 页。

② 参见王俊豪:《政府管制经济学导论》,商务印书馆 2003 年版,第 32 页。

害为目的，对产品和服务的质量以及随着提供它们而产生的各种活动制定一定的标准，并禁止、限制特定行为的规制。

社会性规制的领域很广泛，内容也非常丰富。日本学者植草益将其归为四大类，各大类又包括若干小类。第一大类是确保健康、卫生的规制，相关法规如药品法、医疗法、传染病防治法、有关废弃物处理方面的法律等；第二大类是确保安全的规制，相关内容涉及防止劳动灾害和疾病、保护消费者、交通安全、消防安全等；第三大类是防止公害、保护环境的规制，包括矿山安全、大气污染防止、自然环境保护、产业灾害防止、自然灾害防止等内容；第四大类是确保教育、文化、福利的规制，涉及的内容如学校教育、社会福利事业、残疾人就业、文物保护等。这种归纳较全面，基本涵盖了现今社会性规制的所有方面。

（三）竞争规制

竞争规制，是指为保障自由公平竞争机制充分发挥配置资源的作用，政府机关对市场主体的垄断行为和不正当竞争行为进行打击制裁，从而排除市场竞争障碍的规制。

竞争规制主要针对竞争性产业内的垄断行为和不正当竞争行为，然而随着20世纪70年代末以来世界范围内垄断产业规制改革的不断深入，垄断性产业内经济性规制开始逐步放松，竞争机制被逐渐引入，由此竞争规制进入垄断性产业内，竞争规制的领域越来越广泛。现在，在很多垄断性产业内，呈现的是一幅经济性规制和竞争规制并存的景象，但是二者的规制目标是有区别的。一般而言，经济性规制是用政府行为直接替代市场机制配置资源，竞争规制则是通过排除竞争障碍以促进市场调节机制更好发挥作用；前者是不相信市场或者由于市场失灵不能发挥作用，后者则是努力找回市场，使遭受破坏的市场秩序恢复其本来的面目。正是由于二者存在上述区别，人们一般将经济性规制称为政府的直接规制，而将竞争规制称为间接规制。

以上三类规制都与经济法中的市场规制法有关系，如反垄断法和反不正当竞争法涉及政府的竞争规制，消费者权益保护法和产品质量法涉及社会性规制，市场准入法、价格法和产业政策法等则与经济性规制相关。① 但是，并不是以上三类规制都属于或者只属于市场规制法的规范对象，行政法、环境法、社会法等也是规范政府规制行为的相关部门法。

三、市场规制的相关理论

虽然政府对市场的规制已经成为各国经济实践中的普遍现象，但对于政府为什么要规制市场以及政府行为应该在多大程度上取代自由市场决策，学术上一直存在争议，支持者和反对者分别提出了自己的理由并形成了一些代表性理论。

---

① 价格法、产业政策法虽然一般认为归属于宏观经济引导和促进法（宏观调控法）的范畴，但也有明显的市场规制法属性。

(一)政府规制必要性的理论

1. 市场失灵理论

市场以商品生产和交换为基础,又是商品生产和交换动态过程的反映。市场经济是一种以市场为基础配置社会资源的经济运行方式。在统一和开放的市场上,广大生产经营者自由和充分地竞争,使价值规律充分发挥作用,不仅从微观上调节各生产经营者的利益关系,而且能够在社会经济的宏观和总体上调节资源的配置和流向,调节社会经济的结构和运行。因此,有经济学家将市场比作一部复杂而精良的机器,能够将成千上万的各不相同的个人知识和活动汇集在一起,在没有集中的智慧或计算的情况下,解决了连当今最快的超级计算机也无能为力的涉及亿万个未知变量或相关关系的生产和分配等问题。

市场是资源配置的有效机制,市场经济体制是迄今为止我们知道的,也是人类经济实践所证明的最有效率的经济制度。然而,市场也不是万能的,它有其局限性,即市场本身是有缺陷的,这些缺陷是市场固有的弊端,在社会化大生产条件下,市场缺陷很容易显露出来,进而引发市场失灵。如市场自由竞争总会伴随垄断和不正当竞争,从而反过来阻碍市场机制发挥作用;市场机制的唯利性导致公共物品短缺;市场调节的被动性和滞后性引发宏观经济波动,甚至出现经济危机等。

当市场缺陷显露引发市场失灵时,市场本身解决不了问题,需要市场之外的力量予以调节。这就是政府对市场进行规制乃至经济法中所讲的国家调节产生的根本理由。

2. 公共利益理论

公共利益论以市场失灵理论为基础,认为规制的动因是由于市场机制不完善及存在市场失灵。该理论认为,现代社会并不存在纯粹的市场经济,由于垄断、公共产品缺位、信息不对称等的存在,致使自由竞争的市场机制无法带来资源的最优配置,甚至造成资源的浪费和社会福利的损失。因此,市场参与者就会集体要求作为公共利益代表的政府在不同程度上介入经济运行,通过实施规制纠正或消除市场缺陷,增进资源配置效率、增进社会福利。在这里,政府被假定为代表的是社会公共利益,而且实现社会福利最大化也是政府追求的唯一目标。此外,波斯纳认为这个理论还有两个重要假设:一是如果让市场任其发展,那将是极端脆弱的,而且容易出现运行缺乏效率和公平的情况;二是政府的规制行为几乎没有成本。①

公共利益论为20世纪30年代西方各国实施广泛的规制提供了理论依据。后来,随着“消极国家”向“积极国家”的转变,政府规制范围的逐步扩大,公共利益论几乎被用来解释所有的政府规制问题。② 但由于一些假设与实际状况不相吻合,该理论也受

---

① See Richard Posner, “Theories of Economic Regulation”, 2 *Bell Journal of Economics and Management Science*, 1974, pp. 335 – 358.

② 参见吕忠梅、陈虹:《经济法原论》,法律出版社2007年版,第248页。

到了许多学者的批评。

(二)反对或放松政府规制的理论

1. 规制俘获理论

在公共利益理论中,人们相信政府规制主要是为了保护全体公众或一些人数众多的利益集团,制度是为这样一些“大多数人”的利益而制定的。但以波斯纳、斯蒂格勒等为代表的芝加哥学派经济学家提出的规制俘获论则认为,规制制度与规制政策的供给是为了满足某些特殊利益集团的需求,是被规制者“争取”的结果,获取选票、出于将来就业的考虑以及为政治活动筹资,才是建立并实施规制的真实动机。对社会中每一个产业来说,政府既是一种潜在的资源,也是一种潜在的威胁。在利益驱动下,被规制者,特别是一些财力雄厚、组织良好的特殊利益集团,会千方百计进行“寻租投资”,企图影响规制政策的制定,并进而“收买”政府。这样,政府成了被特殊利益集团“俘获”的规制者,这样的规制也是特殊利益集团“寻租”的结果。

规制俘获论对某些特定产业,特别是竞争性产业的经济性规制具有相当的解释力,但也有局限性,并不能适用所有行业或所有规制类型。例如,旨在保护消费者的产品安全规制、改善环境的规制、保护矿山安全的规制、防止产业灾害(如核能)的规制等,就不是特殊利益集团寻租的结果,而属于真正意义上的社会公共利益考量。

【典型案例】美国汽车制造商游说政府管制汽车进口事件

20世纪80年代早期,美国汽车工业步履维艰。一方面,汽油价格扶摇直上;另一方面,持续的经济萧条又使需求水平一落千丈。宽敞气派但耗油量大的美国国产汽车的需求量锐减,与此同时,相对省油的日本汽车在美国市场却大为出彩,市场份额步步扩大。面对这种局面,美国的汽车制造商、汽车工会以及来自产车州的政治家们惊呼:美国汽车工业到了最危急的时刻!他们联手组成强大的院外游说活动团队,花费巨资游说立法人员与行政当局通过立法阻止日本汽车进口。最终,里根政府作出强烈反应,在进行了艰难的讨价还价之后,同日本政府达成了关于汽车进口配额的协议,开始对汽车进口进行管制。这一规制措施使日本生产的汽车在美国市场价格上涨的同时,也使1981年至1983年美国国产汽车价格每辆上涨了400美元。仅1984年,美国汽车制造商的利润由于这一规制措施而额外增加了89亿美元。

2. 政府失灵理论

政府失灵理论认为,政府的缺陷至少和市场一样严重。我国有学者将政府失灵的原因概括为以下几个方面:①一是在信息上,负责规制的政府没有比较优势。决策信息的获取总是困难而且需要成本的,无论选民还是政治家拥有的信息都是有限的,因而许

① 参见张庆霖、苏启林:《政府规制失灵:原因与治理》,载《经济学动态》2009年第4期。

多政策实际上是在信息不充分的情况下作出的,这就很容易导致决策失误。二是负责规制的官员本身就有可能与被规制者有着复杂的利害关系,而且规制本身带来的高额成本也成为政府财政支出扩张的重要原因。此外,政府规制与政治上的利益结合,更导致了政府权力滥用问题。政府不是或者至少是不完全代表公共利益,其同样具有追求个人效用最大化或者政府部门利益最大化的动机,如更多的薪金、更大的权力、更高的地位和威望等。规制机构如果具有追求个人或者小集体利益最大化的动机,就很容易导致规制决策错误,从而出现规制失灵。

【典型案例】国家质量检验检疫总局强制推广“产品质量电子监管网”被起诉

从2005年4月开始,国家质量检验检疫总局(以下简称国家质检总局)不断推广一家名为中信国检信息技术有限公司(以下简称中信国检)的企业经营的中国产品质量电子监管网(以下简称电子监管网)的经营业务,要求生产企业对所生产的产品赋码加入电子监管网,供消费者向该网站查询。入网企业需缴纳数据维护费,消费者查询需支付查询信息费和电话费。为了推广电子监管网的经营业务,国家质检总局从2005年4月开始,单独或联合其他国家机关挂名,发布了近百个文件,同时还多次召开现场会、片会,由国家质检总局的有关领导出席会议,发表讲话,督促各地企业对产品赋码加入电子监管网。

2007年12月国家质检总局又发布《关于贯彻〈国务院关于加强食品等产品安全监督管理的特别规定〉实施产品质量电子监管的通知》,要求从2008年7月1日起,食品、家用电器、人造板、电线电缆、农资、燃气用具、劳动防护用品、电热毯、化妆品9大类69种产品要加贴电子监管码才能生产和销售。此举一出,立即引起众多企业强烈反对,尤其是防伪企业和食品企业。防伪企业认为,国家质检总局强制推行电子监管网,实际上确立了中信国检的垄断地位,是典型的行政垄断行为,而且国家质检总局信息中心拥有中信国检30%权益这一事实,更让人怀疑这一规制措施的目的不在于有效监管产品安全,而在于营利。食品企业则认为,电子监管网根本不涉及食品生产过程的质量安全控制,不能起到食品安全监管的作用,其记录和提供的企业、产品相关信息,在目前的食品包装上皆有体现,属于重复信息。同时,按照质检总局“一品一码”的要求,食品企业将付出巨大的额外成本。

2008年8月1日反垄断法实施的第一天,北京兆信信息技术有限公司等4家防伪企业,将国家质检总局诉至北京市第一中级人民法院,请求确认国家质检总局推广电子监管网经营业务、强制要求企业对产品赋码交费加入电子监管网的行政行为违法。最终北京市一中院以“超过法定起诉期限”为由对本案裁定不予受理。

(三)理论争论的意义

无论学理上对规制争议如何,现代各国政府普遍利用公共权力规制市场主体及其市场行为已是不争的事实,然而,这并不能说明规制理论的争论毫无意义,无论是为政府规制市场寻找依据的理论还是反对或放松政府规制的理论，对政府合理设定规制范围、把握规制力度、设定规制目标都具有重要的指导意义。市场失灵理论要求政府规制仅对市场机制起补充作用，在市场自身不能发挥作用的地方，才有必要政府介入。公共利益理论强调政府规制应以满足社会公众多数人的需要为出发点，当规制范围、力度超出满足社会公众利益限度时，政府规制就缺乏应有的正当性。而规制俘获和政府失灵理论从反面揭示了政府规制的不足和失效，无疑也十分有助于规制政策的科学制定和对政府规制行为的规范、控制。政府是市场失灵的规制者，同时也是需要进行法律规范的对象。在一般意义上，政府代表公共利益，实施市场规制行为，但由于政府本身的利益羁绊、被规制产业的寻租，一些貌似公允的规制政策，可能也会带有强烈的部门利益、个人利益痕迹。反对或放松规制的相关理论深刻揭示了这类现象的存在，从而为监管政府规制行为提出了迫切要求。

第二节　市场规制法的概念与特点

一、市场规制法的概念和调整对象

市场规制法在不同的学者那里有不同的称谓。从我国法学界目前的情况来看，除市场规制法外，较有影响的还有市场管理法、市场调控法、市场秩序规制法、市场运行法以及市场障碍排除法等。这些提法虽然从形式上看存在差异，但除去语言表达上的不同，其本质是相同的，而且学者们在构建其法律体系或在阐释其立法内容时，所列的法律规范也基本相同。

根据学界的一般看法，市场规制法是调整国家对市场进行规制过程中发生的社会关系的法律规范的总称。它是我国经济法体系的组成部分，属于部门经济法。

市场规制法调整的社会关系，可称为市场规制关系。市场规制关系产生于国家规制市场的过程中，以政府机关为规制主体，以市场主体为受规制方当事人，是二者之间的权利义务关系。在这种社会关系中，政府机关依法履行职权，具有相当的权威，并总是以规制者、管理者的身份出现，而相对人则处于被规制者、被管理者的地位，对规制者的命令、决定和处理意见负有必须执行的义务。二者之间显然不是一种平等主体之间的关系。

由于市场规制要素复杂多样，可以分别依不同标准对市场规制关系进行多种划分，以便针对各种市场规制关系的特殊性进行法律调整。如依照规制对象的基本类型不同，可分为竞争行为规制关系、消费秩序规制关系、产品市场规制关系、特殊市场规制关系等；依规制对象的具体内容不同，可以分为市场进入规制关系、价格规制关系、质量规制关系、计量规制关系、广告规制关系等；由于规制主体除政府机关外，某些情况下一些公共组织也可能行使部分规制权力，所以依规制主体不同，还可以分为政府规制关系和非政府规制关系。

关于市场规制法的调整对象,有争议的问题是,受规制的市场关系,即受政府规制的市场主体之间在交易和竞争过程中产生的社会关系是否属于市场规制法的调整对象。一种观点认为,受规制的市场关系是产生市场规制关系的基础,本质上是平等主体之间的经济关系,属于民商法的调整范围。另一种观点则认为,将市场规制法的调整对象只限于市场规制关系,并不符合市场规制立法和执法的现实。市场规制法不仅调整市场规制关系,而且还调整被规制的市场关系,符合市场规制与市场行为的内在联系。市场规制意味着对市场主体意思自治的一种限制,而这种限制必然体现在市场行为之中;市场主体所实施的各种市场行为,既要受市场信号的影响,也要受到市场规制信号的影响,并且这里的市场信号是市场供求与市场规制相互作用而形成的。如果不把市场关系纳入市场规制法的调整范围,就难以保证市场规制功能的实现,也人为割裂了一个完整的社会关系系统。①

上述第二种观点有一定道理,但本书认为,能够纳入市场规制法调整范畴的市场关系是有限制的。并不是所有的市场交易和市场竞争行为都应该受政府规制,从而也不是所有的市场关系都属于市场规制法的调整对象。只有那些不仅直接影响当事人双方利益而且直接影响社会公共利益的市场关系,才与市场规制关系紧密相连,二者构成一个完整的社会关系体系。当市场关系中一方主体的行为损害对方利益且危及公共利益时,代表公共利益的政府规制机关才出手干预,从而引起市场规制关系的产生。二者连环而生,不应该人为割裂开来。

二、市场规制法的特点

(一)作用领域的微观性

市场规制法的调整领域指向微观经济层面的市场主体、市场行为,以及政府机关的规制权力和规制行为,市场主体及其交易和竞争行为要接受市场规制法的规范,同时,政府机关的规制行为也处于市场规制法的规制范畴内。

(二)调整手段的强制性

这表现在两个方面:首先,政府对市场主体及其行为的规制多采用许可、命令、政府定价、处罚等措施,具有明显的强制性;其次,政府规制行为违法的,要承担撤销、赔偿、行政处分等责任,也具有强制性。

(三)调整方式的直接性

这一特点主要表现在政府对市场主体的规制活动中。市场规制行为不像宏观调控行为那样,以利率、税率等经济杠杆,通过市场机制的传导作用间接影响市场主体的决策,而是一种直接干预的法律机制。

---

① 参见王全兴:《经济法基础理论专题研究》,中国检察出版社 2002 年版,第 586 页。

（四）法律规范的综合性

市场规制的范围很广泛，几乎涉及社会经济的所有产业领域，由此所决定，市场规制法的内容涉及面也非常广泛，既包括与竞争规制、经济性规制相关的法律规范，也包括一部分与社会性规制相关的法律规范。

（五）法律地位的基础性

市场规制法的一个重要功能是保护竞争机制、维护正常的市场经济秩序，在此基础上，宏观经济引导与促进法所确立的国民经济和社会发展目标才能得以实现。如果没有市场规制法的基础性作用，宏观经济引导与促进法的调控便似空中楼阁，因缺乏微观基础而无法实现。

第三节　市场规制法的功能、手段与体系

一、市场规制法的功能

（一）维护竞争机制

竞争的一般含义，是指两个或两个以上的个人或集团为了追求同一目标而互不相让、互相争胜的行为，经济领域中的竞争就是经济主体在市场上为实现自身经济利益最大化，而在投资、生产、销售、管理、技术、服务等方面，相互争胜的角逐过程。竞争是商品生产和商品交换的产物，是市场经济的产物，没有市场经济，也就不可能有竞争的存在。反之，没有竞争，也不可能有真正意义上的市场经济，市场经济归根结底是竞争经济，竞争是市场经济内在的基本要求，是市场经济发展与变迁的动力与源泉。只有保证竞争机制的有效运作，才能确保市场主体的优胜劣汰，促进资源的合理流动和优化配置。作为市场规制法最重要组成部分的反垄断法和反不正当竞争法，就是市场竞争机制的守护神，其通过禁止不正当竞争行为、协议垄断行为、滥用市场支配地位行为、行政垄断行为和控制经营者集中行为，修复被破坏的市场竞争环境，或防止市场竞争环境恶化，从而为市场机制充分发挥优化配置资源作用扫除障碍。

（二）保护消费者利益

在经营者与消费者之间的市场交易活动中，由于消费者不仅在经济实力、专业技能以及对商品信息的获取能力方面无法与经营者相抗衡，而且消费者各自为政，力量分散，处于明显的弱势地位。对这种状况，以抽象人格主体为对象对双方予以平等保护的民商法无能为力，现代经济法则必须进行回应。否则，不仅作为现代经济民主理念重要体现的消费者主权原则无从实现，而且“消费决定生产”最终沦为空谈，由此带来对整个社会经济循环的破坏，社会经济的健康与稳定受到威胁。因此，这种情形必须得到矫正。矫正的手段就在于通过法律对不同主体权利义务的重新配置，提升消费者与经营者的对话与对抗能力，使经营者与消费者之间的利益达到新的平衡。从各国实践来看，

制定专门的消费者保护法、产品责任法对消费者进行倾斜性保护,已成为普遍性做法。

(三)规范政府规制权力

一方面,市场规制法将市场主体和市场行为作为规制对象;另一方面,也应将政府及其规制行为作为规制对象。政府对市场主体的规制是公共权力对市场的干预,无论是理论分析还是现实情况都已经证明,在权力的运用中,那些掌握权力的人并不都是追求社会公共利益最大化,很可能假借公共利益之名行追求部门利益、小集体利益甚至个人利益之实。在市场规制过程中,规制者、管理者拥有强大的权力,极易导致权力滥用、官僚主义、寻租与腐败等现象出现,使国家经济发展同时面临"市场失灵"和"政府失灵"的双重风险。因此,市场规制法必须控制政府的市场规制行为,规范政府规制权力也是市场规制法的重要任务。这也说明,那种认为经济法只是"政府干预之法"即为政府授权的法,而"干预政府"即控制政府权力只是行政法任务的观点,是很片面的。经济法不仅为政府调节经济授权,也从合理分配权力、赋予市场主体监督权力、正当程序、司法监督等途径控制政府的经济调节权力。

二、市场规制法的规制内容和手段

市场规制法的规制内容和手段,是指政府对市场主体及行为进行规制所包括的方面及采用的手段。从内容上来讲,包括了对市场准入、价格、质量、数量、投资、财务会计、产品安全、生产安全、环境保护的规制等;从手段上来讲,包括了禁止、特许、许可、指令性价格、国家标准、行业标准、数量配额等形式。对不同内容的规制需要采用不同的手段,如对市场主体产品价格的规制,一般采用政府指令性定价和指导性价格,而对产品质量的规制,主要是通过设定质量标准来达到目的。

在许多的规制内容和手段中,市场准入规制及相关手段的采用在我国目前仍然很普遍。市场准入,有"按照一定准则得经允许进入市场"之意,是指政府对市场主体及交易对象进入特定市场领域的规制活动。其本质是国家对市场进入的一种管制,在实行市场准入的领域,限制或禁止是常态,市场主体及交易对象必须取得确认、许可或特许才能解除这种状态,从而进入特定市场。市场准入的手段主要有行政许可、特许、标准的制定和执行等。从理论上来讲,市场准入规制适用于电力、煤气等自然垄断产业和金融、保险等严重信息不对称的产业,但现实中,适用范围要比这广泛得多。2003 年 8 月第十届全国人民代表大会常务委员会通过的《行政许可法》严格实行行政许可法定原则,对行政许可的适用范围作了列举,这基本上也可以看作政府市场准入规制的范围,包括:第一,直接涉及国家安全、公共安全以及直接关系人身健康、生命财产安全的特定行业和活动,如核工业、航天、重要军事工业、造币业等行业,爆炸性、易燃性、放射性、毒害性等危险物品的生产、储存、运输、使用、销售等活动。第二,涉及经济宏观调控、社会和经济秩序稳定的行业,如金融、证券、保险以及电力、自来水等公用事业领域。第三,有限自然资源开发利用、公共资源配置以及直接关系公共利益的特定行业的市场准入,需要赋予特定权利的事项。如国有土地使用权出让许可、采矿许可、无线电频率配置、出租车经营许可、公用事业经营许可等都属于这一类。第四，提供公共服务并且直接关系公共利益的职业、行业，需要具备特殊信誉、特殊条件或者特殊技能等资格、资质的事项。如执业医师、执业律师、注册会计师、机动车船和航空器的驾驶员、路桥工程师等，职业准入一般采用资格考试核准的方式，没有数量和比例限制。第五，直接关系公共安全、人身健康、生命财产安全的重要设备、设施、产品、物品，需要按照技术标准、技术规范，通过检验、检测、检疫等方式进行审定的事项。如食品、药品、家用电器、医疗器械、农药等的生产销售，需要制定标准并通过认证等方式准入。第六，涉及生态环境保护的行业和事项。

价格(费率)规制也是市场规制特别是经济性规制的重要内容，主要是政府从资源有效配置和产品、服务的公平供给出发，对价格水平和价格结构进行规制，以求将产品或服务价格的定价控制在一个合理与公平的水平上。价格(费率)规制的手段主要有政府指令性价格、指导性价格、提价申报、调价备案、冻结价格等。价格(费率)规制特别适用于没有竞争或竞争不充分因而无法通过市场竞争形成价格的产业，但如果从广义上理解价格(费率)规制，则还包括了对几乎所有产业中的不正当价格行为的规制。

质量规制是政府为了保护消费者利益而实行的规制，其目的在于提高商品、服务的总体质量水平，保护人们的安全和健康。质量规制的手段主要是质量技术标准的制定和采行。数量规制主要包括政府对企业生产和供应的产品数量加以控制，对进出口商品数量加以控制等，其手段包括计划指标的分配、配额制等。在市场经济中，政府对企业生产和供应的产品数量加以规制一般仅限于少数产品，如国家垄断经营的能源供应、运输服务等产业。

由于政府规制的内容和手段繁多，为便于厘清头绪，学者们依据不同的标准，进行了一些分类。例如，依规制效果的不同分为积极规制和消极规制。积极规制，是通过制定和实施交易和竞争中应为或可为的规则，从正面引导市场主体按照法定的有效条件实施市场行为；消极规制，则是通过制定和实施交易和竞争中不应为或禁止为的规则，从反面限制或矫正市场主体的不当行为。依规制发生的时机不同，分为事前规制、事中规制与事后规制。事前规制重在防范，事后规制重在惩罚，事中规制则是防范与矫正并重。如在《产品质量法》中，对可能危及人体健康和人身、财产安全的产品实行国家标准和行业标准，以及建立企业质量体系认证制度和产品质量认证制度，属于事前规制；产品质量抽查制度等属于事中规制；对违法行为进行调查处理则属于事后规制。

三、市场规制法的体系

市场规制法是由多方面、多层次的法律规范构成的，内容复杂且存在着与相关法律部门的交叉重合，学界对其体系构成存在不同看法。有的学者认为，市场规制法可分为四种类型，即市场主体法、市场客体法、市场行为法和专门市场规制法；有的学者则将市场规制法划分为市场规制一般法、市场规制特别法和市场规制相关法三大部分；更多学者则没有对市场规制法进行体系化归纳，从与现实市场规制法律规范相对应的角度，认为反垄断法、反不正当竞争法、消费者权益保护法、产品质量法等,是市场规制法的组成部分。作者认为,虽然各种观点有所差异,但对市场规制法体系的最基本构成,还是有一些一致看法。从既注重简单概括,又尽量与现行法律规范保持统一出发,市场规制法的体系主要由以下分支构成。

(一)市场准入法

市场准入法,是调整在国家对市场主体及交易对象进行市场准入规制过程中产生的经济关系的法律规范的总称。其是对市场准入的条件、标准、方式、程序、责任等的法律规定,包括存在于各有关法律法规中一切有关市场主体及产品进入市场的政府限制、禁止、登记、许可等的法律规范。由于市场准入法涉及面广泛、政策内容丰富、规制方法多样,不宜也不能采用法典化或单一法律的立法模式,目前各国有关市场准入的立法,也都没有单一、统一的法律,而体现在相关的单项立法和判例之中。

(二)竞争法

竞争法由反垄断法和反不正当竞争法两部分构成。它是调整竞争规制关系和与此紧密相连的市场竞争关系的法律规范体系。作为市场经济条件下市场主体的基本竞争行为规范,竞争法对完善和维护市场机制有着特别重要的意义。反垄断法和反不正当竞争法是市场规制法中最基础、最核心的制度规范。目前,与竞争法相关的两个最主要法典文件——《反垄断法》和《反不正当竞争法》,我国均已颁布实施。

(三)消费者权益保护法

消费者权益保护法是对市场交易中处于弱势地位的消费者进行特别保护的法律规范,目的是通过形式上"不公平"的权利义务配置,维护消费者地位的实质公平。目前,不少国家都颁布了专门的保护消费利益的法律文件,我国《消费者权益保护法》也已于1993年颁布实施。

(四)产品质量法(包括食品安全法)

产品质量法是调整产品在生产、流通以及监督管理过程中,因产品质量而发生的各种经济关系的法律规范的总称。其目的在于通过对市场交易中的产品质量进行事前监督管理和事后救济惩罚,维护市场秩序和交易安全,保护消费者合法权益。2000年我国颁布了《产品质量法》,2009年又颁布了《食品安全法》。

(五)反倾销、反补贴法和保障措施法

反倾销、反补贴和保障措施法律制度的目的,一方面,是为制止他国不正当贸易行为;另一方面,也是为本国相关产业的成长、壮大拓展应有的空间。一般认为,反倾销、反补贴和保障措施法律制度对一国市场秩序的影响极大,故应该成为市场规制法体系的组成部分。

复习思考题

➢ 1. 市场规制的三种类型在规制的目的、适用领域、规制手段方面有什么不同？
➢ 2. 简述市场规制的相关理论。
➢ 3. 如何界定市场规制法的调整对象？
➢ 4. 简论市场规制法的功能。
➢ 5. 简论市场规制法的规制内容和手段。

第九章 反垄断法

【重点内容提示】

经济法肇始于反垄断法,反垄断法始终是经济法的核心和最主要的组成部分。在市场经济国家,反垄断法被称为企业自由大宪章,素有经济宪法之美誉。市场竞争和行政权力不当干预市场导致垄断,垄断阻碍竞争。市场垄断主要表现为经营者达成垄断协议、滥用市场支配地位和经营者过度集中,所以反垄断法包括垄断协议规制制度、滥用市场支配地位规制制度、经营者集中控制制度;在经济转型国家,由于行政性垄断现象较严重,反垄断法还要对此予以专门规定。我国在历经经济转轨近 30 年的 2007 年颁布了《反垄断法》,它肩负着反对各种垄断和限制竞争行为以培育和维护市场竞争机制、推动社会主义市场经济体制进一步完善、维护正当经营者和广大消费者利益、实现经济民主的时代任务。

第一节 反垄断法概述

一、市场垄断与反垄断立法

(一)垄断的定义

市场经济永远呈现这样的规律:竞争导致垄断,垄断阻碍竞争。[①] 为了维护市场机制尤其是市场竞争机制正常运转,国家就需要制定反垄断法以规制垄断。

现代意义上垄断的概念,首先来自经济学。在经济学上,垄断是指在生产集中和资本集中高度发展的基础上,一个大企业或少数几个大企业对相关市场产品的生产和销售的独占或联合控制。一般而言,垄断在理论上是完全竞争的另一面,拥有垄断优势的卖方会限制产量、抬高价格,以此实现利润最大化。

法学对于垄断的含义有不同的理解。从狭义上来说,垄断是一种市场结构形式,在这种市场结构中,一个或少数几个人或企业支配着某项产品或某项服务的总供应规模。[②] 从广义上来说,垄断包括垄断状态和垄断行为两个方面。和经济学家对垄断比较宽容的态度不同,垄断在法学上一般具有非法性,从而也就具有了可责难性。

---

① 参见《列宁全集》(第 27 卷),人民出版社 1991 年版,第 336 页。

② 参见尚明主编:《反垄断法理论与中外案例评析》,北京大学出版社 2008 年版,第 1 ~2 页。

经济学上的垄断是从微观层面即企业这个市场主体来探讨垄断的含义，而法学上的垄断是从宏观层面上即市场竞争秩序上来理解垄断的概念；经济学上对垄断的规制目的，是确保效率和追求效率，而法学上对垄断的规制目的兼具有效率与公平甚至实现社会正义。①

各国反垄断法较少对垄断进行一般界定，②只是根据各自需要解决的主要问题侧重从一个角度或某个方面对相关问题加以规定。综观各国反垄断法的规定，其所规制的垄断可分为垄断结构（也称为垄断状态、垄断规模）和垄断行为两个方面。现代各国反垄断法所规制的垄断正在发生从市场结构逐步向市场行为的转变。垄断状态，即垄断性的市场结构。在成熟的市场经济条件下，垄断状态一般形成于合法、公平的竞争过程之中，是公平竞争的结果或规模经济的表现形式。垄断状态尽管客观上可能对经济自由和经济民主造成损害，但主观上并没有故意限制竞争。对垄断状态进行规制意味着当一个或少数几个企业在某种商品或服务领域的市场占有率达到或超过一定比例，使该领域的竞争受到实质限制或损害时，就被认定构成垄断，往往面临反垄断执法部门的肢解或者资产剥离、营业划出。垄断行为则是占据市场支配地位的经营者故意实施的滥用市场优势限制竞争的行为或者以谋求垄断利润为目的的限制竞争行为。垄断行为是当前各国反垄断法的主要规制对象甚至唯一的规制对象。③

（二）反垄断法的概念

反垄断法的概念当前尚无统一定论。在我国，有的学者从反垄断法的适用对象、规范对象、调整对象三者入手界定反垄断法的概念，认为反垄断法是通过规范垄断和限制竞争行为来调整企业和企业联合组织相互之间竞争关系的法律规范的总和。有的学者从内涵和外延的角度对反垄断法的概念进行界定，认为从内涵上来讲，反垄断法是禁止行为人排除或限制市场竞争的行为（可以统称为反竞争行为）的法律部门或者法律规范的总称；从外延上来讲，反垄断法是禁止反竞争的购并、联合行为或者滥用市场力量行为的法律部门或者法律规范的总称。还有学者从反垄断法的功能的角度给反垄断法下定义，认为反垄断法是反对限制竞争、维护自由公平竞争和经济活力的一类法律的通称。④

一般认为，在经济法范畴内，反垄断法属于市场规制法，是国家对垄断和限制竞争行为进行规制过程中发生的社会关系的法律规范。由于反垄断法是市场自由竞争和经济民主的根本保障，所以反垄断法素有“自由企业宪章”和“经济宪法”的美誉。它既能

① 参见孙晋：《反垄断法——制度与原理》，武汉大学出版社2010年版，第3页。

② 日本是极少数对垄断进行法律界定的国家。日本《禁止私人垄断法》第2条第5款规定：“本法所称的垄断，是指事业者无论是单独还是采取与其他事业者相结合或合谋等其他任何方式，排除或者支配其他事业者的事业活动，从而违反公共利益、实质性地限制一定交易领域内竞争的行为。”

③ 参见王先林：《竞争法学》，中国人民大学出版社2009年版，第211页。

④ 参见吕明瑜：《竞争法教程》，中国人民大学出版社2008年版，第82页。

维护市场经济国家的自由竞争体制,又能促进经济转轨,实现国家向市场经济体制顺利转型。

(三)主要国家(地区)反垄断立法

19世纪末至20世纪前半叶,由于生产社会化伴随着生产集中和资本集中,市场垄断日益严重,产生经济危机,并引发严重社会问题乃至政治危机,西方国家纷纷制定法律以规制垄断,对市场进行强行干预和管理。反垄断法应运而生而且在全球范围内得到较快发展,从个别发达国家走向全世界,呈现区域化和国际化的发展趋势。①

1. 美国

在立法模式上,美国的反垄断立法采取了制定法和判例法结合模式。美国南北战争前后发生的产业革命以及战后激烈的市场竞争促使托拉斯等垄断组织横行,引起严重的经济危机和社会危机,全美掀起了反托拉斯运动,立法司法机关也纷纷采取行动规制垄断。在制定法上,美国国会于1890年率先通过《谢尔曼法》,将共谋限制州际和国际间贸易或商业的做法认定为非法,成为美国反托拉斯法的立法先声,该法条文简约、规定简单,但在世界反垄断法的立法史中具有开拓性的里程碑意义。1914年国会颁布了《克莱顿法》和《联邦贸易委员会法》,对《谢尔曼法》予以补充。《克莱顿法》的重要性仅次于《谢尔曼法》,主要规制价格歧视、搭售和排他交易合同、可能导致垄断的企业合并、在相互竞争的企业中任职的普通董事以上四种行为违法(但不是犯罪),并规定了著名的垄断受害方的三倍损害赔偿金制度。② 1936年通过的《鲁宾逊-帕特曼法》通过规制价格歧视以修正《克莱顿法》。1950年颁布的《塞勒-凯弗威尔法》,实质上修改了《克莱顿法》第7条,禁止一切减少竞争的合并。此后,美国的反垄断立法工作一直没有停止,1962年国会通过了《反托拉斯民事程序法》,1974年通过了《反托拉斯诉讼程序和惩罚法》,1980年通过了《反托拉斯诉讼程序改进法》,2010年司法部和联邦贸易委员会联合发布了最新的《合并指南》。美国反托拉斯法对世界其他国家和地区的反垄断立法产生了巨大影响。

2. 欧盟

欧洲经济共同体是欧洲联盟的前身。欧盟竞争法主要内容是反对限制竞争法。随着1957年欧洲经济共同体的创立,欧洲开始了一体化的进程,这一进程又使竞争法发挥了巨大的作用。③ 欧盟竞争法的思想和理论根植于第二次世界大战期间欧肯和伯姆等人所倡导的秩序自由主义学派(弗莱堡学派)的学说。欧盟竞争法立法始于1951年

---

① 参见漆多俊、冯果主编:《经济法学》,武汉大学出版社2011年版,第129~130页。

② 参见[美]基斯·N.希尔顿:《反垄断法:经济学原理和普通法演进》,赵玲译,北京大学出版社2009年版,第24~25页。

③ 参见[美]戴维·J.格伯尔:《二十世纪欧洲的法律与竞争》,冯克利、魏志梅译,中国社会科学出版社2004年版,第416页。

的《欧洲煤钢共同体条约》中的竞争法规定，①这又成为其后1957年《欧洲经济共同体条约》的竞争法规定（条约第85条和第86条）的参照文本，②虽然这两条规定行文简短、构想宽泛，但它们的作用却是“立宪性”的。③ 1997年《欧盟条约》于阿姆斯特丹进行了修改，修改后的条约成为欧盟竞争法体系的基础性法律规范，该条约中有关竞争的基本规则主要是第31条、第81条、第82条、第87条、第88条和第89条。《欧盟条约》第81条专门对限制竞争协议进行规范，第82条是对滥用市场支配地位的规定。欧盟竞争法不仅对各成员国的竞争法立法和完善以及趋同有直接的推动作用，如推动意大利于1990年颁布其第一部竞争法，而且对世界许多国家都产生了重要影响。

3. 日本

日本最早将反垄断法引进亚洲，其反垄断立法深受美国反垄断法的影响。在第二次世界大战前和战争期间，日本大力扶持垄断。第二次世界大战结束后，美国占领当局在日本强行推行经济民主化政策，将大财阀大企业集团进行肢解，日本仿效美国的反托拉斯法于1947年颁布了《禁止私人垄断法》，该法经过多次修改，现行《禁止私人垄断法》是2006年1月4日生效的。目前在日本，享有行政、准司法、准立法权限的法律执行机构公正交易委员会越来越独立和权威，日本禁止垄断法的执法水平已经大体接近美国、欧盟反垄断法的水平。④

另外，经济转型国家如俄罗斯巴西乌克兰等在20世纪末以及21世纪初纷纷制定并完善各自国家的反垄断法，是反垄断法国际发展的一大亮点。在联合国和WTO国际竞争网络（International Competition Network，ICN）的大力推动下，国际竞争法也获得了长足发展，与竞争中立原则一道，逐步成为正在形成的新的国际贸易规则的基石和共识。

二、反垄断法的特征

（一）国家适度干预性

在19世纪中晚期之前，人们一直秉承古典经济学的自由市场经济理念，反对国家干预经济，认为对市场干预越少的政府就是越好的政府。19世纪中后期以来，由于社会化大生产和资本越来越集中，市场上的垄断和限制竞争情况愈演愈烈，经济危机时有

---

① 《欧洲煤钢共同体条约》中的竞争法规定有两条：第65条禁止限制竞争协议，第66条是针对经营者集中和滥用市场势力的规定。

② 《欧洲经济共同体条约》的竞争法规定主要反映在第85条和第86条。第85条遵循了欧洲煤钢共同体条约第65条的基本架构，第86条关于禁止滥用市场支配地位的规定是在欧洲煤钢共同体条约第66条基础上发展而来的。参见［美］戴维·J. 格伯尔：《二十世纪欧洲的法律与竞争》，冯克利、魏志梅译，中国社会科学出版社2004年版，第430页。

③ 参见［美］戴维·J. 格伯尔：《二十世纪欧洲的法律与竞争》，冯克利、魏志梅译，中国社会科学出版社2004年版，第430页。

④ 参见［日］村上政博：《日本禁止垄断法》，姜姗译，法律出版社2008年版，中文版序言。

发生,说明当时出现了严重的市场失灵,传统的放任自流由市场自我克服难以奏效,民商法不能对垄断行为进行有效矫正,这就需要国家伸出“有形之手”来干预市场,弥补市场失灵,使市场机制恢复其应有的调节机制。[①] 当时的市场失灵主要是因垄断组织的限制竞争行为破坏了市场竞争机制所致,因此,国家干预经济的突破口就是通过新的立法规制垄断,反垄断法就是国家经济职能发达和干预经济的制度结果。

(二)社会本位性和社会法属性

自由资本主义时期,政治国家和经济社会的联系远没有今日之紧密,市场经济所依赖的法律秩序主要是民法商法秩序,民商法的立法基础是意思自治和契约自由,遵循个人本位,维护个体利益。到了19世纪中后期,在意思自治和契约自由的民法商法的“庇护”下,托拉斯、卡特尔、康采恩、辛迪加等各种垄断组织形成并迅速发展壮大,这些垄断力量限制竞争情况日益严重,个人本位的民法商法对此无能为力。19世纪后期应时而生的社会法学派对法律的个人本位提出质疑,主张国家立法应该遵循社会本位,个体利益的实现离不开社会整体利益的实现,当个体利益和社会利益发生冲突的时候,应该以社会利益为重。为了规制垄断力量和反对限制竞争行为而制定的反垄断法就是在社会法学派思潮影响下新的立法尝试,其出发点就是为了维护整个社会利益不致受损,所以反垄断法遵循的就是社会本位立法宗旨,从这个意义来说,反垄断法是社会性立法,它利用公法的手段即国家公权力对传统的私人经济领域进行干涉,在国家公权进行调整的同时,不排除适用私法调整,弥补了公权力之缺陷,从而使反垄断法兼有公法和私法的双重属性。

(三)实体法和程序法的有机结合性

综观世界各国和地区的反垄断立法,一般都是把反垄断实体规范和程序规范融合在一起,而不是像传统法律部门那样将实体法和程序法分别立法。这种立法创造经实践检验比较有效。将实体法和程序法结合作出规定,能够明确市场经济主体的相关权利和义务,规范反垄断执法机关的权限、规则和程序等,客观上保护了市场竞争主体的权益,从而有效节省了反垄断的法律资源。[②] 另外,实体规范和程序规范融为一体,为市场主体提供了更明确的行为预期和法律指引,更有利于法律的遵行,也方便反垄断法的私人提起诉讼即私人实施,提高法律实施的效果。

(四)法的不确定性

反垄断法的不确定性是反垄断法所具有的比较鲜明的特征,其不确定性主要表现为规范对象的不确定,[③]对垄断协议、滥用市场支配地位和经营者过度集中这些垄断行为的认定必须综合考虑许多市场因素甚至需要进行市场调查,对同样的行为在不同的

---

① 参见漆多俊:《经济法基础理论》(第3版),武汉大学出版社2000年版,第20页。

② 参见张穹:《反垄断理论研究》,中国法制出版社2007年版,第65页。

③ 参见沈敏荣:《法律的不确定性——反垄断法规则分析》,法律出版社2001年版,第75~77页。

地区和不同的时间可能得出不同的判断。反垄断法的不确定性源于反垄断法实体规范具有高度的原则性和抽象性,如美国反托拉斯法核心规范一般就是几个条文,欧盟竞争法规范主要是《欧洲经济共同体条约》的第81条和第82条。确认垄断行为的原则如"合理原则"本身就具有不确定性,该原则强调对行为相关因素的具体分析具有很强的主观性,自然加剧了反垄断法的不确定性。反垄断法所规范的对象是市场中的具体行为,市场不间断变化,行为有多种表现,也就决定了反垄断法只能以变应变,急剧发展的反垄断法之变动性增加了反垄断法的不确定性。

三、反垄断法的法律地位

(一)反垄断法具有经济宪法的地位

宪法是维护民主与自由的基本法。相对于宪法的政治属性,现代社会的人们以宪法借喻反垄断法,认为在市场经济领域反垄断法具有基石一般的地位和作用,即反垄断法是维护经济民主和经济自由的基本法,担负着反经济专制(垄断)和反限制竞争自由的重要使命。[①]

美国最高法院在1972年的一项判决中指出:反托拉斯法……是自由企业的大宪章。它们对维护经济自由和我们的企业制度的重要性,就像权利法案对于保护我们的基本权利的重要性那样。[②] 此后,美国最高法院常在判决中将《谢尔曼法》代称为"经济自由的宪法"。

市场经济根基于个人自由与企业自由,市场经济的基本表征就是自由的市场主体在市场中自由竞争自主经营。企业自由和经营自主直接表现为市场主体的竞争自由,没有竞争自由则竞争机制无以存在和发挥作用。反垄断法则以促进实现竞争自由和维护竞争自由进而确保竞争机制正常运行为目标,因此,反垄断法的经济宪法地位是由竞争自由和竞争机制在市场经济中的根本性地位和作用而决定的。

我国台湾地区"公平交易法"第46条规定:事业关于竞争之行为,另有其他规定者,与不抵触本规定制定意旨之范围内,优先适用该其他规定。其规定不是简单的特别法优先一般法之原则,而有一个该特别法不得违反"公平交易法"的规定制定宗旨。实质上将反垄断规则确立为市场经济基本规则,而不是普通的一般规则。这样,才能真正体现反垄断法是经济宪法这一基本理念,才能符合反垄断法的基本精神。

(二)反垄断法是经济法的核心

作为一个年轻的学科,经济法是始自19世纪末以来的法律现象。经济法一般认为由竞争法(反垄断法)、宏观调控法、国家投资经营法三个亚系统组成,[③]那么到底哪一个亚部门法在经济法体系中处于核心地位呢?这场争论至今没有停止。

---

① 参见吕明瑜:《竞争法教程》,中国人民大学出版社2008年版,第90页。

② United States v. Topco Associations. Inc. ,405 U. S. 596,610 (1972).

③ 参见漆多俊:《经济法基础理论》(第4版),法律出版社2008年版,第26~36页。

本书认为,对待这个问题应该用历史的眼光和发展的观点进行分析。在世界范围内,经济法的产生与发展始于美国、德国等国家的反垄断法立法和反不正当竞争法立法,其后,在凯恩斯的全面干预理论影响下,随着国家调节职能发达和干预的方式多样、范围拓展、力度加大,宏观调控法和国家投资经营法才出现,但在20世纪70年代至80年代西方国家经济长期陷入滞胀以来,西方国家被迫采取放松管制和私有化政策,宏观调控法尤其是国家投资经营法的地位和作用大不如前。从总体上来看,反垄断法在西方国家的经济法规范中处于核心地位,尤其在20世纪七八十年代以来还享有了"经济宪法"和"自由企业大宪章"的美誉。

在我国,经济法的产生和兴起是与国家经济转轨相伴而生的,没有经济转轨和以市场为取向的改革,就没有经济法。在转轨和改革初期即20世纪70年代末至90年代初,由于受到传统的计划经济体制强大的制度惯性之影响,初生的经济法以国有企业为主要研究对象,属于国家投资经营法范畴的国有企业法以及国有企业改制立法自然也就成为我国经济法的主要构成和核心内容。20世纪80年代末和90年代,国家越来越重视对国民经济运行和布局的宏观调控,财政法、税收法、金融法等立法兴起,宏观调控法一时间取代国有企业立法成为我国经济法的核心。自1992年国家确认市场化改革的目标是建立社会主义市场经济体制以来,随着市场经济体制在我国的基本确立,市场上不正当竞争和垄断现象日益严重,阻碍了市场经济体制的进一步完善。国家认识到竞争法立法的紧迫性和重要性,于1993年颁布了《反不正当竞争法》,又于2007年制定了《反垄断法》。经过逾10年的实施,《反垄断法》也遇到了诸如数字经济的挑战,尤其与2020年5月11日中共中央、国务院《关于新时代加快完善社会主义市场经济体制的意见》所要求的,构建更加系统完备、更加成熟定型的高水平社会主义市场经济体制,在制度供给上尚有不足。① 第十三届全国人大常委会已将《反垄断法》的修订列入立法规划第二类项目。2019年以来,国家市场监督管理总局表态将加快《反垄断法》修订工作进度,2020年1月2日,对外发布了《〈反垄断法〉修订草案(公开征求意见稿)》。应该看到,新生的反垄断法不仅寄托了中国社会对它的厚望,在实施的初期也确实发挥了非常重要的作用,现在又面临着与时俱进进行必要的修订。市场经济的核心在于竞争机制,反垄断法日益成为我国经济法体系的核心和社会主义市场经济体制的"定海神针"。

反垄断法的地位与其立法目的关联密切,目的越高,地位就越重要。我国反垄断法的立法目的体现在我国《反垄断法》第1条,该条规定:"为了预防和制止垄断行为,保护市场公平竞争,提高经济运行效率,维护消费者利益和社会公共利益,促进社会主义市场经济健康发展,制定本法。"这说明我国反垄断法确立了多重且较高的立法目的。另外,我国《反垄断法》的颁行还肩负着另外一个目的,即通过反垄断法的立法和实施

① 孙晋:《习近平关于市场公平竞争重要论述的经济法解读》,载《法学评论》2020年第1期。

在社会上宣扬民主、自由和公平价值，通过促进实现或维护经济民主为推动政治民主进程打下牢固的经济基础，这是我国反垄断法蕴含的更高目标。

第二节　垄断协议规制制度

一、垄断协议的概念

在市场经济条件下，垄断协议广泛存在于经济生活的各个阶段和各个方面，与滥用市场支配地位、经营者集中等垄断行为相比，垄断协议历史最久，对竞争危害最大，存在最隐蔽和最难以判断，表现出发生量大、涉及面广、对市场影响速度快等特点，对有效竞争的破坏具有普遍性和持续性。

所谓垄断协议，即限制竞争协议，是指两个或两个以上的经营者以协议、决议或者其他联合行为实施的排除、限制市场竞争的行为。垄断协议的核心是联合与共谋，具体行为包括口头协议、书面协议和协调行为等。

我国《反垄断法》第 13 条第 2 款规定："本法所称垄断协议，是指排除、限制竞争的协议、决定或者其他协同行为。"其中，"协议"是指经营者之间通过书面或口头形式达成一致意见；"决定"是指企业间的组织或者其他形式的企业联合体以决议的形式，要求其成员企业共同实施某种排除、限制竞争的行为；"协同行为"则是指经营者之间虽没有达成书面或口头的协议、决定，但相互进行沟通，心照不宣地实施了协调的、共同的排除、限制市场竞争行为。

二、垄断协议的特征

垄断协议与经营者集中、滥用市场支配地位存在不同：首先，与滥用市场支配地位相比，垄断协议的主体是由多个主体构成；其次，与经营者集中相比，垄断协议具有不稳定性，相互之间达成的协议不会像经营者集中那样稳定；最后，垄断协议一般为法律所禁止，而经营者集中一般只要经营者不滥用市场支配地位实施限制竞争行为，是合法的。

（一）主体由多个独立的经营者即市场主体构成

1. 垄断协议发生在两个或者多个经营者之间。垄断协议是多个主体实施的共同行为，单个主体不可能实行垄断协议，这里就把它与单个经营者滥用市场支配地位限制竞争的行为区分开来。

2. 参与垄断协议的经营者具有独立性。垄断协议主体的独立性表现在：首先，法律上具有独立的人格，这是它成为垄断协议主体独立的首要条件；其次，实质上具有独立的决策能力。在现实生活中，母公司与子公司之间的经常会达成一些限制竞争的协议，但它并不构成垄断协议，各国法律一般对其不进行规制。

(二)主观意思的一致性

主观意思的一致性,是指经营者之间存在共谋或者故意,或者是企业之间的组织如行业协会故意实施的限制竞争行为。垄断协议是两个或多个经营者之间实行的限制竞争的行为,经营者之间为实行限制竞争或者达到限制竞争的目的必然会进行一定的意思联络。

(三)排除、限制竞争的效果

经营者之间达成的协议、决议、协同行为造成了限制市场竞争或者可能限制市场竞争的后果,这是垄断协议的必备要件。并不是所有的协议、决议、协同行为都受到禁止,只有具有排除、限制竞争的后果的行为才受到法律的禁止,这里还包括垄断协议虽然眼前还没有带来限制竞争的后果,但是继续实施就可能产生限制、排除竞争的后果。

三、垄断协议的分类和表现

立法上对垄断协议的规定,多是概括或是列举,或者是概括与列举并存。我国《反垄断法》则是概括与列举并存。在现实中,垄断协议的表现形式多种多样,对其可以按照不同的标准进行分类。

(一)按照主体间关系的不同,它可以分为横向垄断协议与纵向垄断协议

这种划分方法是各国反垄断法在立法上最为常见的一种划分方法。垄断协议既可以发生在处于同一经济层面有着直接竞争关系的经营者之间,也可以发生在不存在直接竞争关系的上下游经营者之间。有些国家的反垄断法明确将垄断协议区分为横向垄断协议和纵向垄断协议;大部分国家在立法中不作区分,但在司法实践中区别对待,横向垄断协议是反垄断法重点规制对象;我国《反垄断法》没有明确对横向垄断协议和纵向垄断协议下定义,但在条文中对二者分别规定。

(二)按照内容不同,它可以分为价格垄断协议与非价格垄断协议

价格垄断协议是最常见的垄断协议,是各国反垄断法规制的重点。国家发展和改革委员会于 2011 年 1 月 4 日颁布的《反价格垄断协议》中规定了八种价格垄断协议。对横向价格垄断协议,尤其是固定或者变更商品价格的行为,一般适用本身违法原则;对纵向价格垄断协议则需要具体问题具体分析。2019 年 6 月 26 日国家市场监督管理总局出台《禁止垄断协议暂行规定》代替《反价格垄断协议》,对垄断协议不再强调价格和非价格之分。

(三)按照主体意思表达形式划分,可以分为协议型联合行为与默示型联合行为

垄断协议的共谋方式多样。经营者以可被证实的书面协议、口头约定或者有关联合组织的决议、决定等方式进行的行为称为协议型联合行为。经营者没有以明示方式进行的限制竞争行为则属于默契型联合限制竞争行为。

(四)按照参与主体,可以分为企业间达成的垄断协议与企业联合组织、行业协会等实施的垄断协议

垄断协议的表现形式有企业间的协议、团体决议以及协同一致行为。在美国,证明

违法行为主要取决于证明协议的存在。

1. 企业间限制竞争的协议

在反垄断法上，企业之间达成的限制竞争协议与民法、合同法关于协议的规定不同，其范围要宽泛得多，它还可以指合同之外的合意。反垄断法禁止企业之间协议的依据是其限制了竞争，无论这些约定的条款是否达到了合同的程度，只要采取了约定的方式并在后果上具有限制竞争性，就属于反垄断法上的限制竞争协议，就应当被法律禁止。

2. 企业团体的决定

企业团体的决定，是指由同行业的企业联合组织或者同职业的人士共同成立的联合组织等企业团体所作出的反映协会成员意愿的决定，可以包括由这类组织制定的规则，如章程、纪律等对协会成员具有约束力的规定，以及没有约束力的建议。

3. 企业间的协同行为

企业间的协同行为是垄断协议中极具包容性的一种形式，是指企业在没有合同或协议的情况下，为共谋避免竞争而实行的协同一致的经营行为。它涵盖了企业间限制竞争的协议以及企业团体的决定所未能包括的其他一切具有同谋性质的垄断协议。

四、垄断协议的规制原则

垄断协议是现代市场经济条件下主要的垄断形式之一，它抑制了市场竞争机制功能的发挥，损害了其他经营者、消费者和社会的公共利益，但有些时候，一些垄断协议又具有较强的积极作用而不当然具有违法性。垄断协议能否成为反垄断法规制的对象，主要是看该协议是否具有排除、限制竞争的效果。在规制垄断协议的过程中，有两项非常重要的原则被用作判断、认定垄断协议违法与否的标志，它们就是本身违法原则与合理原则。①

（一）本身违法原则

本身违法原则，又称当然违法原则，它是指市场上的某些垄断协议行为，不必考虑其具体情况和后果，直接认定其严重损害竞争，构成违法而进行禁止的原则。本身违法原则对垄断协议的法律后果的判断仅以行为是否发生为标准，只要符合法律规定条件的行为一经发生就构成违法，就不需要分析行为是否存在合理理由，是否具有促进竞争的效果，或者其促进市场竞争的效果可以抵消其对市场竞争的损害。② 一般来说，横向垄断协议的固定价格、限制数量协议一般适用本身违法原则，纵向垄断协议越来越少地适用本身违法原则了。

---

① 本身违法原则和合理原则是在美国反托拉斯司法判例中逐渐形成的对非法垄断判定最重要的两大原则。本身违法原则的适用范围包括横向价格固定、横向市场划分、联合抵制、转售价格维持、搭售或捆绑销售。合理原则主要适用于企业合并、纵向市场划分、垄断高价、掠夺性定价等行为。

② 参见尚明主编：《反垄断法理论与中外案例评析》，北京大学出版社 2008 年版，第 66 页。

(二)合理原则

不属于本身违法规则的限制竞争协议,一般归属于合理原则适用的类型。合理原则,是指对市场上的某些垄断协议行为并不必然认为其违法,其违法性视其具体情况而定。对于这类协议,反垄断执法机构或法院要分析协议所涉及的市场具体情况,协议实施前后的市场变化情况,以及协议的性质和后果等因素。经过分析认为该协议不合理地限制了市场竞争,则可认定其违反了反垄断法而加以禁止;反之,该协议则不受反垄断法的约束与规范。反垄断法的晚近发展中,欧美越来越多地适用合理原则。

由于本身违法原则与合理原则各有优缺点并互相补充,各国现代反垄断法都注重对这两个原则进行协调,甚至在有些国家,本身违法原则与合理原则之间的区别已经不再明显,其适用范围有时也会出现一些模糊的边缘地带。①

五、我国对垄断协议的反垄断法规制

(一)我国对横向垄断协议的规制

我国《反垄断法》第13条列举了需要明确禁止的横向垄断协议的具体形式,即具有竞争关系的经营者达成的限制竞争的协议,具体包括六种形式:固定或者变更商品价格;限制商品的生产或销售数量;分割销售市场或者原材料采购市场;限制购买新技术、新设备或者限制开发新技术、新产品;联合抵制交易;国务院反垄断执法机构认定的其他垄断协议。

【典型案例】国家发展和改革委员会查处三星等企业价格歧视案

2013年1月4日国家发展和改革委员会首次对境外企业横向联合、合谋垄断液晶面板价格行为作出处罚,韩国三星、LG及中国台湾地区的奇美、友达、中华映管、瀚宇彩晶等6家企业被经济制裁的总额为3.53亿元,包括没收3675万元,向境内彩电商退还多付价款1.72亿元,罚款1.44亿元,其中三星和LG两家韩国企业处罚金额最高,分别为1.01亿元和1.18亿元。

据国家发展和改革委员会反垄断局披露,2001年至2006年,上述6家企业借召开"晶体会议"之名50余次交换液晶面板市场信息,协商液晶面板价格,以达到操纵市场价格的目的。但由于我国《反垄断法》自2008年8月1日才开始实施,因此当违法行为发生时,《反垄断法》并未颁布,按照法律不溯及既往以及在新旧法间从旧兼从轻的原则,依据《价格法》中有关价格垄断的处罚规定对此案进行了定性处罚。

值得注意的是,在国家发展和改革委员会处罚上述6家企业前,欧盟等其他地区已经就此事依据竞争法作出处罚,且力度远大于我国。早在2010年12月,欧盟就对该6家企业处以总计6.49亿欧元的罚款,其中奇美受罚3亿欧元,三星因揭发该价格联盟而免于受罚。之后,韩国和美国也分别在2011年和2012年对此案进行了严厉处罚。

---

① 参见郑鹏程:《美国反垄断法"本身违法"与"合理法则"适用范围探讨》,载《河北法学》2005年第10期。

（二）对纵向垄断协议的规制

我国《反垄断法》虽然没有明文区分横向垄断协议与纵向垄断协议，但是在法律规定中专门对二者进行了区分，在该法的第14条中规定了纵向垄断协议的具体形式：禁止经营者与交易相对人达成下列垄断协议：（1）固定向第三人转售商品的价格；（2）限定向第三人转售商品的最低价格；（3）国务院反垄断执法机构认定的其他垄断协议。我国台湾地区"公平交易法"第18条也规定，事业对于其交易相对人，就供给之商品转售与第三人或第三人再转售时，应容许其自由决定价格；有相反之约定者，其约定无效。

【典型案例】国家发展和改革委员会查处茅台五粮液限价案

2012年12月18日茅台集团在全国经销商大会上颁布"限价令"，时任茅台酒股份有限公司董事长的袁某某要求53度飞天茅台的零售价不得低于1519元/瓶，团购价不得低于1400元/瓶，并称将对不遵守"限价令"的经销商予以处罚。2012年12月五粮液集团对全国15家低价销售、违规销售的经销商予以通报批评，并对一些经销商作出了扣除违约金、扣除市场支持费用等处罚。

2013年2月23日国家发展和改革委员会指示贵州省物价局和四川省发展和改革委员会，对茅台集团和五粮液集团实施价格垄断的行为，依据我国《反垄断法》第14条的规定，分别对其处以人民币2.47亿元和2.02亿元，合计人民币4.49亿元的罚款。上述处罚金额分别为这两家企业2012年销售额的1%。

这笔我国《反垄断法》生效以来的最大罚单引发了广泛争议。以国务院反垄断委员会咨询专家组副组长黄勇教授为代表的支持者认为，限制最低转售价格是纵向垄断协议的一种，是反垄断法予以规制的内容。他认为这种行为必然会损害竞争，导致消费者利益受到损失，而我国《反垄断法》第14条也明文禁止经营者与交易相对人达成"限定向第三人转售商品的最低价格"的协议。因此，茅台和五粮液的这种限制最低转售价格的行为应当受到我国《反垄断法》的处罚。商务部研究员梅新育则称茅台五粮液作为奢侈品与国计民生无关，其实施一定的价格策略是合情合理的，国家发展和改革委员会此次执法判罚实属滥用权力，干扰了企业正常经营自主权。中国酒类流通协会副会长兼秘书长刘员也认为，反垄断执法机构对茅台五粮液的处罚是干预企业自主经营、干预市场自由竞争的行为。

从反垄断执法机构的公告可以发现，这次严厉执法依据的是"本身违法原则"，适用这一原则即不考虑行为的具体情况与后果，直接推定这一行为对竞争具有严重的危害性，继而予以处罚。本书认为这一做法值得商榷。

在本案中，茅台和五粮液的纵向限价行为实际上属于纵向垄断协议的一种。这种行为并不必然会产生限制、排除市场竞争的效果，也不必然会造成消费者利益损失的不利后果。

从反垄断法理论上来看,“本身违法原则”主要适用于那些总是或者几乎总是对竞争具有严重危害性的横向限制竞争协议。然而在反垄断实践之初,由于人们对经济现象的复杂性认识不足以及对反垄断理论理解的欠缺,欧美起初在规制限制最低转售价格行为时也确实适用过“本身违法原则”。但是后来随着经济的发展以及人们对经济现象理解的深入,限制最低转售价格行为合理的一面越来越多地为人们认识,欧美在对待限制最低转售价格的规制上逐渐放弃了对该行为适用“本身违法原则”转而适用合理原则。对待限制最低转售价行为适用合理原则,可以具体分析该行为对竞争以及消费者利益的实际影响。在本案中,茅台和五粮液限制最低转售价格的行为对其各自营销商之间的竞争确实产生了一定程度的减损,但却推动并加强了其他高端白酒企业,如汾酒、古井贡、剑南春等与茅台和五粮液两家企业之间的竞争;另外,茅台和五粮液不同于一般的产品,属于奢侈品范畴,并不涉及国计民生,其实与广大消费者关联也不紧密,不会损害广大消费者的利益。

虽然反垄断法执法机构已经对茅台和五粮液的行为作出了处罚,但是反垄断法执法机构没有具体分析该行为对竞争以及消费者所带来的影响就仓促作出处罚决定,有欠妥当,引起争议乃至非议也就在所难免了。

(三)行业协会限制竞争行为的种类和法律规制

行业协会是现代经济活动中非常重要的组织,它能够通过自身职能规范行业内的竞争活动,但同时它也有可能为了维护本行业企业的利益而损害消费者利益、危害竞争秩序。行业协会实施的,旨在限制竞争维护企业成员利益的行为是各国竞争法规制的重要对象,欧共体、德国、日本等国竞争法都对其进行了相关规定,我国《反垄断法》第16条规定:行业协会不得组织本行业的经营者从事垄断协议行为。行业协会存在形式比较特殊,它实施的限制竞争行为与一般的垄断协议有较大的不同,但它仍是垄断协议的一种特殊形式。

行业协会服务于企业成员的共同利益,旨在提高本行业的整体经济实力,但行业协会也可能通过各种直接或者间接的手段协调成员行动,从而限制相关市场的竞争。从实践情况来看,行业协会通过行业行为限制竞争主要有以下几种类型。

1. 制定含有限制竞争内容的规章

制定内部规章是行业协会拥有的重要权利。在行业协会存续期间,行业协会有权发布各种各样规范自身活动并要求其成员遵守的规章制度。行业协会规章的重要内容之一是为成员活动确立规则。由于法律通常无法对具体行业领域的业务规则作出详细的规定,这些行业协会制定的规则在制定法缺失的情况下发挥重要的补缺作用,成为成员活动的重要行为准则,也是协调成员之间关系的重要依据。在行业协会制定的规则中,有些规则能促进成员之间的竞争或者有助于建立公平的竞争环境,但有些规则却可能包含限制竞争的内容。例如,某些职业协会制定的规则中包括相关业务的最低收费,限制成员之间在收费方面的竞争，律师协会或者医师协会都有可能实施此种行为。

2. 限制竞争的信息交流

信息交流是行业协会发挥作用的重要手段，也可能成为行业协会垄断协议的载体。在行业协会内部进行信息交换排除、限制竞争主要包括有以下几种类型：第一，行业组织牵头进行的信息交换，交换的内容包括价格信息、产品数量、销售地域等，这些具有商业秘密的信息一经交流，可能导致协同行为；第二，由领导性企业所进行的关于未来商业计划的信息交换，领导型企业具有引领行业发展的能力，它公开的未来商业计划可能包括以后价格、数量等的具体规定，可能导致相关企业同意提高价格、降低数量；第三，行业协会出版或编辑价格指南，可以直接导致企业成员协调提高价格等一致行动；第四，行业协会为成员企业信息交换搭建平台，企业成员限制竞争行为可以通过这种合法形式来进行；第五，行业协会成员企业各自相互交换职员，通过互派成员，用表面形式来掩盖其限制竞争的目的。

3. 行业协会的标准认定

行业协会制定与发布行业的行为标准、技术标准、从业人员职业标准和市场进入标准是其重要职能。它可以淘汰不符合标准的生产厂商，促进竞争，使行业朝着规范化、专业化的方向发展，提高产品或服务的水平，有利于消费者利益和行业的整体水平的提高。但标准化在带来极大方便的同时，也造成排除、限制竞争的后果。如以标准化淘汰不符合标准的生产厂商，而这部分厂商的存在客观上将增加竞争的活跃性；以标准化为借口，拒绝给对标准产品具有强大竞争威胁的革新产品予以认证而阻碍市场竞争的激烈度；通过设置标准而建立起市场壁垒，进而不恰当地提高市场新进入者的竞争成本，增加了消费者购买标准产品所支付的成本；通过对一些不必要的技术指标和原料的标准化设定，提供了市场竞争者的生产成本，不利于中小企业在市场竞争中的生存和发展，进而减少了大企业所面临的竞争威胁，最终降低了市场的充分竞争程度。① 反垄断法一般采用合理原则来处理标准认定中的排除、限制竞争。

4. 制定具有限制竞争内容的决议

行业协会在实施自我管理和为成员提供服务的过程中，需要对各种有关事务作出决议。行业协会的决议一般根据行业协会章程规定通过会议的形式作出，有些决定需要全体成员或者多数成员决议通过，有些决定则可以由行业协会的管理机构直接作出。行业协会作出的决议一般具有约束力，行业协会成员不遵守将会受到惩罚或者无法得到相关服务。如果行业协会的决定中包括限制竞争的内容，如要求成员按照行业协会的决议进行固定价格、限制产量等，将直接限制相关市场的竞争。

各国竞争法一般只禁止行业协会作出的具有限制竞争内容的决议。如行业协会根据章程或者多数企业成员的要求作出的排除、限制竞争的统一定价行为；对最低销售价

---

① 参见鲁篱：《行业协会自治权研究》，法律出版社 2003 年版，第 284 页。

格、价格上涨率或上涨幅度作出决定;对标准价格、基准价格、目标价格等价格的基础作用作出决定;设定共同的价格界定方法,对影响实质性定价的回扣、手续费、折扣的限度作出决定等。

【典型案例】世界方便面协会联合涨价被查处案①

2007年7月国家发展和改革委员会接到群众投诉举报和律师来函,反映世界拉面协会中国分会(以下简称方便面中国协会)及相关企业涉嫌串通上调方便面价格。国家发展和改革委员会随即立案调查,查明2006年年底至2007年7月初,世界方便面协会先后三次召集有关企业参加会议,协商方便面涨价事宜,最终达成一致意见:康师傅、统一、今麦郎、日清、农心等10多家知名企业全部参与此次统一调价,其市场覆盖率达到95%以上。与此同时,1元钱以下低端面的价格调整,将由各企业为主,按地区分头推进,各企业根据自身情况采取不同的提价策略。

2007年7月23日该会负责人接受媒体采访,公布了涨价消息,社会反响强烈。

有关企业按照以上会议的协调安排,从2007年6月起,相继调高了方便面价格。

对于这次涨价事件,国家发展和改革委员会认定:方便面中国协会多次组织、策划、协调企业商议方便面涨价幅度、步骤、时间;印刷会议纪要在《中国面制品》杂志刊发,向全行业传递龙头企业上调价格的信息;通过媒体发布方便面涨价信息,致使部分地区不明真相的群众排队抢购。上述行为,严重扰乱了市场价格秩序,阻碍了经营者之间的正当竞争,损害了消费者合法权益。此外,方便面中国协会在被调查过程中,没有提供完整的会议纪要文本;在接受调查后,通过媒体发表不实言论,否认串通涨价事实。

方便面中国协会和相关企业的行为,违反了我国《价格法》第7条"经营者定价,应当遵守公平、合法和诚实信用的原则",第14条经营者不得"相互串通,操纵市场价格"以及第17条"行业组织应当遵守价格法律、法规,加强价格自律"的规定,以及国家发展和改革委员会发布的《制止价格垄断行为暂行规定》第4条"经营者之间不得通过协议、决议或协调等串通方式统一确定、维持或变更价格"的规定,已构成相互串通、操纵市场价格的行为。

基于以上认定,国家发展和改革委员会作出以下处理意见:责令方便面中国协会立即改正错误;公开向社会作出正面说明,消除不良影响;宣布撤销三次会议纪要中有关集体涨价的内容。对于方便面中国协会和相关企业的串通涨价行为,国家发展和改革委员会将深入调查,并依法作出进一步处理。

六、我国规制垄断协议的最新立法进展

2018年国务院机构改革后,新组建的国家市场监督管理总局于2019年6月26日

---

① 参见尚明主编:《反垄断法理论与中外案例评析》,北京大学出版社2008年版,第98页。

出台了《禁止垄断协议暂行规定》,并于2019年9月1日施行。

《禁止垄断协议暂行规定》实现了我国反垄断执法机构整合后垄断协议规制制度的统一、细化和优化,主要对授权与管辖、垄断协议认定、豁免、承诺、宽大制度等实体和程序内容进行了规定。

在垄断协议的认定和查处方面,《禁止垄断协议暂行规定》结合我国反垄断执法机构"三合一"改革的成效,采取"列举+概括"立法模式,不再以价格与非价格的划分对垄断协议分别进行认定和执法。对于固定价格、划分市场等典型的垄断协议,《禁止垄断协议暂行规定》进一步细化了具体认定形式,并在每条中设置了"兜底性"条款,保证认定的灵活性;对于非典型的垄断协议、决定或协同行为,如有证据证明其排除、限制竞争的,规定了由国家市场监督管理总局根据明确的因素进行认定并予以禁止。国家市场监督管理总局在细化《禁止垄断协议暂行规定》的过程中,十分注重吸收以往垄断协议执法实践的有益经验。在横向垄断协议的认定上,国家市场监督管理总局将日本12家汽车零部件横向价格垄断协议案、安徽信雅达等3家密码器企业垄断协议案等代表性案件执法经验融入修改内容之中,以此细化出典型的横向垄断协议的具体表现形式。在纵向的转售价格维持执法方面,结合最高人民法院2019年对于海南裕泰案的再审裁定,国家市场监督管理总局对维持转售价格"禁止+豁免"的执法思路继续予以明确,表明行政执法可推定维持转售价格行为符合我国《反垄断法》第13条所规定的排除、限制竞争的标准,由经营者承担不构成"排除、限制竞争"标准或符合豁免情形的举证责任。此外,国家市场监督管理总局对技术和服务创新因素予以了充分重视,特别是在日益发展的新经济领域和电子科技、医药等行业,避免经营者以划分市场、限制开发等方式阻碍技术产品、服务的创新和传播,维护市场竞争。

在垄断协议救济制度上,《禁止垄断协议暂行规定》对垄断行为的三大救济制度,即豁免、宽大、承诺制度均予以了细化。首先,在豁免制度上,《禁止垄断协议暂行规定》对《反垄断法》第15条进行了补充,要求对垄断协议豁免进行个案审查时,应考虑被豁免行为追求的利益所能实现的具体形式和效果、因果关系和必要性,这为经营者豁免申请的论证提供了可操作性的指引,激活了豁免制度适用的潜力。由于我国未规定集体豁免制度,随着近年来反垄断执法行动的持续推进,我国普遍存在的一些规模经济和垄断行业,如航空、航运、电力、烟草等对《反垄断法》适用除外的情形保持着密切的关注。在未来潜在的反垄断执法中,这些特殊行业拟申请豁免的行为有望激活豁免制度的适用。此外,值得一提的是,《禁止垄断协议暂行规定》在征求意见稿中曾增加"安全港制度",但该制度最终由于缺少上位法依据而并未被最终采纳。"安全港制度"的设置,可帮助执法机构过滤掉一些明显不会产生反竞争效果的案件,从而节约执法资源;也可在一定程度上减少相关企业合规成本,提高反垄断违法风险评估的确定性。在未来的《反垄断法》修订过程中,"安全港制度"是否会被引入值得关注。

其次,关于承诺制度,《禁止垄断协议暂行规定》继续明确《反垄断法》中关于承诺制度的规定,先提出中止调查申请的经营者在满足相关条件后可以提出终止调查申请。从执法实践来看,反垄断执法机构在案件调查中利用协商与和解程序规则,使企业通过承诺整改、消除行为后果,可以节约执法资源,提高执法效率,实现反垄断执法教育与整改相结合的目的。但是,横向的固定价格、划分市场等行为由于违法性明显不得适用承诺制度,而且,反垄断执法机构对于构成垄断协议的,应当依法作出处理决定,不再接受经营者提出的中止调查申请。这一规定避免了反垄断执法机构滥用承诺制度,将本应受处罚的垄断协议适用中止调查,保证了反垄断执法的威慑力,严厉追究严重危害市场竞争的经营者责任。

最后,在宽大制度上,《禁止垄断协议规定》明确了重要证据的含义,解决了在反垄断执法机构改革前国家发展和改革委员会和原国家工商行政管理总局关于宽大的减免机制和减免幅度在各自的规定和执法中存在的差异,实现了宽大减免处罚机制和幅度的一致性。

第三节 滥用市场支配地位规制制度

一、市场支配地位的含义

"市场支配地位"在不同的国家有不同的称谓和含义。在美国,"垄断力量"也即法律意义上"的市场支配地位",是指企业或企业群体将价格提高到或者维持在竞争水平以上的那种相当程度的市场力量。欧共体委员会在关于大陆罐头一案(Continental Can Case)的裁决中对市场支配地位的定义作出了表述:如果企业凭借市场份额,或者凭借其与技术秘密或者与取得原材料和资金的渠道以及其他重大优势,例如,商标权等相关的市场份额,能够决定相关产品一个重大部分的价格,或者控制其生产或者销售,这就表明它具有市场支配地位。[①] 在我国,有的学者将市场支配地位界定为"企业或者企业集团能够左右市场竞争或者不受市场竞争约束的市场地位"。[②] 有的学者将其定义为"企业在相关市场中具有不考虑其他因素而独立行动的能力,这种能力足以影响市场的有效竞争状态"。[③] 上述解释从不同的侧面对市场支配地位的含义进行了阐释。本书认为,欧共体委员会对市场支配地位的定义是比较全面的。如果企业因在市场上的某种优势(市场份额、技术优势、资源优势)而使企业在市场上独立于竞争之外,不受其他企业的影响,并且还可以控制市场产品的价格和产量,那么这样的企业就具有了市场

---

① 参见王晓晔:《欧共体竞争法》,中国法制出版社 2001 年版,第 229 页。

② 孔祥俊:《反垄断法原理》,中国法制出版社 2001 年版,第 522 页。

③ 文学国:《滥用与规制——反垄断法对企业滥用市场优势地位行为之规制》,法律出版社 2003 年版,第 113 页。

支配地位。

二、市场支配地位的表现形式

由于市场支配地位本身具有不同的表现形式,因此许多国家(地区)的反垄断法在界定市场支配地位时,分别就市场支配地位的不同情形作出了规定。

(一)独占(monopoly)和准独占(quasi-monopoly)

在反垄断法中,独占一般是指,一家企业作为某种特定商品或者劳务的供应者或者需求者,在相关市场没有竞争者或没有实质上的竞争者。可以说,独占意味着企业在特定的相关市场上没有竞争者,拥有独占市场的垄断地位,这种地位可以依据法律规定获得和维持,也可以是一种自然状态。由于这种地位使该企业不面对来自任何方面的现实的或潜在的竞争,可以左右和控制市场价格和排除竞争,因而,称其为市场支配地位的一种形式。

准独占,是指一家企业作为某种特定商品或劳务的供应者或需求者,在相关市场上不存在实质性的竞争,即具有准垄断的地位,其作用相当于独占。处于准独占地位的企业,可以在相当程度上决定自己的经营策略和经营行为,而无须特别考虑其竞争对手、购买人或供应人的存在和反应。独占地位和准独占地位是市场结构的一种状态,在经济学中属于完全垄断的市场结构状态,实践中较为罕见,通常在国家(地区)行使垄断权的情况下才会出现。①

(二)突出的市场支配地位

作为市场支配地位表现形态的“突出的市场支配地位”又称“压倒性地位”或“绝对优势”,是指企业在相关市场中虽有竞争者,或者虽然有实质上的竞争,但该企业因其占有的市场份额大、采购或销售的渠道发达、财力雄厚等因素,相对于其竞争者来说具有突出的市场优势。因此,“突出的市场支配地位”是相对其他经营者来说的,它是一个相对概念,必须根据相关市场上的具体情况来确定。

突出的市场支配地位与独占和准独占不同,独占和准独占只能相对特定相关市场及其竞争关系来说,而绝对优势则是以企业的大小强弱等因素为标准。因此,在确定企业是否具有绝对优势时,除重点考察该企业占有市场的份额外,还要考虑其他各种相关的结构因素。有的企业可能在任何相关市场上都不具有独占地位,但由于它具备相当大的规模而可能被认定为具有突出的市场地位。②

(三)寡占(Oligopoly Situation)

寡占,又称寡头垄断,是指在一个不完全竞争市场中,市场被少数厂商控制,而且在少数厂商中有一个以上其规模大到足以联合总体市场,而成为可以影响市场之价格。易言之,数个不存在实质性竞争或真正竞争的大企业作为一个整体共同控制市场上产

---

① 参见尚明:《对企业滥用市场支配地位的反垄断法规制》,法律出版社 2007 年版,第 86 页。

② 参见王磊:《市场支配地位的认定与反垄断法规制》,中国工商出版社 2006 年版,第 19 页。

品或服务,包括价格、数量或销售等经营状况。德国《反对限制竞争法》第19条对寡占的规定是指两个或两个以上企业之间就某种商品或服务不存在实质上的竞争,并且这些企业在总体上具备了独占、准独占或者突出的市场地位的要件。①

三、市场支配地位的界定

市场支配地位的认定,是对企业滥用市场支配地位行为进行规制的基础性工作。判断一个经营者是否在竞争过程中采取了限制竞争的行为,应该通过一种客观的、非常透明的经济学上的标准来衡量。西方经济学和法学从不同的角度对其进行了深入研究,提出了多种分析计算方法。根据反垄断法原理,界定企业是否取得市场支配地位主要从以下三个方面进行考虑,即相关市场范围、市场集中程度和市场进入壁垒。

(一)相关市场的概念

相关市场的概念最早出现于美国反托拉斯案件判决书中,也称"特定市场""关联市场"等。其含义是指,作为竞争主体的企业从事经营活动、开展市场竞争的市场范围。显然,作为市场而言,最直接的理解应该是产品市场和区域市场,市场是在某一特定的区域销售产品的,相关市场是在某一特定区域销售相关产品的。然而,作为判断竞争关系而言,仅仅有产品和地域的概念还不够科学和严密,还要有时间的概念,很难想象在前后时间差异巨大的情况下会形成依靠反垄断法维持的竞争关系。在产品市场和商品市场都确定的情况下,时间就是一个重要的因素。欧洲法院在已判决的反垄断案中认为相关市场包括三个因素:相关产品市场、相关地域市场和相关时间市场。② 所以说相关市场是一个因事而异、因地而异、因时而异的概念。

相关市场的确定对于市场支配地位的认定具有关键意义。实际上,需要考察的企业即市场竞争者就是市场支配力的分子,相关市场范畴就是分母,被考查的企业的规模是确定的,如果所确定的相关市场越狭小,那么被考察的企业的市场支配力就越大,就越有可能被认定占据市场支配地位;相反,如果界定的相关市场越大,说明被考察的竞争企业控制该市场的力量相对就越小,就越没有独占或支配市场的能力。从某种程度上来讲,如果市场确定的相对狭小,产品的每一个供应者都可能成为垄断者。③ 因此,确定相关市场的过程,实际就是确定哪些产品和哪些企业之间形成相互竞争关系,以及在什么范围内和多大程度上进行竞争,并因此确定竞争者市场支配力依据的过程。实际上,在美国和欧盟的反垄断法关于滥用市场支配地位的案例中,左右案件判决结论的常常是相关市场的界定。

(二)界定相关市场的步骤

因此在界定相关市场时,必须要考虑商品的各种相关因素,通常考虑的是交易对

① 参见尚明主编:《主要国家(地区)反垄断法律汇编》,法律出版社2004年版,第19页。

② 参见阮方民:《欧盟竞争法》,中国政法大学出版社1998年版,第114页。

③ 参见[英]约翰·亚格纽:《竞争法》,徐海等译,南京大学出版社1992年版,第56页。

象、交易地区、交易时间、交易阶段、交易对方等因素。正是基于这种考虑，在反垄断法上一般把相关市场归纳为产品市场、地域市场和时间因素三个概念。

1. 产品市场。产品市场是确定相关市场最主要的方面，是界定相关市场的第一步。所谓产品市场，是指与某竞争产品具有替代关系的全部产品的范畴，也就是市场上可以与之形成有效竞争的商品和服务的范围，所有可以与之形成有效竞争的商品和服务构成该商品或服务的产品市场。① 在竞争法中，对产品市场的判断主要是分析和认定产品的相互竞争关系。对竞争关系的分析则主要是通过对产品的替代性关系分析完成的，两个产品彼此之间替代程度越高，竞争关系就越强。

2. 地理市场。地理市场也称地域市场或空间市场，是指与被告的产品或服务进行有效竞争的地理区域或者空间范围。它是决定相关市场范围的另一个重要因素，也是界定相关市场过程中，在确定了产品市场之后的第二个重要步骤，有时候地域市场的重要性会超过产品市场。地理市场可以是一个较小的城市范围，也可以是更大的省或州范围、国家范围、跨国市场甚至是世界市场。

3. 时间因素。在理论界关于“时间市场”的争论还没有得出结论。但是，时间因素作为一种判断相关市场的重要因素来讲，具有重要的意义。时间市场是指相同或近似产品在同一区域内相互竞争的时间范围。

四、市场支配地位的滥用

（一）市场支配地位的法律规制原则

反垄断法对市场支配地位的规制原则，国际上有各种不同的提法，归纳起来主要有两种不同的理论观点，并由此形成了不同的法律制度，即“结构主义”规制方法和“行为主义”规制方法。由于“结构主义”规制和“行为主义”规制的主要区别在于是否聚焦于市场集中度和市场支配力（市场势力），以及市场支配力（市场势力）本身是否合理合法，所以此处理论之争同样适用于后文关于经营者集中之反垄断法规制的讨论。

1. “结构主义”规制方式

结构主义规制方式，是指为了保持合理即竞争的市场结构而对市场支配地位进行规制的反垄断控制制度。结构主义规制的特点是，拥有市场支配地位本身就是法律所应当反对和控制的，其理论依据是哈佛学派的产业组织理论。该理论最初由经济学家梅森赫·贝恩教授提出，形成了著名的“市场结构—市场行为—市场绩效”范式。所谓市场结构，是指在特定的市场中，企业之间数量、份额、规模上的关系，以及由此而形成的竞争形式；市场行为是指企业在市场竞争和相互博弈中所采取的策略和对策，一般包括产品政策、价格政策、促销政策和并购行为等；市场绩效，是指产业运行的效率，是企业在市场行为中所形成的产业资源配置、技术进步和产业规模经济实现程度等方面所达到的状态，借此来判断市场结构和市场行为的优劣。“结构主义”认为，上述三者之

---

① 参见高菲：《论美国反托拉斯法及其域外适用》，中山大学出版社 1993 年版，第 86 页。

间存在密切的单向因果联系:市场结构决定企业的市场行为,市场行为产生市场绩效。判断一个行业是否具有竞争性,应该主要看该行业市场结构是否高度集中,是否实际上有一个或多个寡头垄断控制,另外还要看该行业的进入壁垒是否太高而限制了其他新企业的进入。结构主义规制方式,简单地说,就是反垄断法针对的对象是集中的市场结构或者企业的市场支配地位本身。"结构主义"认为,当企业拥有市场支配地位时,说明其所在的市场很可能是一个相对集中的市场。在这种情况下,反垄断法即确认具有市场支配地位的企业违法,需要采用遏制企业垄断市场的行为,运用分拆企业剥离资产等手段减少市场集中度,使市场恢复竞争状态。为了维护有效竞争,结构主义规制方式不仅规范占市场支配地位企业的行为,而且还要调整市场结构。

实际上,结构主义规制是凯恩斯主义全面干预理论在反垄断法上的必然反映和制度折射,凯恩斯主义主张不是等到市场运行出了问题国家(政府)才进行调节干预,而是在经济运行还没有出现问题时就要积极干预,以预防和避免市场出现问题。[①] 结构主义规制方式以日本和早期美国的反垄断法为代表。

2."行为主义"规制方式

行为主义规制指的是法律仅规制企业滥用市场支配地位的行为,而不禁止企业拥有市场支配地位本身。欧盟以及大多数大陆法系国家和地区的反垄断法普遍采取了行为主义规制模式。行为主义规制模式的特点在于:对于市场支配地位本身,反垄断法并不禁止,而禁止具有市场支配地位的企业滥用市场支配地位的行为。从各国法律规范规定和判例来看,滥用支配地位行为主要有三个构成要件:(1)被指控的企业具有市场支配地位。市场支配地位是滥用行为的首要构成要件。(2)滥用行为的存在。具有市场支配地位的企业如果不在特定市场实施一定行为,仅市场支配地位本身不会引起调查或诉讼。(3)损害后果。滥用行为排除或限制竞争,对有效竞争和消费者福利产生了损害后果。[②]

(二)市场支配地位滥用的界定及其学理分类

企业即经营者取得市场支配地位,有的是通过国家授权取得,有的因行业的特殊性质而取得,而大多数是在市场竞争中取得即竞争的结果。根据"行为规制主义"的理论,市场支配地位本身一般不违法,即现代反垄断法并不一概禁止市场支配地位本身,反垄断法主要禁止滥用市场支配地位的行为。因此,界定滥用行为就成了反垄断法上至关重要的问题。从各国的反垄断立法来看,一般只是根据其关注的重点列举出滥用市场支配地位行为的若干典型表现,鲜见对"滥用"进行定义,司法判例中也缺少明确的概括性表述。[③] 在联合国贸易和发展会议《竞争法范本》中对滥用市场支配地位的行

---

① 参见孙晋、李胜利:《竞争法原论》,法律出版社2020年版,第105~108页。

② 参见王磊:《市场支配地位的认定与反垄断法规制》,中国工商出版社2006年版,第54页。

③ 参见王先林:《竞争法学》,中国人民大学出版社2009年版,第270页。

为,分为滥用的行为和视为滥用的行为。滥用行为包括企业操作市场、限制他人进入及限制市场内的竞争;视为滥用的行为包括:掠夺性定价、歧视性定价、限制转售价格等。

1. 市场支配地位滥用的构成要件

(1)实施滥用行为的主体是特定的即该主体具有市场支配地位。滥用行为是具有市场支配地位的企业实施的,滥用的行为主体是具有支配地位的企业,这个主体是特定的,无论是绝对支配地位还是相对支配地位。

(2)市场支配地位企业实施了滥用行为。滥用行为在立法和司法上有两种不同模式,即概括式和列举式。美国《谢尔曼法》第 2 条就是概括是立法模式的代表,它只作出了一些原则性的禁止规定,没有列举予以禁止的具体行为,这种方式的优点是赋予法官较大的造法功能和自由裁量权,反垄断政策可以不断地与现实中的商业行为实现同步协调,其缺点在于在司法实践中缺乏统一的标准,法律的确定性较差。而《欧共体条约》第 82 条则采取的是列举的模式,将滥用行为进行具体的规定,这就提高了法律的确定性和可预期性,加强了法律对市场的引导性。

(3)市场支配地位行为的违法性。如果市场支配地位具有垄断或企图垄断的意图,或谋求取得或维持市场支配地位,由于其违法性,应受到限制或制裁。但当市场支配地位来自技术创新等合法性行为时,就不应当受到法律的干预。

(4)市场支配地位的滥用行为削弱或限制了市场竞争,损害了市场竞争秩序。从维护公平竞争秩序角度来说,市场支配地位企业的行为的损害结果是限制竞争。企业实施滥用市场支配地位的行为指向的对象是其他竞争者或消费者,其目的有很强的指向性。

2. 滥用市场支配地位的分类

市场支配地位滥用有许多划分方法,其中在理论和实践中比较常见的是从对竞争的不同影响来加以划分的。滥用市场支配地位行为基本上可以分为两种基本的类型,即剥削性滥用和排斥性滥用两大类。[①]

(1)剥削性滥用

剥削性滥用,是指拥有市场支配地位的企业利用其市场力量,不受竞争的制约,向交易相对人提出不合理的交易条件,特别是采用不合理的垄断价格、在不同客户之间进行歧视或差别待遇、强制交易等行为。

(2)排斥性滥用

排斥性滥用,也称妨碍性滥用或反竞争滥用,与剥削性滥用针对的是其客户不同,排斥性滥用针对的目标是其竞争对手。它是指拥有市场支配地位的企业为了排挤竞争对手和排斥竞争,或者为了将市场优势不合理地扩大到相邻市场而实施的限制竞争行为。如拒绝与其竞争对手交易、限制对手进入市场或提高对手进入市场的成本或掠夺

---

① 参见孙晋、李胜利:《竞争法原论》,武汉大学出版社 2011 年版,第 106 页。

性定价、搭售、独家交易等。

(三)滥用市场支配地位的具体行为

1. 垄断价格

所谓垄断价格,是指具有市场支配地位的企业在销售商品或购买生产资料时,凭借其垄断地位所规定的、旨在保证其获得最大限度利润的市场价格。它是由具有市场支配地位的企业人为制定的价格,不受市场的影响而独立存在,不受市场竞争机制的调节而变化的独立价格。垄断价格分为垄断高价和垄断低价两种形式。简而言之,具有市场支配地位企业垄断价格的表现呈现两种现象:一种是作为供应方,高价销售其产品;另一种是作为销售方,低价购进产品。

2. 掠夺性定价

掠夺性定价,一般是指拥有市场支配地位的企业将产品以低于成本的价格销售,待竞争对手被排挤出市场或吓退欲进入市场的潜在竞争者之后,再将产品价格提高的行为。① 掠夺性定价的目的是排挤竞争对手,夺取市场,维持或强化自己的市场支配地位。

我国1993年《反不正当竞争法》第11条规定,经营者不得以排挤竞争对手为目的,以低于成本的价格销售商品。我国《反垄断法》第17条第1款第2项也明文规定,禁止具有市场支配地位的经营者"没有正当理由,以低于成本的价格销售商品"。

3. 搭售和附加不合理交易条件

搭售和附加不合理交易条件是常见的滥用行为,是指拥有市场支配地位的经营者违背交易相对人的意愿,在提供商品或服务时,搭配出售其他商品或服务,或就商品的销售地区及销售对象等进行不合理限制的行为。

我国《反垄断法》第17条第1款第5项规定,禁止具有市场支配地位的经营者"没有正当理由搭售商品,或者在交易时附加其他不合理的交易条件"。

【典型案例】美国微软公司垄断案②

1998年5月18日美国司法部向哥伦比亚地方法院递交诉状,指控微软公司在美国违反反托拉斯法。与司法部一同起诉的,还有美国的18个州和1个市,包括首都华盛顿以及美国最大的州——加利福尼亚州。案件于1998年10月合并之后由哥伦比亚地方法院开始审理。

美国司法部对于微软的指控包括,微软在win98和win95的销售过程中搭售IE浏览器软件,限制电脑制造商修改和自定义电脑启动程序和电脑屏幕,与互联网服务商、

---

① 参见[美]丹尼斯·卡尔顿、杰弗里·佩罗夫:《现代产业组织》,黄亚钧等译,上海三联书店、上海人民出版社1998年版,第554~555页。

② 参见尚明主编:《反垄断法理论与中外案例评析》,北京大学出版社2008年版,第208页。

内容服务商确定排他性协议。美国司法部认为,微软的上述行为违反了《谢尔曼法》第1条、第2条和相关的各州法律。

2000年6月哥伦比亚地区法院作出了将微软一分为二的裁决,此后,微软向上诉法院提交了上诉状。上诉法院经过审理,将地区法院的法律救济部分发回重审。2001年9月地区法院重新指定了法官审理此案。经过负责的法律程序,2001年11月微软和美国司法部达成“庭外和解”。2001年11月美国联邦地区法院正式批准了和解协议。

在微软对于原始设备供应商使用的Windows操作系统许可方面,上诉法院分析了三种对原始设备供应商的限制规定:(1)微软禁止原始设备供应商移动、删除桌面图标、文件夹或者开始菜单项目;(2)禁止改动初始引导顺序;(3)禁止改变Windows桌面外观。上诉法院认为,除限制自动引入可以选择的用户界面外,所有针对原始设备供应商的许可协议中的限制都表明,微软公司在利用市场势力维持其在计算机软件操作系统相关市场的垄断地位。

法院认为,一个应用软件,例如,互联网浏览器软件,需要有足够大的客户群才能够吸引软件开发商使用其APIs,而不是微软提供的APIs,由此一个专门为浏览器编写的程序才可以在任何计算机操作程序系统中使用,才能不必依赖Windows操作系统。从而,计算机用户才能够拥有更多的选择,挑选到质量、价格更为合适的产品。原始设备供应商与微软达成了协议,不大可能在安装计算机操作系统时,为用户提供微软竞争者的浏览器软件,堵塞了竞争者的销售渠道。导致了竞争者开发的Netscape无法获得足够的用户群体,难以发展不依赖于Windows操作系统的应用软件。最终的结果就是计算机用户更加依赖Windows操作系统,巩固和加强了微软在PC操作系统相关市场的垄断地位。

针对以上指控,微软以知识产权保护为由提出了抗辩:一些限制性许可措施是为了保证受到版权保护的软件不被实质性地改变,另外,对于授权许可的限制是为了防止视窗操作系统作为一个支持多种应用软件、被广泛使用、稳定、持续的平台的基本价值受到损害。上诉法院进行了反驳,指出知识产权没有产生违反托拉斯法的特权。除限制自动引入可以选择的用户界面外,微软的其他限制措施都与保护操作系统不被过度修改无关。

4. 拒绝交易

拒绝交易也称抵制,在欧盟竞争法里典型的拒绝交易行为就是拒绝供货。市场优势企业对特定对象拒绝交易的目的不是在于从交易对象处获得利润,而是要将其排挤出市场。一般而言,一个企业有权选择自己的交易对象,这是其经营自主的体现。但是,一个支配地位企业的拒绝交易行为有可能构成滥用而受到反垄断法的制裁。这主要是因为:第一,生产商通过强迫供货的方式,可以强迫批发商或者零售商按照其规定的价格销售商品;第二,拒绝供货可以推动建立封闭性的销售网络,从而构成进入市场的障碍;第三,拒绝供货可以限制消费者的购买渠道,给消费者带来不便;第四,拒绝供货限制处于上下游企业的经营活动。

我国《反垄断法》第 17 条第 1 款第 3 项规定,禁止具有市场支配地位的经营者"没有正当理由,拒绝与交易相对人进行交易"。

5. 独家交易

独家交易,是指拥有市场支配地位的企业限定其经销商只销售其一家的商品,而不允许经销其他同类竞争者的商品。很显然,独家交易是优势企业对贸易伙伴规定的限制交易方的义务滥用。独家交易表现形式多样,最常见的是经营独家商品和独家供货。

我国《反垄断法》第 17 条第 1 款第 4 项规定,禁止具有市场支配地位的经营者"没有正当理由,限定交易相对人只能与其进行交易或者只能与其指定的经营者进行交易"。

6. 差别待遇

差别待遇,又称歧视性行为,是指拥有市场支配地位的企业无正当理由对条件相同的交易对象提供不同的价格或其他交易条件,从而使某些交易对象处于不利的竞争地位的行为。价格歧视,是差别待遇最主要的表现形式,即卖方对购买相同等级、相同质量商品的买方要求支付不同的价款,或者买方对提供相同等级、相同质量商品的卖方支付不同的价款,从而使相同商品的卖方因销售价格不同或者买方因进货价格不同而获得不同的交易机会,直接影响它们之间的公平竞争。

我国《反垄断法》第 17 条第 1 款第 6 项规定,禁止具有市场支配地位的经营者"没有正当理由,对条件相同的交易相对人在交易价格等交易条件上实行差别待遇"。

7. 共同滥用行为和"瓶颈"垄断

我国《反垄断法》第 17 条第 1 款第 7 项作为一项兜底条款规定,禁止具有市场支配地位的经营者从事"国务院反垄断执法机构认定的其他滥用市场支配地位的行为"。这里的"其他滥用市场支配地位的行为"就包括共同滥用市场支配地位行为和"瓶颈"垄断行为。

所谓共同滥用,指的是若干企业联合起来,形成共同占有市场支配地位的关系,然后以共同的行为滥用这种地位,限制竞争。① 根据该定义,共同实施滥用市场支配行为的市场主体至少在两个以上,其联合的形式可以多种多样。共同滥用行为多发生在诸如针对产品价格、数量、技术、交易对象、交易地区等方面。在实践中,这种共同滥用行为与卡特尔行往往很难区别。②

"瓶颈"垄断又称控制关键设施,是指具有市场支配地位的经营者凭借其所掌握的具有"瓶颈"性质的基础设施和建立的供应管网、销售网络遏制其他同业竞争者的经营活动的行为。

---

① 参见阮方民:《欧盟竞争法》,中国政法大学出版社 1998 年版,第 398 页。

② 参见尚明:《对企业滥用市场支配地位的反垄断法规制》,法律出版社 2007 年版,第 195 页。

【典型案例】三峡旅游有限公司垄断三峡大坝旅游资源

2005年以来，三峡工程总公司和深圳华侨城集团投资公司联合成立了三峡旅游有限公司，该公司从其母公司三峡工程总公司那里获得了三峡大坝区域的旅游开发和经营权，并以三峡建设为名控制出入坝区人流为实，控制了三峡建设专用公路和坝区道路，形成"瓶颈"垄断。由此，三峡旅游公司就控制了进出大坝的关键设施，事实上将三峡大坝这一稀缺的公共性旅游资源据为已有，导致三峡旅游市场中任何与之竞争者都处于竞争劣势地位。因为绝大多数游客的目的是参观三峡大坝，而只有三峡旅游有限公司的旅客才能顺利地通过三峡专用公路到达坝顶参观，所以在这个旅游市场上的其他竞争者都无法与三峡旅游有限公司展开实质性竞争。[①]

五、我国对滥用市场支配地位行为的法律规制

当前在我国现行法律法规中，已经对滥用市场支配地位行为作出了一系列的规定，这些立法主要体现在我国《反不正当竞争法》《价格法》等法律法规之中。《反垄断法》对规制滥用市场支配地位行为作了具体规定。

(一)我国《反垄断法》对滥用市场支配地位的规定

我国《反垄断法》对滥用市场支配地位行为作出了如下规定。

首先，该法第17条第2款对市场支配地位作出了清晰的界定，"市场支配地位，是指经营者在相关市场内具有能够控制商品价格、数量或者其他交易条件，或者能够阻碍、影响其他经营者进入相关市场能力的市场地位"。该法第6条规定："具有市场支配地位的经营者，不得滥用市场支配地位，排除、限制竞争。"这意味着经营者在经营活动中不得实施滥用市场支配地位的行为，妨碍其他经营者正常的生产经营活动，排除或限制竞争，或实施明显损害消费者利益的行为；同时，依据这一条规定，可以看到我国《反垄断法》对于经营者取得市场支配地位并不认为是违法行为，只有滥用市场支配地位才被《反垄断法》禁止。

其次，我国《反垄断法》第17条第1款针对市场竞争中惯常出现的7种具体的滥用市场支配地位行分别单独以条文作出了禁止性的列举：(1)以不公平的高价销售商品或者以不公平的低价购买商品；(2)没有正当理由，以低于成本的价格销售商品；(3)没有正当理由，拒绝与交易相对人进行交易；(4)没有正当理由，限定交易相对人只能与其进行交易或者只能与其指定的经营者进行交易；(5)没有正当理由搭售商品，或者在交易时附加其他不合理的交易条件；(6)没有正当理由，对条件相同的交易相对人在交易价格等交易条件上实行差别待遇；(7)国务院反垄断法执法机构认定的其他滥用市场地位的行为。可见，《反垄断法》第17条对各种典型的滥用行为作出了详细的列举加概括规定。

---

① 参见孙晋：《三峡旅游公司涉嫌垄断经营的法律思考》，载《法治研究》2007年第5期。

最后,我国《反垄断法》规定了滥用市场支配地位应当承担法律责任。该法第47条规定:经营者违反本法规定,滥用市场支配地位的,由反垄断法执法机构责令停止违法行为,没收违法所得,并处上一年度销售额1%以上10%以下的罚款。

综上所述,我国反垄断法仅为滥用市场支配地位行为人设定了行政处罚和民事损害赔偿两种法律责任形式。

(二)我国《反垄断法》关于规制滥用市场支配地位立法存在的问题

1. 对滥用市场支配地位承担的法律责任规定不清晰

滥用市场支配地位是垄断的高级阶段,比垄断协议更稳定、手段更多、对竞争的破坏更大、调查取证更困难,欧美国家和地区的反垄断法都直接立法规定了垄断协议行为的豁免制度,而没有为滥用市场支配地位规定豁免制度。从法律责任的规定来看,对滥用市场支配地位的处罚在条文设计上应体现出比限制竞争协议有更大的处罚幅度。但是,我国《反垄断法》却为两者规定了相同的处罚责任形式与幅度。很显然,这种规定对两者的这种差别认识是模糊的。

该法有关民事责任的规定太简单,需要进一步具体的规定,包括针对滥用市场支配地位行为的特点,明确规定有权追究民事责任的主体范围除竞争者外是否包括消费者和代表公共利益的机构,私人提起民事诉讼的条件,请求损害赔偿的要件是实行过错责任还是无过错责任原则,损害赔偿的性质是实际赔偿还是惩罚性赔偿以及赔偿额的确定等问题。①

2. 对共同滥用市场滥用地位应当作出进一步的规定

共同滥用市场支配地位的概念由欧共体委员会在意大利平板玻璃案中首先提出来。我国《反垄断法》第17条、第18条、第19条实际上是对共同滥用市场支配地位行为作出的规定。但是这些规定仅限于推定的情况。与限制竞争协议不同,共同滥用市场支配地位最典型的特征是共同滥用行为人之间通过协议联合后的行为就如同一个企业实施行为一样。而企业之间的联合虽然双方在一些方面达成了一致,但它们在行为上仍然是各个独立的主体。因此,我国《反垄断法》应对共同滥用市场支配地位有必要作出进一步的界定。

3. 滥用市场支配地位损害赔偿责任规定力度不足

世界各国反垄断法在规定滥用市场支配地位承担的法律责任时都倾向较大的处罚力度。例如,美国法律对滥用市场支配地位行为可适用3倍的损害赔偿及承担诉讼费和合理的律师费;②我国台湾地区也规定了最高可达损害数额3倍的损害赔偿;我国《反垄断法》没有规定分拆企业的责任形式,也没有规定滥用市场支配地位构成违法犯罪的应依法追究刑事责任。因此,我国《反垄断法》可借鉴其他国家和地区的经验,加

---

① 参见王先林:《竞争法学》,中国人民大学出版社2009年版,第284页。

② 参见尚明主编:《主要国家(地区)反垄断法律汇编》,法律出版社2004年版,第187页。

大对滥用市场支配地位行为的赔偿力度。①

【典型案例】奇虎360起诉腾讯滥用市场支配地位一案两审皆败诉

2013年3月28日奇虎360起诉腾讯滥用市场支配地位一案在广东省高级人民法院宣判，奇虎360败诉，并被判承担全部诉讼费用人民币79.6万元。互联网领域的反垄断民事纠纷第一案初告结束。

奇虎360诉称，腾讯的QQ活跃账户数达到7.982亿，在即时通信市场中具有支配地位，在2011年年底奇虎与腾讯两公司发生激烈冲突时腾讯公司要求其QQ用户在QQ通信软件和360杀毒软件中"二选一"的做法是滥用市场支配地位。广东省高级人民法院判定，即时通信与微博、SNS社交网络、电子邮箱等构成强竞争和替代关系，应作为统一市场来看待；而且这是全球性市场，且充分竞争，QQ在市场中并无支配地位，构筑不起任何市场壁垒。法院认为原告奇虎360对市场的定义过于狭窄，腾讯并未占有市场支配地位，而且也未加以滥用，因而不存在滥用市场支配地位的情况，故不支持原告360的全部诉讼请求。在本案中，360还提出1.5亿元的天价索赔，但广东省高级人民法院认为缺乏事实和法律依据，不予采纳。

法院判定，腾讯不具备控制商品价格、数量或其他交易条件的能力，因为几乎所有的即时通信都是免费的。腾讯也不具备阻碍及影响其他经营者进入这个市场的能力，因为该市场进入门槛低，市场阻碍小。

奇虎360不服一审判决，上诉至最高人民法院。2014年10月16日上午，最高人民法院判定：腾讯旗下的QQ不具备市场支配地位，驳回奇虎360的上诉，维持一审法院判决。

该案的关键点在于相关产品市场和地域市场的界定。广东省高级人民法院将相关产品市场界定为即时通信产品与微博、SNS社交网络、电子邮箱等构成一定竞争和替代关系的产品构成统一市场而非单纯的即时通信市场，将相关地域市场界定为全球市场而非中国大陆市场，引起较大争议，不仅奇虎公司不接受，一部分反垄断法学者从专业角度分析之后也对广东省高级人民法院的认定提出异议。无论如何，该判决在我国互联网领域垄断案中具有司法标杆意义。

六、我国规制市场支配地位滥用的最新立法进展

国家市场监督管理总局于2019年6月26日发布《禁止滥用市场支配地位行为暂行规定》，并于2019年9月1日施行。该暂行规定共39条，主要对市场支配地位的认定、滥用行为及正当理由、中止调查及终止调查等实体和程序内容作出规定。相较原《工商行政管理机关禁止滥用市场支配地位行为规定》，其主要变化和特色如下。

---

① 参见孙晋：《我国〈反垄断法〉法律责任制度的缺失与完善》，载《法律适用》2009年第11期。

在市场支配地位的认定方面,由于认定市场支配地位具有高度的复杂性、专业性,首先,《禁止滥用市场支配地位行为暂行规定》对市场支配地位的内涵进行了明确,即具有能够控制商品或者服务价格、数量或者其他交易条件的能力,或具有能够阻碍、影响其他经营者进入相关市场能力的能力。其次,对于认定市场支配地位所考虑的各项因素,《禁止滥用市场支配地位行为暂行规定》也分别予以了高度细化,如市场份额的计算,经营者控制销售或采购市场能力的确定,经营者间在交易上的依赖程度,其他经营者进入相关市场的难易程度等,大大增强了市场支配地位认定的可操作性。

在滥用行为及正当抗辩理由上,《禁止滥用市场支配地位行为暂行规定》在对以不公平的价格销售或者购买商品、低价倾销、拒绝交易、限定交易、搭售或者附加不合理交易条件、差别待遇等滥用市场支配地位行为认定及表现形式作出细化的同时,还首次对经营者免于被认定为滥用市场支配地位的“正当理由”进行了详细列举,并设置兜底性条款以应对可能出现的新变化。

值得注意的是,《禁止滥用市场支配地位行为暂行规定》对互联网等新经济形态经营者是否具有市场支配地位的认定给出了特别的考虑因素,包括:相关行业竞争特点、经营模式、用户数量、网络效应、掌握和处理相关数据的能力及经营者在关联市场的市场力量等因素。其第 15 条就互联网行业低于成本价格销售作出了特殊规定,明确指出,对互联网等新经济业态中出现的免费模式,应当将免费商品和收费商品的情况综合进行考虑。同时,其第 12 条还对知识产权领域市场支配地位的认定予以特殊关注,将知识产权的替代性、下游市场的依赖程度、交易相对人对经营者的制衡能力等因素纳入考虑范围。

此外,《禁止滥用市场支配地位行为暂行规定》首次明确,经营者若因为被动遵守行政命令而滥用市场支配地位,可以从轻或减轻处罚。在实践中,一旦行政机关滥用权力强制经营者实施滥用行为,基于行政行为具有的公定力和拘束力,经营者不得不实施这类垄断行为。显然,一方面,相比主动实施滥用行为的经营者,这类经营者往往是被迫实施垄断行为,甚至与其本意相悖,因而其主观恶性较低,对他们视具体情况从轻或减轻处罚也就符合情理和法理;而另一方面,相比没有实施滥用行为的经营者,这类经营者毕竟通过实施垄断行为获取了垄断利益,客观上也损害了自由公平的竞争秩序,因此,对他们的处理也不宜达到免除处罚的地步。

第四节　经营者集中控制制度

一、经营者集中的反垄断法界定

本书认为,经营者集中可以分为两类,即经营者合并和经营者控制取得。

(一)经营者合并

经营者合并是指,两个或者两个以上原本各自独立的经营者合并为一个经营者的行为。包括吸收合并和新设合并。这是经营者集中的最基本的方式。

(二)经营者控制取得

经营者控制取得是指,一个或者多个经营者对其他一个或者多个经营者发生决定性影响的各种情况,这种控制因权利安排、合同规定或者其他方式而发生。具体包括以下三种类型:财产型、人事型、经营型。

1. 财产型。财产型是指,一个或者多个经营者通过取得其他经营者的财产而能够控制其他经营者的情况,包括取得股份和资产。

2. 人事型。人事型是指,经营者通过人事方面的控制而能够控制其他经营者的情况,包括:(1)人事兼任,即一个人同时担任两个或者多个企业的高管;(2)人事合并,即通过直接或者间接控制主要高管的人事任免来达到控制其他企业之目的。

3. 经营型。经营型是指,通过控制其他经营者的经营活动或者设立合营企业的方式实现的控制,包括受让或承租经营,受委托经营,设立合营企业等。

根据我国《反垄断法》第20条的规定,所谓经营者集中,是指经营者合并、经营者通过取得其他经营者的股份、资产以及通过合同等方式取得对其他经营者的控制权,或者能够对其他经营者施加决定性影响的情形或者行为。

二、经营者集中的分类及其意义

(一)经营者集中的分类

关于经营者集中的具体表现,我国《反垄断法》没有具体规定。对于经营者集中的分类,立法以及理论没有太大分歧,根据参与集中的经营者在经济中的相互关系及原所在市场领域,一般将其分为横向集中(合并)、纵向集中(合并)与混合集中(合并)。也有的学者将横向集中称为水平集中,将纵向集中称为垂直集中。

1. 横向集中(横向合并)

横向集中,又称水平集中,是指处于相同市场层次上的或者具有竞争关系的企业之间的集中。换言之,横向集中是指因生产或销售同一类型产品或提供同种服务而处于相互直接竞争中的企业之间的集中,是销售相同或者具有密切替代关系的产品的实际的或者潜在的竞争者之间的集中。①

2. 纵向集中(纵向合并)

纵向集中,又称为垂直集中,是指处于不同市场层次上的企业之间的集中,实际上是相互间有买卖关系的各个企业联系在一起。② 也有学者认为,纵向集中是指同一产业中处于不同经济阶段、彼此之间不存在直接竞争关系但存在买卖关系的企业之间的

---

① 参见徐孟洲、孟雁北:《竞争法》,中国人民大学出版社2008年版,第196页。

② 同上书,第198页。

集中,如电脑生产商与电脑销售商之间的集中。

3. 混合集中(混合合并)

混合集中,是指生产经营的产品或服务彼此没有关联的企业之间的集中,集中的企业处于不同的生存或经营领域,彼此之间既无直接的竞争关系又无买卖关系,如钢铁厂与玻璃厂的集中、信息产业和保健食品行业的合并、金融企业与制造业的合并等。

(二)经营者集中分类的意义①

作为经营者集中主要表现的企业合并有横向合并与非横向合并之分,非横向合并包括纵向合并和混合合并。这种划分的意义主要体现在二者对市场竞争的影响大不相同,从而引起反垄断法的规制态度也有迥异:横向合并对竞争的损害更为直接和明显,模式也较为单一,容易判断也容易遭受反垄断审查;非横向合并容易形成效率抗辩,现实中的模式也具有多样性,一般不会对竞争产生直接影响,但在特定情况下也会对竞争造成妨碍,不容易判断,需要具体情况具体分析。因此,应当对横向合并和非横向合并分别实施反垄断规制。根据其自身特点,建立相应的有区别的规制制度。在影响竞争方面,非横向合并与横向合并的区别有:

1. 非横向合并与横向合并对竞争的损害有着本质区别。横向合并将直接减少甚至完全消灭市场上的竞争者。可以很容易推定横向合并会导致市场份额增加和价格提高(至少有提价的机会),而对非横向合并则很难作出类似的明确推定。②

2. 非横向合并与横向合并对竞争影响的方式不同。非横向合并对竞争的影响是间接的和潜在的,而横向合并则更为直接和强烈。横向合并对竞争典型的负面影响就是直接刺激提价,而非横向合并对竞争潜在的负面影响是可能导致供货或采购政策的变化,或者为消费者提供产品范围的变化,这些会对竞争企业的价格、需求和定价造成间接的影响,并最终影响消费者的利益。③

3. 非横向合并反竞争效果较横向合并更加丰富。横向合并的反竞争效果评估,目前各国都已经形成了一套行之有效的"规范"流程,而对非横向合并竞争效果的评估却不存在"规范模型"。由于形式的多样性,在反竞争效果的评估上也就更为复杂,即合并结果有可能促进竞争也有可能反竞争,需要依赖在个案中对事实证据的考察和具体问题具体对待。

---

① 本段内容主要参见孙晋:《横向合并和非横向合并反垄断法规制之比较——兼议我国经营者集中控制制度的构建与完善》,载肖永平主编:《珞珈法学论坛》(第10卷),武汉大学出版社2011年版,第87~101页。

② See Paul Hofer and Mark Williams, "Non-horizontal mergers", *The European Antitrust Review* 2007. pp. 6-7.

③ See Jeffrey Church, The Impact of Vertical and Conglomerate Mergers on Competition, a report written for the European Commission (Directorate General for competition and Directorate B Merger Task Force), September 2004.

三、经营者集中控制实体标准

经营者集中控制的实体标准可以分为一般标准和具体分析因素。

一般标准是比较原则的标准,是从总体和宏观上衡量一起经营者集中的标准,主要包括市场支配地位标准和实质减少竞争标准。市场支配地位标准,是指一起经营者集中如果产生或者加强了经营者的市场支配地位,并且该市场支配地位可能产生严重限制、排除市场竞争的效果时,该集中就应当被禁止。实质减少竞争标准,是指一起经营者集中如果产生或者可能产生实质减少竞争的效果时,该集中就应当被禁止,该集中与是否产生或加强市场支配地位没有必然联系。

具体分析因素是为具体适用一般标准提供具体的分析基础,主要包括相关市场的界定、参与集中的经营者的市场份额及市场控制力、市场集中度、市场进入壁垒、效率以及破产等。

对于相关市场的界定是对经营者集中进行规制的第一步,也是非常重要的一步。相关市场的界定是对市场集中度和经营者的市场份额进行界定的前提,直接关系最终的结果。因此,从某种程度上来说,如果市场规定得相当狭窄的话,产品的每一个供应者都会成为垄断者。①

在审查市场集中度时,应用最广泛的一种有效标准是赫希曼-赫芬达尔指数(Herfindahl-Hirschman Index,HHI)。在任何市场中,如果合并后赫希曼-赫芬达尔指数高于1800,这个市场就被认为是高度集中市场,如果赫希曼-赫芬达尔指数在1000到1800之间,那么这个市场为中度集中的市场。

市场进入主要指的是,潜在的市场能否及时的、可能和充分的阻止或者抵消合并的反竞争效果。如果一个市场的进入壁垒比较低,而一起集中不会实质提高该市场的进入壁垒,即使集中到只剩一个企业,该经营者集中就不会对市场产生不利影响。

我国《反垄断法》第28条规定:"经营者集中具有或者可能具有排除、限制竞争效果的,国务院反垄断执法机构应当作出禁止经营者集中的决定。……"

由此可见,我国反垄断法采用的一般标准类似实质减少竞争标准,但相对实质减少竞争标准,我国反垄断法的标准过于宽泛。因为大部分经营者集中都会产生一定的排除竞争的效果,只要把这种效果控制这一定范围内,就不会对竞争秩序产生实质影响,反而会有利于提高经济效率。制定如此宽泛的标准会将本不需要规制的经营者集中纳入反垄断法规制的范围:一方面,增加了企业的负担,不利于经济发展;另一方面,会增加反垄断执法机构的不必要的工作量,造成行政资源的浪费。

同时,根据《反垄断法》第27条的规定,我国采用的具体分析因素包括以下六个方面:(1)参与集中的经营者在相关市场的市场份额及其对市场的控制力;(2)相关市场的市场集中度;(3)经营者集中对市场进入、技术进步的影响;(4)经营者集中对消费者

---

① 参见[英]约翰·亚格纽:《竞争法》,徐海译,南京大学出版社1993年版,第56页。

和其他有关经营者的影响;(5)经营者集中对国民经济的影响;(6)国务院反垄断执法机构认为应当考虑的影响市场竞争的其他因素。我国《反垄断法》第28条和第29条规定对第27条进行了补充。第31条规定,对外资并购境内企业或者以其他方式参与经营者集中,涉及国家安全的,除依照本法规定进行经营者集中审查外,还应当按照国家有关规定进行国家安全审查。这一规定为经营者集中反垄断审查和国家安全审查的衔接作了规定。

四、经营者集中控制程序制度

经营者集中控制的程序制度可分为申报制度和审查制度。

(一)经营者集中申报制度

对经营者集中实行申报制度,由反垄断机构审查决定是否允许实施机制,是多数国家和地区控制经营者集中的主要手段。大多数经营者集中一般有利于提高效率且对竞争不会产生严重妨碍,所以无须进行审查;只有那些对竞争产生严重影响的达到一定规模或标准的经营者集中才会受到审查,极少数经营者集中最终会被禁止。

我国《反垄断法》规定,经营者集中达到国务院规定的申报标准的,经营者应当事先向反垄断机构申报,未申报的不得实施集中。我国反垄断法还对申报豁免作了规定,根据我国《反垄断法》第22条的规定,经营者集中有下列情形之一的,可以不向国务院反垄断执法机构申报:(1)参与集中的一个经营者拥有其他每个经营者50%以上有表决权的股份或者资产的;(2)参与集中的每个经营者50%以上有表决权的股份或者资产被同一个未参与集中的经营者拥有的。

我国《反垄断法》本身并没有规定经营者集中的申报标准,而是委托国务院来制定具体的申报标准。2008年8月1日通过2018年修正的国务院《关于经营者集中申报标准的规定》第3条规定,经营者集中达到下列标准之一的,经营者应当事先向国务院反垄断执法机构申报,未申报的不得实施集中:(1)参与集中的所有经营者上一会计年度在全球范围内的营业额合计超过100亿元人民币,并且其中至少两个经营者上一会计年度在中国境内的营业额均超过4亿元人民币;(2)参与集中的所有经营者上一会计年度在中国境内的营业额合计超过20亿元人民币,并且其中至少两个经营者上一会计年度在中国境内的营业额均超过4亿元人民币。营业额的计算,应当考虑银行、保险、证券、期货等特殊行业、领域的实际情况,具体办法由国务院反垄断执法机构会同国务院有关部门制定。同时,第4条规定,经营者集中未达到该规定的申报标准,但按照规定程序收集的事实和证据表明该经营者集中具有或者可能具有排除、限制竞争效果的,国务院反垄断执法机构应当依法进行调查。

此外,根据我国《反垄断法》第23条的规定,经营者向国务院反垄断执法机构申报集中,应当提交下列文件、资料:(1)申报书;(2)集中对相关市场竞争状况影响的说明;(3)集中协议;(4)参与集中的经营者经会计师事务所审计的上一会计年度财务会计报告;(5)国务院反垄断执法机构规定的其他文件、资料。申报书应当载明参与集中的经营者的名称、住所、经营范围、预定实施集中的日期和国务院反垄断执法机构规定的其他事项。

(二)经营者集中审查制度

我国审查制度可以分为初步审查和实质审查两个阶段。

初步审查,是指反垄断执法机构在较短的时间内对经营者集中进行初步评价,对那些对市场竞争秩序影响不大的集中,作出准予集中的决定;对那些对市场竞争秩序具有或者可能具有损害影响的集中,作出进一步实质审查的决定的程序。我国《反垄断法》第25条对此作了规定,即"国务院反垄断执法机构应当自收到经营者提交的符合本法第二十三条规定的文件、资料之日起三十日内,对申报的经营者集中进行初步审查,作出是否实施进一步审查的决定,并书面通知经营者。国务院反垄断法执法机构作出决定前,经营者不得实施集中。国务院反垄断执法机构作出不实施进一步审查的决定或者逾期未作出决定的,经营者可以实施集中"。

实质审查,是指反垄断执法机构在初步审查的基础之上,在更长的时间内对经营者集中进行实质评价,作出是否准予该起经营者集中的法律程序。实质审查的时间要比初步审查的时间长,我国《反垄断法》第26条对此作出了规定,即"国务院反垄断执法机构决定实施进一步审查的,应当自决定之日起九十日内审查完毕,作出是否禁止经营者集中的决定,并书面通知经营者。作出禁止经营者集中的决定,应当说明理由。审查期间,经营者不得实施集中。有下列情形之一的,国务院反垄断执法机构经书面通知经营者,可以延长前款规定的审查期限,但最长不得超过六十日:(一)经营者同意延长审查期限的;(二)经营者提交的文件、资料不准确,需要进一步核实的;(三)经营者申报后有关情况发生重大变化的。国务院反垄断执法机构逾期未作出决定的,经营者可以实施集中"。

我国《反垄断法》的审查程序规定具有一些明显的优点:①

首先,大多数对竞争秩序没有严重危害的经营者集中可以在时间较短的初步审查阶段获得批准,即大部分企业合并可在初步审查期的30天内得到批准。30天内没有被告知得到批准的合并,只要没有被通告进入第二审查期即实质审查阶段,合并也被视为得到了批准。较短的初步审查期限规定,有利于提高企业和市场的效率。

其次,《反垄断法》中审查期的规定有很大灵活性。例如,在某些复杂情况下,如经营者同意延长审查期,或者经营者提交的文件资料不准确从而需进一步核实,或者经营者申报后的有关情况发生了重大变化,反垄断法执法机构可将这个90天的实质审查期延长至150天,这就给企业并购得到批准创造了条件。经营者可以在这段时间内,修改集中的内容,与反垄断执法机构进行协商,以获得批准。但是,这种特殊情况只适合与极少数情况,不能滥用,否则将令参与集中的经营者长期处于不确定状态,不利于企业

---

① 参见王晓晔:《〈中华人民共和国反垄断法〉中经营者集中的评析》,载《法学杂志》2008年第1期。

正常经营和经济效率的提高。

最后,增加了透明度。我国《反垄断法》第26条规定,反垄断执法机构作出禁止经营者集中的决定时,应当说明理由。

【典型案例】商务部禁止可口可乐收购汇源果汁案

2008年9月3日我国大型果蔬汁生产商中国汇源果汁集团有限公司(以下简称汇源果汁或汇源公司)公布,可口可乐旗下全资附属公司提出以179.2亿港元(约24亿美元)收购汇源果汁全部已发行股本。交易若能完成,将成为迄今为止我国食品和饮料行业最大的一笔收购案。消息一经公布便立即引起了我国社会的强烈关注,80%的网民反对这起外资并购,甚至还有人提出应当对这起外资并购事件进行国家安全审查。国内饮料企业、上海美国商会、中国欧盟商会及其他外国投资者也都高度关注这一事件,将其看作我国《反垄断法》2008年8月1日实施后外资并购政策的标杆。

可口可乐2003年全年的全球销售额达到173亿美元,汇源公司2006年的销售额也突破了50亿元人民币,按照《关于经营者集中申报标准的规定》第3条的规定,并购方与被并购方的销售额均已达到我国法律所规定的申报标准,应当向商务部申报。可口可乐公司自2008年9月19日向商务部反垄断局递交申请材料,商务部经过半年的审查之后最终于2009年3月18日正式宣布禁止了这一收购行为。商务部对外宣告,在该案审查中,依据我国《反垄断法》的相关规定,从市场份额及市场控制力、市场集中度、集中对市场进入和技术进步的影响、集中对消费者和其他有关经营者的影响及品牌对果汁饮料市场竞争产生的影响等几个方面对该集中进行了审查。经审查,商务部认定:此项集中将对竞争产生不利影响。集中完成后可口可乐公司可能利用其在碳酸软饮料市场的支配地位,搭售、捆绑销售果汁饮料,或者设定其他排他性的交易条件,集中限制果汁饮料市场竞争,导致消费者被迫接受更高价格、更少种类的产品;同时,由于既有品牌对市场进入的限制作用,潜在竞争难以消除该等限制竞争效果;此外,集中还挤压了国内中小型果汁企业生存空间,给中国果汁饮料市场竞争格局造成不良影响。为了减少集中对竞争产生的不利影响,商务部与可口可乐公司就附加限制性条件进行了商谈,要求申报方提出可行的解决方案。可口可乐公司对商务部提出的问题表述了自己的意见,提出初步解决方案及其修改方案。经过评估,商务部认为修改方案仍不能有效减少此项集中对竞争产生的不利影响。据此,根据我国《反垄断法》第28条的规定,商务部作出禁止此项集中的决定。这一决定马上引来广泛议论,美国《华尔街日报》、路透社等各大财经媒体认为,此举是出于贸易保护主义的考虑。而我国商务部和外交部先后表态不接受这种指责。

我国加入WTO以后,国内经济进一步融入全球市场,外国资本随之大举进入我国。近年来发生了诸如美国凯雷投资集团收购我国重工龙头企业徐工、美国强生公司收购我国日化名牌大宝等跨国收购案，众多的民族品牌被收购，有的民族品牌如美加净、乐百氏、小护士等在收购后被公司雪藏导致品牌流失，因此，外资并购案件也一直牵动着我国大众的神经。正是基于此，人们对跨国公司对民族品牌的收购存有相当的戒心，也对我国政府的企业并购管制措施存有疑虑，认为如果政府过松地管制并购不利于民族企业发展。同时，面对国际金融危机的冲击，美欧主要国家的贸易保护主义有所抬头，这次可口可乐并购汇源案件之所以在我国乃至国际社会引起如此巨大的反响，与这样一个特殊的国内国际背景密不可分。

可口可乐收购汇源果汁案件的法律审查是非常复杂的过程。首先，果汁饮料的市场具有很强的可替代性，相关市场的界定也相当困难，果汁饮料市场、非碳酸饮料市场、软饮料市场都有不同的含义，在案件的具体定性时应该选取哪一个作为相关市场，我国法律没有相关规定，只能依靠执法部门的实践经验甚至借鉴他国经验来确定。其次，执法部门对相关市场的界定也直接关系汇源果汁和可口可乐公司合并前后在我国市场上的市场份额的确定，这就直接决定了该案是否应当提交商务部审查以及审查的结果。最后，在本案中根据《关于外国投资者并购境内企业的规定》的规定，汇源果汁和可口可乐公司不具备审查豁免的规定，因此只要这起合并案件符合我国《反垄断法》和《关于外国投资者并购境内企业的规定》的规定就必须在合并之前向商务部申报。然而，我国在这些环节上的立法仅是一种粗线条的规定，也缺乏相关的配套规定，仅是原则上的指引。这样，法律就赋予了执法部门在实际的操作中较大的自由裁量权，执法部门的执法经验就成为影响案件结果的重要因素。这种经验的形成需要长时间对所经历案件的梳理和归纳。并且，除了执法者拥有足够多的办案经验，更需要执法者有深厚的反垄断法理论功底。在可口可乐收购汇源果汁的案件中同样要经历这样一个复杂的审查过程，这就决定了该案不是某个人或某些非专业人士可以解决得了的，这需要相关的专业执法人员在没有外在干扰的情况下经过复杂的调查和分析之后才能作出可信的结论。另外，针对社会上一部分人对这起外资并购事件要求进行国家安全审查的主张，因为饮料并非涉及国民经济命脉和国家安全，汇源的股权显然不属于法律特殊保护的范围，有同业者寻求公权力庇护以躲避竞争的嫌疑，没有法律依据。

还有一个新问题值得我们关注，就是经营者集中审查在互联网服务行业的合理适用。该行业属于新兴行业，我国《反垄断法》立法时对这个问题难以预见，它有着不同于传统行业的动态竞争和“赢者通吃”等特征，决定了其在竞争效果评估、救济措施选择及其实施阶段的适用中与传统行业大相径庭。需要我们在执法时秉持“谦抑理念”，逐步积累经验，以利于《反垄断法》在修订时予以必要且适当的回应。①

① 参见孙晋：《谦抑理念下互联网服务行业经营者集中救济调适》，载《中国法学》2018年第6期。

第五节　行政性垄断规制制度

一、行政性垄断概述

(一)行政性垄断的概念

行政性垄断也称滥用行政权力限制竞争行为或者行政性限制竞争行为,是指市场经营主体依赖或借用行政机关和公共组织之滥用行政权力,二者合力排除或者限制竞争而形成的垄断。

我国1993年《反不正当竞争法》第一次对行政性垄断行为进行法律规制,该法第7条规定:"政府及其所属部门不得滥用行政权力,限定他人购买其指定的经营者的商品,限制其他经营者正当的经营活动。政府及其所属部门不得滥用行政权力,限制外地商品进入本地市场,或者本地商品流向外地市场。"我国《反垄断法》将行政性垄断称为行政机关和法律法规授权的具有管理公共事务职能的组织"滥用行政性权力排除、限制竞争行为",并专设第五章进行专门的规定,第32条和第33条规定行政机关和法律法规授权的具有管理公共事务职能的组织不得滥用行政权力实施限制竞争行为。这表明我国在反行政性垄断立法上取得了诸多突破。

(二)行政性垄断的特征

第一,行政性垄断的行为主体是享有行政公权力的政府及其所属部门。具体而言,主体包括国家行政机关和其他经法律、法规授权、委托行使行政管理权的社会组织。

第二,行政性垄断的实施方式是行政权力的滥用,具有违法性。与经济垄断的市场行为方式不同,行政性垄断是行为主体通过行政手段将行政管理权直接或间接地作用于市场经营活动从而扭曲市场竞争。

(三)行政性垄断的主要表现和危害

作为经济体制转轨和国家治理转型的产物和行政权力滥用的结果,行政性垄断在我国有多种多样的表现形式,大多数学者同意按照行政权力的辐射范围和辐射方向,将行政性垄断分为横向分割市场的地区行政性垄断和纵向分割市场的部门行政性垄断。①

地区行政性垄断简称地区垄断,也称为地区封锁,是指某一地区的行政主体为了保护本地区经营者的利益,滥用地方行政权力设置市场障碍,排斥、限制外地经营者参与本地市场竞争的行为。这种地方保护主义是最普遍、最典型的行政性垄断。

部门行政性垄断简称部门垄断,是指经济行业部门的政府主管机关滥用其拥有的投资权、资源管理权、企业管理权、财政权等,限制或者阻止本行业内其他经营者或者其

---

① 参见徐士英等:《竞争法新论》,北京大学出版社2006年版,第195~196页。

他行业经营者从事某种经营活动，限制竞争，使其支持的经营者实现垄断，谋取垄断利润。

单就行政性垄断的危害而言，无论地区封锁还是部门垄断，除了人为地分割市场、破坏市场的统一、使社会资源配置效率低下，其行为还侵害了经营者的公平竞争权，最终还损害了广大消费者的合法权益。此外，在危害上与经济垄断最大的不同就是，行政性垄断还扰乱了国家行政秩序，行政权力的滥用在经济上往往获取巨额垄断租金，导致官商勾结，成为滋生腐败的“温床”。①

二、我国《反垄断法》对行政性垄断的规制

我国《反垄断法》在限制行政性垄断方面有总则中的第 8 条、整个第五章和第七章的第 51 条。尽管这些规定在当前的法律和政治体制中并不一定能够完全遏制行政性垄断，但这不仅体现了我国普通民众反对行政性垄断的利益诉求，也表明了我国《反垄断法》具有规制行政性垄断的功能。《反垄断法》在我国首次对行政性垄断作出明确系统的规定，是我国法治进步的表现，其主要的制度突破体现在以下几个方面。②

（一）在总则中对行政性垄断作了原则性的规定

我国《反垄断法》总则第 8 条规定：“行政机关和法律、法规授权的具有管理公共事务职能的组织不得滥用行政权力，排除、限制竞争。”在总则中作出原则性规定，可以适应现实经济生活中行政性垄断表现形式的多样性与复杂性。现实中行政性垄断行为非常复杂，法律不能一一列举，原则性的规定赋予了反垄断执法机构自由裁量权。对第五章没有明确规定，但又确实属于滥用行政权力排除、限制竞争的行为，就可以依据总则的原则性规定处理，以免挂一漏万。同时，在总则中规定也体现了最高立法机关对规制行政性垄断的重视。

（二）在分则中列举了行政性垄断的具体表现形式

我国《反垄断法》对行政性垄断的规定采用的是概括加列举的方法，除总则的原则性规定，还在分则中列举几类行政性垄断的具体特征，对其进行全面界定。专章列举行政性垄断的具体表现形式有助于明确其具体外延和外在特征，便于反垄断执法机关运用法律准确判断和辨别行政性垄断行为，增强法律本身的可操作性。我国《反垄断法》第五章专章共 6 条对行政性垄断的几种典型表现形式作出了规定。

1. 对行政机关指定交易的行为进行规定③

指定交易在理论上是一种独立的，与地区封锁和部门垄断并列的行政性垄断形式，

---

① 参见王显勇：《竞争法教程》，法律出版社 2008 年版，第 223 页。

② 参见孙晋、李胜利：《竞争法原论》，法律出版社 2020 年版，第 156 ~ 159 页。

③ 指定交易，又称强制交易，是指行政机关及其授权组织违背市场经济平等自愿原则，利用国家赋予的行政权力，限定或者变相限定有关单位或个人只能经营、购买、使用其指定的经营者提供的商品或服务，而排斥其他经营者的商品或服务的行为。

但在实践层面上,指定交易往往又是地区封锁或部门垄断的方法或手段。行政主体为了地方经济利益或本单位、本部门的利益,通常会指定交易,基本形式有强制出售、强制购买和强制使用三种,被限制的对象既包括经营者也包括消费者。对指定交易行为进行规制,可以维护其他经营者和消费者的利益。我国《反垄断法》第 32 条对指定交易进行了规定。

2. 对限制商品自由流通的地区垄断进行列举和限制

地区垄断阻碍了商品的自由流通和市场竞争,使全国本应统一的市场被人为分割成一个个狭小的地方市场,妨碍资源自由流动和优化配置,危害统一、开放、竞争的市场体系。我国《反垄断法》第 33 条对地区垄断作了较详细的规定,同时考虑在实践中地区垄断的具体情形比较复杂,所以第 5 项作为兜底条款,以使各种地区垄断行为都能纳入《反垄断法》的规制范围。

3. 对排斥或限制招投标行为进行限制①

招投标是一种竞争采购方式,要求公正性、公平性、公开性,使投标人有均等的机会,使招标人有充分的选择机会。因此,招投标机制最具市场经济的特征,是一种规范的市场交易方式,可以实现资源的优化配置。当前,招投标中政府经常滥用行政权力,排斥或限制外地经营者参加本地的招投标活动。这就破坏了招投标中的竞争机制,割裂了全国统一的大市场,具有极大的危害性。我国《反垄断法》第 34 条对此作了较详细的规定。

4. 对排斥或限制投资或设立分支机构进行限制

在实践中,有的地方政府为了自己的利益,在某些如稀有资源开发等高收益项目上抱着"肥水不流外人田"的错误观念,利用歧视性的投资政策,实行地方保护,排斥外地经营者在本地投资或设立分支机构,这严重损害了其他经营者的利益,也阻碍了全国统一市场的建立。我国《反垄断法》第 35 条对此作了较详细的规定。

5. 对强制经营者从事垄断行为进行限制

有的地方政府常常以调整产业结构等为借口推动经营者集中或从事垄断。这违背了市场交易的自愿、公平和等价有偿原则,不但损害了企业的经营自主权,还严重扭曲了市场竞争机制,因此必须对此种行为进行规制。我国《反垄断法》第 36 条对此作了较详细的规定。

6. 对行政性垄断行为的制止扩展至抽象行政行为

我国《反垄断法》第 37 条对此作了规定。由于行政行为是行政性垄断的外部表现,可借鉴此类方法,将行政性垄断行为分为具体行政性垄断与抽象行政性垄断。

我国的行政性垄断大多表现为抽象行政性垄断,从表面上来看,很多限制竞争行为

① 所谓招投标,是指采购人事先提出货物、工程或服务的采购条件和要求,邀请众多投标人参加投标并按照规定程序从中选择交易对象的一种市场交易行为。

便有了合法性。由于这种行为适用的对象具有不特定性且可以反复使用，其危害性比具体的行政性垄断更大，所以应该对其严格制止。① 把抽象行政性垄断行为纳入规制范围，这对我国建立自由公平的市场竞争秩序有着重要的意义，体现了我国经济法具有既要矫正市场失灵又要匡正政府失败的特殊功能。②

（三）规定了行政性垄断的法律责任

我国《反垄断法》第51条规定："行政机关和法律、法规授权的具有管理公共事务职能的组织滥用行政权力，实施排除、限制竞争行为的，由上级机关责令改正；对直接负责的主管人员和其他直接责任人员依法给予处分。反垄断执法机构可以向有关上级机关提出依法处理的建议。法律、行政法规对行政机关和法律、法规授权的具有管理公共事务职能的组织滥用行政权力实施排除、限制竞争行为的处理另有规定的，依照其规定。"

明确规定行政性垄断责任主体应该承担法律责任，能够保障反行政性垄断起到实际效果。

【典型案例】广东省某市政府推广 GPS 工作中涉嫌滥用行政权力限制竞争案③

2010年1月8日广东省某市政府召开政府工作会议，会议的主要内容是落实省政府加强道路交通安全管理，推广应用卫星定位汽车行驶记录仪。会议相关决议以"市政府工作会议纪要2010年第6期"的形式印发相关部门执行。在会议纪要中，市政府明确指定新时空导航科技有限公司（以下简称新时空公司）自行筹建的卫星定位汽车行驶监控平台为市级监控平台，要求该市其余几家GPS运营商必须将所属车辆的监控数据信息上传至新时空公司平台。此后，该市物价局依据该会议纪要，又批复同意新时空公司对其他GPS运营商收取每台车每月不高于30元的数据接入服务费。2010年5月12日该市政府办公室印发了《强制推广应用卫星定位汽车行驶记录仪工作方案》，明确要求全市重点车辆必须将实时监控数据接入市政府指定的市级监控平台。2010年11月11日该市政府又召开政府工作会议，形成"市政府工作会议纪要2010年第79期"，重申了上述要求，并要求交警部门对未将监控数据上传至新时空公司平台的车辆，一律"不予通过车辆年审"。这一系列会议纪要和文件犹如一块块巨石，打破了当地GPS运营市场的平静。

2011年1月26日该市易流科技有限公司等3家汽车GPS运营商联名向广东省工商局投诉，反映该市政府在强制推广汽车GPS工作中的行政行为涉嫌滥用行政权力排除、限制竞争。2011年3月25日3家企业又向广东省人民政府法制办公室就该市政府

① 参见段庆宏：《经济宪法奠基》，载《财经》2007年第18期。

② 参见孙晋：《论经济法基本性格的二重性》，载《法商研究》2001年第1期。

③ 资料来自《中国工商报》2011年7月27日。

上述行政行为提起行政复议。

广东省工商局经济检查局收到投诉材料非常重视,经过多方走访调查,排除重重阻力,终于查出了市政府存在限制竞争行为的事情真相。

工商执法人员调查发现,截至2010年年底,该市共有GPS运营商11家,其中新时空公司、威霸公司、易流公司等运营商建有企业监控平台。在确定新时空公司自建的监控平台为市级平台以前,该市所有GPS运营商管理的车辆监控信息均由其直接上传至省级监控数据中心。由于市政府不恰当的介入,严重破坏了当地GPS运营商的市场竞争格局。

首先,新时空公司是GPS运营商之一,不具有政府行政管理职能,将其自行投资建设的卫星定位汽车行驶监控平台作为市级监控平台,实际上是限定其他GPS运营商接受新时空公司这一经营者提供的数据接收、上传和分发服务。其次,新时空公司对该市其他GPS运营商预收2011年下半年每辆车每月30元的数据接入服务费,否则,其他GPS运营商的数据不能接入市级监控平台。这造成其他GPS运营商在接受政府监管时,不得不接受新时空公司提供的有偿服务。最后,市政府要求市交警部门对未将监控数据上传至新时空平台的车辆采取不予通过车辆年审的强制措施,使新时空公司变成了其他GPS运营商正常经营必须依赖的对象,严重破坏了该市汽车GPS运营服务市场的竞争格局。

工商机关认定,该市政府的行政行为超出了法定权限和上级有关政策要求,干预了企业正常经营活动,导致排除、限制竞争的后果,违反了《反垄断法》的规定,构成行政机关滥用行政权力排除、限制竞争行为。

《工商行政管理机关制止滥用行政权力排除、限制竞争行为的规定》指出,省级工商局对省以下地方人民政府及其所属部门滥用行政权力排除、限制竞争的,可以向有关上级机关提出依法处理的建议。在原国家工商行政管理总局的指导下,广东省工商行政管理局向广东省政府正式作出“依法纠正该市政府上述滥用行政权力排除、限制竞争行为”的建议。

2011年6月12日广东省政府作出行政复议决定,认为该市政府上述行政行为违反我国《反垄断法》第8条、第32条和《道路交通安全法》第13条的规定,属于滥用行政职权,其行为明显不当,决定撤销其具体行政行为。该市政府根据省政府决定,纠正了其滥用行政权力排除、限制竞争的行为,恢复了该市汽车GPS运营市场的竞争格局。

该案成为我国《反垄断法》施行后,我国工商机关首例依据《反垄断法》建议、纠正地方政府滥用行政权力排除、限制竞争行为的案件,原国家工商行政管理总局反垄断与反不正当竞争执法局局长宁望鲁对此案的办结给予高度评价。他认为,从立法宗旨来看,我国把滥用行政权力排除、限制竞争行为纳入《反垄断法》规制的范围,既考虑了我国处于转轨时期的实际情况,又表明我国政府处理此类案件的决心。宁望鲁还表示,解决滥用行政权力排除、限制竞争行为问题,不能完全依赖一部法律或一个部门。政府和社会各界都应增强反垄断法律意识,依法行政,这样才能营造公平竞争的市场环境,才能保证市场经济健康发展和国家的长治久安。

三、我国《反垄断法》规制行政性垄断的规定有待完善

(一)制定完善《反垄断法》的实施细则

我国《反垄断法》仅8章57条,立法粗线条、原则性强、弹性规定多,在具体案件的适用中难免会出现理解歧义、界定困难等问题。《反垄断法》执行中的专业性很强,要求法律具有明确性。因此,为了增强法律的实际操作性,需要尽快制定相应的实施细则来对相关法律条文进行细化。原国家工商行政管理总局发布的于2009年7月1日生效的《工商行政管理机关制止滥用行政权力排除、限制竞争行为程序规定》,进行了积极探索;2019年6月26日国家市场监督管理总局出台了《制止滥用行政权力排除、限制竞争行为暂行规定》,在原来规定的基础上又前进一步。

(二)弥补《反垄断法》对行政性垄断内容规定的缺陷

在《反垄断法》对行政性垄断内容的规定上,我们应该从以下几方面加以完善。

1. 明确行政性垄断的概念

我国《反垄断法》将行政性垄断限定为“滥用行政权力,排除、限制竞争”。这样的规定不能涵盖所有的行政性垄断。应将行政性垄断定义为“通过违法行政行为,排除、限制竞争”。因为“违法行政行为”的内涵要远大于“滥用行政行为”的内涵,可以更全面地规制现实中各种行政性垄断行为。

2. 明确界定“关系国民经济命脉和国家安全的行业”的范围

根据我国的具体国情,应尽量明确只有军工等少数行业才属于“关系国民经济命脉和国家安全”的行业,这些行业实施的行政性垄断受法律保护。并且还要对这些行业受保护的具体范围和程度进行界定。①

3. 明确规定禁止进行逆向歧视

针对现在普遍存在的逆向歧视问题,为了使本地和外地的企业处于平等的竞争地位,维护公平的经济秩序,在我国《反垄断法》中明确规定地方政府不得对地方企业尤其是地方民营中小企业进行逆向歧视。

(三)完善关于反垄断委员会的规定

职能决定了反垄断委员会委员绝不是一般人员所能胜任,要求其具备深厚的法学、经济学、管理学等综合专业知识。我国可以借鉴国外的相关做法,设立一套严格的人事选拔与资格审查程序,该委员会至少应由法学家和经济学家参与。同时,为使反垄断委员会协调机制真正能发挥作用,需要给予其参与经济政策决策权、发布对具体的行政性垄断禁令权、对违反《反垄断法》的地方性法规的停止执行建议权和提请撤销权等实质

---

① 参见孙晋等:《我国食盐业专营垄断之变异、危害及其纠补》,载《中南大学学报》(社会科学版)2010年第2期。

性权力。

(四)完善行政性垄断的法律责任体系

1.统一行政性垄断的法律责任

由于在我国《反垄断法》颁布之前,有些行业监管部门如原银监会、电监会等对本行业的竞争秩序负有监管职责,这些监管部门都制定了自己的部门法,如《电信法》《电力法》等,这些法律法规对行政性垄断的法律责任与《反垄断法》的规定存在矛盾。① 对这些法律法规中不符合我国《反垄断法》的内容应进行修改和删除,建立起有效的协调、衔接机制,使行政性垄断的法律责任得到统一。

2.完善行政性垄断的行政责任制度

首先,要完善行政性垄断主体的行政责任内容。我国《反垄断法》对行政性垄断主体的行政责任仅仅局限于"由上级机关责令改正",起不到惩戒作用。还应包括撤销违法行政行为、宣布无效、行政赔偿、行政处分和行政处罚等。

其次,要完善行政性垄断主体的个人责任。行政性垄断行为尽管是以行政机关名义作出的,但其决策者和实施者却是直接负责的主管人员和其他责任人,所以行政性垄断主体的主管人员和其他直接责任人应该承担个人责任。

3.完善行政性垄断的民事责任制度

行政性垄断的主体比较特殊,一般是行政机关及其所属部门。按照我国《民法通则》第121条的规定,行政机关同样可以成为民事责任的主体。

从民法角度来看,行政性垄断这种行为属于侵犯被限制竞争的经营者的财产权的行为,属于民事侵权范畴。因此,如果行政性垄断行为给公民、法人或其他组织造成了经济损失,就应该承担民事责任。②

4.完善行政性垄断的刑事责任制度

行政性垄断作为一种违法行为,其所造成的社会危害要远大于我国《刑法》中的一些经济犯罪,因而有必要采取刑罚手段予以制止。我国的《反垄断法》中应增加刑事责任,可以规定严重的行政性垄断可以判处直接责任人有期徒刑并处罚金。可以在制度安排上进行一些灵活设计,不必追究行政性垄断主体的刑事责任,而只追究其责任人员的刑事责任。③

5.对行政性垄断行使制裁权的主体应该是反垄断执法机构

根据我国《反垄断法》的规定,对行政性垄断行使制裁权的主体是"上级机关",反垄断执法机关只有建议权,没有制裁权。按照一般的理解,反垄断执法机构是制裁行政性垄断行为的当然主体,因为在制裁行政性垄断和经济垄断上有很多共同之处,反垄断

---

① 参见尚明主编:《〈中华人民共和国反垄断法〉理解与适用》,法律出版社2007年版,第247页。

② 参见孙晋:《我国〈反垄断法〉法律责任制度缺失及其完善》,载《法律适用》2009年第11期。

③ 参见杨巍、王为农:《关于行政性垄断及其法律规制》,载《浙江社会科学》2007年第2期。

执法机构能进行比较专业的处理。而行政性垄断的"上级机关"则由于其不专业且容易保护自己下属机构,不能有效地对行政性垄断行为进行制裁,因此,应规定由反垄断执法机构对行政性垄断进行制裁,至少应该给予反垄断执法机构以强制性的制裁建议权。

6. 对行政性垄断受益企业的单位责任设置法律制裁条款

行政性垄断就像贿赂行为,故凡行政性垄断都有受益人即受保护的企业。如果只制裁行政性垄断主体及其公务人员,而不制裁受益企业,就会使企业只享受行政性垄断的收益而不承担行政性垄断的风险,这显然不公平。因此,应当对行政性垄断受益企业的单位责任设置法律制裁条款,可以据其主观恶性和造成的客观后果追究其民事责任或行政责任(如赔偿、吊销营业执照等);情节严重的,按照我国《刑法》追究单位刑事责任,对单位判处罚金。

7. 对行政性垄断受益企业高管的个人责任设置法律制裁条款

国际上所有制定了反垄断法的国家都明确规定董事、经理等高级管理人员在其所任职的公司违法实施垄断行为时,都须承担相应的法律责任。因为经营者实施的垄断行为要经历决策阶段和实施阶段,经营者的董事、经理等高级管理人员就是决策者和实施者。① 这种情况在行政性垄断上表现得更加明显。如果受益企业高管无须对企业的行政性垄断行为承担法律责任就使我国《反垄断法》的立法目的难以实现。

(五)建立完善我国反行政性垄断的司法救济制度

我国《反垄断法》的颁布只是国家反对垄断的"宣言书",为了更好地规制行政性垄断,应采用双向运行模式,即在行政公共执行之外还应确立通过诉讼实现私人执行,通过构建完善行政性垄断诉讼制度让行政性垄断接受司法审查,使公民和经营者真正成为法治主体。

1. 确立行政性垄断本身违法原则

反垄断的核心问题是违法判定原则的确立。在判定某一行为是否为行政性垄断行为时,如果采用本身违法原则,原告只需要证明垄断企业的规模占有市场的比例超过一定数额,或行为属法律禁止的范围之内时,即使被告认为此行为会促进竞争,法律也将认定其为行政性垄断行为而进行处罚和禁止。根据我国国情,反行政性垄断的违法判定中应当适用本身违法原则,主要是因为:(1)本身违法原则的判定标准具有"明确性"。采用本身违法原则时,在法律条文上有明确的合法与违法界线,容易判断出行为是否违法构成行政性垄断。(2)本身违法原则节省反垄断制裁的诉讼成本。本身违法原则使审理案件的法院或反垄断执法机构无须对案件做过多调查就可认定其违法,而且原告胜诉的概率很大。

2. 建立抽象行政性垄断行为的事前审查制度

针对我国行政机关容易滥发具有普遍约束力的规范性文件的问题,有必要授予反

---

① 参见游劝荣主编:《反垄断法比较研究》,人民法院出版社 2006 年版,第 182 页。

垄断委员会对行政机关发布的涉及竞争问题的行政法规、规章及其他规范性文件的事前审查权。我国公平竞争审查制度的建立为事前审查提供了制度基础。

3. 依法对具体行政行为引发的行政性垄断提起诉讼

司法审查通过司法机关对其他国家机关行使国家权力的活动进行审查,是现代民主法治国家普遍设立的一项重要法律制度。司法审查包括两个方面的内容:一是法院对立法机关的立法行为进行审查,这通常被称为违宪审查;二是法院对行政机关的行政行为进行司法审查。

在由具体行政行为引发的行政性垄断诉讼中,当事人的法定诉权散见于多个法律法规中。我国《反垄断法》第 50 条规定:"经营者实施垄断行为,给他人造成损失的,依法承担民事责任。"第 51 条第 1 款规定:"行政机关和法律、法规授权的具有管理公共事务职能的组织滥用行政权力,实施排除、限制竞争行为的,由上级机关责令改正;对直接负责的主管人员和其他直接责任人员依法给予处分。反垄断执法机构可以向有关上级机关提出依法处理的建议。"通过比较上述规定可以看出,我国《反垄断法》并未给与受损主体法定的诉权,只是规定了行政救济措施,应当以立法的形式明确地给与受损主体以诉权来保障他们的合法权益。

4. 建立抽象行政性垄断行为的司法审查制度

在我国的反行政性垄断工作中,对抽象行政性垄断的规制是难点与重点。在由抽象行政行为引发的行政性垄断诉讼中,由于我国《行政诉讼法》将抽象行政行为排除在受案范围之外,如果没有相关审查制度,将导致大量抽象行政性垄断无法进入司法审查程序,受损主体无法通过诉讼途径解决抽象行政行为是否合法,只能向有关机关申请进行审查。应尽快以立法的形式授权司法机关以对于抽象行政垄断行为的审查权,更好地保护当事人的合法权益。

5. 建立反行政性垄断公益诉讼制度

反行政性垄断公益诉讼,是指当行政主体的违法行为导致或可能导致某一领域内出现行政性垄断而对社会公共利益造成侵害时,任何公民、机关或团体均可以为了公共利益以自己的名义对行政机关向人民法院提起诉讼的制度。我国应该在《反垄断法》上突破《民法通则》中原告必须是"直接利害关系人"的规定,任何公民、法人和其他组织只要发现有行政性垄断行为时,就可以向法院提起反行政性垄断诉讼。

(六)《制止滥用行政权力排除、限制竞争行为暂行规定》的最新发展

2019 年 6 月 26 日国家市场监督管理总局制定公布了《制止滥用行政权力排除、限制竞争行为暂行规定》,并于 2019 年 9 月 1 日实施,成为我国立法规制行政性垄断的最新立法成果。

该暂行规定全文共 25 条,单从条文上来看,比原国家工商行政管理总局于 2009 年 7 月 1 日施行的《制止滥用行政权力排除、限制竞争行为程序规定》(11 条)和《制止滥用行政权力排除、限制竞争行为的规定》(13 条)总数还多 1 条;但这不是简单的条文累

加,主要意义在于制度的传承和创新。

在原《制止滥用行政权力排除、限制竞争行为的规定》第3条规定的7种行为基础上,2019年公布的《制止滥用行政权力排除、限制竞争行为暂行规定》将最重要的滥用行政权力排除、限制竞争行为归类划分为第4条到第9条共6大类,规定了20具项行为。显而易见,较之原规定,新的《制止滥用行政权力排除、限制竞争行为暂行规定》更加细致,更为全面,更有利于执法机关识别和运用,也有利于有权机关的自我认知和防范。

《制止滥用行政权力排除、限制竞争行为暂行规定》的另一个进步,就是主动和公平竞争审查制度的衔接与协调,有利于形成制度合力,实现"1+1>2"的效果。公平竞争审查制度是规制行政性垄断的制度亮点和特色做法。2016年国务院发布《关于在市场体系建设中建立公平竞争审查制度的意见》(国发34号),该意见明确要求,各级行政机关和法律、法规授权的具有管理公共事务职能的组织(以下统称政策制定机关)制定市场准入、产业发展、招商引资、招标投标、政府采购、经营行为规范、资质标准等涉及市场主体经济活动的规章、规范性文件和其他政策措施,应当进行公平竞争审查。文件还要求,行政法规和国务院制定的其他政策措施、地方性法规,起草部门应当在起草过程中进行公平竞争审查;未进行自我审查的,不得提交审议。公平竞争审查制度当前正在全国稳步积极推进,在全面深化改革和全面依法治国进程中作为国家顶层设计和战略性制度安排,发挥越来越关键的作用。我国在反行政性垄断11年的执法经验基础上,借着国家机构改革新组建市场监管总局的东风,针对新目标和新情况,用制度的形式把新经验固定下来,对《反垄断法》第五章进行与时俱进的发展,结合公平竞争审查制度的全面实施,《制止滥用行政权力排除、限制竞争行为暂行规定》的制定出台可谓恰逢其时。

《制止滥用行政权力排除、限制竞争行为暂行规定》对反垄断法具体规则在之前基础上予以进一步细化,为提高反垄断执法的可操作性、提高执法透明度提供了明确的法律依据,也为有权机关行权提供了明确指引,同时极大便利了社会监督。这些创新与发展,在《反垄断法》修订提上议事日程的当下,意义尤其显著。这次《制止滥用行政权力排除、限制竞争行为暂行规定》《禁止垄断协议暂行规定》《禁止滥用市场支配地位行为暂行规定》的同步颁行,是完善我国反垄断法律制度的有益探索,为我国《反垄断法》的修法完善积累经验。

第六节 反垄断法的实施

一、反垄断法实施概述

(一)反垄断法实施的含义

在本书中,反垄断法的有效实施有两层含义:第一,反垄断法的实施不仅局限于以国家为主的公共主体构建各种保障制度,更在于各执行主体共同作用、相互配合,形成制度合力,体现执行的整体性和动态性,以使法律规范在社会生活中得到贯彻和实现;第二,反垄断法的良好实施不仅局限于国家执法行政机构的自上而下的强力执法和各行政执法主体的良好配合,还需注重发挥司法机关在反垄断法民事诉讼当中的功能,积极实现反垄断法自下而上的反推作用,在更高的层次实现反垄断法公共实施和私人实施的合力。

(二)反垄断法实施体制

与传统的公法和传统的私法相比,反垄断法的社会本位法律属性决定了其实施的特殊性。依循社会本位立法的反垄断法既有公法属性又有私法属性,这就决定了反垄断法的实施既不能单纯依靠公共机构的主动执法,也不能完全寄希望于经营者和个人的起诉,而是二者的结合,既需要自上而下的强势推动,也需要自下而上的积极反推。

由公共官员对反竞争行为采取的任何行动可称为公共执行(public enforcement),特点是动用公共财政和权力资源,其主要目的是维护公共利益;除了反垄断公共官员以外,私人市场参与者在反垄断法的实施中也扮演者重要的角色,这种由私人发动的反垄断法执行简称为私人执行(private enforcement),即那些自身利益受到反竞争行为影响的法人和自然人通过向法院提起民事诉讼或通过仲裁等方式来实施反垄断法。①

反垄断法的有效实施有赖公共执行与私人实施两种资源的共同利用和有机配置。

二、反垄断法行政执行制度

(一)反垄断法公共执行机构概述

法律的实施,既依赖社会大众的积极参与,也依赖有关国家公共机关的正确执法。反垄断法的实施也是如此,既有自然人、法人以及非法人的社会组织等私主体的参与,也有行政机关和司法机关等公共主体的参与。② 反垄断法的公共执行机构也称反垄断公共执法机构,有广义和狭义之分,广义上的反垄断公共执法机构,是指一切参与执行反垄断法的国家机关和司法机关;狭义上的反垄断公共执法机构,是指依照法定的职权和程序,贯彻实施反垄断法律法规的行政主管及执行机构,而将承担反垄断法实施职能的司法机构排除在外,所以也称反垄断法行政执法机构。

(二)反垄断法公共执行机构的特征

由于反垄断法自身的特点和反垄断法有效实施的内在需要,反垄断公共执法机构一般具有以下几个特点。

第一,专业性。反垄断执法机构的专业性是由反垄断法以下特点决定的:首先,反垄断法是一部专业性、技术性和综合性很强的法律,涉及法学、经济学、企业管理学、社

---

① 参见王健:《反垄断法的私人执行》,法律出版社 2008 年版,第 5 ~6 页。

② 参见周彧主编:《反垄断法律问题研究》,中国社会科学出版社 2007 年版,第 188 页。

会政策学等众多领域知识。

第二,高度独立性。就是要求执法机构自身与被规制对象没有隶属或者关联关系,同时享有充分的自主权限。独立性是确保反垄断执法机构执法公正性和有效性的关键。

第三,权威性。权威性要求执法机构具有相当高的位阶,其独立和专业化的裁决以及命令受到执法体系的普遍遵从和司法审查的尊重与协调配合。

第四,准司法性。准司法性,是指反垄断执法机构可以通过一定的程序像法院那样中立而公正地处理涉及垄断的案件。准司法性主要表现在程序权力、处罚权和权威性。

(三)我国反垄断行政执法机构的设置及权限

根据《反垄断法》的规定,我国由国务院设立反垄断委员会,并由国务院规定的承担反垄断执法职责的机构负责反垄断执法工作。反垄断委员会和反垄断执法机构都是隶属于国务院的行政机关,但二者在具体职责上分工不同。

在《反垄断法》实施的第一个10年,我国反垄断执法权由三家机构分别行使,形成"三驾马车"执法格局。具体而言,价格垄断的执法监督权在国家发展和改革委员会。国家发展和改革委员会内设的价格监督检查司反价格垄断的执法依据是《反垄断法》第二章和第三章的相关规定以及原《反价格垄断规定》。

而对于滥用市场支配地位的另外一些行为,如搭售商品、限定交易的审查和执法,包括各界普遍关注的行政性垄断,主要由原国家工商行政管理总局内设的反垄断执法机构负责。

商务部通过内设的反垄断局负责经营者集中的审批。

此外,特殊行业监管部门也对垄断和限制竞争行为负有监管职能,如电监会、原保监会、原银监会分别对电力行业、保险业、银行业的限制竞争行为进行监管。

在2018年国务院机构改革后,新组建了国家市场监督管理总局,统一了我国反垄断执法权和行政规章制定权,解决了原国家工商行政管理总局、国家发展和改革委员会、商务部三家反垄断执法机构职能交叉的问题,国家市场监督管理总局以及总局概括授权的省级市场监管部门(省局)负责对垄断行为进行调查、提出依法处理建议(查处),并对总局和省局的管辖分工和职责配合进行明确规定;规定了反垄断执法备案报告、监督制度以及委托调查、协助调查、公示等制度;特别强调平等对待所有经营者,彰显公平、公正、公开执法的要义。

(四)反垄断法执行的特殊调查程序

经济生活的复杂多变、行政性干预与政策性因素的相互作用,导致垄断问题合法与非法的界限呈现不确定性的倾向,实体性规则很难运用精确、明晰的语言将经济生活的变动及时反馈到立法层面。因此,反垄断立法在很多时候不得不作出某种弹性、灵活甚至模糊化的处理,而将是否构成垄断的判断留给执法及司法层面进行个案解决。这使一种相对比较固定,可供包括规制主体、规制对象、利害关系人在内的多个主体共同参与,让不确定的结论具有确定的判断过程的程序性规则的确立成为必要。这种特殊的调查程序就包括承诺制度和宽恕制度。

1. 承诺制度

承诺制度是一项为提高执法效率而实施的反垄断执法制度,即如果相对人作出承诺将采取措施消除不法垄断的不利后果,反垄断执法机关可以接受其承诺,并不再展开后续执法程序。它属于一种执法和解制度。通常而言,反垄断执法成本高昂,在调查取证困难重重、在执法机构和被调查的经营者长期相持不下且都倍感心力交瘁的情况下,适用承诺制度能有效降低执法成本和充分体现反垄断法的效率目标。①

我国《反垄断法》第45条规定:"对反垄断执法机构调查的涉嫌垄断行为,被调查的经营者承诺在反垄断执法机构认可的期限内采取具体措施消除该行为后果的,反垄断执法机构可以决定中止调查。……"该规定为反垄断法承诺制度在我国的适用提供了法律依据,但由于该条规定比较笼统和原则,可操作性不强,如没有对承诺制度的适用范围作出规定,难以为反垄断执法机构和经营者提供明确的操作指导。2009年6月国家工商行政管理总局发布的《工商行政管理机关查处垄断协议、滥用市场支配地位案件程序规定》第15条至第19条对《反垄断法》关于承诺制度的规定进行了细化,使其更具有可操作性,但仍有许多不足。该程序规定只是规定垄断协议和滥用市场支配地位的行为可以适用反垄断法承诺制度,却没有明确是不是所有的垄断协议与滥用市场支配地位的行为都能够适用该制度,也没有明确其他垄断行为能否适用反垄断法承诺制度。这是我国反垄断法承诺制度设计中的缺陷之一。

总体而言,在不违背社会公共利益、不损害第三人利益尤其广大消费者利益前提下,经营者承诺制度有利于发挥当事人的主观能动性,节约执法成本,提高执法效率,体现了对被执法者的人文关怀,符合现代法的发展趋势,有利于构建和谐的执法环境。

【典型案例】国家发展和改革委员会与中国电信中国联通垄断执法和解案

2011年11月9日中午中央电视台报道了国家发展和改革委员会正在调查中国电信和中国联通宽带接入领域垄断问题。国家发展和改革委员会价格监督检查与反垄断局副局长李青声明,基本查明在互联网接入这个市场上中国电信和中国联通合在一起占有2/3以上的市场份额,具有市场支配地位;且初步查明二者有从事垄断的事实。

中国电信在2011年8月向省公司发文要求原则上除骨干核心正常互联互通点之外的任何网络节点不得有其他运营商和互联单位的穿透流量接入,堵住了弱势的区域

① 参见孙晋、冯艳楠:《反垄断法承诺制度运行机制研究》,载王晓晔主编:《竞争执法能力建设》,社会科学文献出版社2012年版,第357~358页。

性宽带运营商通过向中国电信的代理商间接购买电信宽带的途径。① 依据工信部的规定，铁通、长城宽带、歌华有线等其他宽带接入商在与中国电信、中国联通的网络发生互联互通时需要向中国电信、中国联通付费，而定价权则基本掌握在后者手中。出于打压竞争对手的考虑，中国电信中国联通实行了网间结算的差别定价，对与其有竞争关系的区域性运营商定价高，对其普通客户定价低，悬殊价差比例最高可能达到10∶1。从中可以看出，中国电信和中国联通利用了其市场力量设置市场进入壁垒，目的在于妨碍或阻止其他区域性宽带运营商（竞争者）进入市场与其展开竞争。中国电信和中国联通作为我国的骨干运营商，不仅直接参与和其他区域性运营商竞争宽带接入用户，而且电信联通两网之间未实现互联互通所以没有竞争，区域运营商必须要向两家骨干运营商之一缴纳接入费用，故中小型宽带运营商在骨干运营商的选择上并没有实际意义上的选择权。中国电信看到铁通、长城宽带等竞争对手通过穿透流量接入发展了业务还降低了成本而自己却没有从中受益，所以才清理穿透流量，造成铁通在南方某些区域大面积断网，上万人投诉，直接严重损害了消费者利益。同时，竞争对手无法通过竞争正常发展，两家主导的运营商中国电信中国联通的价格就不可能真正下降，所有消费者利益都受到了损害。

中国电信和中国联通不仅在批发市场控制着带宽及基础设施等必要要素，而且发展自己的终端用户（从大型企事业单位到居民住宅用户），即还在零售市场与非主导运营商进行竞争。像中国电信、中国联通这样在上下游市场同时开展经营且控制下游市场必要投入要素的垂直整合型企业，利用批发价格与零售价格之间的互动而产生排挤下游市场竞争对手目的的行为，在欧美被称为“价格挤压”，②这种“价格挤压”之上游和下游市场的互动包括提高批发价格、降低零售价格或二者的结合。就中国电信、中国联通宽带垄断案而言，从掌握的信息判断，国家发展和改革委员会的反垄断调查仅涉及上游市场批发价格，尚未涉及下游市场的零售价格的垄断行为。

综上所述，中国电信和中国联通具备了我国《反垄断法》中规定的具有支配地位的企业滥用支配地位行为的构成要件，事实清晰，存在滥用支配地位的行为是毋庸置疑的。

2011年12月2日，国家发展和改革委员会证实已经收到来自中国电信与中国联通两家公司提交的有关整改方案和终止调查的申请。其实最终以“和解”结案也并非没有先例，微软垄断案和英特尔垄断案都是以“和解”结局，但其适用条件非常严格即违

---

① 所谓穿透流量接入，简单而言就是其他宽带运营商不以自己的名义向中国电信、中国联通高价购买而是通过第三方购买比自己实际与电信、联通交易要便宜很多的流量，然后用来发展自己的固网业务。

② 所谓“价格挤压”，简单的理解就是利用对上游市场批发价格和下游市场零售价格的控制，挤压下游市场竞争对手的利润空间，将其排挤出下游市场，最终巩固或加强其在下游市场的垄断地位。

法关键证据无从发现,过程和结果都是透明且有成效的。① 中国电信在2011年12月2日发布的声明中承认其存在垄断行为,2011年12月7日国家发展和改革委员会价格监督检查与反垄断局对中国电信的有关整改措施的承诺并不满意,认为这些承诺过于粗略,并且无据可查,进而要求中国电信拿出更为具体的方案,并对外公布。然而,从可以查询的结果来看,再无下文,从中可以看到反垄断执法机关面对中央企业执法的困境。但是,事实却不容置疑,在违法事实非常清晰、对消费者利益没有根本补偿的情况下,该案显然不宜适用承诺制度。

2. 宽免制度

宽免制度,也称宽恕制度或减免制度,是反垄断执法机构对参与实施卡特尔垄断行为进行调查前或过程中,对检举揭发的经营者的合作态度和悔过之意等进行综合考量,根据起诉或制裁的裁量权,对是否起诉以及是否减轻其处罚(如罚金)作出判断。

我国《反垄断法》第46条第2款规定,经营者主动向反垄断执法机构报告达成垄断协议的有关情况并提供重要证据的,反垄断执法机构可以酌情减轻或者免除对该经营者的处罚。宽免制度的有效实施必须以强大的反垄断执法压力为前提,否则违法者就不会主动报告和坦白,既要在我国《反垄断法》条文中规定严厉的法律制裁,尤其是刑事责任和制裁的规定不可或缺,又要进一步细化可以得到宽恕的条件,规定透明、便捷的程序和明确规定不得宽恕的情形,详细规定自首的先后顺序不同和减免幅度差别,由此看来,我国反垄断法的宽免政策也应当像我国贯彻刑事政策一样遵循宽严相济的原则。

【典型案例】微软未遵守IE垄断和解协议　被欧盟罚7.31亿美元

据路透社报道,2013年3月欧盟以违背向欧洲消费者提供浏览器选择的承诺为由,对微软开出了5.61亿欧元(约合7.31亿美元)罚单。

2009年微软为和解欧盟发起的反垄断调查曾作出这个承诺。微软最近10年在欧洲一直遭到监管麻烦,包括这次罚款在内,欧盟对其罚款总额达到21.6亿欧元。微软承诺,在前一版Windows系统中为欧洲消费者提供竞争对手的浏览器。但作为欧盟27个成员国反垄断机构的欧盟委员会称,微软在2011年5月至2012年7月违背了这个承诺。欧盟称,其对那次和解协议非常认真对待。该机构反垄断专员华金·阿穆尼亚(Joaquin Almunia)在声明中表示:“反垄断裁决中达成的有法律效应的承诺,在我们执法政策中起很重要的作用,因为这些承诺可以快速解决反垄断问题。当然,这种裁决要

① 反垄断法承诺制度的适用条件有三点:(1)不得损害社会公共利益;(2)有关事实或法律关系不确定且难以查明;(3)承诺能有效停止垄断行为并消除对竞争的不利影响。参见孙晋、冯艳楠:《反垄断法承诺制度运行机制研究》,载王晓晔主编:《竞争执法能力建设》,社会科学文献出版社2012年版,第369~372页。

求严格遵守。没遵守是非常严重的违法,必须遭到相应的制裁。"这是欧盟首次因一家公司未遵守承诺而开出罚单。按照欧盟法律,反垄断机构可对微软处以全球营业额10%的罚款(预计可达79亿美元)。从这个角度来看,虽然处罚严厉,但欧盟的处罚还没有达到上限。

其实,微软与欧盟的关系一直非常纠结,2004年欧盟委员会以滥用市场垄断地位,将Windows媒体播放器与Windows系统捆绑为由,开出了罚单。2009年为解决其他的垄断担忧,微软承诺向用户提供其他浏览器。欧盟将这种义务设定了5年的法律约束力,直至2014年结束。最初微软还是遵守了承诺。然而,欧盟在2013年3月初称,2010年3月到2010年11月用户下载了8400万次浏览器,但2011年中期到2012年中期,Windows7 SP1未提供这种选择,并导致欧盟展开调查。微软称这种故障是技术错误导致,为此该公司董事会还削减了CEO史蒂夫·鲍尔默(Steve Ballmer)上年度的奖金。但很显然,欧盟并不相信微软的辩解。

三、我国反垄断法行政执法与司法的协调

(一)我国反垄断民事诉讼的规定

反垄断民事诉讼的法律规定是反垄断法私人实施的制度前提。我国《反垄断法》第50条规定:"经营者实施垄断行为,给他人造成损失的,依法承担民事责任",从法律上明确了受到垄断行为侵害的主体不受反垄断行政执法的影响,有权提起民事诉讼,启动反垄断法的私人执行。

为了正确审理垄断民事纠纷案件,制止垄断行为,保护市场公平竞争,维护消费者利益和社会公共利益,2012年5月3日,我国最高人民法院根据《反垄断法》、《民法通则》、《合同法》和《民事诉讼法》等法律的相关规定,制定了《关于审理因垄断行为引发的民事纠纷案件应用法律若干问题的规定》,为我国反垄断法的私人实施提供了司法制度保障。

(二)我国反垄断司法与执法的冲突

从我国现有的这些法律规定来看,由于反垄断行政执法和司法的并存,并且受害人对于垄断行为提起诉讼时,行政执法机构的事先处理并不是其前置程序,因此在实践中,反垄断执行就会存在一些矛盾。我国现行反垄断行政执法与司法的协调还有诸多问题。

从我国《反垄断法》的具体规定来看,反垄断法过于强调行政机关的反垄断执法,对于反垄断的司法诉讼程序以及机构设置规定过于简单,从我国反垄断法的条文可知,涉及公共执行的条款共有17条,而涉及私人实施的规定仅有1条,即内容本身就具有模糊性的第50条,说明对私人实施制度与公共执行制度的设计方面更多地偏重于公共执行。

另外,我国缺乏合理的公私协调机制。我国《反垄断法》中私人实施制度并不发

达,反垄断法的实施主要依赖行政主导的模式,在此种情况下,公共执行与私人实施之间并不是相互辅助、相互补充的关系,而是比较明显地表现为相互排斥、相互竞争、相互替代的关系。在行政主导的实施模式下,反垄断法私人实施的发展空间被压制,无法与公共执行相协调,程序机制和手段方式比较单一、简单。

(三)协调我国反垄断法公共执行与私人实施

协调好我国法院与反垄断执法机构的关系,可以从以下两个方面入手。

1. 建立法院与反垄断行政执法机构之间信息披露制度

为了协调人民法院和反垄断行政执法机构在处理具体的垄断案件时的冲突和矛盾,我国很有必要建立法院与反垄断行政执法机构之间的信息披露制度和信息共享机制,规定人民法院主动向行政执法机构查询案件是否已经被其受理。

2. 完善人民法院与行政执法机构监督、分责和配合制度

虽然我国反垄断法确定了民事诉讼与行政执法并存的制度,但是由于各方面原因,在实践中,处理反垄断案件更多的是适用行政执法制度。为了协调人民法院与行政执法机构的管辖权,我国应当明确人民法院与行政执法机构的监督、分责、配合制度。

四、反垄断法的适用除外与域外适用

(一)反垄断法适用除外制度

1. 反垄断法适用除外的概念与特征

反垄断法适用除外又称适用例外,它是各国反垄断法所共有的一项制度或内容,是指在某些领域对某事项不适用反垄断法;具体而言,系指在某些特定行业或领域中法律允许一定的垄断状态及垄断行为存在,即对某些虽属限制竞争的特定协调或联合或单独行为,反垄断法不予追究的一项法律制度。①

由于不存在立法上的明确界定,加之语言表达的不确定性,在理论上对反垄断适用除外制度所作的各种界定都难免不够准确和全面,但它们通过不同角度的考察,也反映出了反垄断法适用除外制度的一些基本特征。

(1)普遍性。反垄断法适用除外制度的普遍性体现在两个方面:一方面,是各国在颁布的反垄断法中都规定了适用除外制度;另一方面,则体现在各国反垄断法适用除外制度适用的除外内容具有普遍性。

(2)内容的变动性。从世界范围来看,反垄断法适用除外的内容是随着本国社会经济的发展或者是在与本国经济的发展竞争中不断变化的。

(3)效力的相对性。反垄断法适用除外制度是对垄断状态或者行为进行分析,以经济政策为基础,对其免予处罚的一种安排,具有相对性,是附有条件的。如在电力、铁路、供气等自然垄断行业中,虽然是在适用除外之列,但是,如果自然垄断行业滥用市场

---

① 参见孙晋:《反垄断法适用除外制度研究》,载漆多俊主编:《经济法论丛》(第6卷),中国方正出版社2002年版,第45页。

地位,限制竞争,损害消费者利益,仍然是可以适用反垄断法进行处罚的。

(4)立法形式的多样性。各国的反垄断法适用除外制度并非在反垄断法出台时就已拟定、设计好的。其内容往往是随着国际国内经济形势的变迁而发展变化的。

2. 反垄断法适用除外制度适用的情形与对象

垄断和限制竞争扭曲价值规律,妨害市场机制对资源配置的作用,所以法律加以反对和禁止。但有些垄断和限制竞争同资源合理配置并不抵触,或者为了国家和社会利益还需要某种垄断和对竞争进行某种限制。法律正是基于这种情形,规定对这些垄断和限制竞争予以允许,甚至提倡和扶助,它们都属于反垄断法适用除外制度的适用。适用除外的情形主要可分为两类:一为自然垄断;二为政策性垄断。

反垄断法适用除外制度的对象必须满足以下要件:第一,根据反垄断法的一般性规定属于限制或禁止的行为;第二,该种行为的宏观经济利益大于其限制竞争所造成的损害;第三,法律规定其不适用反垄断法限制和禁止性规定,或者依照法律规定的程序认可其适用反垄断法除外的规定;第四,行为因适用除外而取得合法性。该标准的核心是第二条,它表明更大的价值(宏观经济利益)取代了原来的价值(竞争的益处)时。① 结合各国立法,作简要总结。

(1)自然垄断行业

法学理论中的自然垄断通常作这样一种表述:由于特定行业的某种自然特性,在某一市场上出现一个经营者之后,排除了其他经营者以同样的方式进入该市场,从而使已进入该市场的经营者自然取得该市场的独占地位。

由于自然垄断行业所具有规模经济或组合经济效益以及它们与社会公共利益的密切联系,长期以来,以公用企业为典型代表的自然垄断行业一直被各国反垄断法列为适用除外领域。

(2)银行业和保险业

对银行业和保险业的反垄断法适用除外的重要法律依据是社会整体利益。银行业和保险业不仅是国家的经济支柱,而且也是公众生存和发展的必要保障。特别是保险业通过对经济损失的平均分配来满足人们转嫁风险的要求,从而实现重要的经济补偿功能。② 然而,金融市场存在市场失灵和信息不完全等缺陷,过度的竞争势必造成金融市场的低效率,金融机构的频繁倒闭会造成整个社会的恐慌。相反,银行业和保险业的正常发展会给整个社会带来福利。因此,维持二者的有限的竞争,对其二者的垄断进行容忍是必要的。

(3)农业

这里的农业是广义上的农业,包括狭义上的农业、林业、畜牧业、渔业。农业是一个

---

① 参见李晶、辛松海:《试论反垄断法适用除外制度》,载《佳木斯大学社会科学学报》2003 年第 6 期。

② 参见[英]亚当·斯密:《国民财富的性质和原因的研究》(下卷),商务印书馆 1997 年版,第 318 页。

特殊的行业,它除要投入劳力、资本等生产要素外,还在很大程度上依赖自然条件,农业生产受到自然条件的强烈影响,因此,农业往往是个非常脆弱的行业。因此,各国政府对农业都采取鼓励和保护的政策。在竞争法实施中,各国都对农业网开一面,允许农业生产者之间开展多种形式的合作,从而避免激烈竞争给农业生产者的利益以及农业发展所带来的负面影响。

(4)知识产权领域

知识产权是人们就其智力成果所依法享有的专有权利,具有独占性和排他性。因此,知识产权本质上是法律赋予的一种合法垄断;各国的反垄断立法均把知识产权列为"适用除外条款"。[①] 知识产权的适用除外主要有两种情形。第一种情形是知识产权的本身适用除外,也就是合法垄断。第二种情形是基于知识产权对公共利益等因素的考虑而给与的适用除外。

(5)对外贸易领域

为了保护本国利益,增强本国出口实力,各国都对对外贸易中以出口卡特尔为主的限制竞争行为持豁免态度,将其纳入反垄断法适用除外的范围。从一般意义上来讲,出口卡特尔限制了出口经营者之间的竞争,破坏了竞争的自由和公平。但是,这种出口卡特尔却可能给出口国带来好处,可以有效增强该国企业的国际竞争力,有利于增进出口国在国际贸易中的利益。[②]

(6)特殊卡特尔

特殊的卡特尔,即一些特殊的垄断协议,包括不景气卡特尔、合理化垄断协议、标准化垄断协议、专业化垄断协议、中小企业卡特尔、进出口垄断协议、农业领域中的垄断协议和公共利益垄断协议等。

3. 我国反垄断法适用除外制度的立法现状及其完善

(1)我国反垄断法适用除外制度的立法现状

2007 年 8 月 30 日颁布的《反垄断法》是我国第一部反垄断法。在此之前,我国的反垄断法律规范零散而不成体系,分布在不同的法律之中。在这种缺乏完整体系的反垄断法之下,当时我国并没有明确的反垄断法适用除外制度。一些零散地规定在个别相关行业法律中的条文被认为属于对适用除外的规定。[③]

我国《反垄断法》对适用除外作了较为系统地规定,包括其第 7 条对国有垄断行业及专卖行业的规定,第 15 条对垄断协议的豁免规定,第 55 条对知识产权的豁免规定以及第 56 条对农业经济活动的豁免规定。

---

① 郑瑞琨、赵新:《知识产权反垄断立法规制研究》,载《知识产权》2006 年第 6 期。

② 参见游钰:《卡特尔规制制度研究》,法律出版社 2006 年版,第 191 页。

③ 参见孙晋:《论反垄断法适用除外制度构建与政策性垄断的合理界定》,载《法学评论》2003 年第 3 期;杜仲霞:《我国反垄断法适用除外制度评析》,载《安徽农业大学学报》(社会科学版)2008 年第 5 期。

(2)我国反垄断法适用除外制度的不足及其完善

我国反垄断法适用除外制度的现行立法的主要问题是表达过于笼统模糊,难以准确地确定其含义和范围,因而漏洞很多,弹性过大,缺乏可操作性。

针对这一问题,我国反垄断法适用除外制度的完善主要应从立法技术方面着手,消除法律条文中的逻辑矛盾和漏洞。如对"国有经济占控制地位的关系国民经济命脉和国家安全的行业以及实行专营专卖的行业"进行明确的界定,这种界定不一定要在我国《反垄断法》中进行,也可以在各专门的行业法律中进行规定,如通过对《电力法》《铁路法》等法律的修改使其与《反垄断法》的规定相衔接,明确哪些行业属于该条所规定的行业垄断状态豁免的范围。

对于问题较多的第 15 条,应针对其存在的立法技术上的问题和漏洞进行完善,首先要完善其豁免标准。

此外,为完善反垄断法适用除外体系,在立法形式上,还应当借鉴他国经验,采取在反垄断法中对适用除外作专门性的原则性的规定,与在其他专门性法律中对反垄断法的适用除外作具体的规定相结合的方式,在知识产权法、商业银行法、保险法、农业法、合作社法、对外贸易法等专门的法律中作出针对本行业的与《反垄断法》相衔接的具体规定。

(二)反垄断法域外适用制度

1. 反垄断法域外适用概述

所谓反垄断法的域外适用(extraterritorial application),是指一国将其反垄断法适用于那些在本国以外发生的而对本国市场有影响的垄断或限制竞争行为的情形。

反垄断法的域外适用起源于美国。1945 年的美国诉美铝公司(Alcoa)案时,抛弃了此前一直严格遵守的反垄断法"属地管辖原则",而改用了"效果原则",开创了反垄断法域外适用的先河。

美国依据效果原则将其反托拉斯法域外适用的做法,一开始遭到了不少国家的反对和谴责。一些国家通过外交途径进行抗议,有些国家进行有针对性的法律抵制,即所谓的"阻却性立法"。与此同时,一些国家和地区又纷纷效仿美国,也主张自己反垄断法的域外效力。近几十年来,主张反垄断法的域外适用已经成为各国反垄断法立法的基本趋势。

2. 我国反垄断法域外适用的规定及其完善

(1)我国反垄断法域外适用的现行规定

我国关于反垄断法域外适用的法律规定主要集中在《对外贸易法》《反垄断法》《关于外国投资者并购境内企业规定》《关于经营者集中申报标准的规定》等法律法规中。

我国《对外贸易法》第 7 条规定:"任何国家或者地区在贸易方面对中华人民共和国采取歧视性的禁止、限制或者其他类似措施的,中华人民共和国可以根据实际情况对该国家或者该地区采取相应的措施。"

我国《反垄断法》第2条规定:"……中华人民共和国境外的垄断行为,对境内市场竞争产生排除、限制影响的,适用本法。"这表明我国将依据"效果理论"和"后果地原则"来处理反垄断法的域外适用问题。

2008年8月4日国务院颁布了《关于经营者集中申报标准的规定》。根据该规定,经营者集中是指下列情形:经营者合并;经营者通过取得股权或者资产的方式取得对其他经营者的控制权;经营者通过合同等方式取得对其他经营者的控制权或者能够对其他经营者施加决定性影响。该规定还详尽地规定了需要申报的经营者集中的具体数额标准。

综上所述,《对外贸易法》《反垄断法》《关于外国投资者并购境内企业规定》《关于经营者集中申报标准的规定》等法律法规构成了我国反垄断法域外适用制度的基本框架。

(2)我国反垄断法域外适用制度存在的问题

就我国而言,反垄断法域外适用制度才刚刚起步,实践经验较少,西方国家的经验又不能完全照搬过来,所以必须明确我国反垄断法的域外适用存在哪些问题,进而不断探索来寻求符合我国国情的域外适用制度。这些问题首先表现在立法上的模糊性上。

我国《反垄断法》第2条规定了我国反垄断法的域外适用制度,即"中华人民共和国境外的垄断行为,对境内市场竞争产生排除、限制影响的,适用本法"。这种原则性的规定的模糊性使在司法实践中很难操作。按照此规定,即使有关垄断或限制竞争行为在境外发生,只要其影响我国国内市场,就要受到我国反垄断法的规制。这样很可能会遭到他国的外交抗议或立法抵制。

另外,我国《反垄断法》的域外适用同其他国家一样,也会遇到管辖权的冲突和域外执行的冲突。解决问题才是关键,而不是一味同其他国家针锋相对,否则不仅无法解决域外冲突,而且还会带来更大程度上的国家间的摩擦。

(3)我国反垄断法域外适用制度的完善

首先,确立我国反垄断法域外适用应遵循的管辖原则。我国反垄断法的域外适用可以借鉴欧美国家的经验教训,在反垄断领域应该针对不同情况适用不同的原则。①针对外国企业在国外签订的协议,但在国内履行或利用其分支机构在国内履行,并对我国的市场造成了实质性的限制竞争的影响,应该适用履行地原则;对于分别处于境内外的跨国公司的母子公司,如果受母公司控制的子公司在国内进行了的限制竞争的违法行为,可对该母公司考虑适用单一经济实体原则;对于不属于以上两种情况的外国公司在境外进行的行为,对国内的竞争构成了实质性的影响时,可综合各种因素采纳平衡分析方法,适用对等原则。

---

① 参见钟娜:《反垄断法的域外适用问题研究》,载《全国商情》(经济理论研究)2009年第6期。

其次,要明确我国反垄断法域外适用的法定要件。[①] 除应遵循上述的我国反垄断法域外适用的具体管辖原则,同时还必须符合以下反垄断法域外适用的法定要件,才能保证我国反垄断法域外适用具有合理的理论基础,从而降低其他国家对我国反垄断法域外适用的抵制。本书认为,反垄断法域外适用的法定要件应包括违法行为、损害事实、违法行为和损害事实之间直接的因果关系和过错这四点。

最后,积极探索建立我国反垄断法域外适用的国际合作机制。要使反垄断法域外适用得以顺利实施,仅仅靠国内法律法规的条文规定是不够的,依靠单边主义的解决方式也是不可行的,因为域外适用的大量工作都涉及各国间的国际合作。本书认为,双边协调模式、区域协调模式和多边协调模式都有其存在的合理价值,在不发生互相排斥与冲突的情况下,应同时探索、尝试,推进前述多种协调模式的并行发展。其中,双边协调模式、区域协调模式的成功运行,对于多边协商的进展不无益处。在国际合作上,我国应积极参与双边、区域和多边协调机制,以有效地缓解与消除反垄断法域外适用的冲突及其不利影响。

五、反垄断法法律责任制度

(一)不同垄断行为的法律责任

在垄断协议的违法性被确认后,垄断协议的参与者需要承担相应的法律责任。一般而言,垄断协议的法律责任主要有民事责任、行政责任以及刑事责任,也有一些国家只规定了民事、行政责任而没有规定刑事责任。随着各国竞争法与司法实践的发展,垄断协议的经济处罚日益严厉化,主要有罚金和罚款。

滥用市场支配地位实施违法行为的经营者,各国都规定应当承担由此产生的法律责任,受到相应的民事、行政和刑事的处罚,表现为责令停止违法行为,有违法所得的还应没收其违法所得,甚至处以罚款,因滥用行为而受到损害的当事人有权要求损害赔偿,一些国家还规定了严厉的刑事制裁条款。

应当申报而没有申报的经营者集中行为,各国主要处以罚款,有些国家规定参与合并的企业应撤销投资或此前完成的交易无效。

(二)我国反垄断法法律责任制度的规定及其缺失

1. 我国反垄断法法律责任制度的现行规定

我国《反垄断法》第 50 条规定,经营者实施垄断行为,给他人造成损失的,依法承担民事责任。我国《反垄断法》第 52 条和第 54 条规定了反垄断执法中的法律责任,主要包括两个方面:一是拒绝、阻碍反垄断调查的责任;二是工作人员不依法履行职责的责任。

此外,针对垄断协议,我国《反垄断法》第 46 条规定:经营者违反本法规定,达成并实施垄断协议的,由反垄断执法机构责令停止违法行为,没收违法所得,并处上一年度

---

① 参见尹晓婷:《反垄断法域外适用制度分析及我国立法考量》,载《南方经济》2005 年第 4 期。

销售额 1% 以上 10% 以下的罚款;尚未实施所达成的垄断协议的,可以处以 50 万元以下的罚款。经营者主动向反垄断执法机构报告达成垄断协议的有关情况并提供重要证据的,反垄断执法机构可以酌情减轻或者免除对该经营者的处罚。行业协会违反本法规定,组织本行业的经营者达成垄断协议的,反垄断执法机构可以处以 50 万元以下的罚款;情节严重的,社会团体登记管理机关可以依法撤销登记。

针对滥用市场支配地位行为的法律责任,除《反垄断法》第 50 条规定的民事责任外,还要依据第 47 条规定承担行政责任。第 47 条规定,经营者滥用市场支配地位的,由反垄断执法机构责令停止违法行为,没收违法所得,并处上一年度销售额 1% 以上 10% 以下的罚款。

针对经营者违法集中,我国《反垄断法》第 48 条规定了行政责任:经营者违反本法规定实施集中的,由国务院反垄断执法机构责令停止实施集中、限期处分股份或者资产、限期转让营业以及采取其他必要措施恢复到集中前的状态,可以处以 50 万元以下的罚款。

2. 我国反垄断法法律责任制度的缺失

较之于实体制度,我国《反垄断法》法律责任制度待完善之处主要表现在以下几个方面:

(1)责任主体制度的缺失

首先,目前我国对一般经济垄断行为的法律制裁是单罚制,即只有法人违法,个人不违法,只制裁经营者而不制裁经营者之决策者或决策之主要实施者。① 换句话说,我国《反垄断法》并未将实施垄断行为的企业等经营者的董事、监事、高管或主要负责人及直接责任人纳入其责任主体之范围。

其次,反垄断法民事赔偿责任制度中未对实施了行政垄断的行政主体的责任进行明确的规定,这违背了法律的公平原则。

(2)责任体系存在缺陷

首先,我国《反垄断法》中规定的财产性责任存在缺陷。我国《反垄断法》没有规定惩罚性赔偿,没有针对经营者、行业协会和责任人个人的罚金制度。其次,《反垄断法》关于人身责任的设计亦存在缺陷,如对赔礼道歉和名誉责任的规定过于笼统,缺乏可执行性。

(3)责任力度不足

首先,我国现行《反垄断法》规定的罚款责任太轻。如经营者尚未实施所达成的垄断协议的,行政罚款的上限仅为 50 万元,如此低的惩罚力度还有可能因经营者主动报告的策略而享受宽恕条款的优惠;行业协会组织同一行业的经营者达成协议的,行政罚

① 鉴于实践中属于经营者之一的自然人经营者实施垄断行为的情形极其罕见,这里只讨论法人和其他组织形式的经营者。

款的上限也仅为50万元；经营者非法实施集中的，罚款的上限同样为50万元。

其次，我国《反垄断法》没有规定垄断罪名和相应刑事责任，也没有规定惩罚性赔偿制度，对实施垄断行为的企业等经营者的董事、监事、高管或主要负责人及直接责任人，违反《反垄断法》之行业协会的主要负责人及直接责任人也没有规定相应的责任。

（三）我国反垄断法法律责任制度的完善

从目前来看，本书主张可从以下诸方面对我国反垄断法律责任制度进行完善。

1. 责任主体制度的完善

首先，应当增加非自然人型经营者（法人或其他企业组织）的决策者或其决策之主要实施者等为反垄断法法律责任主体之一。此外，还应当增加违反《反垄断法》的行业协会或其他企业联合体组织的主要负责人及直接责任人以及因行政垄断行为获利者为反垄断法法律责任主体。

针对行政垄断，此类行为造成消费者或相关竞争者损失时，实施该限制竞争行为的行政主体也应当而且也可以承担相应的民事责任。

2. 责任体系的完善和责任力度的适当增加

（1）责任体系的完善。首先要促进刑事责任制度的完善，如在刑法分则中增加非法实施垄断协议、滥用市场支配地位、经营者非法集中等垄断罪条款，明确规定反垄断法刑事责任的承担主体既包括自然人形态的经营者、企业形态的经营者，也包括企业决策者或主要负责人及直接责任人等。

对于民事责任制度，如前文所述，民事责任主体应当增加行政垄断主体，此外还应增加惩罚性赔偿。

对于行政责任制度。首先，应在《反垄断法》的修订案或实施细则中明确规定并细化除“限期处分股份或者资产、限期转让营业”两种恢复正常竞争状态责任形式之外的其他方式。其次，应明确规定垄断行为中所订立的合同或协议无效。最后，从行政处分来说，应进一步规范对行政垄断行为中个人责任主体的法律制裁，仅简单规定“有上级机关责令改正”对《反垄断法》的实施几乎没有实际指导性。

（2）责任力度的适当增加

鉴于我国垄断行为的普遍性和危害的严重性，应当增加垄断行为的公法责任和民事责任的严厉性直到足以对垄断行为人构成强大威慑的水平。[①] 从整体来说，责任力度的增加一要体现在垄断罪名的增加和刑事责任的设定；二要体现在民事赔偿制度中超单倍赔偿制度（酌定3倍赔偿制度）的引入；三要体现在行政罚款额度的提高上。

---

① 参见王健：《我国反垄断罚款威慑不足的制度成因及破解思路——兼论我国〈反垄断法〉的因应修订》，载《法学评论》2020年第4期；李俊峰：《反垄断从宽处理制度及其我国化》，载《现代法学》2008年第2期。

第十章 反不正当竞争法律制度

【重点内容提示】

反不正当竞争法与反垄断法共同构成竞争法，是经济法的重要组成部分。一般认为，反不正当竞争法保护正当的市场竞争，而反垄断法保护自由竞争，二者有所不同。反不正当竞争法与知识产权法关系密切，常常交织在一起，并为知识产权保护提供补充。反不正当竞争法以保护公平竞争为己任，禁止采用仿冒、贿赂、虚假宣传、窃取他人商业秘密等不符合商业道德标准的竞争手段参加市场竞争。由于不正当竞争行为的千变万化，所以反不正当竞争法中的一般条款在法律实施中具有重要地位。为了适应现实需要，我国《反不正当竞争法》于2017年进行修订、2019年进行修正，更加注重消费者保护，完善了对传统不正当竞争行为的列举，并引入了独立的网络不正当竞争条款，同时完善了法律责任条款。

第一节 反不正当竞争法概述

一、不正当竞争行为概述

(一)不正当竞争行为的定义

不正当竞争(unfair competition)或者说不正当竞争行为，是带有一定道德色彩的词汇，也较难界定。在不同的国家和地区乃至不同的历史时期，其法律及有关文献中概念使用也不尽相同。由于市场竞争中不正当竞争行为的表现极为多样并多变，如同外国学者所说的外形千变万化的“海神”或“模糊而变幻不定之云彩”，故而对其的定义也就各有不同。

在国外，学者们与立法者就此所下的定义并不少见，如《布莱克法律辞典》认为不正当竞争是指“在贸易和商业中不诚实或欺诈的竞争”；1986年修订的瑞士《反不正当竞争法》规定：“不正当竞争是指任何欺骗性商业行为，或以其他手段，违反诚实信用原则的任何商业行为。”而《保护工业产权巴黎公约》(以下简称《巴黎公约》)中的经典定义是“凡在工商业活动中违反诚实经营的竞争行为即构成不正当竞争”。以上关于不正当竞争的定义可谓形形色色，但所使用的核心词汇均具有相当的灵活性，如“不诚实”“违背善良风俗”“违反诚实信用原则”等，从而可以将所有的不正当竞争行为包容进来,并随着社会经济生活的不断变化而调整法律的适用范围。[1]

结合我国《反不正当竞争法》第 2 条的有关规定,本书认为,所谓不正当竞争行为,就是指经营者在生产经营活动中,无视自愿、平等、公平、诚实信用等原则,采取违反法律和商业道德的手段去争取交易机会,损害其他经营者和消费者的合法权益,扰乱市场竞争秩序的行为。根据我国《反不正当竞争法》,不正当竞争行为具有以下特征。

1. 不正当竞争行为是经营者在生产经营活动中从事的行为

根据《反不正当竞争法》的规定,不正当竞争行为仅仅是经营者的行为。所谓经营者,是指从事商品生产、经营或者提供服务的自然人、法人和非法人组织。从我国司法实践来看,该概念的理解已经不仅仅限于从事商品生产、经营或者提供服务的公司企业,已经扩张到其他社会主体,事实上有向"市场参与者"演化的趋势。

2. 不正当竞争行为是违法行为

这种违法性表现在违反《反不正当竞争法》的规定,从目前来说,主要是指违反了该法第 2 章关于禁止不正当竞争行为的各种具体规定。当然,如果某种行为并未违反第 2 章各条款,如果采取违反商业道德的手段从事生产经营、具有较强的侵害其他经营者或者消费者利益的后果,则也有可能依据《反不正当竞争法》第 2 条被认定为一种新型的不正当竞争行为而予以制止。

3. 不正当竞争行为是侵权行为

不正当竞争行为直接侵害了其他经营者或者消费者的合法权益,是一种典型的侵权行为,并最终破坏了正常的社会经济秩序。

关于不正当竞争行为的构成要件,从中外司法实践来看,不正当竞争行为往往被视为一种典型的或者特殊的民事侵权行为,故其构成要件与侵权行为的一般构成要件类似,即第一,有经营者的违法行为;第二,经营者主观有过错;第三,该行为有损害结果或可能;第四,行为与损害有因果关系。

(二)不正当竞争行为的主要表现形式

由于不正当竞争的多样及多变,对其进行分类也变得较为困难。有学者以损害对象(其他经营者的合法权益)的不同为标准,将不正当竞争行为大致分为两类:一类是侵害绝对权利即法律上有明文规定的权利的行为,也可以称为侵害其他经营者的"特殊正当竞争权"的行为;另一类是侵害其他合法权益的行为,即侵害其他经营者的"一般正当竞争权"的行为。[2] 更多学者鉴于不正当竞争行为的特殊性,而采取了根据不同行为的市场表现进行分类的实用主义做法,如根据不正当竞争手段的性质,将其分为:

---

① 参见李胜利:《〈反不正当竞争法〉修订与完善中的若干问题》,载《法学杂志》2005 年第 2 期。

② 参见邵建东:《论正当竞争权》,载范健、邵建东、戴奎生主编:《中德商法研究》,法律出版社 1999 年版,第 270～275 页。

欺骗性交易行为、利诱性交易行为、强迫性交易行为和其他不正当竞争行为;[①]或者分为以下几种:虚假、欺诈类,诋毁、妨害类,贿赂、利诱类,侵犯商业秘密及其他泄密类等。[②] 这种做法在立法中广为采用。例如,《巴黎公约》第10条中在对不正当竞争行为作出定义后,又列举了"特别应予以禁止"的三种行为——混同行为、诋毁竞争者行为和误导行为;德国、日本的立法以及我国台湾地区的有关规定也分别做了列举。

二、反不正当竞争法概述

反不正当竞争法有广义、狭义之分。广义的反不正当竞争法是指调整在制止不正当竞争行为过程中发生的社会关系的法律规范的总称,是以《反不正当竞争法》为核心,辅之以其他有关法律、法规、规章的一个法律体系的总和。狭义的反不正当竞争法就是1993年9月2日第八届全国人民代表大会常务委员会第三次会议通过并于1993年12月1日起施行的《反不正当竞争法》,该法于2017年11月4日第十二届全国人民代表大会常务委员会第三十次会议作了重大修订,自2018年1月1日起施行;后又于2019年4月23日第十三届全国人民代表大会常务委员会第十次会议修正。

关于反不正当竞争法的调整对象,在我国一般认为包括两类:一是在市场竞争过程中出现的经营者之间的不正当竞争关系;二是有关国家机关在制止该不正当竞争行为过程中发生的社会关系即竞争管理关系。

(一)境外反不正当竞争立法

由于在人类早期的商业活动中就存在竞争因素,也就必然出现了不正当竞争行为,古代各国的立法中就已有了若干关于不正当竞争行为的法律条款。

现代反不正当竞争专门立法方面,德国具有典型意义。在迫切的现实需要面前,德国立法者于1896年匆忙出台了世界上第一部《反对不正当竞争法》,以列举的形式对商业欺诈、滥用他人商标、诽谤等不正当竞争行为予以禁止。但由于不正当竞争行为在现实生活中的多样性,致使法律上简单的列举无法达到维持正当竞争秩序的要求。因此,德国制定了1909年《反对不正当竞争法》,增加了"行为人在商业交易中以竞争为目的而违背善良风俗的,可向其请求停止行为和损害赔偿"规定并将其作为第1条,明确禁止在商业竞争中一切违背良俗的行为。这一概括条款从颁布之日起,其功能随着市场竞争手段的变化而不断扩充,在司法上发挥得淋漓尽致,被奉为主宰整部法律的"帝王规则",成为德国法系中法官依法造法活动的最成功典范。[③] 2004年为了转换欧洲议会和理事会的有关规定,德国对《反对不正当竞争法》进行了较大修正。之后根据欧盟指令,该法又作了较大修订并于2010年重新公布。

在英美法系国家,早在16世纪就出现了反对假冒的案件——制衣匠案,并导致从

---

① 参见种明钊主编:《竞争法》,法律出版社1997年版,第170~171页。

② 参见漆多俊:《经济法基础理论》,法律出版社2008年版,第211页。

③ 参见郑友德:《论德国反不正当竞争法对模仿行为的规制》,载《知识产权》1997年第4期。

侵权法中独立出一类新的假冒之诉。美国从19世纪末开始,学者和一些法官陆续以"不正当竞争"代替普通法中的"假冒"概念。美国1914年《联邦贸易委员会法》提出了"不正当的竞争方法"(unfair method of competition)一词。鉴于"不正当的竞争方法"仅包括那些对竞争对手造成直接侵害的行为,而商业活动中大量的促销手段,如虚假或者令人误解的广告、有奖销售等,主要针对的是消费者,并不一定给竞争对手造成直接侵害,故1938年美国通过《威勒—李修正案》,在《联邦贸易委员会法》中增加"不正当的或者欺骗性的做法和行为"这一概念。根据联邦贸易委员会制定的规则,"不正当的竞争行为"和"不正当的或者欺骗性的做法和行为"几乎涵盖了市场主体的所有不正当经营行为。[①] 此后,1946年《兰哈姆法》以及其他有关立法及判例不断充实着美国反不正当竞争法。

(二)我国反不正当竞争法立法

当我国刚刚步入改革开放轨道时,便意识到竞争及竞争立法的重要性,1980年国务院发布了《关于开展和保护社会主义竞争的暂行规定》,此后在20世纪80年代制定的相当多的法律、法规、规章中都出现了保护合法竞争、反对限制竞争及不正当竞争的条款,如《广告管理条例》(1982年)、《国营工业企业暂行条例》(1983年)、《价格管理条例》(1987年)等。各地基于经济发展的实际需要而进行的立法活动也相当活跃,如《武汉市制止不正当竞争行为试行办法》(1985年)、《上海市制止不正当竞争行为暂行规定》(1987年)等。

1987年国务院首次提出要制定全国性的制止不正当竞争法。1991年年底,根据全国人大常委会的立法计划,国家工商行政管理总局成立专门的起草小组,经过努力起草了《反不正当竞争法(征求意见稿)》;1993年6月国务院常务会议通过了《反不正当竞争法(草案)》;1993年9月2日第八届全国人民代表大会常务委员会审议通过了《反不正当竞争法》,该法于1993年12月1日起实施。经过20多年的实施,该法暴露出不少问题,加之2007年我国通过了《反垄断法》,1993年《反不正当竞争法》中的垄断行为条款与之重合,也需要重新调整《反不正当竞争法》与之相适应。为此,2017年11月4日第十二届全国人民代表大会常务委员会第三十次会议正式通过了修订《反不正当竞争法》的议案,修订后的《反不正当竞争法》于2018年1月1日起实施。为了进一步加强公平竞争的市场秩序的维护,保护经营者的合法权益,2019年4月23日第十三届全国人民代表大会常务委员会第十次会议决定对《反不正当竞争法》再次修正,主要就侵犯商业秘密有关条款作了更为严厉的规定,修改条款自决定公布之日起施行。

在《反不正当竞争法》于1993年出台的同时期以及此后的几年间,全国人大常委会通过的《产品质量法》《消费者权益保护法》《广告法》《价格法》《招标投标法》《电子商务法》等单行法中,亦包含有若干维持竞争秩序、反对不正当竞争行为的条款。

---

① 参见刘燕、蔡敏:《不正当竞争法的历史发展及其一般规律探讨》,载《中外法学》1992年第6期。

尽管国务院未专门就1993年《反不正当竞争法》制定行政法规,但原国家工商机关陆续制定了不少配套行政规章,包括:《关于禁止有奖销售活动中的不正当竞争行为的若干规定》(1993年)、《关于禁止公用企业限制竞争行为的若干规定》(1993年)、《关于禁止仿冒知名商品特有的名称、包装、装潢的不正当竞争行为的若干规定》(1995年)、《关于禁止侵犯商业秘密行为的若干规定》(1995年)、《关于禁止商业贿赂行为的暂行规定》(1996年)和《关于禁止串通招标投标行为的暂行规定》(1998年)等。许多省、市、自治区、经济特区、省辖市以及享有立法权的较大的市先后颁布了地方性的反不正当竞争法规。最高人民法院于2007年1月12日也发布了《关于审理不正当竞争民事案件应用法律若干问题的解释》,自2007年2月1日起施行。经过20多年的努力,以1993年《反不正当竞争法》为核心,辅之以其他大量有关法律、法规、司法解释、部门规章和地方性法规等,我国反不正当竞争法律体系已经基本形成,并在实践中取得了显著的效果。

随着《反不正当竞争法》2017年的修订,上述配套规章、司法解释以及其他规范性文件等也需要随之修订。

这里顺便提一下我国台湾地区的有关规定。为了顺应世界经济自由化与全球化的明显趋向,我国台湾地区自20世纪80年代起就积极推动经济自由化与国际化政策。台湾当局认为必须建立公平合理的交易规则,消除有碍市场自由竞争的阻力,以维护市场的正常运作,发挥自由化的效益,促进经济稳定增长。鉴于此,我国台湾地区从1980年开始了制定台湾地区"公平交易法"的工作,经过10余年的努力,于1991年2月通过,并于公布1年后即1992年2月4日开始施行。其为典型的合并式立法,将垄断和限制竞争行为与不正当竞争行为放在同一部规范之中,第2章"独占、结合、联合行为"专门针对垄断和限制竞争行为,第3章"不公平竞争"则专门针对不正当竞争行为。此后进行了多次修订,第2章改名为"限制竞争",第3章仍为"不公平竞争",并另行制定台湾地区"公平交易委员会组织法",显著提升了主管机关"公平交易委员会"的地位。

(三)反不正当竞争法的立法目的

我国《反不正当竞争法》第1条规定:"为了促进社会主义市场经济健康发展,鼓励和保护公平竞争,制止不正当竞争行为,保护经营者和消费者的合法权益,制定本法。"依此规定,其立法目的有四个:保障社会主义市场经济健康发展、鼓励和保护公平竞争、保护经营者的合法权益和保护消费者的合法权益。其中,"促进社会主义市场经济健康发展"可以说是所有经济立法的根本目的,并非《反不正当竞争法》所特有。而后三项则是《反不正当竞争法》要达到的直接目的。由此可以说,我国《反不正当竞争法》的保护对象是公平竞争或公平竞争市场竞争秩序、经营者和消费者。

现代竞争法的价值取向,是不仅保护竞争者的利益,而且保护其他市场参与者、消费者和公众的利益。我国1993年《反不正当竞争法》实质上徘徊于现代与传统之间,2017年的修法则又向前迈进了一步。在立法目的明示保护经营者和消费者的合法权益（第 1 条）之余，2017 年修订的《反不正当竞争法》第 2 条第 2 款对不正当竞争行为作了新的界定，从“经营者违反本法规定，损害其他经营者的合法权益，扰乱市场竞争秩序的行为”变为“是指经营者在生产经营活动中，违反本法规定，扰乱市场竞争秩序，损害其他经营者或者消费者的合法权益的行为”。但仍然是只赋予受到不正当竞争行为侵害的经营者提起民事诉讼的权利，相对而言，我国《消费者权益保护法》中则确立了消费者公益诉讼制度。①

（四）反不正当竞争法的原则

关于反不正当竞争法的原则，根据现行立法，在市场交易中，经营者应当遵循下列市场竞争规则。

1. 自愿、平等、公平原则

该原则源自我国《民法通则》。所谓自愿，是指市场主体从事经营活动时，应当有充分的自由进行选择，根据自己的意愿决定从事何种行为，并排除来自政府和其他方面的非法干预。实际上也就是营业自由的表达。经营者营业自由的存在和实现，以当事人地位平等的存在和实现为前提。只有在地位独立、平等的基础上，才能保障经营者的营业自由。公平则是更高程度的要求，是指经营者在经营活动中要符合社会普遍认可的公平观念，而这往往意味着市场交易中各方利益的相对平衡。公平竞争秩序的实现，离不开经营者在市场活动中对于自愿、平等、公平原则的遵守。

2. 诚实信用原则

所谓诚实信用原则，是指当事人在市场活动中应重信守诺，诚实不欺，在追求自己利益的同时不损害他人和社会利益，经营者在经营活动中应维持交易各方利益以及当事人利益与社会利益的平衡。由于现实生活中总会出现法律没有明文规定的情形，如层出不穷的各种市场营销手段，因此，在市场竞争中，对诚实信用原则的遵守对公平的竞争秩序具有极为重要的意义。

3. 遵守法律和商业道德原则

遵守法律和商业道德是反不正当竞争法的核心要求，也是世界各国（地区）判断一项行为是否属于不正当竞争的基本准则。当然，这里所说的商业道德也是一个较不确定的概念，其一般是指在长期的市场交易活动中形成的，为各方所普遍承认和遵守的市场交易准则，包括那些符合一般社会道德观念的商业惯例。

（五）《反不正当竞争法》中的一般条款

在反不正当竞争法领域，一般条款是一个重要的理论及实践问题。其源于 1909 年

---

① 理论上，如何看待反不正当竞争法的消费者保护功能一直存在争议。对于该课题的晚近讨论，可以参见焦海涛：《不正当竞争行为认定中的实用主义批判》，载《中国法学》2017 年第 1 期；李胜利：《从两个关系看〈反不正当竞争法〉的修订》，载《法治现代化研究》2017 年第 5 期；张占江：《不正当竞争行为认定范式的嬗变》，载《中外法学》2019 年第 1 期。

德国对其1896年《反对不正当竞争法》所作的重大修订,由于德国1896年《反对不正当竞争法》的立法中仅有对若干具体不正当竞争行为的列举,无法应对新的不正当竞争现象,故增加了第1条:“在商业交易中以竞争为目的而违背善良风俗者,可向其请求停止侵害和损害赔偿。”之后德国法院根据该一般条款认定了不少法律具体列举之外的不正当竞争行为,从而有力地保护了公平竞争秩序。我国1993年《反不正当竞争法》中有无一般条款,学界观点不一,有完全肯定说、①有限的一般条款说②,以及否定说。③ 但是从司法实践来看,法院基本上认为我国《反不正当竞争法》第2条是一般条款,并在不少案件中予以适用。2017年修订《反不正当竞争法》基本上没有改变这一格局。

【典型案例】山东省食品进出口公司、山东山孚集团有限公司、山东山孚日水有限公司与马某庆、青岛圣克达诚贸易有限公司不正当竞争纠纷案④

山东食品进出口公司(以下简称山东食品公司)成立于1982年10月26日,其前身为中国粮油食品进出口公司山东省食品分公司。2000年8月1日山东食品公司与山东山孚得贸易有限公司职工持股会、刘某涛、李某春、李某共同出资成立山东山孚得贸易有限公司,山东食品公司占该公司注册资本的40%。2004年5月24日该公司申请将企业名称变更为山东山孚集团有限公司。2004年6月16日山东山孚集团有限公司出资与日本水产株式会社共同成立山东山孚日水有限公司。

马某庆于1986年进入山东食品公司工作,1988年开始从事海带加工和出口工作。自2000年8月1日开始,马某庆与山东山孚得贸易有限公司两次签订劳动合同,期限自2000年8月1日至2006年7月31日。自2005年1月4日起,马某庆与山孚日水有限公司两次签订劳动合同,期限自2005年1月4日至2006年12月31日。合同期限届满前,山东山孚日水有限公司通知包括马某庆在内的员工于2006年12月1日前协商续签劳动合同,逾期不办理的视为不再与公司续签合同,双方劳动合同自行终止。马某庆未与山东山孚日水有限公司续签劳动合同。

2006年9月22日青岛圣克达诚贸易有限公司(以下简称圣克达诚公司)成立,企业类别为自然人独资的一人有限责任公司,法定代表人为陈某荣,注册资本为人民币50万元,注册经营范围为水产品等。陈某荣为该公司执行董事兼经理,认缴全部50万元出资额;颜某贞担任该公司的监事。其中,颜某贞为马某庆的配偶,陈某荣系马某庆的外甥。马某庆现在圣克达诚公司任职。

中粮集团自2001年至2006年每年采取下发《关于下达××年海带出口数量配额

---

① 参见邵建东主编:《竞争法教程》,知识产权出版社2003年版,第38~44页。

② 参见孔祥俊:《反不正当竞争法新论》,人民法院出版社2001年版,第183~211页。

③ 参见李胜利:《论〈反不正当竞争法〉中的“一般条款”》,载《安徽大学法律评论》2004年第2期。

④ 本案来源:《最高人民法院公报》2011年第10期。

的通知》的方式，分别向中国食品（北京）食品贸易部、中粮国际（北京）有限公司、山东食品公司、烟台市食品进出口公司、烟台凯迪食品进出口有限公司、大连同盛实业总公司等单位分配特定区域产海带出口日本的数量配额。其中山东食品公司获得威海地区产海带出口日本数量配额情况是：2001年、2002年各650吨，2003年、2005年各620吨，2006年540吨。

上述配额下达后，主要由马某庆代表山东食品公司或者山东山孚集团有限公司与日本东海水产贸易（株）、三井贸易（株）、神港交易（株）等公司签订《中日贸易合同》，办理海带出口业务，合同约定的信用证受益人为山东食品公司或者山东山孚集团有限公司。

2007年1月10日，中粮国际（北京）有限公司向山东食品公司发出《关于报送海带经营计划的通知》称：山东食品公司原经营海带出口业务主要人员变动，引起日方客户关注，为保证海带出口业务持续有序发展，要求山东食品公司于2007年1月17日前报送海带出口工作计划，中粮国际（北京）有限公司将根据实际情况决定海带出口经营公司。根据中粮国际（北京）有限公司与日本北海道渔联签订的协议，日方委托中粮国际（北京）有限公司对海带配额、质量、经营公司进行统一管理，日方认可该公司是其在华海带贸易的唯一窗口。

2007年2月14日，中粮国际（北京）有限公司向山东食品公司、圣克达诚公司发出《关于调整2007年海带出口经营权的通知》，决定将2007年威海海带出口日本业务交由圣克达诚公司执行。

2007年3月23日，山东省国际经济贸易联合会致函日本北海道渔联商请解决对日海带出口配额的分配问题。2007年4月3日，日本北海道渔联代表理事副会长宫村正夫回函称："1.通过北京中粮公司作为窗口，长期以来我们与山东食品公司之间存在着贸易关系……4.马氏及其他职员辞职后的山东食品公司，是否能够保证威海海带的品质稳定和数量，对此我们感到不安和疑虑，另一方面，因马氏长期从事威海海带的业务，拥有丰富的经验和知识，已被日本海带业界承认和信赖。我们与日本国内的海带厂商进行了多次慎重的协商，并且依据中粮公司在当地听取、比较了山东食品公司和圣克达诚公司这两家公司业务计划后提供给我方的资料。我们判定，从2007年起的威海海带业务，圣克达诚公司为最适合的从事威海海带业务的公司。5.对于我们来说，在和中国进行的海带贸易中确保规定的数量和质量的均一稳定性是大前提，因此，要求北京中粮公司将马氏的新公司（圣克达诚公司）作为威海海带的窗口企业。"

2007年4月6日，中粮集团发出《关于下达2007年海带出口数量配额的通知》，圣克达诚公司获得310吨威海地区产海带出口配额。

2007年7月5日，山东食品公司根据中粮集团发出的《关于下达2007年海带出口数量配额的通知》，最终取得320吨威海地区产海带出口配额。

2007年7月30日，山东食品公司、山东山孚集团有限公司、山东山孚日水有限公司向山东省青岛市中级人民法院起诉，请求确认圣克达诚公司和马某庆构成不正当竞争，并请求判令圣克达诚公司和马某庆返还与海带业务有关的所有文件、资料,停止利用三原告的收购出口渠道经营海带业务,赔偿三原告经营利润损失人民币600万元以及为处理本案所花费的交通费、律师费及其他实际支出人民币10万元。

2008年4月10日山东省青岛市中级人民法院依照我国《民法通则》第106条、第130条、第134条以及《反不正当竞争法》第2条的规定,作出(2007)青民三初字第136号民事判决,判决如下:(1)马某庆、圣克达诚公司于判决生效之日起立即停止采取与山东食品公司相同的方式经营对日出口海带贸易,其不得经营的时间为判决生效之日起3年。(2)圣克达诚公司赔偿山东食品公司经济损失人民币2,111,669.27元。(3)马某庆对上列第二项的给付义务承担连带赔偿责任。(4)驳回山东食品公司的其他诉讼请求。(5)驳回山东山孚集团有限公司的诉讼请求。(6)驳回山孚日水公司的诉讼请求。案件受理费人民币54,500元、财产保全费5000元,由山东食品公司承担38,902元,马某庆、圣克达诚公司共同承担20,598元。

圣克达诚公司、马某庆不服上述判决,共同向山东省高级人民法院提起上诉,请求撤销一审判决第一项、第二项、第三项,依法驳回山东食品公司的全部诉讼请求。

山东省高级人民法院二审审理查明:山东山孚集团有限公司成立时名称为山东山孚得贸易有限公司,山东食品公司持有该公司40%的股份。但自2005年5月,山东食品公司不再是山东山孚集团有限公司的股东。大连观宇食品有限公司和大连同盛实业有限公司是各自独立的法人企业,二者之间没有主体变更关系。一审判决认定从2001年开始,对日出口海带的贸易机会,由包括大连同盛实业有限公司在内的四家单位稳定享有,同时认定大连同盛实业有限公司2005年后变更为大连观宇食品有限公司,即一审判决实际认为大连观宇食品有限公司是由大连同盛实业有限公司变更而来的法律主体,一审判决对此事实认定错误。此外,一审判决虽然认定涉案对日出口海带的贸易机会自2001年起由四家单位稳定享有,但实际列明了八家单位名义上享有该贸易机会,又没有查明该八家名义单位之间的关系。因此,一审判决对此事实的认定自相矛盾。其他事实与一审法院查明的一致。经过审理,山东省高级人民法院认为:圣克达诚公司和马某庆的上诉理由成立,上诉请求应予支持,遂判决撤销原判,驳回山东食品公司、山东山孚集团有限公司、山东山孚日水有限公司的诉讼请求。

最高人民法院基本认可二审查明事实,认为:二审判决以本案证据所能证明的事实为基础,正确适用法律作出裁判,判决结果并无不当,山东食品公司、山东山孚集团有限公司、山东山孚日水有限公司的再审申请不符合我国《民事诉讼法》第179条的规定。遂裁定驳回其再审申请。

在本案中,最高人民法院提出,适用我国《反不正当竞争法》第2条第1款和第2款认定构成不正当竞争应当同时具备以下条件:一是法律对该种竞争行为未作出特别规定;二是其他经营者的合法权益确因该竞争行为而受到了实际损害;三是该种竞争行为因确属违反诚实信用原则和公认的商业道德而具有不正当性或者说可责性,这也是问题的关键和判断的重点。

另外值得注意的是，山东食品公司在再审期间称：在本案发生后，经过山东省对外贸易经济合作厅、山东省人民政府国有资产监督管理委员会和商务部等部门的协调，涉案对日出口海带配额从2008年起至今一直由山东食品公司享有，圣克达诚公司至今未再获得对日出口海带配额。

三、反不正当竞争法与相邻法律的关系

（一）反不正当竞争法与反垄断法的关系[①]

反不正当竞争法与反垄断法之间的关系极为紧密，二者往往被认为是竞争法的两大组成部分。从立法角度来看，当今世界各国及地区的竞争立法主要有三种模式：一是分散型立法体例，以美国为代表。美国反托拉斯法以反垄断为主要内容，兼有反不正当竞争方面的法律规范。二是两法并行的分别立法模式，以德国为代表。德国于1896年制定了世界上最早的一部《反对不正当竞争法》，经多次修订而施行至今。在反垄断方面，德国于1957年制定了《反限制竞争法》，时至今日亦经过多次修订。三是以我国台湾地区为典型代表的合并立法模式，将传统的反垄断法与反不正当竞争法合并在一部单行法典之中。合并立法乃晚近以来世界各国及地区出现的一个新趋势，此类竞争法的制定均迟至20世纪90年代乃至21世纪初，该模式的典型代表是我国台湾地区。

从以上三种模式可以看出，反不正当竞争法与反垄断法有分有合，这源于不同的理论认识以及立法时的社会经济文化环境的影响。

从理论上来看，二者的区别主要在于：第一，“自由竞争法（反垄断法）重在追求经济的效益，而非分配之公平，促进‘动的安全’，所谓‘经济宪法’指此部分。公平竞争法（即反不正当竞争法）重在维护财产权，即‘静的安全’”。[②] 第二，“反不正当竞争法的目的，主要是保障具体交易场合特定当事人之间的利益平衡……反垄断法的目的则主要是保护竞争机制本身不受扭曲，竞争不被削弱或消除。前者是从微观入手，后者则是从宏观着眼。前者追求局部和个案的公正，后者追求整体和宏观的效率”。[③] 第三，不少国家（地区）对于不正当竞争行为，主要依靠私人特别是竞争者提起民事侵权之诉，以追究侵权者的民事责任为主，同时对性质严重的不正当竞争行为辅之以刑事制裁。而对于反垄断案件，由于案情往往比较复杂，社会危害也比较大，故各国（地区）一般均以有关专门（行政）机关代表国家（政府或当局）追究其行政及刑事责任为主，同时亦赋予私人以诉权追究违法者的民事责任。

---

① 本部分内容主要引自李胜利：《我国竞争法立法模式的选择》，载《财贸研究》2004年第2期。此处有修改。

② 赖源河编审：《公平交易法新论》，台湾，元照出版公司2005年版，第92~93页。

③ 王源扩、王先林等：《经济效率与社会正义》，安徽大学出版社2001年版，第172页。

二者的联系则主要在于:第一,反垄断法与反不正当竞争法所反对的行为之间存在一定的同质性以及界限的模糊性,如滥用市场支配地位的行为,从商业道德层面进行评价往往是负面的;第二,反垄断法传统上属于公法,是经济法,反不正当竞争法传统上属于私法,但现代社会公法私法之间交叉融合趋势明显,已经打破了传统的公法私法泾渭分明的格局,你中有我、我中有你。故在坚持分别立法模式的德国,今天学者们普遍认为:"(反垄断法与反不正当竞争法)这两部法律之间的共性要大于其个性。它们之间并不存在不可克服的矛盾,而是反映了市场经济制度下互相关联、相辅相成的两项要求。"①

(二)反不正当竞争法与民法的关系

反不正当竞争法与民法的关系,可追溯到法国法院 1850 年依《法国民法典》第 1382 条对不正当竞争案件所作的判决。在这个判决中,法国法院首次使用了"不正当竞争"这一概念,《法国民法典》由此也被视为反不正当竞争法的母法。法国法院对不正当竞争行为基本还是依据《法国民法典》第 1382 条和第 1383 条关于不法行为的总则性条款进行判决。② 就英美法系而言,其反不正当竞争法律制度源于普通法中的仿冒之诉,按照大陆法的分类习惯,其也属于民法中的侵权法范畴。由此可见,二者的关系——至少在上述国家,民法可以被视为反不正当竞争法的源头之所在。在我国,1993 年《反不正当竞争法》出台前,一些不正当竞争案件就是依据民法基本原则和侵权责任条款判决的。③ 该法出台后,也有不少疑难案件同时引用了我国《民法通则》中基本原则条款和反不正当竞争法条款予以判决。从某种角度来说,二者具有一般法与特别法的关系——在反不正当竞争法适用发生困难之时,转而寻求民法规范的支持。但是,现代反不正当竞争法并非单纯的私法,而是越来越多地渗入了公法的因素,因此兼具公法和私法的性质,与反垄断法一样都属于经济法的范畴。④

(三)反不正当竞争法与知识产权法的关系

知识产权法与反不正当竞争法之间存在极为紧密的关系,对此最明确表达的是《巴黎公约》——将反对不正当竞争作为一项工业产权保护措施来对待。对于商标法来说更是如此,因而在欧盟各成员国,"混淆"和"仿冒"行为被共同地置于反不正当竞争法与商标法的规范之下。⑤ 因此,从知识产权法角度来看,反不正当竞争是其组成部分。

而另一个广为流传的说法是,传统知识产权的三项主要法律(专利法、商标法、著

---

① 邵建东:《德国反不正当竞争法研究》,中国人民大学出版社 2001 年版,第 28 页。

② 参见王晓晔:《重要的补充——反不正当竞争法与相邻法的关系》,载《国际贸易》2004 年第 7 期。

③ 例如,莒县酒厂诉文登酿酒厂不正当竞争纠纷案,载《最高人民法院公报》1990 年第 3 期。

④ 参见漆多俊主编:《经济法学》,高等教育出版社 2007 年版,第 156 页。

⑤ See Frauke Henning-Bodewig,"Unfair Competition Law: European Union and Member States", *Kluwer Law International*,2006,p.4.

作权法)就如三座浮在海面上的冰山,而反不正当竞争法则是海面下托着这三座山的海水。这极为形象地表达了二者间的根本关系:从知识产权保护来看,反不正当竞争法提供了兜底保护或附加保护,知识产权法提供的是"强而窄"的保护,反不正当竞争法则提供了"弱而宽"的保护。有学者指出,反不正当竞争法的目标是保护市场竞争的公正并确保竞争结构的自由,从而维持作为自由企业制度基础的健康的市场竞争秩序。因而从这个意义上来说,反不正当竞争法包容着工业产权法的所有方面。[①] 当然,除知识产权保护外,反不正当竞争法还规范着不正当有奖销售、虚假广告等不符合商业道德要求的市场行为。

(四)反不正当竞争法与消费者保护法的关系

反不正当竞争法从最初阶段来看,只调整竞争者之间关系、保护竞争者利益,而对于那些仅仅损害消费者利益而未涉及竞争者利益的行为往往不予调整。但是随着经济社会的发展,反不正当竞争法开始将消费者利益纳入考量范围,在不少国家立法中出现了保护消费者利益的字眼。例如,修订后的德国《反对不正当竞争法》就强调对竞争者、消费者和其他市场参与者的平等保护,为此甚至列出多达30项的黑名单作为附件来禁止那些针对消费者的不公平的商业惯例。

但二者仍有不同。反不正当竞争法通过禁止那些不符合公平竞争要求的行为来维持一个良好的市场竞争秩序,为消费者带来满意的消费环境,其根本目的在于,保护作为抽象的、集体存在的消费者;[②]反不正当竞争法中引入独立的消费者利益判断标准,是为了实现从"保护竞争者"到"保护竞争"认定范式的嬗变。[③] 而消费者保护法不仅对消费者作为一个整体提供保护,它还直接为每一位消费者提供具体保护。如果说消费者保护法是基于消费者立场的立法,反不正当竞争法迄今为止仍然是一部以经营者为主角的立法。

第二节 不正当竞争行为的认定与规制

根据2017年我国对《反不正当竞争法》的修订,1993年《反不正当竞争法》第2章规范的11种违法行为中,有6种典型的不正当竞争行为被予以保留并进行了调整,而另外5种在理论上应归类为垄断或者限制竞争行为的条款被全部删除。另外,根据现实需要增加了网络不正当竞争条款。故修订后的《反不正当竞争法》第2章列举了7种

---

① See Kamperman Sanders, *Unfair Competition Law: The Protection of Intellectual and Industrial Creativity*, Oxford: Clarendon Press, 1997, pp. 22, 23.

② See Frauke Henning-Bodewig, *Unfair Competition Law: European Union and Member States*, Kluwer Law International, 2006, p. 6.

③ 参见张占江:《不正当竞争行为认定范式的嬗变》,载《中外法学》2019年第1期。

不正当竞争行为。

一、混淆行为

(一)概述

混淆行为或者市场混淆行为,也称仿冒行为、商业假冒行为、商业混同行为、欺骗性市场交易行为、假冒仿冒行为等,一般是指在市场交易活动中,经营者擅自使用与他人商业标志相同或者近似的标志,致使与他人的商品或者营业活动产生混淆的不正当竞争行为。

该行为对于竞争对手来说,直接不正当地挤占了竞争对手的市场,使其市场地位受损;对于那些与之并不构成直接竞争关系的经营者来说,也是不正当地利用了后者的商业声望,可能会对其良好声誉造成不良影响,并对后者今后进入这一市场造成困难;对于用户、消费者来说,是一种典型的欺骗行为,因此,许多时候也可以归纳入"虚假宣传行为"之列。这种行为严重违背诚实信用的商业道德和公平竞争的原则,不仅损害诚实经营者的利益,而且损害消费者的利益,因而在各国都普遍被禁止。

2017年修订的《反不正当竞争法》第6条规定:"经营者不得实施下列混淆行为,引人误认为是他人商品或者与他人存在特定联系:(一)擅自使用与他人有一定影响的商品名称、包装、装潢等相同或者近似的标识;(二)擅自使用他人有一定影响的企业名称(包括简称、字号等)、社会组织名称(包括简称等)、姓名(包括笔名、艺名、译名等);(三)擅自使用他人有一定影响的域名主体部分、网站名称、网页等;(四)其他足以引人误认为是他人商品或者与他人存在特定联系的混淆行为。"与1993年《反不正当竞争法》相比,2017年《反不正当竞争法》删去了"假冒他人的注册商标"和"在商品上伪造或者冒用认证标志、名优标志等质量标志,伪造产地,对商品质量作引人误解的虚假表示"两项规定,删去前者使《反不正当竞争法》与《商标法》界限明确,删去后者使第6条成为更加鲜明的反混淆条款,与后面的虚假宣传行为划清界限;同时,根据过往经验和现实需要完善了相关规定,并特别增加了兜底条款。

就我国《反不正当竞争法》而言,混淆行为的构成要件一般来说有以下几点:

(1)行为主体是经营者;

(2)行为人主观心态上具有与他人的商品或服务或者商业活动产生混淆的意图;

(3)侵犯对象包括但不限于他人商品或服务的商标、商号、名称、包装、装潢等商业标识;

(4)客观上采取了对他人商品或服务的模仿或仿冒行为,具有误导性,已经或可能造成市场混淆的后果。

关于市场混淆行为的种类,一般有如下分类:

根据导致混淆的对象的不同,可以分为营业主体的混淆,商品或者服务质量的混淆,其他形式的混淆;从行为性质划分,可分为:"搭便车"行为,淡化商标行为,依样模仿行为;而根据我国《反不正当竞争法》的规定,大致可以分为:仿冒有一定影响的商品的名称、包装、装潢的行为,擅自使用他人的企业名称或者姓名的行为,擅自使用他人有一定影响的域名主体部分、网站名称、网页等行为以及其他类型的混淆行为。

(二)《反不正当竞争法》规制的四类混淆行为

混淆行为的表现形式复杂多样。根据我国《反不正当竞争法》第 6 条的规定,禁止经营者从事擅自使用他人有一定影响的商业标识,引人误认为是他人商品或者与他人存在特定联系。从该条款来看,涉及三大问题:有一定影响、混淆(相同或近似)、特定联系。

我国 2017 年修订的《反不正当竞争法》提出了“有一定影响”,并基本上将之作为所有市场混淆行为的构成要件,而不仅仅局限于商品标识。但法律本身没有对有一定影响的商品进行定义。1993 年《反不正当竞争法》中使用的是“知名商品”。2007 年最高人民法院《关于审理不正当竞争民事案件应用法律若干问题的解释》第 1 条规定,“在中国境内具有一定的市场知名度,为相关公众所知悉的商品”,应当认定为《反不正当竞争法》中所规定的“知名商品”。如何才能构成“知名”?该司法解释提出:人民法院认定知名商品,应当考虑该商品的销售时间、销售区域、销售额和销售对象,进行任何宣传的持续时间、程度和地域范围,作为知名商品受保护的情况等因素,进行综合判断。原告应当对其商品的市场知名度负举证责任。尽管现在不再使用“知名商品”,但事实上“有一定影响的商品”与“知名商品”具有相似之处,没有本质区别,以上的判定方法仍然可以借鉴,大量行政执法及司法案例中的宝贵经验仍然可以沿用。

关于争议商品的名称、包装、装潢等标识之间是否相同或者相似、是否构成市场混淆的具体判断标准,《反不正当竞争法》亦未涉及。最高人民法院《关于审理不正当竞争民事案件应用法律若干问题的解释》第 4 条提出:第一,足以使相关公众对商品的来源产生误认,包括误认为与知名商品的经营者具有许可使用、关联企业关系等特定联系的,应当认定为构成混淆;第二,在相同商品上使用相同或者视觉上基本无差别的商品名称、包装、装潢,应当视为足以造成和他人知名商品相混淆;第三,认定与知名商品特有名称、包装、装潢相同或者近似,可以参照商标相同或者近似的判断原则和方法。当然,仅仅是近似,还不足以证明不正当竞争行为的存在,还需要有市场混淆的后果或者表现。

具有特定联系,在很大程度上是指存在误认的情形。具体而言,特定联系具有两方面的内容,一是指容易造成商品来源混淆,如 A 生产的商品却声称是 B 生产的商品;二是造成关联关系混淆,如 A 并未声称自己生产的商品为 B 生产,但声称采用与 B 同样的技术、工艺流程或受到 B 的直接管理等,明示或者暗示 A 与 B 之间存在紧密联系,使用户、消费者受到误导,本质上仍可以视为“傍名牌”“搭便车”的不法行为。

至于具体的混淆行为,按照《反不正当竞争法》第 6 条的规定,分为以下四类。

1. 与他人有一定影响的商业标识的混淆

我国《反不正当竞争法》第 6 条第 1 项规定,经营者不得擅自使用与他人有一定影响的商品名称、包装、装潢等相同或者近似的标识,引人误认为是他人商品或者与他人存在特定联系。

2. 与他人有一定影响的企业名称、社会组织名称、姓名等相混淆

我国《反不正当竞争法》第 6 条第 2 项禁止擅自使用他人有一定影响的企业名称(包括简称、字号等)、社会组织名称(包括简称等)、姓名(包括笔名、艺名、译名等),引人误认为是他人商品或者与他人存在特定联系的不正当竞争行为。

3. 与他人有一定影响的网络标识相混淆

《反不正当竞争法》第 6 条第 3 项禁止经营者擅自使用他人有一定影响的域名主体部分、网站名称、网页等,引人误认为是他人商品或者与他人存在特定联系的不正当竞争行为。

4. 其他混淆行为

《反不正当竞争法》第 6 条第 4 项是兜底条款,禁止经营者从事其他足以引人误认为是他人商品或者与他人存在特定联系的混淆行为。

【典型案例】中国药科大学诉福瑞科技公司不正当竞争纠纷案①

福瑞科技公司成立于 2001 年 7 月 31 日。该公司的法定住所地在南京市某镇某经济开发区,实际经营地点在南京市某路某号宏鹰大厦。该公司登记的经营范围包括二类医用电子仪器设备制造、销售,紫苏籽油软胶囊的加工、销售等。

2003 年 1 月被告福瑞科技公司与原告中国药科大学的体育部签订了承租协议,租用中国药科大学体育部二楼约 10 平方米的房间一处。协议约定:福瑞科技公司承租中国药科大学体育部的房屋一间,租期 3 年,每年租金 7000 元;中国药科大学为福瑞科技公司提供对外信箱一个,号码为 181;福瑞科技公司不得以中国药科大学名义从事任何商业活动,其从事任何商业活动的后果与中国药科大学无关。

2004 年 3 月 2 日被告福瑞科技公司领取了紫苏籽油软胶囊加工销售的卫生许可证,开始制造、销售"天聪 1 号"胶囊。2004 年 4 月 12 日原告中国药科大学委托律师以顾客名义,从南京广禧安科贸有限公司购得单价 200 元、150 粒装的"天聪 1 号"胶囊 1 盒,并获得福瑞科技公司编印的《宝典》宣传册和宣传单。

"天聪 1 号"胶囊包装盒的正面,标有"江苏福瑞科技技术有限公司　中国南京中国药科大学东"字样,背面标有"福瑞科技　荣誉出品　中国南京中国药科大学　东校园"字样,两侧均标有"福瑞科技有限公司　中国药科大学东校园""联系地址:中国南京　中国药科大学 181 信箱"字样。《宝典》宣传册的封面,标有"江苏福瑞科技有限公司　中国南京　中国药科大学东校园"字样,封底标有"地址:中国南京　中国药科大学东校园""邮箱:中国南京　中国药科大学 181 信箱"字样。在该宣传册的第 4 页、第

① 本案资料引自《最高人民法院公报》2005 年第 6 期。

5页、第17页、第46页、第68页、第71页、第76页、第100页、第129页、第139页、第141页、第143页，有12处宣称："中国药科大学高新科研成果天聪1号胶囊"，"中国药科大学和福瑞公司携手合作在此领域研究取得了一系列重大科研成果"，"天聪1号"胶囊"获中华人民共和国国家发明专利，发明专利号ZL9810861.X，国际专利主分类号A61K31/202"。在宣传单中，亦标有"中国药科大学　东校园　福瑞科技荣誉出品"的字样。而事实上，在"天聪1号"胶囊的研制开发过程中，只有中国药科大学退休教师李某三曾以个人名义参与。

福瑞科技公司从未因"天聪1号"胶囊申报和获取过专利，宣传册中使用的专利号，是案外某公司的专利。

南京市中级人民法院认为，本案争议焦点包括：(1)中国药科大学有无提起不正当竞争诉讼的主体资格？能否提起不正当竞争的诉讼？(2)福瑞科技公司对天聪1号胶囊的宣传行为，是否构成不正当竞争？(3)福瑞科技公司应否承担民事责任，以及应承担何种民事责任？

关于争议焦点一。原告中国药科大学是从事教学科研工作的事业法人，其虽然不在市场上直接从事商品经营，但通过附属企业的经营活动，将其研制开发的药品和医疗器械等推向市场，并且通过附属企业的上缴，间接从市场上获利。事实上，附属企业的上缴，已经成为中国药科大学的经费来源之一。因此，中国药科大学的市场经营者资格应予确认。被告福瑞科技公司宣称其为"现代生物医学工程提取的大脑(发育)必需营养素"，具有促进婴儿脑发育的功效。这种宣称，使"天聪1号"胶囊具有了药品的作用，也使福瑞科技公司与中国药科大学在药品市场上发生了竞争，中国药科大学有权提起不正当竞争诉讼。

关于争议焦点二。福瑞科技公司与中国药科大学之间，只有基于10平方米房屋建立起来的房屋租赁关系，而该房屋的地址是中央路童家巷24号。福瑞科技公司不能证明该房屋与"天聪1号"胶囊的生产经营存在着实际联系，且《承租协议》中已经约定，福瑞科技公司不得以中国药科大学的名义从事任何商业活动。在此情况下，福瑞科技公司在"天聪1号"胶囊的包装、宣传册和宣传单上反复、突出地使用"中国南京中国药科大学东校园"字样，并宣称"天聪1号"胶囊是"中国药科大学高新科研成果"，福瑞科技公司实施该行为的目的，是要让消费者将"天聪1号"胶囊误认为是中国药科大学研制开发的产品，或者将福瑞科技公司误认为是与中国药科大学存在某种联系的单位。福瑞科技公司与中国药科大学有潜在的竞争关系，其盗用中国药科大学的名称，将影响中国药科大学的名望，从而损害中国药科大学从药品市场上应得的利益。

在"天聪1号"胶囊研制开发过程中，原告中国药科大学的退休教师李某三曾经参与。这只是李某三个人的非职务行为，与中国药科大学没有任何关联。被告在其赠送的宣传材料中，多处宣称"天聪1号"胶囊是"中国药科大学高新科研成果"，足以使消费者对"天聪1号"胶囊的研制单位产生错误认识。福瑞科技公司还冒充他人的专利号,宣称"天聪1号"胶囊是获得过国家发明专利的产品。福瑞科技公司上述行为,已构成利用宣传材料对其产品作引人误解虚假宣传的不正当竞争行为。

综上所述,被告福瑞科技公司在对"天聪1号"胶囊的宣传过程中,盗用原告中国药科大学的名称,对其产品作引人误解的虚假宣传,已经违反了法律规定,构成不正当竞争。

关于争议焦点三。中国药科大学请求判令福瑞科技公司立即停止不正当使用其名称进行虚假宣传的行为,以及请求判令福瑞科技公司立即销毁库存侵权包装和宣传材料,依法应予支持。由于福瑞科技公司的宣传材料是该公司委托其他单位印制,印刷模板不由该公司控制,所以对销毁印刷模板的请求不能支持。福瑞科技公司的不正当竞争行为,损害了中国药科大学的商业信誉,从而会给中国药科大学造成经济损失,因此对中国药科大学关于福瑞科技公司赔礼道歉、赔偿经济损失的诉讼请求,亦应支持。但由于中国药科大学自己不生产与"天聪1号"胶囊同类的产品,也未能提供因福瑞科技公司的不正当竞争行为而使自己遭受经济损失数额的证据,更不能证明福瑞科技公司在侵权期间因侵权行为而获得的利润,故对赔偿经济损失30万元的诉讼请求,不能全额支持,应由法院根据福瑞科技公司的侵权手段、时间、范围、社会影响和主观过错程度等因素酌定。

据此,南京市中级人民法院依照《民法通则》第134条第1款第1项、第7项、第10项的规定,于2004年12月9日判决:(1)被告福瑞科技公司自本判决生效之日起,立即停止在其产品"天聪1号"胶囊包装、宣传册、宣传材料上不正当使用原告中国药科大学名称的行为,并停止对"天聪1号"胶囊的虚假宣传行为。(2)被告福瑞科技公司自本判决生效之日起,立即销毁库存的侵权包装盒、宣传册及宣传材料。(3)被告福瑞科技公司自本判决生效之日起15日内,在《扬子晚报》上公开赔礼道歉,以消除对原告中国药科大学造成的不良影响。逾期不执行,将刊登本判决书主要内容,费用由福瑞科技公司负担。(4)被告福瑞科技公司自本判决生效之日起15日内,赔偿原告中国药科大学经济损失10万元。(5)驳回原告中国药科大学的其他诉讼请求。案件受理费7010元,财产保全费2000元,由被告福瑞科技公司负担。

福瑞科技公司不服一审民事判决,上诉于江苏省高级人民法院。二审审理中,福瑞科技公司提出撤回上诉的申请。江苏省高级人民法院经审查认为,福瑞科技公司的申请不违反法律规定,遂依照《民事诉讼法》第156条的规定,于2005年2月22日裁定:准许上诉人福瑞科技公司撤回上诉。

二、商业贿赂行为

(一)商业贿赂行为概述

本书认为所谓商业贿赂行为,是指经营者在市场活动中为了谋取交易机会或者竞争优势,采用财务或者其他手段贿赂交易相对方的工作人员、受交易相对方委托办理相关事务的单位或者个人或者利用职权或者影响力影响交易的单位或者个人的行为。

根据有关法律文件,以及现实生活中发生的各种商业贿赂行为,本书认为该不正当竞争行为的特征有:

(1)行为的隐蔽性。由于商业贿赂已经被我国《反不正当竞争法》《刑法》等规定为违法犯罪行为,因此,现实生活中发生的此类行为往往具有很强的隐蔽性,披着合法的外衣以求达到不合法的目的。为了达到这一目的,企业往往作多个账本以逃避检查,或者披上赠与等合法形式的外衣。

(2)结果的危害性。商业贿赂行为具有巨大的社会危害性,它不但直接扰乱了市场竞争秩序,损害了竞争者、对方单位的利益,客观上也抬高了所交易的商品或者服务的成本,并最终转嫁到消费者头上。当然该行为的最大危害在于败坏了商业风气,并波及社会的方方面面,使良好的社会风气无法建立,整个社会陷入信任危机。正因为如此,许多国家才特别重视对这个问题的解决,不惜用最严厉的刑罚手段作为主要的调整方式。在我国,行政权力和其他国家权力也成为商业贿赂的重要对象,有许多商业贿赂与国家机关及其工作人员滥用职权、以权谋私有很大关系,结果使国家机关信誉受损。

(3)贿赂主体的广泛性和贿赂对象的特定性。商业贿赂的主体既包括各类公司、企业及其从业人员,个体工商户以及其他经营者和社会团体、行业自律组织、社会中介组织及其从业人员;也包括国家机关、事业单位、人民团体及其工作人员等。商业贿赂的对象则是那些能够影响某一笔市场交易的人员或者单位,至于是否交易对手的经办人抑或领导者,在所不论。简而言之,商业贿赂的对象也可能是影响交易的第三方。

(4)数额上不同一般性商业惯例。在正常的商业交往中也存在不少馈赠活动,但是一般均为数额很小,不会对市场交易产生不当影响。但是商业贿赂行为中经营者的支付一般会大到令能够影响交易的有关单位或者个人愿意不正当地施加其影响力来促成该笔交易,因此,其数额一般远远超过正常的商业惯例所能允许的限度。

(5)贿赂形式之多样性。我国《反不正当竞争法》和《关于禁止商业贿赂行为的暂行规定》中均指出是"财物或者其他手段",后者更是进一步做了列举:所称财物,是指现金和实物,包括经营者为销售或者购买商品,假借促销费、宣传费、赞助费、科研费、劳务费、咨询费、佣金等名义,或者以报销各种费用等方式,给付对方单位或者个人的财物。所称其他手段,是指提供国内外各种名义的旅游、考察等给付财物以外的其他利益的手段。就此而言,社会上所谓的"性贿赂"、资助关键人士子女海外留学、安排旅游度假等,均可归入其他手段之列。

关于商业贿赂行为的分类,可以有多种,例如,根据方向的不同,可以分为商业行贿行为和商业受贿行为;根据行贿手段的不同,可以分为用财物实施的商业贿赂和用财物以外的其他手段实施的商业贿赂;根据情节的轻重,可以分为不正当交易行为、一般违法行为和犯罪行为。不正当交易行为是商业贿赂中情节轻微、数额较小,违反商业道德和市场规则,依照党政机关、行业主管(监管)部门以及行业自律组织的有关规定,应当予以处理的行为;一般违法行为是商业贿赂中情节较轻、数额不大,违反反不正当竞争法和其他法律法规,尚未构成犯罪,应当给予行政处罚的行为;犯罪行为是商业贿赂中数额较大,或者具有其他严重情节,依照刑法应当受到刑罚处罚的行为;[①]根据发生领域的不同,可以分为商品流通业、建筑业、银行业、服务业等领域发生的商业贿赂;根据是否有涉外因素,可以分为无涉外因素的商业贿赂行为和有涉外因素的商业贿赂行为,其中后者往往牵涉其他国家和地区的执法以及反商业贿赂的国际合作。

(二)关于商业贿赂的有关立法

在西方资本主义发展之初,各种商业贿赂行为相当常见,政府对此不加干预,故演化成当时的商业习惯。在商业活动中,回扣被称为“保证营业交易得以顺利进行的润滑剂”。但后来其妨碍公平竞争、破坏市场机能的正常发挥的社会危害性愈加突出,使诚实商人叫苦不迭,而且蔓延到政治捐款与海外贿赂。由于该行为的社会危害性以及对竞争者和消费者利益的冲击,有关西方国家将其视为不正当竞争行为,先是立法禁止在国内采用贿赂手段,后又立法禁止本国企业在海外使用该手段。

有关国家(地区)的法律对商业贿赂方式的界定十分宽泛,不局限于财物,而是把作为交换的利益好处都算作贿赂。例如,加拿大相关法律中规定商业贿赂涵盖“金钱、兑价物品、职务、住所或雇佣、货款、奖赏或任何利益”。也就是说,包括所有物质利益和非物质利益。芬兰明确规定,国家公职人员不准接受商界的任何吃请和游山玩水,否则,均被视为受贿行为。另外,西方国家大多以是否实质损害竞争、影响公平性原则为标准对回扣、折扣、佣金进行规定的。如美国《罗宾逊－帕特曼法》规定,无论是回扣、还是折扣,如果对竞争有损害,都是非法的。[②]

自20世纪90年代以来,国际社会通过了一系列法律文件,加强反商业贿赂领域的国际合作。如联合国《反腐败公约》《反对国际商业交易中的贪污贿赂行为的宣言》,经济合作与发展组织《禁止在国际商业交易中贿赂外国公职人员公约》,国际商会《打击国际商业交易中的勒索和贿赂的行为准则》,美洲国家组织《反腐败公约》,欧洲理事会《反腐败国家集团规约》等。1999年生效的经合组织《禁止在国际商业交易中贿赂外国公职人员公约》,要求签署国应立法将给予或许诺以及接受一笔贿金视为犯罪,并方便法律互助和引渡。2003年10月第58届联合国大会审议通过的《联合国反腐败公约》,是国际社会在反腐败领域进行国际合作的最重要的国际法律文件,我国全国人大常委会于2005年10月批准了该公约。

我国《反不正当竞争法》第7条规定:“经营者不得采用财物或者其他手段贿赂下

---

① 参见中央治理商业贿赂领导小组:《关于在治理商业贿赂专项工作中正确把握政策界限的意见》(〔2007〕4号文)。

② 国家发展和改革委员会:《关于国外防治商业贿赂的研究报告》,载国家发展和改革委员会网:http://www.sdpc.gov.cn/jggl/zhdt/t20061129_96404.htm,最后访问日期:2019年1月25日。

列单位或者个人,以谋取交易机会或者竞争优势:(一)交易相对方的工作人员;(二)受交易相对方委托办理相关事务的单位或者个人;(三)利用职权或者影响力影响交易的单位或者个人。经营者在交易活动中,可以以明示方式向交易相对方支付折扣,或者向中间人支付佣金。经营者向交易相对方支付折扣、向中间人支付佣金的,应当如实入账。接受折扣、佣金的经营者也应当如实入账。经营者的工作人员进行贿赂的,应当认定为经营者的行为;但是,经营者有证据证明该工作人员的行为与为经营者谋取交易机会或者竞争优势无关的除外。"与1993年《反不正当竞争法》第8条相比,现行规定发生了较大变化,首先,其明确了商业贿赂行为的目的是"谋取交易机会或者竞争优势";其次,其明确了贿赂的三类对象,不仅限于交易相对方;最后,其删去了有关"回扣"的规定。

(三)商业贿赂行为的认定

1. 关于商业贿赂行为的主体

按照《反不正当竞争法》的规定,行贿主体是经营者。在过往实践中,很多经营者往往会以行贿系员工个人行为为由进行抗辩,试图据此规避公司的商业贿赂责任。2017年修订的《反不正当竞争法》第7条第3款中明确规定:"经营者的工作人员进行贿赂的,应当认定为经营者的行为;但是,经营者有证据证明该工作人员行为与为经营者谋取交易机会或者竞争优势无关的除外。"即将员工的贿赂行为推定为经营者行为,除非经营者有证据证明其获得的交易机会或竞争优势与员工行贿行为无关。

行贿对象则较多元化,包括:交易相对方的工作人员,受交易相对方委托办理相关事务的单位或者个人,利用职权或者影响力影响交易的单位或者个人。

2. 关于商业贿赂行为的表现形式

在1993年《反不正当竞争法》中,回扣是商业贿赂的主要表现形式之一。回扣的法定定义规定在《关于禁止商业贿赂行为的暂行规定》第5条,其对回扣的解释是"经营者在销售商品时在账外暗中以现金、实物或其他方式退给对方单位或个人一定比例的商品价款"。这是目前法律性文件中对回扣所作的最为明确的界定。这里说的"账外暗中"指的是,未在依法设立的反映其生产经营活动或者行政事业单位经费收支的财务账上,按照财务会计制度规定明确如实记载,包括不计入财务账、转入其他财务账或者作假账等行为。2017年《反不正当竞争法》取消了"回扣"这一概念,并不代表人们日常所指的"回扣"就此被承认。首先,交易一方支付给"交易相对方的工作人员"被明定为商业贿赂行为;其次,交易一方支付给对方单位的财物或者其他好处,该单位也有可能因"实质上的交易关系"而被认定为"受交易相对方委托办理相关事务的单位或者个人",从而构成商业贿赂行为。"例如,学校受全体学生委托与校服供应商签订校服购买合同,此时交易的双方应当是供应商和学生,交易的法律后果实际由学生承担。

如果供应商给予学校财物或者其他经济利益,则涉嫌构成商业贿赂。”①总而言之,对商业活动中回扣和其他具有商业贿赂特征的行为,应当按照治理商业贿赂的要求,根据是否违反公平竞争原则,给予、收受财物或者其他利益,不正当地谋取交易机会或者竞争优势,以及涉案数额大小、情节轻重、社会危害程度等进行定性处理。

商业贿赂有时会以捐赠等形式出现。我国除《民法通则》《合同法》等立法外,尚有《公益事业捐赠法》专门就自然人、法人或者其他组织自愿无偿向依法成立的公益性社会团体和公益性非营利的事业单位捐赠财产,用于公益事业的行为作出规范。捐赠有时会成为商业贿赂的外衣。如某药品经销商为促销药品,以捐助医疗卫生事业的名义,赠与某医院药品采购部门财物。因此,捐赠应当符合《公益事业捐赠法》以及其他有关规定,明示并如实入账,不直接或间接与商品交易挂钩,不损害其他经营者合法权益,并且用于公益事业。以捐赠为名,通过给予财物获取交易、服务机会、优惠条件或者其他经济利益的,属于商业贿赂。

三、虚假宣传行为

(一)虚假宣传行为概述

虚假宣传行为,是指经营者利用广告或其他方法,对商品的质量、制作成分、性能、用途、生产者、有效期限、产地作与事实不相符合或可能使人产生错误判断的介绍、表示,足以造成相关公众误解的行为。由于虚假宣传的手段以广告为主,所以也有人称之为虚假广告行为,以广告来概括、代指其他所有的类似不正当竞争行为。

该行为实质上属于欺骗性交易行为。但因为其表现形式具有特殊性,因此,我国《反不正当竞争法》将其单独作为一种不正当竞争行为。1993 年《反不正当竞争法》第 9 条规定:“经营者不得利用广告或者其他方法,对商品的质量、制作成分、性能、用途、生产者、有效期限、产地等作引人误解的虚假宣传。广告的经营者不得在明知或者应知的情况下,代理、设计、制作、发布虚假广告。”2017 年修订通过的《反不正当竞争法》,将上述规定修改为第 8 条:“经营者不得对其商品的性能、功能、质量、销售状况、用户评价、曾获荣誉等作虚假或者引人误解的商业宣传,欺骗、误导消费者。经营者不得通过组织虚假交易等方式,帮助其他经营者进行虚假或者引人误解的商业宣传。”

由于在其他法律法规中也有关于禁止经营者虚假宣传的内容,《反不正当竞争法》中的虚假宣传行为与之有重合之处,也有自身特点。一般来说可以归纳出以下特征。

一是虚假宣传行为发生于经济领域,与市场竞争密切相关。在各种经济领域,出于市场竞争的压力,经营者无不奋力使自己从万千同类经营者中脱颖而出,或者至少让用户、消费者认为其比别的经营者更有优势,更符合购买者的要求,于是就有些经营者在正常的市场宣传之外,夸大自己产品或者服务的某些特征或者隐瞒某些不足,甚至无中

---

① 吴楠:《总局反垄断与反不正当竞争执法局局长就新〈反不正当竞争法〉接受记者专访》,载新华网:http://www.xinhuanet.com/fortune/2017-11/09/c_129736723.htm,最后访问日期:2019 年 1 月 30 日。

生有,以达到吸引眼球、进而提升销售额和市场地位的目的。

二是虚假宣传行为的主体是进行产品或服务宣传的经营者。这里的经营者既可以是推销自己商品或者服务的经营者即广告主,也可以是其他经营者。商品或者服务的经营者固然不能对自己的商品或者服务进行虚假宣传,其他经营者也不能通过组织虚假交易等方式,对不法商人的此类行为推波助澜。

三是虚假宣传行为的内容主要围绕商品、服务的基本要素或对企业本身进行不实宣传。主要涉及商品的质量、制作成分、性能、用途、生产者、有效期限、产地,乃至商品的规格、等级、生产日期、销售者、价格、售后服务、获奖获优情况、质量认证等,或者对企业的性质、历史、业绩、经营能力进行与事实不符的宣传。另外,随着绿色消费理念的传播,对于产品或服务是否环保以及是否获得相应的环保标志作虚假或引人误解的陈述的,即进行所谓的"漂绿营销",也应当属于反不正当竞争法规制的范畴。

四是虚假宣传行为直接损害了用户和消费者的利益,也损害了同业竞争者的利益,更恶化了市场竞争环境,损害了市场竞争秩序。虚假宣传行为会诱使消费者作出错误选择,从而遭受各种利益损失;其他经营者也会因为不法行为人的虚假宣传行为而丧失一定的商业机会,危害自己的市场地位。

关于虚假宣传行为的分类。以宣传手段的不同来看,可以分为虚假广告行为和用广告以外的其他手段进行的虚假宣传行为。前者同时违反了我国《广告法》和《反不正当竞争法》,后者则往往难以适用我国《广告法》;以宣传内容虚假的程度,可以分为虚假的宣传行为和引人误解的宣传行为,前者的违法特征明显,比较易于判定,而后者由于经营者有意用语言文字或者其他多义、多种理解的方式来误导用户和消费者,因而往往拒绝承认自己存在违法行为;以虚假宣传的中心来看,可以分为对自己提供的商品或者服务进行的虚假宣传,如商品的质量、制作成分、性能、用途、生产者、有效期限、产地、价格等,和对经营者自身进行的虚假宣传,如企业的性质、历史、荣誉等。

(二)虚假宣传行为的有关立法活动

在国际上,鉴于虚假宣传行为对于市场竞争和市场秩序的危害,很早就有了相关立法。

1883 年订立的《巴黎公约》有禁止虚假广告的规定,该公约第 10 条之 2 第 3 款规定:禁止"在经营商业中,使用易于导致公众对商品的性质、制作方法、特征、用途或者数量产生误导作用的表示或者陈述"。世界知识产权组织国际局颁布的《反不正当竞争示范法》第 4 条第 1 款规定:"在工商业活动中,对某个企业或者其活动,尤其是其所提供的商品或服务的误导或者可能误导公众的任何行为或做法,都构成不正当竞争行为。"同时,该示范法第 4 条第 2 款还指出:误导可能产生于广告或者促销活动,尤其是有关商品的制造过程,商品或服务对特定目的的适合性,商品或者服务的质量、数量或其他特性,商品或服务的地理来源,对商品或者服务所承诺或提供的条件,商品或者服务的价格或者价格的计算方法等事项。

欧盟先后有多个法律文件对此加以规范。包括1984年颁布了《协调成员国关于引人误解广告的法律规定和行政规定的第84/450号令》,1997年6月欧洲共同体颁布了修订第84/450号令的第97/55号指令,并将比较广告纳入该指令的调整范围。在此基础上,2006年又颁布了《误导和比较广告指令》(2006/114/EC)禁止经营者之间发生的各种误导广告并规范比较广告行为。与此同时,2005年通过了作为欧盟反不正当竞争法核心的《不正当商业行为指令》(2005/29/CE)①——其适用范围限定于针对消费者(Bussiness to Customer,B2C)的各种不正当的商业行为——也广泛禁止各种误导型商业行为。

美国、日本、德国、法国等也均有相应立法规范虚假广告行为。

在我国1993年《反不正当竞争法》中,除第9条外,该法第5条第4款"在商品上伪造或者冒用认证标志、名优标志等质量标志,伪造产地,对商品质量作引人误解的虚假表示"以及第14条:"经营者不得捏造、散布虚伪事实,损害竞争对手的商业信誉、商品声誉"也与之相关,有时在法律适用时往往发生争议。2017年修订的《反不正当竞争法》第8条规定:"经营者不得对其商品的性能、功能、质量、销售状况、用户评价、曾获荣誉等作虚假或者引人误解的商业宣传,欺骗、误导消费者。经营者不得通过组织虚假交易等方式,帮助其他经营者进行虚假或者引人误解的商业宣传。"同时也删除了第5条第4款虚假表示的规定。

究其变化主要体现在如下两点:第一,在法律条款中明确了"虚假的"或者"引人误解的"宣传均构成违法,从而弥补了1993年立法的不足;第二,针对网购时代出现的"刷单"等严重干扰市场竞争秩序的行为,增加规定禁止通过组织虚假交易等方式,帮助其他经营者进行虚假宣传。

(三)虚假宣传之认定

虚假宣传这一概念以及有关法令中的规定都相当概括,难以掌握,因此,在实践中如何认定某经营者的行为构成虚假宣传的不正当竞争行为,颇有难度。特别对于那些内容并非完全虚假的广告或者其他宣传手段来说,更是如此。目前,无论是学术界还是实务界,在判断标准上基本达成共识,在借鉴境外经验基础上,提出以下判定原则。

1. 一般消费者施以普通注意力的原则

该原则即以一般消费者在平常注意力的条件下是否会误解为标准。此原则中的"一般消费者",指具有社会平均知识水准的,广告宣传的商品或服务所指向的普通购买者或者消费者。因此,适用此原则时,对于广告对象的知识水平、识别能力不能要求过高。

2. 整体观察原则及比较主要部分的原则

所谓整体观察原则,是指判断广告等宣传是否引人误解,应从广告整体所给予消费

---

① 参见[德]博德维希主编:《全球反不正当竞争法指引》,黄武双、刘维、陈雅秋译,法律出版社2015年版,第57页。

者的印象是否会造成误导进行判断。因为经营者利用广告等表示方法宣传自己的商品或者服务时，一般消费者对其只会留下一个大概、模糊的印象，而很少就广告的每个细节进行分析，所以不能拘泥于宣传手法的若干细节，而应关注该宣传在整体上给消费者以何种印象；所谓比较主要部分原则，是指看广告或宣传的主要部分是否会造成误解，若主要部分引人误解，即使次要部分属实，仍应认为属于引人误解的表示。

3. 异时异地隔离观察的原则

判断广告或者某种宣传是否不实或引人误解，是以消费者观看后留下的模糊印象记忆为依据，该原则称为消费者记忆测验原则。由该原则判断广告是否引人误解，必然引申出在不同时间、不同地点分别观察的原则，此即异时异地隔离观察原则。美国执法机关判断电视广告是否引人误解采取两种方式：一是"隔日记忆"原则（Day after Recall），执法机关电视播出次日询问观众的看法，以判断是否有引人误解的情形；二是"人工印象"原则（Artificial Setting Survey），即由执法者择日于视听室中放映给取样的消费者观看，再由观看后受误导的消费者的人数来决定是否引人误解。[①]

（四）帮助他人进行虚假宣传

《反不正当竞争法》第8条第2款特别规定：经营者不得通过组织虚假交易等方式，帮助其他经营者进行虚假或者引人误解的商业宣传。这是对我国当前电子商务较为突出的"刷单"等虚假交易作出的立法回应。

虚假交易行为并不是传统意义上的虚假宣传行为，因为它没有利用广告手段进行宣传，从其行为外观上也不易被认定。但是，在本质上，虚假交易行为是一种完全、彻底的虚假宣传行为，首先，虚假交易行为是经营者为了获取市场竞争优势和不正当利润而进行的；其次，虚假交易行为是经营者通过广告以外的方式进行的，即通过人为虚假地提高销售量和好评率的方式进行的；最后，虚假交易行为是经营者通过虚假的质量表示这一方式来误导真实消费者，引起消费者的误解，影响了消费者的购买倾向或购买决策，从而严重影响了其他没有进行虚假交易经营者公平竞争权益以及电子商务的秩序。修订后的《反不正当竞争法》对虚假交易、组织虚假交易的规制是对现实需求的回应，为行政机关介入虚假交易的治理提供了明确的法律依据，有助于保障网上商业活动的正常进行。

【典型案例】成都同德福合川桃片有限公司诉重庆市合川区同德福桃片有限公司、余某华侵害商标权及不正当竞争纠纷案[②]

开业于1898年的同德福斋铺，在1916年至1956年，先后由余某春、余某光、余某

---

① 参见孔祥俊：《引人误解的虚假表示研究——兼论反不正当竞争法有关规定的完善》，载《中国法学》1998年第3期。

② 最高人民法院指导案例58号"成都同德福合川桃片有限公司诉重庆市合川区同德福桃片有限公司、余某华侵害商标权及不正当竞争纠纷案"，重庆市高级人民法院（2013）渝高法民终字00292号民事判决书。

祚三代人经营。在20世纪20年代至20世纪50年代,“同德福”商号享有较高知名度。1956年由于公私合营,同德福斋铺停止经营。1998年合川市桃片厂温江分厂获准注册了第1215206号“同德福TONGDEFU及图”商标,核定使用范围为第30类,即糕点、桃片(糕点)、可可产品、人造咖啡。2000年11月7日前述商标的注册人名义经核准变更为成都同德福公司。成都同德福公司的多种产品外包装使用了“老字号”“百年老牌”字样、“‘同德福牌’桃片简介:‘同德福牌’桃片创制于清乾隆年间(或1840年),有着悠久的历史文化”等字样。成都同德福公司网站中“公司简介”页面将《合川文史资料选辑》(第2辑)中关于同德福斋铺的历史用于其“同德福牌”合川桃片的宣传。

2002年1月4日余某祚之子余某华注册个体工商户,字号名称为合川市老字号同德福桃片厂,经营范围为桃片、小食品自产自销。2007年其字号名称变更为重庆市合川区同德福桃片厂,后注销。2011年5月6日重庆同德福公司成立,法定代表人为余某华,经营范围为糕点(烘烤类糕点、熟粉类糕点)生产,该公司是第6626473号“余复光1898”图文商标、第7587928号“余某华”图文商标的注册商标专用权人。重庆同德福公司的多种产品外包装使用了“老字号【同德福】商号,始创于清光绪二十三年(1898年)历史悠久”等介绍同德福斋铺历史及获奖情况的内容,部分产品在该段文字后注明“以上文字内容摘自《合川县志》”;“【同德福】颂:同德福,在合川,驰名远,开百年,做桃片,四代传,品质高,价亦廉,讲诚信,无欺言,买卖公,热情谈”;“合川桃片”“重庆市合川区同德福桃片有限公司”等字样。

原告(反诉被告)成都同德福合川桃片食品有限公司(以下简称成都同德福公司)诉称,成都同德福公司为“同德福TONGDEFU及图”商标权人,余某华先后成立的个体工商户和重庆市合川区同德福桃片有限公司(以下简称重庆同德福公司),并在其字号及生产的桃片外包装上突出使用了“同德福”,侵害了原告享有的“同德福TONGDEFU及图”注册商标专用权并构成不正当竞争。请求法院判令重庆同德福公司、余某华停止使用并注销含有“同德福”字号的企业名称;停止侵犯原告商标专用权的行为,登报赔礼道歉、消除影响,赔偿原告经济、商誉损失50万元及合理开支5066.4元。

被告(反诉原告)重庆同德福公司、余某华共同答辩并反诉称,重庆同德福公司的前身为始创于1898年的同德福斋铺,虽然同德福斋铺因公私合营而停止生产,但未中断独特技艺的代代相传。“同德福”第四代传人余某华继承祖业先后注册了个体工商户和公司,规范使用其企业名称及字号,重庆同德福公司、余某华的注册行为是善意的,不构成侵权。成都同德福公司与老字号“同德福”并没有直接的历史渊源,但其将“同德福”商标与老字号“同德福”进行关联的宣传,属于虚假宣传。而且,成都同德福公司擅自使用“同德福”知名商品名称,构成不正当竞争。请求法院判令成都同德福公司停止虚假宣传,在全国性报纸上登报消除影响;停止对“同德福”知名商品特有名称的侵权行为。

法院生效裁判认为:个体工商户余某华及重庆同德福公司与成都同德福公司经营

范围相似，存在竞争关系；其字号中包含"同德福"三个字与成都同德福公司的"同德福TONGDEFU及图"注册商标的文字部分相同，与该商标构成近似。其登记字号的行为是否构成不正当竞争关键在于该行为是否违反诚实信用原则。成都同德福公司的证据不足以证明"同德福TONGDEFU及图"商标已经具有相当知名度，即便他人将"同德福"登记为字号并规范使用，不会引起相关公众误认，因而不能说明余某华将个体工商户字号注册为"同德福"具有"搭便车"的恶意。而且，在20世纪20年代至20世纪50年代，"同德福"商号享有较高商誉。同德福斋铺先后由余某春、余某光、余某祚三代人经营，尤其是在余某光经营期间，同德福斋铺生产的桃片获得了较多荣誉。余某华系余某光之孙、余某祚之子，基于同德福斋铺的商号曾经获得的知名度及其与同德福斋铺经营者之间的直系亲属关系，将个体工商户字号登记为"同德福"具有合理性。余某华登记个体工商户字号的行为是善意的，并未违反诚实信用原则，不构成不正当竞争。基于经营的延续性，其变更个体工商户字号的行为以及重庆同德福公司登记公司名称的行为亦不构成不正当竞争。

从重庆同德福公司产品的外包装来看，重庆同德福公司使用的是企业全称，标注于外包装正面底部，"同德福"三字位于企业全称之中，与整体保持一致，没有以简称等形式单独突出使用，也没有为突出显示而采取任何变化，且整体文字大小、字形、颜色与其他部分相比不突出。因此，重庆同德福公司在产品外包装上标注企业名称的行为系规范使用，不构成突出使用字号，也不构成侵犯商标权。就重庆同德福公司标注"同德福颂"的行为而言，"同德福颂"4字相对于其具体内容(36字打油诗)字体略大，但视觉上形成一个整体。其具体内容系根据史料记载的同德福斋铺曾经在商品外包装上使用过的一段类似文字改编，意在表明"同德福"商号的历史和经营理念，并非为突出"同德福"三个字。且重庆同德福公司的产品外包装使用了多项商业标识，其中"合川桃片"集体商标特别突出，其自有商标也比较明显，并同时标注了"合川桃片"地理标志及重庆市非物质文化遗产，相对于这些标识来看，"同德福颂"及其具体内容仅属于普通描述性文字，明显不具有商业标识的形式，也不够突出醒目，客观上不容易使消费者对商品来源产生误认，亦不具备替代商标的功能。因此，重庆同德福公司标注"同德福颂"的行为不属于侵犯商标权意义上的"突出使用"，不构成侵犯商标权。

成都同德福公司的网站上登载的部分"同德福牌"桃片的历史及荣誉，与史料记载的同德福斋铺的历史及荣誉一致，且在其网站上标注了史料来源，但并未举证证明其与同德福斋铺存在何种联系。此外，成都同德福公司还在其产品外包装标明其为"百年老牌""老字号""始创于清朝乾隆年间"等字样，而其"同德福TONGDEFU及图"商标核准注册的时间是1998年，就其采取前述标注行为的依据，成都同德福公司亦未举证证明。成都同德福公司的前述行为与事实不符，容易使消费者对于其品牌的起源、历史及其与同德福斋铺的关系产生误解，进而取得竞争上的优势，构成虚假宣传，应承担相应的停止侵权、消除影响的民事责任。

重庆市第一中级人民法院于2013年7月3日作出(2013)渝一中法民初字第00273号民事判决:(1)成都同德福公司立即停止涉案的虚假宣传行为。(2)成都同德福公司就其虚假宣传行为于本判决生效之日起连续五日在其网站刊登声明消除影响。(3)驳回成都同德福公司的全部诉讼请求。(4)驳回重庆同德福公司、余某华的其他反诉请求。一审宣判后,成都同德福公司不服,提起上诉。重庆市高级人民法院于2013年12月17日作出(2013)渝高法民终字00292号民事判决:驳回上诉,维持原判。

四、侵犯商业秘密行为

(一)商业秘密概述

1.商业秘密的概念

根据我国《反不正当竞争法》第9条的规定,所谓商业秘密,是指不为公众所知悉、具有商业价值并经权利人采取相应保密措施的技术信息、经营信息等商业信息。这一法定概念对"技术信息和经营信息等商业信息"进行了三个方面的限制:(1)该信息不为公众所知;(2)该信息具有商业价值;(3)该信息已被采取相应保密措施。结合原国家工商行政管理总局于1995年11月23日发布的《关于禁止侵犯商业秘密行为的若干规定》第2条的规定,"不为公众所知悉"的信息,是指不能从公开渠道直接获取的信息;"具有商业价值"的信息,是指该信息具有确定的可应用性,能为权利人带来现实的或者潜在的经济利益或者竞争优势;"已经采取保密措施"的含义,是指权利人事实上已经订立了保密协议、建立了保密制度以及采取了其他合理的保密措施,一旦权利人解除了保密措施,该信息就进入公有领域,不再受该项制度保护。

2.商业秘密的构成要件

商业秘密的构成要件一般可以归纳为三性:秘密性、价值性、保密性。

(1)秘密性。能够作为商业秘密得到保护的信息应当不为公众所知悉,即该信息不能从公开渠道直接获取。这是商业秘密最本质的构成要件,也是商业秘密得以受到法律保护的前提。

在《关于审理不正当竞争民事案件应用法律若干问题的解释》中,最高人民法院将"不为公众所知悉"解释为"有关信息不为其所属领域的相关人员普遍知悉和容易获得",并采取列举的方式指出,具有下列情形之一的,可以认定有关信息不构成不为公众所知悉,不符合秘密性的要求:①该信息为其所属技术或者经济领域的人的一般常识或者行业惯例;②该信息仅涉及产品的尺寸、结构、材料、部件的简单组合等内容,进入市场后相关公众通过观察产品即可直接获得;③该信息已经在公开出版物或者其他媒体上公开披露;④该信息已通过公开的报告会、展览等方式公开;⑤该信息从其他公开渠道可以获得;⑥该信息无须付出一定的代价而容易获得。

(2)价值性。从修订后的我国《反不正当竞争法》第9条的规定来看,其将1993年

《反不正当竞争法》第 10 条第 3 款规定的“能为权利人带来经济利益、具有实用性”修改为“具有商业价值”。商业秘密是一种具有商业价值的信息,商业秘密的价值性是构建商业秘密法律制度的根本性经济动因,也是商业秘密区别于国家秘密、个人隐私等信息的主要标志。所谓价值性表现为经济效益和竞争优势两个方面。

1993 年《反不正当竞争法》将“实用性”作为商业秘密的构成加以规定,受到不少批评。① 2004 年颁布的最高人民法院《关于审理技术合同纠纷案件适用法律若干问题的解释》第 1 条第 2 款规定:“技术秘密,是指不为公众所知悉、具有商业价值并经权利人采取保密措施的技术信息”,可见该司法解释取消了“实用性”而代之以商业价值即“价值性”;2007 年公布的《最高人民法院关于审理不正当竞争民事案件应用法律若干问题的解释》第 10 条将“能为权利人带来经济利益、具有实用性”解释为“有关信息具有现实的或者潜在的商业价值,能为权利人带来竞争优势的”,也未出现“实用性”的表达。所以,2017 年《反不正当竞争法》正式将“实用性”替换成了“具有商业价值”可谓是大势所趋。

(3)保密性。从修订后的《反不正当竞争法》第 9 条的规定来看,2017 年《反不正当竞争法》将 1993 年《反不正当竞争法》第 10 条第 3 款规定的权利人采取“保密措施”前增加了定语“相应”,此处“相应”可以理解为“合理保护措施”。根据我国司法实践总结的经验,最高人民法院《关于审理不正当竞争民事案件应用法律若干问题的解释》第 11 条第 2 款规定:“人民法院应当根据所涉信息载体的特性、权利人保密的意愿、保密措施的可识别程度、他人通过正当方式获得的难易程度等因素,认定权利人是否采取了保密措施。”该解释还规定具有下列情形之一,在正常情况下足以防止涉密信息泄漏的,应当认定权利人采取了保密措施:①限定涉密信息的知悉范围,只对必须知悉的相关人员告知其内容;②对于涉密信息载体采取加锁等防范措施;③在涉密信息的载体上标有保密标志;④对于涉密信息采用密码或者代码;⑤签订保密协议;⑥对于涉密的机器、厂房、车间等场所限制来访者或者提出保密要求;⑦确保信息秘密的其他合理措施。

(二)关于商业秘密的立法

商业秘密是市场竞争下的必然产物,它是由产业伦理或商业道德所衍生出来的知识产权。其历史悠久、起源甚早,营业秘密之保护,至少可以追溯到古罗马时期的贿赂雇员之诉,罗马法禁止行为人诱使他人的受雇人(奴隶)泄漏雇用人(主人)有关的营业秘密,而有所谓之“诱惑奴役诉讼”(actio servi corrupti),损害赔偿为实际损失的 2 倍,

① 参见郑成思:《WTO 与知识产权法研究》,载《中国法学》2000 年第 3 期。

这应是最早有关营业秘密的法律规定。[①] 除此之外,还有中世纪不得公开披露制作工艺的手工业行业协会规则以及工业革命时期的经济间谍罪。我国自古以来在民间也早就有各种“祖传秘方”,并有“传子不传女”等保密措施。但商业秘密保护成为一项专门的法律制度,则是历经了工业革命与市场经济的冲击,对营业秘密的侵害,正是对产业伦理的违反,它可能来自契约关系特别是保密义务或信赖关系之违背,也可能是产业间谍的侵权行为,并产生不公平竞争的诸多课题。[②] 之后美国、德国等国家(地区)纷纷颁布了有关保护商业秘密、禁止盗窃或不正当获取、披露他人商业秘密行为的法律。

我国现行的商业秘密保护法律体系是以国际条约为依据,以《反不正当竞争法》为中心,由《民法通则》《民法总则》《合同法》《劳动法》《劳动合同法》《刑法》《科学技术进步法》等法律以及最高人民法院的有关司法解释、原国家工商部门的部门规章等共同构成的。

2017 年修订的《反不正当竞争法》第 9 条第 1 款分别列举了三种侵犯商业秘密的行为方式以及第 2 款规定的一种视为侵犯商业秘密的行为方式,比起 1993 年立法仅作了微调;2019 年的修订则根据国内外的要求或者建议增加了对于侵犯商业秘密行为方式的列举;第 15 条规定监督检查部门及其工作人员对调查过程中知悉的商业秘密负有保密义务;并在第 21 条显著提升了行政处罚的严厉程度:“经营者以及其他自然人、法人和非法人组织违反本法第九条规定侵犯商业秘密的,由监督检查部门责令停止违法行为,没收违法所得,处十万元以上一百万元以下的罚款;情节严重的,处五十万元以上五百万元以下的罚款。”2019 年修订还增加一条作为第 32 条:“在侵犯商业秘密的民事审判程序中,商业秘密权利人提供初步证据,证明其已经对所主张的商业秘密采取保密措施,且合理表明商业秘密被侵犯,涉嫌侵权人应当证明权利人所主张的商业秘密不属于本法规定的商业秘密。商业秘密权利人提供初步证据合理表明商业秘密被侵犯,且提供以下证据之一的,涉嫌侵权人应当证明其不存在侵犯商业秘密的行为:(一)有证据表明涉嫌侵权人有渠道或者机会获取商业秘密,且其使用的信息与该商业秘密实质上相同;(二)有证据表明商业秘密已经被涉嫌侵权人披露、使用或者有被披露、使用的风险;(三)有其他证据表明商业秘密被涉嫌侵权人侵犯。”

除此之外,国务院国有资产监督管理委员会 2010 年《中央企业商业秘密保护暂行规定》以及 2015 年最高人民法院《关于适用〈中华人民共和国民事诉讼法〉的解释》等,也对商业秘密的外延等予以了相应规定。

---

① 可参见叶茂林、苏宏文、李旦:《营业秘密保护战术——实务及契约范例应用》,台北,永然文化出版股份公司 1995 年版,第 11 页;唐昭红:《商业秘密研究》,载梁慧星主编:《民商法论丛》(第 6 卷),法律出版社 1997 年版,第 722 ~ 723 页。

② 参见张静等:《营业秘密法整体法制之研究》,中国台湾地区经济事务主管部门“智慧财产局”2005 年年度研究报告。

（三）商业秘密侵权行为的表现及认定

我国2019年修订的《反不正当竞争法》第9条第1款列举了四种侵权行为表现：

（1）以盗窃、贿赂、欺诈、胁迫、电子侵入或者其他不正当手段获取权利人的商业秘密；

（2）披露、使用或者允许他人使用以前项手段获取的权利人的商业秘密；

（3）违反保密义务或者违反权利人有关保守商业秘密的要求，披露、使用或者允许他人使用其所掌握的商业秘密；

（4）教唆、引诱、帮助他人违反保密义务或者违反权利人有关保守商业秘密的要求，获取、披露、使用或者允许他人使用权利人的商业秘密。

除此之外，2019年《反不正当竞争法》第9条第2款和第3款还规定了两种视为侵犯商业秘密的行为：经营者以外的其他自然人、法人和非法人组织实施前款所列违法行为的，视为侵犯商业秘密；第三人明知或者应知商业秘密权利人的员工、前员工或者其他单位、个人实施本条第1款所列违法行为，仍获取、披露、使用或者允许他人使用该商业秘密的，视为侵犯商业秘密。

另外，我国《反不正当竞争法》在对侵权行为进行列举后，没有作出有关的适用除外规定。最高人民法院《关于审理不正当竞争民事案件应用法律若干问题的解释》第12条弥补了这一缺陷：通过自行开发研制或者反向工程等方式获得的商业秘密，不认定为反不正当竞争法所规定的侵犯商业秘密行为。当然，该条第2款也规定，当事人以不正当手段知悉了他人的商业秘密之后，又以反向工程为由主张获取行为合法的，不予支持。

【典型案例】美国礼来公司、礼来（中国）研发公司诉黄某某侵害技术秘密纠纷案①

礼来公司于1901年在美国印第安纳州组建，系全球知名的制药公司。礼来中国公司于2011年3月4日由外国法人Eli Lilly Finance S. A. 发起成立，为礼来公司集团的全资子公司。

2012年5月3日礼来中国公司作为甲方与黄某某作为乙方签订《劳动合同书》。甲方聘请乙方担任化学研发组主任研究员（Ⅰ级）。《劳动合同书》第8条“协商条款”约定：“1. 乙方工作涉及甲方商业机密和与知识产权相关的保密事项的，甲方可以事前与乙方依法协商约定保守商业秘密或竞业限制的事项，并签订保守商业秘密协议或竞业限制协议。2. 由甲方出资对乙方进行专业技术培训，并要求乙方履行服务期的，应当事前征得乙方的同意，并签订协议，明确双方权利义务。3. 甲乙双方需要约定的其他事

---

① 本案资料引自美国礼来公司、礼来（中国）研发公司诉黄某某侵害技术秘密纠纷案，上海市第一中级人民法院（2013）沪一中民五（知）初字第119号民事判决书。该案入选“2013年中国法院十大创新性知识产权案件”。

项:见补充条款。"补充条款等要求乙方必须遵守《员工手册》、《保密协议》及《公司政策指南》、《保护礼来》、商业行为准则《红皮书》、《员工手册责任声明书》、《培训确认声明》等。被告2012年5月3日在有关文件上签名确认。

礼来公司2012年2月《关于电子资源使用的全球政策》《员工保密协议暨发明创造协议》等规定:"礼来对所有能从中获取经济价值的一般不被礼来外部所知晓的与产品、流程、服务、研发方面的信息,以及其他商务信息享有所有权。除非得到礼来的书面授权,否则本人不会把上述这些信息透露给礼来之外的任何人,本人也不会在礼来工作以外的任何场合使用这些信息。"被告于2012年5月3日在上述文件上签名确认。

2013年2月1日被告签署授权书,内容如下:"我自2012年5月3日起受雇于礼来(中国)研发有限公司,其为礼来公司集团的一家子公司。2013年1月19日我从公司的服务器上下载了33个属于公司的保密文件(公司文件)至公司分配给我的工作电脑上(公司电脑),之后将公司文件转存于我私人所有或私人使用的一个非公司设备或存储装置(第一手非公司装置),然后又通过第一手非公司装置将公司文件转存于第二个我私人所有或私人使用的非公司设备或存储装置(第二手非公司装置)。我在此允许公司或公司指定的人员在我在场陪同下检查非公司装置,以评估我使用、转发(如有)和/或删除(如有)公司文件的情况。具体而言,我允许公司或公司指定的人员检查第一手非公司装置和第二手非公司装置,以确定我没有进一步转发、修改、使用或打印任何公司文件。如果公司或其指定人员在非公司装置中发现任何公司文件或内容,我授权公司或其指定人员删除这些公司文件及相关内容。作为此授权的对价,公司同意不对我下载该等公司文件行为采取法律行动,但前提是我未曾向未经公司授权的人员披露、散发、传播或公司发布文件或其他任何公司保密商业信息,也未曾进行过于此相关的损害公司利益的任何行为。"

2013年2月1日礼来中国公司向被告发出停职通知书,通知被告于2013年1月28日起暂停行使主任研究员I的相关职能。同日,被告向礼来中国公司递交辞职信,表示由于个人职业发展的原因,希望立即辞去其在礼来中国公司的工作,最后工作日为2013年2月28日。

2013年2月26日礼来中国公司通过上海湘翔快递有限公司向被告发出通知函,通知被告:"(1)于2013年2月27日上午9时携带非公司设备至礼来中国公司办公地配合公司进行检查;(2)若你仍然拒绝配合,公司将不得不立即解除与你的劳动关系;(3)公司将不经另行通知采取一切可行的法律手段以保护公司的合法利益以解决该争议。"但被告未予签收。

2013年2月27日礼来中国公司向被告发出劳动关系终止通知函,通知被告其与礼来中国公司签订的于2012年5月3日生效的《劳动合同书》,于本函发出之日立即终止;并要求被告立即归还所有属于公司的财产,包括但不限于公司电脑、所有与工作相关的文件及电子数据、其他工作设备以及你从公司复制的任何公司信息。

诉讼中,原告向法院递交了主张作为技术秘密保护的21个信息文件的名称及背景情况说明,并提出上述信息涉及原告为了开发治疗糖尿病以及癌症等其他疾病的药物所作的关于GPR受体、MetAP2和DPP4拮抗物的研究,包括多项化合物的化学结构、数据、有价值的生物靶点、活性信息、未来研究的提议等内容。被告对上述信息文件的名称和内容予以确认。

综合双方当事人的诉辩意见,上海市第一中级人民法院认为,本案主要存在以下争议焦点:(1)被告是否是《反不正当竞争法》所调整的“经营者”;(2)原告主张的21个信息文件内容是否属于技术秘密;(3)被告有无实施商业秘密侵权行为;(4)原告诉请赔偿损失及合理费用是否具有事实和法律依据。

一、关于被告是否是《反不正当竞争法》所调整的“经营者”问题

法院认为,根据《反不正当竞争法》第1条立法目的,在于规范市场竞争秩序,促进市场经济健康发展。因此,基于该法的立法目的和体系解释的立场,《反不正当竞争法》所指的经营者实质上是指参与或者影响市场竞争活动的主体。被告作为原告的雇员,获取了原告的技术秘密,能够影响原告的市场竞争策略,属于《反不正当竞争法》所调整的对象。原告有权以不正当竞争为由向被告提起诉讼。

二、关于原告主张的21个文件内容是否属于技术秘密的问题

被告辩称其中涉及的基础化合物为公知信息,实验数据是一种简单组合,本领域技术人员容易获得。但是,被告对该辩称未能提供反驳证据予以证实。而原告所采取的多种有效的保密手段恰能反衬出系争信息文件内容并非容易获取。同时,法院认为,基础化合物公知并不能说明对公知化合物组合利用的方式亦为公知,这种凝聚权利人智慧成果的利用方式完全可以成为权利人的商业秘密。关于保密措施的问题,原告作为专业的药品研发企业,对系争信息文件采取了限定知悉人员范围、对文件采取加密措施、标注保密标志、监控文件阅览及下载情况、与员工签订保密协议、进行保密培训等多种多效的保密手段,符合保密性的要求。法院确认本案系争的21个信息文件内容构成《反不正当竞争法》所保护的技术秘密。

三、关于被告有无实施商业秘密侵权行为的问题

根据原告公司的规章制度,被告有权获取系争信息文件,其行为不符合盗窃特征。但被告将系争信息文件擅自转存于个人所有的电子设备之中,违反了公司的规章制度,具有不正当性,属于《反不正当竞争法》所规定的“以其他不正当手段获取权利人的商业秘密”的行为,构成商业秘密侵权行为。

四、关于原告诉请赔偿损失及合理费用的问题

原告主张由于被告的侵权行为致使原告调整了商业秘密的保护策略,提前进行专利申请,造成其严重损失,但对该主张却未提供证据予以证实,因此,原告主张由被告赔偿经济损失的依据不足,法院不予支持。而律师费、公证费、翻译费等费用,系原告为调查商业秘密侵权行为所支出的必要费用,与被告实施的商业秘密侵权行为直接关联,应

当依法予以支持。综合本案法律关系的复杂程度、调查取证的难度、律师同时参与本案诉讼和劳动仲裁案件的事实、有关公证书、翻译文本的使用情况等各项因素酌情确定合理费用为12万元。

综上所述,上海市第一中级人民法院认为,被告构成商业秘密侵权行为,依法应当承担相应的民事责任。据此,依照《反不正当竞争法》第2条第3款、第10条第1款第1项、第20条的规定,2013年12月25日判决如下:

一、被告黄某某于本判决生效之日起停止侵害原告美国礼来公司、礼来(中国)研发有限公司的技术秘密,即删除其所获取的21个信息文件,并不得披露、使用或者允许他人使用直至该技术秘密为公众知悉时止;

二、被告黄某某于本判决生效之日起15日内支付原告美国礼来公司、礼来(中国)研发有限公司合理费用人民币120,000元;

三、驳回原告美国礼来公司、礼来(中国)研发有限公司其余诉讼请求。

如果被告黄某某未按本判决指定的期间履行给付金钱义务,应当依照《民事诉讼法》第253条之规定,加倍支付迟延履行期间的债务利息。

案件受理费人民币141,800元,财产保全费人民币5000元,共计诉讼费用人民币146,800元,由原告美国礼来公司、礼来(中国)研发有限公司负担人民币72,960元,被告黄某某负担人民币73,840元。

五、不正当有奖销售行为

(一)不正当有奖销售行为概述

有奖销售这一概念在我国《反不正当竞争法》中没有规定,原国家工商行政管理总局在《关于禁止有奖销售活动中不正当竞争行为的若干规定》第2条第1款中将有奖销售行为定义为:经营者销售商品或者提供服务,附带性地向购买者提供物品、金钱或者其他经济上利益的行为。2019年1月国家市场监督管理总局公布的《关于禁止不正当有奖销售行为的若干规定(征求意见稿)》第2条第2款则有所变化:本规定所称有奖销售,是指经营者在销售商品或者提供服务时,向消费者或相关公众提供金钱、物品或者其他利益的行为。包括附赠式有奖销售和抽奖式有奖销售。附赠式有奖销售,是指经营者销售商品或者提供服务时,向满足一定条件的消费者或者相关公众提供金钱、物品或者其他利益的行为。抽奖式有奖销售是指经营者以抽签、摇号等带有偶然性的方法决定消费者或者相关公众是否中奖的行为。

有奖销售活动中,经营者与消费者之间关系颇为复杂,包括买卖关系、赠与关系、射幸合同关系、债权债务关系等。① 但是从反不正当竞争的角度则并不关注以上关系,反不正当竞争法对有奖销售行为的规范着眼点在于对正常的市场竞争秩序的保障。

---

① 参见王利明:《从本案看有奖销售的法律性质》,载《人民法院报》2002年4月4日,第3版。

在我国,有奖销售行为的产生与经济体制改革和市场经济的发展直接相关。在统购统销的计划经济时代,企业没有任何的动力和压力去从事包括有奖销售在内的促销行为。20 世纪 80 年代中期以后,部分商品市场开始出现激烈的竞争,并逐渐由卖方市场转为买方市场,产生了巨大的市场压力,加之包括国有企业在内的市场主体具有了自主决策权,我国在香港地区和东部沿海等地的示范下,有奖销售行为开始风行全国,并直接给开展企业带来了经济效益,某些时候消费者也得到了一定的好处。但是由于不正当的有奖销售往往会影响消费者正常选择商品,在消费心理普遍不够成熟的情况下,各种有奖销售行为极易传递错误的市场信息,诱发错误的购买导向;加之这种营销行为具有强制性和扩张性,在设奖不断升级以盖过他人、吸引更多眼球的压力下,奖项越来越大,中小企业就会败下阵来。而这些更大更多的奖项还是要摊入成本,最终使消费者付出更多的钱。所有这些都会使正常的市场竞争受到扭曲。

正是由于有奖销售与很多其他市场营销手段一样,既有某些优点,又有一些缺点,所以我国《反不正当竞争法》才没有将其一禁了之,而是区分不同情况禁止那些不正当的有奖销售行为。

(二)不正当有奖销售行为的有关立法

在其他国家,作为一种市场营销手段,有奖销售很早出现并得到法律的规范。在德国,根据 1909 年《反不正当竞争法》,法院基于“过渡引诱”或“购买的心理压力”因素推定了不少高昂奖金、奖品的不正当性;在法国,与营销相关的有奖销售和免费礼品受到严格规制。

在我国,针对当时全国范围内各种有奖销售大量出现、花样翻新,并时有丑闻传出的情形,1993 年《反不正当竞争法》第 13 条规定,经营者不得从事下列有奖销售:(1)采用谎称有奖或者故意让内定人员中奖的欺骗方式进行有奖销售;(2)利用有奖销售的手段推销质次价高的商品;(3)抽奖式的有奖销售,最高奖的金额不超过 5000 元。随后原国家工商行政管理总局于 1993 年发布了《关于禁止有奖销售活动中不正当竞争行为的若干规定》,对《反不正当竞争法》中的有关概念和行为进一步予以明确,并对地方工商机关在执法活动中遇到的某些疑难问题通过批复的方式予以指导。2017 年修订的《反不正当竞争法》第 10 条规定:经营者进行有奖销售不得存在下列情形:(1)所设奖的种类、兑奖条件、奖金金额或者奖品等有奖销售信息不明确,影响兑奖;(2)采用谎称有奖或者故意让内定人员中奖的欺骗方式进行有奖销售;(3)抽奖式的有奖销售,最高奖的金额超过 5 万元。

(三)不正当有奖销售行为的表现

1. 奖励事项模糊的有奖销售

《关于禁止不正当有奖销售行为的若干规定(征求意见稿)》中提出,禁止经营者进行有奖销售时,所设奖的种类、兑奖条件、奖金金额或者奖品等有奖销售信息不明确,影响兑奖,包括:(1)所设奖的种类、参与条件、参与方式、开奖方式、奖金金额或者奖品种类、兑奖时间、兑奖方式、奖品交付方式、弃奖条件等信息不明确,影响兑奖;(2)抽奖式有奖销售,活动起止时间、开奖时间、地点、方式和奖品种类和数量、通知中奖者的时间、方式、弃奖条件信息不明确,影响兑奖;(3)对已经公示的有奖销售事项做不利于消费者的变更;(4)不按承诺兑现奖品、奖金;(5)在销售现场即时开奖的有奖销售活动,未及时明示各类奖项兑奖情况;(6)故意将带有不同奖金金额或者奖品标志的商品、奖券按不同时间投放市场。

2. 欺骗性有奖销售

《关于禁止不正当有奖销售行为的若干规定(征求意见稿)》中提出禁止下列欺骗性有奖销售行为:(1)谎称有奖销售或者对所设奖的种类,最高奖金额,总金额,奖品种类、数量、质量、提供方法、弃奖条件、奖券出售情况、兑奖情况等作虚假不实的表示;(2)采取不正当的手段故意让内定人员中奖;(3)故意将设有中奖标志的商品、奖券不投放、未全部投放市场或者不与商品、奖券同时投放市场;(4)其他欺骗性有奖销售行为。

3. 抽奖式的有奖销售,最高奖的金额超过5万元

《关于禁止不正当有奖销售行为的若干规定(征求意见稿)》中对经营者进行抽奖式有奖销售,最高奖的金额超过5万元的情形做了进一步列举:(1)最高奖的金额超过5万元;(2)最高奖设置多个中奖者的,其中任意一个中奖者最高奖奖金超过5万元;(3)同一奖券或者购买一次商品具有两次或两次以上获奖机会的,累计奖奖金总额超过5万元;(4)以竞技比赛、智力竞猜等方式销售商品的,获奖者最高奖金额超过5万元;(5)以物品使用权、服务等非现金形式作为奖励的,该物品使用权、服务等的市场价值超过5万元;(6)以虚拟物品为奖品进行抽奖式有奖销售的,虚拟物品在网络市场约定金额超过5万元的;(7)以其他形式进行抽奖式有奖销售,最高奖金额超过5万元的。

另外,尽管《反不正当竞争法》未就附赠式有奖销售作出明文规定,但相关条款仍可适用。《关于禁止不正当有奖销售行为的若干规定(征求意见稿)》则作了进一步的明确:禁止经营者不如实标示赠品的品名、数量,不标示或者含糊标示附加条件。经营者不得以不合格产品作为奖品和赠品,不得免除或减轻应当承担的法律责任。经营者在附赠式有奖销售商品时,要明示无赠品时商品的价格。

六、诋毁他人商誉

(一)商业诋毁行为概述

商业诋毁行为,也可称为商业诽谤行为,是指经营者编造、传播虚假信息或者误导性信息,损害竞争对手的商业信誉、商品声誉。该行为具有如下特点:(1)有着明确的贬低竞争对手的主观意图,直接打击、削弱竞争对手与其进行竞争的能力,谋求自己的市场竞争优势。一般来说不存在因过失而导致诋毁他人的情形。(2)行为本身表现为编造、传播捏造、散布与真实情况不符的虚假、不实之情。这里的捏造编造,既可以是无

中生有,也可以是对真实情况的歪曲。经营者无论是捏造编造还是散布传播虚假事实,都可以构成商业诋毁行为。(3)有特定的诋毁对象,即行为所诋毁的对象必须是与行为人存在竞争关系的同业经营者,也即竞争对手,而非其他经营者。所谓有特定的诋毁对象,是指有关虚假言词必须明确指向一个或几个竞争对手,或者虽无明确所指,但他人可以从中推测其指向。诋毁的对象既可以是单个,也可以是多个竞争对手,例如,某个行业中除该不法行为人之外的所有经营者。(4)行为后果损害的是竞争对手的商业信誉或商品声誉。由于这种不正当竞争行为往往会给守法经营的经营者带来巨大的打击,甚至是无可挽回的毁灭性损失,同时也是一种从根本上违反诚实信用原则的行为,严重破坏了正常的市场竞争秩序,因此,各国或者地区的立法都对此给予了高度关注,严厉禁止各种针对竞争对手的商业诋毁行为。

从国际上来看,《巴黎公约》第 10 条规定,成员国有义务禁止在工商业活动中诋毁竞争对手的营业场所、商品或者工商业活动。1996 年世界知识产权组织《反不正当竞争示范法》第 5 条则提出:凡在工商活动中损害或可能损害他人企业或其活动,尤其是对该企业提供的产品或服务的信誉的虚伪或不正当的说法,构成不正当竞争行为。美国、德国、日本等国家均通过反不正当竞争法等对此进行规制。

在我国,鉴于实践中出现了大量的通过损坏竞争对手商业信誉和商品声誉的方法来进行不正当竞争的案件,1993 年《反不正当竞争法》第 14 条规定:“经营者不得捏造、散布虚伪事实,损害竞争对手的商业信誉、商品声誉。”2017 年修订后的《反不正当竞争法》第 11 条规定,经营者不得编造、传播虚假信息或者误导性信息,损害竞争对手的商业信誉、商品声誉。新法吸取了我国司法实践经验,明确了“虚伪事实”包括“虚假信息”以及“误导性信息”,使法律规制更具周延性。同时,在用词上进行了完善,使用“编造”和“传播”代替了原来的“捏造”“散布”。

(二)商誉与商誉权

商誉(commercial goodwill or commercial reputation)是一个古老的概念,早在 1620 年英国法院就在判例中把商誉定义为“顾客的友善看法和惠顾”,[①]也可称之为企业的良好名声、声誉,及与经营相联系的利益和优势,是吸引顾客的力量。[②]

商誉是人们对经营者本身以及经营者提供的商品或服务的一种总的积极的社会评价。其外在表现形态主要有以下几种:(1)商业道德;(2)商业质量;(3)服务质量;(4)资信;(5)价格等。一般而言,商誉的表现形态总是具体的,多种多样的,它们相互配合,密切联系,处于一个完整的动态的统一体中,共同反映和影响商誉。[③]

根据我国《反不正当竞争法》的规定,商誉可以分为商品声誉和商业信誉两个组成

---

① 程合红:《商事人格权论》,中国人民大学出版社 2002 年版,第 75 页。

② 参见王禹:《商业诋毁行为的法律思考》,载《科技与法律》2004 年第 1 期。

③ 参见梁上上:《论商誉和商誉权》,载《法学研究》1993 年第 5 期。

部分,对于某企业产品质量优劣和价格高低的评价显然是关于他人商品声誉的评价;而对于某企业商业道德、资产状况、履约情况乃至履行社会责任等方面的评价,则可归属于商业信誉之列。

无论是商业信誉还是商品声誉均为经营者名誉权的一部分,之间关系极为紧密。例如,如果一家企业的产品质量存在严重问题,甚至造成了消费者人身财产的重大损害,在这种情况下,该企业的商品声誉不佳,其商业信誉也会不佳。

当然二者也有区别,如无端指责某一企业无力归还到期贷款,有破产之虞,或者经常无故违约的,显然可能构成对他人商业信誉的侵犯,而不能视为是对他人商品声誉的侵犯。

根据有关学者的见解,经营者捏造编造、散布传播虚伪事实,损害竞争对手的商业信誉、商品声誉的行为,损害的是被诋毁人的商誉权。商誉权是民事主体对其在工商业活动中所创造的商誉享有利益而不受他人非法侵害的权利。① 关于其性质有人格权说和复合权说等不同学说。目前基本上均承认其为知识产权的一种,受知识产权法和反不正当竞争法的保护。

吴汉东教授赞成商誉权之说,认为其具有一般知识产权的无形财产的特点,也有自己的一些不同于其他知识产权的特殊之处:(1)非确定的地域性,即其效力并不具有严格的领土性;(2)非法定的时间性,是指商誉权具有一般人格权的某种属性,即与特定主体相联系而存在,因此该项权利无法律限定的保护期间;(3)非恒定的专有性。商誉权是一种没有恒定保护范围的无形财产权。由于商誉与特定企业相伴而生,在主体的生产经营活动中始终处于不断地优劣变化的循环之中,难以固定。②

但是也有学者认为,把商誉作为合法利益之一种已足可获得充分合理的保护,不宜再专设为绝对权,理由如下:(1)既然作为民法上的合法利益来保护商誉,经营者便已经对其享有权利并可对抗他人的非法侵害,并可对损害主张侵权责任。(2)从以上对商誉特点的分析可以看出,商誉随着企业经营活动的变化而变化,是一个动态的概念,具有极大的不确定性,如果权利所指的对象具有不确定性,那权利本身又如何界定呢?而且,商誉的载体是多元化的,并不同于商标、地理标识等知识产权保护的客体,这使独占性保护根本无从入手。(3)一种排他性很强的绝对权的设置就意味着对不特定的义务人课以较高的注意义务。一旦将商誉确立为一种专有权,即经营者专有并排斥他人干涉,他人(包括消费者、投资者、毫无关联的第三人及其竞争对手)即丧失了对商誉权所有人即经营者评价或更改评价的权力,这显然是不合适的,甚至可能侵犯宪法所赋予的言论自由权。更何况在知识产权权利体系之内再专设商誉权是对现有体系的重大挑

① 参见吴汉东:《论商誉权》,载《中国法学》2001 年第 3 期。

② 同上。

战,这在世界各国也没有先例。①

(三)诋毁他人商誉行为的构成要件

商业诋毁行为的构成要件如下:

1. 行为主体一般为竞争者

商业诋毁行为一般发生于同行业竞争者之间,商业诋毁行为的主体一般是与经营者处于同一经营领域的竞争者,行为人与受害人之间存在竞争关系。故我国《反不正当竞争法》第11条中明确是对"竞争对手"商品声誉和商业信誉的损害。这是一种传统反不正当竞争法的规定,日本《反不正当竞争法》对双方之间存在"竞争关系"的要求与之立场相同,我国台湾地区"公平交易法"中"为竞争之目的"的用语则存在扩大解释的空间。

2. 行为人具有主观过错

行为人主观上必须是故意。行为人明知商誉对于经营者以及市场竞争的重要性,故意地、有预谋地诋毁其竞争对手的商誉,目的是贬损其商誉从而排挤其竞争,占领市场。至于不法行为人诋毁他人商誉是出于何种目的,似不重要,如为了打击报复而公然诋毁他人,由此给市场秩序造成破坏,损害了公平竞争,适用反不正当竞争法亦无不可。有学者指出,在司法实践中,对于当事人主观过错的判断也是主要基于客观行为的表现进行分析,综合考虑其行为本身的正当性基础、行为主体身份特点以及所负注意义务、行为过程的审慎和合理性等因素。②

3. 行为人实施了诋毁行为

行为者实施了捏造编造、散布传播虚伪事实,损害竞争对手的商业信誉的行为。实践中诋毁商誉行为有多种表现形式,如利用散发公开信、召开新闻发布会、刊登比较广告、播发声明广告等形式,诋毁竞争对手;利用商品说明书,抬高自己,贬低别人;向业务客户和消费者诋毁竞争对手;唆使他人诋毁竞争对手;组织有关人员以顾客或消费者的名义向相关经济管理监督部门作虚假投诉,促使相关部门查处竞争对手等。③

4. 该诋毁行为侵害了他人商誉

这是诋毁商誉行为的结果要件。只要诋毁行为在社会公众中引起了任何不利于竞争对手的后果,就可以认定侵害了他人商誉。具体认定标准既不能以行为人的主观意图为准,也不能以受害人的主观理解为准,而应该根据中立的相关交易者对该行为的判断为准。只要该行为在相当一部分相关交易者中引起了他人商誉受到损害的印象,即可认为该行为侵害了他人商誉。④ 至于是否发生实际的营业损失,对于是否构成违法

---

① 参见王禹:《商业诋毁行为的法律思考》,载《科技与法律》2004年第1期。

② 参见沈强:《对商业诋毁纠纷案件的审理》,载《人民司法》2011年第13期。

③ 参见[日]吉田庆子:《中日反不正当竞争法比较研究》,西南政法大学经济法学2006年博士学位论文,第111页。

④ 同上书,第111~112页。

来说并不重要,而仅仅影响损害赔偿的确定。

【典型案例】杭州娃哈哈集团公司诉珠海巨人高科技集团公司不正当竞争纠纷案①

原告杭州娃哈哈集团公司(以下简称娃哈哈集团)以被告珠海巨人高科技集团公司(以下简称巨人集团)有不正当竞争行为为由,向浙江省杭州市中级人民法院提起诉讼。

原告诉称:“娃哈哈儿童营养液”是本公司研制生产的产品,其广告词“喝了娃哈哈,吃饭就是香”已经家喻户晓。该产品先后获全国最受欢迎的保健产品、国家星火二等奖、中国优质保健品金奖等20多项大奖,销售额近年来一直保持在全国同类产品的领先地位。原告也由于此产品在海内外享有较高的商业信誉和商品声誉。1995年年初,被告巨人集团生产了一种与“娃哈哈儿童营养液”类似的产品“巨人吃饭香”投放全国市场,并专门印制了一种《巨人集团健康产品销售书、巨人大行动》的宣传册子,在全国各地的食品、医药等销售单位、消费者中广为散发。该宣传册子中称:“据说娃哈哈有激素,造成小孩早熟,产生许多现代儿童病。”为此,全国各地娃哈哈产品的销售商和消费者纷纷要求原告对此作出解释。被告的这一行为,致使娃哈哈儿童营养液在全国各地的销售量下跌,出现了1987年投产以来的第一次负增长。截至1995年12月31日,原告由此减少销售收入4492.92万元,直接经济损失达673.938万元。更严重的是,原告良好的商业信誉、商品声誉和企业形象亦因此而受到了极大损害。被告的行为已构成不正当竞争,侵害了原告的合法权益。故请求法院判令被告立即停止损害原告商业信誉和商品声誉的不正当竞争行为;要求被告赔偿直接经济损失673.938万元和名誉损失费320万元;并要求被告公开赔礼道歉、恢复影响及承担本案诉讼费用等。

被告巨人集团未作书面答辩。

杭州市中级人民法院经审理查明:原告娃哈哈集团的产品“娃哈哈儿童营养液”经鉴定,证明不存在“含有激素,造成小孩早熟,产生许多现代儿童病”的问题。原告举证充分,经查证明所诉属实。法院认为,被告巨人集团散布虚伪事实损害原告的商品声誉,是不正当竞争行为,依照1993年《反不正当竞争法》第20条的规定,应当承担侵权损害赔偿责任,并应当承担原告因调查其不正当竞争行为所支付的合理费用。在法院的主持下,双方于1996年10月7日达成调解协议如下:

(一)被告巨人集团承认有不正当竞争行为,给原告娃哈哈集团的商业信誉和商品声誉造成损害,愿意承担相应的法律责任。

(二)巨人集团停止不正当竞争行为。在本案结束后,双方以新闻发布会形式,由巨人集团向娃哈哈集团赔礼道歉,消除影响。具体时间与方式双方另行商定。

---

① 本案资料源自杭州娃哈哈集团公司诉珠海巨人高科技集团公司不正当竞争纠纷案,载《最高人民法院公报》1997年第1期。

（三）巨人集团向娃哈哈集团赔偿直接经济损失人民币200万元，由巨人集团以相等价值的房产折抵。具体手续由双方按有关规定办理。

（四）上述款项由巨人集团在1996年10月10日支付给娃哈哈集团。巨人集团向娃哈哈集团补偿其他费用190,340元。

（五）娃哈哈集团放弃其他诉讼请求。

案件受理费59,660元由巨人集团负担。

1997年1月22日巨人集团与娃哈哈集团在杭州联合召开新闻发布会，由巨人集团向娃哈哈集团公开道歉，并履行调解协议中赔偿娃哈哈集团经济损失的义务。

七、网络不正当竞争

（一）网络不正当竞争行为概述

自20世纪90年代互联网兴起以来，人类社会的很多方面逐渐发生了深刻变化，也带来了许多始料未及的社会问题，需要法律对此作出回应。随着互联网经济成为各国经济的重要组成部分，各种基于互联网开展的社会经济活动极为活跃，新的商业模式也不断出现，随之而来的是各种新型互联网不正当竞争行为不断涌现。制定于1993年的《反不正当竞争法》并无专款规制新型互联网不正当竞争行为，司法实践中法院往往选择将第2条“一般条款”作扩张适用。由于第2条中“诚实信用”“公认的商业道德”等用语较为抽象，主观判断程度较大，本身难以形成一套系统、统一的审判规则，司法实践甚至出现了一般条款适用泛化的现象，可能导致类似案件不同判决的情形，从而带来更多的裁判争议。

创新的产业与稳定的法律形成强烈反差，释法与适法的困难愈加显现。基于此，2017年修订后的《反不正当竞争法》第12条着重针对互联网领域的不正当竞争行为进行规制，用以确定与厘清互联网生态竞争的规则与边界。该条款历经多轮修改，全国人大法工委、国务院原法制办与原国家工商行政管理总局等各部门充分调研，多次征求专家、行业与司法机关的意见，最终采取了“概括＋列举＋兜底”的立法模式。此条款的设立对于指导行政执法和司法实践、构建健康互联网行业市场秩序，意义重大。

根据我国《反不正当竞争法》第12条的规定，互联网不正当竞争行为，是指经营者利用网络从事生产经营活动过程中，利用技术手段，通过影响用户选择或其他方式，妨碍、破坏其他经营者合法提供的网络产品或服务正常运行的行为。

互联网上发生的不正当竞争行为可分为两类：一类属于传统不正当竞争行为在互联网领域的延伸，如利用网络进行商业诋毁、虚假宣传等依照传统的反不正当竞争规则处理即可；另一类则是新型互联网不正当竞争行为，利用互联网技术手段实施的、难以归类的新型不正当竞争行为。我国《反不正当竞争法》第12条旨在解决后一类问题。

（二）互联网不正当竞争行为的特征

互联网所具有的无边界性、高科技性、虚拟性等特点决定了互联网环境下的不正当

竞争行为区别于传统的不正当竞争行为,其具有自己的新特征:

第一,多以争夺"注意力"为目的。互联网时代"注意力经济"盛行,由于当代社会信息量巨大甚至泛滥成灾,面对过剩的信息,获取更多的"用户注意力"已成为互联网企业竞争的首要目标。"免费模式"成为互联网经济的惯用模式的原因正与此相关。在互联网市场竞争中,最大限度地吸引用户的注意力,通过培养潜在的客户群体,以期在未来获得最大商业价值。因此,在互联网企业提供免费服务的基础上,发展出三种收入模式:一是广告;二是增值服务;三是技术服务或者佣金等,其中广告和增值服务是主要收入构成,①用户的"注意力"成为互联网企业竞争的核心。

第二,与技术创新密切相关。互联网是以计算机网络技术为支撑而形成的信息网络,以电子化的编程设计所表现出来的技术形态,因互联网行业的技术进步引发了很多新的商业模式以及针对这些商业模式的竞争行为。由于这一特性,侵权人实施互联网不正当竞争行为时往往通过一系列的技术手段,因此技术对抗在互联网不正当竞争中屡见不鲜,法律一直在技术创新和竞争秩序之间寻求衡平,这也增添了此类案件的审理难度。另外,由于互联网行业具有的虚拟性、高技术性,也导致相关案件的取证困难,对证据保全和行为不正当性的认定更增添难度。

第三,往往存在跨界竞争。互联网不正当竞争的跨界性与互联网的高技术性和注意力经济紧密相连。高技术所具有的知识产品特性降低了互联网企业的模仿成本,注意力经济的特点使争夺用户和流量成为互联网企业的竞争核心。例如,在奇虎360诉腾讯QQ不正当竞争案中,360作为一款免费的杀毒软件,QQ作为一款即时通软件,表面看似无交集的两家互联网企业产生矛盾的深层次的原因正是互联网经济跨界竞争的特性。互联网经济的高技术性为跨界竞争提供了技术支撑,技术的创新使得跨界竞争成为可能。传统的竞争关系的界定模式已不适应互联网不正当竞争行为的界定,对竞争关系的理解不再限定为特定细分领域的同业竞争关系,也不再限定于直接竞争,而应着重从是否具有损害他人经营利益的可能性,是否会基于这一行为而获得现实或潜在的经营利益角度出发进行考察。因此在界定互联网不正当竞争行为的竞争关系时,不再以是否具有直接竞争关系作为唯一的认定前提,而应将是否具有间接竞争关系也考虑其中。

(三)互联网不正当竞争行为的主要类型

我国《反不正当竞争法》第12条规定,经营者利用网络从事生产经营活动,应当遵守本法的各项规定。经营者不得利用技术手段,通过影响用户选择或者其他方式,实施各种妨碍、破坏其他经营者合法提供的网络产品或者服务正常运行的行为。具体列举如下。

---

① 参见张钦坤、廖怀学:《〈反不正当竞争法(送审稿)〉中互联网专条引发的几点思考》,载《中国知识产权》2016年第6期。

1. 强制跳转行为

《反不正当竞争法》第 12 条第 2 款第 1 项规定：未经其他经营者同意，在其合法提供的网络产品或者服务中，插入链接、强制进行目标跳转的，属于不正当竞争行为。这类行为即强制跳转行为，是指互联网经营者通过利用恶意软件修改其他经营者合法提供的网络产品或者服务，强制用户访问某链接，从而造成其他经营者用户流量损失的情形。流量，即点击量或者浏览量，是衡量网站或网页的核心指标。互联网经济是注意力经济也是流量经济。在互联网免费模式下，用户访问量已经成为互联网企业之间角逐的对象。恶意修改浏览器、插入链接、强制进行目标跳转、锁定主页、不间断的弹出新窗口等都与劫持流量有关。对于互联网经营者来说，网站的点击率及互联网用户的浏览量至关重要，直接关乎其经济效益。而实施流量劫持行为会导致提升自身网站点击率，降低其他网站浏览量的结果，这无疑侵害了互联网市场中其他网站经营者的合法权益，损害了互联网市场的公平竞争秩序，因此需要对此类行为加以合理规制。

2. 恶意干扰用户行为

《反不正当竞争法》第 12 条第 2 款第 2 项规定禁止恶意干扰用户行为：误导、欺骗、强迫用户修改、关闭、卸载其他经营者合法提供的网络产品或者服务属于不正当竞争行为。恶意干扰用户行为，是影响互联网用户选择的不正当竞争行为，不过用户的行为是在网络服务提供者误导、诱骗、强迫等情况下作出的，而非基于网络服务提供者的技术手段，其目的是阻碍竞争，故意误导、欺骗、强迫用户修改、关闭、卸载其他竞争对手合法提供的网络产品和服务。

3. 恶意不兼容的行为

《反不正当竞争法》第 12 条第 2 款第 3 项规定：恶意对其他经营者合法提供的网络产品或者服务实施不兼容的属于不正当竞争。软件冲突或者不兼容，是在计算机系统中，在后安装软件无法与在先安装软件共存是计算机运行过程中的正常现象。根据软件运行的正常原理，软件间正常的冲突应当表现为，在后安装的软件并不妨碍在先安装的软件的运行，用户对两个软件的安装与否拥有自主决定权。但是，如果在后安装的软件改变了计算机系统对在先安装的软件识别，从而导致两软件自此运行的冲突或不兼容，用户无法拥有自主选择在先安装的软件的权利，这种冲突即为恶意软件不兼容。这种恶意的软件冲突行为严重破坏了软件之间的兼容性，破坏了互联网市场正常的经济秩序。

4. 其他妨碍或破坏行为

《反不正当竞争法》第 12 条第 2 款第 4 项规定：经营者不得从事其他妨碍、破坏其他经营者合法提供的网络产品或者服务正常运行的不正当竞争行为。

互联网领域日新月异，新型不正当竞争行为不断涌现，具体明确的列举式条款很难适应实践发展的需要，而兜底条款的存在可以赋予司法机关一定的自由裁量权，从而通过司法途径对其予以规制。并且，就《反不正当竞争法》的法律特性而言，其禁止性和列举式的规定,很难将未来可能出现的不正当竞争行为列举穷尽。因此,2017年《反不正当竞争法》增加了兜底条款,体现了其包容性、开放性和灵活性,能最大限度地确保互联网市场中的经营者更好地维护自身的权益,更加适应互联网领域的特点。

(四)互联网不正当竞争行为的构成要件

总结上述互联网不正当竞争行为的类型化分析,可以发现各类互联网不正当竞争行为中,认定不正当行为的构成条件在一定程度上具有共性,因此,互联网不正当竞争行为的基本构成要件有主观和客观两方面。

1. 主观要件

对于互联网不正当竞争行为的主观构成要件,我国《反不正当竞争法》没有明确说明。但从该法第12条的规定看,显然主观方面具有过错,"未经同意"、"误导、欺骗、强迫"、"妨碍、破坏"和"恶意"等表述说明该种行为具有可指责性,或者违反诚实信用原则和公认的商业道德而具有不正当性。进一步而言,主观过错可以分为过失和故意,在认定过错时倾向于故意。

依据我国《反不正当竞争法》第2条的规定,其所要保护的是未被法律所明确保护的而依据诚实信用和商业道德保护的利益。法定权利具有明确的边界,而被诚实信用、商业道德等规范保护的利益在法律上却没有明确的内容。根据侵权构成的动态理论,在违法性要件是否具备模糊难定的情况下,需要通过其他要件的满足程度综合考量得出是否构成侵权。① 如果违法程度较低,要构成侵权,那么需要较高的过错要求,在构成要件上通常须有故意。例如,《德国民法典》对于违反善良风俗施加的损害,必须以主观故意作为构成要件。② 因此,在互联网不正当竞争行为的认定中,将主观要件界定为故意,是平衡利益保护和行为自由的恰当选择。

2. 客观要件

客观要件的认定包括了对客观行为以及客观结果的认定。互联网不正当竞争行为客观要件的特点总结如下:一是互联网市场中的经营者实施了不正当竞争行为,扰乱了互联网市场的竞争秩序;二是该行为使其他经营者或者消费者的合法权益受到损害,损害不仅包括直接遭受的损失,还包括间接损失,前者是现有利益的损失,后者是可得利益的损失。如果仅有不当行为而无损害后果,则不能认定为不正当竞争行为。另外,传统理论认定互联网不正当竞争行为客观要件时,并未将消费者合法权益受到损害作为客观结果要件认定标准,但就现已发生的互联网不正当竞争案件而言,互联网不正当竞争行为往往也会对消费者的合法权益造成损害,如捆绑软件侵害了消费者的自由选择权和知情权等。因此,认定互联网不正当竞争行为客观要件时,除以侵害了互联网市场

① 参见叶金强:《论过错程度对侵权构成及效果之影响》,载《法商研究》2009年第3期。

② 《德国民法典》第826条规定,以违反善良风俗的方式故意对他人施加损害的人,对他人负有损害赔偿的义务。

中具有直接或间接竞争关系的其他经营者利益为认定标准外,也可将消费者的合法利益作为一个衡量标准。

【典型案例】北京百度网讯科技有限公司诉青岛奥商网络技术有限公司等不正当竞争纠纷案①

百度公司经营范围为互联网信息服务业务,核准经营网址为 www. baidu. com,主要向网络用户提供互联网信息搜索服务。青岛奥商网络公司网站为 www. og. com. cn。该公司在“企业概况”中称其拥有 4 个网站:中国奥商网(www. og. com. cn)、讴歌网络营销伴侣(www. og. net. cn)、青岛电话实名网(www. 0532114. org)、半岛人才网(www. job17. com)。该公司在其网站介绍其“网络直通车”业务时称:无须安装任何插件,广告网页强制出现,并以图文方式列举了其步骤。该网站还以其他形式介绍了上述服务。联通青岛公司的经营范围包括因特网接入服务和信息服务等,青岛信息港(域名为 qd. sd. cn)为其所有的网站。“电话实名”系联通青岛公司与奥商公司共同合作的一项语音搜索业务,网址为 www. 0532114. org 的“114 电话实名语音搜索”网站表明该网站版权所有人为联通青岛公司,独家注册中心为奥商网络公司。联通山东公司网站显示,联通青岛公司是其下属分公司。青岛鹏飞航空公司经营范围包括航空机票销售代理等。

2009 年 4 月 14 日百度公司发现通过山东省青岛市网通接入互联网,登录百度网站(www. baidu. com),在该网站显示对话框中:输入“鹏飞航空”,点击“百度一下”,弹出显示有“打折机票抢先拿就打 114”的页面,迅速点击该页面,打开了显示地址为 http://air. qd. sd. cn/的页面;输入“青岛人才网”,点击“百度一下”,弹出显示有“找好工作到半岛人才网 www. job17. com”的页面,迅速点击该页面中显示的“马上点击”,打开了显示地址为 http://www. job17. com/的页面;输入“电话实名”,点击“百度一下”,弹出显示有“查信息打 114,语音搜索更好用”的页面,随后该页面转至相应的“电话实名”搜索结果页面。百度公司委托代理人利用公证处的计算机对登录百度搜索等网站操作过程予以公证,公证书记载了前述内容。经专家论证,所链接的网站(http://air. qd. sd. cn/)与联通山东公司的下属网站青岛信息港(www. qd. sd. cn)具有相同域名(qd. sd. cn),网站 air. qd. sd. cn 是联通山东公司下属网站青岛站点所属。

百度公司遂起诉称:三被告在山东省青岛地区,利用网通的互联网接入网络服务,在百度公司网站的搜索结果页面强行增加广告的行为,损害了百度公司的商誉和经济效益,违背了诚实信用原则,构成不正当竞争。请求判令:(1)奥商网络公司、联通青岛公司的行为构成对原告的不正当竞争行为,并停止该不正当竞争行为;第三人承担连带

① 最高人民法院指导案例 45 号北京百度网讯科技有限公司诉青岛奥商网络技术有限公司等不正当竞争纠纷案,山东省高级人民法院(2010)鲁民三终字第 5-2 号民事判决书。

责任;(2)三被告在报上刊登声明以消除影响;(3)三被告共同赔偿原告经济损失480万元和因本案的合理支出10万元。

被告奥商网络公司辩称:其不存在不正当竞争行为,不应赔礼道歉和赔偿480万元。

被告联通青岛公司辩称:原告没有证据证明其实施了被指控行为,没有提交证据证明遭受的实际损失,原告与其不存在竞争关系,应当驳回原告全部诉讼请求。

被告联通山东公司辩称:原告没有证据证明其实施了被指控的不正当竞争或侵权行为,承担连带责任没有法律依据。

第三人青岛鹏飞国际航空旅游服务有限公司述称:本案与第三人无关。

法院认为:本案百度公司起诉奥商网络公司、联通青岛公司、联通山东公司,要求其停止不正当竞争行为并承担相应的民事责任。据此,判断原告的主张能否成立应按以下步骤进行:(1)本案被告是否实施了被指控的行为;(2)如果实施了被指控行为,该行为是否构成不正当竞争;(3)如果构成不正当竞争,如何承担民事责任。

一、关于被告是否实施了被指控的行为

联通青岛公司作为域名qd. sd. cn的持有人否认域名air. qd. sd. cn为其所有,但没有提供证据予以证明,应认定在公证保全时该子域名的使用人为联通青岛公司。在联通青岛公司所提供的网络接入服务网络区域内,出现了与搜索结果无关的广告页面强行弹出的现象。这种广告页面的弹出并非接入互联网的公证处计算机本身安装程序所导致,联通青岛公司既没有证据证明在其他网络接入服务商网络区域内会出现同样情况,又没有对在其网络接入服务区域内出现的上述情况给予合理解释,可以认定在联通青岛公司提供互联网接入服务的区域内,对于网络服务对象针对百度网站所发出的搜索请求进行了人为干预,使干预者想要发布的广告页面在正常搜索结果页面出现前强行弹出。

奥商网络公司在其主页中对其“网络直通车”业务的介绍表明,其中关于广告强行弹出的介绍与公证保全的形式完全一致,且公证保全中所出现的弹出广告页面“半岛人才网”“114电话语音搜索”均是其正在经营的网站或业务。因此,奥商网络公司是该干预行为的受益者,在其没有提供证据证明存在其他主体为其实施上述广告行为的情况下,可以认定奥商网络公司是上述干预行为的实施主体。

奥商网络公司这种干预行为不是通过在客户端计算机安装插件、程序等方式实现,而是在特定网络接入服务区域内均可实现,因此这种行为如果没有网络接入服务商的配合则无法实现。联通青岛公司没有证据证明奥商网络公司是通过非法手段干预其互联网接入服务而实施上述行为。同时,联通青岛公司是域名air. qd. sd. cn的所有人,因持有或使用域名而侵害他人合法权益的责任,由域名持有者承担。联通青岛公司与奥商网络公司合作经营电话实名业务,即联通青岛公司也是上述行为的受益人。因此,可以认定联通青岛公司也是上述干预行为的实施主体。

因联通山东公司、联通青岛公司同属于中国联合网络通信有限公司分支机构,无证据证明两公司具有开办和被开办的关系,也无证据证明联通山东公司参与实施了干预行为,联通青岛公司作为民事主体有承担民事责任的资格,故对联通山东公司的诉讼请求,不予支持。百度公司在诉状及庭审过程中并未指出第三人有不正当竞争行为,也未要求第三人承担民事责任,故将鹏飞航空公司作为第三人属于列举当事人不当,不予支持。

二、关于被控侵权行为是否构成不正当竞争

1993 年《反不正当竞争法》对于没有在具体条文中列举的行为,只有按照公认的商业道德和普遍认识能够认定违反该法第 2 条原则性规定时,才可以认定为不正当竞争行为。判断经营者的行为构成不正当竞争,应当考虑以下方面:一是行为实施者是反不正当竞争法意义上的经营者;二是经营者从事商业活动时,没有遵循自愿、平等、公平、诚实信用原则,违反了反不正当竞争法律规定和公认的商业道德;三是经营者的不正当竞争行为损害正当经营者的合法权益。

首先,联通青岛公司、奥商网络公司与百度公司均属于从事互联网业务的市场主体,属于反不正当竞争法意义上的经营者。虽然联通青岛公司是互联网接入服务经营者,百度公司是搜索服务经营者,服务类别上不完全相同,但是联通青岛公司实施的在百度搜索结果出现之前弹出广告的商业行为,与百度公司的付费搜索模式存在竞争关系。

其次,联通青岛公司与奥商网络公司实施的行为,是利用了百度网站搜索引擎在我国互联网用户中被广泛使用优势,利用技术手段,让使用联通青岛公司提供互联网接入服务的网络用户,在登录百度网站进行关键词搜索时,在正常搜索结果显示前强行弹出奥商公司发布的与搜索的关键词及内容有紧密关系的广告页面。这种行为诱使本可能通过百度公司搜索结果检索相应信息的网络用户点击该广告页面,影响了百度公司向网络用户提供付费搜索服务与推广服务,属于利用百度公司提供的搜索服务来为自己牟利。该行为既没有征得百度公司同意,又违背了使用其互联网接入服务用户的意志,容易导致上网用户误以为弹出的广告页面系百度公司所为,会使上网用户对百度公司提供服务的评价降低,对百度公司的商业信誉产生不利影响,损害了百度公司的合法权益,同时也违背了诚实信用和公认的商业道德,已构成不正当竞争。

三、关于民事责任的承担

由于联通青岛公司与奥商网络公司共同实施了不正当竞争行为,依照我国《民法通则》第 130 条的规定应当承担连带责任。依照《民法通则》第 134 条、《反不正当竞争法》第 20 条的规定,应当承担停止侵权、赔偿损失、消除影响的民事责任。

山东省青岛市中级人民法院于 2009 年 9 月 2 日作出(2009)青民三初字第 110 号民事判决:(1)奥商网络公司、联通青岛公司于本判决生效之日起立即停止针对百度公司的不正当竞争行为,即不得利用技术手段,使通过联通青岛公司提供互联网接入服务的网络用户,在登录百度网站进行关键词搜索时,弹出奥商网络公司、联通青岛公司的广告页面;(2)奥商网络公司、联通青岛公司于本判决生效之日起10日内赔偿百度公司经济损失20万元;(3)奥商网络公司、联通青岛公司于本判决生效之日起10日内在各自网站首页位置上刊登声明以消除影响,声明刊登时间应为连续的15天;(4)驳回百度公司的其他诉讼请求。

宣判后,联通青岛公司、奥商网络公司提起上诉。山东省高级人民法院于2010年3月20日作出(2010)鲁民三终字第5-2号民事判决,驳回上诉,维持原判。

第三节 《反不正当竞争法》的实施

一、我国行政执法主体及权限

1. 行政执法主体

根据我国2017年《反不正当竞争法》第3条的规定,"各级人民政府应当采取措施,制止不正当竞争行为,为公平竞争创造良好的环境和条件。国务院建立反不正当竞争工作协调机制,研究决定反不正当竞争重大政策,协调处理维护市场竞争秩序的重大问题"。2017年《反不正当竞争法》第4条规定:"县级以上人民政府履行工商行政管理职责的部门对不正当竞争行为进行查处;法律、行政法规规定由其他部门查处的,依照其规定。"较之于1993年《反不正当竞争法》,最大变化在于增加了一个中央层面的"反不正当竞争工作协调机制",至于具体的行政执法机关,则从"县级以上人民政府工商行政管理部门"变成了"县级以上人民政府履行工商行政管理职责的部门",这是为了顺应国家机构改革、建立大市场监管格局的需要。

根据党的十九届三中全会通过的《深化党和国家机构改革方案》,2018年3月13日在第十三届全国人民代表大会第一次会议上,《关于国务院机构改革方案的说明》中提出,组建国家市场监督管理总局。改革市场监管体系,实行统一的市场监管,是建立统一开放竞争有序的现代市场体系的关键环节。为完善市场监管体制,推动实施质量强国战略,营造诚实守信、公平竞争的市场环境,进一步推进市场监管综合执法、加强产品质量安全监管,让人民群众买得放心、用得放心、吃得放心。上述方案提出,将国家工商行政管理总局的职责、国家质量监督检验检疫总局的职责、国家食品药品监督管理总局的职责,国家发展和改革委员会的价格监督检查与反垄断执法职责,商务部的经营者集中反垄断执法以及国务院反垄断委员会办公室等职责整合,组建国家市场监督管理总局,作为国务院直属机构。其主要职责是,负责市场综合监督管理,统一登记市场主体并建立信息公示和共享机制,组织市场监管综合执法工作,承担反垄断统一执法,规范和维护市场秩序,组织实施质量强国战略,负责工业产品质量安全、食品安全、特种设备安全监管,统一管理计量标准、检验检测、认证认可工作等。

考虑药品监管的特殊性,单独组建国家药品监督管理局,由国家市场监督管理总局管理。市场监管实行分级管理,药品监管机构只设到省一级,药品经营销售等行为的监管,由市县市场监管部门统一承担。

将国家质量监督检验检疫总局的出入境检验检疫管理职责和队伍划入海关总署。保留国务院食品安全委员会、国务院反垄断委员会,具体工作由国家市场监督管理总局承担。国家认证认可监督管理委员会、国家标准化管理委员会职责划入国家市场监督管理总局,对外保留牌子。

不再保留国家工商行政管理总局、国家质量监督检验检疫总局、国家食品药品监督管理总局。

上述机构改革提议被通过。2018 年 3 月 21 日新组建的国家市场监督管理总局正式成立。2018 年 4 月 10 日国家市场监督管理总局正式挂牌。之后各省、直辖市、自治区市场监督管理局也分别重组成立。该机构将成为《反不正当竞争法》最重要的行政执法机关。

值得注意的是,对于不正当竞争行为,除市场监督管理部门外,“法律、行政法规规定由其他部门查处的,依照其规定”,这意味着反不正当竞争执法权仍是分散的。

2. 行政执法权限

我国 2017 年《反不正当竞争法》第 13 条第 1 款规定,监督检查部门调查涉嫌不正当竞争行为,可以采取下列措施:(1)进入涉嫌不正当竞争行为的经营场所进行检查;(2)询问被调查的经营者、利害关系人及其他有关单位、个人,要求其说明有关情况或者提供与被调查行为有关的其他资料;(3)查询、复制与涉嫌不正当竞争行为有关的协议、账簿、单据、文件、记录、业务函电和其他资料;(4)查封、扣押与涉嫌不正当竞争行为有关的财物;(5)查询涉嫌不正当竞争行为的经营者的银行账户。

第 13 条第 2 款则规定,采取前款规定的措施,应当向监督检查部门主要负责人书面报告,并经批准。采取前款第 4 项、第 5 项规定的措施,应当向设区的市级以上人民政府监督检查部门主要负责人书面报告,并经批准。

《反不正当竞争法》规定,监督检查部门及其工作人员对调查过程中知悉的商业秘密负有保密义务;同时规定监督检查部门调查涉嫌不正当竞争行为,被调查的经营者、利害关系人及其他有关单位、个人应当如实提供有关资料或者情况。

二、不正当竞争行为的法律责任

不正当竞争行为人因其违法行为可能会同时承担民事、行政和刑事责任。这也是现代社会不少法律“公私交融”的一个表现。

(一)民事责任

我国 2017 年《反不正当竞争法》第 17 条对民事责任作了较大修订,2019 年进一步将第 17 条修改为:“经营者违反本法规定,给他人造成损害的,应当依法承担民事责任。经营者的合法权益受到不正当竞争行为损害的,可以向人民法院提起诉讼。因不正当竞争行为受到损害的经营者的赔偿数额,按照其因被侵权所受到的实际损失确定;实际损失难以计算的,按照侵权人因侵权所获得的利益确定。经营者恶意实施侵犯商业秘密行为,情节严重的,可以在按照上述方法确定数额的一倍以上五倍以下确定赔偿数额。赔偿数额还应当包括经营者为制止侵权行为所支付的合理开支。经营者违反本法第六条、第九条规定,权利人因被侵权所受到的实际损失、侵权人因侵权所获得的利益难以确定的,由人民法院根据侵权行为的情节判决给予权利人五百万元以下的赔偿。"

对于《反不正当竞争法》法律责任的连续修订有两大亮点:第 17 条第 3 款对恶意实施侵犯商业秘密行为施以惩罚性赔偿责任;第 4 款则规定对于市场混淆行为、侵犯他人商业秘密行为可以判决定额赔偿或者法定赔偿:在权利人因被侵权所受到的实际损失、侵权人因侵权所获得的利益均难以确定的情况下,可由人民法院根据侵权行为的情节判决给予权利人 500 万元以下的赔偿。

当然,鉴于定额赔偿或者法定赔偿意味着法院享有巨大的自由裁量权,2017 年《反不正当竞争法》在赔偿数额上追踪知识产权法的最新进展、确立了一个较高的上限之外,还非常慎重地将其适用范围仅限于市场混淆行为、侵犯他人商业秘密行为这两类不正当竞争行为,从原有司法解释的立场上收缩回来,包括虚假宣传行为、商业毁谤行为、网络不正当竞争行为等此前曾经适用过定额赔偿的不正当竞争行为,今不应再适用这一方式。

除损害赔偿责任外,受侵害的一方还可以依据我国法律关于民事责任的一般规定,要求侵权者承担停止侵权行为、赔礼道歉、消除影响等责任。

除此之外,我国《反不正当竞争法》第 27 条明确了当经营者需要同时承担民事责任、行政责任和刑事责任,其财产不足以支付的,优先用于承担民事责任。

(二)行政责任

对于不正当竞争行为人的行政处罚,主要有以下措施:(1)责令停止违法行为;(2)没收违法所得;(3)罚款;(4)情节严重的,可以吊销营业执照。具体而言,新规在法律责任部分进行类型化规定,对每一种不正当竞争行为分别设置相应的法律责任。在罚款额度方面较 2017 年《反不正当竞争法》有了明显的提高,这不仅顺应了我国社会经济发展状况,更是提高违法成本的体现,有利于经营者作出"理性"选择。

我国《反不正当竞争法》第 25 条规定:"经营者违反本法规定从事不正当竞争,有主动消除或者减轻违法行为危害后果等法定情形的,依法从轻或者减轻行政处罚;违法行为轻微并及时纠正,没有造成危害后果的,不予行政处罚。"鼓励经营者主动消除违法后果,在同时面临被侵权人投诉和行政处罚的情形下,主动解决侵权问题有利于减免行政处罚。

鉴于信用在市场竞争中的特殊重要作用,第 26 条增加了对违法行为人的信用惩戒,规定"经营者违反本法规定从事不正当竞争,受到行政处罚的,由监督检查部门记入信用记录,并依照有关法律、行政法规的规定予以公示"。

另外，对于经营者登记的企业名称违反本法第6条规定的，应当及时办理名称变更登记；名称变更前，由原企业登记机关以统一社会信用代码代替其名称。

（三）刑事责任

对情节恶劣、危害后果严重的不正当竞争行为，给予刑事处罚，是各国竞争法的通行做法。我国《反不正当竞争法》也不例外，2017年修订后的《反不正当竞争法》第31条规定"违反本法规定，构成犯罪的，依法追究刑事责任"。各项详细规定均在我国刑法之中。

复习思考题

- 1. 反不正当竞争法与相关法的关系如何认识？
- 2. 什么是反不正当竞争法中的一般条款？如何适用？
- 3. 什么是混淆行为？如何判定该行为的成立？
- 4. 什么是商业秘密？什么是侵犯他人商业秘密行为？
- 5. 什么是网络不正当竞争行为？
- 6. 不正当竞争行为人应当如何承担民事责任？

法律职业资格考试真题

1. 甲公司拥有"飞鸿"注册商标，核定使用的商品为酱油等食用调料。乙公司成立在后，特意将"飞鸿"登记为企业字号，并在广告、企业厂牌、商品上突出使用。乙公司使用违法添加剂生产酱油被媒体曝光后，甲公司的市场声誉和产品销量受到严重影响。关于本案，下列哪些说法是正确的？（2015年）

A. 乙公司侵犯了甲公司的注册商标专用权

B. 乙公司将"飞鸿"登记为企业字号并突出使用的行为构成不正当竞争行为

C. 甲公司因调查乙公司不正当竞争行为所支付的合理费用应由乙公司赔偿

D. 甲公司应允许乙公司在不变更企业名称的情况下以其他商标生产销售合格的酱油

参考答案：ABC

2. 某蛋糕店开业之初，为扩大影响，增加销售，出钱雇人排队抢购。不久，该店门口便时常排起长队，销售盛况的照片也频频出现于网络等媒体，附近同类店家生意随之清淡。对此行为，下列哪一说法是正确的？（2017年）

A. 属于正当的营销行为

B. 构成混淆行为

C. 构成虚假宣传行为

D. 构成商业贿赂行为

参考答案:C

3.甲县善福公司(简称甲公司)的前身为创始于清末的陈氏善福铺,享誉百年,陈某继承祖业后注册了该公司,并规范使用其商业标识。乙县善福公司(简称乙公司)系张某先于甲公司注册,且持有“善福100”商标权。乙公司在其网站登载善福铺的历史及荣誉,还在其产品包装标注“百年老牌”“创始于清末”等字样,但均未证明其与善福铺存在历史联系。甲、乙公司存在竞争关系。关于此事,下列哪些说法是正确的?(2016年)

A.陈某注册甲公司的行为符合诚实信用原则

B.乙公司登载善福铺历史及标注字样的行为损害了甲公司的商誉

C.甲公司使用“善福公司”的行为侵害了乙公司的商标权

D.乙公司登载善福铺历史及标注字样的行为构成虚假宣传行为

参考答案:AD

4.红心地板公司在某市电视台投放广告,称“红心牌原装进口实木地板为你分忧”,并称“强化木地板甲醛高、不耐用”。此后,本地市场上的强化木地板销量锐减。经查明,该公司生产的实木地板是用进口木材在国内加工而成。关于该广告行为,下列哪一选项是正确的?(2014年)

A.属于正当竞争行为

B.仅属于诋毁商誉行为

C.仅属于虚假宣传行为

D.既属于诋毁商誉行为,又属于虚假宣传行为

参考答案:D

5.甲酒厂为扩大销量,精心摹仿乙酒厂知名白酒的包装、装潢。关于甲厂摹仿行为,下列哪些判断是错误的?(2014年)

A.如果乙厂的包装、装潢未获得外观设计专利,则甲厂摹仿行为合法

B.如果甲厂在包装、装潢上标明了自己的厂名、厂址、商标,则不构成混淆行为

C.如果甲厂白酒的包装、装潢不足以使消费者误认为是乙厂白酒,则不构成混淆行为

D.如果乙厂白酒的长期消费者留意之下能够辨别出二者差异,则不构成混淆行为

参考答案:ABD

6.甲厂与工程师江某签订了保密协议。江某在劳动合同终止后应聘至同行业的乙厂,并帮助乙厂生产出与甲厂相同技术的发动机。甲厂认为保密义务理应包括竞业限制义务,江某不得到乙厂工作,乙厂和江某共同侵犯其商业秘密。关于此案,下列哪些选项是正确的?(2013年)

A.如保密协议只约定保密义务,未约定支付保密费,则保密义务无约束力

B.如双方未明确约定江某负有竞业限制义务,则江某有权到乙厂工作

C. 如江某违反保密协议的要求,向乙厂披露甲厂的保密技术,则构成侵犯商业秘密

D. 如乙厂能证明其未利诱江某披露甲厂的保密技术,则不构成侵犯商业秘密

参考答案:BC

7. 某县“大队长酒楼”自创品牌后声名渐隆,妇孺皆知。同县的“牛记酒楼”经暗访发现,“大队长酒楼”经营特色是,服务员统一着20世纪60年代服装,播放该年代歌曲,店堂装修、菜名等也具有时代印记。“牛记酒楼”遂改名为“老社长酒楼”,服装、歌曲、装修、菜名等一应照搬。根据《反不正当竞争法》的规定,“牛记酒楼”的行为属于下列哪一种行为?(2012年)

A. 正当的竞争行为

B. 侵犯商业秘密行为

C. 混淆行为

D. 虚假宣传行为

参考答案:C

8. 下列哪些选项属于不正当竞争行为?(2012年)

A. 甲灯具厂捏造乙灯具厂偷工减料的事实,私下告诉乙厂的几家重要客户

B. 甲公司发布高薪招聘广告,乙公司数名高管集体辞职前往应聘,甲公司予以聘用

C. 甲电器厂产品具有严重瑕疵,媒体误报道为乙电器厂产品,甲厂未主动澄清

D. 甲厂使用与乙厂知名商品近似的名称、包装和装潢,消费者经仔细辨别方可区别二者差异

参考答案:AD

第十一章　消费者权益保护法律制度

【重点内容提示】

现代社会是消费社会。但消费者与经营者在市场交易中常常处于不对称的地位，导致其权益极易受到损害。在消费者运动的推动下，现代各国(地区)均采取法律措施为消费者提供倾斜保护。我国《消费者权益保护法》经过多次修订，对消费者权益的保护程度不断提高，消费者权利逐渐丰富，对应的关于经营者义务的规定也趋于多样，有关的法律责任条款也不断完善，特别是规定了更严厉的惩罚性赔偿制度。所有的这些都为消费者提供了更有力的保护。当然，实务中对于何为"消费者"、惩罚性赔偿责任的适用等问题仍然存在争议。

第一节　消费者权益保护法概述

一、消费者问题与消费者运动

(一)消费者问题

消费者问题是一个现代性的问题。尽管作为消费者以及受到经营者低劣的商品或服务侵害的历史很长，几乎贯穿人类历史，但是作为一个严重的社会问题产生并进入法律视野，其历史并不久远。只有在第二次工业革命之后，大规模生产、大规模流通、大规模消费成为普遍现象后，由此带来的对消费者人身及财产利益的大规模伤害才成为社会焦点问题，引发民众关切，并引发消费者自力救济——消费者运动及消费者组织的成立就是其中最显著的自力救济举动。

首先，消费者问题的产生与工业社会带来的信息不对称有直接关系。传统社会中，手工业者与商人所提供的商品或服务相对简单，经营者与消费者之间关于商品或服务的信息相差不太大，因此，经营者难以借此获得足够的信息优势凌驾于消费者之上。但在大工业生产时代，商品或服务的复杂程度远超过往，经营者与消费者之间的信息不对称极为严重，导致二者间地位失衡，凭借信息优势，经营者有足够的空间提升价格或降低品质，而消费者难以知晓其不合理性。其次，工业革命之后企业规模迅速增长，出现了不少富可敌国的垄断企业，导致经营者与消费者之间在经济力量及社会影响等方面相去甚远，单个消费者难以形成对抗性力量。最后，如前所述，消费者问题产生于工业社会，还在于工业品的大规模生产及流通带来的大规模致害，其危害的严重性远超之前任何时期的消费品致人损害事件。由此形成了消费者与经营者之间严重失衡的社会关系,消费者成为弱势群体,于是消费者问题作为一项社会问题逐渐形成并严重起来。与此同时,消费又是现代各国(地区)经济发展的主要驱动力量,消费者信心是一项极为重要的经济指标,如果消费者的人身、财产时常受到经营者的侵犯,则消费者信心难以提振,消费动力不足,经济发展自然会大受影响。

(二)消费者运动

消费者运动最早发源于美国。1891 年世界上第一个旨在保护消费者利益的消费者组织——"纽约消费者协会"在美国纽约市成立。自此以后,全美各地相继成立了各种消费者组织。1899 年这些消费者组织联合成立了一个全国性的消费者组织——"美国消费者同盟"(the National Consumers League),这也是世界上第一个全国性的消费者组织。美国最早的消费者运动是以争取洁净食品和药品为目标的。20 世纪 60 年代以后,由于经济和技术的高速发展,美国消费者运动呈现出新的特征。这一时期,消费者运动所涉及的领域进一步拓展,开始从食物和药品等一般消费品,逐步延伸到汽车等耐用消费品领域,并进而扩及公私机构对消费者受害事件受理的态度、服务的质量及环境损害等领域。

日本消费者运动发展于第二次世界大战以后。第二次世界大战结束后,日本经济全面瘫痪,消费品奇缺,一些不法厂商趁机生产伪劣商品。1948 年 9 月深受劣质火柴之害的一些家庭主妇召开"清除劣质火柴大会"。会后,成立了日本主妇协会,揭开了日本消费者运动的序幕。进入 20 世纪 70 年代后,日本消费者运动目标进一步扩大,除食品及日用消费品的卫生和安全问题外,在实现公平交易,制止不正当营销手段,取缔不公平交易习惯等方面也提出了更高的要求。

除美日之外,消费者运动在其他国家也如雨后春笋般蓬勃兴起。德国、英国、荷兰、法国于 20 世纪 50 年代相继成立了全国性消费者团体;1962 年成立了欧洲消费者同盟。1960 年美国、英国、荷兰、澳大利亚、比利时 5 国消费者组织在海牙发起成立国际消费者组织联盟(International Organization of Consumers Unions, IOCU)。

我国改革开放以来,随着市场逐渐繁荣,我国社会也逐渐从短缺经济走向过剩经济,在大幅度地提升了人民生活水平的同时,不法商家对于消费者的欺骗乃至伤害事件时有发生,消费者问题日趋突出。于是消费者保护运动也应运而生。我国消费者运动及消费者组织都是在政府的主导下发生的。1983 年河北省新乐县消费者协会成立,其初衷是由工商局牵头,建立一个"不收费的""维护老百姓利益"的群众组织,成为我国第一个消费者协会。1984 年广州市消费者委员会、哈尔滨市消费者协会和中国消费者协会先后成立。1987 年中国消费者协会加入国际消费者组织联盟。我国消费者组织的成立也对有关消费者保护立法起到了促进作用。在消费者保护立法方面,福建首开先河,1987 年制定了《福建省保护消费者合法权益条例》。上述消费者运动、消费者组织及地方消费者保护立法,也有力地推动了国家层面消费者保护立法。

二、消费者保护立法

(一)消费者保护法的概念

消费者保护立法是工业社会的产物,系由消费者运动推动而来。可以说没有现代化的大规模工业生产及流通,就不会有大规模的消费者致害问题,也就不会形成大规模的消费者运动,消费者保护法的制定也就缺乏必要的动力和压力。

关于消费者保护法,一般是指国家制定的调整围绕消费者保护所发生的社会关系的法律规范的总称。通常有狭义和广义两种不同的理解。狭义上的消费者保护法,是指有关消费者保护的专门的单行立法,又称形式意义上的消费者保护法,在我国就是指1993年10月31日第八届全国人民代表大会常务委员会第四次会议通过,并分别于2009年8月27日、2013年10月25日经第十一届、第十二届全国人民代表大会常务委员会修订的《消费者权益保护法》。广义上的消费者保护法,是指有关消费者保护的各种法律、法规、规章以及其他法律文件,包括消费者权益保护法、反不正当竞争法、反垄断法、产品质量法、食品安全法、价格法、广告法、电子商务法等乃至民法、刑法方面的内容,在现代各国都是一个相当繁杂的体系。

就我国《消费者权益保护法》而言,其调整的社会关系包括消费者、经营者、有关社会组织、有关国家机关等主体之间,在消费者为满足生活消费需要而购买、使用或者接受经营者提供的商品或者服务的过程中所发生的各方面社会关系。消费者与经营者之间的关系是基础性的,消费者组织等社会组织以及有关国家机关为消费者提供帮助或者保护过程中发生的社会关系则是基于其上而发生的。

由于我国“三农问题”较为严重,分散化的小农生产模式导致农民在购买、使用化肥、种子、农药等生产资料时,面临着与消费者在生活消费中同样的困境,故为了加强对农民利益的保护,我国《消费者权益保护法》第62条规定:“农民购买、使用直接用于农业生产的生产资料,参照本法执行。”

(二)消费者保护法的历史

至于消费者保护法的历史,学界看法不一。有人认为源于19世纪左右,“美国国会自1867年以来,即先后制定甚多之消费者保护法案”,涉及防止不公平交易、低劣的食品药品、制止价格垄断及独占等。① 持有类似观点的不乏其人,如有学者提出1890年《谢尔曼法》是最早的现代消费者保护法,其理由在于尽管该法是反垄断法,但是由于垄断行为不仅会破坏市场竞争,损害经营者利益,也会严重损害消费者利益,因此该法也被认为是第一部现代意义的消费者保护法。②

对于上述说法有不同观点。有学者认为,从《谢尔曼法》立法历史及早期实施来看,其诞生主要是因为巨大的托拉斯组织以中小企业、农场主等为牺牲品,取得了几乎

---

① 参见林益山:《消费者保护法》,台北,五南图书出版股份有限公司2009年版,第5页。

② 参见李昌麒、许明月编著:《消费者保护法》(第2版),法律出版社2005年版,第21~22页。

是史无前例的经济成功。垄断资本家为了保护既得利益，积极参与到政治活动之中，导致从联邦政府到各州政府严重的政治腐败，引起了社会公众的强烈反感和愤怒，反托拉斯成为当时的社会主流思潮。[①] 由此可见，该法当时制定的背景决定了其保护对象主要是处于弱势地位的、受托拉斯组织盘剥的中小企业、农场主、工人阶级等，而不是普通消费者。至于此后随着经济社会变迁，《谢尔曼法》逐渐具有了消费者保护的色彩，也往往不是对个体消费者的直接保护，而是通过自由竞争秩序的维持来保护作为整体的消费者利益。更早的1887年《州际商务法》事实上也是如此。因此有学者指出，"20世纪60年代肯尼迪总统提出的消费者权利法案才开启了现代消费者保护运动"。[②] 因此，如果说针对为了家庭生活需要而购买、接受商品及服务的立法，时间可以上溯很早，但是只有到1962年美国总统肯尼迪向国会提交的保护消费者特别咨文中提出消费者四项权利（安全权、知情权、选择权、建议权），以及此后尼克松总统补入了求偿权，围绕上述权利制定的法律才是消费时代特有的消费者保护法，"它是继资本主义劳资关系之后所成立，有别于市民法的另一个社会法"。[③]

（三）消费者保护法的立法目的和原则

我国《消费者权益保护法》第1条开宗明义，明确规定了该法的立法目的是保护消费者的合法权益，维护社会经济秩序，促进社会主义市场经济健康发展。

根据我国《消费者权益保护法》第4条至第6条的规定，大致可以认为该法规定了以下两项原则：一是经营者与消费者进行交易，应当遵循自愿、平等、公平、诚实信用的原则。该原则源于民法，重申了经营者与消费者之间作为平等的民事交易主体应当遵循的一般经济活动规则。二是全社会共同保护消费者原则。这里所说的全社会包括国家（各级国家机关）、社会组织、个人以及大众传媒等社会主体。为此《消费者权益保护法》第5条规定，国家保护消费者的合法权益不受侵害。国家采取措施，保障消费者依法行使权利，维护消费者的合法权益。第6条规定，保护消费者的合法权益是全社会的共同责任。国家鼓励、支持一切组织和个人对损害消费者合法权益的行为进行社会监督。大众传播媒介应当做好维护消费者合法权益的宣传，对损害消费者合法权益的行为进行舆论监督。

三、消费者的概念

包括我国《消费者权益保护法》在内的消费者保护立法，首先需要明确何为"消费者"。尽管有关的国际组织文件以及地区性条约中对此有所规定，但各国（地区）对于

---

① 参见李胜利：《美国联邦反托拉斯法百年：历史经验与世界性影响》，法律出版社2015年版，第5～19页。

② See Spencer Weber Waller, Jillian G. Brady, R. J. Acosta, "Consumer Protection in the United States: An Overview", http://www.luc.edu/media/lucedu/law/centers/antitrust/pdfs/publications/workingpapers/USConsumerProtectionFormatted.pdf., Jan. 18, 2019.

③ 朱柏松：《消费者保护法论》，台北，翰芦图书出版有限公司2004年版，第1～3页。

消费者的界定仍不尽相同,我国学界也未能取得一致意见。在《消费者权益保护法》立法过程中及之后的实施过程中,对于我国常见的单位消费现象,其中发生的纠纷是否适用《消费者权益保护法》,一直存在争论。有观点认为,消费者权益保护法的立法目的是保护在市场交易中处于弱者地位的个体社会成员,而单位是有组织的群体,并不像个人那样处于弱者地位,当其合法权益受损害时,可以依照有关合同法等法律法规获得保护。也有观点认为,单位购买、使用商品和接受服务如果为了生产经营需要,当然不适用消费者权益保护法,但如果是为本单位成员满足物质、文化生活需要而购买、使用商品和接受服务时,与经营者相比同样处于不平等的地位,也是弱者,同样需要受到保护,因此可以适用消费者权益保护法。

对此,1993 年通过的《消费者权益保护法》未明文予以确认,之后的多次修订也没有涉及该问题。目前根据该法第 2 条的规定,"消费者为生活消费需要购买、使用商品或者接受服务,其权益受本法保护;本法未作规定的,受其他有关法律、法规保护"。仍然难以推断出除了自然人为了生活消费需要而购买、使用商品或者接受服务外,其他情况下包括单位消费是否可以视为"消费者"仍没有答案。

在 1993 年《消费者权益保护法》通过后的几年间,上海市、湖南省、江西省、黑龙江省、贵州省、河南省、海南省等制定的配套适用法律文件中,往往直接规定"本条例所称的消费者,是指有偿取得商品和服务,用于物质、文化生活需要的单位和个人"。但之后的修订基本上改成了与我国《消费者权益保护法》第 2 条相同的表达,即"消费者在本市(省)行政区域内为生活消费需要购买、使用商品或者接受服务,其合法权益受本条例保护。法律、行政法规另有规定的,从其规定"。事实上,也是对这一问题予以回避。在司法实践中,对此也是态度不一,有将其视为消费者的,也有的法院认为单位并非消费者、不是适格原告,只能由受到损害的单位职工以自己名义向经营者主张权利。

而对于"生活消费需要"如何判断,理论及实践中也有不同认识。特别是"王海现象"即职业打假人的出现,引发了长期的争论。一种观点强调"为生活消费需要"的主观目的标准,判断的方法是凭一般人的社会生活经验的"经验法则",即"主观说"。举例来说,一般人一次购买、使用一两部手机就足够了,如果一次购买六七部手机,就不能认定"为生活消费的需要",因为不符合一般人的社会生活经验。[①] 知假买假而打假的行为,在客观上对经营者具有惩罚和威慑作用,但是知假买假者也获得了不正当利益。如果法律予以保护,实质上无异于将公权力(运用行政权力惩治不法经营者)适用的范围扩大到普通个人,而当公权力为私人行使时,如同警察的治安权力为居民所自行行使的情形一样,必然形成道德风险,公共秩序可能遭受根本性损害。[②] 另一种观点认为,个人是否具有生活消费的主观目的是"通过购买、使用商品或者接受服务"的客观行为

① 参见梁慧星:《关于消法 49 条的解释适用》,载《人民法院报》2001 年 3 月 29 日,第 3 版。

② 参见张严方:《消费者保护法研究》,法律出版社 2003 年版,第 132 页。

推定得知,即"客观说"。[①] 也就是说,只要购买、使用或接受生活消费品或服务的个人,即为消费者,而不能根据消费者事后将购买的商品用于什么用途来推定此前交易行为的性质。[②] 也有学者从法经济学和法社会学角度出发,认为综合考虑我国目前政府打假能力及公益性程度、假冒伪劣产品的泛滥程度、市场主体诚信行为的比例、消费者受欺诈的严重程度等因素以及可能的变化方向及程度,在我国目前赋予知假买假者获得惩罚性赔偿的权利以发挥其打假功能是必要的,即赞同将职业打假人视为《消费者权益保护法》中的消费者。[③]

鉴于上述问题的复杂性,故最高人民法院在2014年《对请求最高人民法院出台〈消费者权益保护法〉的司法解释的答复》中提出:"生活消费"的范围涉及消费者主体资格的界定和《消费者权益保护法》等相关法律行政法规的适用。"生活消费"活动纷繁复杂,随着社会的快速发展,"生活消费"的范围也在发生变化,目前对"生活消费"下定义存在一定困难,由最高人民法院对此作出专门的司法解释,条件尚不成熟。为逐步明确这一问题,近年来,在最高人民法院公布的商品房买卖合同纠纷、旅游纠纷、食品药品纠纷等司法解释中均对"生活消费"的内容有所涉及。最高人民法院将继续对此进行调研,究竟是在其他相关司法解释中分别加以明确,还是统一作出司法解释,我院将视情况作出处理。

【典型案例】孙某某诉南京欧尚超市有限公司江宁店买卖合同纠纷案[④]

2012年5月1日原告孙某某在被告南京欧尚超市有限公司江宁店(以下简称欧尚超市江宁店)购买"玉兔牌"香肠15包,其中价值558.6元的14包香肠已过保质期。孙某某到收银台结账后,即径直到服务台索赔,后因协商未果诉至法院,要求欧尚超市江宁店支付14包香肠售价10倍的赔偿金5586元。

江苏省南京市江宁区人民法院于2012年9月10日作出判决:被告欧尚超市江宁店于判决发生法律效力之日起10日内赔偿原告孙某某5586元。宣判后,双方当事人均未上诉,判决已发生法律效力。

法院生效裁判认为:消费者是相对于销售者和生产者的概念。只要在市场交易中购买、使用商品或者接受服务是为了个人、家庭生活需要,而不是为了生产经营活动或者职业活动需要的,就应当认定为"为生活消费需要"的消费者,属于消费者权益保护法调整的范围。在本案中,原告、被告双方对孙某某从欧尚超市江宁店购买香肠这一事

---

① 许建宇:《完善消费者立法若干基本问题研究》,载《浙江学刊》2001年第1期。

② 参见吕忠梅、陈虹:《经济法原论》(第2版),法律出版社2008年版,第406页。

③ 参见应飞虎:《知假买假行为适用惩罚性赔偿的思考——基于法经济学和法社会学的视角》,载《中国法学》2004年第6期。

④ 本案资料引自最高人民法院指导案例23号:孙某某诉南京欧尚超市有限公司江宁店买卖合同纠纷案,江苏省南京市江宁区人民法院(2012)江宁开民初字第646号民事判决书。

实不持异议,据此可以认定孙某某实施了购买商品的行为,且孙某某并未将所购香肠用于再次销售经营,欧尚超市江宁店也未提供证据证明其购买商品是为了生产经营。孙某某因购买到超过保质期的食品而索赔,属于行使法定权利。因此,欧尚超市江宁店认为孙某某"买假索赔"不是消费者的抗辩理由不能成立。

关于被告欧尚超市江宁店是否属于销售明知是不符合食品安全标准食品的问题。依据《食品安全法》的有关规定,食品销售者负有保证食品安全的法定义务。欧尚超市江宁店作为食品销售者,应当按照保障食品安全的要求储存食品,及时检查待售食品,清理超过保质期的食品,但欧尚超市江宁店仍然摆放并销售货架上超过保质期的"玉兔牌"香肠,未履行法定义务,可以认定为销售明知是不符合食品安全标准的食品。

关于被告欧尚超市江宁店的责任承担问题。依据《食品安全法》的有关规定,当销售者销售明知是不符合安全标准的食品时,消费者可以同时主张赔偿损失和支付价款10倍的赔偿金,也可以只主张支付价款10倍的赔偿金。在本案中,原告孙某某仅要求欧尚超市江宁店支付售价10倍的赔偿金,属于当事人自行处分权利的行为,应予支持。关于被告欧尚超市江宁店提出原告明知食品过期而购买,希望利用其错误谋求利益,不应予以10倍赔偿的主张,因前述法律规定消费者有权获得支付价款10倍的赔偿金,因该赔偿获得的利益属于法律应当保护的利益,且法律并未对消费者的主观购物动机作出限制性规定,故对其该项主张不予支持。

四、国家对消费者的特殊保护

如前所述,由于消费者相对于经营者的弱势地位,需要在法律上予以特别对待,依赖市场之外的力量提供帮助与保护。这也是现代国家"从契约到身份"运动的一个典型表现。我国《消费者权益保护法》也规定了国家对消费者合法权益的保护内容。主要表现为如下三个方面。

(一)立法时听取消费者意见

为了加强涉及消费者权益方面的立法工作的科学性与民主性,我国《消费者权益保护法》第30条规定,国家制定有关消费者权益的法律、法规、规章和强制性标准,应当听取消费者和消费者协会等组织的意见。

(二)通过加强行政执法保护消费者权益

各级人民政府应当加强领导,组织、协调、督促有关行政部门做好保护消费者合法权益的工作,落实保护消费者合法权益的职责。各级人民政府应当加强监督,预防危害消费者人身、财产安全行为的发生,及时制止危害消费者人身、财产安全的行为。

各级人民政府工商行政管理部门和其他有关行政部门应当依照法律、法规的规定,在各自的职责范围内,采取措施,保护消费者的合法权益。有关行政部门应当听取消费者和消费者协会等组织对经营者交易行为、商品和服务质量问题的意见,及时调查处理。

有关行政部门在各自的职责范围内,应当定期或者不定期对经营者提供的商品和服务进行抽查检验,并及时向社会公布抽查检验结果。有关行政部门发现并认定经营者提供的商品或者服务存在缺陷,有危及人身、财产安全危险的,应当立即责令经营者采取停止销售、警示、召回、无害化处理、销毁、停止生产或者服务等措施。

(三)加强对消费者的司法保护

有关国家机关应当依照法律、法规的规定,惩处经营者在提供商品和服务中侵害消费者合法权益的违法犯罪行为。

人民法院应当采取措施,方便消费者提起诉讼。对符合我国《民事诉讼法》起诉条件的消费者权益争议,必须受理,及时审理。

第二节 消费者的权利与经营者的义务

消费者权利是消费者权益保护法的核心内容。消费者权利,是指消费者权益保护法所确认的,消费者在购买、使用商品或接受服务时为或者不为一定行为,以实现其利益的能力或资格。消费者权利有别于消费者主权、消费者福利、消费者利益、消费者权益等。消费者主权是经济学中的一个概念,是指消费者根据自己的意愿和喜好选购商品,他(她)所花的每一元钱都等于一张对生产者的选票,由此主导社会的生产。消费者福利也是经济学中的一项基本概念,是指消费者从产品消费中获得的总利益扣除该产品的总成本后得出的结果。消费者权益可以理解为消费者的权利和利益的合称。消费者利益是内容,消费者权利是形式和保障手段。"消费者权利的基本性质是生存权、发展权和其他基本人权,是包含财产权、人身权等多种民事、经济权利在内的综合性权利。"①

消费者权利与消费者运动相伴而生,其内容和种类经历了不断丰富、发展的过程。1962 年 3 月 15 日美国总统肯尼迪在其国情咨文中第一次提出了消费者权利概念,其中包括四项权利:有权获得安全保障,有权获得正确资料,有权自由决定选择及有权提出消费意见。1969 年美国总统尼克松又加上"求偿权"。欧洲《消费者保护宪章》也提出 5 项权利,即消费者享有要求保护和援助的权利、求偿权、知情权、受消费教育权、获得代表机构和咨询服务的权利。1983 年国际消费者联盟总结了消费者的八大权利,包括满足基本需求权、安全权、知情权、选择权、表达申诉权、求偿权、受消费教育权、健康环境权。我国 1993 年颁布的《消费者权益保护法》提出了九项权利,2013 年修法时,根据现实发展对消费者权利作了适当扩充。

---

① 潘静成、刘文华主编:《经济法》,中国人民大学出版社 2008 年版,第 242 页。

一、我国消费者的权利

(一)安全权

保障安全权是消费者最基本的权利。我国《消费者权益保护法》第7条规定:“消费者在购买、使用商品和接受服务时享有人身、财产安全不受损害的权利。消费者有权要求经营者提供的商品和服务,符合保障人身、财产安全的要求。”

作为消费者最重要的权利,除《消费者权益保护法》外,《食品安全法》《药品管理法》《产品质量法》等相当多的其他法律也对某一方面的消费者安全问题作了具体规定。保障安全权包括两个方面的内容:人身安全权和财产安全权。人身安全权是消费者的生命和身体健康不受侵犯的权利;财产安全权是消费者的财产不受损失的权利,财产损失有时表现为财产外观上发生损毁,有时表现为功能的下降,最终都表现为价值的减少。

需要注意的是,保障安全权不仅是指消费者购买的商品或服务本身是安全的,而且还应包括整个消费的过程也应当是安全的。究其原因,主要在于无论是消费合同尚未成立还是消费合同已经成立,经营者均应负安全保护义务。鉴于此,2013年修改后的《消费者权益保护法》第18条第2款规定:“宾馆、商场、餐馆、银行、机场、车站、港口、影剧院等经营场所的经营者,应当对消费者尽到安全保障义务。”

(二)知情权

知情权,也称为知悉真情权,是消费者享有的知悉其购买、使用的商品或者接受的服务有关的真实情况的权利。《消费者权益保护法》第8条规定:“消费者享有知悉其购买、使用的商品或者接受的服务的真实情况的权利。消费者有权根据商品或者服务的不同情况,要求经营者提供商品的价格、产地、生产者、用途、性能、规格、等级、主要成份、生产日期、有效期限、检验合格证明、使用方法说明书、售后服务,或者服务的内容、规格、费用等有关情况。”

之所以强调消费者的知情权,主要在于在消费者与经营者之间存在严重的信息不对称。消费者只有对商品或服务的真实情况有所知晓,才能对商品和服务是否能满足其现实需要作出正确的判断,作出符合其真实意思表示的消费选择,有效地防止消费安全事故。

(三)选择权

选择权,是指消费者享有的根据自己的意愿选择商品或者服务及其提供者的权利。我国《消费者权益保护法》第9条规定:“消费者享有自主选择商品或者服务的权利。消费者有权自主选择提供商品或者服务的经营者,自主选择商品品种或者服务方式,自主决定购买或者不购买任何一种商品、接受或者不接受任何一项服务。消费者在自主选择商品或者服务时,有权进行比较、鉴别和挑选。”

(四)公平交易权

公平交易权,是指消费者在购买商品或者接受服务时所享有的获得公平的交易条件的权利。我国《消费者权益保护法》第10条规定:“消费者享有公平交易的权利。消费者在购买商品或者接受服务时,有权获得质量保障、价格合理、计量正确等公平交易条件,有权拒绝经营者的强制交易行为。”

(五)求偿权

求偿权,是指消费者在因购买、使用商品或者接受服务而受到人身、财产损害时,依法享有的要求并获得赔偿的权利。这是《消费者权益保护法》第11条的规定。

无论是购买商品的使用者,还是使用商品的消费者,或者既没有购买也没有使用商品的第三人,只要经营者的商品对他们造成了财产或人身伤害,均可依法获得赔偿。依法求偿权是弥补消费者所受损害的必不可少的救济性权利,既要求经营者在与消费者关系中自觉承担法律责任,更要求国家建立适当的投诉、处理、调节、仲裁、诉讼等制度或机制,以方便消费者通过便捷、正当的途径寻求救济。

(六)结社权

结社权,是指消费者享有的依法成立维护自身合法权益的社会组织的权利。从某种角度来说,这是消费者最为重要的权利(之一),也是促进消费者保护立法及其他各项权利落实的基本途径。消费者通过结社权的行使,改变数量庞大却分散的局面,可以加强其与经营者抗衡的力量,在消费者运动和消费者保护法的发展中起了关键性的作用。消费者可以组织社会团体,对经营者的行为进行监督,对消费者提供各种帮助、支持,代表消费者参与政府决策,反映消费者呼声,加强消费者教育,为消费者提供各种服务。在我国,遍及各地的消费者协会、消费者委员会、消费者权益保护委员会以及中国保护消费者基金会等,为消费者保护事业作出了重大贡献。

(七)获得知识权

获得知识权,也称接受教育权,是指消费者享有获得有关消费和消费者权益保护方面的知识的权利。该权利包括两方面内容:一是对于其生活消费所需商品或者服务的知识的获取,这是令消费者掌握更多信息、改变与经营者之间信息不对称地位的重要手段,也是保障消费者人身、财产安全,实现公平交易等的重要条件;二是对于消费者权益保护方面的知识的获取,包括消费者依法享有的权利,权利实现路径等。该权利同时也是消费者的义务,因为我国《消费者权益保护法》第13条第2款规定,消费者应当努力掌握所需商品或者服务的知识和使用技能,正确使用商品,提高自我保护意识。

(八)受尊重权

受尊重权,是指消费者在购买、使用商品和接受服务时,享有人格尊严、民族风俗习惯得到尊重的权利。该权利包括两方面内容:第一,消费者的人格权不受侵犯,实践中极少数经营者对消费者进行辱骂、搜身乃至殴打、非法拘禁等行为,都严重地侵害了消费者的该项权利。第二,消费者的民族风俗习惯应受到尊重。经营者在商品包装、商标及广告中不得使用有损少数民族形象的文字、图画,不得强迫少数民族消费者接受本民族禁忌的商品。

【典型案例】汪某某诉武汉汉福超市有限公司光谷分公司名誉权纠纷案①

2011年10月18日下午,汪某某在武汉汉福超市有限公司光谷分公司(以下简称汉福公司)开办的家乐福光谷店购物,见促销员推荐西麦麦片"买五赠一"活动,遂购20袋,并在促销员协助下,将24袋麦片装入购物袋。结账时,汪某某与收银员为没有粘贴赠品标签的4袋麦片是否应付款而发生争执。店内的保安将原告汪某某及选购的物品带至该店风险预防办公室。汪某某辩解4袋麦片系赠品,无须付款。保安在店内两名工作人员陈述麦片没有做赠送活动后,对汪某某及选购的商品拍照,并要其在一张表格上签名。汪某某患有眼疾,并未看清具体内容即签名。此后,促销员将"非卖品"标签贴在4袋麦片上,带汪某某结了账。

2011年10月19日,汪某某与丈夫一起到家乐福光谷店要求查看其签名的表格,看见办公室内《每日抓窃记录》的"窃嫌姓名"一栏有自己的名字,汪某某签字及所购物品的照片作为"窃嫌截图"附后。汪某某要求道歉,但被店方拒绝。2011年10月20日上午,汪某某在丈夫、长江商报记者的陪同下再次到家乐福光谷店,才得知其于18日在《保安部报告暨收据》上签了名。该表格中将其选购的全部物品列为"遗失商品",处理流程一栏注明"教育释放"。汪某某提出表格中除签名是其书写外,其他内容及指印均是他人填写、加盖,要求汉福公司书面道歉。因该公司没有当场回复,汪某某下跪要求还其清白。汉福公司遂将《每日抓窃记录》交给汪某某。事发后因调解不成,汪某某遂以汉福公司严重侵犯其人格尊严并损害其名誉为由,向湖北省武汉东湖新技术开发区人民法院起诉,请求汉福公司向其书面赔礼道歉并在其营业场所张贴道歉函或在媒体上刊登道歉函,消除影响,恢复名誉;汉福公司赔偿其精神损害抚慰金5000元。

受诉法院经审理认为,公民的人格尊严受法律保护。汉福公司最终认可4袋麦片为赠品,却在汪某某并不知情的情况下,在其签名的表格中认定其为秘密实施的偷窃行为,将其列入"窃嫌姓名"名单,注明"教育释放",并将表格置于进入办公地点任何人可以随手翻看的地方。汉福公司的上述行为侵犯了汪某某的人格尊严,客观上造成一定范围内对汪某某社会评价的降低,损害了汪某某的名誉。对汪某某要求汉福公司书面赔礼道歉并在营业场所张贴道歉函的诉讼请求,该院予以支持。该院遂依法判决汉福公司向汪某某书面赔礼道歉,在其经营的家乐福光谷店内张贴向汪某某的道歉信,并向汪某某赔付精神抚慰金5000元。

(九)监督权

消费者的监督权,是指消费者拥有对商品和服务以及保护消费者权益工作进行监

---

① 本案资料引自最高人民法院公布的2014年度10起维护消费者权益典型案例之五:汪某某诉武汉汉福超市有限公司光谷分公司名誉权纠纷案,湖北省武汉东湖新技术开发区人民法院(2012)鄂武东开民一初字第00028号民事判决书。

督的权利。该权利内容同样包括两部分:第一,消费者对商品和服务进行监督,事实上是对经营者经营行为的监督;第二,消费者对保护消费者权益工作进行监督,是对有关国家机关及其工作人员、有关社会组织如消费者协会等工作的监督。《消费者权益保护法》规定,消费者有权检举、控告侵害消费者权益的行为和国家机关及其工作人员在保护消费者权益工作中的违法失职行为,有权对保护消费者权益工作提出批评、建议。

(十)个人信息安全权

当代社会是信息社会和网络社会,以信息资源为基本发展资源,消费者信息对于任何一个经营者来说都具有重大意义,使经营者为了竞争优势,具有更大冲动去收集、分析、利用消费者信息。与此同时,网络社会中个人信息更容易受到侵害,一旦被公开扩散速度惊人,危害极大。为了适应新的经济社会发展现实需要,我国《消费者权益保护法》2013 年修法时就在第 14 条受尊重权条款中,增加规定消费者"享有个人信息依法得到保护的权利"。由于二者权利内容区分较为明显,故本书作为两项不同的权利予以列出。

【典型案例】江苏省消费者权益保护委员会就手机 APP 侵犯个人信息安全对百度公司提起消费民事公益诉讼事件①

2017 年 7 月 4 日,江苏省消费者权益保护委员会(以下简称江苏省消保委)就手机 APP 侵犯个人信息安全问题向北京百度网讯科技有限公司(以下简称百度公司)发送《关于手机应用程序获取权限问题的调查函》,要求其就旗下"手机百度""百度浏览器"等两款手机 APP 存在的相关问题派员前来接受约谈。但该企业仅书面对问题作了简单说明,并将权限通知及选择等义务推卸给手机操作系统,消极应对江苏省消保委调查。

在江苏省消保委多次催促、公开监督下,百度公司于 2017 年 11 月前来接受约谈。但在最终提交的整改方案中,对"手机百度""百度浏览器"中"监听电话""读取短彩信""读取联系人"等涉及消费者个人信息安全的相关权限拒不整改,也未有明确措施提示消费者 APP 所申请获取权限的目的、方式和范围并供消费者选择,无法有效保障消费者知情权和选择权。

2017 年 12 月 11 日为维护广大消费者的合法权益,江苏省消保委根据《消费者权益保护法》第 36 条、第 37 条第 1 款第 7 项、《江苏省消费者权益保护条例》第 51 条第 1 款以及最高人民法院《关于审理消费民事公益诉讼案件适用法律若干问题的解释》等相关规定,向南京市中级人民法院提起诉讼,请求法院依法判决百度公司停止其相关侵权行为。2018 年 1 月 2 日南京市中级人民法院正式立案。

江苏省消保委副秘书长居上在接受记者采访时表示,就手机应用程序侵害个人信息安全,运用公益诉讼这一利器,旨在保护包括但不限于江苏省的众多消费者的合法权

① 本案资料源于江苏省消保委官网、人民网等网站。

益。此次公益诉讼的提起,不仅是要百度公司停止相关违法侵权行为,更是要促进整个手机 APP 行业高度重视和自觉保护消费者的信息安全。

2018 年 3 月 14 日江苏省消保委诉百度公司涉侵犯消费者权益一案,鉴于百度公司已整改,江苏省消保委提出撤诉,得到法院准予。

(十一)无理由退货权

无理由退货权,即后悔权、反悔权,是指经营者采用网络、电视、电话、邮购等远程方式销售商品,消费者有权自收到商品之日起 7 日内退货,且无须说明理由。也称为“冷静期制度”。与我国《消费者权益保护法》第 24 条中“三包”中的退货规定不同,“三包”责任基于质量问题,依据消费合同中的担保责任(明示或者默示)。本条款中赋予消费者以无理由退货权,脱离了合同法中原有的担保责任范畴。实践中也有一些商家推出“无理由退货”的政策,消费者据此行事,仍然不脱合同法范畴。

当然,消费者需要依法行使该权利,其适用条件是:(1)经营者采用网络、电视、电话、邮购等方式销售商品;(2)消费者拥有 7 天的冷静期;(3)消费者退货的商品应当完好;(4)消费者定作的商品,鲜活易腐的商品,在线下载或者消费者拆封的音像制品、计算机软件等数字化商品,交付的报纸、期刊以及其他根据商品性质并经消费者在购买时确认不宜退货的商品,不适用无理由退货。

经营者应当自收到退回商品之日起 7 日内返还消费者支付的商品价款。退回商品的运费由消费者承担;经营者和消费者另有约定的,按照约定。

二、经营者的义务

权利总是与义务相伴。消费者权利的落实需要经营者、有关国家机关、社会组织、个人等社会主体履行其义务。其中,经营者义务的履行是消费者权利得以实现的最主要途径。如果经营者都依法履行其义务,消费者权利就会得到最大程度的实现。因此,明确经营者的义务对于保护消费者权益至为重要。我国《消费者权益保护法》第 3 章较全面地规定了在保护消费者权益方面经营者所负有的各项义务。

(一)公平交易义务

经营者的公平交易义务,首先是需要符合我国有关法律法规的强制性规定,其次是双方在消费合同中的约定,合同中不得含有损害消费者公平交易权的条款。

我国《消费者权益保护法》规定,经营者向消费者提供商品或者服务,应当依照本法和其他有关法律、法规的规定履行义务。经营者和消费者有约定的,应当按照约定履行义务,但双方的约定不得违背法律、法规的规定。经营者向消费者提供商品或者服务,应当恪守社会公德,诚信经营,保障消费者的合法权益;不得设定不公平、不合理的交易条件,不得强制交易。

经营者在经营活动中使用格式条款的,应当以显著方式提请消费者注意商品或者服务的数量和质量、价款或者费用、履行期限和方式、安全注意事项和风险警示、售后服务、民事责任等与消费者有重大利害关系的内容,并按照消费者的要求予以说明。经营者不得以格式条款、通知、声明、店堂告示等方式,作出排除或者限制消费者权利、减轻或者免除经营者责任、加重消费者责任等对消费者不公平、不合理的规定,不得利用格式条款并借助技术手段强制交易。格式条款、通知、声明、店堂告示等含有前款所列内容的,其内容无效。

(二)接受监督义务

经营者应当听取消费者对其提供的商品或者服务的意见,接受消费者的监督。

(三)安全保障义务

安全权是消费者的基本权利。经营者对此负有最大义务。

我国《消费者权益保护法》规定,经营者应当保证其提供的商品或者服务符合保障人身、财产安全的要求。对可能危及人身、财产安全的商品和服务,应当向消费者作出真实的说明和明确的警示,并说明和标明正确使用商品或者接受服务的方法以及防止危害发生的方法。宾馆、商场、餐馆、银行、机场、车站、港口、影剧院等经营场所的经营者,应当对消费者尽到安全保障义务。

经营者发现其提供的商品或者服务存在缺陷,有危及人身、财产安全危险的,应当立即向有关行政部门报告和告知消费者,并采取停止销售、警示、召回、无害化处理、销毁、停止生产或者服务等措施。采取召回措施的,经营者应当承担消费者因商品被召回支出的必要费用。

(四)提供真实信息义务

我国《消费者权益保护法》规定,经营者负有向消费者提供真实信息义务,包括经营者自身的真实信息和所经营的商品或者服务的真实信息。

经营者向消费者提供有关商品或者服务的质量、性能、用途、有效期限等信息,应当真实、全面,不得作虚假或者引人误解的宣传。经营者对消费者就其提供的商品或者服务的质量和使用方法等问题提出的询问,应当作出真实、明确的答复。经营者提供商品或者服务应当明码标价。

经营者应当标明其真实名称和标记。租赁他人柜台或者场地的经营者,应当标明其真实名称和标记。

(五)提供票据义务

经营者提供商品或者服务,应当按照国家有关规定或者商业惯例向消费者出具发票等购货凭证或者服务单据;消费者索要发票等购货凭证或者服务单据的,经营者必须出具。经营者的该项义务对于消费者求偿权的行使具有极为重要的证据意义。

(六)瑕疵担保义务

经营者负有瑕疵担保义务,如果未能履行,则应当承担"三包"等责任。

我国《消费者权益保护法》规定,经营者应当保证在正常使用商品或者接受服务的情况下其提供的商品或者服务应当具有的质量、性能、用途和有效期限;但消费者在购买该商品或者接受该服务前已经知道其存在瑕疵,且存在该瑕疵不违反法律强制性规定的除外。

经营者以广告、产品说明、实物样品或者其他方式表明商品或者服务的质量状况的,应当保证其提供的商品或者服务的实际质量与表明的质量状况相符。

经营者提供的机动车、计算机、电视机、电冰箱、空调器、洗衣机等耐用商品或者装饰装修等服务,消费者自接受商品或者服务之日起6个月内发现瑕疵,发生争议的,由经营者承担有关瑕疵的举证责任。

经营者提供的商品或者服务不符合质量要求的,消费者可以依照国家规定、当事人约定退货,或者要求经营者履行更换、修理等义务。没有国家规定和当事人约定的,消费者可以自收到商品之日起7日内退货;7日后符合法定解除合同条件的,消费者可以及时退货,不符合法定解除合同条件的,可以要求经营者履行更换、修理等义务。依照前款规定进行退货、更换、修理的,经营者应当承担运输等必要费用。

(七)尊重消费者义务

经营者不得对消费者进行侮辱、诽谤,不得搜查消费者的身体及其携带的物品,不得侵犯消费者的人身自由。

(八)远程销售的特别义务

采用网络、电视、电话、邮购等方式提供商品或者服务的经营者,除了应当尊重并保障消费者在远程销售中的无理由退货权利外,这些经营者以及提供证券、保险、银行等金融服务的经营者,应当向消费者提供经营地址、联系方式、商品或者服务的数量和质量、价款或者费用、履行期限和方式、安全注意事项和风险警示、售后服务、民事责任等信息。

(九)保障消费者信息安全义务

我国《消费者权益保护法》规定,经营者收集、使用消费者个人信息,应当遵循合法、正当、必要的原则,明示收集、使用信息的目的、方式和范围,并经消费者同意。经营者收集、使用消费者个人信息,应当公开其收集、使用规则,不得违反法律、法规的规定和双方的约定收集、使用信息。经营者及其工作人员对收集的消费者个人信息必须严格保密,不得泄露、出售或者非法向他人提供。经营者应当采取技术措施和其他必要措施,确保信息安全,防止消费者个人信息泄露、丢失。在发生或者可能发生信息泄露、丢失的情况时,应当立即采取补救措施。

经营者未经消费者同意或者请求,或者消费者明确表示拒绝的,不得向其发送商业性信息。

第三节 消费者权益争议的解决

一、消费者权益争议的解决途径

根据我国《消费者权益保护法》的规定,消费者与经营者发生消费者权益争议的,可以通过下列途径解决:

(一)与经营者协商和解

协商和解是指在争议发生后,消费者与经营者在自愿、平等的基础上就有关争议进行协商、交换意见而最终达成解决争议的方案。协商和解是消费者的一种自力救济方式,也是解决消费者纠纷的一种最常见的形式之一。这种方式具有简便、高效、经济的特点。由于日常消费大多金额不高,纠纷也比较简单,因此,经营者与消费者达成和解的可能性也较大。

(二)请求消费者协会调解

消费者协会调解,是指消费者和经营者将争议提交消费者协会居中调和,双方相互协商调解,从而达成解决争议的协议的方式。消费者协会在调解过程中应充分尊重当事人的意愿,调解协议达成后,双方当事人应自愿履行。

(三)向有关行政部门投诉

向有关行政机关投诉,是指向国家市场监督管理部门及各有关行业主管部门投诉,有关行政部门对于消费者的投诉,应予以接受、及时答复和处理。有关行政机关处理消费者争议纠纷所作出的决定一般不具有强制执行的效力,也不能直接作为人民法院强制执行的依据。

(四)提请仲裁机构仲裁

仲裁协议的存在是通过仲裁解决纠纷的前提。当事人之间没有仲裁协议的,不能申请仲裁。仲裁裁决具有强制性,对双方当事人具有拘束力,当事人应当履行,否则一方可请求人民法院强制执行。

(五)向人民法院提起诉讼

法院代表国家行使审判权,其裁判具有强制力。消费者可以向人民法院起诉,要求解决争议。根据我国《消费者权益保护法》的规定,消费者协会应就损害消费者合法权益的行为,支持受损害的消费者提起诉讼或者依照该法提起诉讼。这是法律赋予消费者协会的公益性职责。

另外,对于群体性消费者损害事件,我国《消费者权益保护法》引入了公益诉讼制度。该法第 47 条规定:“对侵害众多消费者合法权益的行为,中国消费者协会以及在省、自治区、直辖市设立的消费者协会,可以向人民法院提起诉讼。”

二、损害赔偿责任主体

(一)由生产者、销售者、服务者承担

1. 消费者在购买、使用商品时,其合法权益受到损害的,可以向销售者要求赔偿。销售者赔偿后,属于生产者的责任或者属于向销售者提供商品的其他销售者的责任的,销售者有权向生产者或者其他销售者追偿。

2. 消费者或者其他受害人因商品缺陷造成人身、财产损害的,可以向销售者要求赔偿,也可以向生产者要求赔偿。属于生产者责任的,销售者赔偿后,有权向生产者追偿。属于销售者责任的,生产者赔偿后,有权向销售者追偿。

3. 消费者在接受服务时,其合法权益受到损害的,可以向服务者要求赔偿。

4. 消费者在展览会、租赁柜台购买商品或者接受服务,其合法权益受到损害的,可以向销售者或者服务者要求赔偿。展览会结束或者柜台租赁期满后,也可以向展览会的举办者、柜台的出租者要求赔偿。展览会的举办者、柜台的出租者赔偿后,有权向销售者或者服务者追偿。

为了解决消费者举证难的问题,我国《消费者权益保护法》实行举证责任倒置。该法第 23 条第 3 款规定:“经营者提供的机动车、计算机、电视机、电冰箱、空调器、洗衣机等耐用商品或者装饰装修等服务,消费者自接受商品或者服务之日起六个月内发现瑕疵,发生争议的,由经营者承担有关瑕疵的举证责任。”

(二)由变更后的企业承担

消费者在购买、使用商品或者接受服务时,其合法权益受到损害,因企业分立、合并的,可以向变更后承受其权利义务的企业要求赔偿。

(三)由营业执照的使用人或持有人承担

使用他人营业执照的违法经营者提供商品或者服务,损害消费者合法权益的,消费者可以向其要求赔偿,也可以向营业执照的持有人要求赔偿。

(四)由虚假广告行为的经营者和发布者承担

消费者因经营者利用虚假广告或者其他虚假宣传方式提供商品或者服务,其合法权益受到损害的,可以向经营者要求赔偿。广告经营者、发布者发布虚假广告的,消费者可以请求行政主管部门予以惩处。广告经营者、发布者不能提供经营者的真实名称、地址和有效联系方式的,应当承担赔偿责任。

针对大量虚假广告充斥电视节目、明星代言产品质量参差不齐等损害消费者权益的情况,2013 年修改后的《消费者权益保护法》强化了虚假广告代言人及发布者的连带责任。该法第 45 条第 2 款规定:“广告经营者、发布者设计、制作、发布关系消费者生命健康商品或者服务的虚假广告,造成消费者损害的,应当与提供该商品或者服务的经营者承担连带责任”;第 3 款规定:“社会团体或者其他组织、个人在关系消费者生命健康商品或者服务的虚假广告或者其他虚假宣传中向消费者推荐商品或者服务,造成消费者损害的,应当与提供该商品或者服务的经营者承担连带责任。”

(五)社会团体、其他组织和个人承担

社会团体或者其他组织、个人,在关系消费者生命健康商品或者服务的虚假广告或者其他虚假宣传中,向消费者推荐商品或者服务,造成消费者损害的,应当与提供该商品或者服务的经营者承担连带责任。

(六)网络交易平台提供者承担

消费者通过网络交易平台购买商品或者接受服务,其合法权益受到损害的,网络交易平台提供者不能提供销售者或者服务者的真实名称、地址和有效联系方式的,消费者也可以向网络交易平台提供者要求赔偿;网络交易平台提供者作出更有利于消费者的承诺的,应当履行承诺。网络交易平台提供者赔偿后,有权向销售者或者服务者追偿。网络交易平台提供者明知或者应知销售者或者服务者利用其平台侵害消费者合法权益,未采取必要措施的,依法与该销售者或者服务者承担连带责任。

三、法律责任

消费者权益保护中法律责任的主体主要是经营者。如果经营者违反法定义务或约定义务,侵犯了消费者权利,就要依法承受相应的不利后果,这样的后果在法律上就表现为经营者应承担的民事责任、行政责任与刑事责任。

(一)民事责任

经营者违反《消费者权益保护法》,应当向消费者承担的民事责任源于民事立法,包括侵权责任和合同责任。相对《民法通则》《民法总则》《侵权责任法》《合同法》等基本民事立法来说,《消费者权益保护法》属于特别法。在《消费者权益保护法》中,较为特殊的有如下两条:

第一,该法第 51 条规定,经营者有侮辱诽谤、搜查身体、侵犯人身自由等侵害消费者或者其他受害人人身权益的行为,造成严重精神损害的,受害人可以要求精神损害赔偿。

第二,该法第 55 条规定,经营者提供商品或者服务有欺诈行为的,应当按照消费者的要求增加赔偿其受到的损失,增加赔偿的金额为消费者购买商品的价款或者接受服务的费用的 3 倍;增加赔偿的金额不足 500 元的,为 500 元。法律另有规定的,依照其规定。经营者明知商品或者服务存在缺陷,仍然向消费者提供,造成消费者或者其他受害人死亡或者健康严重损害的,受害人有权要求经营者依照该法第 49 条、第 51 条等法律规定赔偿损失,并有权要求所受损失 2 倍以下的惩罚性赔偿。

(二)行政责任

消费者权益保护中的行政责任,既包括行政机关及其工作人员违反法定职责而应承担的法律责任(第 61 条),也包括经营者违法行为所应承担的法律责任(第 56 条、第 60 条),但后者无疑是其中最主要的部分。依据《消费者权益保护法》第 56 条的规定,经营者的行政责任形式主要包括责令改正、没收违法所得、罚款、责令停业整顿、吊销营业执照。《消费者权益保护法》第 56 条第 2 款还规定了处罚信息公开制度,即处罚机关记入信用档案,向社会公布。

(三)刑事责任

依据我国《消费者权益保护法》第57条、第60条、第61条的规定,经营者违反本法规定提供商品或者服务,侵害消费者合法权益,构成犯罪的,依法追究刑事责任。以暴力、威胁等方法阻碍有关行政部门工作人员依法执行职务的,依法追究刑事责任。国家机关工作人员玩忽职守或者包庇经营者侵害消费者合法权益的行为的,由其所在单位或者上级机关给予行政处分;情节严重,构成犯罪的,依法追究刑事责任。

复习思考题

- 1. 消费者保护法是怎样产生的?
- 2. 什么是消费者? 如何适用?
- 3. 什么是消费者的安全权? 如何实现该权利?
- 4. 什么是消费者的个人信息安全权? 如何实现该权利?
- 5. 什么是消费者的无理由退货权? 如何实现该权利?
- 6. 我国《消费者权益保护法》中的惩罚性赔偿责任制度如何适用?

法律职业资格考试真题

1. 甲在乙公司办理了手机通讯服务,业务单约定:如甲方(甲)预付费使用完毕而未及时补交款项,乙方(乙公司)有权暂停甲方的通讯服务,由此造成损失,乙方概不担责。甲预付了费用,1年后发现所用手机被停机,经查询方得知公司有"话费有效期满暂停服务"的规定,此时账户尚有余额,遂诉之。关于此事,下列哪些说法是正确的?(2016年)

A. 乙公司侵犯了甲的知情权

B. 乙公司提供格式条款时应提醒甲注意暂停服务的情形

C. 甲有权要求乙公司退还全部预付费

D. 法院应支持甲要求乙公司承担惩罚性赔偿的请求

参考答案:AB

2. 甲在A银行办理了一张可异地跨行存取款的银行卡,并曾用该银行卡在A银行一台自动取款机上取款。甲取款数日后,发现该卡内的全部存款被人在异地B银行的自动取款机上取走。后查明:甲在A银行取款前一天,某盗卡团伙已在该自动取款机上安装了摄像和读卡装置(一周后被发现)。甲对该卡和密码一直妥善保管,也从未委托他人使用。关于甲的存款损失,下列哪一说法是正确的?(2015年)

A. 自行承担部分损失

B. 有权要求A银行赔偿

C. 有权要求A银行和B银行赔偿

D. 只能要求复制盗刷银行卡的罪犯赔偿

参考答案:B

3. 某商场使用了由东方电梯厂生产、亚林公司销售的自动扶梯。某日营业时间,自动扶梯突然逆向运行,造成顾客王某、栗某和商场职工薛某受伤,其中栗某受重伤,经治疗半身瘫痪,数次自杀未遂。现查明,该型号自动扶梯在全国已多次发生相同问题,但电梯厂均通过更换零部件、维修进行处理,并未停止生产和销售。请回答下面第(1)、(2)题。(2015 年)

(1)关于赔偿主体及赔偿责任,下列选项正确的是:

A. 顾客王某、栗某有权请求商场承担赔偿责任

B. 受害人有权请求电梯厂和亚林公司承担赔偿责任

C. 电梯厂和亚林公司承担连带赔偿责任

D. 商场和电梯厂承担按份赔偿责任

参考答案:ABC

(2)关于顾客王某与栗某可主张的赔偿费用,下列选项正确的是:

A. 均可主张为治疗支出的合理费用

B. 均可主张因误工减少的收入

C. 栗某可主张精神损害赔偿

D. 栗某可主张所受损失 2 倍以下的惩罚性赔偿

参考答案:ABCD

4. 张某从某网店购买一套汽车坐垫。货到拆封后,张某因不喜欢其花色款式,多次与网店交涉要求退货。网店的下列哪些回答是违法的?(2014 年)

A. 客户下单时网店曾提示“一经拆封,概不退货”,故对已拆封商品不予退货

B. 该商品无质量问题,花色款式也是客户自选,故退货理由不成立,不予退货

C. 如网店同意退货,客户应承担退货的运费

D. 如网店同意退货,货款只能在一个月后退还

参考答案:ABD

5. 彦某将一套住房分别委托甲、乙两家中介公司出售。钱某通过甲公司看中该房,但觉得房价太高。双方在看房前所签协议中约定了防“跳单”条款:钱某对甲公司的房源信息负保密义务,不得利用其信息撇开甲公司直接与房主签约,否则支付违约金。事后钱某又在乙公司发现同一房源,而房价比甲公司低得多。钱某通过乙公司买得该房,甲公司得知后提出异议。关于本案,下列哪些判断是错误的?(2014 年)

A. 防“跳单”条款限制了消费者的自主选择权

B. 甲公司抬高房价侵害了消费者的公平交易权

C. 乙公司的行为属于不正当竞争行为

D. 钱某侵犯了甲公司的商业秘密

参考答案:ABCD

6. 赵某从某商场购买了某厂生产的高压锅,烹饪时邻居钱某到其厨房聊天,高压锅爆炸致 2 人受伤。下列哪一选项是错误的?(2012 年)

A. 钱某不得依据《消费者权益保护法》请求赔偿

B. 如高压锅被认定为缺陷产品,赵某可向该厂也可向该商场请求赔偿

C. 如高压锅未被认定为缺陷产品则该厂不承担赔偿责任

D. 如该商场证明目前科技水平尚不能发现缺陷存在则不承担赔偿责任

参考答案:A

7. F 公司是一家专营进口高档家具的企业。媒体曝光该公司有部分家具是在国内生产后,以"先出口,再进口"的方式取得进口报关凭证,在销售时标注为外国原产,以高于出厂价数倍的价格销售。此时,已经在 F 公司购买家具的顾客,可以行使下列哪些权利?(2011 年)

A. 顾客有权要求 F 公司提供所售商品的产地、制造商、采购价格、材料等真实信息并提供充分证明

B. 如 F 公司不能提供所售商品的真实信息和充分证明,顾客有权要求退货

C. 如能够确认 F 公司对所售商品的产地、材质等有虚假陈述,顾客有权要求三倍赔偿价款

D. 即使 F 公司提供了所售商品的真实信息和充分证明,顾客仍有权以"对公司失去信任"为由要求退货

参考答案:ABC

8. 郭某与 10 岁的儿子到饭馆用餐,如厕时将手提包留在座位上嘱咐儿子看管,回来后发现手提包丢失。郭某要求饭馆赔偿被拒绝,遂提起民事诉讼。根据消费者安全保障权,下列哪一说法是正确的?(2009 年)

A. 饭馆应保障顾客在接受服务时的财产安全,并承担顾客随身物品遗失的风险

B. 饭馆应保证其提供的饮食服务符合保障人身、财产安全的要求,但并不承担对顾客随身物品的保管义务,也不承担顾客随身物品遗失的风险

C. 饭馆应对顾客妥善保管随身物品作出明显提示,否则应当对顾客的物品丢失承担赔偿责任

D. 饭馆应确保其服务环境绝对安全,应当对顾客在饭馆内遭受的一切损失承担赔偿责任

参考答案:B

第十二章　产品质量法

【重点内容提示】

我国的产品质量法是市场规制法的重要组成部分,以加强对产品质量的监督管理,提高产品质量水平,明确产品质量责任,保护消费者的权益,维护社会经济秩序为其立法宗旨,以《产品质量法》为主要表现形式。它将产品的监督管理与产品质量责任结为一体,强调事前、事中、事后监督的统一,以及国家监督、社会监督和企业自我监督管理的有机联系,是在借鉴国外产品责任理论,并结合我国产品质量立法和实践经验的基础上,制定的一部符合中国国情、具有中国特色的现代产品质量法。

产品质量监督管理制度由一系列相互联系、互相依存、自成体系的各项制度组成,如产品生产许可证制度、产品质量标准制度、企业质量体系认证制度、产品质量认证制度、产品质量监督制度、产品质量检查制度等。其中很多制度不乏中国特色,我国产品质量责任制度不同于西方产品责任制度,提出了我国独有的“产品质量责任”的概念,并对生产者和销售者的产品责任适用不同的归责原则。

“国以民为本,民以食为天。”食品安全涉及生产经营者、监督管理机构、认证机构、医疗机构等相关部门,关系社会的稳定和发展,关系社会公众的生命安全与健康。食品安全法是调整食品安全风险监测和评估、食品安全标准、食品生产经营、食品检验、食品进出口、食品安全事故处置及监督管理过程中发生的社会关系的法律规范的总称。

第一节　产品质量法概述

一、产品

产品是产品质量法、产品责任法的基石范畴,并决定了它们的适用范围,反映了立法者对于责任风险在生产者(销售者)和消费者之间如何分配的考量。

我国《产品质量法》第2条第2款及第3款规定:“本法所称产品是指经过加工、制作,用于销售的产品。建设工程不适用本法规定;但是,建设工程使用的建筑材料、建筑构配件和设备,属于前款规定的产品范围的,适用本法规定。”由此可知,产品必须具备以下两个特征。

1. 经过加工、制作,并且用于销售

“加工”可以理解为通过工业方法或手工制作改变原材料或半成品的形状、性质、状态,使之符合规定要求。各种直接取之于自然界,没有经过加工的天然农产品、矿产品如籽棉、麦、蔬菜、饲养的鱼虾等种植业、养殖业的初级产品,采矿业的原油、原煤等直接开采出来未经炼制、洗选加工的原矿产品等,均不是《产品质量法》所称的产品。对源于农业的初级产品,我国 2006 年 4 月 29 日通过的《农产品质量安全法》进行专门调整。

产品必须用于销售,即不作为商品的产品,如自制家具、自制蛋糕,用于自己使用,不属于我国《产品质量法》所称的产品。这是区分《产品质量法》上的产品与其他物品的重要特征。半成品、在制品最终目的是销售,但尚未完成全部生产过程,也不在《产品质量法》的产品范围。我国军工产品一般不进入市场销售,我国《产品质量法》第 73 条规定军工产品质量监督管理办法,由国务院、中央军事委员会另行制定。

2. 产品不包括建设工程,但建设工程使用的经加工、制作用于销售的建筑材料、建筑构配件和设备属于产品

何谓建设工程、建筑材料?我国《产品质量法》未加以规定。《建设工程质量管理条例》中规定:“建设工程是指土木工程、建设工程、线路管道和设备安装工程及装修工程。”建设工程,包括房屋、公路、桥梁、隧道等工程。由于建设工程与一般加工、制作的产品有较大的不同,建设工程的质量问题应当适用《建筑法》(1997 年 11 月 1 日通过,2011 年 4 月 22 日、2019 年 4 月 23 日两次修改)等法律的规定。一些国家也将建筑物等不动产排除出《产品责任法》的适用范围。

二、产品质量

产品质量,通常是指产品在正常使用条件下,满足合理使用要求所需要的各种特性的总和。这个强调“需要”的动态概念表明,产品质量的内容随着时间的变化,经济、科技的进步而不断丰富和发展。

产品质量的基本特征包括:(1)适用性。适用性是指产品有其功能,能够实现产品目的,如电视机能使人观看节目。(2)安全性。安全性是指产品在使用过程中,不存在危及人身和财产的安全问题,如电器产品不应漏电伤人。(3)可靠性。可靠性是指产品在一定时间和一定条件下应具有的功能。一般可用功能效率、平均寿命、失效率、平均故障时间、平均无故障工作时间等参量进行评定。(4)可维修性。可维修性是指产品发生故障后能够修复的性能,通常采用平均修复时间等参量表示。(5)经济性。经济性是指产品有适当的价格及质量成本。(6)环境性。环境性是指产品符合环境安全要求,如电池产品达到环境安全标准。

我国《产品质量法》对产品质量没有明确定义。我国《产品质量法》第 26 条规定,产品质量应当符合下列要求:(1)不存在危及人身、财产安全的不合理的危险,有保障人体健康和人身、财产安全的国家标准、行业标准的,应当符合该标准;(2)具备产品应

当具备的使用性能,但是,对产品存在使用性能的瑕疵作出说明的除外;(3)符合在产品或者其包装上注明采用的产品标准,符合以产品说明、实物样品等方式表明的质量状况。其确立了产品质量的安全性、适用性和可靠性三项基本要求。

三、产品质量法

产品质量法有广义与狭义之分。广义指一切调整产品质量关系的法律规范,既包括《产品质量法》,又包括其他调整产品质量关系的法律,如《食品安全法》《药品管理法》《农产品质量安全法》等;狭义仅指《产品质量法》。

《产品质量法》将产品质量管理法律制度和产品责任法律制度统一纳入一部法律之中,兼顾政府与市场、权利与义务、质量法与其他法等关系,充分反映了经济法的公法与私法交融的特点,体现了综合调整的思路。我国2000年对《产品质量法》进行修改,更是加强了政府在转型社会对产品质量的干预力度,进一步明确了各级政府在产品质量工作中的职责,加强了行政执法机关的执法手段,特别是对生产、销售违法产品的行为加大了法律制裁的力度,建立了企业产品质量约束机制,着眼建设质量强国、推动高质量发展、促进质量治理体系和治理能力现代化建设,以满足人民群众对美好生活的向往、对高质量产品的需求。

第二节　产品质量监督制度

产品质量监督,是指为保证产品质量合乎要求,由用户或者第三方对程序、方法、条件、产品、过程和服务进行连续评价,并按照规定标准或合同要求对记录进行分析。我国产品质量监督有企业自我监督、社会监督和国家监督三种形式。

依照我国《产品质量法》第8条及相关法律规定,国务院市场监督管理部门主管全国产品质量监督工作。县级以上地方市场监督管理部门主管本行政区域内的产品质量监督工作。县级以上地方人民政府有关部门在各自的职责范围内负责产品质量监督工作。法律对产品质量的监督部门另有规定的,依照有关法律的规定执行。如《食品安全法》(2009年2月28日通过,2015年4月24日修订,2018年12月29日修正)第5条、《药品管理法》(1984年9月20日通过,2013年12月28日、2015年4月24日两次修正)第5条,分别规定了食品安全监督主管机构和药品管理主管机构。2018年3月17日第十三届全国人大第一次会议表决通过了《国务院机构改革方案》。该方案提出:将国家工商行政管理总局的职责、国家质量监督检验检疫总局的职责、国家食品药品监督管理总局的职责等加以整合,组建国家市场监督管理总局,作为国务院直属机构。同时,将国家质量监督检验检疫总局的出入境检验检疫管理职责和队伍划入海关总署。国家认证认可监督管理委员会、国家标准化管理委员会职责划入国家市场监督管理总局。据此,我国产品质量监管机构的构成:(1)国家市场监督管理总局;(2)县级以上地方人民政府市场监督管理部门。

产品质量监督制度具体包括产品质量标准(化)制度、产品质量检验制度、企业质量体系认证制度、产品质量认证制度、产品质量监督检查制度和产品质量社会监督制度。

一、产品质量标准(化)制度

产品进入流通领域之前,必须符合产品质量标准要求。我国《标准化法》(1988年12月29日通过,2017年11月4日修订,自2018年1月1日起施行)第2条规定:"本法所称标准(含标准样品),是指农业、工业、服务业以及社会事业等领域需要统一的技术要求。标准包括国家标准、行业标准、地方标准和团体标准、企业标准。国家标准分为强制性标准、推荐性标准,行业标准、地方标准是推荐性标准。强制性标准必须执行。国家鼓励采用推荐性标准。"我国《标准化法》第8条规定:"国家积极推动参与国际标准化活动,开展标准化对外合作与交流,参与制定国际标准,结合国情采用国际标准,推进中国标准与国外标准之间的转化运用。国家鼓励企业、社会团体和教育、科研机构等参与国际标准化活动。"《标准化法实施条例》(1990年)第18条进一步规定,强制性国家标准、行业标准包括:药品标准,食品卫生标准,兽药标准;产品及产品生产、储运和使用中的安全、卫生标准,劳动安全、卫生标准,运输安全标准;工程建设的质量、安全、卫生标准及国家需要控制的其他工程建设标准;环境保护的污染物排放标准和环境质量标准;重要的通用技术术语、符号、代号和制图方法;通用的实验、检验方法标准;互换配合标准;国家需要控制的重要产品质量标准。

我国《产品质量法》第6条规定:"国家鼓励推行科学的质量管理方法,采用先进的科学技术,鼓励企业产品质量达到并且超过行业标准、国家标准和国际标准。对产品质量管理先进和产品质量达到国际先进水平、成绩显著的单位和个人,给予奖励。"《产品质量法》第13条规定:"可能危及人体健康和人身、财产安全的工业产品,必须符合保障人体健康和人身、财产安全的国家标准、行业标准;未制定国家标准、行业标准的,必须符合保障人体健康和人身、财产安全的要求。禁止生产、销售不符合保障人体健康和人身、财产安全的标准和要求的工业产品。……"

二、产品质量检验制度

产品质量检验,指检验机构依据产品质量标准对产品的品质进行检验测试,判定其合格与否的活动。根据检验主体不同产品质量检验可以分为生产经营者自我检验、第三方检验两种。产品质量检验制度是关于产品质量检验的方法、程序、要求和法律性质等内容的法律规定。

我国《产品质量法》第12条规定,产品质量应当检验合格,不得以不合格产品冒充合格产品。"产品质量应当检验合格",是指产品出厂时应当经过检验,质量应当符合相应要求。"不合格产品"指产品质量不符合我国《产品质量法》第26条要求的产品,包括处理品和劣质品。处理品是指产品不存在危及人体健康、人身、财产安全的危险,仍有使用价值,只是不符合我国《产品质量法》第 26 条第 2 项、第 3 项规定的要求的产品。劣质品是指产品存在危及人体健康、人身、财产安全的危险或者失去原有使用性能的产品。

产品出厂时除生产者自行检验外,还可以委托其他有关产品质量检验机构进行产品品质检验。检验机构必须具备相应的检测条件和能力,并经有关部门考核合格后,方可承担检验工作。销售者进货时应当检查验收,验明产品合格证明和其他标示。这是从源头上对产品质量"把关"的重要步骤。

三、企业质量体系认证制度

企业质量体系认证,是指由国家有关部门认可的认证机构,依据认证标准,按照规定程序,对企业的质量保证体系,包括企业的质量管理制度、企业的生产、技术条件等保证产品质量的诸因素进行全面评审,对符合条件要求的,通过颁发认证证明书的形式,证明企业的质量符合相应标准要求的活动。

我国《产品质量法》第 14 条第 1 款规定:"国家根据国际通用的质量管理标准,推行企业质量体系认证制度。企业根据自愿原则可以向国务院市场监督管理部门认可的或者国务院市场监督管理部门授权的部门认可的认证机构申请企业质量体系认证。经认证合格的,由认证机构颁发企业质量体系认证证书。"我国企业质量体系认证的依据是国际通用的质量管理标准,即国际标准化组织(ISO)推荐各国采用的 ISO9000《质量管理和质量保证》系列标准。

四、产品质量认证制度

产品质量认证,是指参照国际先进的产品标准和技术标准,由专门的认证机构对申请认证的产品进行检验,对符合要求的产品颁发认证证书和标志的确认、证明活动。产品质量认证实行自愿原则。产品一经认证获得质量证书的,企业就可以在其认证的产品或其包装上使用质量认证标准,以提高产品的公信力。我国《产品质量法》第 14 条第 2 款规定:"国家参照国际先进的产品标准和技术要求,推行产品质量认证制度。企业根据自愿原则可以向国务院市场监督管理部门认可的或者国务院市场监督管理部门授权的部门认可的认证机构申请产品质量认证。经认证合格的,由认证机构颁发产品质量认证证书,准许企业在产品或者其包装上使用产品质量认证标志。"我国的产品质量认证有安全认证和合格认证两种形式。安全认证是指依据安全标准和技术要求对产品的安全性能进行的确认,如 QS(Quality Safety)认证。合格认证是对产品的全部性能、要求,依据标准和有关技术要求进行的确认,如绿色食品认证。

《产品质量法》所规定的企业质量体系认证和产品质量认证,均为自愿认证。但 2003 年 9 月 3 日,国务院公布的《认证认可条例》(根据 2016 年 2 月 6 日公布的《国务院关于修改部分行政法规的决定》修订)对产品质量实行自愿认证与强制认证相结合的制度。按照规定,任何法人、组织和个人可以自愿委托依法设立的认证机构进行产品、服务、管理体系认证。同时,为了维护国家安全、防止欺诈行为、保护人体健康或者安全、保护动植物生命或健康、保护环境,国家规定相关产品必须经过认证的,应当经过认证并标注认证标志后,方可出厂、销售、出口或者在其他经营活动中使用。在这种“中国强制性认证”(China Compulsory Certification,简称“3C 认证”或“CCC 认证”)制度下,国家对必须经过认证的产品,统一产品目录,统一技术规范的强制性要求、标准和合格评定程序,统一标志,统一收费标准;统一的产品目录由国家市场监督管理总局会同国务院有关部门制定、调整,由国务院认证认可监督管理部门发布,并会同有关方面共同实施;列入目录的产品,必须经国务院认证认可监督管理部门指定的认证机构进行认证。

五、产品质量监督检查制度

国家对产品质量实行以抽查为主要方式的监督检查制度,对可能危及人体健康和人身、财产安全的产品,影响国计民生的重要工业产品以及消费者、有关组织反映有质量问题的产品进行抽查。抽查的样品应当在市场上或者企业成品仓库内的待销产品中随机抽取。检验抽取样品的数量不得超过检验的合理需要。

产品监督抽查是一种强制性行政行为,必须由国务院市场监督管理部门统一规划和组织。县级以上地方市场监督管理部门在本行政区域内也可以组织监督抽查。国家监督抽查的产品,地方不得另行重复抽查;上级监督抽查的产品,下级不得另行重复抽查;不得向被检查人收取检验费用。国务院和省级人民政府的市场监督管理部门应当定期发布其监督抽查的产品的质量状况公告。生产者、销售者对抽查检验的结果有异议的,可以自收到检验结果之日起 15 日内向实施监督抽查的市场监督管理部门或者其上级市场监督管理部门申请复检,由受理复检的市场监督管理部门作出复检结论。

六、产品质量社会监督制度

依照我国《产品质量法》及相关法律规定,用户、消费者有权就产品质量问题,向产品的生产者、销售者查询;向市场监督管理部门、工商行政管理部门及有关部门申诉,有关部门应当负责处理。保护消费者权益的社会组织可以就消费者反映的产品质量问题建议有关部门负责处理,支持消费者对因产品质量造成的损害向人民法院起诉。此外,大众传播媒介也有权对产品质量进行监督。

第三节 产品质量义务制度

产品质量义务,是指产品质量法律关系主体应当作出或不作出一定行为的责任。国家通过法律规定人们履行产品质量义务,以保证产品质量。我国《产品质量法》第三章和其他法律,如我国《食品安全法》《药品管理法》等规定了生产者、销售者的产品质量义务。

一、生产者的产品质量义务

生产者是产品的加工、制作者,在产品的开发、设计和制造方面与销售者、用户、消费者相比拥有绝对的优势,确保生产的产品质量是生产者义不容辞的义务。生产者的产品质量义务具体包括作为义务和不作为义务。

（一）生产者的作为义务

生产者的作为义务,是指生产者在生产产品时必须符合法律规定的质量标准,包括:

1. 产品内在质量符合法定标准。依我国《产品质量法》第 26 条规定,生产者对产品内在质量承担担保义务。

2. 产品标示符合法律规定。我国《产品质量法》第 27 条规定,产品或者其包装上的标识必须真实,并符合下列要求:(1)有产品质量检验合格证明;(2)有中文标明的产品名称、生产厂厂名和厂址;(3)根据产品的特点和使用要求,需要标明产品规格、等级、所含主要成份的名称和含量的,用中文相应予以标明;需要事先让消费者知晓的,应当在外包装上标明,或者预先向消费者提供有关资料;(4)限期使用的产品,应当在显著位置清晰地标明生产日期和安全使用期或者失效日期;(5)使用不当,容易造成产品本身损坏或者可能危及人身、财产安全的产品,应当有警示标志或者中文警示说明。裸装的食品和其他根据产品的特点难以附加标识的裸装产品,可以不附加产品标识。

3. 特殊产品包装质量符合相应要求。我国《产品质量法》第 28 条规定,易碎、易燃、易爆、有毒、有腐蚀性、有放射性等危险物品以及储运中不能倒置和其他有特殊要求的产品,其包装质量必须符合相应要求,依照国家有关规定作出警示标志或者中文警示说明,标明储运注意事项。

（二）生产者的不作为义务

生产者的不作为义务,是指生产者生产产品时不得从事法律明令禁止的行为,即不得违反《产品质量法》等法律、法规中规定的禁止性规定。

依《产品质量法》第 29 ~ 32 条的规定,生产者的不作为义务包括:(1)禁止生产国家明令淘汰的产品。(2)不得伪造产地,不得伪造或者冒用他人的厂名、厂址。(3)不得伪造或者冒用认证标志等质量标志。(4)不得掺杂、掺假,不得以假充真、以次充好,不得以不合格产品冒充合格产品。

二、销售者的产品质量义务

销售者是直接将产品出售给消费者、用户的人,应当对其销售的产品质量负责。销售者的产品质量义务,也包括作为义务和不作为义务。我国《产品质量法》第 33 ~ 39 条对之作了详细规定。

销售者的产品质量义务主要表现在以下方面:(1)销售者建立并执行进货检查验收制度的义务。销售者应当建立并执行进货检查验收制度,验明产品合格证明和其他标识。执行进货检查检验制度,是确保销售者进货的质量、区分销售者与生产者责任的重要手段。执行进货验收制度,包括对产品内在质量的检验和外在质量的检验。销售者如查明产品不合格时,应拒绝接收货物,防止不合格产品、劣质产品在市场上流通;如果销售者不执行进货检查验收制度,或明知产品不合格依然接受货物并进行销售,应依法承担相应的责任。(2)销售者采取措施保持销售产品质量的义务。这里所讲的采取措施,是指销售者应当根据产品的特点,采取必要的防雨、防晒、防霉变措施,对某些特殊产品采取控制温度、湿度等措施,以保持产品进货时的质量状况。(3)销售者不得销售国家明令淘汰并停止销售的产品和失效、变质的产品。(4)销售者销售的产品标识应当符合关于产品或者其包装上的标识的各项规定。(5)销售者不得伪造产地,不得伪造或者冒用他人的厂名、厂址。(6)销售者不得伪造或者冒用认证标志等质量标志。(7)销售者销售产品,不得掺杂、掺假,不得以假充真、以次充好,不得以不合格产品冒充合格产品。

第四节 产品质量责任制度

一、产品质量责任概说

产品质量责任,是指产品的生产者、销售者以及其他负有产品质量义务的主体因不履行《产品质量法》规定的保证产品质量的义务,所应当承担的法律后果。产品责任,是指因产品存在缺陷造成他人损害的,产品的生产者或者销售者应当承担的一种特殊的民事侵权责任。产品责任仅在产品造成他人损害时才发生,是事后责任。

不同于产品责任,产品质量责任是一种综合责任,既有民事责任,也有行政责任,还包括刑事责任;既包括因产品缺陷给消费者、使用者造成人身财产损失时,由生产者、销售者依法应承担的责任,还包括违反《标准化法》《计量法》以及规范产品质量的其他法律规范应承担的责任;既是事前责任,也是事后责任。

产品质量责任的主体,既包括产品的生产者、销售者,还可能是产品的运输者、仓储者,也可能涉及其他对产品质量负有监督管理义务的人,如质检机构及其工作人员、认证机构及其工作人员和社会团体、社会中介机构等。而产品责任的承担者一般指生产者、销售者。因运输者、仓储者等第三人的过错使产品存在缺陷,造成他人损害的,产品的生产者、销售者赔偿后,依2009年《侵权责任法》第44条的规定,有权向第三人追偿。

二、产品质量民事责任

产品质量民事责任是指产品的生产者、销售者因违反《产品质量法》规定的或合同当事人约定的产品质量义务所应承担的法律后果。产品质量民事责任有产品瑕疵担保责任和产品缺陷损害赔偿责任两种。

(一)产品瑕疵担保责任(合同责任)

产品瑕疵,是指产品质量不符合法律规定或者合同约定的质量标准,但是不存在危及人身、财产安全的不合理危险。产品存在瑕疵,是生产经营者或者销售者承担产品瑕疵担保责任的基础。产品瑕疵担保责任是一种过错责任,其承担责任的条件是:(1)销售者有过错;(2)存在产品质量瑕疵的客观事实;(3)产品质量瑕疵与生产者、销售者的生产销售有因果关系。

除前述《消费者权益保护法》第23条规定的经营者的瑕疵担保责任外,我国《产品质量法》第40条规定了销售者的瑕疵责任。我国《产品质量法》第40条规定,有下列情况之一的,销售者应负瑕疵担保责任:(1)不具备产品应当具备的使用性能而事先未作说明的;(2)不符合在产品或者其包装上注明采用的产品标准的;(3)不符合以产品说明、实物样品等方式表明的质量状况的。销售者承担瑕疵担保责任的形式:负责修理、更换、退货;给购买产品的消费者造成损失的,负责赔偿。销售者先行履行上述责任后,如责任在生产者、供货者,销售者有权向他们追偿。但他们之间如订有购销、加工承揽合同且另有约定的应按约定。

(二)产品缺陷损害赔偿责任(侵权责任)

产品缺陷损害赔偿责任,又称产品责任,是指因产品存在缺陷,造成他人人身、财产损害所应承担的民事侵权赔偿责任。这种责任的成立不以合同关系的存在为前提条件,用户、消费者即使与生产者、销售者之间没有合同关系,也能够就其因产品缺陷所受损害提出赔偿请求。《产品质量法》基于生产者和销售者所处不同地位,课以不同的产品质量义务,在产品责任的承担上适用不同的归责原则:生产者承担严格责任,销售者承担过错责任。我国《产品质量法》第41条规定,因产品存在缺陷造成人身、缺陷产品以外的其他财产(以下简称他人财产)损害的,生产者应当承担赔偿责任。《产品质量法》第42条规定,由于销售者的过错使产品存在缺陷,造成人身、他人财产损害的,销售者应当承担赔偿责任。销售者不能指明缺陷产品的生产者也不能指明缺陷产品的供货者的,销售者应当承担赔偿责任。

1.产品缺陷的界定

产品缺陷是承担产品责任的基础。产品缺陷,是指产品存在危及人身、他人财产安全的不合理的危险。通常认为,不合理的危险是指产品存在明显的或者潜在的,以及被社会普遍公认不应当具有的危险。这种危险主要表现为存在可能危及人身、财产安全的因素。认定产品缺陷,我国《产品质量法》第46条除采用"不合理的危险"这一主观标准外,还使用了另一客观标准,即将产品不符合保障人体健康和人身、财产安全的国家标准、行业标准的,视为存在缺陷。产品缺陷明显不同于合同法上的产品瑕疵。

在司法实践中,我国《产品质量法》第46条规定的优点在于增加了判断缺陷标准的客观性,既可使原告方较易证明缺陷以获得赔偿,也可使生产者尽早预防或消除缺陷,避免承担产品责任。问题在于,实践中的某一强制性标准可能并不包含产品的全部安全性能指标,即便符合国家标准、行业标准的产品也会存在危及人身、财产安全的可能,这样会导致消费者因使用具有不合理危险但又符合强制性标准的产品而受害,却难以获得赔偿。此外,产品质量标准的制定和生产者(特别是行业内“龙头”企业)的参与,不能不受到相关企业利益的影响。强制性标准容易偏袒生产者和销售者,不利于公平保护消费者。

2. 产品缺陷的种类

产品缺陷一般分为以下几种:

(1)设计缺陷,是指产品在设计之时即存在不合理的危险性,导致产品潜在危险的根本因素。这是全部产品所共有的缺陷。

针对不同产品,在设计上有不同的标准。如同样是衣服,婴幼儿的服装设计与成人的服装设计相比,除式样、面料、颜色、款式不同之外,往往有更高的安全性要求,如一般不能设计带纽扣的服装,以免婴幼儿吞食而发生安全事故。如果不考虑这些因素导致产品致人损害的,就可能属于设计上的缺陷。

(2)制造缺陷,是指产品在生产制造过程中产生的不安全因素。这是在制造过程中部分产品具有的缺陷。

与设计缺陷不同的是,制造缺陷一般是产品在生产、加工过程中产生的不安全因素,并非由于设计不合理而造成。它可能是由于未严格按照设计要求生产、加工产品所导致;也可能是生产、制作产品的原料或材料达不到设计要求;还可能是产品生产、加工的环境达不到规定的标准等。

(3)警示(指示)缺陷,指产品的提供者对产品的危险性没有作出必要的说明、警告或指导而对使用者构成的不合理危险。

许多产品都有一定程度的危险,小到儿童玩具,大到电视机、热水器。如果生产者、销售者对这类危险有恰当的警示和指示,指出产品的危险所在和正确使用、避免危险的方法,上述危险就是一种并非不合理的危险。如果没有或缺乏恰当的警告和指示,消费者对上述危险及正确使用、避免危险的方法一无所知或没有足够了解,危险就是不合理的,产品就因此构成警示缺陷。

(4)发展缺陷,指产品投入流通时科技水平尚不能发现的而后又被证明确实存在的缺陷。

前三种缺陷是承担产品责任的基础,最后一种缺陷即发展缺陷是免责的事由。我国《产品质量法》第41条第2款规定,生产者能够证明有下列情形之一的,不承担赔偿责任:(1)未将产品投入流通的;(2)产品投入流通时,引起损害的缺陷尚不存在的;(3)将产品投入流通时的科学技术水平尚不能发现缺陷的存在的。

【典型案例】1998年王某等诉富平春酒厂白酒警示缺陷案

王某的丈夫张某当兵出身,身体强壮,只因有个“老寒腿”的小毛病,从1990年起便经常喝酒以暖身驱寒。张某渐渐酒量越喝越大并成瘾,而且只喝邻县生产的“富平春”白酒。1997年4月张某因饮酒过量引发了严重食源性疾患——急性出血性坏死性胰腺炎，经抢救无效死亡，年仅41岁。王某针对香烟能使人上瘾、致病，烟盒上就标有“吸烟有害健康”，提出能让人上瘾并可能致人死亡的白酒，从医学、法律、道义等多方面考虑也应加警示标志。富平春酒厂的产品标识不符合法律规定，误导其丈夫认为酒是一种安全的食品，并最终造成其丈夫因过度饮酒死亡。1998年3月30日王某等向漯河市中级人民法院递交起诉状，要求富平春酒厂赔偿各项损失共计人民币60万元，并要求被告在其产品标识上标明以下内容：(1)酒中所含的真实成分及其比例；(2)警示，在商品标签上标明致死量、中毒量、正确饮用该酒的方法，防止危害发生的方法，保质期限；(3)在产品标识上带上“产品质量检验合格证明”；(4)在产品标识上带上“卫生许可证批号”“食品标签认可批号”“白酒生产许可证号”。目的是让全国的白酒标签都加上警示标志，让消费者不再受白酒之害。

1998年11月16日河南省漯河市中级人民法院作出判决：富平春酒厂产品的酒标签标注内容符合国标，原告要求标注的内容，国标中没有强制性的规定。富平春酒厂的产品标示上不存在缺陷，可认定产品质量合格，因此不存在产品质量不合格造成人身损害赔偿问题。原告要求富平春酒厂的产品标识上必须标注有关内容的问题，法院认为产品责任是指产品缺陷造成人身、财产损失的赔偿责任，至于生产者在生产经营过程中是否应履行某种义务，应由工商及技监部门进行管理。判决驳回王某的诉讼请求。其后的二审法院仍以该酒在产品指示上不存在缺陷为由驳回王某的诉讼请求。

在本案中，判断“富平春”白酒是否存在警示缺陷，应从白酒标识的内容不足是否会导致该产品存在某种“不合理危险”，或标识内容是否违反国家的强制性标准两个方面进行。两审法院仅以该白酒标识符合国家标准为由而认定其不存在警示缺陷欠妥。实际上，符合国家标准的“合格产品”，仍有可能因其具有其他“不合理危险”而被认定存在缺陷。对于“富平春”白酒的标识内容未记载白酒的真实成分及致死量、中毒量是否属警示缺陷，以及该等“缺陷”是否与原告王某丈夫的死亡之间存在因果关系，仍值得我们进一步探讨。

值得一提的是，屡战屡败的王某并未就此止步，她继续找原国家工商行政管理总局、原国家质检总局、全国人大申诉，要求酒厂在包装上注明“过量饮酒有害健康”等提示语。王某的不懈努力终于获得了积极的成果：原国家质检总局在其后颁布的GB10344—2005《预包装饮料酒标签通则》中就明确推荐企业在酒类标识中使用“过度饮酒有害健康”“孕妇和儿童不宜饮酒”等劝说语。

3. 产品责任的追究程序和损害赔偿形式

在产品责任的追究程序上，依据我国《产品质量法》第43条的规定，因产品存在缺陷造成人身、他人财产损害的，受害人可以向产品的生产者要求赔偿，也可以向产品的销售者要求赔偿。属于产品的生产者的责任，产品的销售者赔偿的，产品的销售者有权向产品的生产者追偿。属于产品的销售者的责任，产品的生产者赔偿的，产品的生产者有权向产品的销售者追偿。此外,我国《产品质量法》第 58 条规定,社会团体、社会中介机构对产品质量作出承诺、保证,而该产品又不符合其承诺、保证的质量要求,给消费者造成损失的,与产品的生产者、销售者承担连带责任。我国《产品质量法》第 59 条规定,在广告中对产品质量作虚假宣传,欺骗和误导消费者的,依照《广告法》的规定追究法律责任。我国 2009 年《食品安全法》第 55 条规定,社会团体或者其他组织、个人在虚假广告中向消费者推荐食品,使消费者的合法权益受到损害的,与食品生产经营者承担连带责任。

至于人身伤害赔偿责任和财产损失赔偿责任,依照我国《产品质量法》第 44 条规定,产品存在缺陷造成受害人人身伤害的,侵害人应当赔偿医疗费、治疗期间的护理费、因误工减少的收入等费用;造成残疾的,还应当支付残疾者生活自助具费、生活补助费、残疾赔偿金以及由其扶养的人所必需的生活费等费用;造成受害人死亡的,并应当支付丧葬费、死亡赔偿金以及由死者生前扶养的人所必需的生活费等费用。因产品存在缺陷造成受害人财产损失的,侵害人应当恢复原状或者折价赔偿。受害人因此遭受其他重大损失的,侵害人应当赔偿损失。

4. 产品责任时效

我国《产品质量法》第 45 条规定,因产品存在缺陷造成损害要求赔偿的诉讼时效期间为 2 年,自当事人知道或者应当知道其权益受到损害时起计算。因产品存在缺陷造成损害要求赔偿的请求权,在造成损害的缺陷产品交付最初消费者满 10 年丧失;但是,尚未超过明示的安全使用期的除外。《产品质量法》规定的 2 年诉讼时效,与我国《民法通则》第 136 条规定的产品质量不合格的 1 年诉讼时效不一致,应依据特别法优先于普通法原则,优先适用《产品质量法》第 45 条规定。

三、产品质量行政责任

产品质量行政责任,是指违反《产品质量法》的单位或个人所应承担的行政性法律后果。依照我国《产品质量法》的规定,能够引起产品质量行政责任的行为包括:(1)生产、销售不符合保障人体健康和人身、财产安全的国家标准、行业标准的产品;(2)在产品中掺杂、掺假,以假充真,以次充好,或者以不合格产品冒充合格产品;(3)生产国家明令淘汰的产品的,销售国家明令淘汰并停止销售的产品;(4)销售失效、变质的产品;(5)伪造产品产地的,伪造或者冒用他人厂名、厂址的,伪造或者冒用认证标志等质量标志;(6)产品标识不当;(7)拒绝接受依法进行的产品质量监督检查等。针对这些行为,可适用的行政处罚方式包括责令停止生产、销售产品;没收违法生产、销售的产品和违法所得;罚款;吊销营业执照;责令改正等。至于个人责任者的行政处分,《产品质量法》未就此作出规定,应适用其他有关法律、法规的相关规定。例如,我国《标准化法》第 37 条规定,生产、销售、进口产品或者提供服务不符合强制性标准的,依照《产品质量法》《进出口商品检验法》《消费者权益保护法》等法律、行政法规的规定查处,记入信用记录,并依照有关法律、行政法规的规定予以公示。

四、产品质量刑事责任

产品质量刑事责任，是指违反《产品质量法》，构成犯罪的行为人所必须承担的刑事法律后果。这种法律后果表现为对行为人课以一定的刑罚。由于犯罪与刑罚应当由《刑法》规定，《产品质量法》并没有具体涉及产品质量刑事责任问题，只是就违反该法并且依照《刑法》构成犯罪的行为重申了追究刑事责任。

【典型案例】2010年湖北省生产转基因种子冒充其他品种种子销售案

2010年年初，湖北省农业厅和绿色和平组织在抽样检测该省米制品和水稻种子发现一些大米含有转基因成分后，紧急部署严查全省种子经营企业及个体经营户。

2010年1月31日，发现种子经销商童某某存放于仓库的包装为武汉九环种业科技股份有限公司"华两优1156"种子2100斤（10.5元/斤，货值22,050元），其自称系2009年从武汉市九环种业科技股份有限公司购进2500斤（10.5元/斤，货值26,250元），已售出400斤（13元/斤，销售额5200元）后所剩。经原农业部农业环境质量监督检验测试中心（武汉）检测，该种子并非"华两优1156"，而是转基因抗虫水稻种子。

2010年5月8日，发现种子经销商童某某曾在2008年11月25日与四川省绵阳龙安农业开发有限公司签订了《农作物种子购销合同》。该合同约定销售给童某某"安两优318"30,000斤。经检测，该种子亦非"安两优318"，而是转基因抗虫水稻种子。

对上述生产转基因抗虫水稻种子冒充"华两优1156"和"安两优318"种子销售的行为涉嫌何种犯罪，公安机关、农业部门以及公安机关内部均产生了分歧：

第一种意见认为，根据我国《刑法》第140条和最高人民检察院、公安部《关于公安机关管辖的刑事案件立案追诉标准的规定（一）》第16条的规定，本案行为人涉嫌构成生产、销售伪劣产品犯罪。

第二种意见认为，根据我国《刑法》第147条和最高人民检察院、公安部《关于公安机关管辖的刑事案件立案追诉标准的规定（一）》第23条的规定，以及《种子法》第46条等相关规定，本案行为人涉嫌构成生产、销售伪劣种子犯罪。

第三种意见认为，根据我国《刑法》第225条，以及《农业转基因生物安全管理条例》等相关规定，本案行为人涉嫌构成非法经营犯罪。

第四种意见认为，根据我国《刑法》第215条和最高人民检察院、公安部《关于公安机关管辖的刑事案件立案追诉标准的规定（二）》第71条的规定，本案行为人涉嫌构成假冒商标标识犯罪。

第五种意见认为，是否构成犯罪难以确定。以第一种意见为例，我国《刑法》第140条规定的"掺杂、掺假"，是指在产品中掺入杂质或者异物，致使产品质量不符合国家法律、法规或者产品明示质量标准规定的质量要求，降低、失去应有使用性能的行为；"以假充真"，是指以不具有某种使用性能的产品冒充具有该种使用性能的产品的行为；

"以次充好",是指以低等级、低档次产品冒充高等级、高档次产品,或者以残次、废旧零配件组合、拼装后冒充正品或新产品的行为;"不合格产品",是指不符合我国《产品质量法》规定的质量要求的产品。

第五节 食品安全法律制度

一、食品安全法概述

(一)食品

食品的概念随着社会和经济的发展在不断变化。我国《食品安全法》(2009年2月28日通过,2015年4月24日修订,2018年12月29日修正)第150条中关于"食品"的定义:"指各种供人食用或者饮用的成品和原料以及按照传统既是食品又是中药材的物品,但是不包括以治疗为目的的物品。"

我们应注意区分"食品"与"药品"。我国2015年《药品管理法》(1984年9月20日通过,2001年2月28日第一次修订,2013年12月28日、2015年4月24日两次修正,2019年8月26日第二次修订)第100条规定:"药品,是指用于预防、治疗、诊断人的疾病,有目的地调节人的生理机能并规定有适应症或者功能主治、用法和用量的物质,包括中药材、中药饮片、中成药、化学原料药及其制剂、抗生素、生化药品、放射性药品、血清、疫苗、血液制品和诊断药品等。……"中医药学有着悠久历史,"医食同源,食药同用"沿袭到现在。在中医实践中,一些物品既是药品,又具有相当长食用历史,在加入食品中时是作为食品原料加入的。例如,蜂蜜是众所周知的营养价值很高的食品,不仅可以直接饮用,也可以作为医家良药。中药的膏剂、丸剂、片剂都离不开蜂蜜。针对这类既是食品又是药品的物品,我国《食品安全法》第38条中规定,生产经营的食品中不得添加药品,但是可以添加按照传统既是食品又是中药材的物质。按照传统既是食品又是中药材的物质目录由国务院卫生行政部门会同国务院食品安全监督管理部门制定、公布。

(二)食品安全

"食品安全"一词是联合国粮农组织1974年提出,依照我国《食品安全法》第150条的规定,指食品无毒、无害,符合应当有的营养要求,对人体健康不造成任何急性、亚急性或者慢性危害。其中,"无毒无害",是指正常人在正常食用情况下摄入可食状态的食品,不会对人体造成危害。但无毒无害也不是绝对的,即可少量含有,但不得超过国家规定的限量标准。营养要求不但应包括人体代谢所需要的蛋白质、脂肪、碳水化合物、维生素、矿物质等营养素的含量,还应包括该食品的消化吸收率和对人体维持正常的生理功能应发挥的作用。据此,"食品安全"中的"安全"应理解为食品不存在"不合理的危险",具有人们可期待的安全性,即食品不存在缺陷。像养殖户在猪的养殖过程中添加瘦肉精,促进瘦肉生长、抑制肥肉生长,表面上迎合消费者需要,而长期食用此类猪肉轻则导致心律不齐、重则导致心脏病，对消费者的人身健康造成危害，应属于存在缺陷。

（三）食品安全法

“国以民为本，民以食为天。”食品安全涉及生产经营者、监督管理机构、认证机构、医疗机构等相关部门，关系社会的稳定和发展，关系社会公众的生命安全与健康。食品安全法是调整食品安全风险监测和评估、食品安全标准、食品生产经营、食品检验、食品进出口、食品安全事故处置及监督管理过程中发生的社会关系的法律规范的总称。它有广义和狭义之分。广义的食品安全法，泛指一切调整食品安全监督管理过程中发生的社会关系的法律规范。狭义则指《食品安全法》。

二、从政府规制到社会共治

党的十八大以来，党中央、国务院进一步改革完善我国食品安全管理体制，积极推进食品安全社会共治格局。

（一）食品安全管理体制

食品安全管理体制，是指食品安全管理机构的设置及其职权划分的制度。我国的食品安全管理机构与我国政治经济体制相适应。2004 年 9 月 1 日国务院《关于进一步加强食品类安全工作的决定》（国发〔2004〕23 号）首次明确我国多部门分段监管为主、品种监管为辅的食品安全管理体制，即农业部门负责初级农产品生产环节的监管，质检部门负责食品生产加工环节的监管，工商部门负责食品流通环节的监管，卫生部门负责餐饮业和食堂等消费环节的监管，食品药品监管部门负责对食品安全的综合监督、组织协调和依法组织查处重大事故；同时，农业、发展改革和商务等部门按照各自职责，做好种植养殖、食品加工、流通、消费环节的行业管理工作。分段监管保证了问题食品的可追溯机制，品种监管则保证了对不同食品监管的专业性要求，使力量有限的监管能够突出重点，实现监管的有效性。《食品安全法》将上述多部门分段监管为主、品种监管为辅的体制纳入法律框架的同时，将原先食品药品监管部门的组织协调职责调整给了卫生行政部门，并确立了县级以上人民政府的食品安全统一监管责任，以及设立国务院食品安全委员会作为议事、协调机构。

按照《食品安全法》的规定，结合 2018 年《国务院机构改革方案》的相关内容，我国当下食品安全管理体制如下：国务院设立食品安全委员会，其职责由国务院规定［可参见《关于设立国务院食品安全委员会的通知》（国发〔2010〕6 号）和《关于国务院食品安全委员会办公室机构设置的通知》（中央编办发〔2010〕202 号）］。国家市场监督管理部门依照本法和国务院规定的职责，履行食品药品监督管理职能，对食品生产经营活动实施监督管理。国务院卫生行政部门依照本法和国务院规定的职责，组织开展食品安全风险监测和风险评估，会同国务院食品安全监督管理部门制定并公布食品安全国家标准。国务院其他有关部门依照本安全监督管理、卫生行政部门和其他有关部门的职责。有关部门在各自职责范围内负责本行政区域的食品安全监督管理工作。县级人民政府食品安全监督管理部门可以在乡镇或者特定区域设立派出机构。我国《食品安全法》第7条规定,县级以上地方人民政府实行食品安全监督管理责任制。上级人民政府负责对下一级人民政府的食品安全监督管理工作进行评议、考核。县级以上地方人民政府负责对本级食品安全监督管理部门和其他有关部门的食品安全监督管理工作进行评议、考核。我国《食品安全法》第8条规定,县级以上人民政府应当将食品安全工作纳入本级国民经济和社会发展规划,将食品安全工作经费列入本级政府财政预算,加强食品安全监督管理能力建设,为食品安全工作提供保障。县级以上人民政府食品安全监督管理部门和其他有关部门应当加强沟通、密切配合,按照各自职责分工,依法行使职权,承担责任。国务院2012年6月23日印发《关于加强食品安全工作的决定》(国发〔2012〕20号),首次明确将食品安全纳入地方政府年度绩效考核内容,并将考核结果作为地方领导班子和领导干部综合考核评价的重要内容,对于发生重大食品安全事故的地方,在文明城市、卫生城市等评优创建活动中实行一票否决制,同时要求进一步明确食品安全责任追究的具体规定,确保责任追究到位。

(二)食品安全社会共治格局

我国充分发挥消费者、行业协会、新闻媒体等方面的监督作用,引导各方有序参与治理,形成食品安全社会共治格局:

1. 规定食品安全投诉、举报制度。任何组织或者个人有权举报食品安全违法行为,依法向有关部门了解食品安全信息,对食品安全监督管理工作提出意见和建议。特别是,食品生产经营者、食品行业协会、消费者协会等发现食品安全执法人员在执法过程中有违反法律、法规规定的行为以及不规范执法行为的,可以向本级或者上级人民政府食品安全监督管理等部门或者监察机关投诉、举报。对在食品安全工作中做出突出贡献的单位和个人,按照国家有关规定给予表彰、奖励。有关部门应当对举报人的信息予以保密,保护举报人的合法权益。举报人举报其所在企业的,该企业不得以解除、变更劳动合同或者其他方式对举报人进行打击报复。(如《食品安全法》第12条、第13条、第115条、第116条、第133条)

2. 规范食品安全信息发布。强调监管部门应当准确、及时、客观公布食品安全信息,鼓励新闻媒体对食品安全违法行为进行舆论监督,同时规定有关食品安全的宣传报道应当真实、公正。任何单位和个人不得对食品安全事故隐瞒、谎报、缓报,不得隐匿、伪造、毁灭有关证据。任何单位和个人不得编造、散布虚假食品安全信息。(如《食品安全法》第10条、第103条、第120条、第137条、第138条、第139条、第140条、第141条)

3. 设立食品安全责任保险制度。国家鼓励食品生产经营企业参加食品安全责任保险。(《食品安全法》第43条)

三、食品安全风险监测和评估制度

食品安全风险,是指食源性疾病、食品污染以及食品中的有害因素或者食品添加剂、食品包装等足以对食品安全造成威胁,从而对人体健康造成任何急性、亚急性或慢性危害。

国家建立食品安全风险监测制度,对食源性疾病、食品污染以及食品中的有害因素进行监测。食品安全风险监测工作由省级以上人民政府卫生行政部门会同同级市场监督管理等部门确定的技术机构承担。国务院卫生行政部门会同国家市场监督管理总局以及国务院商务、工业和信息化等部门,根据食品安全风险评估、食品安全标准制定与修订、食品安全监督管理等工作的需要制订国家食品安全风险监测计划。省级人民政府卫生行政部门应当组织同级市场监督管理、商务、工业和信息化等部门,制定本行政区域的食品安全风险监测方案,报国务院卫生行政部门备案。国务院卫生行政部门应当将备案情况向国家市场监督管理总局以及国务院商务、工业和信息化等部门通报。县级以上人民政府食品安全监督管理部门在食品安全监督管理工作中可以采用国家规定的快速检测方法对食品进行抽查检测。

国家建立食品安全风险评估制度,对食品、食品添加剂、食品相关产品中生物性、化学性和物理性危害因素进行风险评估。国务院卫生行政部门负责组织食品安全风险评估工作,成立由医学、农业、食品、营养等方面的专家组成的食品安全风险评估专家委员会进行食品安全风险评估。对农药、肥料、兽药、饲料和饲料添加剂等的安全性评估,应当有食品安全风险评估专家委员会的专家参加。食品安全风险评估应当运用科学方法,根据食品安全风险监测信息、科学数据以及其他有关信息进行。

应当进行食品安全风险评估的情形包括:(1)通过食品安全风险监测或者接到举报发现食品、食品添加剂、食品相关产品可能存在安全隐患的;(2)为制定或者修订食品安全国家标准提供科学依据需要进行风险评估的;(3)为确定监督管理的重点领域、重点品种需要进行风险评估的;(4)发现新的可能危害食品安全因素的;(5)需要判断某一因素是否构成食品安全隐患的;(6)国务院卫生行政部门认为需要进行风险评估的其他情形。(《食品安全法》第18条)国务院食品安全监督管理、农业行政等部门在监督管理工作中发现需要进行食品安全风险评估的,应当向国务院卫生行政部门提出食品安全风险评估的建议,并提供风险来源、相关检验数据和结论等信息、资料。属于《食品安全法》第18条规定情形的,国务院卫生行政部门应当及时进行食品安全风险评估,并向国务院有关部门通报评估结果。(《食品安全法》第19条)此外,我国《食品安全法》第37条规定,利用新的食品原料生产食品,或者生产食品添加剂新品种、食品相关产品新品种,应当向国务院卫生行政部门提交相关产品的安全性评估材料。国务院卫生行政部门应当自收到申请之日起60日内组织审查;对符合食品安全要求的,准予许可并公布;对不符合食品安全要求的,不予许可并书面说明理由。

食品安全风险评估结果是制定、修订食品安全标准和实施食品安全监督管理的科学依据。经食品安全风险评估,得出食品、食品添加剂、食品相关产品不安全结论的,国务院食品安全监督管理等部门应当依据各自职责立即向社会公告,告知消费者停止食用或者使用,并采取相应措施,确保该食品、食品添加剂、食品相关产品停止生产经营;需要制定、修订相关食品安全国家标准的,国务院卫生行政部门应当会同国务院食品安全监督管理部门立即制定、修订。(《食品安全法》第21条)国务院食品安全监督管理部门应当会同国务院有关部门,根据食品安全风险评估结果、食品安全监督管理信息,对食品安全状况进行综合分析。对经综合分析表明可能具有较高程度安全风险的食品,国务院食品安全监督管理部门应当及时提出食品安全风险警示,并向社会公布。(《食品安全法》第22条)对食品安全风险评估结果证明食品存在安全隐患,需要制定、修订食品安全标准的,在制定、修订食品安全标准前,国务院卫生行政部门应当及时会同国务院有关部门规定食品中有害物质的临时限量值和临时检验方法,作为生产经营和监督管理的依据。(《食品安全法》第111条)

食品安全风险交流沟通制度是《食品安全法》2015年修订时新设的制度。我国《食品安全法》第23条规定,县级以上人民政府食品安全监督管理部门和其他有关部门、食品安全风险评估专家委员会及其技术机构,应当按照科学、客观、及时、公开的原则,组织食品生产经营者、食品检验机构、认证机构、食品行业协会、消费者协会以及新闻媒体等,就食品安全风险评估信息和食品安全监督管理信息进行交流沟通。

四、食品安全标准法律制度

食品安全标准,是指基于保证食品安全,保障公众身体健康的目的,对食品生产经营过程中影响食品安全的各种要素以及相关环节所制定的具有强制性的统一技术要求。其特点至少包括:(1)应当科学合理、安全可靠。(2)应当强制执行。除食品安全标准外,不得制定其他的食品强制性标准。(3)应当供公众免费查阅。

食品安全标准应当包括下列内容:(1)食品、食品添加剂、食品相关产品中的致病性微生物,农药残留、兽药残留、生物毒素、重金属等污染物质以及其他危害人体健康物质的限量规定;(2)食品添加剂的品种、使用范围、用量;(3)专供婴幼儿和其他特定人群的主辅食品的营养成分要求;(4)对与卫生、营养等食品安全要求有关的标签、标志、说明书的要求;(5)食品生产经营过程的卫生要求;(6)与食品安全有关的质量要求;(7)与食品安全有关的食品检验方法与规程;(8)其他需要制定为食品安全标准的内容。

食品安全国家标准由国务院卫生行政部门会同国务院食品安全监督管理部门制定、公布,国务院标准化行政部门提供国家标准编号。食品中农药残留、兽药残留的限量规定及其检验方法与规程由国务院卫生行政部门、国务院农业行政部门会同国务院食品安全监督管理部门制定。屠宰畜、禽的检验规程由国务院农业行政部门会同国务院卫生行政部门制定。食品安全国家标准应当经国务院卫生行政部门组织的食品安全国家标准审评委员会审查通过。食品安全国家标准审评委员会由医学、农业、食品、营养、生物、环境等方面的专家以及国务院有关部门、食品行业协会、消费者协会的代表组成,对食品安全国家标准草案的科学性和实用性等进行审查。

除国家标准外,食品安全标准还可分为国际标准、地方标准、企业标准。它们的关系是:(1)制定食品安全国家标准,应当依据食品安全风险评估结果并充分考虑食用农产品质量安全风险评估结果,参照相关的国际标准和国际食品安全风险评估结果,并广泛听取食品生产经营者和消费者的意见。(2)对地方特色食品,没有食品安全国家标准的,省、自治区、直辖市人民政府卫生行政部门可以制定并公布食品安全地方标准,报国务院卫生行政部门备案。食品安全国家标准制定后,该地方标准即行废止。(3)国家鼓励食品生产企业制定严于食品安全国家标准或者地方标准的企业标准;企业标准应当报省级卫生行政部门备案。

五、食品生产经营制度

食品生产经营是保证食品安全的关键环节。法律要求食品生产经营应当符合食品安全标准,这是最基本、最核心的要求。餐饮服务提供者以及学校等集中用餐单位尤其需要有针对性地践行相关制度,提高标准、全程监管。(《食品安全法》第55~58条)

国家对食品生产经营实行许可制度。依《食品安全法》第35条规定,从事食品生产、食品销售、餐饮服务,应当依法取得许可。但是,销售食用农产品,不需要取得许可。

为保证食品安全生产和经营,食品生产经营者必须建立健全相关制度。我国《食品安全法》第42条规定,食品生产经营者应当依照本法的规定,建立食品安全追溯体系,保证食品可追溯。国家鼓励食品生产经营者采用信息化手段采集、留存生产经营信息,建立食品安全追溯体系。国务院食品安全监督管理部门会同国务院农业行政等有关部门建立食品安全全程追溯协作机制。我国《食品安全法》第44条规定,食品生产经营企业应当建立健全食品安全管理制度,对职工进行食品安全知识培训,配备食品安全管理人员,加强对所生产经营食品的检验工作,依法从事食品生产经营活动。《食品安全法》第45条规定,食品生产经营者应当建立并执行从业人员健康管理制度。患有国务院卫生行政部门规定的有碍食品安全疾病的人员,不得从事接触直接入口食品的工作。从事接触直接入口食品工作的食品生产经营人员应当每年进行健康检查,取得健康证明后方可上岗工作。《食品安全法》第47条规定,食品生产经营者应当建立食品安全自查制度,定期对食品安全状况进行检查评价。生产经营条件发生变化,不再符合食品安全要求的,食品生产经营者应当立即采取整改措施;有发生食品安全事故潜在风险的,应当立即停止食品生产经营活动,并向所在地县级人民政府食品安全监督管理部门报告。《食品安全法》第50条规定,食品生产企业应当建立食品原料、食品添加剂、食品相关产品进货查验记录制度,如实记录食品原料、食品添加剂、食品相关产品的名称、规格、数量、生产日期或者生产批号、保质期、进货日期以及供货者名称、地址、联系方式等内容,并保存相关凭证。记录和凭证保存期限不得少于产品保质期满后6个月;没有明确保质期的,保存期限不得少于2年。《食品安全法》第51条规定,食品生产企业应当建立食品出厂检验记录制度,查验出厂食品的检验合格证和安全状况,如实记录食品的名称、规格、数量、生产日期或者生产批号、保质期、检验合格证号、销售日期以及购货者名称、地址、联系方式等内容,并保存相关凭证。记录和凭证保存期限应当符合《食品安全法》第50条第2款的规定。

此外,《食品安全法》还要求从事食品生产经营的企业履行如下义务。

(一)食品生产中的卫生要求

《食品安全法》第33条规定,食品生产经营应当符合食品安全标准,并符合下列要求:(1)具有与生产经营的食品品种、数量相适应的食品原料处理和食品加工、包装、贮存等场所,保持该场所环境整洁,并与有毒、有害场所以及其他污染源保持规定的距离;(2)具有与生产经营的食品品种、数量相适应的生产经营设备或者设施,有相应的消毒、更衣、盥洗、采光、照明、通风、防腐、防尘、防蝇、防鼠、防虫、洗涤以及处理废水、存放垃圾和废弃物的设备或者设施;(3)有专职或者兼职的食品安全专业技术人员、管理人员和保证食品安全的规章制度;(4)具有合理的设备布局和工艺流程,防止待加工食品与直接入口食品、原料与成品交叉污染,避免食品接触有毒物、不洁物;(5)餐具、饮具和盛放直接入口食品的容器,使用前应当洗净、消毒,炊具、用具用后应当洗净,保持清洁;(6)贮存、运输和装卸食品的容器、工具和设备应当安全、无害,保持清洁,防止食品污染,并符合保证食品安全所需的温度等特殊要求,不得将食品与有毒、有害物品一同贮存、运输;(7)直接入口的食品应当使用无毒、清洁的包装材料、餐具和容器;(8)食品生产经营人员应当保持个人卫生,生产经营食品时,应当将手洗净,穿戴清洁的工作衣、帽等;销售无包装的直接入口食品时,应当使用无毒、清洁的容器、售货工具和设备;(9)用水应当符合国家规定的生活饮用水卫生标准;(10)使用的洗涤剂、消毒剂应当对人体安全、无害;(11)法律、法规规定的其他要求。

(二)禁止生产经营特定食品

《食品安全法》第34条规定,禁止生产经营下列食品、食品添加剂、食品相关产品:(1)用非食品原料生产的食品或者添加食品添加剂以外的化学物质和其他可能危害人体健康物质的食品,或者用回收食品作为原料生产的食品;(2)致病性微生物、农药残留、兽药残留、生物毒素、重金属等污染物质以及其他危害人体健康的物质含量超过食品安全标准限量的食品、食品添加剂、食品相关产品;(3)用超过保质期的食品原料、食品添加剂生产的食品、食品添加剂;(4)超范围、超限量使用食品添加剂的食品;(5)营养成分不符合食品安全标准的专供婴幼儿和其他特定人群的主辅食品;(6)腐败变质、油脂酸败、霉变生虫、污秽不洁、混有异物、掺假掺杂或者感官性状异常的食品、食品添加剂;(7)病死、毒死或者死因不明的禽、畜、兽、水产动物肉类及其制品;(8)未按规定进行检疫或者检疫不合格的肉类,或者未经检验或者检验不合格的肉类制品;(9)被包装材料、容器、运输工具等污染的食品、食品添加剂;(10)标注虚假生产日期、保质期或者超过保质期的食品、食品添加剂;(11)无标签的预包装食品、食品添加剂;(12)国家为防病等特殊需要明令禁止生产经营的食品;(13)其他不符合法律、法规或者食品安全标准的食品、食品添加剂、食品相关产品。

（三）食用农产品的生产、使用应当符合食品安全标准和国家有关规定

食用农产品，是指供食用的源于农业的初级产品。食用农产品的质量安全管理，遵守我国《农产品质量安全法》的规定。但在食用农产品的市场销售、有关质量安全标准的制定、有关安全信息的公布和对农业投入品的规定方面，应当符合食品安全标准和国家有关规定。《食品安全法》第49条规定，食用农产品生产者应当按照食品安全标准和国家有关规定使用农药、肥料、兽药、饲料和饲料添加剂等农业投入品，严格执行农业投入品使用安全间隔期或者休药期的规定，不得使用国家明令禁止的农业投入品。禁止将剧毒、高毒农药用于蔬菜、瓜果、茶叶和中草药材等国家规定的农作物。食用农产品的生产企业和农民专业合作经济组织应当建立农业投入品使用记录制度。县级以上人民政府农业行政部门应当加强对农业投入品使用的监督管理和指导，建立健全农业投入品安全使用制度。

《食品安全法》第64条规定，食用农产品批发市场应当配备检验设备和检验人员或者委托符合本法规定的食品检验机构，对进入该批发市场销售的食用农产品进行抽样检验；发现不符合食品安全标准的，应当要求销售者立即停止销售，并向食品安全监督管理部门报告。

《食品安全法》第65条规定，食用农产品销售者应当建立食用农产品进货查验记录制度，如实记录食用农产品的名称、数量、进货日期以及供货者名称、地址、联系方式等内容，并保存相关凭证。记录和凭证保存期限不得少于6个月。

《食品安全法》第66条规定，进入市场销售的食用农产品在包装、保鲜、贮存、运输中使用保鲜剂、防腐剂等食品添加剂和包装材料等食品相关产品，应当符合食品安全国家标准。

《食品安全法》第88条第2款规定，采用国家规定的快速检测方法对食用农产品进行抽查检测，被抽查人对检测结果有异议的，可以自收到检测结果时起4小时内申请复检。复检不得采用快速检测方法。

（四）食品添加剂的生产、使用必须符合法律规定

食品添加剂，指为改善食品品质和色、香、味以及为防腐、保鲜和加工工艺的需要而加入食品中的人工合成或者天然物质。食品添加剂的生产、使用必须符合：(1)生产的许可证规定（《食品安全法》第39条）、检验规定（《食品安全法》第52条、第90条）、出厂检验记录规定（《食品安全法》第59条）；(2)风险评估规定（《食品安全法》第40条）；(3)使用的规定（如《食品安全法》第40条、第60条、第66条）；(4)标签、说明书、包装规定（如《食品安全法》第70条、第71条）；等等。

（五）预包装食品的包装和销售应当遵循相应规定

预包装食品，是指预先定量包装或者制作在包装材料和容器中的食品。《食品安全法》第67条规定，预包装食品的包装上应当有标签。标签应当标明下列事项：(1)名称、规格、净含量、生产日期；(2)成分或者配料表；(3)生产者的名称、地址、联系方式；

(4)保质期;(5)产品标准代号;(6)贮存条件;(7)所使用的食品添加剂在国家标准中的通用名称;(8)生产许可证编号;(9)法律、法规或者食品安全标准规定应当标明的其他事项。专供婴幼儿和其他特定人群的主辅食品,其标签还应当标明主要营养成分及其含量。食品安全国家标准对标签标注事项另有规定的,从其规定。

《食品安全法》第72条规定,食品经营者应当按照食品标签标示的警示标志、警示说明或者注意事项的要求,销售食品。

(六)保健食品等特殊食品的生产、使用必须符合法律规定

国家对保健食品、特殊医学用途配方食品和婴幼儿配方食品等特殊食品实行严格监督管理。(《食品安全法》第74条)生产保健食品,特殊医学用途配方食品、婴幼儿配方食品和其他专供特定人群的主辅食品的企业,应当按照良好生产规范的要求建立与所生产食品相适应的生产质量管理体系,定期对该体系的运行情况进行自查,保证其有效运行,并向所在地县级人民政府食品安全监督管理部门提交自查报告。(《食品安全法》第83条)《食品安全法》第4章第4节具体通过规定保健食品等特殊食品的产品注册和备案制度以及广告审批制度,规范原料使用和功能声称等实行管理。

需要特别关注的是,婴幼儿配方食品生产企业应当实施从原料进厂到成品出厂的全过程质量控制,对出厂的婴幼儿配方食品实施逐批检验,保证食品安全。生产婴幼儿配方食品使用的生鲜乳、辅料等食品原料、食品添加剂等,应当符合法律、行政法规的规定和食品安全国家标准,保证婴幼儿生长发育所需的营养成分。婴幼儿配方食品生产企业应当将食品原料、食品添加剂、产品配方及标签等事项向省、自治区、直辖市人民政府食品安全监督管理部门备案。婴幼儿配方乳粉的产品配方应当经国务院食品安全监督管理部门注册。注册时,应当提交配方研发报告和其他表明配方科学性、安全性的材料。不得以分装方式生产婴幼儿配方乳粉,同一企业不得用同一配方生产不同品牌的婴幼儿配方乳粉。(《食品安全法》第81条)

(七)食品召回

食品召回,是指食品生产者按照规定程序,对由于其生产原因造成的某一批次或类别的不安全食品,通过换货、退货、补充或者修正消费说明等手段,及时消除或减少食品安全危害的活动。2007年《食品召回管理规定》确立了食品召回制度。

《食品安全法》第63条规定,国家建立食品召回制度。食品生产者发现其生产的食品不符合食品安全标准或者有证据证明可能危害人体健康的,应当立即停止生产,召回已经上市销售的食品,通知相关生产经营者和消费者,并记录召回和通知情况。食品经营者发现其经营的食品有前款规定情形的,应当立即停止经营,通知相关生产经营者和消费者,并记录停止经营和通知情况。食品生产者认为应当召回的,应当立即召回。由于食品经营者的原因造成其经营的食品有前款规定情形的,食品经营者应当召回。食品生产经营者应当对召回的食品采取无害化处理、销毁等措施,防止其再次流入市场。但是,对因标签、标志或者说明书不符合食品安全标准而被召回的食品,食品生产

者在采取补救措施且能保证食品安全的情况下可以继续销售;销售时应当向消费者明示补救措施。食品生产经营者应当将食品召回和处理情况向所在地县级人民政府食品安全监督管理部门报告;需要对召回的食品进行无害化处理、销毁的,应当提前报告时间、地点。食品安全监督管理部门认为必要的,可以实施现场监督。食品生产经营者未依照本条规定召回或者停止经营的,县级以上人民政府食品安全监督管理部门可以责令其召回或者停止经营。《食品安全法》第94条第3款规定,发现进口食品不符合我国食品安全国家标准或者有证据证明可能危害人体健康的,进口商应当立即停止进口,并依照《食品安全法》第63条的规定召回。

(八)食品广告的内容应当真实合法

《食品安全法》第73条规定,食品广告的内容应当真实合法,不得含有虚假内容,不得涉及疾病预防、治疗功能。食品生产经营者对食品广告内容的真实性、合法性负责。县级以上人民政府食品安全监督管理部门和其他有关部门以及食品检验机构、食品行业协会不得以广告或者其他形式向消费者推荐食品。消费者组织不得以收取费用或者其他牟取利益的方式向消费者推荐食品。

六、食品检验法律制度

食品检验,是指食品检验机构依据国家有关标准,对食品原料、辅助材料、成品的质量和安全性进行的检验。食品检验是保证食品安全、加强食品安全监管的重要技术基础,是保障食品安全一系列制度中不可或缺的环节。

(一)食品检验机构及检验人

国家对食品检验机构实行资质认定制度。《食品安全法》第84条规定,食品检验机构按照国家有关认证认可的规定取得资质认定后,方可从事食品检验活动。但是,法律另有规定的除外。食品检验机构的资质认定条件和检验规范,由国务院食品安全监督管理部门规定。符合本法规定的食品检验机构出具的检验报告具有同等效力。县级以上人民政府应当整合食品检验资源,实现资源共享。从立法渊源上看,目前我国食品检验机构资质的取得有三种途径:(1)按照《认证认可条例》第16条、第38条、第44条规定取得的认可。食品检验机构取得资质的途径之一是取得国务院认证认可监督管理部门确定的认可机构的资质认定。(2)按照《产品质量法》第19条规定考核合格取得资质。(3)按照《农产品质量安全法》第35条规定考核合格取得资质。

食品检验由食品检验机构指定的检验人独立进行。检验人应当依照有关法律、法规的规定,并依照食品安全标准和检验规范对食品进行检验,尊重科学,恪守职业道德,保证出具的检验数据和结论客观、公正,不得出具虚假的检验报告。(《食品安全法》第85条)食品检验实行食品检验机构与检验人负责制。食品检验报告应当加盖食品检验机构公章,并有检验人的签名或者盖章。食品检验机构和检验人对出具的食品检验报告负责。(《食品安全法》第86条)

食品检验机构、食品检验人员出具虚假检验报告的,由授予其资质的主管部门或者机构撤销该食品检验机构的检验资质,没收所收取的检验费用,并处检验费用5倍以上10倍以下罚款,检验费用不足1万元的,并处5万元以上10万元以下罚款;依法对食品检验机构直接负责的主管人员和食品检验人员给予撤职或者开除处分;导致发生重大食品安全事故的,对直接负责的主管人员和食品检验人员给予开除处分。受到开除处分的食品检验机构人员,自处分决定作出之日起10年内不得从事食品检验工作;因食品安全违法行为受到刑事处罚或者因出具虚假检验报告导致发生重大食品安全事故受到开除处分的食品检验机构人员,终身不得从事食品检验工作。食品检验机构聘用不得从事食品检验工作的人员的,由授予其资质的主管部门或者机构撤销该食品检验机构的检验资质。食品检验机构出具虚假检验报告,使消费者的合法权益受到损害的,应当与食品生产经营者承担连带责任。(《食品安全法》第138条)

(二)食品抽样检验

1.食品安全监督管理部门对食品不得实施免检。县级以上市场监督管理部门应当对食品进行定期或者不定期的抽样检验,并依据有关规定公布检验结果,不得免检。进行抽样检验,应当购买抽取的样品,不得向食品生产经营者收取检验费和其他费用。县级以上市场监督管理部门在执法工作中需要对食品进行检验的,应当委托符合本法规定的食品检验机构进行,并支付相关费用。对检验结论有异议的,可以依法进行复检。(《食品安全法》第87条、第88条)

2.食品生产企业可以自行对所生产的食品进行检验,也可以委托符合本法规定的食品检验机构进行检验。(《食品安全法》第89条)

3.食品行业协会和消费者协会等组织、消费者需要委托食品检验机构对食品进行检验的,应当委托符合本法规定的食品检验机构进行。(《食品安全法》第89条)

七、食品进出口法律制度

(一)进口食品安全标准制度

进口的食品、食品添加剂、食品相关产品应当符合我国食品安全国家标准。进口的食品、食品添加剂应当经出入境检验检疫机构依照进出口商品检验相关法律、行政法规的规定检验合格。进口的食品、食品添加剂应当按照国家出入境检验检疫部门的要求随附合格证明材料。(《食品安全法》第92条)

进口尚无食品安全国家标准的食品,由境外出口商、境外生产企业或者其委托的进口商向国务院卫生行政部门提交所执行的相关国家(地区)标准或者国际标准。国务院卫生行政部门对相关标准进行审查,认为符合食品安全要求的,决定暂予适用,并及时制定相应的食品安全国家标准。进口利用新的食品原料生产的食品或者进口食品添加剂新品种、食品相关产品新品种,依照《食品安全法》第37条的规定办理。出入境检验检疫机构按照国务院卫生行政部门的要求,对前述规定的食品、食品添加剂、食品相关产品进行检验。检验结果应当公开。(《食品安全法》第93条)

（二）国家出入境检验检疫部门关于食品安全的职责

国家出入境检验检疫部门对进出口食品安全实施监督管理。

1. 境外发生的食品安全事件可能对我国境内造成影响，或者在进口食品、食品添加剂、食品相关产品中发现严重食品安全问题的，国家出入境检验检疫部门应当及时采取风险预警或者控制措施，并向国务院食品安全监督管理、卫生行政、农业行政部门通报。接到通报的部门应当及时采取相应措施。（《食品安全法》第 95 条第 1 款）

2. 向我国境内出口食品的境外出口商或者代理商、进口食品的进口商应当向国家出入境检验检疫部门备案。向我国境内出口食品的境外食品生产企业应当经国家出入境检验检疫部门的注册。已经注册的境外食品生产企业提供虚假材料，或者因其自身的原因致使进口食品发生重大食品安全事故的，国家出入境检验检疫部门应当撤销注册并公告。国家出入境检验检疫部门应当定期公布已经备案的境外出口商、代理商、进口商和已经注册的境外食品生产企业名单。（《食品安全法》第 96 条）

3. 出口食品生产企业和出口食品原料种植、养殖场应当向国家出入境检验检疫部门备案。（《食品安全法》第 99 条第 2 款）

4. 收集、汇总进出口食品安全信息，并及时通报相关部门、机构和企业。对进出口食品的进口商、出口商和出口食品生产企业实施信用管理，建立信用记录，并依法向社会公布。对有不良记录的进口商、出口商和出口食品生产企业，应当加强对其进出口食品的检验检疫。（《食品安全法》第 100 条）

5. 国家出入境检验检疫部门可以对向我国境内出口食品的国家（地区）的食品安全管理体系和食品安全状况进行评估和审查，并根据评估和审查结果，确定相应检验检疫要求。（《食品安全法》第 101 条）

（三）进口预包装食品、食品添加剂的中文标签、中文说明制度

进口的预包装食品、食品添加剂应当有中文标签，依法应当有说明书的，还应当有中文说明书。标签、说明书应当符合《食品安全法》以及我国其他有关法律、行政法规的规定和食品安全国家标准的要求，载明食品的原产地以及境内代理商的名称、地址、联系方式。预包装食品没有中文标签、中文说明书或者标签、说明书不符合本条规定的，不得进口。（《食品安全法》第 97 条）

（四）食品、食品添加剂进口和销售记录制度

进口商应当建立食品、食品添加剂进口和销售记录制度，如实记录食品、食品添加剂的名称、规格、数量、生产日期、生产或者进口批号、保质期、境外出口商和购货者名称、地址及联系方式、交货日期等内容，并保存相关凭证。记录和凭证保存期限不得少于产品保质期满后 6 个月；没有明确保质期的，保存期限不得少于 2 年。（《食品安全法》第 98 条）

八、食品安全事故处置制度

（一）食品安全事故应急预案和处置预案

食品安全事故应急预案，指经过一定程序制定的开展食品安全事故应急处理工作

的事先指导方案。目的在于建立健全应对食品安全事故的救助体系和运行机制,规范和指导应急处理工作,以确保一旦发生食品安全事故,能够有效组织、快速反应,及时控制食品安全事故,高效开展应急救援工作,最大限度减少食品安全事故的危害,保障人民群众身体健康与生命安全,维护正常社会秩序的重要制度。2003 年《突发公共卫生事件应急条例》确立了突发事件应急预案制度。国务院目前已制定了国家安全事故应急预案。按照食品安全事故的性质、危害程度和涉及范围,将食品安全事故分为特别重大食品安全事故(Ⅰ级)、重大食品安全事故(Ⅱ级)、较大食品安全事故(Ⅲ级)和一般食品安全事故(Ⅳ级)四个级别,并对适用范围、工作原则、应急处理指挥机构、监测预警报告、重大食品安全事故应急响应、后期处置及应急保障作了规定。

食品安全事故处置方案,是指食品生产企业依据有关法律、法规和本企业实际情况,针对本企业食品生产经营中可能发生的安全事故的性质、特点以及可能造成的社会危害,具体确定应急处置工作的组织指挥、预防与处置措施等内容的预案。

《食品安全法》第 102 条规定,国务院组织制定国家食品安全事故应急预案。县级以上地方人民政府应当根据有关法律、法规的规定和上级人民政府的食品安全事故应急预案以及本地区的实际情况,制定本行政区域的食品安全事故应急预案,并报上一级人民政府备案。食品安全事故应急预案应当对食品安全事故分级、事故处置组织指挥体系与职责、预防预警机制、处置程序、应急保障措施等作出规定。食品生产经营企业应当制定食品安全事故处置方案,定期检查本企业各项食品安全防范措施的落实情况,及时消除食品安全事故隐患。

(二)食品安全事故发生后的处置、报告和通报制度

1. 处置制度

发生食品安全事故的单位应当立即予以处置,防止事故扩大。处置措施一般包括:(1)立即停止可能导致食品安全事故的食品及原料的食用和使用;(2)密切注意已食用可能导致食品安全事故的食品的人员,一旦发现不适症状的,立即送医院救治;(3)保护食品安全事故发生的现场,控制和保存可能导致食品安全事故的食品及其原料流失,以便相关部门采集、分析。

2. 报告和通报制度

发生食品安全事故的单位应当立即采取措施,防止事故扩大。事故单位和接收病人进行治疗的单位应当及时向事故发生地县级人民政府食品安全监督管理、卫生行政部门报告。县级以上人民政府农业行政等部门在日常监督管理中发现食品安全事故或者接到事故举报,应当立即向同级食品安全监督管理部门通报。发生食品安全事故,接到报告的县级人民政府食品安全监督管理部门应当按照应急预案的规定向本级人民政府和上级人民政府食品安全监督管理部门报告。县级人民政府和上级人民政府食品安全监督管理部门应当按照应急预案的规定上报。任何单位和个人不得对食品安全事故隐瞒、谎报、缓报,不得隐匿、伪造、毁灭有关证据。(《食品安全法》第 103 条)

医疗机构发现其接收的病人属于食源性疾病病人或者疑似病人的,应当按照规定及时将相关信息向所在地县级人民政府卫生行政部门报告。县级人民政府卫生行政部门认为与食品安全有关的,应当及时通报同级食品安全监督管理部门。县级以上人民政府卫生行政部门在调查处理传染病或者其他突发公共卫生事件中发现与食品安全相关的信息,应当及时通报同级食品安全监督管理部门。(《食品安全法》第104条)

(三)食品安全事故发生后的有关行政措施

县级以上人民政府食品安全监督管理部门接到食品安全事故的报告后,应当立即会同同级卫生行政、农业行政等部门进行调查处理,并采取下列措施,防止或者减轻社会危害:(1)开展应急救援工作,组织救治因食品安全事故导致人身伤害的人员;(2)封存可能导致食品安全事故的食品及其原料,并立即进行检验;对确认属于被污染的食品及其原料,责令食品生产经营者依照《食品安全法》第63条的规定召回或者停止经营;(3)封存被污染的食品相关产品,并责令进行清洗消毒;(4)做好信息发布工作,依法对食品安全事故及其处理情况进行发布,并对可能产生的危害加以解释、说明。发生食品安全事故需要启动应急预案的,县级以上人民政府应当立即成立事故处置指挥机构,启动应急预案,依照前款和应急预案的规定进行处置。发生食品安全事故,县级以上疾病预防控制机构应当对事故现场进行卫生处理,并对与事故有关的因素开展流行病学调查,有关部门应当予以协助。县级以上疾病预防控制机构应当向同级食品安全监督管理、卫生行政部门提交流行病学调查报告。(《食品安全法》第105条)

发生食品安全事故,设区的市级以上人民政府食品安全监督管理部门应当立即会同有关部门进行事故责任调查,督促有关部门履行职责,向本级人民政府和上一级人民政府食品安全监督管理部门提出事故责任调查处理报告。涉及两个以上省、自治区、直辖市的重大食品安全事故由国务院食品安全监督管理部门依照前款规定组织事故责任调查。(《食品安全法》第106条)

调查食品安全事故,应当坚持实事求是、尊重科学的原则,及时、准确查清事故性质和原因,认定事故责任,提出整改措施。调查食品安全事故,除了查明事故单位的责任,还应当查明有关监督管理部门、食品检验机构、认证机构及其工作人员的责任。(《食品安全法》第107条)

食品安全事故调查部门有权向有关单位和个人了解与事故有关的情况,并要求提供相关资料和样品。有关单位和个人应当予以配合,按照要求提供相关资料和样品,不得拒绝。任何单位和个人不得阻挠、干涉食品安全事故的调查处理。(《食品安全法》第108条)

九、食品安全监督管理制度

严格的监督管理是食品安全法律得以有效实施的保障。县级以上地方政府组织本级食品安全监督管理、农业行政等部门的监督管理工作包括但不限于以下几个方面。

(一)制定本行政区域的食品安全年度监督管理计划,向社会公布并组织实施。下列事项作为监督管理的重点:(1)专供婴幼儿和其他特定人群的主辅食品;(2)保健食品生产过程中的添加行为和按照注册或者备案的技术要求组织生产的情况,保健食品标签、说明书以及宣传材料中有关功能宣传的情况;(3)发生食品安全事故风险较高的食品生产经营者;(4)食品安全风险监测结果表明可能存在食品安全隐患的事项。(《食品安全法》第109条)

(二)采取具体的监督管理措施:(1)进入生产经营场所实施现场检查;(2)对生产经营的食品、食品添加剂、食品相关产品进行抽样检验;(3)查阅、复制有关合同、票据、账簿以及其他有关资料;(4)查封、扣押有证据证明不符合食品安全标准或者有证据证明存在安全隐患以及用于违法生产经营的食品、食品添加剂、食品相关产品;(5)查封违法从事食品生产经营活动的场所。(《食品安全法》第110条)

(三)建立食品生产经营者食品安全信用档案,记录许可颁发、日常监督检查结果、违法行为查处等情况,依法向社会公布并实时更新;对有不良信用记录的食品生产经营者增加监督检查频次,对违法行为情节严重的食品生产经营者,可以通报投资主管部门、证券监督管理机构和有关的金融机构。(《食品安全法》第113条)

(四)进行责任约谈。食品生产经营过程中存在食品安全隐患,未及时采取措施消除的,县级以上人民政府食品安全监督管理部门可以对食品生产经营者的法定代表人或者主要负责人进行责任约谈。食品生产经营者应当立即采取措施,进行整改,消除隐患。责任约谈情况和整改情况应当纳入食品生产经营者食品安全信用档案。(《食品安全法》第114条)县级以上人民政府食品安全监督管理等部门未及时发现食品安全系统性风险,未及时消除监督管理区域内的食品安全隐患的,本级人民政府可以对其主要负责人进行责任约谈。地方人民政府未履行食品安全职责,未及时消除区域性重大食品安全隐患的,上级人民政府可以对其主要负责人进行责任约谈。被约谈的食品安全监督管理等部门、地方人民政府应当立即采取措施,对食品安全监督管理工作进行整改。责任约谈情况和整改情况应当纳入地方人民政府和有关部门食品安全监督管理工作评议、考核记录。(《食品安全法》第117条)

(五)公布本部门的电子邮件地址或者电话,接受咨询、投诉、举报。接到咨询、投诉、举报,对属于本部门职责的,应当受理并在法定期限内及时答复、核实、处理;对不属于本部门职责的,应当移交有权处理的部门并书面通知咨询、投诉、举报人。有权处理的部门应当在法定期限内及时处理,不得推诿。对查证属实的举报,给予举报人奖励。对举报人的信息予以保密,保护举报人的合法权益。(《食品安全法》第115条)

(六)加强对执法人员食品安全法律、法规、标准和专业知识与执法能力等的培训,并组织考核。(《食品安全法》第116条)

(七)建立食品安全信息统一公布制度

国家建立统一的食品安全信息平台,实行食品安全信息统一公布制度。国家食品安全总体情况、食品安全风险警示信息、重大食品安全事故及其调查处理信息和国务院确定需要统一公布的其他信息由国务院食品安全监督管理部门统一公布。食品安全风险警示信息和重大食品安全事故及其调查处理信息的影响限于特定区域的，也可以由有关省、自治区、直辖市人民政府食品安全监督管理部门公布。未经授权不得发布上述信息。县级以上人民政府食品安全监督管理、农业行政部门依据各自职责公布食品安全日常监督管理信息。公布食品安全信息，应当做到准确、及时，并进行必要的解释说明，避免误导消费者和社会舆论。（《食品安全法》第 118 条）

县级以上地方人民政府食品安全监督管理、卫生行政、农业行政部门获知《食品安全法》规定需要统一公布的信息，应当向上级主管部门报告，由上级主管部门立即报告国务院食品安全监督管理部门；必要时，可以直接向国务院食品安全监督管理部门报告。县级以上人民政府食品安全监督管理、卫生行政、农业行政部门应当相互通报获知的食品安全信息。（《食品安全法》第 119 条）

十、法律责任制度

《食品安全法》综合运用民事、行政、刑事等手段，对违法生产经营者实行最严厉的处罚，对失职渎职的地方政府和监管部门实行最严肃的问责，对违法作业的检验机构等实行最严格的追责，建立了最严格的法律责任制度，其特别之处体现在以下几个方面。

（一）突出民事赔偿责任

1. 实行民事赔偿责任优先、首负责任制和惩罚性赔偿金制度。例如，《食品安全法》第 147 条规定，违反本法规定，造成人身、财产或者其他损害的，依法承担赔偿责任。生产经营者财产不足以同时承担民事赔偿责任和缴纳罚款、罚金时，先承担民事赔偿责任。又如，《食品安全法》第 148 条规定，消费者因不符合食品安全标准的食品受到损害的，可以向经营者要求赔偿损失，也可以向生产者要求赔偿损失。接到消费者赔偿要求的生产经营者，应当实行首负责任制，先行赔付，不得推诿；属于生产者责任的，经营者赔偿后有权向生产者追偿；属于经营者责任的，生产者赔偿后有权向经营者追偿。生产不符合食品安全标准的食品或者经营明知是不符合食品安全标准的食品，消费者除要求赔偿损失外，还可以向生产者或者经营者要求支付价款 10 倍或者损失 3 倍的赔偿金；增加赔偿的金额不足 1000 元的，为 1000 元。但是，食品的标签、说明书存在不影响食品安全且不会对消费者造成误导的瑕疵的除外。[①]

2. 重视适用连带责任。《食品安全法》第 122 条、第 123 条、第 130 条、第 131 条、第 138 条、第 139 条、第 140 条针对不同情况下，集中交易市场的开办者、柜台出租者、展销会的举办者、食用农产品批发市场、网络食品交易第三方平台、食品检验机构、认证机构、社会团体或者其他组织、个人等适用连带责任作出了明确规定。

---

① 典型案例，如徐某某诉敬某某、浙江淘宝网络有限公司网络购物合同纠纷案[上海铁路运输法院民事判决书（2017）沪 7101 民初 318 号]。

(二)加重行政责任

1. 加大行政处罚力度。例如,《食品安全法》第 122 条第 1 款规定,违反本法规定,未取得食品生产经营许可从事食品生产经营活动,或者未取得食品添加剂生产许可从事食品添加剂生产活动的,由县级以上人民政府食品安全监督管理部门没收违法所得和违法生产经营的食品、食品添加剂以及用于违法生产经营的工具、设备、原料等物品;违法生产经营的食品、食品添加剂货值金额不足 1 万元的,并处 5 万元以上 10 万元以下罚款;货值金额 1 万元以上的,并处货值金额 10 倍以上 20 倍以下罚款。又如,《食品安全法》第 123 条规定,违反本法规定,有下列情形之一,尚不构成犯罪的,由县级以上人民政府食品安全监督管理部门没收违法所得和违法生产经营的食品,并可以没收用于违法生产经营的工具、设备、原料等物品;违法生产经营的食品货值金额不足 1 万元的,并处 10 万元以上 15 万元以下罚款;货值金额 1 万元以上的,并处货值金额 15 倍以上 30 倍以下罚款;情节严重的,吊销许可证,并可以由公安机关对其直接负责的主管人员和其他直接责任人员处 5 日以上 15 日以下拘留:(1)用非食品原料生产食品、在食品中添加食品添加剂以外的化学物质和其他可能危害人体健康的物质,或者用回收食品作为原料生产食品,或者经营上述食品;(2)生产经营营养成分不符合食品安全标准的专供婴幼儿和其他特定人群的主辅食品;(3)经营病死、毒死或者死因不明的禽、畜、兽、水产动物肉类,或者生产经营其制品;(4)经营未按规定进行检疫或者检疫不合格的肉类,或者生产经营未经检验或者检验不合格的肉类制品;(5)生产经营国家为防病等特殊需要明令禁止生产经营的食品;(6)生产经营添加药品的食品。明知从事前款规定的违法行为,仍为其提供生产经营场所或者其他条件的,由县级以上人民政府食品安全监督管理部门责令停止违法行为,没收违法所得,并处 10 万元以上 20 万元以下罚款;使消费者的合法权益受到损害的,应当与食品生产经营者承担连带责任。违法使用剧毒、高毒农药的,除依照有关法律、法规规定给予处罚外,可以由公安机关依照第 1 款规定给予拘留。

2. 细化并加重对失职的地方政府负责人和食品安全监管人员的处分。依照规定的职责逐项设定相应的法律责任,细化处分规定。例如,《食品安全法》第 142 条规定,违反本法规定,县级以上地方人民政府有下列行为之一的,对直接负责的主管人员和其他直接责任人员给予记大过处分;情节较重的,给予降级或者撤职处分;情节严重的,给予开除处分;造成严重后果的,其主要负责人还应当引咎辞职:(1)对发生在本行政区域内的食品安全事故,未及时组织协调有关部门开展有效处置,造成不良影响或者损失;(2)对本行政区域内涉及多环节的区域性食品安全问题,未及时组织整治,造成不良影响或者损失;(3)隐瞒、谎报、缓报食品安全事故;(4)本行政区域内发生特别重大食品安全事故,或者连续发生重大食品安全事故。又如,《食品安全法》第 144 条规定,违反本法规定,县级以上人民政府食品安全监督管理、卫生行政、农业行政等部门有下列行为之一的,对直接负责的主管人员和其他直接责任人员给予记大过处分;情节较重的,给予降级或者撤职处分;情节严重的,给予开除处分;造成严重后果的,其主要负责人还应当引咎辞职:(1)隐瞒、谎报、缓报食品安全事故;(2)未按规定查处食品安全事故,或者接到食品安全事故报告未及时处理,造成事故扩大或者蔓延;(3)经食品安全风险评估得出食品、食品添加剂、食品相关产品不安全结论后,未及时采取相应措施,造成食品安全事故或者不良社会影响;(4)对不符合条件的申请人准予许可,或者超越法定职权准予许可;(5)不履行食品安全监督管理职责,导致发生食品安全事故。

(三)衔接刑事责任

生产经营者、监管人员、检验人员等主体有违法行为构成犯罪的,依法追究刑事责任。《食品安全法》第149条规定:"违反本法规定,构成犯罪的,依法追究刑事责任。"为了进一步惩治严重危害食品安全的犯罪行为,2011年2月25日通过的《刑法修正案(八)》对严重危害食品安全的犯罪行为作了重大修改:(1)将"生产、销售不符合卫生标准的食品罪"修改为"生产、销售不符合安全标准的食品罪"。从定罪标准、量刑情节、罚金适用方式和数额,将《刑法》第143条修改为:"生产、销售不符合食品安全标准的食品,足以造成严重食物中毒事故或者其他严重食源性疾病的,处三年以下有期徒刑或者拘役,并处罚金;对人体健康造成严重危害或者有其他严重情节的,处三年以上七年以下有期徒刑,并处罚金;后果特别严重的,处七年以上有期徒刑或者无期徒刑,并处罚金或者没收财产。"(2)修改"生产、销售有毒、有害食品罪"。从量刑情节和刑罚标准两方面将《刑法》第144条修改为:"在生产、销售的食品中掺入有毒、有害的非食品原料的,或者销售明知掺有有毒、有害的非食品原料的食品的,处五年以下有期徒刑,并处罚金;对人体健康造成严重危害或者有其他严重情节的,处五年以上十年以下有期徒刑,并处罚金;致人死亡或者有其他特别严重情节的,依照本法第一百四十一条的规定处罚。"同时,《刑法修正案(八)》第49条规定还增设了食品监管渎职罪,即在《刑法》第408条后增加一条,作为第408条之一:"负有食品安全监督管理职责的国家机关工作人员,滥用职权或者玩忽职守,导致发生重大食品安全事故或者造成其他严重后果的,处五年以下有期徒刑或者拘役;造成特别严重后果的,处五年以上十年以下有期徒刑。徇私舞弊犯前款罪的,从重处罚。"

中国正处在社会转型期,食品安全事件高频率爆发。在风险社会的背景下,对食品安全具体责任人坚决追究刑事责任,扩大刑事追究面,对犯案者使用高量刑,并处以"倾家荡产"式罚金,显得尤为迫切。例如,对于在食品中使用工业明胶,一般应处以"生产、销售有毒、有害食品罪";在药品中使用工业明胶,一般应处以"生产、销售假药罪";鉴于工业明胶当食用明胶使用相当于投毒行为,且是专业人员针对广大民众的故意行为,甚至可处以"投毒罪"或"以危险方法危害公共安全罪"。当然,相比国家相关法律法规,有些地方倾向于"乱世用重典"。例如,2011年6月重庆市高级人民法院《关于依法从严审理食品药品安全案件的意见》规定:对危害食品药品安全犯罪的累犯、惯犯、共同犯罪中的主犯,以及对人体健康造成严重危害、销售金额巨大的,要依法从重处罚;致人死亡或者有其他特别严重情节,罪当判处死刑的,要坚决依法判处死刑。

复习思考题

- 1. 如何理解《产品质量法》上的产品?
- 2. 什么是产品缺陷?它与瑕疵有何区别?
- 3. 产品责任的归责原则是什么?
- 4. 如何区别产品责任与产品质量责任?
- 5. 产品质量监督管理制度由哪些具体制度构成?
- 6. 什么是食品安全?我国关于食品安全的法律制度包括哪些内容?

法律职业资格考试真题

1. 根据《产品质量法》规定,下列哪一说法是正确的?(2010 年)

A.《产品质量法》对生产者、销售者的产品缺陷责任均实行严格责任

B.《产品质量法》对生产者产品缺陷实行严格责任,对销售者实行过错责任

C. 产品缺陷造成损害要求赔偿的诉讼时效期间为二年,从产品售出之日起计算

D. 产品缺陷造成损害要求赔偿的请求权在缺陷产品生产日期满十年后丧失

参考答案:B

2. 某企业明知其产品不符合食品安全标准,仍予以销售,造成消费者损害。关于该企业应承担的法律责任,下列哪一说法是错误的?(2010 年)

A. 除按消费者请求赔偿实际损失外,并按消费者要求支付所购食品价款十倍的赔偿金

B. 应当承担民事赔偿责任和缴纳罚款、罚金的,优先支付罚款、罚金

C. 可能被采取的强制措施种类有责令改正、警告、停产停业、没收、罚款、吊销许可证

D. 如该企业被吊销食品生产许可证,其直接负责的主管人员五年内不得从事食品生产经营管理工作

参考答案:B

第十三章　反倾销法、反补贴法和保障措施法

【重点内容提示】

倾销，是指在正常贸易过程中，一项产品从出口国到进口国，该产品的出口价格低于出口国国内同类产品的正常价值。认定进口产品是否存在倾销，主要是两个数据之间的比较：一是进口产品的出口价格；二是进口产品的正常价值。若出口价格低于正常价值，即构成倾销，两者间的差额即为倾销幅度。

出口商品虽然构成倾销，但进口国并不能一概对其采取反倾销措施。因为反倾销措施的采取，不是对倾销行为的惩罚，而是对受倾销损害的国内产业的补救。因此，采取反倾销措施的条件除了构成倾销外，还必须存在损害这一基本条件。所谓损害，是指对已经建立的国内产业造成实质损害、造成实质损害的威胁或者对某项产业的建立造成实质性阻碍。同时，如果经过调查认定存在倾销和损害，要采取反倾销措施，还要证明倾销与损害之间存在因果关系。

补贴，是指出口国政府或者其任何公共机构提供的并为接受者带来利益的财政资助以及任何形式的收入或者价格支持。一国政府进行调查、采取反补贴措施的补贴，必须是具有专向性的补贴，因为不具有专向性的补贴，一般不会导致资源配置的人为扭曲和不公平竞争的发生，不会对进口国的国内产业造成损害。

一国采取反补贴措施，除要认定出口国的财政资助构成补贴外，还要认定补贴是否对本国产业发展造成损害，即补贴是否对已经建立的国内产业造成实质损害或者产生实质损害威胁，或者对建立国内产业造成实质阻碍。此外，还要证明补贴与损害之间存在因果关系，即国内产业的损害是因为进口产品存在补贴造成的。

保障措施，是指进口国在进口激增并对国内相关产业造成严重损害或严重损害威胁时，采取的进口限制措施。它和反倾销、反补贴措施一样，都是为了避免别国的不公平贸易行为对本国产业的损害而采取的保护措施。一国采取保障措施，要确定是否存在进口产品数量增加、生产同类产品或者直接竞争产品的国内产业出现严重损害或者严重损害威胁以及二者间的因果关系。

第一节 反倾销法

一、反倾销立法概况

反倾销法,是调整进口国反倾销机构在对倾销进行调查、裁定和采取反倾销措施过程中所发生的社会关系的法律规范的总称。反倾销法的发展经历了一个从国内法到国际统一法,再由国际统一法规范国内法的漫长历程。早在20世纪初,西方一些国家便相继开始进行反倾销的国内立法,通过采取反倾销措施以抵消外国倾销产品对本国经济造成的损害。1904年的加拿大《海关关税法》是世界上最早制定的反倾销法。随后,其他一些国家,如美国、新西兰、澳大利亚等都较早制定了自己的反倾销法。但是,如果反倾销措施的实施超出了合理范围和限度,也可能成为一种贸易保护措施,从而阻碍国际贸易的正常发展。为了将反倾销措施限制在合理的范围和程度内,第二次世界大战后,各国开始寻求通过国际立法途径将反倾销纳入国际贸易统一法范畴。1947年《关税及贸易总协定》(General Agreement on Tariffs and Trade,GATT)第6条是世界上第一个统一规范反倾销问题的国际规则。在此基础上,不少国家主张建立一套对各国有约束力的解释以及实施反倾销行动的协议,以发展和完善《关税及贸易总协定》第6条所确立的公平竞争原则。此后,1967年肯尼迪回合多边贸易谈判中达成了《关于实施GATT第6条的协议》(又称1967年《反倾销守则》),1979年在东京回合谈判中达成了《GATT反倾销修正守则》(又称1979年《反倾销守则》)。1994年乌拉圭回合谈判中达成的《关于实施GATT1994第6条的协议》(又称1994年《反倾销协定》)是WTO现行反倾销法中最主要的核心组成部分,又称《WTO反倾销协定》。与前面几个反倾销守则只对签约方产生效力有所不同,它是作为WTO众多多边协定中的一个而存在的,对WTO全体成员方都有约束力。而且《WTO反倾销协定》还明确规定各成员方应确保其国内的反倾销法与其相一致,这在很大程度上有利于对各方反倾销措施的约束和各方反倾销法的规范和统一。

我国制定反倾销法律制度始于1994年《对外贸易法》。该法第30条确立了反倾销的三个标准,即低价进口、实质损害和因果关系。1997年国务院根据《对外贸易法》的原则规定,制定发布了《反倾销和反补贴条例》。1997年条例在总体上和原则上与WTO规则是一致的,并在我国对外反倾销中起到了非常重要的作用,但是,条例与WTO规则相比也存在一些差距,在一些具体问题上不够明确。于是,原外经贸部又开始对该条例进行修改,将反倾销和反补贴问题分开,制订了反倾销条例草案和反补贴条例草案,上报国务院。2001年国务院通过了《反倾销条例》。2004年在总结中国加入WTO后的反倾销实践经验基础上,国务院对《反倾销条例》进行了第一次修订。

二、倾销和损害的确定

我国《反倾销条例》第2条规定："进口产品以倾销方式进入中华人民共和国市场，并对已经建立的国内产业造成实质损害或者产生实质损害威胁，或者对建立国内产业造成实质阻碍的，依照本条例的规定进行调查，采取反倾销措施。"可见，对进口产品采取反倾销措施，首先要确定倾销和损害的存在。

（一）倾销的确定

所谓倾销，是指在正常贸易过程中，一项产品从出口国到另一国，该产品的出口价格低于出口国国内同类产品的价格，即低于其正常价值。可见，认定进口产品是否存在倾销，主要是两个数据之间的比较：一是进口产品的出口价格；二是进口产品的正常价值。若出口价格低于正常价值，即构成倾销，两者间的差额即为倾销幅度。

1. 正常价值的确定

根据我国《反倾销条例》以及《WTO反倾销协定》的相关规定，确定正常价值有以下方法：

（1）进口产品的同类产品，在出口国国内市场的正常贸易过程中有可比价格的，以该可比价格为正常价值。如出口国国内有该产品的销售价格，并且产品的销售是用于国内消费，该销售价格即是正常价值。但当在出口国国内市场的销售份额太少（如该产品在出口国国内市场的销售量低于向进口国销售的5%）、在出口国国内市场低于成本销售时，这种销售不是在正常贸易过程中进行的，因而不能作为确定正常价值的依据。

（2）以产品出口到第三国市场销售的价格作为正常价值。进口产品的同类产品，在出口国国内市场的正常贸易过程中没有销售的，或者该同类产品的价格、数量不能据以进行公平比较的，以该同类产品出口到一个适当第三国的可比价格为正常价值。一般来说，选择第三国要注意：向第三国出口的产品应是向进口国出口产品的相同或类似产品；产品在第三国的销售也是用于其国内消费；向第三国出口该产品的数量不得小于向进口国出口数量的5%；在第三国的销售不存在低于成本销售的非正常贸易情况。

（3）以结构价格作为确定正常价值的依据。所谓结构价格是指产品原产地国的生产成本加上合理数额的管理费、销售费、一般费用和利润。进口产品的同类产品，在出口国国内市场的正常贸易过程中没有销售的，或者该同类产品不能进行公平比较的，也可采用这种方法。

2. 出口价格的确定

出口价格指出口商将产品出售给进口商的价格。一般来说，进口产品的出口价格，应当区别不同情况，按照下列方法确定：

（1）进口产品有实际支付或者应当支付的价格的，以该价格为出口价格。

（2）进口产品没有出口价格或价格不可靠的，以根据该进口产品首次转售给独立购买人的价格推定的价格为出口价格；如果该进口产品未转售给独立购买人或者未按进口时的状态转售的,则反倾销调查机构可以根据合理基础推定的价格为出口价格。

3. 正常价值与出口价格的比较

对进口产品的出口价格和正常价值,应当考虑影响价格的各种可比性因素,按照公平、合理的方式进行比较。由于通常情况下正常价值与出口价格是两个不同国家市场的销售价格,正常价值一般不包括出口所必需的税费等,但出口价格则包括出口税费。因此对二者进行比较前,首先需要对两个价格进行适当的调整。根据《WTO反倾销协定》第2条第4款的规定,对出口价格和正常价值应进行公平比较。这种比较应在相同贸易水平上进行,通常在出厂前的水平上进行,应尽可能针对在相同时间进行的销售;并应根据每一案件的具体情况,适当考虑影响价格可比性的差异,包括在销售条件和条款、税收、贸易水平、数量、物理特征方面的差异,以及其他能够证明影响价格可比性的差异。

对正常价值与出口价格的比较方式,我国规定了三种:将加权平均正常价值与全部可比出口交易的加权平均价格进行比较;将正常价值与出口价格在逐步交易的基础上进行比较;按照前两种方法难以比较的,可以将加权平均正常价值与单一出口交易的价格进行比较。

(二)损害的确定

出口商品虽然构成倾销,但进口国并不能一概对其采取反倾销措施。因为反倾销措施的采取,不是对倾销行为的惩罚,而是对受倾销损害的国内产业的补救。因此,采取反倾销措施的条件除了构成倾销外,还必须存在损害这一基本条件。

所谓损害,是指对已经建立的国内产业造成实质损害、造成实质损害的威胁或者对某项产业的建立造成实质性阻碍。显然,确定是否存在损害,必须弄清以下问题:

1. 国内产业的具体范围

根据我国《反倾销条例》第11条的规定,国内产业,是指我国国内同类产品的全部生产者,或者其总产量占国内同类产品全部总产量的主要部分的生产者。但是,以下两种情况除外:第一,国内生产者与出口经营者或者进口经营者有关联的,或者其本身为倾销进口产品的进口经营者的,可以排除在国内产业之外;第二,在特殊情况下,当该项产品的生产将一国境内分成两个或更多的竞争性区域市场时,每个区域市场内的生产者,可被视为一个单独的产业,其要具备以下条件:该市场内的生产者在本市场区域内销售全部或几乎全部产品;该市场的需求在很大程度上不是由国内其他地方的生产者供给。

2. 产业损害应达到的程度

我国《反倾销条例》和《WTO反倾销协定》都将产业损害的程度分为实质损害、实质损害威胁和实质阻碍某一产业的新建。

确定倾销对国内产业造成的损害时,应当审查下列事项:(1)倾销进口产品的数量,包括倾销进口产品的绝对数量或者相对国内同类产品生产或者消费的数量是否大量增加,或者倾销进口产品大量增加的可能性;(2)倾销进口产品的价格,包括倾销进口产品的价格削减或者对国内同类产品的价格产生大幅度抑制、压低等影响;(3)倾销进口产品对国内产业的相关经济因素和指标的影响,如销售量、利润、产量、市场占有率、投资收益、设备能力及利用状况实际和潜在的下降等;(4)倾销进口产品的出口国、原产国的生产能力、出口能力,被调查产品的库存情况。

确定倾销产品是否给国内产业带来实质损害威胁,必须根据事实,不得仅依据指控、推测或者极小的可能性。这种损害威胁是可预见的,且是迫在眉睫的。确定倾销产品是否实质阻碍某一新兴产业的建立,无论是我国《反倾销协议》,还是《WTO反倾销协定》,都未对其作出具体解释。1967年《反倾销守则》规定了一些可供参照的构成实质阻碍的因素,如厂房已处于建设之中、设备已经订购、建立新产业的计划已在实施过程中等。

当倾销产品来自两个以上国家,并且同时满足下列条件的,可以就倾销进口产品对国内产业造成的影响进行累积评估:(1)来自每一个国家的倾销进口产品的倾销幅度不小于2%,并且其进口量不属于可忽略不计的,即来自一个国家的倾销进口产品的数量占同类产品总进口量的比例不低于3%,或来自多个国家的进口数量分别低于3%但其累积数量超过同类产品进口量的7%;(2)根据倾销进口产品之间以及倾销进口产品与国内同类产品之间的竞争条件,进行累积评估是适当的。

3. 倾销与损害的因果关系

如果经过调查认定存在倾销和损害,要采取反倾销措施,还应证明倾销与损害之间存在因果关系。因为国内产业的损害可能是由其他原因造成的。如果损害的发生同时也受到其他因素的影响,则这种损害不能单单归咎于倾销。我国《反倾销条例》第8条第3款指出,在确定倾销对国内产业造成的损害时,应当依据肯定性证据,不得将造成损害的非倾销因素归因于倾销。《WTO反倾销协定》第3条第5款明确强调,调查机构查证存在损害必须证实倾销与损害之间存在因果关系,同时还应考虑在同一时间内也对国内产业造成损害的其他因素,如未按倾销价出售的进口产品的数量和价格、需求下降或消费模式的改变、限制性贸易做法、国内外生产商之间的竞争、国内产业的技术改进、出口方式的变化以及生产率的提高。凡因上述因素造成的损害便不能归因于倾销。

三、反倾销调查程序

(一)申请

反倾销申请是反倾销立案的依据。有权提起申请的,是进口方境内声称受损害的产业或其代表。我国《反倾销条例》第13条规定,国内产业或者代表国内产业的自然人、法人或者有关组织,可以依照规定向商务部提出反倾销调查的书面申请。

提出发起反倾销调查的申请人,必须能够代表国内相关产业,否则,反倾销调查机构不得立案调查。根据我国《反倾销条例》第17条的规定,在表示支持申请或者反对申请的国内产业中,支持者的产量占支持者和反对者的总产量的50%以上的,应当认定申请是由国内产业或者代表国内产业提出,可以启动反倾销调查;但是,表示支持申请的国内生产者的产量不足国内同类产品总产量的25%的,不得启动反倾销调查。

在通常情况下,申请是进口方调查机构开始反倾销调查的条件,但在特殊情况下,没有收到反倾销调查的书面申请,但有充分证据认为存在倾销和损害以及二者之间有因果关系的,商务部也可以主动决定立案调查。

(二)立案

进口方调查机构在审查申请人提供的证据基础上,决定是否立案。立案后,进口方调查机构应通知其产品将受到调查的当事方及其他各利害关系方。我国《反倾销条例》第16条规定,商务部应当自收到申请人提交的申请书及有关证据之日起60天内,对申请是否由国内产业或者代表国内产业提出、申请书内容及所附证据等进行审查,并决定立案调查或者不予立案调查。

立案调查的决定,由商务部予以公告,并通知申请人、已知的出口经营者、出口国政府以及其他有利害关系的组织、个人(统称利害关系方)。立案调查的决定一经公告,商务部还应当将申请书文本提供给已知的出口经营者和出口国政府。

(三)调查

对倾销的调查和确定,由商务部负责。对损害的调查和确定,由商务部负责;其中,涉及农产品的反倾销国内产业损害调查,由商务部会同农业农村部进行。

调查是反倾销调查机构查证被申请方产品倾销、国内产业损害以及两者之间因果关系的活动。根据法律规定,商务部可以采用问卷、抽样、听证会、现场核查等方式向利害关系方了解情况,进行调查。

商务部有权要求反倾销调查中的各利害关系方提供证据。利害关系方应当如实反映情况。利害关系方不如实反映情况、提供有关资料的,或者没有在合理时间内提供必要信息的,或者以其他方式严重妨碍调查的,商务部可以根据已经获得的事实和可获得的最佳信息作出裁定。

商务部应当为有关利害关系方提供陈述意见和论据的机会。

商务部认为必要时,可以派出工作人员赴有关国家或地区进行调查,但有关国家或地区提出异议的除外。

(四)裁定

反倾销裁定分为初步裁定与最终裁定。初步裁定,是指在适当调查基础上,调查机构作出的肯定或否定有关倾销或损害的初步裁决。最终裁定,是指进口方当局最终确认进口产品倾销并造成损害而作出对其征收反倾销税的裁决。

我国《反倾销条例》第26条规定,反倾销调查的期限,一般为自立案调查决定公告之日起的12个月,特殊情况下可以延长,但延长期不得超过6个月。调查结束后,商务部根据调查结果,就倾销、损害和二者之间的因果关系是否成立作出初步裁定,并予以公告。初步裁定不外乎两种结果:(1)终止调查,即缺乏倾销和损害的足够证据,或倾销幅度微不足道。《反倾销条例》第 27 条规定了反倾销调查应当中止的几种具体情况。(2)作出肯定性初裁,即调查机构已初步确认存在倾销和损害,且有必要对其进行干预。

我国《反倾销条例》第 25 条规定,初步裁决确定倾销、损害及二者之间的因果关系成立的,商务部应当对倾销及倾销幅度、损害及损害程度继续进行调查,并根据调查结果作出终裁决定,予以公告。在作出终裁决定前,应当由商务部将终裁决定所依据的基本事实通知所有已知的利害关系方。只有在确认存在倾销和损害及因果关系时,才可决定征收最终的反倾销税。

四、反倾销措施

(一)临时反倾销措施

在反倾销调查中初步认定存在倾销、国内产业损害及其因果关系后,进口方当局可采取临时反倾销措施,以防止在调查期间有关产业受到更为严重的损害。临时反倾销措施可以采用征收临时反倾销税或要求提供保证金、保函及其他形式的担保。临时反倾销税税额或者提供的保证金、保函及其他形式的担保的金额,应当不超过初步裁定确定的倾销幅度。临时反倾销措施一般在以下情况下才能实施:已开始调查且发出公告并已给予利害关系方提供信息和发表意见的充分机会;已作出倾销和因此对国内产业造成损害的初步裁定;采取这类措施对防止在调查期间发生损害非常必要。

在我国,征收临时反倾销税,由商务部提出建议,国务院关税税则委员会根据商务部的建议作出决定,由商务部予以公告,海关自公告规定实施之日起执行。要求提供保证金、保函或者其他形式的担保,由商务部作出决定并予以公告。临时反倾销措施实施的期限,自决定公告之日起,不超过 4 个月,在特殊情形下,可以延长至 9 个月。

(二)价格承诺

价格承诺,是指在进口国调查机构作出初步裁定,确认存在倾销、产业损害及因果关系后,如果出口商主动承诺提高有关商品的出口价格或停止以倾销价格出口,并且得到进口国调查机构的同意,那么反倾销调查程序可以暂时中止或终止,而不采取临时措施或征收反倾销税。采取这项措施要符合以下条件:达成价格承诺完全基于出口商的自愿,进口国调查机构只能提出建议,不得强迫;价格承诺协议必须在进口国作出倾销和损害的肯定性初裁之后达成;进口国调查机构认为价格承诺是切实可行的。

无论是出口商主动提出达成价格承诺的要求,还是调查机构向出口方提出价格承诺的建议,对方都没有必须接受的义务。在出口商提出价格承诺的要求时,如果调查机构认为接受价格承诺在实际上行不通,如存在出口商的数目过大等情况,则可以不接受价格承诺。在调查机构提出价格承诺的建议时,出口商也没有义务必须接受,并且其拒绝接受的行为不应影响到对案件的最终裁决结果。价格承诺一旦作出,其效果是导致反倾销调查的暂时中止,进口国调查机构应立即停止调查程序。在我国,如果商务部认为出口商作出的价格承诺能够接受并符合公共利益的,可以决定中止或者终止反倾销调查,不采取临时反倾销措施或者征收反倾销税。商务部不接受价格承诺的,应当向有关出口商说明理由。

在承诺执行期间,商务部可以要求出口商定期提供履行其价格承诺的有关情况、资料,并予以核实。出口商违反其价格承诺的,商务部可以立即决定恢复反倾销调查,且根据可获得的最佳信息,可以决定采取临时反倾销措施,并可以对实施临时反倾销措施前 90 天内进口的产品追溯征收反倾销税,但违反价格承诺前进口的产品除外。

(三)反倾销税

反倾销税,是最主要的一种反倾销措施,它是在反倾销调查机构在最终裁定中作出肯定性的倾销和损害以及二者因果关系存在的结论时所征收的税项。然而,并非在所有征收条件都已满足的情况下,必然要征收反倾销税,是否征收将由进口方有关机构自己决定。在我国,征收反倾销税应当符合公共利益。反倾销税的征收,由商务部提出建议,国务院关税税则委员会根据商务部的建议作出决定,由商务部予以公告。海关自公告规定实施之日起执行。

征收反倾销税应注意以下几点:(1)征收的反倾销税不得超过倾销幅度。如果以较少的征税就足以消除对国内产业造成的损害,则征税额最好小于倾销幅度。(2)多退少不补。如果终裁决定确定的反倾销税,高于已付或者应付的临时反倾销税或者为担保目的而估计的金额的,差额部分不予收取;低于已付或者应付的临时反倾销税或者为担保目的而估计的金额的,差额部分应当根据具体情况予以退还或者重新计算税额。(3)非歧视原则。反倾销税的征收应一视同仁,其税率不能因国别不同而有差异。

在一般情况下,反倾销税的征收效力发生于最终裁定作出之后,但为了防止在调查期间,出口商抢在进口方采取措施之前,大量出口倾销产品,各国法律都规定了征收反倾销税的溯及力。我国规定,下列两种情形并存的,可以对实施临时反倾销措施之日前 90 天内进口的产品追溯征收反倾销税,但立案调查前进口的产品除外:第一,倾销进口产品有对国内产业造成损害的倾销历史,或者该产品的进口商已知道或应知道出口商在实施倾销并对国内产业造成损害的;第二,倾销进口产品在短期内大量进口,并且可能会严重破坏即将实施的反倾销税的补救效果的。

五、反倾销税和价格承诺的期限与复审

(一)反倾销税和价格承诺的期限

反倾销税的征收期限和价格承诺的履行期限不超过 5 年,但是,经复审确定终止征收反倾销税有可能导致倾销和损害的继续或者再度发生的,反倾销税的征收期限可以适当延长。

(二)反倾销税和价格承诺的复审

征收反倾销税,是以抵消倾销造成的损害为最终目的。一旦有证据证明倾销所造成的损害已经被抵消,或损害程度有所减轻,或出现了新的影响征税的情况,则反倾销税也应相应取消或变更。所以,反倾销税生效后,商务部可以在有正当理由的情况下,决定对继续征收反倾销税的必要性进行复审,也可以在经过一段合理时间,应利害关系方的请求并对利害关系方提供的相应证据进行审查后，决定对继续征收反倾销税的必要性进行复审。复审程序参照关于反倾销调查的有关规定执行。复审期限自决定复审开始之日起，不超过12个月。根据复审结果，由商务部提出保留、修改或者取消反倾销税的建议，国务院关税税则委员会根据商务部的建议作出决定，由商务部予以公告。

价格承诺的复审程序与反倾销税的复审大体相同。

【典型案例】商务部对自欧盟进口马铃薯淀粉反倾销调查案

2005年12月，内蒙古奈伦农业科技公司、黑龙江沃华马铃薯制品公司、大兴安岭岭丽雪精淀粉公司、青海威思顿生物工程公司、内蒙古科鑫源食品集团、甘肃兴达淀粉工业公司和云南昭阳威力淀粉公司代表国内产业向商务部正式提交了对原产于欧盟的进口马铃薯淀粉进行反倾销调查的申请书。

2006年2月6日，商务部发布立案公告，决定开始对原产于欧盟的进口马铃薯淀粉进行反倾销调查。倾销调查期为2005年1月1日至2005年12月31日，产业损害调查期为2002年1月1日至2005年12月31日。

调查机关约见了欧盟驻中国代表团官员，向其正式递交了立案公告和申请书的公开部分，请其通知欧盟的相关出口商和生产商。同时，调查机关也将立案情况通知了本案申请人及列明的国外生产商。

根据公告要求，自公告发布之日起20天的登记应诉期内，荷兰艾维贝公司、德国艾维贝马铃薯淀粉工厂、法国罗盖特公司、丹麦马铃薯淀粉生产中心有限公司、欧洲淀粉产业联合会和欧盟委员会向调查机关登记应诉。

2006年2月28日调查机关向已知的利害关系方发放了《国内生产者调查问卷》、《国内进口商调查问卷》和《国外生产商/出口商调查问卷》。在规定的时间或经批准延期递交的时间内，共收回调查问卷20份。调查机关对上述答卷进行了审查并在裁定中予以考虑。

2006年2月21日和3月21日，调查机关两次听取了本案申请和支持企业的意见陈述，并询问了相关问题。2006年4月14日，调查机关收到欧洲淀粉产业联合会《关于马铃薯淀粉反倾销调查案的评论意见》；2006年4月22日，收到中国淀粉工业协会马铃薯淀粉专业委员会递交的《关于欧洲淀粉协会报告的评论》；2006年5月8日，收到了申请人代理律师事务所递交的《申请人对欧洲淀粉产业联合会关于马铃薯淀粉反倾销案相关意见的评论意见》。

2006年5月下旬和6月上旬，调查机关对本案申请企业内蒙古奈伦农业科技公司、内蒙古科鑫源食品集团和支持企业内蒙古飞马食品集团有限公司进行了实地核查。

2008年8月18日商务部发布马铃薯淀粉反倾销案的初裁决定，原产于欧盟的进口马铃薯淀粉存在倾销，中国马铃薯淀粉产业遭受了实质损害，同时，损害和倾销之间存在因果关系。决定自当日起，进口商在进口原产于欧盟的马铃薯淀粉时，应根据初裁决定所确定的各公司的倾销程度向中国海关提供相应的保证金。对各公司征收的保证金比率如下:荷兰艾维贝公司44%;德国艾维贝马铃薯淀粉工厂44%;法国罗盖特公司35%;其他欧盟公司57.1%。

初裁决定公告后,商务部继续对倾销和损害及二者之间的因果关系进行调查。经过进一步调查,2007年2月5日中国商务部发布公告,终裁认定原产于欧盟的进口马铃薯淀粉存在倾销,并由此对中国的相关产业造成损害,决定自2007年2月6日起,进口经营者在进口原产于欧盟的马铃薯淀粉时,应依据最终裁定所确定的各公司的倾销幅度(17%~35%不等)向中国海关缴纳相应的反倾销税。

第二节 反补贴法

一、反补贴立法概况

补贴,是一国或地区政府实现其经济社会目标的重要经济政策,这些目标包括救济穷人、资助科研开发、支持特定产业发展、刺激出口、抵消其他政策产生的不利影响等。从国际贸易角度来看,有些补贴(如出口补贴)与倾销一样,是不公平贸易行为,各国均有权制定反补贴法来抵制和消除这种行为对本国产业的损害。但是滥用反补贴措施,有可能成为变相的贸易保护主义并对国际关系造成不良影响。为了规范各国的反补贴行为,反补贴制度在其诞生后,[①]经历了从一国国内向国际规则发展的过程,国际社会经过长期努力,在制定多边国际规则方面也取得了很大成绩。1947年订立《关贸总协定》时,在第6条和第16条对反补贴问题作了原则规定。东京回合谈判中将补贴与反补贴措施列为重要议题之一,并达成了1979年《补贴与反补贴措施守则》(正式名称为《关于解释和使用关贸总协定第6条、第16条和第23条的协定》),这是《关贸总协定》在反补贴方面第一个较为系统的法律文件。但是,该守则在结构上还不够严密,在文字上也存在许多不确切的地方,而且只有20多个缔约方接受,绝大多数缔约方不受其约束,实际效用不大。为切实加强关贸总协定的反补贴机制,经过努力,乌拉圭回合制定了更明确、更易操作的《补贴与反补贴措施协定》。该协定是WTO"一揽子"协议中的一部分,对所有成员方均有约束力。这也是目前对补贴与反补贴行为最有影响的国际规范,它在WTO成员方得到了广泛的适用。

我国的反补贴规定最早出现于1994年的《对外贸易法》,其第31条规定了有关反补贴的原则。1997年以《对外贸易法》为基础,国务院公布了《反倾销和反补贴条例》。该条例主要规定反倾销的内容,只用其中的一章对反补贴作了些特别规定。2001年国

---

① 反补贴的国内规则可追溯至19世纪,国际贸易中实施反补贴措施最多的美国在1897年就制定了第一部反补贴法。

务院又将反补贴和反倾销问题分开立法,分别公布了《反补贴条例》和《反倾销条例》,废止了原来的《反倾销和反补贴条例》。

为执行国务院《反补贴条例》,2002 年对外经贸部发布了《反补贴调查立案暂行规则》《反补贴调查听证会暂行规则》《反补贴问卷调查暂行规则》等规范性文件,最高人民法院通过了《关于审理反补贴行政案件应用法律若干问题的规定》。

由于国务院《反补贴条例》在中国加入 WTO 前夕制定,有些规定与 WTO 的要求还有差距,2004 年 3 月国务院通过了《关于修改〈中华人民共和国反补贴条例〉的决定》。修订后的《反补贴条例》共 6 章 58 条。

二、补贴与损害的确定

我国《反补贴条例》第 2 条规定:"进口产品存在补贴,并对已经建立的国内产业造成实质损害或者产生实质损害威胁,或者对建立国内产业造成实质阻碍的,依照本条例的规定进行调查,采取反补贴措施。"可见,对进口产品采取反补贴措施,首先要确定补贴与损害的存在。

(一)补贴的确定

1. 补贴的定义

《反补贴条例》第 3 条规定,补贴,是指出口国(地区)(以下简称出口国)政府或者其任何公共机构提供的并为接受者带来利益的财政资助以及任何形式的收入或者价格支持。该定义明确了补贴的两个构成要件:一是政府或其公共机构提供了财政资助;二是资助为接受者带来利益。

"财政资助"的含义比较广泛,既包括资金的直接转移,也包括潜在的资金的直接转移,具体如下:(1)出口国政府以拨款、贷款、资本注入等形式直接提供资金,或者以贷款担保等形式潜在地直接转让资金或者债务;(2)出口国政府放弃或者不收缴应收收入;(3)出口国政府提供除一般基础设施以外的货物、服务,或者由出口国政府购买货物;(4)出口国政府通过向筹资机构付款,或者委托、指令私营机构履行上述职能。

"为接受者带来利益",是认定财政资助构成补贴行为的一个基本要求。但是关于判断财政资助是否带来利益的标准,我国法律没有规定,WTO《补贴与反补贴措施协定》也没有规定直接的指导原则。但是根据 WTO 专家组在一个案件中的解释,因财政资助而产生的利益最重要的特征就是资助者获得了比市场条件更优越的待遇。[①] "市场条件"在这里是最关键的词,WTO 贸易体制的基础就是市场经济和自由贸易,在市场经济条件下,所有的企业应站在同一起跑线上,公平竞争。

2. 补贴的"专向性"

根据上述对补贴的定义,许多政府行为都可能被认为是补贴,但一国能够进行调查、采取反补贴措施的补贴,必须是对国际贸易造成负面影响,且具有专向性的补贴行

---

① 参见李本:《补贴与反补贴制度分析》,北京大学出版社 2005 年版,第 32 页。

为。不会影响国际贸易而纯粹影响国内经济的补贴,由各主权国家自主决定;不具有专向性的补贴,一般不会导致资源配置的人为扭曲和不公平竞争的发生,不会影响进口国产业,反补贴法也不必理会。

补贴的专向性,是指补贴是一国政府向其管辖下的某个或某些企业或产业或某些特殊地区提供的。如果授予补贴的政府机关或该机关所依据的法律明确规定,只有某个企业、某个产业、某个企业集团或产业集团或某特定地区可以获得补贴,则该补贴就是专向性补贴;而如果授予补贴的政府机关或该机关依据的法律规定了明确的标准或条件,且是中性的,不特别优惠某个企业或地区,平等实行,只要符合这些标准或条件的企业都能自动获得补贴,则该补贴就不是专向性的。专向性是WTO《补贴与反补贴措施协定》以及我国《反补贴条例》中的一个重要概念,要采取反补贴措施,首先应确定补贴的专向性,方可针对"被禁止的"或"可申诉的"的专向补贴实施补救措施。①

根据我国《反补贴条例》第4条第2款的规定,下列情形的补贴具有专向性:(1)由出口国(地区)政府明确确定的某些企业、产业获得的补贴;(2)由出口国(地区)法律、法规明确规定的某些企业、产业获得的补贴;(3)指定特定区域内的企业、产业获得的补贴;(4)以出口实绩为条件获得的补贴,包括该条例所附出口补贴清单列举的各项补贴;(5)以使用本国(地区)产品替代进口产品为条件获得的补贴。

3. 补贴额的计算

对进口产品的补贴金额,应当区别不同情况,按照下列方式计算:(1)以无偿拨款形式提供补贴的,补贴金额以企业实际接受的金额计算;(2)以贷款形式提供补贴的,补贴金额以接受贷款的企业在正常商业贷款条件下应支付的利息与该项贷款的利息差额计算;(3)以贷款担保形式提供的,补贴金额以在没有担保情况下企业应支付的利息与有担保情况下企业实际支付的利息之差计算;(4)以注入资本形式提供补贴的,补贴金额以企业实际接受的资本金额计算;(5)以提供货物或者服务形式提供补贴的,补贴金额以该项货物或者服务的正常市场价格与企业实际支付的价格之差计算;(6)以购买货物形式提供补贴的,补贴金额以政府实际支付价格与该项货物正常市场价格之差计算;(7)以放弃或者不收缴应收收入形式提供的,补贴金额以依法应缴金额与企业实际缴纳金额之差计算。

(二)损害的确定

一国采取反补贴措施,除要认定出口国的财政资助构成补贴外,还要认定补贴是否

① WTO《补贴与反补贴措施协定》将补贴分为三类:禁止性补贴、可申诉补贴和不可申诉补贴。禁止性补贴,是指以出口实绩或进口替代作为唯一条件或条件之一所提供的补贴,协定禁止成员方给予或予以维持。可申诉补贴,是指在一定范围内允许实施,但如果在实施过程中对其他成员方的经济贸易利益产生不利影响,受到不利影响的成员方就可以向使用这类补贴措施或实施这类补贴的成员方提出反对意见和提起申诉。不可申诉补贴,是指不会招致其他成员方提起反补贴申诉的补贴行为,包括不具有专向性的补贴和政府对科研、环保及落后地区的补贴。

对本国产业发展造成损害。我国《反补贴条例》第 7 条规定:“损害,是指补贴对已经建立的国内产业造成实质损害或者产生实质损害威胁,或者对建立国内产业造成实质阻碍。”显然,确定是否存在损害,要注意以下问题。

1. 国内产业的含义

确定补贴损害时须认定的产业,是指进口国生产与进口产品相同或同类产品的产业。产业的定义直接涉及受保护产业的范围,涉及反补贴指控请求权的资格。我国《反补贴条例》第 11 条规定,国内产业,是指中华人民共和国国内同类产品的全部生产者,或者其总产量占国内同类产品全部总产量的主要部分的生产者;但是,国内生产者与出口经营者或者进口经营者有关联的,①或者其本身为补贴产品或者同类产品的进口经营者的,应当除外。在特殊情形下,国内一个区域市场中的生产者,在该市场中销售其全部或者几乎全部的同类产品,并且该市场中同类产品的需求主要不是由国内其他地方的生产者供给的,可以视为一个单独产业。

2. 产业损害的程度

补贴对国内产业损害的程度,包括对已经建立的国内产业造成实质损害或者产生实质损害威胁,或者对建立国内产业造成实质阻碍。实质损害,是指对国内产业已经造成的、不可忽略的损害。实质损害威胁,是指对国内产业尚未造成实质损害,但有证据表明如果不采取措施将导致国内产业实质损害发生的明显可预见和迫近的情形。对实质损害威胁的确定,应当依据事实,不得仅依据指控、推测或者极小的可能性。对建立国内产业的实质阻碍,是指阻碍尚未建立的国内产业的形成和发展,致使该产业无法建立。

在确定补贴对国内产业造成的损害时,应当审查下列事项:(1)补贴可能对贸易造成的影响;(2)补贴进口产品的数量,包括补贴进口产品的绝对数量或者相对于国内同类产品生产或者消费的数量是否大量增加,或者补贴进口产品大量增加的可能性;(3)补贴进口产品的价格,包括补贴进口产品的价格削减或者对国内同类产品的价格产生大幅度抑制、压低等影响;(4)补贴进口产品对国内产业的相关经济因素和指标的影响;(5)补贴进口产品出口国、原产国的生产能力、出口能力,被调查产品的库存情况;(6)造成国内产业损害的其他因素。

3. 对损害的累积评估

累计评估,是指当受补贴进口产品来自一个以上国家时,进口国主管机构可以累积计算其进口总量,以总量确定进口是否造成国内同类产业的损害。

我国《反补贴条例》第 9 条规定,补贴进口产品来自两个以上国家(地区),并且同

---

①　根据 2003 年《商务部反补贴产业损害调查规定》,这里所称的“有关联”,是指其中的一方直接或者间接控制或影响另一方,或者双方直接或间接地受第三方控制或影响,或者双方共同直接或者间接地影响第三方。

时满足下列条件的,可以就补贴进口产品对国内产业造成的影响进行累积评估:(1)来自每一国家的补贴进口产品的补贴金额不属于微量补贴,并且其进口量不属于可忽略不计的;(2)根据补贴进口产品之间的竞争条件以及补贴进口产品与国内同类产品之间的竞争条件,进行累积评估是适当的。微量补贴,是指补贴金额不足产品价值1%的补贴;但是,来自发展中国家(地区)的补贴进口产品的微量补贴,是指补贴金额不足产品价值2%的补贴。

4. 补贴与损害的因果关系

要采取反补贴措施,除证明补贴存在和损害存在外,还须证明补贴与损害之间存在因果关系,即国内产业的损害是因为进口产品存在补贴造成的。根据我国《反补贴条例》的相关规定,申请人向商务部提出反补贴调查的书面申请时,应当附具补贴与损害之间存在因果关系的证据。WTO《补贴与反补贴措施协定》第11条也规定:"申请进行反补贴调查的,必须提交充分的证据,说明存在某项补贴,存在对国内产业的损害,以及受补贴产品和宣称受损害之间的因果关系。"这里关于补贴与损害间的因果关系的证据,包括被指控的补贴进口产品数量变化的信息,该进口产品对国内市场同类产品价格的影响,以及由影响国内产业状况的有关因素和指标所证明的该产品对国内产业所造成的影响等。

三、反补贴调查程序

(一)申请

在我国,国内产业或者代表国内产业的自然人、法人或者有关组织,可以依照《反补贴条例》的规定向商务部提出反补贴调查的书面申请。

申请书应当包括下列内容:(1)申请人的名称、地址及有关情况;(2)对申请调查的进口产品的完整说明,包括产品名称、所涉及的出口国或者原产国、已知的出口经营者或者生产者等;(3)对国内同类产品生产的数量和价值的说明;(4)申请调查进口产品的数量和价格对国内产业的影响;(5)申请人认为需要说明的其他内容。

申请书还应当附具下列证据:申请调查的进口产品存在补贴;对国内产业的损害;补贴与损害间存在因果关系。

(二)立案

商务部应当自收到申请人提交的申请书及有关证据之日起60天内,对申请是否由国内产业或者代表国内产业提出、申请书内容及所附具的证据等进行审查,并决定立案调查或者不立案调查。在特殊情形下,可以适当延长审查期限。

在表示支持申请或者反对申请的国内产业中,支持者的产量占支持者和反对者的总产量的50%以上的,应当认定申请是由国内产业或者代表国内产业提出的,可以启动反补贴调查;但是,表示支持申请的国内生产者的产量不足国内同类产品总产量的25%的,不得启动反补贴调查。

在特殊情况下,商务部没有收到反补贴调查的书面申请,但有充分证据认为存在补贴和损害以及二者之间有因果关系的，可以决定立案调查。

立案调查的决定，由商务部予以公告，并通知申请人、已知的出口经营者、进口经营者以及其他有利害关系的组织、个人（以下简称利害关系方）和出口国政府。立案调查的决定一经公告，商务部应当将申请书文本提供给已知的出口经营者和出口国政府。

（三）磋商

经初步审查认为申请基本符合要求的，在决定立案调查前，商务部还应当邀请出口国政府进行磋商，以澄清申请中所涉事项并寻求双方满意的解决办法。出口国政府拒绝磋商的不影响反补贴调查程序进一步进行。商务部与出口国磋商成功取得一致意见达成协议的，商务部可以终止反补贴调查立案，通知申请人并说明理由。

在反补贴调查期间，应当给予产品被调查的国家政府继续进行磋商的合理机会。磋商不妨碍商务部根据《反补贴条例》的规定进行调查，并采取反补贴措施。

（四）调查

对补贴的调查和确定，由商务部负责。对损害的调查和确定，由商务部负责；其中，涉及农产品的反补贴国内产业损害调查，由商务部会同农业农村部进行。

商务部可以采用问卷、抽样、听证会、现场核查等方式向利害关系方了解情况，进行调查。商务部认为必要时，可以派出工作人员赴有关国家进行调查，但有关国家提出异议的除外。

商务部应当为有关利害关系方、利害关系国政府提供陈述意见和论据的机会。

在商务部进行调查时，利害关系方、利害关系国政府应当如实反映情况，提供有关资料。利害关系方、利害关系国政府不如实反映情况、提供有关资料的，或者没有在合理时间内提供必要信息的，或者以其他方式严重妨碍调查的，商务部可以根据可获得的事实作出裁定。

利害关系方、利害关系国政府认为其提供的资料泄漏后将产生严重不利影响的，可以向商务部申请对该资料按保密资料处理。商务部认为保密申请有正当理由的，应当对利害关系方、利害关系国政府提供的资料按保密资料处理，同时要求利害关系方、利害关系国政府提供一份非保密的该资料概要。

商务部应当允许申请人、利害关系方和利害关系国政府查阅本案有关资料，但是属于按保密资料处理的除外。

（五）裁决

在调查期间内，商务部根据调查结果，就补贴、损害和二者之间的因果关系是否成立作出初裁决定，并予以公告。

初裁决定确定补贴、损害以及二者之间的因果关系成立的，商务部应当对补贴及补贴金额、损害及损害程度继续进行调查，并根据调查结果作出终裁决定，予以公告。在作出终裁决定前，应当由商务部将终裁决定所依据的基本事实通知所有已知的利害关系方、利害关系国政府。

(六)反补贴调查的终止

反补贴调查应当自立案调查决定公告之日起12个月内结束;特殊情况下可以延长,但延长期不得超过6个月。

有下列情形之一的,反补贴调查应当终止,并由商务部予以公告:(1)申请人撤销申请的;(2)没有足够证据证明存在补贴、损害或者二者之间有因果关系的;(3)补贴金额为微量补贴的;(4)补贴进口产品实际或者潜在的进口量或者损害属于可忽略不计的;(5)通过与有关国家政府磋商达成协议,不需要继续进行反补贴调查的;(6)商务部认为不适宜继续进行反补贴调查的。

四、反补贴措施

(一)临时措施

临时措施,是各国政府在开始反补贴调查后,还没有对补贴和损害作出最终决定前,为了及时制止受补贴的进口产品可能造成的损害继续扩大,对涉嫌补贴并可能造成损害的产品实行的短期性征税措施。临时措施的实施一般要符合下列条件:已依照规定发起调查,并为此发出公告,且已给予利害关系方提交信息和提出意见的充分机会;已作出关于存在补贴和存在补贴进口产品对国内产业造成损害的初步裁定;有关主管机关判断此类措施对防止在调查期间造成损害是必要的。

根据我国《反补贴条例》的规定,初裁决定确定补贴成立,并由此对国内产业造成损害的,可以采取临时反补贴措施。临时措施不得在自反补贴立案调查决定公告之日起60天内采取。临时措施采取以保证金或者保函作为担保的征收临时反补贴税的形式。

采取临时反补贴措施,由商务部提出建议,国务院关税税则委员会根据商务部的建议作出决定,由商务部予以公告。海关自公告规定实施之日起执行。

临时反补贴措施实施的期限,自临时反补贴措施决定公告规定实施之日起,不超过4个月。

(二)承诺

承诺,是指出口国政府或出口经营者采取的,用以消除补贴对进口国生产同类产品的产业造成的损害而自愿采取的同意取消或限制出口补贴的保证措施。这些保证措施一般以与对方当局达成协议的方式进行。

根据《反补贴条例》的规定,在反补贴调查期间,出口国政府提出取消、限制补贴或者其他有关措施的承诺,或者出口经营者提出修改价格的承诺的,商务部应当予以充分考虑。商务部可以向出口经营者或者出口国政府提出有关价格承诺的建议,但不得强迫出口经营者作出承诺。出口经营者、出口国政府不作出承诺或者不接受有关价格承诺的建议的,不妨碍对反补贴案件的调查和确定。

商务部认为承诺能够接受并符合公共利益的,可以决定中止或者终止反补贴调查,不采取临时反补贴措施或者征收反补贴税。中止或者终止反补贴调查的决定由商务部予以公告。商务部如果不接受承诺的，应当向有关出口经营者说明理由。商务部对补贴以及由补贴造成的损害作出肯定的初裁决定前，不得寻求或者接受承诺。在出口经营者作出承诺的情况下，未经其本国政府同意的，商务部不得寻求或者接受承诺。

商务部接受承诺并中止或终止调查后，应出口国政府请求，应当对补贴和损害继续进行调查，或者商务部认为有必要的，可以对补贴和损害继续进行调查。根据调查结果，作出补贴或者损害的否定裁定的，承诺自动失效；作出补贴或者损害的肯定裁定的，承诺继续有效。

商务部可以要求承诺已被接受的出口经营者或者出口国政府定期提供履行其承诺的有关情况、资料，并予以核实。对违反承诺的，商务部可以立即决定恢复反补贴调查，根据可获得的最佳信息，可以决定采取临时反补贴措施，并可以对实施临时反补贴措施前 90 天内进口的产品追溯征收反补贴税，但违反承诺前进口的产品除外。

（三）反补贴税

如果在反补贴调查过程中，在为完成磋商的努力没有取得效果的情况下，终裁决定确定补贴成立，并由此对国内产业造成损害的，可以征收反补贴税。征收反补贴税应当符合公共利益。

征收反补贴税，由商务部提出建议，国务院关税税则委员会根据商务部的建议作出决定，由商务部予以公告。海关自公告规定实施之日起执行。

反补贴税的纳税人为补贴进口产品的进口经营者。反补贴税税额不得超过终裁决定确定的补贴金额。反补贴税应当根据不同出口经营者的补贴金额，分别确定。对实际上未被调查的出口经营者的补贴进口产品，需要征收反补贴税的，应当迅速审查，按照合理的方式确定对其适用的反补贴税。

反补贴税适用于终裁决定公告之日后进口的产品，但终裁决定确定存在实质损害，并在此前已经采取临时反补贴措施的，反补贴税可以对已经实施临时反补贴措施的期间追溯征收。终裁决定确定存在实质损害威胁，在先前不采取临时反补贴措施将会导致后来作出实质损害裁定的情况下已经采取临时反补贴措施的，反补贴税可以对已经实施临时反补贴措施的期间追溯征收。下列三种情形并存的，必要时也可以对实施临时反补贴措施之日前 90 天内进口的产品追溯征收反补贴税：（1）补贴进口产品在较短的时间内大量增加；（2）此种增加对国内产业造成难以补救的损害；（3）此种产品得益于补贴。

终裁决定确定不征收反补贴税的，或者终裁决定未确定追溯征收反补贴税的，对实施临时反补贴措施期间已收取的保证金应当予以退还，保函应当予以解除。

五、反补贴税和承诺的期限与复审

（一）反补贴税和承诺的期限

反补贴税的征收期限和承诺的履行期限不超过 5 年；但是，经复审确定终止征收反补贴税有可能导致补贴和损害的继续或者再度发生的，反补贴税的征收期限可以适当延长。

(二)反补贴税和承诺的复审

反补贴税生效后,商务部可以在有正当理由的情况下,决定对继续征收反补贴税的必要性进行复审;也可以在经过一段合理时间,应利害关系方的请求并对利害关系方提供的相应证据进行审查后,决定对继续征收反补贴税的必要性进行复审。

承诺生效后,商务部可以在有正当理由的情况下,决定对继续履行承诺的必要性进行复审;也可以在经过一段合理时间,应利害关系方的请求并对利害关系方提供的相应证据进行审查后,决定对继续履行承诺的必要性进行复审。

根据复审结果,由商务部提出保留、修改或者取消反补贴税的建议,国务院关税税则委员会根据商务部的建议作出决定,由商务部予以公告;或者由商务部根据规定,作出保留、修改或取消承诺的决定并予以公告。

复审期限自决定复审开始之日起,不超过12个月。在复审期间,复审程序不妨碍反补贴措施的实施。

【典型案例】中国首起农产品反补贴案

根据《反补贴条例》的规定,商务部于2009年9月27日发布公告,对原产于美国的进口白羽肉鸡产品进行反补贴立案调查。此次反补贴调查的申请由中国畜牧业协会代表国内白羽肉鸡产业提出,申请人同时还提出了反倾销调查申请,所以这也是一个"双反"调查案。在立案后,美国政府、美国禽蛋品出口协会以及35家美国白羽肉鸡生产商、出口商登记应诉。

本案被调查产品为原产于美国的进口白羽肉鸡产品,即活体白羽肉鸡屠宰加工后的肉鸡产品。2009年中国从美国进口白羽肉鸡产品62.29万吨,金额8.04亿美元。从美国进口的白羽肉鸡产品数量占我国总进口量的70%以上。

本案是我国针对进口农产品发起的首次反补贴调查。商务部对被调查产品是否存在补贴和补贴金额、被调查产品是否对中国国内白羽肉鸡产业造成损害和损害程度以及补贴与损害之间的因果关系进行了调查。经过7个月的工作,商务部于2010年4月28日作出了反补贴初裁裁决。在此前的2010年2月5日,商务部已作出反倾销初裁裁决,并采取了临时反倾销措施。

反补贴初裁认定,在本案调查期内,原产于美国的进口白羽肉鸡产品存在补贴,中国国内白羽肉鸡产业受到了实质损害,而且补贴与实质损害之间存在因果关系。美国应诉公司被裁定3.8%~11.2%不等的从价补贴率,未应诉公司从价补贴率为31.4%。国务院关税税则委员会根据商务部的建议作出决定,自本公告列明之日起,采用临时反补贴税保证金的形式对原产于美国的进口白羽肉鸡产品实施临时反补贴措施。

在初步裁决后,商务部继续对原产于美国的进口被调查产品是否存在补贴和补贴金额、被调查产品是否对中国国内白羽肉鸡产业造成损害和损害程度以及补贴与损害之间的因果关系进行调查。2010 年 8 月 29 日商务部根据调查结果,并依据《反补贴条例》第 26 条的规定,最终裁定,原产于美国的进口白羽肉鸡产品存在补贴,中国国内白羽肉鸡产业受到了实质损害,而且补贴与实质损害之间存在因果关系。根据《反补贴条例》第 39 条的规定,商务部向国务院关税税则委员会提出对原产于美国的进口白羽肉鸡产品征收反补贴税的建议。国务院关税税则委员会根据商务部的建议作出决定,自公告列明之日起,对原产于美国的进口白羽肉鸡产品征收反补贴税。

第三节 保障措施法

一、保障措施立法概况

保障措施,是指进口国在进口激增并对国内相关产业造成严重损害或严重损害威胁时,采取的进口限制措施。它和反倾销、反补贴措施一样,都是为了避免别国的不公平贸易行为对本国产业的损害而采取的保护措施。早在 1934 年,美国国内法中就已出现了保障措施的规定,而在双边国际经济条约中加入保障条款的则可追溯至 1943 年美墨互惠贸易协定。后来,在美国的主导下,保障措施正式纳入 1947 年《关税及贸易总协定》,即第 19 条"对某种产品进口的紧急措施"。但由于该条本身存在缺乏对重要概念的定义、程序规则不明确等缺陷,实施状况并不理想,缔约方希望能够进一步加以完善。东京回合试图修改 GATT 第 19 条,但没有成功。乌拉圭回合中经过缔约方艰苦的"讨价还价",终于达成了《保障措施协定》,适用于所有成员方。

我国 1994 年《对外贸易法》原则性规定了政府主管部门可以采取保障措施,但没有具体规定采取保障措施的详细条件和程序。2001 年以《对外贸易法》为依据,国务院通过了《保障措施条例》。此后,原外经贸部和国家经贸委相继发布了《保障措施调查立案暂行规则》《保障措施调查听证会暂行规则》《保障措施产业损害调查与裁决规则》等规范性文件。

由于《保障措施条例》在中国加入 WTO 前夕制定,经验和认识有限,部分条文不能适应发展的需要,2004 年国务院通过了《关于修改〈中华人民共和国保障措施条例〉的决定》,修订后的《保障措施条例》共 5 章 34 条,内容包括总则、调查、保障措施、保障措施的期限与复审、附则。

二、采取保障措施的实体条件

根据我国《保障措施条例》第 2 条的规定,进口产品数量增加,并对生产同类产品或者直接竞争产品的国内产业造成严重损害或严重损害威胁的(统称损害),主管部门可以依此条例进行调查,并采取保障措施。由此可以看出,采取保障措施,必须符合以下三个条件。

1. 进口产品数量增加

进口产品数量增加，是指进口产品数量的绝对增加或者与国内生产相比的相对增加。

2. 对生产同类产品或者直接竞争产品的国内产业造成严重损害或者严重损害威胁

“同类产品”，是指与被调查进口产品相同的产品；没有相同产品的，以与被调查进口产品的特性最相似的产品为同类产品。“直接竞争产品”，是指与被调查进口产品虽然不是同类产品，但是与被调查进口产品具有相近的用途和较强的可替代性，且具有直接竞争关系的产品。在确定同类产品和直接竞争产品时，可以考虑产品的物理特征、化学性能、生产设备和工艺、产品用途、产品的可替代性、消费者和生产者的评价、销售渠道、价格等因素。

“国内产业”，是指中国国内同类产品或直接竞争产品的全部生产者，或者其总产量占国内同类产品或者直接竞争产品全部总产量的主要部分的生产者。

“严重损害”，是指国内产业受到的全面的和重大的减损。“严重损害威胁”是明显迫近的严重损害，如果不采取措施将导致严重损害的发生。对“严重损害威胁”的确定，应当依据事实，审查产品出口国的生产能力、库存情况、出口能力和对中国出口继续增加的可能性等因素，而不得仅依据指控、推测或者极小的可能性。

3. 进口产品数量增加与国内产业损害具有因果关系

调查机关应根据客观事实和证据，确定进口产品数量增加与国内产业的损害之间存在因果关系。

在确定进口产品数量增加对国内产业造成的严重损害或严重损害威胁时，应当审查以下因素：(1)进口产品的绝对和相对增长率与增长量；(2)增加的进口产品在国内市场中所占的份额；(3)进口产品对国内产业的影响，包括对国内产业在产量、销售水平、市场份额、生产率、设备利用率、利润与亏损、就业等方面的影响；(4)造成国内产业损害的其他因素。但在确定进口产品数量增加对国内产业造成的损害时，不得将进口增加以外的因素对国内产业造成的损害归因于进口增加。

三、保障措施调查程序

(一)申请

与国内产业有关的自然人、法人或者其他组织，可以向商务部提出采取保障措施的书面申请。

(二)立案

商务部应当对申请人提出的采取保障措施的申请及时进行审查，决定立案调查或者不立案调查。商务部没有收到采取保障措施的书面申请，但有充分证据认为国内产业因进口产品数量增加而受到损害的，可以决定立案调查。

立案调查的决定，由商务部予以公告。商务部应当将立案调查的决定及时通知WTO的保障措施委员会。

（三）调查

对进口产品数量增加及损害的调查和确定，由商务部负责；其中，涉及农产品的保障措施国内产业损害调查，由商务部会同农业农村部进行。

在调查期间，商务部应当及时公布对案情的详细分析和审查的相关因素等。

调查可以采用调查问卷的方式，也可以采用听证会或者其他方式。商务部应当为进口经营者、出口经营者和其他利害关系方提供陈述意见和论据的机会。

调查中获得的有关资料，资料提供方认为需要保密的，商务部可以按保密资料处理。保密申请有理由的，应当对资料提供方提供的资料按保密资料处理，同时，要求资料提供方提供一份非保密的该资料概要。

进口产品数量增加、损害的调查结果及其理由的说明，由商务部予以公布。商务部还应当将调查结果及有关情况及时通知保障措施委员会。

（四）裁决

商务部根据调查结果可以作出初裁决定，也可以直接作出终裁决定，并予以公告。

四、保障措施

（一）临时保障措施

有明确证据表明进口产品数量增加，在不采取临时保障措施将对国内产业造成难以补救的损害的紧急情况下，可以作出初裁决定，并采取临时保障措施。临时保障措施采取提高关税的形式。

采取临时保障措施，由商务部提出建议，国务院关税税则委员会根据商务部的建议作出决定，由商务部予以公告。海关自公告规定实施之日起执行。

在采取临时保障措施前，商务部应当将有关情况通知保障措施委员会。

临时保障措施的实施期限，自临时保障措施决定公告规定实施之日起，不超过200天。

（二）保障措施

终裁决定确定进口产品数量增加，并由此对国内产业造成损害的，可以采取保障措施。实施保障措施应当符合社会公共利益。采取保障措施应当限于防止、补救严重损害并便利调整国内产业所必要的范围内。

在采取保障措施前，商务部应当为与有关产品的出口经营者有实质利益的国家政府提供磋商的充分机会。

保障措施可以采取提高关税、数量限制等形式。保障措施采取提高关税形式的，由商务部提出建议，国务院关税税则委员会根据商务部的建议作出决定，由商务部予以公告；采取数量限制形式的，由商务部作出决定并予以公告。海关自公告规定实施之日起执行。采取数量限制措施的，限制后的进口量不得低于最近3个有代表性年度的平均进口量；但是，有正当理由表明为防止或者补救严重损害而有必要采取不同水平的数量限制措施的除外。采取数量限制措施，需要在有关出口国或者原产国之间进行数量分配的,商务部可以与有关出口国或者原产国就数量的分配进行磋商。

保障措施应当针对正在进口的产品实施,不区分产品来源国。

五、保障措施的期限与复审

(一)保障措施的期限

保障措施的实施期限不超过4年。符合下列条件的,保障措施的实施期限可以适当延长:(1)按照规定的程序确定保障措施对于防止或者补救严重损害仍然有必要;(2)有证据表明相关国内产业正在进行调整;(3)已经履行有关对外通知、磋商的义务;(4)延长后的措施不严于延长前的措施。一项保障措施的实施期限及其延长期限,最长不超过10年。

对同一产品再次采取保障措施的,与前次采取保障措施的时间间隔应当不短于前次采取保障措施的实施期限,并且至少为2年。符合下列条件的,对一产品实施的期限为180天或者少于180天的保障措施,不受前款限制:自对该进口产品实施保障措施之日起,已经超过1年;自实施该保障措施之日起5年内,未对同一产品实施2次以上保障措施。

(二)保障措施的复审

保障措施实施期限超过3年的,商务部应当在实施期间内对该项措施进行中期复审。复审的内容包括保障措施对国内产业的影响、国内产业的调整情况等。

保障措施属于提高关税的,商务部应当根据复审结果,提出保留、取消或者加快放宽提高关税措施的建议,国务院关税税则委员会根据商务部的建议作出决定,由商务部予以公告;保障措施属于数量限制或者其他形式的,商务部应当根据复审结果,作出保留、取消或者加快放宽数量限制措施的决定并予以公告。

【典型案例】2002年进口钢铁产品保障措施案

2002年3月美国政府为保护其国内钢铁生产商利益,对进口钢材征收30%高额附加关税。为此,很多国家和地区的钢铁产品开始涌入中国市场。2002年4月19日,中国钢铁工业协会以及宝钢集团公司、鞍钢集团公司、武钢集团公司、首钢总公司和邯郸钢铁集团公司向原外经贸部正式递交了《关于对钢铁产品进行保障措施调查的申请》。申请人对进口钢铁产品对国内钢铁产业造成严重损害的事实进行了分析和说明,称钢铁产品进口数量急剧增加,钢材价格下跌、企业利润下降、国内产品出口量减少,部分企业陷入了困境,失业人数增加,国内钢铁市场正在面临严重损害或严重损害威胁,故请求原外经贸部对部分进口钢铁产品发起保障措施调查。

2002年5月20日,外经贸部发布公告,决定对部分进口钢铁产品进行保障措施立案调查,被调查产品包括普通中厚板、硅电钢、不锈钢板、无缝管等11大类25小类84个税则号的进口钢铁产品。基于对申请人递交的证据材料等的分析,有明显证据表明9大类17小类被调查产品的进口增加正在给国内产业造成严重损害或严重损害威胁,并且国内产业正处于紧急情况，延迟采取临时保障措施将导致难以弥补的损害。外经贸部于2002年5月21日又发布公告，决定对这9大类17小类48个税则号的进口钢铁产品采取临时保障措施，实施期限为180天。

根据修订前的《保障措施条例》的规定，原外经贸部对进口产品数量增加进行了调查，原国家经贸委对国内产业损害进行了调查。鉴于两部委作出的《关于对部分进口钢铁产品保障措施调查的终裁决定》，2002年11月19日，原外经贸部发布公告：自2002年11月20日起，对热轧普薄板、冷轧普薄板等5类进口钢铁产品实施最终保障措施。保障措施采取"关税配额、先来先办"的方式。在规定数量内进口产品仍执行现行关税税率，规定数量外进口产品在执行现行关税税率基础上加征关税。最终保障措施的实施期限为3年，自2002年5月24日至2005年5月23日。不适用最终保障措施的临时保障措施涉案产品在临时保障措施实施期间加征的关税将予以退还。

2003年12月26日商务部(2003年组建)发布公告，鉴于钢铁贸易形势的发展，经国务院关税税则委员会批准，商务部决定，自2003年12月26日起，终止上述钢铁保障措施的实施，不再对该措施项下的进口钢铁产品加征关税。

复习思考题

- 1. 如何确定倾销以及倾销对国内产业的损害？
- 2. 简述反倾销调查程序的主要内容。
- 3. 简述反倾销措施的类型和适用条件。
- 4. 如何确定补贴以及补贴对国内产业的损害？
- 5. 简述反补贴调查程序的主要内容。
- 6. 试述一国政府对进口产品采取保障措施需要具备的基本条件。

法律职业资格考试真题

1. 进口到中国的某种化工材料数量激增，其中来自甲国的该种化工材料数量最多，导致中国同类材料的生产企业遭受实质损害。根据我国相关法律规定，下列哪一选项是正确的？(2011年)

A. 中国有关部门启动保障措施调查，应以国内有关生产者申请为条件

B. 中国有关部门可仅对已经进口的甲国材料采取保障措施

C. 如甲国企业同意进行价格承诺，则可避免被中国采取保障措施

D. 如采取保障措施，措施针对的材料范围应当与调查范围相一致

参考答案：D

2. 甲、乙、丙中国企业代表国内某食品原料产业向商务部提出反倾销调查申请，要求对原产于A国、B国、C国的该原料进行相关调查。经查，商务部终局裁定确定倾销

成立,对国内产业造成损害,决定征收反倾销税。根据我国相关法律规定,下列哪一说法是正确的?(2011 年)

A. 反倾销税的纳税人是该原料的出口经营者

B. 在反倾销调查期间,商务部可以建议进口经营者作出价格承诺

C. 终裁决定确定的反倾销税额高于已付或应付临时反倾销税或担保金额的,差额部分不予征收

D. 终裁决定确定的反倾销税额低于已付或应付临时反倾销税或担保金额的,差额部分不予退还

参考答案:C

3. 国内某产品生产商向我国商务部申请对从甲国进口的该产品进行反倾销调查。该产品的国内生产商共有 100 多家。根据我国相关法律规定,下列哪一选项是正确的?(2010 年)

A. 任何一家该产品的国内生产商均可启动反倾销调查

B. 商务部可强迫甲国出口商作出价格承诺

C. 如终裁决定确定的反倾销税高于临时反倾销税,甲国出口商应当补足

D. 反倾销税税额不应超过终裁决定确定的倾销幅度

参考答案:D

4. 根据我国相关法律规定,满足下列哪些条件,商务部才可决定采取保障措施?(2010 年)

A. 进口产品数量增加

B. 进口产品数量增加是出口方倾销或补贴的结果

C. 进口产品数量增加并对生产同类产品的国内产业造成严重损害

D. 进口产品数量增加并对国内直接竞争产品的产业造成严重损害威胁

参考答案:CD

5. 中国某化工产品的国内生产商向中国商务部提起对从甲国进口的该类化工产品的反补贴调查申请。依我国相关法律规定,下列哪一选项是正确的?(2009 年)

A. 商务部认为必要时可以强制出口经营者作出价格承诺

B. 商务部认为有必要出境调查时,必须通过司法协助途径

C. 反补贴税税额不得超过终裁决定确定的补贴金额

D. 甲国该类化工产品的出口商是反补贴税的纳税人

参考答案:C

6. 在进口倾销对国内产业造成实质损害的情况下,反倾销税可以追溯征收。该反倾销税可适用于下列哪些产品?(2008 年)

A. 采取临时反倾销措施期间进口的产品

B. 发起反倾销调查前 90 天内进口的产品

C. 提起反倾销调查前 90 天进口的产品

D. 实施临时反倾销措施之日前 90 天内进口的产品

参考答案:AD

7. 根据《反补贴条例》的规定,下列哪些补贴属于有专向性的补贴?(2008 年)

A. 由出口国法律明确规定的某些企业获得的补贴

B. 环保组织以改善环保为条件对企业提供的赠款

C. 指定特定区域内的企业、产业获得的补贴

D. 世界银行对贫困地区提供的无息贷款

参考答案:AC

8. 根据我国《反倾销条例》规定,倾销进口产品的出口经营者在反倾销调查期间,可向商务部作出改变价格或停止以倾销价格出口的价格承诺。有关价格承诺的规定,下列哪一选项是正确的?(2007 年)

A. 商务部可以向出口经营者提出价格承诺的建议

B. 商务部在对倾销及其损害作出肯定的初步裁定之前可以寻求或接受价格承诺

C. 对出口经营者作出的价格承诺,商务部应予接受

D. 出口经营者违反其价格承诺的,商务部可以采取保障措施

参考答案:A

9. 根据中国法律,如果中国商务部终局裁定确定某种进口产品倾销成立并由此对国内产业造成损害的,可以征收反倾销税。下列关于反倾销税的哪种说法是正确的?(2006 年)

A. 反倾销税只对终局裁定公告之日后进口的产品适用

B. 反倾销税税额不得超过终局裁定的倾销幅度

C. 反倾销税和价格承诺可以同时采取

D. 反倾销税的纳税人应该是倾销产品的出口商

参考答案:B

10. 下列哪一项措施不是我国有关反倾销法律规定的反倾销措施?(2005 年)

A. 临时反倾销措施

B. 价格承诺

C. 反倾销税

D. 进口配额

参考答案:D

11. 根据《中华人民共和国反补贴条例》规定,下列有关补贴认定的说法中,何者为正确?(2005 年)

A. 补贴不必具有专向性

B. 补贴必须由政府直接提供

C. 接受者必须获得利益

D. 必须采取支付货币的形式

参考答案:C

12. 根据我国《反补贴条例》,采取反补贴措施的补贴应是下列选项中的哪一种?(2003 年)

A. 出口补贴

B. 国内补贴

C. 出口国专向补贴

D. 出口国普遍补贴

参考答案:C

第三编　国家投资经营法律制度

第十四章　国家投资经营法概论

第一节　国家投资经营法的概念与立法体系

一、国家投资经营法的概念

国家投资经营法,是规范国家投资经营行为,调整在国家投资经营过程中有关各方主体间社会关系的法律规范的总称。

国家投资经营,是指国家直接参与生产经营活动。国家直接参与投资经营活动的方式包括:(1)国家直接投资开办企业,此即国有企业;(2)国家临时性参与某些重要商品的购销或外贸活动;(3)国家从事某些金融业务活动,如发放国家贷款或发行国家债券,参与债权债务关系。上述三种方式中,有的属于直接投资,如第一种方式;有的可归入间接投资,如第三种方式;第二种方式具有临时性质,其对社会经济的影响较为短暂。因此,在经济法领域,我们更多地关注第一种方式。从实践角度来说,第一种方式也最受重视。20世纪以来,国家投资经营最重要的方式是国家投资开办国有企业。

国家投资经营法的调整对象是在国家投资经营活动中发生的各种社会关系,可简称为国家投资经营关系。此类社会关系可从不同角度予以类型划分。比如,按照投资经营全过程环节来区分,可分为以下三类:(1)投资决策过程中的社会关系;(2)投资决策及投资项目的组织实施中的社会关系;(3)国家投资企业的设立、组织与经营管理过程中的社会关系。按照参与主体划分,国家投资经营关系可分为:(1)国家同其各有关机关、各级、各部门国家机关及其工作人员相互之间,在投资决策及其组织实施过程中,以及在对投资项目和国家投资企业的管理中,所发生的管理职责关系;(2)国家及其各级和各部门国家机关与工作人员,同各投资项目和企业之间管理和被管理关系;(3)国家投资项目和企业的内部管理关系。

二、国家投资经营法的立法体系

国家投资经营法包含多种法律、法规,以其内容和功能之不同,我们可以将这些法律、法规作进一步的类型划分,或曰将国家投资经营法进一步细分为几大块。其中主要为国家投资法和国有企业法。另外,国家投资须以国有资产为基础,且国家投资也会形成新的国有资产,因此,规范国有资产经营管理活动的法律、法规也非常重要,从教材编撰的角度来说,有必要涉及国有资产法的相关内容。这几大块的法律、法规相互协同,构成一个有机体系,此即为国家投资经营法的立法体系。

国家投资法就是规范国家投资行为,调整国家投资关系的法律规范的总称。从内容上看,它又可分为两大部分:一是国家投资政策法;二是国家投资体制与程序法。国家投资政策法规定国家投资政策的实体性内容,涉及投资规模政策和投资结构政策。前者的主要任务是确定国家投资的总体规模,以维持社会供给和需求的总量平衡;后者的主要任务是确定投资在国民经济各组成部分的分配比例,以维持国家投资在不同部门、行业及不同地区之间的平衡。国家投资体制与程序法主要规定国家投资管理体制、投资步骤和具体做法。它的主要任务是明确国家投资的权力分配、国家投资的实施、责任追究与纠纷解决等一系列问题。

目前,我国有关国家投资的法规、规章和法律性文件主要有:《国务院关于投资体制改革的决定》(2004 年)、《国务院关于固定资产投资项目试行资本金制度的通知》(1996 年)、《国务院办公厅转发发展改革委等部门关于加强固定资产投资调控从严控制新开工项目意见的通知》(2006 年)、《国务院关于发布实施〈促进产业结构调整暂行规定〉的决定》(2005 年)、《国务院关于加快推进产能过剩行业结构调整的通知》(2006 年)、国家发展和改革委员会发布的《企业投资项目核准暂行办法》(2005 年)、《国家发展改革委关于实行企业投资项目备案制指导意见的通知》(2004 年)、国务院国有资产监督管理委员会发布的《中央企业投资监督管理暂行办法》(2006 年)等。

国有企业法是调整在设立、经营国有企业以及推进国有企业改革过程中所发生的社会关系的法律规范的总称。易言之,国有企业法是关于国有企业的组织形式和经营管理的法律规范总和。国有企业法按照国家出资情况和企业组织形式,可分为国有独资企业法、国有独资公司法和国有控股公司法,国家与这两类企业的关系有所不同,立法内容也有所不同。

在立法层面,国有企业法可分为关于某种形态企业的综合性的法律和关于某些方面内容的单项法律、法规。此外,还有散见于其他立法文件的有关规定。国有控股公司与其他类型公司一样,均适用公司法,可以说,公司法是规范国有控股公司的一般法,但国有控股公司因为国家控股而具有许多特殊性,因而,国家还需制定一些特别法律规定。国有独资公司也应适用公司法的一般规定,除此之外,我国《公司法》在第二章设置了专门适用于国有独资公司的 7 个条文,并以“国有独资公司的特别规定”为标题单独成节,这种待遇是国有控股公司所不具有的,显示了国有独资公司的独特性。国有独资企业与上述二者相比具有更显著的特殊性,在企业形态选择上一般不采用公司形式,因而一般不适用公司法。我国调整此类国有企业的法律法规主要有《全民所有制工业企业法》,同时,对于某些重要的国有独资企业,国家还出台专门的法律法规予以调整。

国有资产法,是调整国有资产的取得、使用、管理、处置过程中发生的社会关系的法律规范的总称。国有资产取得、使用、管理、处置过程中发生的社会关系主要包括:国有资产管理体制关系,国有资产产权界定、登记关系,国有资产清产、核资关系,国有资产评估关系,国有资产流转关系和国有资产监督关系。一般来说,国有资产管理法具有多个部门法的属性。首先,它具有民法属性,关于国有资产的产权规则属于民法中的财产法;其次,它具有行政法的属性,行政事业性国有资产满足行政事业单位履行公共职能的需要,有关行政事业性国有资产的管理,主要是一种行政管理,因此,涉及行政事业性国有资产管理的法律法规和规章,具有行政法的性质;最后,它具有经济法的属性,国家利用国有资产投资经营是国家调节经济的三种方式之一,国有资产管理法作为国家投资经营法的组成部分,也就必然具有经济法的性质。不同部门法对国有资产的关注面是不同的,民法主要从静态角度确定国有资产的产权,它构成国有资产管理和使用的基础;行政法主要确定国家对国有资产进行管理的一般规则,其核心是使国有资产满足公共行政和公益支出的需要,调整的对象主要是行政事业性国有资产;经济法从国家调节经济的角度规定对国有资产的管理,其核心是利用国有资产调节国民经济,调整的对象主要是经营性国有资产。

我国没有制定统一的《国有资产法》,有关国有资产管理的法律渊源既有宪法和法律,也有行政法规、部门规章、地方法规和地方规章,体系比较繁杂。在宪法层面,我国《宪法》第 7 条、第 9 条、第 10 条、第 12 条都涉及国有资产的保护或管理;在基本法律层面,《企业国有资产法》集中规定了企业国有资产的保护与管理,同时,《物权法》《土地管理法》《草原法》《森林法》《水法》《矿产资源法》等法律也包含与国有资产相关的条款;此外,涉及国有资产的法律文件还包括一系列行政法规和部门规章,其主要者包括:《企业国有资产监督管理暂行条例》《企业国有资产产权登记管理办法》《国有资产产权界定和产权纠纷处理暂行办法》《国有资产评估管理办法》《中央企业境外国有产权管理暂行办法》《行政单位国有资产管理暂行办法》《事业单位国有资产管理暂行办法》等。

第二节 国家投资经营法的性质和地位

一、国家投资经营法的部门法属性

国家投资经营法,是经济法性质的法律规范,是经济法体系中的一个重要的组成部分。它这种部门法属性,是由这种法律的功能和任务、调整对象的特性以及它所适用的调整原则和调整方法等决定的。

国家投资经营法,是规范国家投资经营行为的法律。国家投资经营作为国家调节的一种方式,其目的是调节社会经济结构运行、促进社会经济协调、稳定和发展。因此,作为规范国家投资经营行为的国家投资经营法,也必然被设定了同样的目的,也就意味着这些法律在客观上具备此种功能。而此种功能是经济法这个部门法所要承担和具备的,因而,国家投资经营法与经济法整体在功能设定上是具有同质性的,这说明,国家投资经营法具有经济法性质。

国家投资经营既然主要是一种国家调节社会经济的方式,那么,国家投资经营的全过程,包括投资的规模、方向、重点和各个投资项目的确定,投资组织形式的选取,经营管理活动,都应服从国家经济调节的总任务和目的,促进社会经济总体上的协调、稳定和发展。其侧重点不在于个别投资经营活动的经济效益,而始终注意维护社会经济的总体效益。在安排和实行国家投资经营活动中,应当兼顾国家、集体和个人的各个方面的利益,促进各种民间投资经营活动,使各种所有制经济形态共同发展。因此,从法律的基本原则角度来说,国家投资经营法与经济法整体具有相同性,都应当贯彻"维护和促进社会经济总体效益和社会公平"这一基本原则。

国家投资经营具有相当的国家意志性,相关法律规范具有强制性,但也具有一定的任意性。国家投资经营法律规范是强行性规范、任意性规范与提倡性规范的结合,在法律后果上因而采取制裁与奖励相结合的做法。这说明,国家投资经营法与经济法整体的调整方法也是一致的。

综上所述,在部门法属性上,国家投资经营法属于经济法的基本组成部分,具有经济法的基本属性。但是,这并不是说国家投资经营法同经济法以外的其他部门法毫不相干。实际上,国家投资经营法统其他部门法,特别是民商法和行政法,也有着密切联系,并发生许多交叉。[①] 比如,国有企业法整体上属于国家投资经营法,从而主要具有经济法的属性,但公司制的国有企业也会适用公司法等法律,这就说明,在国有企业立法的这一领域,发生了经济法同民商法的交叉。但是,即使在这种情形下,国有企业法的经济法基本属性仍是主要方面,其与民商法的交叉和联系属于次要方面。

二、国家投资经营法在经济法中的地位

国家投资经营法是经济法的重要组成部分,是经济法体系的三个基本法律渊源之一。

国家投资经营这种国家调节手段在现代国家中常见且重要,它与其他两种国家调节方式具有显著的不同,这就使调整它的法律规范数量多,且功能独特,从而凸显出国家投资经营法在经济法体系中的重要性和相对独立地位。国家投资经营作为一种国家调节社会经济的基本方式,同其他两种方式相比较,具有直接性和见效快的特点。当国家从宏观高度洞悉国民经济的各部门、行业、地区等方面的结构比例关系,及各种总量变化情况后,国家立足于其经济调节意图,运用自己拥有的资产,直接投入某些经济领域和再生产的某个环节,并参与经营活动,这对于调节经济结构和运行的作用和效果是十分显然的。在过去,这种国家调节方式无论在社会主义国家或在各资本主义国家,都曾发挥十分重要的作用,因而被广泛采用。20 世纪 80 年代以来,西欧国家推行私有化,中国等社会主义国家不断深化国有企业改革,表面上国家投资经营活动的强度有所减弱。但是,国家投资经营作为现代国家调节社会经济的基本手段的状况并未发生根

① 漆多俊:《经济法基础理论》(第 5 版),法律出版社 2017 年版,第 275 页。

本转变。某些国家对国有企业的数量或国有经济的比重予以适当调整,是为了更好地发挥国家投资经营这种调节手段的积极作用,而非彻底否定它。因此,无论资本主义国家还是社会主义国家,都不会完全取消国家投资和国有企业,彻底放弃国家投资经营这种调节手段,国家投资经营作为国家调节社会经济的一种基本方式和手段,不仅在过去发挥了重要作用,而且在现在及将来都将继续发挥不可替代的作用。这就决定了,无论是在过去、现在还是将来,国家投资经营法都会是构成经济法体系的一个重要的基本法律渊源。

国家投资经营法在我国和其他社会主义国家经济法体系中的地位尤其重要,它长期居于经济法体系的核心地位。① 这首先是由国家投资经营活动在社会主义国家国民经济中的地位决定的。以我国为例,在传统的经济体制下,实行生产资料社会主义公有制,国有经济长期居于领导地位,并成为国民经济的主要组成部分,特别是众多的国有大中型企业掌握了国家的经济命脉,控制了各种重要的生产和流通领域,国家投资和国有企业经营管理等活动构成国家经济管理活动的主要方面,关于这方面的立法在我国经济立法中占据最重要的地位,其数量之多,内容之广,体系之完备,超过了其他任何方面的立法。自 20 世纪 70 年代末我国开始实施经济体制改革后,国有企业改革属于经济体制改革的先行和重点领域,为了保障和推进改革,国家不断地颁布和修订关于国有企业改革的法律、法规,使这方面立法在整个国家经济立法中的地位更加重要。我国在 1992 年决定实行社会主义市场经济,国有企业改革步伐进一步加快,关于国有企业改革的立法工作依然是经济立法的重要组成部分。在当前及今后一段时间内,关于国有企业特别是关于国有企业改革的立法仍将主导着我国的整个经济方面的立法,国家投资经营法自然会继续占据经济法的核心地位。但是,我们也应该看到,随着我国经济体制改革及国有企业改革的不断深化,我国国家投资经营法在整个经济法中的地位必然发生重大变化。一方面,随着国家新增投资规模受到控制,原有国有企业实行改革改制,调整国家投资经营活动的立法数量的增长将会降速;另一方面,由于非国有经济规模迅速发展壮大,使国有经济在整个国民经济中的比重不断下降,这会导致国家投资经营法的相对地位会有所下降。与此同时,国家对国民经济的管理方式和手段也逐渐转变:更多地依靠对国民经济实行宏观引导调控,更多地通过反垄断法和反不正当竞争法来排除市场障碍,维护良好的市场竞争秩序。因此,我们可以预料,在我国国有企业改革任务基本完成,市场经济体制基本建立,国家经济调节方式和手段得以健全之后,我国经济法体系的核心将发生转变,我国经济法体系的核心内容将会由国家投资经营法转变为宏观引导调控法。

① 漆多俊:《经济法基础理论》(第 5 版),法律出版社 2017 年版,第 277 页。

复习思考题

- 1. 国家投资经营法包含哪些基本内容？
- 2. 为什么说国家投资经营法具有经济法属性？
- 3. 如何理解国家投资经营法在社会主义国家经济法体系的地位？

第十五章 国家投资法

第一节 国家投资法概述

一、国家投资和国家投资法的界定

(一)国家投资的含义

国家投资是相对民间投资的一个概念,二者的区别主要在于投资主体和投资资产来源不同。国家投资,是指政府、其他财政性资金使用单位或国有企业利用国有资产进行的投资,而民间投资是指自然人或民营企业利用非国有资产进行的投资。国家投资也不同于政府投资,政府投资的含义较窄,仅指政府利用财政性资金或其他国有资产实施的投资行为,而国家投资还包括国有企业的投资。

一般的投资行为可依据不同的标准进行分类:依据投资对象的不同,可分为固定资产投资和流动资产投资;以投资是否借助金融中介为标准,可分为直接投资和间接投资。与此相对应,国家投资既可以表现为固定资产投资,也可以表现为流动资产投资,但流动资产投资主要是通过国有企业实施;国家投资既有直接投资,也有间接投资。国家实施的间接投资一般由证券法调整,而国家实施的直接投资,则主要由国家投资法调整。

(二)国家投资法的含义及表现形式

国家投资法是规范国家投资行为,调整国家投资关系的法律规范的总称。国家投资关系,是指在国家投资过程中以国家(或其主管部门)为一方主体与其他主体之间发生的各种社会关系。国家投资法与国有企业法一同构成国家投资经营法的核心内容,是经济法的重要构成部分。

世界各国均没有制定专门的调整国家投资的法律。西方国家的投资主体主要是私人,国家投资的比重十分有限,有关国家投资的立法,散见于有关产业政策、投资政策及国家计划等法律法规中。

我国在计划经济时期,实行的是单一的国家投资体制,由国家按部门或按行业对资金进行分配,主要依靠行政手段,也不需要国家投资法。改革开放后,我国投资体制发生了深刻变化。单一投资主体的格局已被打破,出现国家、企业、个人投资并存的局面。为了规范投资行为,加强对全社会投资的宏观管理,控制投资总规模,调整投资和改善建设布局,全面提高投资效益,国家先后颁布了一系列法规和文件。这些法规和文件适用于包括国家在内的各类投资主体的投资行为。因此,目前我国也没有针对国家投资的专门性法律。

但是,国务院及相关部委制定了一系列涉及国家投资的行政法规、规章。其中,国务院发布的相关行政法规主要包括:《关于固定资产投资项目试行资本金制度的通知》(1996 年)、《关于投资体制改革的决定》(2004 年)、《关于加快推进产能过剩行业结构调整的通知》(2006 年)、《关于鼓励和引导民间投资健康发展的若干意见》(2010 年)、《关于调整和完善固定资产投资项目资本金制度的通知》(2015 年)、《企业投资项目核准和备案管理条例》(2016 年)等。相关国家部委制定的行政规章等规范性文件主要包括:国家发展和改革委员会颁布的《关于实行企业投资项目备案制指导意见的通知》(2004 年)、国家发展和改革委员会颁布的《企业投资项目核准暂行办法》(2005 年)、国家发展和改革委员会等三部门制定并由国务院办公厅转发的《关于加强固定资产投资调控从严控制新开工项目意见》(2006 年)、国务院国有资产监督管理委员会发布的《中央企业投资监督管理暂行办法》(2006 年)、建设部等四部委制定的《关于严禁政府投资项目使用带资承包方式进行建设的通知》(2006 年)、财政部等四部门制定的《关于制止地方政府违法违规融资行为的通知》(2012 年)等。

二、国家投资的基本原则和国家投资管理体制

(一)国家投资的基本原则

国家投资必须坚持必要性原则。国家投资的必要性原则,是指国家投资的范围、额度及项目选择必须保持在必要的限度内,也即国家投资的目的是为社会提供必要的公共产品,或作为国家宏观调控的一种基本手段,国家投资不应超出这个范围,不应过多地介入应以民间投资为主的竞争行业或领域。

国务院 2010 年制定的《关于鼓励和引导民间投资健康发展的若干意见》明确规定,“政府投资主要用于关系国家安全、市场不能有效配置资源的经济和社会领域。对于可以实行市场化运作的基础设施、市政工程和其他公共服务领域,应鼓励和支持民间资本进入”。“国有资本要把投资重点放在不断加强和巩固关系国民经济命脉的重要行业和关键领域,在一般竞争性领域,要为民间资本营造更广阔的市场空间。”这就是国家投资必要性原则的具体体现。

(二)国家投资管理体制

国家投资管理体制是关于国家投资管理机构的设置及其职权划分的制度。我国没有设置专门的国家投资管理机构,对国家投资和其他投资由统一的投资管理机构管理。

我国实行“统一领导,分级管理”的投资管理体制,国务院统一领导全国的投资管理工作,国务院投资主管部门和地方各级投资主管部门分别主管中央和地方投资工作。

国务院投资主管部门是国家发展和改革委员会,其主管投资的职责是:提出全社会固定资产投资总规模,规划重大项目和生产力布局;安排国家财政性建设资金,指导和监督国外贷款建设资金的使用,指导和监督政策性贷款的使用方向;引导民间资金用于

固定资产投资的方向;研究提出利用外资和境外投资的战略、总量平衡和结构优化的目标和政策;安排国家拨款的建设项目和重大建设项目、重大外资项目、境外资源开发类和大额用汇投资项目;组织和管理重大项目稽查特派员工作。国家发展和改革委员会下设投资司具体主管投资管理工作。

各地方发展和改革委员会对本地区的投资规模和水平进行管理,负责审批使用地方财政性资金的投资项目和对属于其职权范围的企业投资项目进行核准或备案。

第二节 政府投资法律制度

一、政府投资的范围与决策

(一)政府投资的范围

国家投资要遵循必要性原则,政府投资更应如此。社会投资包括政府投资、国有企业投资以及民间投资,它们应当确立各自合理的范围。总体来说,政府投资应当谨慎,其范围应受到严格的约束。政府投资不是为了营利,而是为了弥补国有企业投资及民间投资的不足,履行公共服务和调节经济的职能,这就限定了政府投资的范围。

我国在计划经济时期,政府垄断了投资,改革开放后,投资体制进行了多次改革,不断压缩政府投资的范围。2004 年发布的《国务院关于投资体制改革的决定》规定,"政府投资主要用于关系国家安全和市场不能有效配置资源的经济和社会领域,包括加强公益性和公共基础设施建设,保护和改善生态环境,促进欠发达地区的经济和社会发展,推进科技进步和高新技术产业化"。2010 年发布的《国务院关于鼓励和引导民间投资健康发展的若干意见》再次强调,"政府投资主要用于关系国家安全、市场不能有效配置资源的经济和社会领域"。2018 年 12 月通过、2019 年 7 月 1 日开始实施的《政府投资条例》规定,"政府投资资金应当投向市场不能有效配置资源的社会公益服务、公共基础设施、农业农村、生态环境保护、重大科技进步、社会管理、国家安全等公共领域的项目,以非经营性项目为主"。即使是这些领域,也不是完全由政府投资垄断,上述条例规定,"国家完善有关政策措施,发挥政府投资资金的引导和带动作用,鼓励社会资金投向前款规定的领域"。同时,政府投资的范围也是动态调整的,《政府投资条例》规定,"国家建立政府投资范围定期评估调整机制,不断优化政府投资方向和结构"。

具体来说,政府投资的范围包括:

1. 国家机关和事业单位的基础设施建设。该类投资不可能通过市场配置,职能由政府投资完成。

2. 关系国家安全、不宜由私人投资的项目。该类项目,即使私人愿意投资,国家也不允许,必须由政府亲自承担。

3. 公益性和公共基础设施建设。该类项目,私人一般不愿意投资,但社会发展必不可少,政府必须提供。对于一些营利性项目,私人愿意提供的,可以采取一定的措施鼓励私人提供,政府不一定要大包大揽。如利用特许经营、投资补助等多种方式,吸引社会资本参与有合理回报和一定投资回收能力的公益事业和公共基础设施项目建设。对于具有垄断性的项目,试行特许经营,通过业主招标制度,开展公平竞争,保护公众利益。另外,已经建成的政府投资项目,具备条件的经过批准可以依法转让产权或经营权,以回收的资金滚动投资于社会公益等各类基础设施建设。

4. 具有经济调节性质的经营性投资。该类投资是国家为了履行其经济调节职能所进行的投资,包括保护和改善生态环境的投资,促进欠发达地区的经济和社会发展的投资,推进科技进步和高新技术产业化的投资等。

(二)政府投资的决策

政府投资不仅涉及大量财政资金的使用,而且固定资产的建造也会给社会环境造成一定的影响,一旦投资失误,就会造成重大的损失。因此,保障投资决策的科学性至关重要。《政府投资条例》第4条明确规定,政府投资要坚持科学决策的基本原则。

为确保科学决策,政府投资应当实行以下几项重要制度:

1. 可行性论证制度,提出政府投资项目的申请,必须提交由符合资质要求的咨询中介机构作出的可行性论证报告,避免领导人"头脑发热",盲目投资。为了提高评估报告的质量,咨询评估要引入竞争机制,并制定合理的竞争规则。

2. 审批制度,所有的政府投资项目都必须经过国家投资主管部门审批,对于政府采用直接投资和资本金注入方式的项目,从投资决策角度要审批项目建议书和可行性研究报告;采用投资补助、转贷和贷款贴息方式的政府投资,只审批资金申请报告,不审批项目建议书和可行性研究报告。

3. 专家评议制度,是指政府投资的审批机构在审批投资申请人的申请时,邀请相关领域的专家对投资项目的可行性进行再评估和再论证,以增加决策的科学性。由于专家评议制度需要耗费更多的时间和金钱,一般只适用于特别重大的项目。

4. 公示制度,是指政府投资的审批机构将政府投资申请予以公告,以广泛听取各方面的意见和建议,然后再作出是否批准的决定。

同时,为保证政府投资决策的科学性,《政府投资条例》规定了以下决策程序:

第一,项目单位提出申请。《政府投资条例》规定,政府采取直接投资方式、资本金注入方式投资的项目,项目单位应当编制项目建议书、可行性研究报告、初步设计,按照政府投资管理权限和规定的程序,报投资主管部门或者其他有关部门审批。

第二,有关部门进行审批。投资主管部门或者其他有关部门负责对项目单位的申请进行审批。为提高审批效率,更好适应网络时代的要求,《政府投资条例》规定,除涉及国家秘密的项目外,投资主管部门和其他有关部门应当通过投资项目在线审批监管平台,使用在线平台生成的项目代码办理政府投资项目审批手续。有关部门在审批时,要从以下方面对政府投资项目进行审查:(1)项目建议书提出的项目建设的必要性;

(2)可行性研究报告分析的项目的技术经济可行性、社会效益以及项目资金等主要建设条件的落实情况;(3)初步设计及其提出的投资概算是否符合可行性研究报告批复以及国家有关标准和规范的要求;(4)依照法律、行政法规和国家有关规定应当审查的其他事项。

二、政府投资的资金管理与项目实施管理

(一)政府投资的资金管理

投资离不开资金,政府投资的资金管理是政府投资管理的重要内容。资金管理的目的:一是保证政府投资所必需的资金;二是规范资金的使用,防止资金被侵占和浪费。

各级政府要编制政府投资的中长期规划和年度计划,统筹安排、合理使用各类政府投资资金,包括预算内投资、各类专项建设基金、统借国外贷款等。没有资金来源或者资金来源不足,不得进行政府投资。政府投资资金按项目安排,根据资金来源、项目性质和调控需要,可分别采取直接投资、资本金注入、投资补助、转贷和贷款贴息等方式。以资本金注入方式投入的,要确定出资人代表。针对不同的资金类型和资金运用方式,必须确定相应的管理办法。投资资金的拨付应当按项目建设进度进行。

为加强对政府投资项目的资金管理,《政府投资条例》第12条规定,经投资主管部门或者其他有关部门核定的投资概算是控制政府投资项目总投资的依据。初步设计提出的投资概算超过经批准的可行性研究报告提出的投资估算10%的,项目单位应当向投资主管部门或者其他有关部门报告,投资主管部门或者其他有关部门可以要求项目单位重新报送可行性研究报告。

考虑政府投资项目实施的动态性,《政府投资条例》也为政府投资项目留出了资金规模调整的空间:因国家政策调整、价格上涨、地质条件发生重大变化等原因确需增加投资概算的,项目单位应当提出调整方案及资金来源,按照规定的程序报原初步设计审批部门或者投资概算核定部门核定;涉及预算调整或者调剂的,依照有关预算的法律、行政法规和国家有关规定办理。

(二)政府投资项目的实施管理

政府投资项目的实施管理是政府投资项目顺利完成的保障。具体内容包括:

1. 政府投资项目开工建设,应当符合法律法规规定的建设条件,或者预先办理开工报告审批手续。《政府投资条例》规定,政府投资项目开工建设应当符合本条例和有关法律、行政法规规定的建设条件;不符合规定的建设条件的,不得开工建设。国务院规定应当审批开工报告的重大政府投资项目,按照规定办理开工报告审批手续后方可开工建设。

2. 政府投资项目应当按照预先批准的事项实施。《政府投资条例》规定,政府投资项目应当按照投资主管部门或者其他有关部门批准的建设地点、建设规模和建设内容实施;拟变更建设地点或者拟对建设规模、建设内容等作较大变更的,应当按照规定的程序报原审批部门审批。

3. 政府投资项目所需资金应当按照国家有关规定确保落实到位。政府投资项目不得由施工单位垫资建设。

4. 政府投资项目必须严格按照预先确定的工期实施。《政府投资条例》规定,政府投资项目应当按照国家有关规定合理确定并严格执行建设工期,任何单位和个人不得非法干预。

5. 政府投资项目应当进行竣工验收。《政府投资条例》规定,政府投资项目建成后,应当按照国家有关规定进行竣工验收,并在竣工验收合格后及时办理竣工财务决算。

6. 政府投资项目应当选择性地进行后评价。《政府投资条例》规定,投资主管部门或者其他有关部门应当按照国家有关规定选择有代表性的已建成政府投资项目,委托中介服务机构对所选项目进行后评价。后评价应当根据项目建成后的实际效果,对项目审批和实施进行全面评价并提出明确意见。

第三节　国有企业投资法律制度

一、国有企业投资的含义及基本原则

(一)国有企业投资的含义

国有企业投资,是指国有企业以其自有资产或融资所获资金进行的投资。国有企业一般具有独立法人资格,对其投资活动享有权益,也承担其中的风险,其投资活动属于其自主经营的组成部分,因此,国有企业的投资具有较大的独立决策空间。然而,国有企业与政府之间存在特殊的关系,国有企业的一切经营都应当服从于其开办及经营目的,具体来说,就是要服从于国家调节社会经济的需要。加上国有企业的资产具有某种程度的公共属性,其经营的安全性与公共财产的安全性相关。因而,国有企业的投资不同于非国有企业的投资,国家需要对国有企业的投资活动予以适度的监管,以保证其投资方向的合理性及资产的安全性。

(二)国有企业投资的基本原则

2006年国务院国有资产监督管理委员会发布了《中央企业投资监督管理暂行办法》(在本节余下篇幅中简称《办法》),具体规定了对国务院国有资产管理委员会监管的国有企业的投资活动进行监管的原则和办法。这项规定尽管只是针对中央企业,但对中央企业以外的其他国有企业也具有借鉴意义。

根据《办法》的规定,企业(指国有资产管理委员会作为出资人的企业,本节中以下介绍《办法》内容提到的“企业”,均是此意)投资活动和国有资产管理委员会对企业投资活动的监督管理应当遵循以下原则:(1)符合国家发展规划和产业政策;(2)符合企业布局和结构调整方向;(3)符合企业发展战略与规划;(4)突出主业,有利于提高企业核心竞争能力;(5)非主业投资应当符合企业调整、改革方向,不影响主业的发展;

(6)符合企业投资决策程序和管理制度;(7)投资规模应当与企业资产经营规模、资产负债水平和实际筹资能力相适应;(8)充分进行科学论证,预期投资收益应不低于国内同行业同期平均水平。

以上原则体现了国家对国有企业投资三个方面的目标追求:(1)宏观调控目标,国有企业投资自觉服从政府的宏观调控目标,并成为实现国家调节的方式;(2)核心竞争力目标,通过由选择性的投资,培育具有核心竞争力的国有企业,将国有企业做大做强;(3)盈利目标,国有企业投资要追求利润,以做到国有资产的保值增值。

二、国有企业的投资自主权

(一)我国对企业投资自主权的确认

我国在改革开放前,国家实现单一的国家投资体制,企业没有投资自主权。改革开放后,随着外资企业、民营企业的兴起,逐渐承认了企业一定程度的投资自主权。但从总体来说,这种情况一直到2004年国务院发布《关于投资体制改革的决定》(本节余下篇幅中简称《决定》)后才开始发生重大的改变。

《决定》将"按照完善社会主义市场经济体制的要求,在国家宏观调控下充分发挥市场配置资源的基础性作用,确立企业在投资活动中的主体地位"作为投资体制改革的指导思想;将"落实企业投资自主权"作为重要目标;将"对于企业不使用政府投资建设的项目,一律不再实行审批制,区别不同情况实行核准制和备案制"作为主要的落实企业投资自主权的手段。

(二)国有企业投资自主权的特殊性

国有企业是企业,企业享有的投资自主权,国有企业同样享有。在我国,国有企业在国民经济中占住极其重要的地位,落实企业的投资自主权,主要也是落实国有企业的投资自主权。政府及其投资主管部门在对企业的投资行为进行管理时,不能因为企业的性质是国有,就对其投资自主权加以限制,《决定》也体现了这种精神。

但是,企业的投资决策权最终是由企业的出资人作出的,独资企业的投资决策由业主作出;合伙企业的投资决策由合伙人共同作出;公司企业的投资决策由股东会作出。国有企业的出资人,虽然因企业的组织形式、隶属关系等有所不同,但概括来说,就是国家,具体的出资人则属于国家的授权代表。国家作为出资人,可以通过其行使出资人权利的代表对国有企业的投资作出各种限制,如国有资产管理委员会作出的《办法》就是这样一种对国有企业投资的限制。这种限制不是对国有企业投资自主权的限制,恰恰是国有企业行使投资自主权的表现形式。

国家投资开办国有企业,主要不是营利目的,而是经济性目的,即通过国家直接投资经营,调节社会经济结构和运行,并通过国有资产的控制和运营,增强国家调节社会经济的物质力量,以促进社会经济协调、稳定和发展。① 因此,国家在作出有关国有企

① 参见漆多俊:《对国有企业几个基本问题的再认识》,载《经济学家》1996年第2期。

业的投资决定时,就不是简单地接受市场调节,按照市场要求选择投资的方向、领域和规模,而会考虑弥补市场调节之不足。但是,国有企业的投资在多大程度上是接受市场的调节,又在多大程度上是对市场调节的再调节——国家调节,是一个复杂的问题。我国虽然国有企业退出了许多竞争性领域,但营利目的仍是大多数国有企业的主要目的,因此,在决定投资时,就试图兼顾接受市场调节和国家调节。[①] 国有资产管理委员会作出的《办法》就体现了这种兼顾。《办法》虽然只适用于国有资产管理委员会作为出资人的中央国有企业,但其基本精神是适用于地方国有企业和非由国有资产管理委员会作为出资人的其他国有企业的。

三、国有企业投资的监督管理

(一)出资人对国有企业投资的监督管理

对国有企业投资的监督管理首先表现为国有企业出资人实施的监督管理。国有企业的最终出资人是国家,但国家往往要授权一定的机构或主体履行出资人职能,就中央企业而言,出资人代表主要是国务院国有资产监督管理委员会,有时财政部等其他机构也会行使出资人代表的职能;就地方国有企业而言,其出资人代表包括了地方各级政府设立的国资监管机构及财政主管机关。

国务院国有资产管理委员会在其制定的《办法》中较为详细地规定了国务院国有资产管理委员会对国有企业投资进行监管的具体内容。

1. 投资计划的报送与管理制度。企业应当依据其发展战略和规划编制年度投资计划,企业的主要投资活动应当纳入年度投资计划,并按国有资产管理委员会要求,在规定时间内报送年度投资计划。国有资产管理委员会对企业投资活动实行分类监督管理:(1)按照国有资产管理委员会有关规定建立规范董事会的国有独资公司,国有资产管理委员会依据企业年度投资计划对投资项目实行备案管理;(2)未建立规范董事会的国有独资企业、国有独资公司,国有资产管理委员会依据企业年度投资计划对主业投资项目实行备案管理;对非主业投资项目实行审核,在20个工作日内作出审核决定;(3)对国有控股公司和其他类型的企业报送的企业年度投资计划,国有资产管理委员会不直接作审核或备案,发现有不妥的,按照《公司法》等法律规定依法通过行使出资人权利的方式解决。

2. 重大投资事项报告制度。企业对以下重大投资事项应当及时向国有资产管理委员会报告:(1)按国家现行投资管理规定,需由国务院批准的投资项目,或者需由国务院有关部门批(核)准的投资项目,企业应当在上报国务院或国务院有关部门的同时,将其有关文件抄送国有资产管理委员会。(2)企业投资项目实施过程中,出现下列情形的,应当重新履行投资决策程序,并将决策意见及时书面报告国有资产管理委员会:

---

① 这种兼顾在多大程度上能够实现,是一个值得探讨的问题,也是深化国有企业改革和国家投资体制改革必须克服的一个问题。

第一,对投资额、资金来源及构成进行重大调整,致使企业负债过高,超出企业承受能力或影响企业正常发展的;第二,股权结构发生重大变化,导致企业控制权转移的;第三,投资合作方严重违约,损害出资人权益的。(3)需报告国有资产管理委员会的其他重大投资事项。

3. 投资统计分析制度。国有资产管理委员会建立企业投资统计分析制度,企业应当按照国有资产管理委员会要求报送年度投资完成情况和分析材料,其中部分重点企业应当报送季度投资完成情况。

4. 项目后评价制度。项目后评价,是指项目投资完成之后所进行的评价。它通过对项目实施过程、结果及其影响进行调查研究和全面系统回顾,与项目决策时确定的目标以及技术、经济、环境、社会指标进行对比,找出差别和变化,分析原因,总结经验,吸取教训,得到启示,提出对策建议,通过信息反馈,改善投资管理和决策,达到提高投资效益的目的。企业应当对投资项目实施后评价管理;国有资产管理委员会根据需要,对企业已完成的投资项目,有选择地开展项目后评价。

(二)投资主管部门对国有企业投资的管理

投资主管部门对企业投资不区分所有权性质实行同等管理,故这里阐述的投资主管部门对国有企业投资的管理,也适用于对民间投资的管理,但不适用于对外商投资的管理,国家对外商投资另有专门规定。

为了规范投资主管部门对企业投资的管理,国家发展和改革委员会于 2004 年 9 月和 11 月先后发布了《企业投资项目核准暂行办法》和《关于实行企业投资项目备案制指导意见的通知》,明确了核准制和备案制两种管理模式。

1. 核准制管理。在我国,核准制在对国有企业投资进行监管的过程中扮演着重要的角色。

核准制是政府对企业不使用政府性资金投资建设少数重大项目和限制类项目,从维护社会公共利益的角度,按照明确的范围、内容、程序和办理时限,决定是否准许企业实施的制度。这一定义包括三层含义:(1)核准制适用的对象是企业不使用政府性资金投资建设少数重大项目和限制类项目;(2)核准制管理的目的是维护社会公共利益,是否符合社会公共利益是项目能否获得获准的决定性因素;(3)核准制管理有明确的标准和程序,政府必须严格按照标准和程序作出是否核准的决定。

核准制与审批制不同,审批制忽视企业的投资主体地位,对企业的投资事项大包大揽;而核准制是站在公共管理者的立场上,尊重企业的投资自主权,对涉及公共利益的事项进行审核。具体来说,实行核准制后会导致以下积极变化。

(1)政府直接管理的企业投资项目数量大幅度减少。核准项目的范围,由《政府核准的投资项目目录》严格限定,并根据变化的情况适时调整。《政府核准的投资项目目录》由国务院投资主管部门会同有关行业主管部门研究提出,报国务院批准后实施。未经国务院批准,各地区、各部门不得擅自增减核准范围。

(2)程序简化。企业投资建设实行核准制的项目,仅需向政府提交"项目申请报告",而无须报批项目建议书、可行性研究报告和开工报告。

(3)政府管理的角度改变。政府主要从维护经济安全、合理开发利用资源、保护生态环境、优化重大布局、保障公共利益、防止出现垄断等方面进行审查。

企业申请投资项目核准应向项目核准机关提交项目申请报告,项目申请报告应由具备相应工程咨询资格的机构编制。项目申请报告应主要包括以下内容:①项目申报单位情况;②拟建项目情况;③建设用地与相关规划;④资源利用和能源耗用分析;⑤生态环境影响分析;⑥经济和社会效果分析。同时,申请企业在向项目核准机关报送申请报告时,需根据国家法律法规的规定附送以下文件:①城市规划行政主管部门出具的城市规划意见;②国土资源行政主管部门出具的项目用地预审意见;③环境保护行政主管部门出具的环境影响评价文件的审批意见;④根据有关法律法规应提交的其他文件。申请企业应对所有申报材料内容的真实性负责。

项目核准机关在收到项目申请报告后,分受理、审核、决定三个阶段实施项目核准程序。

第一阶段:受理。项目核准机关收到申报材料后,应当进行形式审查。如认为申报材料不齐全或者不符合有关要求,应在收到项目申请报告后 5 个工作日内一次告知项目申报单位,要求项目申报单位澄清、补充相关情况和文件,或对相关内容进行调整;项目申报企业按要求上报材料齐全的,应正式受理,并向项目申报企业出具受理通知书。

第二阶段:审查。项目核准机关受理项目申报后,开始审查。

第三阶段:作出决定。项目核准机关应在受理项目申请报告后 20 个工作日内,作出对项目申请报告是否核准的决定并向社会公布,或向上级项目核准机关提出审核意见。由于特殊原因确实难以在 20 个工作日内作出核准决定的,经本机关负责人批准,可以延长 10 个工作日,并应及时书面通知项目申报单位,说明延期理由。项目核准机关委托咨询评估、征求公众意见和进行专家评议的,所需时间不计算在前款规定的期限内。

核准机关作出是否核准的决定,必须严格依照核准标准进行。项目核准机关主要根据以下条件对项目进行审查:(1)符合国家法律法规;(2)符合国民经济和社会发展规划、行业规划、产业政策、行业准入标准和土地利用总体规划;(3)符合国家宏观调控政策;(4)地区布局合理;(5)主要产品未对国内市场形成垄断;(6)未影响我国经济安全;(7)合理开发并有效利用了资源;(8)生态环境和自然文化遗产得到有效保护;(9)未对公众利益,特别是项目建设地的公众利益产生重大不利影响。

核准作为一种行政决定,能够产生法定的效力。获得核准是企业可以合法从事需要核准类投资项目的前提条件。投资项目在获得核准后,项目申报企业依据项目核准文件,依法办理土地使用、资源利用、城市规划、安全生产、设备进口和减免税确认等手续。对应报项目核准机关核准而未申报的项目,或者虽然申报但未经核准的项目,不得实施,如有实施的,属违法行为,相应的项目核准机关应立即责令其停止建设,并依法追究有关责任人的法律和行政责任;国土资源、环境保护、城市规划、质量监督、证券监管、外汇管理、安全生产监管、水资源管理、海关等部门不得为其办理相关手续,金融机构不得对其发放贷款。

由于核准制设定了明确的核准标准,不获核准的申报企业如认为其申报投资项目符合核准的条件,可以依法提出行政复议或行政诉讼。

2. 备案制管理。我国在实行投资体制改革后,在对国有企业投资进行监管的过程中,备案制成为了使用频率最高的一种制度。

备案制,是指凡企业不使用政府性资金、又不属于应当核准的重大项目和限制类项目的投资建设的项目,由投资企业向投资主管部门申请备案,投资主管部门对除不符合法律法规的规定、产业政策禁止发展、需报政府核准或审批的项目外的项目予以备案的投资管理制度。

备案制适用于企业不使用政府性资金,又不属于《政府核准的投资项目目录》内的项目。需要特别指出的是,不能将本属于《政府核准的投资项目目录》内的项目进行拆分后予以备案。

企业对属于备案范围的投资项目,必须向投资主管部门提交备案材料进行备案,备案的方式、需提交的材料由省级人民政府的规定。投资主管部门对收到的备案材料进行审查。审查的标准包括:(1)属于实行备案制管理的项目;(2)没有违反法律和法规;(3)不属于产业政策禁止发展的项目。地方人民政府和投资主管部门不得再附加其他标准,不能将备案变成为变相的核准或者审批。对于符合以上标准的,依法予以备案;对于不符合以上标准的,不予备案,并说明理由。

备案也能够产生法定的效力,它是投资项目建设取得合法性的条件。备案之后,企业可以实施该投资项目。但是,备案并不能成为其取得排污许可、获得土地使用权等的充分条件。对于已经备案的投资项目,环境保护、国土资源、城市规划、建设管理、银行等部门(机构)按照职能分工,对投资主管部门予以备案的项目依法独立进行审查和办理相关手续,不符合其他相关条件的已备案项目,就不能获得其他相关许可。对投资主管部门不予以备案的项目以及应备案而未备案的项目,不得开工建设;环境保护、国土资源、城市规划、建设管理、银行等部门(机构)不得为其办理相关手续。对于擅自开工建设以及不按备案内容进行建设的项目,一经发现,应责令其停止建设,并依法追究有关单位和责任人的责任。

复习思考题

- 1. 什么是国家投资？什么是国家投资法？
- 2. 国有企业投资自主权有何特殊内容？
- 3. 在对国有企业投资进行监管方面,核准制和备案制有何区别？

第十六章　国有企业法

第一节　国有企业概述

一、国有企业的定义和特征

（一）国有企业的定义

国有企业，是世界各国都存在的普遍现象，很多国家通过立法对国有企业予以界定，这给我们界定国有企业提供了有益借鉴。例如，在法国，国有企业也被称为“公共企业”。法国的“公共企业”，是指“任何由公共当局因为所有权关系、财政参与或监管规则可以对其直接或间接行使支配性影响的企业。支配性影响，是指公共机构直接或间接地与企业存在以下情形：（1）国家持有企业多数注册资本比例；（2）因为占有企业已发行股份中的多数而控制了企业的多数投票权；（3）在企业中能任命超过半数的行政性、运营性或监督机构成员”。① 又如，西班牙《公共行政机构财产法》将“公共企业”或“国有企业”定义为，公共机构凭借股份、财政或管理法规直接或间接地对其行使支配性影响的任何企业。② 再如，韩国1984年颁行的《国有企业管理法》第2条规定，国有企业包括政府单一投资和“政府投资达到或超过50%的企业”。③

在我国，国有企业在很长一段时期内被称为“国营企业”，后来又改称为“全民所有制企业”，直到1993年第八届全国人大第一次会议对《宪法》进行修改，正式采纳了“国有企业”的称谓。我国至今仍然没有通过法律形式对国有企业作出权威明确的界定，但是，某些立法文件或部门规章有所涉及。

《企业国有资产法》采用“国家所出资企业”的概念，并界定为“国家出资的国有独资企业、国有独资公司，以及国有资本控股公司、国有资本参股公司”。国务院国有资产管理委员会《关于施行〈上市公司国有股东标识管理暂行规定〉有关问题的函》（2008年）规定，持有上市公司股份的下列企业或单位应按照相关规定标注国有股东标识：（1）政府机构、部门、事业单位、国有独资企业或出资人全部为国有独资企业的有限责

---

① State-Owned Enterprises and Competition. 2014 (4), p. 6. http://www. icnmarrakech2014. ma/images/SOE_under_competition_law_Morocco. pdf. 2017 - 02 - 20.

② Ibid. , p. 8.

③ 史际春：《国有企业法论》，中国法制出版社1997年版，第31页。

任公司或股份有限公司;(2)上述单位或企业独家持股比例达到或超过50%的公司制企业;上述单位或企业合计持股比例达到或超过50%,且其中之一为第一大股东的公司制企业;(3)上述"(2)"中所述企业连续保持绝对控股关系的各级子企业;(4)以上所有单位或企业的所属单位或全资子企业。

除此之外,财政部、国家发展和改革委员会以及国家统计局等部委的相关文件也曾涉及对国有企业的定义。从总体来看,我国的立法文件及部门规章对国有企业的界定尚未统一。

根据学术界的通行观点,在我国,应当对"国有企业"作出如下界定:国有企业,是指一定比例的资本由国家投入,国家因此能对其进行较稳定的控制的所有企业。①

(二)国有企业的基本特征

从国内外对国有企业的定义可以看出,国有企业有以下几方面的特点:

1. 国有企业的设立途径具有特殊性,国有企业的设立虽然也要符合公司法的一般规定,但很多国有企业的设立还须依据特别法律或条例设立;

2. 国家或公共机构在国有企业中的资本构成中占据一定比例,在一般情况下需要处于控股地位;

3. 国家可以对国有企业施加特殊的影响,特别是对企业战略或管理团队的任命方面的影响,也即国有企业要接受国家施加的特殊影响;

4. 国有企业承担的职能较为特殊,国有企业并不必然为了营利而设立,有时,为了社会公共职能,即使短期内不能营利,或者在整个经营期内都无法营利,国家也要设立和经营国有企业。

二、国有企业的分类

(一)依照企业的组织形态对国有企业的分类

根据国有企业组织形态的不同,国有企业可以分为非公司制国有企业和公司制国有企业两类。

1. 非公司制国有企业。非公司制国有企业,是指那些尚未进行公司制改组的国有企业。这类国有企业当前主要仍以传统的工厂制的形态存在。

2. 公司制国有企业。公司制国有企业,是指那些由传统的工厂制国有企业改组而来或直接按公司制度的要求新设立的国有企业。公司制的国有企业又可以分为国有独资公司、国有控股公司和国有控制公司三类。需要强调的是,按照本章对国有企业的定义,国有资本一般参股的公司并不属于国有企业的范畴。

(二)依照国家对企业的控制程度对国有企业的分类

以国家对企业的控制程度为标准可以对国有企业分为以下几类。

1. 政府直接管理的不具有独立法人地位的国有企业。这类国有企业由政府及其部

① 参见李国海:《论股份制改革条件下国有企业的法律界定》,载《法商研究》2001年第5期。

门直接控制,其没有独立的法律人格,其财务与政府预算有直接联系。

非法人性质的国有企业主要分布在一些公用事业及其基础设施建设领域,包括:邮政部门、国家印刷厂、存款银行以及与基础设施相关联的供水、供电、公路建设等。这类国有企业完全由国家投资设立,在人事、财务等方面都受政府的控制,企业不能独立承担责任。

非法人性质的国有企业在很多国家都存在。例如,根据美国的法律规定,非法人的公共事业机构,如国家科研机关、实验室以及各种实验性企业和工场,也被划入国有制企业的行列。又如,在日本,政府直接管理的不具有独立法人地位的国有企业又叫作政府企业或现业。但是,为确保获得必要的事业收入,在经营管理方面也具有一定的自主性。这些企业中最典型的就是"政府四现业",即大藏省的造币局、印刷局(仅承担银行券、纸币、邮票等的印刷),以及农林水产省负责的国有林业、邮政省负责的邮政事业。但是,从总体来说,目前,这类企业在各国国有企业中所占的比例较少。

2. 全部由国家出资具有独立法人地位的国有企业。这类国有企业是公法人企业,即指依照专门的法律设立和经营的国有企业。可以将这类国有企业分为两类:一类是受国家直接控制的国有企业,也称为官方企业。这类企业完全属于国家所有,并直属于国家某一行政机构。在行政和财务上无独立权限,所有经济活动都通过各国中央和地方政府的预算进行。另一类是国家间接控制的国有公司(也称公共公司)。这类企业与前类企业相比,虽然在职能、权限以及部分资产出售等方面需按中央和地方政府的指示办事,但在生产和财务上则拥有较大程度的独立性,并可以作为独立的法人同其他私人公司(也包括外国公司)发生合同关系。

在日本,特殊法人企业即属于这类国有企业。特殊法人是根据商法以外的特别法设立的。每个特殊法人的设立背后,都有一件特别的立法。如 1948 年根据《日本国有铁路法》成立了特殊法人"日本国有铁路公社";1952 年 9 月根据《电源开发促进法》成立了特殊法人"电源开发股份公司"等。此外,在英国、法国、新加坡等国也存在这一类国有企业。

从总体来看,此类国有企业在世界各国,一般都存在于以社会服务为基本目标的公用事业行业,如铁路、邮政、电讯、煤气、自来水等。它们是依据国家某项具体法规创办和经营并隶属于政府某一管理部门的经济实体。

就我国而言,具有法人地位、资产又全部归国家所有的企业主要是一些非公司形态的传统国有企业和按公司法设立的国有独资公司。

3. 国家拥有控股权或控制权的具有独立法人地位的混合型国有企业。此种国有企业,一般采用股份公司的形式,依照私法设立和经营,政府作为股东,依民商法和公司法参与其决策和经营的企业。在混合型企业中,有国家股份和私人股份;在国家股份中,既有中央政府的也有地方政府的。在我国,国有企业完成公司制改组后,大多数变成了这一类企业。这些国有企业又采取了两种形式:股份有限公司和有限责任公司。

（三）根据所处行业竞争状况的不同对国有企业的分类

根据国有企业所处行业的竞争状况的不同，我们可以将国有企业分为两大类，即垄断性国有企业和竞争性国有企业。

1. 垄断性国有企业。垄断性国有企业，是指这些企业不具有竞争性，存在规模效益或网络效益，并需要大量基础设施投资。这类企业主要集中在能源、交通、邮电通信等基础产业和基础设施部门等公共领域，相对竞争性国有企业，其主要职能是弥补市场主体唯利性这一市场失灵而提供公共产品和公共服务，所以也称公益类国有企业。[①] 为了保证国家和社会的利益，对于这些国有企业主要由中央或地方政府直接或直接授权有关机构投资经营，在这些行业的竞争必然要受到限制，或者根本就不允许竞争。在法律上，这类企业多为特殊企业，企业形态主要表现为由特别法调整的法人企业、国有独资公司、国家控股公司等形式。

一般而言，垄断性国有企业同时还具有政策性特征，营利不是它们的主要经营目标。

2. 竞争性国有企业。竞争性国有企业，是指所处的部门存在大量私人企业、国内和国际市场上有众多竞争对手的国有企业。这类企业主要集中在加工工业、建筑业、商业、服务业等领域。一般而言，竞争性国有企业还具有营利性特征，在其经营目标中营利占有较重要的地位。

正是由于政府于竞争性国有企业的关系较不同于垄断性国有企业，因此，在法律适用上也有较大不同，竞争性国有企业一般直接适用于普通的商法，而无更多的特殊法来对其进行调整。

第二节　国有企业法概述

一、国有企业法的概念、性质和特征

（一）国有企业法的概念

凡国家全资或国家控股的企业统称为国有企业，关于国有企业的组织和经营管理的法律，即为国有企业法。[②] 根据不同的标准，国有企业法可以有不同的分类。例如，按照立法形态的不同可以分为形式的国有企业法和实质的国有企业法，按照立法内容的不同可以分为狭义的国有企业法和广义的国有企业法。

狭义的国有企业法只包括关于国有企业组织与运行的法律规定，而不包括国有企

---

① 参见孙晋：《竞争性国有企业改革路径法律研究——基于竞争中立原则的视角》，人民出版社 2020 年版，第 65～66 页。

② 参见漆多俊：《经济法基础理论》（第 5 版），法律出版社 2017 年版，第 266 页。

业改革法律规定。而广义的国有企业法则既包括关于国有企业组织与运行的法律规定,也包括国有企业改革的法律规定。

(二)国有企业法的性质和地位

说起一部法的性质,无非指这部法在法律体系中的部门法地位和归属,也即它究竟属于哪一种部门法。在我国,学者们一般都认可国有企业法在总体上属于经济法的范围。但是在更具体的分析上,则存在不同的看法。有学者认为,国有企业法"属于经济法中的主体制度或企业制度,它与民法中的主体制度和企业制度——自然人和法人的一般人格制度、自然人独资经营和合伙经营的企业制度等,共同对社会主义市场经济活动的主体加以法律规范"。[①] 另有学者认为,国有企业法属于经济法的三大组成部分之一——国家投资经营法的范围。[②] 本书赞同后一种观点,以下对此简要论述。

在以所有制形式为标准划分企业形态的阶段,国有企业(全民所有制企业)曾经是我们的一种极重要的企业类型,与集体所有制企业和私营企业一起组成了我国旧有的企业形态体系。在传统的企业法律形态体系下,国有企业不仅是体现国家特殊政策指向的载体,而且是《民法通则》等法律所承认的民事主体的一种。然而,在社会主义市场经济体制下,虽然国家出于调整产业结构等特殊目的的需要,还保留了国有企业、乡镇企业、高新技术企业等特别企业形态,但是我国的企业形态体系的划分已经逐步过渡到以产权形式、责任承担方式和企业组织形式为标准,企业形态体系已经主要由公司、独资企业和合伙企业组成。国有企业本身也采取了股份有限公司、有限责任公司、国有独资公司、非公司制国有独资企业及合伙企业等多种形式。国有企业在法律上的独特性主要体现在与国家关系方面,也即国家对其采取的特殊政策上,而不是在企业的组织结构等方面。所以国有企业立法作为市场主体立法的特殊性已经逐步淡化,而作为国家政策立法的特征却在逐步加强。

国有企业法是国家投资经营法的重要组成部分,在我国和其他社会主义国家经济法体系中的地位很重要。国有企业由于其特殊的性质而与国家有着密切的联系,它是国家直接参与经济运行并运用经济方法调控经济的重要手段,在我国企业改革后所保留的国有企业更是对于国民经济运行有着举足轻重的作用。对这一重要企业组织和行为的规范有助于充分发挥国有企业实现国家经济政策目标、维护社会公共利益、维护社会稳定和促进区域协调发展的职能;也有助于通过立法界定国有企业经营范围,处理好国有企业与民营企业的关系,实现国有企业与社会主义市场经济的融合与统一。[③]

在实行生产资料社会主义公有制的国家,国有经济长期居于领导地位,并成为国民

---

① 史际春:《国有企业法论》,中国法制出版社 1997 年版,第 85 页。

② 参见漆多俊:《经济法基础理论》(第 5 版),法律出版社 2017 年版,第 203 页。

③ 参见孙晋:《竞争性国有企业改革路径法律研究——基于竞争中立原则的视角》,人民出版社 2020 年版,第 122 ~ 124 页。

经济的主要部分,特别是众多的国有大中型企业掌握着国家的经济命脉,控制着各种重要的生产和流通。国家经济工作的重点一直放在国家投资和国有企业方面。关于这方面的立法在整个国家经济立法中占据着重要的地位,其数量之多,内容之广,体系之完备,超过了其他任何方面的立法。我国自20世纪70年代末开始经济体制改革,而改革的中心环节一直是国有企业的改革,为推动国有企业改革的法治化,国家也出台了大量的相关法律文件。在当前及今后一段时间内,关于国有企业,特别是关于国有企业改革的立法,仍将主导着我国的整个经济方面的立法,仍将在经济法体系中占据重要地位。①

(三)国有企业法的特征

首先,国有企业法是一种组织法。国有企业法以国有企业的这种社会组织为规范对象,规定并调整其设立、变更、终止。同时,国有企业的这种组织的存在依靠各种运作行为来支撑,例如,企业的兼并或改组、股份和债券的发行及转让、债务的偿还、盈余的分配等,这些行为中有的与非国有的普通企业的运作行为无异,可以适用一般民商法的规范,而有的行为却因国有企业的身份带上了特有的内容,应该属于国有企业法的范畴。

其次,国有企业法也具有政策法的特质。国有企业是一种特殊的企业,其特殊之处在于"国有"二字,它们的资本的全部或主导部分属于国家,它们不同程度地受到国家的控制,它们的经营要服从国家调节社会经济的根本需求,因此,政策对于国有企业来说是很重要的,国有企业法中的政策性特质也是相当重的。大凡国有企业的分布领域,国家与国有企业的关系等无不涉及政策性的内容,而这些方面也正是国有企业法的重要内容。从国有企业所承载的功能来看,国有企业法作为国家政策法的性质也是十分明显的。国有企业是作为国家调节社会经济的手段和工具而出现的。为满足国家调节社会经济的需要,国家对国有企业适用特殊的政策,既要在金融、税收等方面对国有企业给予优惠,又要求国有企业服从于国家调节社会经济的大局。国有企业无论是采取股份有限公司的形式,还是采取有限责任公司甚至非公司制企业的形式,其与非国有企业的区别都在于与国家的特殊关系方面。国有企业与国家之间关系的特殊性根源在于国有企业所承担的任务的特殊性,其外在表现就是国家对于国有企业采取的政策的特殊性。

二、国有企业法的渊源

国有企业立法的表现形式基本上分为两大类:一类是专门的国有企业立法,其包括的法律规范仅仅或者主要是适用于国有企业;另一类是非专门适用于国有企业的立法。如《公司法》,国有企业采取公司的形式的,要适用《公司法》的相关规定。

1. 国有企业基本法。国有企业基本法,是指由全国人民代表大会或其常委会制定

① 参见漆多俊:《经济法基础理论》(第5版),法律出版社2017年版,第278页。

颁行的法律文件。在我国,国有企业基本法主要是指 1988 年制定、2009 年修正的《全民所有制工业企业法》。这部法律从名称上看仅适用于工业企业,但是该法中明确规定其原则还适用于全民所有制交通运输、邮电、地质勘探、建筑安装、商业、外贸、物资、农林、水利企业等。虽然该法施行的效果并不理想,但是不可否认的是,这是我国第一部调整国有企业的基本法律。

2. 单行法律规定。这是我国国有企业的主要立法形式。这些单行法规中全国人大常委会制定颁行的数量很少,《企业国有资产法》可以勉强列入其中,其他的则主要由国务院及国务院各部委发布,采用条例、规定、办法及意见等形式,具有较强的时效性和针对性。例如,《全民所有制工业企业转换经营机制条例》(1992 年)、《国有企业监事会暂行条例》(2000 年)、《全民所有制工业企业厂长工作条例》(1986 年)、《全民所有制工业企业职工代表大会条例》(1986 年)、《全民所有制工业企业承包经营责任制暂行条例》(1988 年)、《全民所有制小型工业企业租赁经营暂行条例》(1988 年)等。这些单行法规数量多,涉及范围广,丰富了国有企业法的内容。

3. 其他相关部门立法中有关国有企业的规定。在民商事立法、行政立法及其他立法中也有一些有关国有企业的法律规范,这些规范也是国有企业法的有机组成部分。如在《公司法》中就有不少关于国有企业的规定,主要有:关于国有公司董事会应当有职工代表的规定(2018 年《公司法》第 44 条第 2 款);关于国有独资公司的规定(2018 年《公司法》第二章第四节第 64 条至第 70 条)等。

第三节　国有企业的设立和经营制度

一、国有企业的设立、变更和终止

(一)国有企业的设立

涉及国有企业的设立的法律制度较为广泛,包括国有企业的设立方式和途径、设立原则、设立条件和程序等。在这些内容中,有些属于一般公司均应适用的规定,有些则只是国有企业才能适用,或主要为国有公司所适用的规定。在这里,我们重点介绍与国有企业的设立具有独特联系的法律制度。

1. 公司制国有企业的设立方式。我国《公司法》规定了公司的两种设立方式:发起设立和募集设立。国有企业同样可以适用这两种新设设立的方式。另外,国有企业还可以通过改制设立公司制国有企业,也可以通过股权收购兼并等将非国有公司转变为国有公司。

2. 非公司制国有企业的设立方式。国有企业的特殊性和表现形式的多样化,决定了其设立方式的多元化。主要包括财政直接拨款设立、国家授权投资的机构或者国家授权的部门单独或共同设立、通过股权收购或整体购买使民营企业转变为国有企业等。

(二)国有企业的变更

政府可以决定或者批准国有企业的合并。政府决定或者批准合并的,在国有企业的范围内,可以采取资产无偿划转方式进行,合并方案由政府主管部门或者企业提出。在政府主管部门的主持下,合并各方充分协商后,订立合并协议。原企业的债权债务由合并后的企业承担。企业可以自主决定兼并其他企业。企业被兼并须经政府主管部门批准,被兼并企业的债权债务由兼并企业承担。经政府批准,国有企业可以分立。企业分立时,应当由分立各方签订分立协议,明确划分分立各方的财产和债权债务等。在发生了变更之后,应该在法律规定的期限之内办理相关的变更登记手续。

(三)国有企业的终止

国有企业的终止,是指作为法律主体资格的消灭。国有企业由于下列原因之一终止:(1)被撤销;(2)被解散;(3)依法被宣告破产;(4)其他原因。

企业被政府主管部门决定撤销或解散的,由政府主管部门制定成立清算组进行清算。企业被宣告破产的,由人民法院依法组织有关机关和有关人员组成清算组进行清算。国有企业的终止,应当依照法律法规的规定,经工商行政管理部门核准登记,并向国有资产管理部门办理产权注销登记。

二、国有企业的经营方式

(一)企业经营的主要方式

企业的经营方式,按照其财产所有权同经营权结合或分离关系诸形态,最基本的有以下几种。

1. 同一式。企业财产由出资的所有权人直接经营,经营权人与所有权人同为一体。

2. 代表式。企业财产由出资的所有权人从其成员中委派代表负责经营。该经营者代表所有权人主要行使经营权,但也行使部分所有权。其经营权和所有权都不充分,企业的许多重大事项必须向委派者请示汇报才能作出决定。

3. 代理式。企业财产所有权人委托他人(第三人)代理经营事务,行使经营权,经营后果由所有权人承受。

4. 租赁式。企业财产所有权人委托他人经营,所有权人为出租方,经营者为承租方,双方签订企业租赁经营合同,具体确定经营权行使的范围和方式,经营后果主要由经营者承担。

5. 合股式。财产所有权人以特定财产出资,同其他出资人共同组成公司。各出资人向公司让渡出资财产原所有权,组成公司法人财产所有权,出资人成为公司股东,换取股权;公司组成负责经营的机构,在公司内部实行两权分离。合股式又分为控股式与一般持股式两种。

(二)国有企业的经营方式

国有企业的经营制度有着许多不同于其他企业的显著特点。

国有企业不能采用同一式的经营方式。因为不能由国家这个庞大的集合体或作为其代表者的最高国家机关来直接经营企业。

国有企业可以采用代表式的经营方式。国家可以按照统一分工由国家的各级有关政策部门负责各国有企业的经营管理工作。但各个政府部门不能直接进行经营,只能由其委派国家工作人员作为负责人进驻企业,主持企业经营管理事务。这就是代表式的经营方式。例如,我国过去的国有企业都实行国营,国营实际上就是这种代表式经营方式。代表式经营有利于企业执行国家政策,贯彻国家管理意图,但不利于企业独立自主经营,企业经济效益往往欠佳。这种企业太多,势必影响国民经济总体效益,制约经济发展。我国实施经济体制改革以后,于20世纪80年代后期,国有企业逐步放弃了这种经营方式。

国有企业可以实行代理式的经营方式,但代理式经营后果需由被代理人承担,如果经营不善,造成的亏损全落到国家头上。因此,它也不太适合于国有企业,各国都未见有典型的代理式经营的国有企业。

国有企业可以实行租赁式的经营方式。租赁经营由合同明确出租方与承租方的权利义务,经营权范围比较确定,特别是经营的盈亏后果由经营者承担,有利于增强经营者的责任心,提高经营效益。为了避免因经营不善而使国有资产遭受大的损失,承租方应在承租时提供足够的财产担保。但在我国,私人承租者难以提供充分的财产担保。所以这种经营方式在中国只适用于小型国有企业。西方国家一般是由政府将企业出租给私人公司经营,私人公司有承担风险责任的财产基础。

我国自20世纪80年代后期开始有一段时期较倾向于对国有企业试用承包式的经营方式,但通过实践证明承包制存在许多弊端和局限性,也不能被作为国有企业的主流经营模式,在此背景下,我国最后才决定选择股份制经营模式。

国有企业可以实行合股式的经营方式。合股式经营同承包制或其他经营方式比较,有许多明显的特点和优点,这主要是因为合股式不仅实行所有权同经营权分离,而且其两权分离形态较为特殊。①

首先,合股式的公司其经营权不是同各出资人对出资财产的原所有权的直接分离,而是先由出资人向公司让渡其所有权,形成公司法人财产所有权,公司再组建业务执行机关行使经营权,公司的经营权相对于出资人的原所有权来说,是间接分离,直接分离容易使所有权人对经营权进行干预;间接分离则能避免原所有权人的直接干预,公司各股东的意志一般只能通过股东会形成集体决议,再影响公司业务执行机关。这有利于保障公司经营权人自主经营。

其次,合股式公司行使所有权和经营权的股东会和董事会,都是公司内部的机关,其所有权同经营权是一种内部分离;而承包、租赁等,发包方或出租方于承包或租赁经营合同签订后,一般不进入企业内部,不深入企业生产经营领域,是一种外部分离。外

---

① 参见漆多俊:《论公司制两权分立形态》,载《现代法学》1992年第3期。

部分离不便于所有权人对企业经营活动作经常性的了解、配合和监督，内部分离则在公司内部建立起互相配合、互相监督和制约的机制。

再次，合股式经营的两权关系和经营权权限受公司法调整，这是法定分离关系；承包、租赁的两权关系由合同约定，是约定分离。公司法多为强行性规定，合同约定任意性较强。因此，合股式的经营权权限更具确定性。

最后，承包或租赁合同的期限不能过长，经营者到期可能变动，这难免引发短期行为。而公司存续期长，董事和经理人虽然变动，但作为公司业务执行机关及其职责却具有长期性和稳定性。合股式的两权关系是一种较稳定的分离，这有利于公司制订长期发展规划和经营策略。①

第四节　国有企业的治理制度

一、国有企业的出资人

（一）国有企业出资人的概念和种类

在国有独资企业中，国有企业的出资人是指以归其所有的资产（国有资产）作为唯一出资人而设立企业的国家。国家（授权的投资主体）作为企业唯一的出资人，国家成为企业全部资本的所有人，对企业行使所有者权利。而在国有控股企业中，国有企业的出资人，指以其所有的资产共同开办企业的国家、非国有单位和个人。国有投资主体的出资在企业总出资中占主要部分，即50%以上，或者虽然低于50%，但实际上控制了该企业的经营决策。国有控股公司中的财产所有权属于公司，国家对公司中的国有股份享有股权。在这里我们主要探讨国家作为出资人这一种情况。

（二）国有企业出资人的权利、义务和责任

国家作为企业出资人，一般并不由最高国家机关（最高国家权力机关或中央政府）直接进行具体的投资管理和经营活动，而是按照“统一领导、分级管理”原则，分别由各级有关国家机关或其授权的部门，代表国家所有权人负责的投资、管理和经营活动。关系国家经济命脉和国家安全的大型国有企业、基础设施和重要自然资源等，由中央政府代表国家履行出资人职责。其他国有资产由地方政府代表国家履行出资人职责。

国有企业出资人的权利就是出资人的职能，中央政府和地方政府通过各自设立的国有资产管理委员会，除代表国家享有公司法规定资产收益、重大决策和选择管理者等出资人权利外，还主要享有：授权政府代表国家行使国有资产所有权；授权政府代表国家行使行政管理权；授权政府代表国家行使国有资产监督管理权。

关于国有企业出资人的义务和责任，《企业国有资产法》第12～15条、《企业国有

① 参见漆多俊：《对国有企业几个基本问题的再认识》，载《经济学家》1996年第2期。

资产监督管理暂行条例》第 14 条、第 15 条、第 38 条、第 39 条、第 40 条、第 41 条,《全民所有制工业企业法》第 56 ~ 58 条以及《全民所有制工业企业转换经营机制条例》第 40 ~ 47 条等作了详细规定。

需要明确的是,国家实行国有企业出资人制度的前提是国家统一所有,国家是国有企业的出资人。中央政府与地方政府都只是分别代表国家履行出资人职责,享有出资人权益,不能把国家所有与政府所有等同起来。

二、国有企业的经营者

(一)国有企业经营者的法律地位和职权

非公司制国有企业的经营者主要是指厂长或经理。《全民所有制工业企业法》规定,企业实行厂长(经理)负责制,企业建立以厂长为首的生产经营管理系统。厂长在企业中处于中心地位,对企业的物质文明和精神文明建设负有全面责任。企业组织机构的设置和协调以厂长为中心,企业的生产经营实行权威性领导,企业的管理贯彻责任制原则。在工厂制国有企业中厂长有广泛的职权,厂长领导企业的生产经营管理工作,行使生产经营管理决策指挥权、人事权、提案权、奖惩权等。

公司制国有企业的经营者主要是董事和经理。我国《公司法》确立了董事会负责制的公司领导体制,国有公司也实行此种领导体制。

(二)国有企业经营者的产生、罢免和法律责任

公司制国有企业的经营者的任免和法律责任适用《公司法》的相关规定。但《公司法》对公司制国有企业的董事会的组成和产生有特殊规定。《公司法》第 44 条规定,两个以上的国有企业或者两个以上的其他国有投资主体投资设立的有限责任公司,其董事会成员中应当有公司职工代表;其他有限责任公司董事会成员中可以有公司职工代表。也就是说,两个以上的国有企业或者两个以上的其他国有投资主体投资设立的有限责任公司的董事会必须有职工代表,而一般的有限责任公司则可以自行决定是否安排职工代表。此外,国有独资公司的董事产生办法也较为特殊,董事会成员由国有资产监督管理机构委派,而不是由股东选举产生。公司制国有企业经营者的法律责任基本上类同于非国有公司,但也有某些特殊规定。

非公司制国有企业经营者的产生、罢免和法律责任具有更多的特殊性。

根据《全民所有制工业企业厂长工作条例》的规定,担任厂长者必须具备一定的政治、业务和知识水平条件。厂长的产生,除国务院另有规定外,由政府主管部门根据企业的实际情况采取以下其中一种方式:(1)政府主管部门委任或者招聘;(2)企业职工代表大会选举。政府委任或者招聘的厂长人选,须征求职工代表的意见;企业职工代表大会选举的厂长,须报政府主管部门批准。政府主管部门委任或者招聘的厂长,由政府主管部门免职或者解聘,并征求职工代表的意见;企业职工代表大会选举的厂长,由职工代表大会罢免,并须报政府主管部门批准。

厂长的各项具体的法律责任,在《全民所有制工业企业厂长工作条例》第 34 条、第

35 条和《全民所有制工业企业法》第七章的相关条文中作了明确规定。

三、国有企业的监事会

(一)非公司制国有企业监事会的法律地位和职权

2008 年通过的《企业国有资产法》规定,国有独资企业由履行出资人职责的机构按照国务院的规定委派监事组成监事会。根据 2000 年 3 月 15 日国务院发布的《国有企业监事会暂行条例》的规定,监事会以财务监督为核心,根据有关法律、行政法规和财政部的有关规定,对企业的财务活动及企业负责人的经营管理行为进行监督,确保国有资产及其权益不受侵犯。监事会与企业是监督与被监督的关系,监事会不参与、不干预企业的经营决策和经营管理活动。监事会的主要职权包括:(1)检查企业贯彻执行有关法律、行政法规和规章制度的情况;(2)检查企业财务,查阅企业的财务会计资料及与企业经营管理活动有关的其他资料,验证企业财务会计报告的真实性、合法性;(3)检查企业的经营效益、利润分配、国有资产保值增值、资产运营等情况;(4)检查企业负责人的经营行为,并对其经营管理业绩进行评价,提出奖惩、任免建议。国有企业的监事会除享有详述职权外还享有公司法规定的相关权利。

(二)公司制国有企业监事会的法律地位和职权

《企业国有资产法》规定,国有独资公司、国有资本控股公司和国有资本参股公司依照《公司法》的规定设立监事会。国家出资企业的监事会依照法律、行政法规以及企业章程对董事、高级管理人员执行职务的行为进行监督,对企业财务进行监督检查。

我国《公司法》规定,除规模较小和股东人数较少的有限责任公司可不设监事会,只设 1 ~2 名监事外,其他有限责任公司和股份有限公司都应设监事会。监事会由主席一人、监事若干人组成。监事会成员不少于 3 人。但公司法对国有独资公司的监事会作出了特别规定,即国有独资公司必须设立监事会,且监事会成员不少于 5 人,其中职工代表的比例不得低于 1/3。监事会主席由国有资本出资人指定。

四、国有企业的职工和职工代表大会

(一)非公司制国有企业的职工和职工代表大会

职工是企业的主人,其合法权益受法律保护。职工的权利有:参加企业民主管理,对企业的生产和工作提出意见和建议的权利;依法享有劳动保护、劳动保险、休息、休假的权利;向国家机关反映真实情况,对企业领导干部提出批评和控告的权利;女职工有依照国家规定享有特殊劳动保护和劳动保险的权利。职工的义务有:应当以国家主人翁的态度从事劳动;遵守劳动纪律和规章制度;完成生产和工作任务。

职工代表大会是企业实行民主管理的基本形式,是职工行使民主管理权力的机构。职工代表大会享有广泛的职权,包括审议建议权、审查通过权、审议决定权、评议监督权以及选举权等。职工代表大会至少每半年召开一次。每次会议应有 2/3 以上的职工代表出席。遇有重大事项,经厂长、工会委员会或 1/3 以上职工代表的提议,可召开临时会议。职工代表大会在其职权范围内决定的事项,非经职工代表大会同意不得修改。

在职工代表大会闭会期间,需要临时解决的重要问题,由职工代表大会的工作机构——企业工会委员会召集职工代表团(组)长和专门小组负责人联席会议,协商处理,并向下一次职工代表大会报告予以确认。企业工会委员会负责职工代表大会的日常工作。

(二)公司制国有企业的职工和职工代表大会

公司制国有企业的职工和职工代表大会依据《公司法》的一般规定参与国有控股公司的经营管理,依据《公司法》的特别规定参与国有独资公司的经营管理。国有独资公司董事会和监事会成员中的职工代表由公司职工代表大会选举产生。

五、国有企业的党组织

(一)非公司制国有企业中党组织的地位和职能

实行企业厂长(经理)负责制后,企业党组织的任务和职能也发生了变化。党委不再直接指挥生产经营和管理工作,不讨论决定企业生产经营活动中的重大问题。党委的职能是对党和国家的方针政策在本企业的贯彻执行实行保证监督。具体来说,党委要积极支持厂长(经理)形式经营管理决策和统一指挥生产经营活动的职权。通过调查研究为厂长(经理)决策出主意,或在管理委员会上献计献策,保证企业的决策和生产经营活动符合国家法律和法规、政策;党委通过做好职工的思想政治工作,保证企业决策的实现;在企业中层干部任免时,党委应负责向厂长(经理)推荐考核;党委通过组织党员学习党的文件,提高党员觉悟,带领党员起到先锋模范作用,把企业的精神文明建设搞好;做好本企业党组织的建设、党员教育和发展党的队伍的工作。①

(二)公司制国有企业中党组织的地位和职能

我国《公司法》第19条规定,“在公司中,根据中国共产党章程的规定,设立中国共产党的组织,开展党的活动。公司应当为党组织的活动提供必要条件”。

《中国共产党章程》第33条规定,“……国有企业党委(党组)发挥领导作用,把方向、管大局、保落实,依照规定讨论和决定企业重大事项。国有企业和集体企业中党的基层组织,围绕企业生产经营开展工作。保证监督党和国家的方针、政策在本企业的贯彻执行;支持股东会、董事会、监事会和经理(厂长)依法行使职权;全心全意依靠职工群众,支持职工代表大会开展工作;参与企业重大问题的决策;加强党组织的自身建设,领导思想政治工作、精神文明建设和工会、共青团等群团组织”。

2015年9月中共中央办公厅印发《关于在深化国有企业改革中坚持党的领导加强党的建设的若干意见》,要求“把加强党的领导和完善公司治理统一起来,明确国有企业党组织在公司法人治理结构中的法定地位”。

依据上述《公司法》和中国共产党党内法规的相关规定,公司制国有企业必须设立党组织,党委会与董事会分工负责领导公司制国有企业,董事会为经营决策核心,党委

---

① 参见甘培忠:《企业与公司法学》(第4版),北京大学出版社2006年版,第114~115页。

会是政治领导核心。国有企业中的党组织及其领导机关的主要任务是贯彻党的方针、政策，发挥政治核心和监督保证作用，通过抓好党的自身建设，增强党员在生产和工作中的模范带头作用。

第五节　国有企业改革

一、国有企业改革的探索历程

我国国有企业改革已经走过了30年的时间，国有企业改革立法一直与之相伴而行。以1992年“小平南方谈话”为分水岭，这30年时间基本上可以分为两个时期，即1992年以前的国有企业改革立法和1992年以后的国有企业改革立法。1992年以前的国有企业改革立法基本上是维持原有的企业形态不变，改革具体的经营机制；而1992年以后的国有企业改革立法则以国有企业的公司化改制为重心。

(一)1992年以前的国有企业改革

我国1992年以前的国有企业改革大致分为四个阶段。

1. 扩大企业自主权的试点阶段。这种试点是由四川省率先于1978年10月在6家国有企业中进行的。1984年5月国务院又颁布《关于进一步扩大国营工业企业自主权的暂行规定》，把扩权工作又推进了一步。扩大企业自主权的试点在较早阶段激发了企业的积极性，但是随着时间的推移，这种作用逐渐消失，反而造成了国家财政赤字不断加大，因此，扩大企业自主权的举措在后来就停止实施了。

2. 试行经济责任制阶段。1981年4月国务院召开的全国工业交通工作会议，明确提出了在国营工业中建立和实行经济责任的要求。随后国务院批准了国家经委和国务院体制改革办公室《关于实行工业企业经济责任制若干问题的意见》。1983年年初，短短的两三个月内，全国绝大多数国有企业普遍实行了利润包干制。由于时间仓促和未注意规范，致使经济秩序发生混乱并形成物价涨势。于是，中共中央和国务院作出决定，停止全面推行利润承包和加快“利改税”的改革，以便企业能够在更大程度上自负盈亏。

3. 试行利改税阶段。1983年4月国务院批准了财务部《关于全国利税工作会议的报告》和《关于国营企业利税试行办法》，自1983年6月1日起开始实施。1984年9月国务院批准了财政部《关于国营企业推进利改税第二步改革的报告》和《国营企业第二步利改税试行办法》。从效果上来看，第二步利改税不仅没有消除税收的不规范状态，为企业创造一个平等竞争的外部环境，调节税的设置反倒使企业间“苦乐不均”的问题更加突出了。

4. 推行承包经营责任制阶段。1986年12月国务院在《关于深化企业改革、增强企业活力的若干规定》中提出，要“推行多种形式的承包经营责任制，给经营者以充分的经营自主权”。国务院后又于1988年12月发布《全民所有制工业企业承包经营责任制暂行条例》。因此,承包经营责任制就在大中型国有企业中迅速推开。

与承包经营责任制相类似的法律设计还包括国有企业的租赁经营。根据国务院1988年2月发布的《全民所有制小型工业企业租赁经营暂行条例》中的规定,这种制度的设计目标与承包经营责任制大体相近,只是具体内容有些不同。租赁经营一般只适用于小型企业。

(二)1992年以后的国有企业改革立法

1992年以后,我国国有企业改革开始进入新的时期,国有企业改革立法的内容也发生了较大的转变。其核心却是国有企业的公司化改制。

1. 以转换企业经营机制为重点的深化企业改革阶段。1991年9月中共中央工作会议制定了增强国有大中型企业活力的20条措施,以促进国有企业经营机制的转换。1992年7月国务院颁布了《全民所有制工业企业转换经营机制暂行条例》,规定国有企业享有14项经营权。该条例的推出,使下放给企业的自主权有所落实,因而“转机”工作有了一些新进展。但由于该条例未解决产权问题,企业经营机制难以从根本上转换,转机目标中的“自主经营”在绝大多数企业中无法实现,“自负盈亏”更是难以实现。

2. 以建立现代企业制度为目标的深化企业改革阶段。1992年以后,我国的国企业改革开始进入以建立现代企业制度为目标和主要内容的新阶段。1993年11月党的十四届三中全会通过的《中共中央关于建立社会主义市场经济体制若干问题的决定》,提出了我国国有企业改革的目标是建立现代企业制度,并把现代企业制度概括为是适应市场经济和社会化大生产要求的,产权清晰、权责明确、政企分开、管理科学的企业制度,并通过建立现代企业制度,使企业成为自主经营、自负盈亏、自我发展、自我约束的法人实体和市场竞争主体。其后,国务院各部委颁布了一系列相关规章,贯彻中共中央的决定。因此,就逐步将中共中央的决定变成了国有企业改革的法律设计。这标志着我国国有企业改革开始正式步入实施现代企业制度改革的阶段。

3. “以管资本为主”理念下的国有企业改革阶段。在建立现代企业制度的目标导向下,我国的国有企业改革取得了显著的进步,至2010年左右,我国的国有企业基本完成公司制改造,同时,国有资产管理体制也得到了显著的优化。但是,国有企业经营管理出现了新问题,那就是,受政府授权履行出资人职能的各级国有资产监督管理机构对国有企业管得过细,国有企业的经营自主权仍然没有得到充分落实。在这种背景下,我国自2013年开始强调“以管资本为主”的国有企业改革理念,开始推行新一轮的国有企业改革。2013年党的十八届三中全会通过了《中共中央关于全面深化改革若干重大问题的决定》,明确指出,“完善国有资产管理体制,以管资本为主加强国有资产监管,改革国有资本授权经营体制,组建若干国有资本运营公司,支持有条件的国有企业改组为国有资本投资公司”。2015年8月党中央和国务院印发《关于深化国有企业改革的指导意见》,提出:“国有资产监管机构要准确把握依法履行出资人职责的定位,科学界定国有资产出资人监管的边界,建立监管权力清单和责任清单,实现以管企业为主向以管资本为主的转变。”2015 年 10 月国务院发布了《关于改革和完善国有资产管理体制的若干意见》,明确提出,国有资产监管机构作为政府直属特设机构,根据授权代表本级人民政府对监管企业依法履行出资人职责,科学界定国有资产出资人监管的边界,专司国有资产监管,不行使政府公共管理职能,不干预企业自主经营权。2017 年 5 月国务院办公厅转发《国务院国资委以管资本为主推进职能转变方案》,对国资监管方式和国务院国有资产管理委员会职能转变作出了系统安排。

二、国有企业的公司制改造

国有企业改组为公司,可视其具体情况采取不同的目标选择。它既可以改组为有限责任公司,也可以改组为股份有限公司,具备条件的还可改组为国有独资公司。国有企业改组为股份有限公司于改组为有限责任公司在改组途径和程序方面颇有相似之处,因此,我们可以以国有企业改组为股份有限公司为典型来论述国有企业改组为公司的途径和程序,而为节省篇幅,对于国有企业改组为有限责任公司则予以略过。

(一)国有企业改组为股份有限公司的途径

根据《公司法》和 1992 年国务院有关部委发布的《股份制企业试点办法》的相关规定,国有企业改组为股份有限公司的主要途径包括下列几种。

(1)企业扩建或者新增投资时,将多方投资的份额转换成股份,或者通过发行股份筹集资金,并将企业原有资产评估核股,按照股份有限公司设立的条件和要求改组。

(2)在企业兼并中,被兼并企业的资产所有者将资产作为股份入股到兼并企业,兼并企业也将其资产评估核股,按照股份有限公司设立的条件和要求,将兼并后的企业改组为股份有限公司。

(3)在组建企业集团过程中,核心企业按照股份有限公司设立的条件和要求改组为股份有限公司。企业集团的核心企业通过持股、控股,其他成员相互参股,使有关成员企业按要求改组为股份有限公司。

(4)完全靠贷款建设,负债率较高的企业,通过发行股份改变不合理的资本结构,并按要求改组为股份有限公司。

(5)将国有企业实有资产评估核股,并出卖一部分股份,按照要求改组为股份有限公司。

(二)国有企业改组为股份有限公司的程序

国有企业改组为股份有限公司的程序,因其改建途径不同而有所不同。例如,由企业兼并而改建的,须履行兼并程序;由组建企业集团而改建的,须按企业集团组建程序办理。但无论经由哪种途径改建为股份有限公司,都必须遵循股份有限公司设立的一般程序和国有企业改建公司的特别程序。

按照《公司法》的规定,国有企业改建为公司,必须依照法律、行政法规规定的条件和要求,有步骤地清产核资,界定产权,清理债权债务,评估资产,建立规范的内部管理机构。在《股份制企业试点办法》中,对国有企业改组为公司规定了以下程序。

(1)报原企业资产所有者及政府授权部门批准。这是企业改组的必经程序,只有在获得了此种批准后,方可进行公司改组。

(2)发起人协议。依照规定,国有企业改组公司,可以联合企业和单位共同发起设立,也可以由企业或其所有者单独发起设立。如果发起人为多人,发起人应就设立公司的有关事项进行协商,达成协议,并制定或修改公司章程。

(3)清理企业存量资产。企业存量资产清理完毕,编制好财产清册、报表以后,应委托具有资格的资产评估机构进行资产评估。

(4)评估资产。资产评估的对象主要是有形资产和无形资产。评估结果应报同级国有资产管理部门核准。

(5)界定产权关系。界定产权关系是指划分企业存量资产的归属。协商界定彼此在企业存量资产总额中享有的产权比例,以及折合人民币的具体数额。

(6)设置股权。设置股权时投资各方对经过改组重组后的公司利益的基本分配,它是重组后公司享有权利和承担义务大小的基础。国有股的设置须报国有资产管理部门确认。

(7)转移资产及招股。发起人应按股权设置情况处置,并办理有关财产权转移手续。其中,采取募集设立方式组建股份有限公司的,还应制作招股说明书,报证券管理部门审批,公告招股,并委托银行代收股款,以向社会募集股份。

(8)建立规范的组织机构。采取发起设立方式组建的公司,应有发起人协商选举董事、监事,组成符合公司法要求的董事会和监事会;采取募集设立方式组成股份有限公司的,应于股份全部募足后30日内召开创立大会,选举产生公司的董事会及监事会。

(9)申请设立登记。董事会成立后,应于创立大会结束后30日内持有关文件向公司登记机关申请设立登记。公司登记机关审核通过后,签发营业执照并公告公司成立。

三、国有股减持和股权分置改革

(一)国有股减持

1.国有经济比重的调整与国有股减持。我国国有企业的数量多,国有经济在社会经济总量中的比重过高,产生了许多问题,在国有企业改革进行到一定程度的时候,优化国有经济比重的任务自然提上了国有企业改革的议事日程。党的十五届四中全会提出了“坚持有进有退,有所为有所不为”国企改革原则,为国有资本在部分领域的退出打开了政策通道。

国有经济的退出可以采取多种形式,针对不同类型的国有企业,我们可以采取整体转让、部分资产转让以及股份转让的方式。但是,经过一段时期的改革以后,一些大中型的国有企业纷纷以公司尤其是股份公司的形态存在,国有资产转变成了国有股份。在此背景下,国有经济的退出在很大程度上已经表现为国有股份的退出,也即国有股的减持。

2. 国有股减持立法及其主要内容。我国国有股份的退出在较早以前就出现了，采取的第一种方式是回购国有股份。由于采取公司回购国有股份的方式推行国有股减持需要一定的条件，那就是公司本身具有足够的资金。如果公司资金不足，则这种方式很难实行。在国有股减持方面试用过的第二种方式是将国有股份按一定比例直接配售给其他股东。因价格设置不合理等原因出现认购不足，配售试点基本失败，表明配售也不是减持国有股的有效方式。

2001 年 6 月国务院正式发布《减持国有股筹集社会保障资金管理暂行办法》（以下简称《减持国有股办法》），这标志着国有股减持工作进入了新阶段，即通过国有股存量发行方式减持国有股的阶段。《减持国有股办法》是迄今为止我国关于国有资本退出的级别最高、最典型的一项立法文件。

（1）国有股减持的目的。根据《减持国有股办法》的规定，国有股减持是为了筹集资金，补充全国社会保障方面的历史欠债。这种立法目的影响了国有股减持具体政策的制定，例如，对于减持的国有股的定价不能太松。这些都直接影响了国有股减持的最终效果，国有股减持最终喊停于此似乎不无关系。

（2）国有股减持的方式。国有股减持主要采取国有股存量发行的方式。凡国家拥有股份的股份有限公司（包括在境外上市的公司）向公共投资者首次发行和增发股票时，均应按融资额的 10% 出售国有股；股份有限公司设立未满 3 年的，拟出售的国有股通过划拨方式转由全国社会保障基金理事会持有，并由其委托该公司在公开募股时一次或分次出售。减持国有股原则上采取市场定价方式。即公司新发行股份时，国有股的转让价格应与新发行股份价格相同，由市场决定。另外，还可以采取协议转让的方式减持国有股。

3. 国有股减持的实施效果。尽管有关部门在该办法实施前采取了多种方法进行宣传，稳定广大股民的心理，但是，《减持国有股办法》的实施还是对股市造成了巨大的冲击。该办法正式实施后，中国股市出现了大幅下挫的局面。为因应此种状况，国务院作出决定，停止通过国内证券市场减持国有股。这意味着《减持国有股办法》的实施遇挫，新一轮的国有股减持实验以失败告终。

我国国有股减持之所以如此艰难，原因是多方面的。我国的国有经济总量巨大，体现为国有股份的总量也十分庞大，国有股的减持需要强大的民间社会财富的支持。此外也有制度设计不完善方面的原因，这直接影响了具体政策的制定。从更高的层次上分析，这还与国有股减持立法方面的缺陷有关。国有股减持牵涉全民利益，在我国应该是一项根本性的大事，应秉持公平与效率相协调的理念，均衡各方的利益而为。

（二）股权分置改革

1. 股权分置改革的含义及其必要性。股权分置改革从表面上看与我国证券市场的规范化有关，但实际上与我国国有企业改革也具有十分紧密的联系。

（1）股权分置改革的含义。股权分置，是指 A 股市场的上市股份按能否在证券交易所上市交易被区分为非流通股和流通股。上市公司股权分置改革,是指通过非流通股股东和流通股股东之间的利益平衡协商机制,消除A股市场股份转让制度性差异的过程。更具体地说,就是通过股权分置改革,使非流通股转变为流通股。

(2)股权分置改革的必要性。当初,为了迅速推进国有企业的股份制改革,我国在大多数股份公司中采取了股权分置的方案。1992年中国人民银行总行、国家体改委、国家计委、财政部联合发布的《股份制企业试点办法》规定:“根据投资主体的不同,股权设置有四种形式:国家股、法人股、个人股、外资股。”根据1994年3月国家国有资产管理局颁发的《股份制试点企业国有股权管理的实施意见》[已被1999年11月19日《财政部关于公布废止和失效的财政规章和规范性文件目录(第七批)的通知》废止]的相关规定,“国家股”,是指有权代表国家投资的政府部门或机构,向股份制企业出资形成或依法定程序取得的股份,即国家拥有的股份。“法人股”,是指具有法人资格的企业以其依法占用的法人资产向独立于自己的股份制企业出资形成或依法定程序取得的股份,即法人拥有的股份。法人股又分为国有法人股和社会法人股。如果法人是国有企业、事业及其他单位,那么形成的法人股为国有法人股,否则为社会法人股。国有股和国有法人股都属于国有资产。

当国家股、法人股及社会公众股共存于同一家股份公司时,按照公司法原理,本应“同股同权”,然而,在早期的股份制改革实践中,社会公众认购的股份可以上市流通,而国有股、法人股却不能上市流通。流通股的交易是广大股民在场内通过集合竞价或连续竞价的方式进行的,而国家股和法人股不能在证券交易所交易,只能是场外交易。由此形成了国有股、法人股与公众个人股分置的格局。股权分置人为割裂了上市公司的股权构成,造成了同股不同权的异象。为促进我国证券市场的有序发展,就必须消除这种股权分置的局面。

2. 股权分置改革的基本内容。股权分置改革的核心是非流通股股东向流通股股东支付一定的对价以获得流通权。支付对价的方式有现金补偿、送股补偿等。①

股权分置改革的基本操作程序包括:非流通股东提出股权分置改革动议,经审议后形成改革方案;召开相关股东会议投票表决改革方案,须经参加表决的股东所持表决权的2/3以上通过,并经参加表决的流通股股东所持表决权的2/3以上通过。

股权分置改革还涉及原非流通股东获得流通权后在交易所转让股权的限制措施。根据《上市公司股权分置改革管理办法》第27条的规定,改革后公司原非流通股股份的出售,应当遵守下列规定:在改革方案实施之日起,在12个月内不得上市交易或者转让;持有上市公司股份总数5%以上的原非流通股股东,在前项规定期满后,通过证券交易所挂牌交易出售原非流通股股份,出售数量占该公司股份总数的比例在12个月内不得超过5%,在24个月内不得超过10%。

① 参见孙光焰:《股权分置改革对价的改革观》,载《华东政法学院学报》2007年第1期。

3. 股权分置改革与国有股减持的关系。《关于上市公司股权分置改革的指导意见》第 4 条明确指出，股权分置改革是为非流通股上市交易作出的制度安排，并不以通过资本市场减持国有股份为目的，当前国家也没有通过境内资本市场减持上市公司国有股份筹集资金的考虑。非流通股可上市交易后，国有控股上市公司控股股东应根据国家关于国有经济布局和结构性调整的战略性要求，合理确定在所控股上市公司的最低持股比例，对关系国计民生及国家经济命脉的重要行业和关键领域，以及国民经济基础性和支柱性行业中的国有控股上市公司，国家要保证国有资本的控制力、影响力和带动力，必要时国有股股东可通过证券市场增持股份。可见，股权分置改革并不以通过资本市场减持国有股为目的。

但是，通过股权分置改革，使国有股和国有法人股可以通过证券交易所自由流通，对于国有股的减持来说，客观上消除了一大制度障碍。因此，尽管五部委的《关于上市公司股权分置改革的指导意见》特别强调坚持国有股不是股权分置改革的目的，但股权分置改革与减持国有股之间的联系是客观存在的。五部委的《关于上市公司股权分置改革的指导意见》的特别强调在很大程度上是为了消除证券市场尤其是股民对于股权分置改革不必要的恐惧。

4. 股权分置改革条件下国有股减持的监管立法。股权分置改革基本完成后国有企业改革尤其是国有股减持进入了新的阶段，需要通过立法来加强监管。2007 年国有资产管理委员会和中国证券监督管理委员会联合发布了《国有股东转让所持上市公司股份管理暂行办法》。

首先，《国有股东转让所持上市公司股份管理暂行办法》规定了减持国有股的基本要求和主要方式。国有股东转让所持上市公司股份应坚持公开、公平、公正的原则，符合国家的有关法律、行政法规和规章制度的规定，符合国家或地区的产业政策及国有经济布局和结构战略性调整方向，有利于促进国有资产保值增值，有利于提高企业核心竞争力。根据《国有股东转让所持上市公司股份管理暂行办法》第 3 条的规定，转让国有股的主要方式包括：通过证券交易系统转让、以协议方式转让、无偿划转及间接转让。

其次，《国有股东转让所持上市公司股份管理暂行办法》规定了转让国有股的价格确定办法。国有股东转让上市公司股份的价格应根据证券市场上市公司股票的交易价格确定。以前的国有股减持的主要障碍之一是国有股的价格确定，股权分置改革以后，这个问题就迎刃而解了，因为可以直接根据证券市场上市公司股票的交易价格来确定国有股的价格。

再次，《国有股东转让所持上市公司股份管理暂行办法》具体规定了四种不同转让方式的实施程序，包括申报程序、审批程序、确定价格的具体办法、信息披露、受让方的条件限制等。

最后，《国有股东转让所持上市公司股份管理暂行办法》还规定了各种违法行为的法律责任，包括民事责任、行政责任和刑事责任。

复习思考题

- 1. 什么是国有企业？为什么说国有企业是一种特殊企业？
- 2. 如何理解国有企业法的性质和地位？
- 3. 国有企业有哪些经营方式？我国国有企业应当主要采用哪些经营方式？
- 4. 国有企业的治理与一般企业的治理有什么不同？
- 5. 我国在国有企业改革过程中采取了哪些改革举措？
- 6. 什么是股权分置改革？为什么要进行股权分置改革？

第十七章　国有资产法

第一节　国有资产及国有资产法概述

一、国有资产的定义、分类及形成途径

（一）国有资产的定义

资产有广义和狭义之分。广义的资产就是指财产，是指具有某种经济价值并能为特定主体所支配的物或权利；狭义的资产，是指具有增值功能的财产，也即作为生产要素投入生产经营的财产。与之相对应，国有资产的含义也有广义和狭义之分。广义的国有资产就是指国有财产，是指以国家名义拥有的一切财产；狭义的国有资产仅指经营性国有财产。

在相关法律文件中，我国对国有资产是从广义角度来使用的。如2006年财政部制定的《行政单位国有资产管理暂行办法》和《事业单位国有资产管理暂行办法》都将非经营性国有财产包含在了“国有资产”这个概念之中。

从经济法的视角来看，国有资产是国家以“参与”的方式调节国民经济的物质基础和资源保障，因此，经济法研究国有资产，主要是经营性国有资产，但也涉及非经营性资产。

（二）国有资产的分类

按照不同的标准，国有资产可以做多种分类。如分为经营性国有资产和非经营性国有资产、有形资产与无形资产、金融性资产与非金融性资产等。其中，理论界和实务界最常用的分类方法是将国有资产分为经营性国有资产、非经营性国有资产。有的教材将国有资产分为经营性国有资产、非经营性国有资产及资源性国有资产三类，这种安排突出了资源性国有资产的重要性，也有利于介绍资源性国有资产的特性。不过，从严格的逻辑意义上说，国有资产分为经营性国有资产和非经营性国有资产就已经涵盖了整个国有资产，所谓的资源性国有资产，它要么是经营性国有资产，要么是非经营性国有资产，而不能是独立于两者之外的第三类国有资产。因此，本书将只在经营性国有资产和非经营性国有资产这种二元划分的基础上展开相关内容，不专门涉及资源性国有资产。

1. 经营性国有资产。经营性国有资产，又称企业国有资产，是作为生产要素投入企业生产经营的国有资产。在我国，经营性国有资产约占国有资产总量的2/3。当前我

国国有资产管理体制的改革主要是围绕经营性国有资产展开的。经营性国有资产具有下述主要特点。[①]

(1)作为生产要素用于生产,在生产流通领域中构成商品生产和交换的因素或条件。

(2)具有增值功能。国家投资开办国有企业虽然并不一定以营利为目的,但国有资产一旦进入企业,就具有营利性,经营者应当追求增值。

(3)主要由企业占用。企业是经营性资产的载体,因此,经营性国有资产主要由国有企业占用。在我国,一些事业单位也占用部分经营性资产,通常,这类事业单位实行企业化管理。

(4)主要通过市场来配置。在市场经济体制前提下,经营性国有资产的配置机制以市场调节为主、政府配置为辅。国有资产投入生产经营后,就依照市场规律运营,政府只是根据调节经济的需要决定国有资产的进入或退出经营领域。

2. 非经营性国有资产。非经营性国有资产是指不投入生产经营的国有资产,包括国家机关、事业单位和社会团体(统称行政事业单位)用于公务和社会公益事业的国有资产以及尚未启用的国有资产。在我国,非经营性国有资产通常称为行政事业性国有资产。非经营性国有资产与经营性国有资产相比,具有以下特点。[②]

(1)公益性。非经营性国有资产投入公共产品的生产,用于履行公共职能或提供公益服务。

(2)非增值性。非经营性国有资产不具有增值功能,而是作为消费性财产在公务和公益活动中逐渐消耗。

(3)主要由行政事业单位占用。非经营性国有资产既然用于公务和公益事业,其占用主体当然也就是承担公务和公益职责的行政事业单位。

(4)主要由政府配置。非经营性国有资产在各行政事业单位之间的配置主要由国家财政配置。有些事业单位也通过经营活动获取部分非经营性国有资产,即也有一定程度的市场配置,作为行政配置的补充。

(三)国有资产的形成途径

国有资产主要通过以下途径形成:

1. 国家依法或依权力取得和认定的属于国家所有的财产。在我国,这种方式包括:(1)中华人民共和国成立初期依法没收的官僚资本和敌伪财产;(2)依法宣布为国有的城镇土地、矿藏、海洋、水流、森林、草原等;(3)依法认定和接收的无主财产和无人继承的财产等;(4)依法赎买的资本主义工商业;(5)依法征收的土地;(6)依法没收的财产、依法收取的罚金和罚款等。

---

① 参见杨文:《国有资产的法经济分析》,知识产权出版社2006年版,第6~7页。

② 同上书,第7~8页。

2. 国家投资经营形成的资产。包括:(1)国家投入的资本金;(2)投资收益。

3. 国家对行政事业单位拨入经费形成的资产、行政事业单位的规费收入和事业单位的创收收入。

4. 国家接受馈赠形成的资产,包括公民、团体、企业公司等赠与国家的财产以及外国友人、团体、政府赠与我国的财产。

二、国有资产法的概念和性质

(一)国有资产法的概念

国有资产法是调整国有资产的取得、使用、管理、处置过程中发生的社会关系的法律规范的总称。

国有资产取得、使用、管理、处置过程中发生的社会关系主要包括:国有资产管理体制关系;国有资产产权界定、登记关系;国有资产清产、核资关系;国有资产评估关系;国有资产流转关系;国有资产监督关系;等等。

(二)国有资产法的性质

国有资产法包含有多种性质的法律规范,具有多个部门法的属性。

第一,民法属性。例如,国有资产的所有权的行使,在很多时候要适用物权法规范;国有资产的交易,则要适用合同法,国有资产法中所包含的此类规范,就具有民法性质。

第二,行政法属性。行政事业性国有资产满足行政事业单位履行公共职能的需要,有关行政事业性国有资产的管理,主要是一种行政管理,因此,涉及行政事业性国有资产管理的法律法规和规章,具有行政法的性质。

第三,经济法属性。国家利用国有资产投资经营是国家调节经济的三种方式之一,国有资产法作为国家投资经营法的组成部分,也就必然具有经济法的性质。

然而,不同部门法对国有资产的关注面是不同的。民法主要从静态角度确定国有资产的产权,它构成国有资产管理和使用的基础;行政法主要确定国家对国有资产进行管理的一般规则,其核心是使国有资产满足公共行政和公益支出的需要,调整的对象主要是行政事业性国有资产;经济法从国家调节经济的角度规定对国有资产的管理,其核心是利用国有资产调节国民经济,调整的对象主要是经营性国有资产。

同时,也需指出,国有资产法具有经济法性质并不是自从国有资产法出现以来就是如此。自国家出现开始,就出现了国有资产,同时也出现了规定如何保护和使用国有资产的法律。但在很长一段时期内,这些法律主要属于民法和行政法,而不具有经济法性质。只有当国有资产在较大程度上被用来调节社会经济的时候,才能产生具有经济法性质的国有资产立法。

三、我国国有资产法的立法构成

(一)宪法

《宪法》作为国家的根本大法,对国家的基本经济制度作了规定,其中可以成为国有资产法渊源,并作为制定有关国有资产的法律、法规、规章依据的内容主要包括《宪法》第7条、第9条、第10条、第12条的规定。

《宪法》第7条规定,国有经济是国民经济中的主导力量,国家保障国有经济的巩固和发展;《宪法》第9条、第10条规定,矿藏、水流、森林、山岭、草原、荒地、滩涂、土地等自然资源,除法律规定属于集体所有的外,都属于国家所有;《宪法》第10条还规定,国家为了公共利益的需要,可以依照法律规定对土地实行征收或者征用并给予补偿;《宪法》第12条规定,国家保护社会主义的公共财产,禁止任何组织或者个人用任何手段侵占或者破坏国家和集体的财产。

(二)法律

我国没有制定统一的国有资产法,但是涉及国有资产的法律很多,主要包括《企业国有资产法》《物权法》《土地法》《草原法》《森林法》《水法》《节约能源法》《可再生能源法》《矿产资源法》《城市房地产管理法》等。在上述法律中,《企业国有资产法》显得尤其重要,在一定程度上可以看作是我国有关国有资产管理的基本法。

(三)行政法规和部门规章

行政法规和部门规章是国有资产法最主要的渊源。国务院和国务院相关部委、国务院国有资产监督管理委员会发布了大量的行政法规和部门规章。主要包括:

1. 关于国有资产产权的规定。主要有《国有资产产权界定和产权纠纷处理暂行办法》、《集体企业国有资产产权界定暂行办法》、《国有资产产权登记管理试行办法》及其实施细则、《企业国有资产产权登记管理办法》、《企业国有资产产权登记管理办法实施细则》和《境外国有资产产权管理登记实施细则》。

2. 关于国有资产评估的规定。主要有《国有资产评估管理办法》及其施行细则、《资产评估机构管理暂行办法》、《注册评估师执业资格制度暂行规定》、《中国资产评估行业评估纠纷调处工作规则》、《注册资产评估师执业资格注册管理暂行办法》、《企业国有资产评估管理暂行办法》。

3. 关于国有资产清产核资的规定。主要包括:《清产核资总体方案》(试行)和《关于清产核资中全民所有制企业、单位对外投资的清理和界定的暂行规定》。

4. 关于国有资产产权交易的规定。主要包括:《企业产权市场信息网管理暂行办法》《关于企业兼并的暂行办法》《关于出售国有小型企业产权的暂行办法》《企业闲置设备调剂利用管理办法》《企业国有产权无偿划转管理暂行办法》《企业国有产权向管理层转让暂行规定》等。

5. 关于境外国有资产的规定。主要包括:《境外国有资产产权登记管理暂行办法》及其实施细则、《关于境外国有资产以个人名义进行产权注册办理委托协议书公证的规定》、《关于用国有资产实物向境外投入开办企业的有关规定》等。

6. 关于行政事业性国有资产的规定。主要包括:财政部颁布《行政单位国有资产管理暂行办法》和《事业单位国有资产管理暂行办法》等。

第二节　企业国有资产法

一、企业国有资产的含义及其权利主体

(一)企业国有资产的含义

我国《企业国有资产法》第2条对企业国有资产给出了定义:国家对企业各种形式的出资所形成的权益。

国家对企业的出资形式有两种:一是国家单独出资设立国有独资企业;二是国家单独或与他人合股设立公司企业,包括国有独资公司、国有资本控股公司、国有资本参股公司。

在第一种情况下,国家作为出资人,依法享有出资人的权利,企业国有资产表现为国家享有的出资人权利。在第二种情况下,国家作为股东,享有股权,企业国有资产表现为国家享有的股权。

(二)企业国有资产的权利主体

《企业国有资产法》第3条规定:“国有资产属于国家所有即全民所有。国务院代表国家行使国有资产所有权。”该条规定一方面明确了企业国有资产归国家所有,也就是全民所有。

但是,国家所有或全民所有仅仅是从终极意义上而言,并不意味着国家可以直接成为国有企业的财产的所有权主体。

在国有企业具备单独的法人地位的情况下,企业国有资产的直接所有权主体乃是国有企业,企业依法享有法人财产权。法人财产权是以企业法人名义享有的一切财产权益,包括但不限于所有权、债权、知识产权、股权等。在这种情况下,实际上是国家作为出资人掌控国有企业,国有企业拥有企业资产。由国有企业具体掌控经营其名下的资产。国家通过股东或出资人身份参与国有企业的经营管理。

在少数情形下,国有企业也可能没有独立法人地位,仅仅作为国家机关的直接附属机构存在。如果是此种情形,则企业国有资产转化成了某个机关法人的资产,该机关法人成了企业资产的直接所有权人。

正因为上述逻辑关系,使某些学者认为,“国务院代表国家行使国有资产所有权”这句话值得进一步推敲。他们认为,国家所有和国家所有权是两个不同的概念,国家所有只是表明权益的归属,可以说国家所有的债权、国家所有的知识产权、国家所有的股权(国有股权)等。而所有权是一个物权的概念,所有权的客体是物,指向的是企业的具体财产。如果说,国家出资企业的物是国有资产,那么国家出资企业的债权、知识产权等其他财产权利也当然是国有资产,但债权、知识产权是与物权并列的财产权利,不存在所谓债权的所有权、知识产权的所有权。因此,即使企业国有资产是指国家出资企

业的财产,“国有资产所有权”的提法也是不科学的。况且,如前所述,企业国有资产并不是指国家出资企业的财产,而是指国家对企业出资所形成的权益,这种权益不是物,不存在所有权的问题。特别是在国家出资企业为股份制企业的情况下,由于有非国有股份的参加,不可能对企业中的具体财产界定为国家所有,而只能是将国家投入资产形成的股权界定为国家资产。因此,提国有资产所有权,显然是没有突破企业国有资产等同于国有企业的财产的旧思维,与《企业国有资产法》把企业国有资产界定为国家对企业出资所形成的权益的总体制度安排是相矛盾的。[①]

二、企业国有资产的管理

(一)国家对企业国有资产的管理方式

财产权人对其经营性资产的管理有两种基本方式:一是直接管理,即财产权人自己经营,财产权人可以直接支配资产;二是间接管理,即财产权人委托他人经营,财产权人一般不能直接支配资产本身,主要通过监督受托人的行为对其资产实施价值管理,委托经营有多种形式,如“代表式”“代理式”“租赁式”“合股式(公司制)”等。[②] 企业国有资产的财产权人是国家,国家不可能亲自经营。中华人民共和国成立后实行的国有国营,实际上也是国家选派代表进行经营,属于委托经营。因此,企业国有资产管理只可能实行间接管理,可以采用“代表式”“代理式”“租赁式”“合股式(公司制)”等多种委托经营方式。我国国有企业改革的实践证明,“合股式(公司制)”是最适宜的方式。在“合股式(公司制)”经营的情况下,国家将国有资产投入公司,取得股权,成为股东,国家以股东身份通过行使股权实现对国有资产的管理,这是企业国有资产管理的基本方式。但是,西方国家管理企业国有资产的通行模式是“合股式(公司制)”。

(二)我国企业国有资产的管理体制

经过多年的摸索,我国对企业国有资产管理已经形成了一套基本稳定的体制。其中,又可分为针对普通企业国有资产的管理体制和针对特别企业国有资产的管理体制。普通企业,是指由国有资产监督管理机构履行出资人职责的国家出资企业。特别企业,是指由国有资产监督管理机构以外的机构履行出资人职责的国家出资企业,包括国家出资的金融企业、铁路企业和烟草企业。特别企业的国有资产也是“国家统一所有”,但在具体的管理方面,存在较大差异。

1. 普通企业国有资产的管理体制。根据《企业国有资产法》的规定,对普通企业国有资产实行“国家统一所有、政府分级代表、国有资产监督管理机构受托监管、企业自主经营”的管理体制。其基本内容为以下几个方面。

(1)国家统一所有。“国家统一所有”,是指企业国有资产属于国家,全民所有。需

---

① 参见王新红:《关于总出资人权法律规定的思考——对〈企业国有资产法〉第 3 条的检讨》,载《江西财经大学学报》2012 年第 3 期。

② 参见漆多俊:《对国有企业几个基本问题的再认识》,载《经济学家》1996 年第 2 期。

要再次强调的是,这里的国家所有并不是物权法意义上的国家所有权。换言之,这里所指的国家所有仅仅是表明企业国有资产归属国家。国务院代表国家享有企业国有资产的权益。

(2)政府分级代表。“政府分级代表”,是指国务院和地方人民政府依照法律、行政法规的规定,分别代表国家对国家出资企业履行出资人职责,享有出资人权益。具体内容为:国务院确定的关系国民经济命脉和国家安全的大型国家出资企业,重要基础设施和重要自然资源等领域的国家出资企业,由国务院代表国家履行出资人职责;其他的国家出资企业,由地方人民政府代表国家履行出资人职责。

(3)国有资产监督管理机构受托监管。“国有资产监督管理机构受托监管”,是指国务院,省、自治区、直辖市人民政府,设区的市、自治州级人民政府,分别设立国有资产监督管理机构,国有资产监督管理机构根据授权,代理本级政府依法履行出资人职责,依法对企业国有资产进行监督管理。国务院设立的国有资产监督管理机构是国务院国有资产监督管理委员会,省、自治区、直辖市人民政府,设区的市、自治州级人民政府设立的国有资产监督管理机构一般也都定名为“国有资产监督管理委员会”。国有资产监督管理机构是专门行使出资人职责的政府特设机构,不是国家行政机关,不行使政府的社会公共管理职能。政府之所以需要委托国有资产监督管理机构来履行出资人职责,是为了更好地落实政企分开、社会公共管理职能与国有资产出资人职能分开、不干预企业依法自主经营的原则。国有资产监督管理机构的主要职责是:代表本级人民政府对国家出资企业依法享有和行使资产收益、参与重大决策和选择管理者等出资人权利。国有资产监督管理机构是代表本级政府行使出资人职责,故应当向本级政府报告企业国有资产监督管理工作。上下级政府的国有资产监督管理机构之间不存在上下级的领导与被领导关系,但存在业务指导关系,上级政府的国有资产监督管理机构负责在业务上指导下级政府的国有资产监督管理机构。

(4)企业自主经营。“企业自主经营”,是指国家出资企业及其投资设立的企业,享有有关法律、行政法规规定的企业经营自主权;国有资产监督管理机构除履行出资人职责以外,不得干预企业的生产经营活动。

2. 金融企业国有资产的管理体制。根据中央机构编制委员会办公室2003年10月15日《关于金融类企业国有资产管理部门职责分工的通知》(中央编办函〔2003〕81号)和财政部2003年12月2日《关于继续做好金融类企业国有资产管理有关事项的通知》(财金〔2003〕133号)的规定,金融类企业的国有资产管理按照统一政策、分级管理的原则,由县级以上(含县级)财政主管部门依法履行职责。

财政部对金融类企业国有资产的管理职责包括:(1)负责拟订并组织实施全国统一的金融类企业国有资产管理的各项规章制度及有关考核办法和指标体系;(2)对中央所属金融类企业依法履行国有资产清产核资、产权界定与产权登记、资产评估、国有股权管理、监缴国有资产收益、监管重大产权变动等管理职责;(3)负责金融类企业向外商转让所持上市公司国有股权的管理事宜;(4)依法指导和监督地方财政部门做好地方金融类企业国有资产管理工作;(5)负责全国金融类企业国有资本的统计、汇总分析及综合评价工作;(6)法律、法规及有关规定中明确应该由财政部负责的金融类企业国有资产管理事项。

县级以上(含县级)地方财政部门依法对地方所属金融类企业的国有资产进行监督管理。主要是地方金融类企业国有资产的清产核资,国有资本金权属界定和产权登记、统计、分析,国有资产评估,国有产权变动及国有股权管理等事项。

从以上关于财政部门对金融类企业国有资产的监管职责来看,财政部门行使的是出资人的职能,这与前述的普通企业国有资产的监督管理机构的性质是相同的,而与银行业监督管理机构、保险业监督管理机构和证券业监督管理机构的金融监管有着本质的不同。前者是以出资人的身份,行使的是出资人的权利,其目的是保护所有者的权益和实现其利用金融类国有资产实现对国民经济的调节,仅对以其作为出资人代表企业国有资产享有监管权;后者是以国家公共管理者的身份,行使的是公共管理权力,其目的是维护金融市场的安全、有序运行,对各类所有制的金融企业均享有监管权。

3. 铁路企业国有资产的管理体制。我国铁路企业聚集了规模庞大的国有资产。在铁道部被撤销之前,铁道部既是铁路行业的主管部门,又是铁路企业国有资产的产权代表,根据铁道部 1995 年 11 月 10 日发布的《铁路企业国有资产产权管理暂行规定》第 3 条的规定,铁路企业国有资产属国家所有,铁道部对所属企业国有资产的经营管理实施监督,行使出资者的权利,接受国务院国有资产行政主管部门的管理。2013 年 3 月根据国务院机构改革和职能转变方案,实行铁路政企分开。将铁道部拟定铁路发展规划和政策的行政职责划入交通运输部;组建国家铁路局,由交通运输部管理,承担铁道部的其他行政职责;组建中国铁路总公司,承担铁道部的企业职责;不再保留铁道部。由此导致我国铁路企业国有资产管理体制发生了较大变化。根据《国务院关于组建中国铁路总公司有关问题的批复》的相关规定,原铁道部相关资产、负债和人员划入中国铁路总公司;中国铁路总公司为国家授权投资机构和国家控股公司,财务关系在财政部单列,并依照国家有关法律和行政法规,开展各类投资经营业务,承担国有资产保值增值责任;由财政部代表国务院履行出资人职责。

4. 烟草企业的国有资产管理体制。我国实行烟草专卖制度,烟草企业属于政企不分的企业,烟草专卖局和烟草公司是"两块牌子,一套人马",既行使对烟草专卖的行政管理职责,又从事烟草专卖的经营活动。根据 2005 年 11 月国务院办公厅转发的国家发展和改革委员会、财政部、烟草局《关于进一步理顺烟草行业资产管理体制深化烟草企业改革的意见》(以下简称《57 号文件》),烟草行业继续实行"统一领导、垂直管理、专卖专营"的管理体制。

中国烟草总公司对全资企业、控股企业履行出资人的职责,依法经营管理国有资产,任免企业负责人,决定企业重大事项,承担保值增值责任。其主要职责包括:(1)对企业国有资产收益依法履行出资人职责;(2)依照法律法规任免、考核企业负责人,并根据考核结果进行奖惩;(3)依照法定程序决定企业的分立、合并、破产、解散、对外提供信用担保、增减资本等重大事项;(4)对企业的重大投融资规划、发展战略和规划,依照国家发展规划和产业政策履行出资人职责。

由于中国烟草总公司本身就是企业国有资产的直接经营者,而不是一个纯粹的监管者,为了防止其滥用出资人权利,《57 号文件》规定的中国烟草总公司的出资人权利是不完全的,部分权力移交给了财政部,即财政部对中国烟草总公司的国有资产进行监管,有关资产管理的重大事项报财政部批准。2006 年《财政部关于烟草行业国有资产管理若干问题的意见》得以出台,就烟草企业国有资产有偿转让、无偿划转、清产核资、产权登记、资产评估等牵涉烟草企业国有资产监管的重大事项给予明确规定。

5. 文化企业的国有资产管理体制。2011 年党的十七届六中全会通过了《中共中央关于深化文化体制改革推动社会主义文化大发展大繁荣若干重大问题的决定》,提出“深化国有文化单位改革”,“以建立现代企业制度为重点,加快推进经营性文化单位改革……推进一般国有文艺院团、非时政类报刊社、新闻网站转企改制”。此后,我国一大批国有文化事业单位转制为企业。这些新成立的国有文化企业持有大量的国有资产,也需要予以监督管理。国务院办公厅 2018 年印发的由中共中央宣传部会同中央网信办、财政部、文化和旅游部等部门和单位拟定的《文化体制改革中经营性文化事业单位转制为企业的规定》提出,“建立健全党委和政府监管国有文化资产的管理机构,完善党委和政府监管有机结合、宣传部门有效主导的管理模式,实现管人管事管资产管导向相统一,推动党政部门与其所属的文化企业进一步理顺关系,推动主管主办制度与出资人制度相衔接”。据此可知,我国对文化企业国有资产实行特殊的管理体制,即“党委和政府监管有机结合、宣传部门有效主导”的管理体制,为此,在中央和地方都设立了“党委和政府监管国有文化资产的管理机构”。例如,在中央设立了“中央文化企业国有资产监督管理领导小组办公室”,其职能包括“承担由财政部履行出资人职责的中央文化企业相关管理工作”。此种体制的核心内容是,中央国有文化企业的国有资产由财政部统一履行出资人职责,但相关管理工作由中央文化企业国有资产监督管理领导小组办公室承担。

三、国家出资企业出资人权利的行使

(一)出资人权利的行使主体

企业国有资产属于国家所有,也即全民所有,出资人权利由国务院统一代表全国人民行使。但是,根据“统一所有、分级代表”的管理体制,国务院仅将“关系国民经济命脉和国家安全的大型国家出资企业,重要基础设施和重要自然资源等领域的国家出资企业”划归其行使出资人权利,其他国家出资企业由地方人民政府行使出资人权利;为了实行政资分离,国务院和地方人民政府并不具体行使出资人权利,而是分别设立国有资产监督管理机构,由国务院和地方人民政府分别授权履行出资人职责;国务院和地方

人民政府还可以授权其他部门和机构履行出资人职责。

(二)选择和监督国家出资企业管理者

选择管理者的权利是出资人权利的重要内容。选择管理者的权利,除国务院和地方人民政府另行规定由其自身直接行使的外,均授权履行出资人职责的机构(主要是国有资产监督管理机构)行使。具体内容包括:依法任免或建议任免企业管理者、决定或建议企业管理者的薪酬、考核和奖惩企业管理者。

1. 对管理者的任免权。因国家出资企业的资本构成不同,履行出资人职责的机构对国家出资企业管理者的任免权限也不同。

(1)对国有独资企业,履行出资人职责的机构有权直接任免经理、副经理、财务负责人和其他高级管理人员。

(2)对国有独资公司,履行出资人职责的机构有权任免董事长、副董事长、董事、监事会主席和监事,由职工代表出任的董事、监事除外。根据《公司法》的规定,国有独资公司设立董事会,董事会成员由履行出资人职责的机构委派(职工董事除外),董事长、副董事长由履行出资人职责的机构从董事会成员中指定;国有独资公司设立监事会,监事会成员由履行出资人职责的机构委派(职工监事除外),监事会主席由履行出资人职责的机构从监事会成员中指定;董事会聘任或者解聘公司经理(总经理),根据经理的提名,聘任或者解聘公司副经理、财务负责人。履行出资人职责的机构没有权利任免国有独资公司的经理、副经理和财务负责人。不过,董事会成员要兼任经理的,必须经履行出资人职责的机构同意。

(3)对国有资本控股公司、国有资本参股公司,履行出资人职责的机构仅有权向股东会、股东大会提出董事、监事人选,不包括由职工代表出任的董事、监事。根据《公司法》的规定,公司设立董事会、监事会,董事、监事由股东大会选举产生。股东通过股东大会按其出资比例行使选举、更换董事、监事(职工董事、监事除外)的权利。故履行出资人职责的机构的权利主要包括:第一,提出董事、监事人选,交股东大会讨论表决;第二,推荐董事长、副董事长和监事会主席人选,由董事会、监事会按照公司章程讨论表决。

2. 国家出资企业管理者的任职资格。履行出资人职责的机构任命或者建议任命的董事、监事、高级管理人员,应当具备法律规定的任职资格,也即必须符合相关条件。这些条件分为积极条件和消极条件两个方面。

积极条件包括:(1)有良好的品行;(2)有符合职位要求的专业知识和工作能力;(3)有能够正常履行职责的身体条件;(4)法律、行政法规规定的其他条件。

消极条件主要是根据2005年《公司法》第147条的规定,即有下列情形之一的,不得担任公司的董事、监事、高级管理人员:(1)无民事行为能力或者限制民事行为能力;(2)因贪污、贿赂、侵占财产、挪用财产或者破坏社会主义市场经济秩序,被判处刑罚,执行期满未逾五年,或者因犯罪被剥夺政治权利,执行期满未逾5年;(3)担任破产清算的公司、企业的董事或者厂长、经理，对该公司、企业的破产负有个人责任的，自该公司、企业破产清算完结之日起未逾3年；(4)担任因违法被吊销营业执照、责令关闭的公司、企业的法定代表人，并负有个人责任的，自该公司、企业被吊销营业执照之日起未逾3年；(5)个人所负数额较大的债务到期未清偿。

除此之外，《企业国有资产法》还对国家出资企业管理者的兼职作了限制性规定：未经履行出资人职责的机构同意，国有独资企业、国有独资公司的董事、高级管理人员不得在其他企业兼职；未经股东会、股东大会同意，国有资本控股公司、国有资本参股公司的董事、高级管理人员不得在经营同类业务的其他企业兼职；未经履行出资人职责的机构同意，国有独资公司的董事长不得兼任经理。未经股东会、股东大会同意，国有资本控股公司的董事长不得兼任经理；董事、高级管理人员不得兼任监事。

3. 国家出资企业管理者的薪酬、考核和奖惩。针对企业管理者的薪酬、考核和奖惩制度与企业国有资产的监管具有密切联系，履行出资人职责的主体在行使出资人权利的时候不能忽视这些事项。

(1)薪酬。履行出资人职责的机构有权确认国有独资企业、国有独资公司和国有控股公司管理者的薪酬标准。管理者的具体薪酬，按国家出资情况略有分别：国有独资企业管理者的薪酬由履行出资人职责的机构确认；国有独资公司董事监事的薪酬由履行出资人职责的机构确认，其他管理者的薪酬由董事会确认；国有控股公司、国有参股公司管理者的薪酬依照《公司法》分别由股东(大)会、董事会确认。

(2)考核和奖惩。国家建立国家出资企业管理者经营业绩考核制度。履行出资人职责的机构对其任命的企业管理者进行年度和任期考核，并依据考核结果决定对企业管理者的奖惩。另外，国有独资企业、国有独资公司和国有资本控股公司的主要负责人，应当接受依法进行的任期经济责任审计。

(三)国家出资企业重大事项的决策与监管

"重大事项"，是指涉及企业生存发展，涉及股东、出资人的重大利益，应由出资人、股东依法决策的事项。"重大事项"主要包括：国家出资企业合并、分立、改制、上市，增加或者减少注册资本，发行债券，进行重大投资，为他人提供大额担保，转让重大财产，进行大额捐赠，分配利润，以及解散、申请破产等。

1. 国家出资企业重大事项的决策主体。根据国家出资企业的性质不同，重大事项决策权所涵盖的范围有所不同，决策主体也有所区别。

(1)国有独资企业、国有独资公司合并、分立，增加或者减少注册资本，发行债券，分配利润，以及解散、申请破产，由履行出资人职责的机构决定；其他重大事项决策权，国有独资企业由企业负责人集体讨论决定，国有独资公司由董事会决定。

(2)国有资本控股公司、国有资本参股公司的重大事项决策权，依照法律、行政法规以及公司章程的规定，由公司股东会、股东大会或者董事会行使。由股东会、股东大会在对重大事项进行表决时，履行出资人职责的机构委派的股东代表应当按照委派机构的指示行使表决权。

(3)重要的国有独资企业、国有独资公司、国有资本控股公司的合并、分立、解散、申请破产以及法律、行政法规和本级人民政府规定应当由履行出资人职责的机构报经本级人民政府批准的重大事项,履行出资人职责的机构在作出决定或者向其委派参加国有资本控股公司股东会会议、股东大会会议的股东代表作出指示前,应当报请本级人民政府批准。

2. 国家出资企业改制的决策与监管。企业改制,是指企业组织形式的变更。国家出资企业的改制是指以下几种情况:(1)国有独资企业改为国有独资公司;(2)国有独资企业、国有独资公司改为国有资本控股公司或者非国有资本控股公司;(3)国有资本控股公司改为非国有资本控股公司。

国家出资企业改制的决策由履行出资人职责的机构决定或者由公司股东会、股东大会决定。重要的国有独资企业、国有独资公司、国有资本控股公司的改制,履行出资人职责的机构在作出决定或者向其委派参加国有资本控股公司股东会会议、股东大会会议的股东代表作出指示前,应当将改制方案报请本级人民政府批准。

企业改制应当制定改制方案,载明改制后的企业组织形式、企业资产和债权债务处理方案、股权变动方案、改制的操作程序、资产评估和财务审计等中介机构的选聘等事项。企业改制涉及重新安置企业职工的,还应当制定职工安置方案,并经职工代表大会或者职工大会审议通过。

企业改制应当按照规定进行清产核资、财务审计、资产评估,准确界定和核实资产,客观、公正地确定资产的价值。企业改制涉及以企业的实物、知识产权、土地使用权等非货币财产折算为国有资本出资或者股份的,应当按照规定对折价财产进行评估,以评估确认价格作为确定国有资本出资额或者股份数额的依据。不得将财产低价折股或者有其他损害出资人权益的行为。

3. 国家出资企业关联交易的决策与监管。关联交易,是指国家出资企业与关联方之间的交易。国家出资企业的关联方包括国家出资企业的董事、监事、高级管理人员及其近亲属,以及这些人员所有或者实际控制的企业。关联交易易于被利用来损害国家出资企业的利益,所以需要法律特别规制,规制的目的是防止关联方利用与国家出资企业之间的交易,谋取不当利益,损害国家出资企业利益。

国家出资企业在发生关联交易时,必须遵守以下规则:(1)国有独资企业、国有独资公司、国有资本控股公司不得无偿向关联方提供资金、商品、服务或者其他资产,不得以不公平的价格与关联方进行交易。(2)未经履行出资人职责的机构同意,国有独资企业、国有独资公司不得有下列行为:与关联方订立财产转让、借款的协议;为关联方提供担保;与关联方共同出资设立企业;向董事、监事、高级管理人员或者其近亲属所有或者实际控制的企业投资。(3)国有资本控股公司、国有资本参股公司与关联方的交易,依照《公司法》的规定。

4. 国家出资企业资产评估的决策与监管。资产评估,是指由法定的机构及其人员,为了特定的目的,依据国家法律、法规评估,按照科学的程序、标准和方法,对被评估的企业资产的现时价格进行评定和估算,以确定资产的市场价格。

国家出资企业不能任意进行资产的评估,当且仅当出现下列事由时,企业才进行且必须进行资产评估:(1)整体或者部分改建为有限责任公司或者股份有限公司;(2)以非货币资产对外投资;(3)合并、分立、破产、解散;(4)非上市公司国有股东股权比例变动;(5)产权转让;(6)资产转让、置换;(7)整体资产或者部分资产租赁给非国有单位;(8)以非货币资产偿还债务;(9)资产涉讼;(10)收购非国有单位的资产;(11)接受非国有单位以非货币资产出资;(12)接受非国有单位以非货币资产抵债;(13)法律、行政法规规定的其他需要进行资产评估的事项。

5. 国家出资企业国有资产转让的决策与监管。企业国有资产转让,是指依法将国家对企业的出资所形成的权益有偿转移给其他单位或者个人的行为。基于国有经济布局和结构的战略性调整的需要,国家投资要从某些领域或者区域退出、减少或者集中,在这种情况下就要进行企业国有资产的转让。

企业国有资产转让由履行出资人职责的机构决定。履行出资人职责的机构决定转让国家出资企业全部国有资产的,或者转让部分国有资产致使国家对该企业不再具有控股地位的,应当报请本级人民政府批准。

国家出资企业在进行国有资产转让时,应当选择合适的方式。对于上市交易的企业国有资产的转让,依照《证券法》的规定进行;对于非上市交易企业的国有资产转让的方式有两种:(1)直接协议转让,只适用于国家规定可以直接协议转让的企业国有资产;(2)通过产权交易所转让,除国家规定可以直接协议转让的以外,企业国有资产转让应当在依法设立的产权交易场所公开进行,受让方为两个以上的,转让应当采用公开竞价的交易方式。

另外,国有资产向境外投资者转让的,应当遵守国家有关规定,不得危害国家安全和社会公共利益。

(四)国家出资企业收益权的行使和国有资本经营预算

1. 国家出资企业收益权的行使。收益权是出资人最重要的权利,对于私人投资者来说,获取收益是其投资的唯一目的;对国家来说,投资开办企业有多重目的,获取收益也是其重要目的之一。

国家出资企业的收益权由履行出资人职责的机构行使。对国有独资企业,履行出资人职责的机构直接决定国家出资企业上缴利润的比例并代表国家收取该利润。国有独资公司、国有资本控股公司、国有资本参股公司的收益权行使,依照《公司法》的规定。

2. 国有资本经营预算。国有资本经营预算,是指对国家取得的国有资本收入和支出实行预算管理的制度。国有资本属于全民所有,收益归属于全民,收益的使用也应当由人民决定。

实施国有资本经营预算制度,将国有资本的收入和支出纳入政府预算体系,而政府预算必须由人大审议和批准。因此,就实现了人民对国有资本收益的决定权。

国有资本经营预算按年度单独编制,纳入本级人民政府预算,报本级人民代表大会批准。

预算支出按照当年预算收入规模安排,不列赤字。国务院和有关地方人民政府财政部门负责国有资本经营预算草案的编制工作,履行出资人职责的机构向财政部门提出由其履行出资人职责的国有资本经营预算建议草案。

第三节 行政事业性国有资产法律制度

一、行政事业性国有资产的范围与配置

(一)行政事业性国有资产的范围

行政事业性国有资产包括行政单位国有资产和事业单位国有资产。这里的行政单位不是专指国家行政机关,而是包括各级党的机关、人大机关、行政机关、政协机关、审判机关、检察机关和各民主党派机关。行政事业性国有资产包括行政单位和事业单位用国家财政性资金形成的资产、国家调拨给行政事业单位的资产、行政事业单位按照国家规定组织收入形成的资产,以及接受捐赠和其他经法律确认为国家所有的资产,其表现形式为固定资产、流动资产和无形资产等。

(二)行政事业性国有资产的配置

行政事业性国有资产配置是指财政部门、事业单位主管部门、行政事业单位等根据行政事业单位履行职能的需要,按照国家有关法律、法规和规章制度规定的程序,通过购置或者调剂等方式为行政事业单位配备资产的行为。

行政事业单位配置国有资产以履行职责的需要为必要条件,对于国家有资产配置标准的,按标准执行;没有标准规定的,应当从实际需要出发,从严控制,合理配备。行政事业单位配置国有资产必须严格按照程序进行,其中购置有规定配备标准的资产,应当报同级财政部门批准,并列入预算;涉及政府采购事项的,依法进行政府采购。资产配置到位后,行政事业单位应当对资产进行验收、登记,并及时进行账务处理。

二、行政事业性国有资产的使用与处置

(一)行政事业性国有资产的使用

行政事业单位占有使用国有资产的目的是履行提供公共管理和公共服务的职能。行政事业单位使用国有资产应遵循以下规则:

(1)应当建立国有资产使用管理制度,认真做好国有资产的使用管理工作,做到物尽其用,充分发挥国有资产的使用效益,保障国有资产的安全完整,防止国有资产使用

中的不当损失和浪费；

(2)行政事业单位拟将占有、使用的国有资产对外出租、出借的，必须事先上报同级财政部门审核批准。未经批准，不得对外出租、出借；

(3)行政单位不得用国有资产对外担保，法律另有规定的除外；

(4)行政单位不得以任何形式用占有、使用的国有资产举办经济实体，已经用占有、使用的国有资产举办经济实体的，应当按照国家关于党政机关与所办经济实体脱钩的规定进行脱钩。

(二)行政事业性国有资产的处置

行政事业性国有资产处置，是指行政事业单位国有资产产权的转移及核销，包括各类国有资产的无偿转让、出售、置换、报损、报废等。行政事业单位在使用国有资产的过程中，必然会出现资产毁损、灭失和闲置的情况，这就需要对这些国有资产进行处置。

1. 行政事业单位国有资产处置的审批。行政事业单位处置国有资产报财政部门批准，未经批准不得处置。

2. 行政事业单位国有资产处置的方式。行政事业单位应当按照公开、公正、公平的原则进行国有资产处置。资产的出售与置换应当采取拍卖、招投标、协议转让及国家法律、行政法规规定的其他方式进行。

3. 行政事业单位国有资产处置的收入管理。行政事业单位国有资产处置的变价收入和残值收入，按照政府非税收入管理的规定，实行"收支两条线"管理，行政事业单位不得坐支。

三、行政事业性国有资产的管理

(一)行政事业性国有资产的管理体制

行政事业性国有资产管理，实行国家统一所有，政府分级监管，单位占有、使用的管理体制。

各级财政部门是政府负责行政事业性国有资产管理的职能部门，对行政事业性国有资产实行综合管理。

(二)行政事业性国有资产的产权登记管理

《行政单位国有资产管理暂行办法》未对行政单位占用国有资产的产权登记作出规定，只是规定行政单位自身要对占用的国有资产进行账卡管理。《事业单位国有资产管理暂行办法》对事业单位的产权登记管理作了明确规定。所谓事业单位国有资产产权登记，是指国家对事业单位占有、使用的国有资产进行登记，依法确认国家对国有资产的所有权和事业单位对国有资产的占有、使用权的行为。产权登记管理的主要内容为：

1. 登记机关。登记机关为财政部门或其授权的主管部门。事业单位应当向同级财政部门或者经同级财政部门授权的主管部门申报、办理产权登记，并由财政部门或者授权部门核发《事业单位国有资产产权登记证》，该登记证是国家对事业单位国有资产享有所有权,单位享有占有、使用权的法律凭证,由财政部统一印制。

2. 产权登记的内容。事业单位国有资产产权登记的内容主要包括:(1)单位名称、住所、负责人及成立时间;(2)单位性质、主管部门;(3)单位资产总额、国有资产总额、主要实物资产额及其使用状况、对外投资情况;(4)其他需要登记的事项。

3. 产权登记的事由。事业单位在下列情况下应当进行国有资产产权登记:(1)新设立的事业单位,办理占有产权登记;(2)发生分立、合并、部分改制,以及隶属关系、单位名称、住所和单位负责人等产权登记内容发生变化的事业单位,办理变更产权登记;(3)因依法撤销或者整体改制等原因被清算、注销的事业单位,办理注销产权登记。

(三)行政事业性国有资产的评估管理

我国的相关法规对行政事业性国有资产的评估管理进行了明确规定。

1. 评估事由。行政单位有下列情形之一的,应当对相关资产进行评估:(1)行政单位取得的没有原始价格凭证的资产;(2)拍卖、有偿转让、置换国有资产;(3)依照国家有关规定需要进行资产评估的其他情形。行政单位国有资产评估项目实行核准制和备案制。实行核准制和备案制的项目范围、权限由财政部门另行规定。

事业单位有下列情形之一的,应当对相关国有资产进行评估:(1)整体或者部分改制为企业;(2)以非货币性资产对外投资;(3)合并、分立、清算;(4)资产拍卖、转让、置换;(5)整体或者部分资产租赁给非国有单位;(6)确定涉讼资产价值;(7)法律、行政法规规定的其他需要进行评估的事项。

2. 评估机构。行政事业性国有资产评估工作均应当委托具有资产评估资质的资产评估机构进行,资产评估机构独立作出评估,不受委托单位的干涉。

3. 评估管理的机构和方式。财政部门负责本级行政事业性国有资产的评估管理,管理的方式包括核准制和备案制。财政部门认为应当报其核准的重大项目的评估报告需由财政部门核准后方能生效,其他一般项目的评估报告报财政部门备案即可。

第四节 国有资产法律责任制度

一、与企业国有资产有关的法律责任

(一)违反《企业国有资产法》的法律责任

我国《企业国有资产法》第八章集中规定了法律责任。具体包括:

1. 行政处分。履行出资人职责的机构的工作人员,属于国家工作人员的履行出资人职责的机构委派的股东代表,属于国家工作人员的国家出资企业的董事、监事、高级管理人员,违反《企业国有资产法》的,依法给予处分。

2. 赔偿损失。履行出资人职责的机构委派的股东代表,国家出资企业的董事、监事、高级管理人员,违反《企业国有资产法》,造成国有资产损失的,依法承担赔偿责任。

3. 追缴或归入。国家出资企业的董事、监事、高级管理人员因违反《企业国有资产法》取得的非法收入,依法予以追缴或者归国家出资企业所有。

4. 交易无效。在涉及关联方交易、国有资产转让等交易活动中,当事人恶意串通,损害国有资产权益的,该交易行为无效。

5. 能力限制与剥夺。国有独资企业、国有独资公司、国有资本控股公司的董事、监事、高级管理人员违反《企业国有资产法》规定,造成国有资产重大损失,被免职的,自免职之日起五年内不得担任国有独资企业、国有独资公司、国有资本控股公司的董事、监事、高级管理人员;造成国有资产特别重大损失,或者因贪污、贿赂、侵占财产、挪用财产或者破坏社会主义市场经济秩序被判处刑罚的,终身不得担任国有独资企业、国有独资公司、国有资本控股公司的董事、监事、高级管理人员。

6. 刑事责任。违反《企业国有资产法》规定,构成犯罪的,依法追究刑事责任。

(二)其他法律规定的与企业国有资产相关的法律责任

《企业国有资产法》只是简单地规定,违反该法构成犯罪的,依法追究刑事责任。但如何追究刑事责任,《企业国有资产法》并没有予以明确规定。而《刑法》则对此有明确的规定。

《刑法》第 165 条至第 169 条集中规定了与企业国有资产直接相关的罪名。包括以下几项。

1. 非法经营同类营业罪。《刑法》第 165 条规定,国有公司、企业的董事、经理利用职务便利,自己经营或者为他人经营与其所任职公司、企业同类的营业,获取非法利益,数额巨大的,处 3 年以下有期徒刑或者拘役,并处或者单处罚金;数额特别巨大的,处 3 年以上 7 年以下有期徒刑,并处罚金。

2. 为亲友非法牟利罪。《刑法》第 166 条规定,国有公司、企业、事业单位的工作人员,利用职务便利,有下列情形之一,使国家利益遭受重大损失的,处 3 年以下有期徒刑或者拘役,并处或者单处罚金;致使国家利益遭受特别重大损失的,处 3 年以上 7 年以下有期徒刑,并处罚金:(1)将本单位的盈利业务交由自己的亲友进行经营的;(2)以明显高于市场的价格向自己的亲友经营管理的单位采购商品或者以明显低于市场的价格向自己的亲友经营管理的单位销售商品的;(3)向自己的亲友经营管理的单位采购不合格商品的。

3. 签订、履行合同失职被骗罪。《刑法》第 167 条规定,国有公司、企业、事业单位直接负责的主管人员,在签订、履行合同过程中,因严重不负责任被诈骗,致使国家利益遭受重大损失的,处 3 年以下有期徒刑或者拘役;致使国家利益遭受特别重大损失的,处 3 年以上 7 年以下有期徒刑。

4. 玩忽职守造成国有公司、企业破产、严重损失罪。《刑法》第 168 条规定,国有公司、企业的工作人员,由于严重不负责任或者滥用职权,造成国有公司、企业破产或者严重损失,致使国家利益遭受重大损失的,处 3 年以下有期徒刑或者拘役;致使国家利益遭受特别重大损失的,处3年以上7年以下有期徒刑。国有事业单位的工作人员有前款行为,致使国家利益遭受重大损失的,依照前款的规定处罚。国有公司、企业、事业单位的工作人员,徇私舞弊,犯前两款罪的,依照第1款的规定从重处罚。

5. 徇私舞弊低价折股、出售国有资产罪。《刑法》第169条规定,国有公司、企业或者其上级主管部门直接负责的主管人员,徇私舞弊,将国有资产低价折股或者低价出售,致使国家利益遭受重大损失的,处3年以下有期徒刑或者拘役;致使国家利益遭受特别重大损失的,处3年以上7年以下有期徒刑。

同时,《刑法》还规定了诸多虽与国有资产不直接相关,但与保护国有资产具有较大关联的罪名,如贪污罪、挪用公款罪、受贿罪等。

二、行政事业性国有资产法律责任制度

(一)行政性国有资产法律责任制度

财政部发布的《行政单位国有资产管理暂行办法》第50条规定:"财政部门、行政单位及其工作人员违反本办法的规定,擅自占有、使用、处置国有资产的,按照《财政违法行为处罚处分条例》处理。违反国家国有资产管理规定的其他行为,按国家有关法律法规处理。"

而《财政违法行为处罚处分条例》对各种违法行为规定了具体的法律责任,大多可以直接适用于损害国有资产的行为。例如,该条例第10条规定,国家机关及其工作人员违反《担保法》及国家有关规定,擅自提供担保的,责令改正,没收违法所得。对单位给予警告或者通报批评。对直接负责的主管人员和其他直接责任人员给予警告、记过或者记大过处分;造成损失的,给予降级或者撤职处分;造成重大损失的,给予开除处分。该条规定可以直接适用于行政单位违规提供担保造成国有资产损失的行为。

(二)事业性国有资产法律责任制度

就事业单位而言,违反国有资产管理法律制度构成犯罪的行为在很大程度上可以直接适用《刑法》的相关规定。前述《刑法》规定的为亲友非法牟利罪,签订、履行合同失职被骗罪,以及玩忽职守造成国有公司、企业破产、严重损失罪均可适用于事业单位人员。

财政部于2019年修改的《事业单位国有资产管理暂行办法》也对事业单位违反国有资产管理法律制度的行为规定了相关法律责任。该办法第52条规定,事业单位及其工作人员违反本办法,有下列行为之一的,依据《财政违法行为处罚处分条例》的规定进行处罚、处理、处分:(1)以虚报、冒领等手段骗取财政资金的;(2)擅自占有、使用和处置国有资产的;(3)擅自提供担保的;(4)通过串通作弊、暗箱操作等低价处置国有资产的;(5)未按规定缴纳国有资产收益的。

2019年《事业单位国有资产管理暂行办法》第53条规定,各级财政部门、主管部门及其工作人员在事业单位国有资产配置、使用、处置等管理工作中,存在违反本办法规定的行为,以及其他滥用职权、玩忽职守、徇私舞弊等违法违纪行为的,依照《公务员

法》《监察法》《财政违法行为处罚处分条例》等国家有关规定追究相应责任；涉嫌犯罪的，依法移送司法机关处理。

复习思考题

- 1. 国有资产的基本分类有哪些？
- 2. 国有资产有哪些形成渠道？
- 3. 依据《企业国有资产法》，国有资产监督管理机构如何履行出资人职责？
- 4. 简述我国企业国有资产的管理体制。

第四编　宏观经济引导与促进法律制度

第十八章　宏观经济引导与促进法概述

【重点内容提示】

宏观经济引导与促进法是经济法体系的重要组成部分，与经济体系中其他法律制度相比，它具有宏观性、裁量性、引导性及变动性等特点。宏观经济引导与促进法的调整模式很多时候表现为体现为积极的引导与促进，其法律规范在性质上属于引导性规范。这类法律规范不属于强制性规范，但也与任意性规范存在区别。独特的调整模式及规范性质使宏观经济引导与促进法也呈现独特的规范方式，即设定抽象义务、注重利益诱导以及强调自律监管。同时，宏观经济引导与促进法的实施机制也与市场规制法等其他经济法制度注重公共机关强制执法不同，而是更强调相关主体的“自我实施”。

第一节　宏观经济引导与促进法的概念与体系

一、宏观经济引导与促进法的概念

国家的经济调节活动除表现为对微观经济秩序进行规制，以及必要时进行国家投资外，还表现为在宏观层面对一国经济运行的总体情况进行调控。国家宏观调控活动必须依法进行，宏观调控法由此构成经济法体系中的一个重要组成部分。与市场规制行为的强制干预性、国家投资经营活动的直接参与性不同，宏观经济调控行为主要采用引导、促进方式，即国家对市场经济活动给予指导、鼓励，提供帮助、服务，以引导和促进其按照国家期望的方向和途径运行，因而，宏观调控法也可理解为宏观经济引导与促进法。

与市场规制法、国家投资经营法相比，宏观经济引导与促进法具有如下特点：一是宏观性，即侧重对宏观经济运行的总量调节与结构调控，宏观调控行为基本面向整个市场，而非针对特定市场主体的具体行为；二是裁量性，即为保证宏观经济调控机关能相机抉择，采取适应性的调控措施，立法对宏观调控行为的授权往往较为原则、灵活，相关主体从事调控行为时必须结合市场状况自由裁量；三是引导性，即宏观调控法中大量运用一些鼓励性、倡导性方式来引导市场主体行为，而非依赖直接的限制、禁止、命令等方式来强制改变市场主体行为；四是变动性，即宏观调控法的内容及宏观调控手段总是随着一国经济运行总体情况的改变而作出调整。

二、宏观经济引导与促进法的体系

(一)体系构成的一般理解

宏观经济引导与促进法的具体构成,可从内容与手段两方面来看。从内容来看,一方面,可根据国家宏观经济调控的四大目标将宏观经济引导与促进法分为经济增长调控法、物价稳定调控法、充分就业调控法、国际收支平衡调控法;另一方面,也可根据调控领域或内容,将宏观经济引导与促进法分为物价调控法、产业调控法、区域调控法、分配调控法、对外经济调控法等。从手段来看,宏观经济引导与促进的手段在各国主要有计划、财税、金融三种,相应地,宏观经济引导与促进法就可分为计划调控法、财税调控法及金融调控法。其中,财税调控法又包括财政调控法与税收调控法两种。当然,对每一种调控法,还可进一步划分,如划分为体制法、行为法等。

一般而言,从手段角度划分宏观经济引导与促进法的内部体系,是更科学、更通行的做法。因为从内容角度划分,可能各部分之间存在交叉,甚至也可能是难以穷尽的。同时,宏观经济调控需要解决的主要问题(内容),在不同国家、不同时期都有差异,既可能涉及常规性问题,也可能包含临时性问题,而每一问题的解决,基本上都会综合运用计划、财税、金融等基本手段。

(二)特殊规范的性质认定

1. 财税金融法的性质

关于宏观经济引导与促进法的体系,需要注意的一个问题是,严格来说,只有那些具有宏观调控性质的法律规范,才能说是宏观经济引导与促进法。因此,财税调控法不同于财税法,金融调控法也不同于金融法。

我们习惯上所说的财税法,是规范国家财税活动的法律规范的总称,其内容非常广泛,其中很多法律规范不具有宏观调控性质,因此严格来说不属于宏观调控法。只不过一方面,在现代国家,财税活动是一种公共活动,因此其直接或间接地都与国家的经济管理职能相关;另一方面,在论述相关制度时也难以将具有调控性质的内容和不具有调控性质的内容截然分开,因而本书后面对财政法、税法的论述未再作出严格区分。

同样,我们习惯上所说的金融法,也是调整一切金融主体及其金融活动的法律规范的总称,这其中就包括金融主体法、金融业务法、金融监管法及金融调控法。对此,我们也应当予以区分。金融主体法或称金融组织法主要是商法范畴。金融业务活动,主要发生在金融机构与消费者或金融机构之间,主要也应由民商事法调整;当然,如果这些金融机构侵害消费者权益或从事反竞争行为,也会进入一般市场规制法的调整范围。金融监管法,是金融监管机构对金融企业及金融行为的特别监管,应属于市场规制法范围。所以严格来说,金融法中具有宏观经济引导与促进法性质的应仅是金融调控法,主要体现为中央银行法。但为确保金融法制度论述的完整性、系统性,本书后文亦将金融监管法与中央银行法放在一起进行集中论述。

2. 价格法的属性

价格法也存在这个问题。我们通常所说的价格法，是指调整所有价格行为的法律规范的总称，而价格行为种类多样，不同的价格行为，需要接受不同法律制度的调整。一般来说，价格法所规范的价格行为，主要有两大类：一是经营者的价格行为；二是政府的价格行为。这些行为的性质，明显具有较大差异，因而规范这些价格行为的法律制度，其属性就不能一概而论。

经营者的价格行为，在我国《价格法》中主要有三类：一是自主定价行为，如法律规定，经营者享有自主制定属于市场调节的价格的权利，其定价应遵循公平、合法和诚实信用的原则；二是损害消费者利益的价格欺诈行为，如在标价之外加价出售商品、利用虚假价格诱骗消费者与其交易等；三是价格反竞争行为，如价格串通、不当降价、价格歧视等。经营者的自主定价行为，只要不涉及欺骗消费者或反竞争行为，属于合同自由范畴，由合同法调整即可。至于利用价格手段欺骗消费者或从事反竞争行为，则显然属于市场规制法中明确限制或禁止的行为，分别归属消费者法和竞争法的范畴。

政府的价格行为，也主要有三类：一是确定价格行为，即对特殊商品或服务制定指导价或直接定价；二是对经营者的价格违法行为进行监督检查；三是实行价格总水平调控。对某些商品或服务，之所以强调政府确定价格，主要目的是防止如果实行市场调节价会损害消费者利益或对价格稳定造成影响，因此调整这部分行为的规范具有双重属性，但总的来说，政府确定价格行为主要是基于宏观经济考虑，故其宏观调控属性更为明显。政府的价格监督检查，是对经营者利用价格手段侵害消费者权益或损害竞争的行为进行规制，属市场规制行为中的价格规制范畴。至于价格总水平调控，因其以稳定市场价格总水平为目标，各种调控措施也都着眼于国家宏观经济发展，故性质上属于政府的宏观调控行为，这部分行为规范，自然就属于宏观经济引导与促进法的范围。

因而，虽然本书将价格法放入宏观经济引导与促进法律制度一编，但在判断价格法属性时，应注意区分其中具体法律规范的不同性质。

第二节　宏观经济引导与促进法的规范与实施

一、宏观经济引导与促进法的规范性质

在调整模式上，市场规制法为市场主体设定的行为模式主要是义务性的，可称为限禁模式；宏观经济引导与促进法为市场主体设定行为模式多体现为积极的引导与促进，可称为促进模式。不同的调整模式在形式上体现为不同性质的法律规范，不同性质的法律规范具有不同的内容及功能，也有不同的实施方式。

限禁模式体现为经济法中的各种限禁性规范，引导模式则体现为各种引导性规范。限禁性规范基本上是强制性规范，引导性规范的性质不能一概而论。对相关政府或政

府部门来说,引导性规范的内容可能是其职责,因而并不是任意性的。对市场主体来说,引导性规范不具有强制效果,即便法律明确规定鼓励某种行为,是否从事该行为也可由市场主体自主决定,所以它类似任意性规范,但二者又有不同之处。任意性规范不包含国家的意志倾向,即国家对任意性规范中设定的行为实际上持无所谓态度,任意性规范的适用或不适用,一般也不会产生法律上的特别效果。引导性规范则不同,它不是一般地允许人们为或不为一定行为,而是明确包含了国家的意志倾向。通常,遵守引导性规范能使行为人获得直接或间接的好处,如税收优惠。

二、宏观经济引导与促进法的规范方式

宏观经济引导与促进法的调整方式是引导性而非强制性的,这使其规范方式与市场规制法等偏重限禁模式的经济法规范存在较大区别。

(一)抽象义务

在宏观经济引导与促进法中,政府义务多是抽象职责,其他主体的义务也以抽象义务为主。抽象职责或抽象义务很难为义务主体提供具体的行为模式,而是仅仅表明国家的一种政策、制度或者倾向。

抽象义务通常无法设定法律责任。政府的抽象职责限制的仅仅是其工作范围或工作方向,什么时候履行职责及具体如何履行,一般由政府自己决定,因而很多时候它实际上也是职权(授权性规定)。例如,《中国人民银行法》第23条规定,中国人民银行为执行货币政策,可以运用法定的各种货币政策工具。这里用了"可以"一词,意味着什么时候运用、如何运用货币政策工具,主要由中国人民银行根据经济发展状况来决定。对市场主体来说,抽象义务因不指向具体行为,违反该义务也不会产生法律责任。例如,《商业银行法》第34条规定:"商业银行根据国民经济和社会发展的需要,在国家产业政策指导下开展贷款业务。"这里虽然对商业银行的贷款业务提出了要求,即应当符合国家的产业政策,但仍然是一种引导性规范,即便商业银行的贷款业务不符合国家的产业政策,也不会产生法律责任。

在宏观经济引导与促进法中设置抽象义务并非法律规范的缺陷,而是由这些法所要解决问题的特殊性决定。

对政府来说,规定抽象职责的主要原因是,诸如市场主体合理定价、保护环境、提高科技进步、符合国家政策导向等需要促进与引导的问题,政府所能和所应做的,主要是出台某项政策、制定某项制度。换言之,政府的保障职责基本体现在决策方面,而非政府直接参与。这使规定在法律文件中的政府行为,大多不会面对某个具体主体,而是针对整个市场,针对不特定主体,属于抽象行为。

对市场主体来说,大多需要国家引导或促进的行为不宜通过强制方式规定出来,主要原因在于:第一,需要国家引导或促进的行为,大多情况下是市场主体从事的一些正外部性行为,而法律对正外部性行为的规范,除诱导(如税收优惠、金融优惠)外,很少有其他方式,基本不能强制,即不能设定具体义务,不能追究法律责任;第二,为市场主体设定义务还可能会涉及其经营自主权或消费自由等基本权利问题。例如,国家总是期望经营者不要将商品或服务价格定得过高,不要总是集中在某一领域投资,最好不断进行技术创新,但市场主体是否从事这些行为,如是否进行科技研发、是否购买先进设备,完全是其内部事务,法律不应干涉这一层面;第三,在这些领域采用具体义务模式并设定法律责任,会导致执法成本巨大,甚至基本无法执法,进而陷入"执法困境"。

(二)利益诱导

在法律责任无效的情况下,决定市场主体是否遵从某一法律规范的重要因素,是法律规范中的利益安排,即守法能否获利。如果遵守某些法律规范能获得实实在在的好处,则这些法律规范基本无须强制力保证实施。

利益诱导的方式有多种,可以是赋予利益,也可以是减少负担。一般来说,各类法律化的经济政策工具都会成为宏观经济引导与促进法中普遍采用的诱导方式。(1)财政支持。国家可安排专项资金用于支持有益行为,在具体操作上,可通过财政补贴、政府采购等方式,实现财政资金向符合国家期望的领域、主体或行为上倾斜。(2)价格倾斜。国家可以对某些符合国家经济政策导向产品或服务给予价格优惠,对与宏观经济政策相悖的产品或服务实行限价政策。这样不仅可以引导企业的经营行为,也可以引导消费者的消费行为。(3)税收优惠。税收优惠是用得较多,也是对企业最具诱惑力的制度安排。(4)金融保障。金融保障与税收优惠一样用得较为广泛,是一种十分有效的宏观调控工具。(5)直接褒奖。直接褒奖包括表彰和奖励,表彰主要是精神上的,奖励则主要是物质上的。

(三)自律监管

一般而言,对正外部性行为,法律不宜强制,但可以诉诸行业自律。法律可以授权行业协会建立起非法律性质但可能更有实施效果的内部规范,并可设置相应的非法律惩罚机制。

法律对市场主体的要求可能宽松,但这不妨碍行业协会可以规定更为严厉的内部制度。只要不与法律的强制性规定相冲突,行业协会的自律监管一般都能得到法律的认可,并在实践中广泛发挥作用。因此,国家期望市场主体从事但又不宜以法律强制的行为,都可以授权行业协会以自律监管。行业协会可以制定内部规章及行业标准并监管其实施,只要规章、标准的内容符合国家期望,则通过对其成员的约束,自律监管能起到法律难以取得的效果。同时,行业协会制定的规章与标准,可能因其专业能力与信息优势而更具有实用性与适应性。

自律监管的主要优势是专业性强、信息充分,可以让法律中的抽象义务真正具有约束力。但同时,自律监管不当亦会造成消极后果,如内部规章可能用来限制竞争、可能侵害成员企业的经营自由等。因此,行业协会的自律监管首先不得与法律的强制性规定相违背,同时,行业协会制定的内部规范也应接受法律审查,即可以被起诉至法院。

三、宏观经济引导与促进法的实施方式

法律规范制定之后需要在实践中运行,但不同性质的法律规范具有不同的运行模式。

宏观经济引导与促进法在实施中特别依赖守法的积极效应。无论是针对政府的促进职责的规定,还是针对市场主体的倡导引导性规定,其实施在大多情况下都需要相关主体自觉行动。宏观经济引导与促进法更多的是一种依赖"自我实施"的法律规范体系。

对政府来说,尽管宏观经济引导与促进法中的职责性规定较多,但这种规定在性质上不完全等同于法律义务。政府职能的履行主要依赖相关公权机关的自觉行为。通过法律外在强制,不仅存在责任设定的难题,实际上也很难奏效。所以从总体上来说,在规范层面为公权机关不适当履行职能设定法律责任,目前还受制于多种因素,现行法规定的责任基本是政治责任多于法律责任。因此,在这部分规范的实施上,政府机关的主动行为、恪尽职责是第一位的。

对市场主体来说,宏观经济引导与促进法中的大部分规定是引导性的,即便以类似义务方式体现出来,也可能是无法设定法律责任的抽象义务。即便国家期望市场主体从事相关行为,也无法通过国家强制力来实现。所以,对市场主体来说,宏观经济引导与促进法的实施也特别依赖其自觉的守法行为。

人们是否遵守某一项法律规范取决于多种因素,既有相关主体的法律意识以及道德、良心等主观因素,也有法律规范自身的威慑性以及守法的示范效应等客观因素。这些因素都会对宏观经济引导与促进法的实施产生影响。但总体而言,直接决定市场主体是否愿意按照宏观经济引导与促进法设定的行为模式调整自身行为的因素主要是守法的可获利性,即体现于法律规范中的各种诱导性措施。如果人们基于对自身利益的追求,而自愿遵守某些法律规范,这样的法律规范就无须国家强制力保证实施。对市场主体来说,宏观经济引导与促进法很多时候就是这样一种可以"自我实施"的规范。

复习思考题

➤ 1. 宏观经济引导与促进法的特点有哪些?
➤ 2. 宏观经济引导与促进法的体系构成是什么?
➤ 3. 如何理解宏观经济引导与促进法的法律规范性质?
➤ 4. 如何理解宏观经济引导与促进法的规范方式?
➤ 5. 宏观经济引导与促进法的实施机制有什么特殊性?

第十九章　计划法及产业政策法

【重点内容提示】

作为宏观调控法的重要组成部分，计划法和产业政策法在国家调节经济过程中作用非常明显。计划法所谓的计划不完全等同于计划经济体制下的计划，前者的前提和基础是市场经济，是市场主导下的计划，其制定和实施更注重遵循市场经济规律。市场经济条件下的计划和产业政策之实施的前提应该是法制化，即计划和产业政策的出台应该依据计划法和产业政策法而制定，依据计划法和产业政策法而实施的计划和产业政策应该遵循市场经济规律和维护市场经济体制，不能替代市场和破坏市场机制，在产业政策和竞争政策发生冲突的时候，一般优先适用竞争政策。

第一节　计划法概述

一、计划和计划法的概念

（一）计划概述

计划作为一种对未来的预测和未来的行动方案，是人们从事社会经济活动的基本举措，越是大社会越是需要计划，计划是社会的发展纲领。① 本书所谓的计划是“国家经济发展计划”，即“经济计划”的简称。经济计划，是指制定前瞻性的经济政策目标并预先考虑安排经济活动主体以及国家为实现经济目标所应当采取的行为方式，人们试图通过经济计划来影响经济行为，使其按计划进行。经济计划是现代经济工业国家规划调整其社会经济关系不可或缺的，也是国家影响经济生活措施的确定组成部分。②

由于市场调节的滞后性、盲目性和被动性等缺陷，市场调节机制不是万能的，其对社会资源的配置并不总是有效的，同为资源配置手段的国家经济计划的重要性此时便凸显出来。但是值得注意的是，国家计划对资源的配置作用不能完全替代市场调节机制，实际上市场调节机制在资源配置中应该起到基础性作用。我国有学者归纳国家计划的特征有针对性、事前性、综合性、法定性和组织性，③其实相对市场调节的基础性和

---

① 参见邱本：《经济法研究》（下卷），中国人民大学出版社 2009 年版，第 52 页。

② ［德］乌茨 · 施利斯基：《经济公法》，喻文光译，法律出版社 2006 年版，第 126 页。

③ 参见张守文：《经济法学》，北京大学出版社 2008 年版，第 249 页。

微观性而言,国家计划的补位性(弥补性)和宏观性才是最重要的。

(二)计划法的概念

现代国家调节社会经济除采用强制干预方式对市场竞争进行规制、采用国家参与方式直接投资经营外,还大量采用引导调控方式,即对社会经济从总体上予以筹划、引导和控制,对各类经济活动给予指导、鼓励,提供帮助、服务,或者予以约束,使社会经济按照国家意志运行。① 国家引导调控社会经济的主要方式是制定实施国家经济发展计划和制定落实国家产业政策,现代国家已形成以"国家计划→经济政策→调节手段"为轴线的宏观引导调控体系,因此,计划法和产业政策法成为国家宏观引导调控法的核心组成,尤其是作为"龙头法"的计划法,更处于宏观引导调控法的中心环节。

何谓计划法?我国学术界对计划法概念的定义大致有两类方式:一类是传统上将计划法定义为调整在制定和实施国家计划的过程中发生的社会关系或称计划关系的法律规范的总称;然后通过对计划关系的阐述来进一步理解计划法的定义。另一类是二分法,即将计划关系分解为两方面来理解计划法的概念,其中又可以分为两种:第一种把计划关系分为间接计划关系与直接计划关系;第二种则将计划关系分为计划实体关系和计划程序关系,一般认为狭义的计划法主要调整计划程序关系;广义者则还调整计划实体关系。

从整体来说,计划法的目的就是保证计划的合理编织和有效实施,对计划内容、形式和计划主体的规定在一定意义上都是为了达到上述目的,所以计划法具有程序法的属性。从狭义的观点来看,计划法主要包括主体及其权利义务、计划程序、计划法律责任三方面内容,其中对主体的界定是计划法运行的基础,计划程序规定主体的行为模式,计划责任则是主体按照行为模式从事活动所引起的法律后果。② 但是,计划法所规定或保障的,通过一定形式表现的计划内容依法是具有一定法律效力的;计划主体又依计划法的规定享有一定权利,有时还要承担一定的、不仅仅是程序法上的实体法律责任,由此,计划法又具有实体法的属性。

综上所述,我们主张广义的计划法说,认为计划法是体现国家计划内容,保障计划各项任务和总量指标实现的各有关法律,兼具实体性和程序性的双重属性。

(三)计划法的特征

从本质上来看,计划法与经济法是一脉相承的,即规范和保障国家(计划)调节之法。因而计划法也具有经济法的一般特征。同时,计划法还具有一些不同于其他部门经济法的特征。作者试图结合经济法的某些特征分析我国计划法的具体特征。

1. 计划法典的程序性与其他计划法律法规中计划内容的实体性

我国目前并没有一部形式意义上的计划法典,有关计划的实体性内容大多体现在

---

① 参见漆多俊:《经济法基础理论》(第4版),法律出版社2008年版,第243页。

② 参见漆多俊:《经济法学》,武汉大学出版社1998年版,第47页。

其他法律法规中。一般来说,计划的实体性内容具有开放性的特征,虽然为一定时期的国民经济发展确定了目标,但仍可能随着实际情况的变化需要对计划目标作出调整和修改,在某些情况下甚至需要废除。而计划法典作为整个计划法律体系中的"母法",主要对其他计划法律、法规起指导作用,不便直接将计划法的实体内容规定在计划法典当中。因此,我们可以合理设想将来我国的计划体系,应当是由一部形式意义上的计划法典作为统率,主要调整计划程序关系,而辅之以其他计划法律、法规以及其他法律、法规中有关计划的内容,主要调整计划实体关系。

2. 计划法中提倡性规范的大量存在

首先,所谓提倡性规范,是指鼓励、提倡人们为或不为一定行为的法律规范。它同强行性规范不同,它不是强行命令或禁止人们为或不为一定行为;它与任意性规范也不同,它不是一般地允许,而是鼓励和提倡人们为或不为一定行为,国家立法者的意志倾向十分明确。计划法的这一特征,首先是经济法的特征在计划法中的体现。经济法调整方法的特点之一就是实行提倡性规范与必要的强行性规范和任意性规范相结合。如果说这三种规范形式与经济法体系的三种构成之间存在联系,那么我们可以大致地认为,市场规制法或称市场障碍排除法主要是强行性规范,国家投资经营法以任意性规范为主,而包括计划法在内的宏观调控法则主要是提倡性规范。

其次,计划法的这一特征,从根本上来说,是由市场经济条件下的计划以指导性为主决定的。在计划经济体制下,计划以指令性为主,所以相应的计划法中主要是强行性规范,人们必须按照计划为或不为一定的行为,从而保障计划任务的实现。而在市场经济条件下,计划主要是指导性的,国家通过各种经济政策和经济杠杆来促使、引导人们实现计划指标。当人们没有完成指导性计划任务时,并不一定承担具体的否定后果;但是当人们成绩显著地完成计划任务时,则可能导致"奖励"这种肯定式的法律后果。这就是计划法中的提倡性规范的题中之义。

3. 计划法律责任的二元性与否定责任的虚化

所谓计划法律责任的二元性,主要是指计划法律责任应当包括肯定式(或积极)的法律后果和否定式(或消极)的法律后果。在我国目前的计划实践中,几乎没有规定计划主体的否定式责任。

二、计划法的体系

(一)计划法的分类

最常见的分类方法是按照计划的法律渊源,将其分为宪法中有关国家计划的规范、计划法律、计划行政法规、地方计划法规等。另外,计划法兼具实体法和程序法的双重属性,所以在计划法中具有实际意义的划分方式是将其分为计划实体法和计划程序法。

计划实体法主要包括确认政府计划机关法律地位的组织法、经济和社会发展计划法、宏观经济协调法、经济稳定与增长促进法等。除了确认政府计划机关法律地位的组织法具有较明确的行政法属性,其他实体法部分基本属于经济法范畴。经济和社会发展计划法一般需要对国家在经济与社会发展方面计划实现的基本目标及其主要实现途径等加以规定。宏观经济协调法是为实现宏观经济目标,而对各种宏观经济政策及其经济手段进行协调的法律。经济稳定与增长促进法或称滞胀防止法,它通过计划、财政等手段的综合运用,来保障充分就业和物价稳定,防止停滞和通货膨胀,维持国际收支平衡,从而为经济增长提供稳定的经济环境。从某种意义上来说,它可以被认为是宏观经济协调法的具体化。最具代表性的立法是联邦德国于1967年颁布的《经济稳定与增长促进法》。另外,从广义计划法角度来看,产业政策法也属于计划法的实体法律制度范畴,产业政策法包括产业结构政策法、产业技术政策法和产业布局政策法,①本章后面将对产业政策法展开具体论述。

计划程序法主要规定计划的编制、执行、调整、监督检查等方面的内容,后文进行具体阐述。

(二)我国计划法的立法体系

中华人民共和国成立以后,先后制定了《国民经济计划编制暂行办法》(1952年)、《关于编制国民经济年度计划暂行办法(草案)》(1953年)、《关于改进计划管理体制的规定》(1958年)、《关于加强财政计划工作的决定》(1960年)、《关于改进计划经济体制工作的若干暂行规定》(1984年)和《关于大型工业联营企业在国家计划中实行单列的暂行规定》(1987年)等。这些规范性文件对加强当时的计划工作和完善计划法制起到一定的积极作用。我国自1953年至1957年仿照苏联工业化模式实施"第一个五年国民经济发展计划"以来,到2001年已实现"十个五年计划",到2006年3月全国人大通过的《国民经济和社会发展"十一五"规划纲要》,②改"五年计划"为"五年规划";我国全国人大通过的每一个"五年计划(规划)纲要"在一定程度上代行了计划法基本法的角色。但由于形势的发展变化,特别是第八届人大第一次会议明确了我国由计划经济体制向市场经济体制转轨以后,我国计划立法现状已逐渐不符合实际需要了。

然而,即使是在计划经济体制和计划高度发达的条件下,除了"五年计划纲要",我国没有真正制定一部形式意义上的计划法典。这主要是因为当时盛行"法律虚无主义",计划被作为行政手段的附庸。虽然现在实行市场经济体制,但由于人们基于对计划经济体制的否定认识而误解"计划",人们又转向"计划虚无主义",以至于计划法及其立法现阶段仍然被忽视。所以,当前我们一方面是要对原来的计划法规进行彻底清理;另一方面要将制定一部形式意义上的计划法典提上议事日程。

关于计划立法的模式,目前世界上主要有三种:(1)集中式,即制定一部计划法典,

---

① 张守文:《经济法学》,北京大学出版社2008年版,第256~257页。

② 2006年3月,全国人大通过的《国民经济和社会发展"十一五"规划纲要》规定,2006~2010年我国社会经济发展的主要目标包括:宏观经济平稳运行;产业结构优化升级;资源利用效率显著提高;城乡区域发展趋向协调;基本公共服务明显加强;可持续发展能力增强;市场经济体制比较完善;人民生活水平继续提高;民主法制建设和精神文明建设取得新进展。

规范所有的计划关系,如罗马尼亚的《计划和社会发展计划》;(2)分散式,即不制定一部统一的计划法典,而将计划关系分别规定在不同的经济法规或其他法律法规中;(3)结合式,即以一部形式意义的计划法典为主,同时辅之以单行的计划法规,并且可以在其他相关法律、法规中对计划问题作出规定。本书认为,第三种模式比较适合我国。

形式意义上的法典,作为我国计划法体系的统率,应当主要就计划法的基本问题作出规定,包括:计划法的立法宗旨、基本原则、计划的性质和形式、计划管理体制(又包括计划主体及其权利义务)、计划程序以及法律责任等。正如在"计划法的特征"中提到的,这部法典主要是程序意义上的。

三、计划法律关系

计划法的调整对象是在计划的编制和实施过程中发生的社会关系,简称计划关系。计划关系经计划法确认或调整后,便形成了计划法律关系。所谓计划法律关系,是指依据计划法而形成的计划主体之间的权利与义务关系,包括主体、客体与内容三个要素。

(一)计划法律关系的主体

计划法律关系的主体,简称计划主体,是指依照计划法享有权利并承担义务的计划法律关系的参加者或当事人。按照计划程序的不同阶段,可以将计划主体大致分为计划管理主体、计划执行主体和计划监督主体。

1.计划管理主体

计划管理主体亦可称为计划权力主体,是指在计划的制定和实施过程中,依照计划法享有职权,履行计划管理职责的国家经济管理机关,可简称为计划机关。计划机关在计划主体体系中占有最重要地位,有学者从理论上对计划机关的基本属性作了合理、科学的界定:(1)计划机关应为民主机关;(2)计划机关应为统一性机关;(3)计划机关应为智囊机关;(4)计划机关应该职能明确。[①]

按照等级的不同,计划机关可以分为中央计划机关和地方计划机关。相对来说,中央计划机关比地方计划机关更重要,后者往往是在前者的授权范围内,根据前者制定的中央计划拟定地方计划。

在我国,全国性的国民经济和社会发展计划由国务院编制和管理,由中央计划机关国家发展和改革委员会(原国家发展计划委员会)负责编制的具体工作;全国性的行业计划由国务院各个部门负责编制。地方性的国民经济和社会发展计划由地方人民政府编制管理,同级人民政府的发展和改革委员会负责具体的编制工作。由于计划法主要规范中央综合性计划,所以中央计划机关是我国计划法律关系中最重要、最基本的主体。在以前的计划经济体制下,国家行政机关都在一定程度上执行着计划职能。随着向社会主义市场经济体制的过渡,计划机关的职能应由行政性转变为法定性。

---

① 参见漆多俊:《经济法学》,武汉大学出版社1998年版,第451~454页。

国务院1998年6月23日发布的《国家计划委员会职能配置、内设机构和人员编制规定》较为详细地规定了国家发展计划委员会的主要职责。2003年国家发展计划委员会改组为国家发展和改革委员会,2003年4月25日国务院发布《国家发展和改革委员会主要职责内设机构和人员编制规定》,其职能也有了相应的调整。

(一)划出的职责

原国家发展计划委员会的农产品进出口计划的组织实施职责,划归商务部。

(二)划入的职责

1. 国务院原经济体制改革办公室的职责。

2. 原国家经济贸易委员会的工业行业规划、产业政策制定、经济运行调节、技术改造投资管理、多种所有制企业发展的宏观指导、促进中小企业发展、重要工业品和原材料的进出口计划编制、促进资源节约与综合利用、推进技术进步与重大装备研制、盐业管理等职责。

(三)转变的职能

1. 加快推进投融资体制改革。在国家宏观调控下更好地发挥市场机制对经济活动的调节作用,确立企业的投资主体地位,规范政府投资行为,逐步建立投资主体自主决策、银行独立审贷、融资方式多样、中介服务规范、政府宏观调控有效的新型投融资体制。将基本建设投资管理和技术改造投资管理整合为固定资产投资管理,把投资宏观管理的重点转到优化投资结构和产业结构、搞好重大项目布局、防止重复建设、提高投资效益上来。进一步缩小投资审批范围,对企业使用非政府投资建设的符合国家产业政策、非重大项目和非限制类项目逐步实行登记、备案制。对必须经行政审批的投资项目,要减少审批环节,规范审批程序,设定审批时限,提高审批效率和透明度。进一步扩大地方政府用自有资金在公共服务领域投资的权限。完善专家咨询论证制度,提高投资审批的科学性。建立政府投资项目的后评价制度和监督机制,完善投资审批责任制。

2. 强化宏观调控中的总体指导和综合协调,切实减少微观管理事务。加强对经济社会发展、改革和稳定的重大问题的研究,综合协调经济社会发展和改革开放的全局性工作。加强对实施可持续发展战略的指导和重大问题协调,促进经济与资源、环境的协调发展。按照走新型工业化道路的要求,加强对工业发展的指导,研究制定并实施产业政策,抓好能源发展战略、规划的拟订和战略储备工作。加强对日常经济运行中突出和重大问题的协调。

3. 切实减少行政审批和对经济活动的直接行政干预,强化研究拟订发展战略、规划和宏观政策的职责。将对竞争性领域的行业管理转变为宏观指导,促进行业自律。取消有关部门确定政策性银行的贷款总量和确定商业银行贷款、直接融资用于固定资产投资的总量的职责。

调整后国家发展和改革委员会的主要职责有:

(1)拟订并组织实施国民经济和社会发展战略、中长期规划和年度计划;提出国民经济发展和优化重大经济结构的目标和政策;提出运用各种经济手段和政策的建议;受国务院委托向全国人大作国民经济和社会发展计划的报告。

(2)研究分析国内外经济形势和发展情况,进行宏观经济的预测、预警;研究涉及国家经济安全的重要问题,提出宏观调控政策建议,综合协调经济社会发展;负责日常经济运行的调节,组织解决经济运行中的有关重大问题。

(3)负责汇总和分析财政、金融等方面的情况,参与制定财政政策和货币政策,拟订并组织实施产业政策和价格政策;综合分析财政、金融、产业、价格政策的执行效果,监督检查产业政策、价格政策的执行;制定和调整少数由国家管理的重要商品价格和重要收费标准;负责全口径外债的总量控制、结构优化和监测工作,保持国际收支平衡。

(4)研究经济体制改革和对外开放的重大问题,组织拟订综合性经济体制改革方案,协调有关专项经济体制改革方案;提出完善社会主义市场经济体制、以改革开放促进发展的建议,指导和推进总体经济体制改革。

(5)提出全社会固定资产投资总规模,规划重大项目和生产力布局;安排国家财政性建设资金,指导和监督国外贷款建设资金的使用,指导和监督政策性贷款的使用方向;引导民间资金用于固定资产投资的方向;研究提出利用外资和境外投资的战略、总量平衡和结构优化的目标和政策;安排国家拨款的建设项目和重大建设项目、重大外资项目、境外资源开发类和大额用汇投资项目;组织和管理重大项目稽查特派员工作。

(6)推进产业结构战略性调整和升级;提出国民经济重要产业的发展战略和规划;研究并协调农业和农村经济社会发展的有关重大问题,衔接农村专项规划和政策;指导工业发展,推进工业化和信息化;制定工业行业规划,指导行业技术法规和行业标准的拟订;拟订石油、天然气、煤炭、电力等能源发展规划;推动高技术产业发展,实施技术进步和产业现代化的宏观指导;指导引进的重大技术和重大成套装备的消化创新工作。

(7)研究分析区域经济和城镇化发展情况,提出区域经济协调发展和实施西部大开发战略的规划,提出城镇化发展战略和重大政策措施;负责地区经济协作的统筹协调,指导地区经济协作工作。

(8)研究分析国内外市场状况,负责重要商品的总量平衡和宏观调控;编制重要农产品、工业品和原材料进出口总量计划,监督计划执行情况,并根据经济运行情况对进出口总量计划进行调整;管理粮食、棉花、食糖、石油和药品等重要物资和商品的国家储备;提出现代物流业发展的战略和规划。

(9)做好人口和计划生育、科学技术、教育、文化、卫生等社会事业以及国防建设与国民经济发展的衔接平衡;提出经济与社会协调发展、相互促进的政策,协调社会事业发展的重大问题。

(10)推进可持续发展战略,研究拟订资源节约综合利用规划,参与编制生态建设规划,提出资源节约综合利用的政策,协调生态建设和资源节约综合利用的重大问题;

组织协调环保产业工作。

(11)研究多种所有制经济的状况,提出优化所有制结构和企业组织结构的建议,促进各种所有制企业的公平竞争和共同发展;研究提出促进中小企业和非国有经济发展的政策措施,加强宏观指导,协调发展中的重大问题。

(12)研究提出促进就业、调整收入分配、完善社会保障与经济协调发展的政策,协调就业、收入分配和社会保障的重大问题。

(13)拟订和制定国民经济和社会发展以及经济体制改革、对外开放的有关行政法规和规章,参与有关法律、行政法规的起草和实施。

(14)承办国务院交办的其他事项。

根据国务院规定,管理国家粮食和物资储备局、国家烟草专卖局。

2. 计划执行主体

计划执行主体是具体履行计划的有关组织,既包括国家机关也包括企业法人和非企业法人组织。这类主体的基本性质和业务内容不是从事计划工作,只是在计划机关从事计划业务工作过程中,依法与之发生计划关系,才得以成为计划主体。因此,这类计划主体具有普遍性和不确定性。普遍性,是指凡是一般的市场经济主体,在理论上都有可能成为计划主体;不确定性,则是指它们在实践中又不一定都是计划主体,这要取决于它们是否参与到具体的计划法律关系当中。

3. 计划监督检查主体

计划监督检查主体,是指对计划从制定到实施的全过程进行监督、检查的计划主体。其范围要远远大于前两类主体。因为计划管理主体和计划执行主体除管理计划和执行计划外,还有自我监督、检查的功能;同时计划管理主体之“管理”,本就含有监督检查之意,计划管理主体是计划监督检查主体中最重要的主体。因此,我们在这里说的计划监督检查主体是狭义上的,是指除计划管理主体和计划执行主体外的其他社会主体。

当然,上述划分就计划程序阶段而言的,并不是严格的、周密的,而是彼此相互交叉的。比如,计划管理主体并不只是在计划执行之前才从事决策、制定、审批等管理事项,在计划执行过程中和计划执行完毕后,也负有相当的管理职能,如对计划的调整和监督检查等。

(二)计划法律关系的内容

计划法律关系的内容,是指计划主体所享有的权利和承担的义务。与民事法律关系主体的权利义务相比较,计划主体权利义务的特征主要有:(1)计划主体在行使计划权利时不得滥用计划权利的义务;(2)各类计划法主体的权利义务不平衡、不对等;(3)计划法主体权利义务有倾斜性。

计划法律关系的内容因计划主体的不同而有明显差异:

1. 对计划机关来说，其主要负有计划管理权利，包括计划的决策、制定、审批、修改和监督检查等内容。同时，这些权利又是依法由国家或上级机关交给他们的经济管理权利，它们负有积极正确行使的义务，不得懈怠，更不得随意转让或放弃，因而具有法定性、不可转让性等特点；对其被管理主体即计划执行主体来说，计划机关还负有依法管理、不得滥用职权的义务。

2. 对于计划执行主体来说，则因计划的直接性或间接性的不同而不同。在指令性计划或者说直接计划法律关系中，计划执行主体负有完成计划的任务，而计划机关同时也负有提供实施计划的条件的义务；主体双方的权利义务基本上是对应的，任何一方不履行义务，都要向对方承担相应的责任。而指导性计划中或者说是间接性计划法律关系的形成，则取决于潜在的计划执行主体是否参与。即使参与，其完成计划的义务的强制性也弱于指令性计划中义务的强制性，某些时候应当允许计划执行主体对指导性计划的内容提出修改要求，甚至完全退出间接计划关系。如果潜在的计划执行主体不参与指导性计划或参与了但没有完全或完全没有执行，并不直接承担法律责任，而是收到经济政策或经济杠杆的“惩罚”；相应地，如果指导性计划制定得不好，诱导、促进措施不力，计划机关也要承担相应的计划目标无法达到的风险。总而言之，在间接计划关系中，主体双方的权利义务内容及其责任承担与在直接计划关系中有很大的差别。

3. 对（狭义）计划监督检查主体来说，其主要享有监督检查的权利而几乎不承担什么义务，所以权利义务的倾斜性并不只是体现在向计划机关的倾斜，在此，也体现为向计划监督检查主体的倾斜。从广义来说，监督检查的权利为所有计划主体普遍享有。

（三）计划法律关系的客体

计划法律关系的客体，可简称为计划客体，是指计划主体的权利和义务所共同指向的对象。目前，我国学者对计划客体内容的观点比较一致，认为计划法律关系的客体都是一定的计划行为。所谓计划行为，是指计划编制、审批、下达、执行、调整、修改、监督、检查过程中计划主体所实施的行为。

值得注意的是，特定计划行为既是引起计划法律关系的原因，又为计划法律关系的客体，它们是相互转化和衔接的。其中，社会经济各基本活动主体实现计划任务而从事的计划行为，是计划法律关系的最终客体。

四、计划法的原则

所谓计划法的原则，是贯穿于计划法的立法、执法、司法、守法和法律监督的全过程的指导思想和根本原则，包括遵守市场经济规律原则、综合平衡与协调原则以及兼顾国家、集体、个人三方利益原则。其中，第一项和第三项为公理性原则，即世界各国计划法普遍具有的原则；第二项兼具公理性原则与政策性原则的属性，之所以具有公理性原则的属性是由计划与计划法本身作为一种更高层次的宏观调控（法），势必要对其他国家宏观调控措施加以协调的特征所决定的，而政策性原则的属性是因为计划据以平衡协调的基础乃是一国一定时期内的某些重大的、全局性经济政策的法律化内容，亦即体现实体内容的计划法规范。

(一)遵循市场经济规律原则

在市场经济体制下,遵循客观经济规律的内涵之一就是要以市场为配置资源的基础方式,注重自觉运用价值规律,充分发挥市场调节的作用。对计划法来说,只有在市场缺陷导致市场无法自我调节的时候,包括计划在内的宏观调控等经济手段才可以起到补位性调节作用。换言之,在市场自我调节正常作用的时候,计划法应当限制计划超越市场配置资源的基础性地位的"越位"行为;而在市场调节失灵时,计划法又应当保障计划调控对市场调节失灵之补救作用的发挥——无论是在哪种情况,都应始终以遵循客观经济规律为原则,不能以"计划"主动和完全替代"市场"。以市场为主导的计划调控和计划(宏观)调控下的市场调节是不同的,这是两种截然相反的态度,其中计划与市场的主次关系是大相径庭的。

"以市场为主导的计划调控"说明,国家调节只是在正常的市场运转出现失灵问题时的一种弥补纠正手段,国家调节始终是以市场是否需要或者说市场运转是否正常为存在和运行前提;市场调节为主、国家调节为辅才符合市场经济的一般规律。但是"计划调控下的市场调节"则正好相反,市场成为国家意志的附属,其自我调节功能被抑制以至于丧失;同时,政府职能和目标的多元化,使其无法完全以市场为中心制定经济政策,导致所谓的"国家调节"的效果无法超越市场调节本身。况且,目前我国的许多经济政策和做法,并不是源于理论上的市场失灵,而是源于计划经济体制的惯性和本能;但计划经济从一开始就是立足于取消市场,消灭竞争的。当前我国的经济现状,不是市场高度发达,而是市场发育不充分;阻碍经济发展的不是市场的内在缺陷,而是"有形之手"的过度干预;经济体制改革的目标之一,是政府的淡出和市场的渐入,限制和减少政府的经济权力,使全能的政府演变为有限的政府和服务型政府。但"国家计划调节下的市场"却意味着加强经济建设必须要强化政府的干预调控权,结果是经济法和经济体制改革背道而驰,南辕北辙。①

而且,计划宏观调控虽然只是在市场调节失灵的时候才发挥作用,但宏观调控的制定并非可以任意为之,仍然必须以市场为依托。换言之,计划调控的目的在于使市场调节恢复正常,并不是在市场调节之外再创造一种或实行另一套调控体制,即"一元调节"而非"二元调节"。因此,国家计划调控不仅以市场经济规律的扭曲即市场失灵为其存在和运行的前提,而且以市场调节机制恢复正常为最终目的之一——这才是计划法的"遵循市场经济规律"原则的全部含义,对我国当前计划实践特别具有指导意义。

(二)综合平衡与协调原则

所谓综合平衡与协调原则,是指计划法要从整个国民经济的协调发展和社会总体

① 参见徐士英、魏琼、瞿向前:《经济法的价值问题》,载漆多俊主编:《经济法论丛》(第1卷),中国方正出版社1997年版,第28~29页。

效益出发，来调整国民经济结构和经济政策关系，以促进社会经济的协调、稳定和发展。这也是经济法的"维护和促进社会经济总体效率和社会公平"原则在计划法中的具体体现。

相较国家其他宏观调控手段来看，计划是更具有综合性、更高层次的调控手段。因为，一国经济的整体性决定了各种宏观调控手段不可能自行其是，只有作为一个整体相互配合、协调，才能真正对国民经济起到切实有效的调节作用，这就需要一个能够起协调作用并解决冲突的"统帅"，此即计划。计划法的功能则在于确保计划的这种综合平衡与协调作用在国家整个宏观调控体系中居于主导地位和决定地位，使其他各种宏观调控手段及其法律服从计划及计划法的同一安排，共同发挥作用。

计划法的综合平衡与协调的对象，首先是计划体系本身，计划体系中各种类、各层次的计划彼此之间应当保持一致性与协调性，因为"许多分别的计划没有形成一个计划的整体——实际上，计划者应该首先承认——它们或许比没有计划还糟糕"。[①] 其次是作为全国整体计划的中央计划与财政、产业、金融、税收和价格等宏观调控政策，由于政府的各职能部门、各地区因部门利益、地区利益的差异而导致的部门保护主义和地区保护主义的存在，各部门、各地区分别制定的经济政策可能彼此不相协调甚至冲突，这时需要计划法从一个更高的层次上进行平衡和协调；而且，计划法在这方面的平衡协调功能尤须加强。最后是具体的计划，与财政、价格等其他宏观调控措施之间也有协调的必要。

（三）兼顾国家、集体、个人三方利益原则

计划法中的兼顾国家、集体和个人三方利益原则是前述经济法的"兼顾各方经济利益原则"在计划法中的具体体现。它意味着，一方面，我们要强调和保障中央计划的统一性。因为，国家中央计划从根本上是代表全国人民的共同利益的，对公共利益的损害，归根结底也是对个人利益的损害。另一方面，也不能借口保护国家利益，而忽视集体和个人利益；反映在计划法中就是要适当界定地方的计划权限，注重由于地区各方面条件的差异而赋予计划以一定的灵活性。

兼顾国家、集体和个人三方利益，同时也意味着三者利益的先后顺序问题。由于计划法的宏观性，个人的经济利益难以在其中得到直接体现，所以主要是国家利益与集体（或地方）利益的优先或劣后。在一般情况下，当以国家利益为重，而以集体利益为次重。但是在某些特定情况下，还应当允许集体或地方的利益优先于国家利益。比如，当地方政府作为社区所有权的代表时，地方政府的角色首先是社区意志和利益的代表，其次才是国家政权之基层或地方组织，遇有社区利益与国家利益发生矛盾时，当可在法律允许的范围内以社区利益为重。[②]

---

① ［美］哈耶克：《通往奴隶之路》，王明毅等译，中国社会科学出版社 1997 年版，第 68 页。

② 参见史际春、邓峰：《经济法总论》，法律出版社 1998 年版，第 198 页。

五、计划法的地位

计划法在我国曾一度被公认是经济法的核心,被冠之以“龙头法”的称号。一方面,这是由于我国当时实行计划经济体制决定的;另一方面,也可以看出计划法在经济法中的至关重要的地位。但是当我国转向市场经济体制后,计划法的地位一落千丈,不仅在实践中,而且在理论研究中也似乎被忽略或被遗忘了。

然而,正如我们在前面提到的那样,计划本身是蕴含在市场当中的,也正是在健全的、正常有序运行的市场基础之中,计划和计划法才能真正发挥作用。当今,人们之所以有意或无意地回避计划法,一方面,是因为受计划经济体制影响太深,以至于将“计划”等同于“计划经济体制”;但显然,计划不等于计划经济体制,计划经济体制下的“计划”也不等于市场经济体制下的“计划”。另一方面,则是因为我国政府的职能还没有彻底转变,许多政府及其职能部门仍然按照计划经济体制的惯性和本能从事“市场经济体制”下的工作,如果理论界再强调计划的作用,似乎会为政府因循守旧提供更好的“理论支持”和借口。因此,我们要尽快转变观念,不能用在计划经济体制下计划被过分运用以至于“谈计划色变”的思想来对待市场经济体制下的计划实践和理论研究,应在市场经济的前提下重新认识计划法,科学地界定并赋予其在经济法中的正确地位,理性地开展计划法的理论研究和实践操作。

计划法是一种更具有综合性的、更高层次的宏观引导调控法。它综合运用各种法律化的经济政策和经济手段来对经济进行调控,以使市场主体的行为符合计划目标。应当认为,计划法在经济法的宏观引导调控法中具有“龙头法”的地位,但这并非意味着计划法依然可以对国民经济的方方面面统筹通管,而是要从计划和计划法的合理的作用和功能上去认识。计划法作为宏观引导调控法的“龙头法”,主要是为国家宏观引导调控经济确定一个大致的总体框架,使其结构合理、内容搭配适当,同时对国民经济各部门在实践中产生的冲突和矛盾确立一个协调解决的机制。

计划法在经济法中的地位,还可以从计划法与经济法中的其他构成即市场规制法和国家投资经营法之间的关系来考察。

首先,计划法与市场规制法存在密切的联系。一方面,计划法所确定的国民经济结构比例关系,为市场主体的经济行为提供了一个可供预测的前提,可以引导其通过从事国家设置了优惠政策的行为而获得经济利益,减少和降低市场主体从事不正当竞争甚至垄断而获得超额利益的机会,为反垄断法和反不正当竞争法的实施提供一个良好的社会经济环境;另一方面,计划法的有效实施及其良好效果的取得,要求一个正常有序的市场环境,而反垄断法和反不正当竞争法在规制市场秩序、促使市场主体正当开展市场活动方面,具有极为重要的作用。因此,计划法与市场规制法是相辅相成、共同促进的。

其次,即使是在市场经济体制下,一定的指令性计划仍然存在,特别是在关系国计民生的行业和国防军工企业,甚至某些公用公营企业就是按照计划而建立起来的;同时,在是否依照指导性计划方面,某些公用公营企业由于其功能的多元化,也比非公用公营企业具有更大的可能性或积极性。由此,可以看出计划法与国家投资经营法之间的内在联系。

第二节 计划法基本制度

一、计划法实体制度

在现阶段计划法典缺位的情况下,我国每隔五年制定一次的"发展计(规)划纲要"一定程度上反映了计划法的实体内容。计划法的实体性制度内容,主要包括以下两点。

(一)计划任务

计划任务,是计划所要实现的目标的具体化。对国家计划任务的法律规定,是计划法的核心所在。从根本上来说,国家计划的任务,在于对经济发展规律的尊重和适应,并能进行有效的恰如其分的积极干预,具体又表现为对国家实行的一定的经济体制下经济规律运作的适应与促进。这是衡量具体经济计划优劣的基本标志。

(二)计划指标

计划指标,是计划任务的数量和质量的具体表现形式。完整的计划指标由指标名称和指标数值两部分组成。指标名称,是经济和社会发展规律现象的总体特征。指标数值,是指指标名称的数量表现,有绝对数和相对数之分。计划指标用来规定计划期内经济、社会和科技发展的方向、目标、规模、速度、比例和效益。建立科学的计划指标体系,对有效地定量地组织和管理国民经济和社会发展,具有十分重要的意义。

计划指标体系,是由一系列相互联系、相互衔接的计划指标组成的有机整体。计划指标可从不同的角度进行分类:按表现形式可分为实物指标和价值指标;按内容可分为数量指标和质量指标;按所起的作用可分为考核指标和核算指标;按反映问题的繁简程度可分为单项指标和综合指标;按管理性质可分为指令性计划指标和指导性计划指标。

指令性计划指标,是由国家行政权力保证实施的计划指标。指令性计划指标,是对关系国计民生的全局性的、重大的活动规定的指标,具有强制约束力,有关单位必须完成,不经原计划机关批准,不得擅自变更或撤销。指令性计划指标分为必成指标和限额指标。

指导性计划指标,是国家或主管部门下达的指导经济发展方向的、没有强制性的参考性指标。指导性计划指标只有指示性、号召性、引导性、期成性。它是国家按照宏观调控的要求,给有关单位和企业确定方向,同时通过价格、税收、信贷等经济政策和经济杠杆来引导其实现,有关单位和企业可以根据社会利益和需要等实际条件,对其进行适当调整。指导性计划指标适用于大量一般的经济活动,并随着市场体制的发展逐渐扩大。①

二、计划法程序制度

计划程序,是指计划过程中按序进行的各个阶段的工作程式和行为准则。有关计划程序的法律规定即为计划程序法。计划法所确立的计划程序应当具有民主性、科学性、公开性和公正性等特点,可以说,计划的程序是计划的生命,计划必须高度重视程序,只有严格、健全的程序才能保证计划制定的科学性和计划实施的连贯、可监督、可及时调整和可问责性。计划法程序性内容主要包括以下几方面。

(一)计划的编制、审批和下达

计划法应当规定,我国国民经济和社会发展计划的编制、审批、下达程序,特别是编制程序分为以下几个阶段:(1)提出初步设想方案阶段;(2)编制计划草案阶段;(3)审议批准计划草案阶段;(4)下达计划阶段。

(二)计划的执行和调整

计划的执行是继计划的编制、审批和下达之后的又一个基本环节,它是计划在国民经济和社会发展中发挥指导、组织和管理作用的必经程序和决定性阶段。计划的执行因指令性和指导性计划指标要求的不同而有所区别:对指令性计划,计划执行主体必须按计划要求执行,否则,要承担法律责任;对指导性计划,有关部门、地方和单位,应按照计划的总体要求和指导方向,根据原材料、能源、资金的可能和市场需要,自行安排生产和销售,国家则主要通过运用各种经济杠杆和经济法规手段,促进计划的实现。

计划的调整是在计划执行中,因情况的变化,在法定事由出现时,才得依程序变更修改原计划。这些事由有:(1)国际环境发生重大变化,严重影响国内经济发展;(2)遭受重大自然灾害或发生未能预料的重大事件;(3)国家重大决策发生变化;(4)市场供需情况有重大变化;(5)因其他重大特殊原因必须修改变更计划。

计划具有法律的严肃性,这需要通过计划的执行和实施的连贯性得以实现。在我国现实中,很多计划因政府主要负责人或职能主管部门负责人的更迭而变更甚至废弃,这种情况需要计划法程序制度的约束。因为国民经济和计划发展是一个有机联系的整体,某一计划的修改可能影响到其他单位计划的执行,所以计划的调整必须与有关单位协商。调整计划的审批权限和审批程序,应由计划法明确规定,按原计划的审批权限和程序,由原审批计划的机关审批。

(三)计划的监督和检查

计划的监督和检查是在国民经济和社会发展计划的执行过程中,对执行单位完成计划的情况进行察看和督促,并指明存在的问题。计划的监督检查是职能部门和被检查单位对国家应尽的法定义务,是计划程序的重要组成部门,也是增强计划的严肃性、提高计划水平的重要环节。

---

① 参见周林彬:《市场经济法》,兰州大学出版社 1994 年版,第 406 ~ 409 页。

计划监督检查的主要内容包括：计划的制定和实施是否符合法定程序；计划的内容是否符合实际；保证计划执行的政策和措施是否落实及落实的情况；计划执行过程中是否有违法行为等。计划的监督和检查可采取多种多样的方法，除大量运用统计材料，进行经济定量分析外，还要深入实际、调查研究，利用抽样调查、典型调查、现场考察、举行小型座谈会、听取和研究下级的检查报告等，使检查工作深入全面。

三、计划的法律救济和法律责任

（一）计划的法律救济

实施法律救济，并配置相应的法律责任，是实现计划法对计划进行"第二次限制"不可或缺的必要措施：实施法律救济，是为了使有关市场主体在其因计划而产生的利益遭受损害时存在寻求救济、获得赔偿或补偿的可能性；配置法律责任，尤其是计划权力主体的责任，则是为了使上述可能性能够最终得以落实，[①]同时也是对计划执行有过失过错的责任人问责的需要。

所谓法律救济，是指在法律关系主体的权利和义务不能正常实现的情况下，依照法律规范对其加以补救和保护。法之设权、控权的目的在于规范权力或权利，并且保证在权利不能正常享有或权力不当行使时存在补救或纠正的可能。计划的法律救济，正是计划法领域中这种可能性的体现。在计划法律关系当中，计划管理主体往往处于支配地位，尽管在计划制定过程中要求广泛吸取社会主体之意见，但实际操作中往往是仅凭其"一己之力"，以单方意思表示作出，且计划内容的概括性与宽泛性，往往使计划管理主体享有较大的自由裁量权，如果没有相应的法律救济，则易使计划的执行偏离其既定方向，而且，更严重的是会因为计划管理主体的计划自由裁量权之滥用得不到纠正与补救，而助长其进一步滥用之可能。其对市场经济主体权利的超越，往往是出于计划权力者本身谋取不当利益的需求（当然，也包括因合理因素导致的计划不当而损害市场经济主体的利益）。因此，一方面，需要从立法上规范权力；另一方面，必须为权利主体配置相适应的法律救济制度，双管齐下，控制计划权力，保障市场主体计划权益。

按照实施计划法律救济的机关进行分类，可以将计划的法律救济分为以下几种。

1. 权力机关救济

权力机关救济，即人民代表大会及其常委会通过对其自身制订的计划的法律救济和权力机关对行政机关实施监督的法律救济两种。

2. 行政机关救济

行政机关的计划救济，是指行政机关因其制订的计划损害计划利害人而给与补救和赔偿，主要是上级行政机关对下级行政机关的计划进行的救济。我国《宪法》第 89 条规定，国务院有权改变或撤销各部、各委员会发布的不适当的命令、指示和规章，改变

---

① 参见李刚：《市场和计划法：对计划的两次限制——试论计划法若干基本问题》，载漆多俊主编：《经济法论丛》（第 6 卷），中国方正出版社 2002 年版，第 248～249 页。

或撤销地方各级行政机关不适当的命令和决定。《宪法》第108条又规定,县级以上的地方各级人民政府领导下属各部门和下级人民政府的工作,有权改变或撤销各工作部门和下级人民政府的不适当决定。《国务院组织法》第10条规定,各部、各委员会工作中的方针、政策、计划和重大行政措施,应向国务院请示报告,由国务院决定。以上规定均表明,我国事实上已经建立起行政机关内部的法律救济制度。

具体来说,上级行政机关对下级行政机关的计划法律救济,主要可以通过行政复议制度、报告工作制度和监督检查制度来进行。

3. 司法机关的救济

司法机关的救济,即计划的利害关系人认为计划侵害其合法权益而提起诉讼,由司法机关通过司法审查为当事人提供补救的救济方法。由于前两种救济方法的起因都有部分或全部自我监督的因素,而司法机关因其对于权力机关和行政机关的相对独立性,对二者计划行为的监督是一种外部的监督,所以对计划的利害关系人来说,司法机关的救济很重要,也是利害关系人寻求法律救济的最终途径。

但是,由于我国尚未建立"违宪审查"制度,以及司法机关对行政机关制订的计划是否有权通过诉讼的方式加以审查,即行政计划的可诉性问题也存在争议,①因此我国目前的司法机关救济还有待完善。

(二)计划的法律责任

计划法律责任是从计划决策、编制到执行全过程中,计划主体因模范遵守计划法或违反计划法规定的义务而应承担的法律后果。有的学者认为,计划法律责任具有责任主体多重性、责任内容综合性和责任方式多样性等特征。除此之外,本书认为,现阶段我国计划法中计划法律责任最突出的特征是其二元化及否定式责任的虚化。

1. 计划法律责任的二元化

所谓计划法律责任的二元化,是指计划法律责任的后果形式不仅包括否定性的,还包括肯定性的。其中,否定性的后果又包括责任人所承担的民事上的、刑事上的和行政上的不利益;肯定性的后果主要是指"奖励"这种形式,即当行为人模范地、成绩显著地遵守提倡性规范时所承担的对行为人有利的法律后果,具体又可分为物质奖励和精神奖励两种方式。

2. 计划法律责任中否定责任的虚化

所谓计划法律责任中否定式责任的虚化:一是指在计划法当中,对违反计划法或没

---

① 对行政计划的纠纷,可以分为对计划的具体内容的不服和对计划的制定本身不服两种情况,其解决的办法不能一概而论。对于前者,一般人认为不是对特定人的具体处分,因而欠缺诉讼的成熟性。对于后者,不少国家在司法实践中已予以肯定。一般认为,计划的制订,属于行政行为,利害关系人对计划制订行为的不服,可以提起行政诉讼。对此,某些国家的法律也作出了明文规定,例如,德国《行政法院法》第40条规定,利害关系人对行政计划制定行为不服的,可以提起撤销之诉。参见应松年主编:《比较行政程序法》,中国法制出版社1999年版,第293页。

有遵守计划法时应承担的法律制裁后果没有明确规定，尤其是欠缺对计划管理主体的否定式后果；二是指即使有一些规定，也没有实际执行。

实际上，不只是计划法存在这个问题，整个经济法中都存在这个问题。经济法立法对经济法责任规定的不完善和不全面，直接表现为经济法规范中欠缺主体行为的否定性后果的规定，而且主要是国家经济管理主体行为的否定性后果的规定，这种不利的法律现状使对国家经济管理主体管理经济的控权和问责几乎无法实现，进而经常出现国家调节过度和不当等问题，使国家经济调节的效益性、正当性和公平性都大打折扣。

我国经济法中欠缺国家经济调节主体行为的否定性后果的规定，学者们认为其原因主要有以下三个方面：①

第一，在计划经济体制下，经济法否定式法律后果缺位的延续。而这种缺位则是因为权力非规范化导致的权力与责任失衡的直接后果。在权力非规范化的情形下，实践中的权力往往是推定或意定的，这势必产生权利的放任。现代社会的权力放任，与集权主义思潮相伴随，凡集权主义思潮盛行的地方，必有权力放任现象的存在。当代中国的权力放任现象则有其时代特征，即变革社会中威权政治的相对削弱和法治政治的尚未确立这一矛盾。而权力放任又意味着责任的萎缩，是指责任对权力任意的一种无能状态，实践中的权力与责任之间不是一种正比关系，而是一种明显的非对应关系，责任无法成为权力的制约力量。②

第二，经济法立法的“非规范化”或称非“法”化。其突出表现是，经济法方面的法律、法规，不像传统的民事、刑事等方面的法律那样，特别是有关对调控主体或规制主体如何追究责任的规定，往往“尚付阙如”。③ 一方面，这是由于，与民商法、行政法、刑法相比，经济法好像是与市场经济主体发生实际的、直接的联系最少或最不明显的法律领域，所以经济法似乎也就不必对市场主体的法律责任作出规定；另一方面，经济法规范的非“法”化也造成了经济法“可诉性”不强的问题，即使是从法院原来设立的经济审判庭的受案范围来看，多数所谓的“经济案件”实际上是商事案件，并不是学理上认为的经济法意义上的经济案件。

第三，实践中计划法律责任的确定难度也给立法中对否定式法律责任的规定造成了障碍。首先，引起政府计划失灵的原因往往是多方面的。在向市场经济转轨时期，任何政府的宏观调控计划都带有一定的风险性，由于信息的完全真实充分在现实中是不可能的，使计划之决策失误或多或少不可避免。在计划（指令性计划）的执行过程中，市场的变化会使计划执行主体暂时改变或放弃执行计划以适应现实之需。这种情况下

---

① 参见漆多俊：《经济法》，武汉大学出版社2004年版，第414~415页。

② 参见谢晖：《权力缺席与权力失约——当代中国的公法漏洞及其救济》，载《求是学刊》2001年第1期。

③ 张守文：《经济法的发展与经济审判的变易》，载漆多俊主编：《经济法论丛》（第3卷），中国方正出版社2000年版，第7~8页。

的计划失灵严格说来并非由当事人的主观过错所引起,故无法对其追究责任。即便当事人主观有过错,也往往很难将计划过程中的政府失灵完全归咎于兹,其责任范围和份额的确认亦比较困难。其次,计划法律责任因计划的性质及作用不同而有所差异。对于指导性计划,因其约束力较小,计划主体因过错所承担的法律责任要较指令性计划小一些。

综上所述,对于计划法律责任中否定式责任的虚化问题,首先,必须依赖经济法相关制度的改进与完善,包括立法技术水平的提高和责任制度的健全,只有这样才能带动计划法等经济法的亚部门法律制度随之得以改进。其次,要进一步改革司法体制,提高法官的素质,以使其能够在情况复杂多变的情况下,运用自由裁量权对有关计划法案件作出准确的定性和定量分析。

具体而言,计划法律责任的类型因分类标准不同而有多种划分方式。因责任形式的不同可以分为民事责任、行政责任、刑事责任和经济法责任;其中的经济法责任又可分为财产责任(或称经济责任)、经济行为责任、经济信誉责任和经济管理责任。因主体的不同又可分为国家责任、计划管理主体责任和计划执行主体责任,其中以后两种责任为主,后两种责任中还包括计划管理主体和执行主体的具体实施人的个人责任。

第三节　产业政策法概述

一、产业政策法概念及其特点

产业政策法,是调整国家制定产业政策和实施过程中发生的社会关系的法律规范的总称。它具有以下特点:

第一,针对性。并非所有的产业都要制定产业政策法,产业政策法往往是针对特定的产业而制定的,体现了国家的政策意图,目的是扶持或调整某个产业。

第二,阶段性。产业政策法的阶段性与针对性有着密切的联系。当它所针对的特定产业被成功扶植或调整时,该产业政策法的历史任务也就完成,从而被废止。许多产业政策法被冠以“临时法”的称呼就是这个道理。

第三,计划性。前文已经提到,国家引导调控社会经济的主要方式是制定实施国家经济发展计划和制定落实国家产业政策,现代国家已形成以“国家计划→经济政策→调节手段”为轴线的宏观引导调控体系。易言之,经济政策是计划的分解,是对国家计划的落实和体现,产业政策法是计划法的组成和内容,所以产业政策法具有计划性。

第四,综合性。产业政策法的综合性主要表现在两个方面:一方面,产业政策法调整的对象具有综合性,它包括产业结构政策、产业组织政策等;另一方面,产业政策法的实施手段具有综合性,它由财政手段、金融手段、直接规制手段及行政指导手段等构成。

二、产业政策法立法模式

当今世界,产业政策法的立法模式主要有两种:一为倾斜型产业政策立法模式;二为竞争型产业政策立法模式。前者以后发国家日本为代表,后者以先行国家(地区)美国和欧盟为代表。

倾斜型产业政策立法模式重视产业结构的法律调整,多见于一些后发国家。它往往在法律中规定,国家要集中必要的资源、资金和技术力量,实行倾斜性的投入和扶持,以加快本国主导产业的超常发展,力求以最小的成本、最快的速度,达到缩短同发达国家差距或增强国际竞争优势的目的。

竞争型产业政策立法模式倾向于产业组织的法律调整,集中于调整竞争关系与防止市场垄断,多见于一些先行国家。它强调要充分发挥市场的作用,为各类产业创造公平竞争的政策环境,使产业结构的调整顺应市场需求发展的趋势,让企业在市场机制作用下自觉地进行生产要素的优化组合和更新换代,尽可能不采取强制性的行政手段。①

我国的国情与上述情形都有所不同:一方面,产业结构的问题(例如:农业基础薄弱;一般加工能力严重过剩;主导产业不明显,“夕阳产业”问题突出;重复建设和地区布局同构化严重;产业融合度低,出口贸易初级化)导致农业对工业的限制、基础工业和基础设施对加工工业的限制的情况至今没有消弭。另一方面,在产业组织上存在集中度低、企业规模小、规模不经济等严重现象。因此,我国的产业政策立法模式应不同于美国、日本等国的立法模式,我们既要重视产业结构立法,又要重视产业组织立法,双管齐下。只有这样,才能优化我国的产业结构,提升我国的产业竞争力。

三、产业政策法体系的基本构成

产业政策法涉及面宽,调整对象广泛,是宏观调控法中规模最大的法规群。虽然它规模大,但并非杂乱无章,有着自己相对独立的体系。关于产业政策的基本构成,目前的通说认为,产业政策法由产业结构法、产业组织法、产业技术法、产业布局法四部分组成。② 这些学者的理论基础实际是源于对产业政策的理解,即产业政策由产业结构政策、产业组织政策、产业技术政策和产业布局政策所组成。这种论证的思路是根据产业政策法的调整对象所作的划分,总体上是可行的。但是,这种划分也有其不科学和不严谨之处。产业政策是否一定由上述四方面的政策所构成,目前理论界尚有争论。作者认为,产业布局政策实际上是国家社会发展政策的重要组成部分,它不能完全包容在产业政策中,而产业技术政策虽也是产业政策的重要内容之一,但产业间的技术结构是供给结构的一个因素,是产业结构的一个侧面,因此,产业技术政策应在产业结构政策的框架内予以讨论。③ 综上所述,本书认为,产业政策主要由产业结构政策和产业组织政

---

① 参见李寿生:《关于21世纪前10年产业政策若干问题的思考》,载《国民经济管理》2001年第11期。

② 参见杨紫烜:《经济法》,北京大学出版社1999年版,第286页。

③ 参见杨治:《产业政策与结构优化》,新华出版社1999年版,第37页。

策所构成;相应地,产业政策法体系的基本构成应是产业结构政策法和产业组织政策法。

四、产业政策法的保障措施

产业政策法的保障措施,是指保障产业政策法所规定的产业政策实施的手段。历史经验表明,产业政策的最大难点就在于产业政策手段的选择与配合,它比确立产业政策目标更复杂。因此,要想取得较好的产业政策效果,必须根据产业政策目标的要求,适当的选择和组合各种产业政策手段变量。[①] 一般而言,产业政策的实施手段随着时间的推移及经济的发展水平的提高而有所变动。

以日本为例,第二次世界大战后初期及20世纪50年代,日本产业政策的实施手段主要有分配生产资料、价格补贴、价格管制、外汇管制、政府的复兴金融公库贷款等;20世纪60年代高速增长时期,产业政策的实施手段主要有行政指导、财政和金融诱导等;自20世纪70年代开始,主要政策手段从利用税收、贷款、政策补助等"硬性"手段调整为提供信息指导的"软性"手段,这种信息指导的具体形式主要是定期发布"长期经济展望";20世纪80年代中、后期以后,日本政府进一步加强了企业的信息指导,持续发表"经济展望"等综合资料,同时实行了一系列旨在缓和国际贸易摩擦、保持持续增长势头的出口自我限制、扩大内需等方面的行政性规定。[②] 这对2009年以来我国实施在提高出口质量基础上的出口自我限制并实施扩大内需的发展政策转型极具借鉴意义。

总体而言,产业政策法的保障措施有三大类:一是间接诱导手段,它包括财政、税收金融、价格、外贸、政府采购等;二是直接管制手段,它包括了鼓励、允许限制和禁止等方面,有时配有配额制、许可制、对工资与价格的直接管制等;三是行政、信息指导手段,它以经济展望、劝告及提供其他信息为表现形式。由此可见,产业政策实施手段有些是其政策所特有的手段,有些是借用其他政策手段,尤其是财政手段和金融手段,而且这两个手段又是产业政策目标得以实现的重要手段。但是,不能由此误认为应把财政政策与金融政策隶属于产业政策之下。

关于产业政策法实施手段的使用,一般认为,在市场经济体制尚不完善、产业总体尚处于较快发展阶段时,产业政策法的实施多采取直接介入调控方式;在市场经济体制比较完善、产业结构总体比较平衡时,产业政策法的实施多以间接性诱导式调控为主。我国在进入21世纪头10年以后,市场经济体制已初步确立,在产业政策法的实施手段上应转向以财政、税收、金融、信息指导等诱导性间接调控为主,逐步减少直至慎用直接介入干预性调控方式。

五、我国的产业政策与产业政策法

我国第一次明确提出和规定产业政策是在1986年开始实施的《国民经济和社会发

① 参见周振华:《产业政策的经济理论系统分析》,中国人民大学出版社1991年版,第112页。

② 参见陈淮编著:《日本产业政策研究》,中国人民大学出版社1991年版,第22页。

展第七个五年计划》中。当时产业政策是针对经济发展中加工工业盲目发展、基础工业明显落后、机电工业技术进步缓慢等产业结构矛盾而制定的。产业政策的重点是调整产业结构。我国正式制定和实施产业政策是1989年3月国务院发布《关于产业政策要点的决定》。该决定标志着中国有了独立的产业政策,确定了产业政策作为宏观调控手段之一,在我国经济发展中开始独立地发挥作用。1993年11月党的十四届三中全会通过《中共中央关于建立社会主义市场经济体制若干问题的决定》,明确提出"制定和实施产业政策作为政府管理国民经济的重要职能和调控手段"。1993年国务院制定了《90年代中国农业发展纲要》,1993年全国人大常委会制定了《农业法》和《农业技术推广法》,1993年国务院批发《全国第三产业发展规划基本思路》。1994年4月,国务院发布了《90年代国家产业政策纲要》,这是我国第一个长期的产业政策。1995年当时的国家发展计划委、经贸部和外经贸部3个部门联合发布《指导外商投资方向暂行规定》;1997年12月国家发展计划委等部门分别发布《当前国家重点鼓励发展的产业、产品和技术目录》和修改后的《外商投资产业目录》。

根据上述国家产业政策总的规定,国家还制定了《关于当前调整农业结构的若干意见》(1999年)、《汽车工业产业政策》(1994年)、《水利产业政策》(1997年)、《关于调整缫丝绢纺加工能力的意见》(1997年)、《关于纺织工业深化改革调整结构、解困扭亏有关问题的通知》(1998年)、《中共中央、国务院有关加强技术创新,发展高科技,实现产业化的决定》(1999年)、《关于促进科技成果转化的若干规定》(1999年)、《关于鼓励和促进中小企业发展的若干政策意见》(2000年)、《鼓励软件产业和集成电路产业发展的若干政策》(2000年)、《国家产业技术政策》(2002年)、《关于制止钢铁电解铝水泥行业盲目投资若干意见的通知》(2003年)、《钢铁产业发展政策》(2005年),以及《产业结构调整指导目录(2005年本)》、《产业结构调整指导目录(2007年本)》、《煤炭产业政策》(2007年)、《外商投资产业指导目录》(2007年)、《乳制品工业产业政策》(2009年修订)、《2008年产业政策工作要点》等。

尤其值得一提的是,为了应对肇始于2007年美国次级贷危机并于2008年全面爆发的国际金融危机对我国经济的冲击,根据国务院部署,2009年以来国家发展和改革委员会等部门陆续制定并发布了钢铁、汽车、船舶、石化、纺织、轻工、有色金属、装备制造业、电子信息以及物流业10个重点产业调整和振兴规划,合称《十大产业振兴计划》,这些规划对我国克服金融危机影响,保持经济平稳较快增长、扩大内需、增强发展后劲发挥了重大作用。

综观我国的产业政策和产业政策法,我们认为存在以下几个比较突出的问题:

1. 产业政策法律化工作亟待加强。长期以来,我国产业政策法律化程度低,这导致现实中出现诸多弊端,产业政策制定的民主性科学性合理性不够,在具体实施中缺乏连贯性和权威性,达不到预期效果。[①]

2. 已有的产业政策法效力层次太低。我国现有的产业政策法除《中小企业促进法》及《农业法》等少数法律外,其他的均是行政法规和部门规章。

3. 产业组织政策法十分稀缺。上述产业政策及其法律主要集中于产业结构方面,产业组织方面的规定是凤毛麟角。实际上,产业组织问题在中国是一个十分严重的问题,必须加大力度(包括制定一些基本的产业组织政策法)才能得到改善。

4. 产业政策涉及面过于宽泛。产业政策的有效领域主要是国家需要加快发展和企业不愿自觉进入的基础设施、支柱产业、高新技术和公共产品领域。如果政府在每个产业、每个领域都制定产业政策,产业政策涉及的面太广、太多、太滥,政策就会失去重点,就可能导致一个总体上的失效的产业政策。[②]

第四节　产业结构政策法

产业结构,原则上是企业通过市场调节进行自由选择和活动的产物,为了以人为的政策变更或形成新的产业结构,则往往通过"国家之手"予以干预,这就是产业结构政策。[③] 因此说产业结构政策,是指关于社会生产各部门、各行业之间的结构比例关系的政策。产业结构政策法是产业结构政策法律化的产物。从静态的角度来看,我国把产业分为三个层次,即第一产业为农业,包括林业、畜牧业和渔业等;第二产业为工业和建筑业,其中的工业包括了采掘业、制造业、自来水、电力、蒸汽、煤气的制造业和供给业;第三产业是指除上述第一、第二产业外的其他各业。这三个层次的产业,我国均有许多法律规定,如农业法、电力法、保险法、房地产法、建筑法等。但是,我们不能把上述立法简单地称作产业政策法,因为这些法律包括了大量的有关产业内部管理的规定及平等民商事主体之间的关系的规定。产业结构政策实际上是从动态的角度调整产业之间的结构关系的法律,它有强烈的国家调节意图和鲜明的政策导向,它能在较短的时间内扶持、保护、调整某个产业的发展进程。由于产业结构经常处于变动之中,因此,产业结构政策法往往以"临时法"为其表现形式,体现了其调整的灵活性。如果从这一角度来考虑,那么,目前我国可以说只有产业结构政策而几乎没有产业结构政策法。

按照产业结构政策法的目标和功能进行划分,产业结构政策法大致上包括了产业扶持政策法、产业调整政策法及产业技术政策法三个方面。

---

① 参见顾功耘:《产业政策法律制度完善的五点思考》,载《第一财经日报》2010 年 7 月 19 日,第 C03 版。

② 参见李寿生:《关于 21 世纪前 10 年产业政策若干问题的思考》,载《国民经济管理》2000 年第 4 期。

③ 参见[日]金泽良雄:《经济法概论》,满达人译,中国法制出版社 2005 年版,第 283 页。

一、产业扶持政策法

产业扶持政策法，是产业结构政策法的核心内容，它主要规定需要扶持的产业的种类及扶持的手段等方面的内容。

一般而言，国家需要扶持的产业主要是支柱产业、先导产业、"瓶颈"产业及幼稚产业。所谓支柱产业，是指在国民经济中占据重要比重，产业关联效果和社会效果最大的产业。支柱产业的选择依据主要是结构比重和产业关联效果系数。按照经济学的观点，为了充分发挥支柱产业在国民经济中的拉动力量，一般支柱产业都应占到国内生产总值的5%左右。如果一个支柱产业占GDP比重太小，则很难发挥支柱产业应有的拉动作用。按照《90年代国家产业政策纲领》的规定，我国的支柱产业是机械电子、石油化工、汽车制造和建筑业。所谓先导产业，是指为实现一定的长期战略目标需要超前发展的产业。先导产业代表产业发展的未来趋势，是产业结构演变的突破口和切入点。从产业结构演变的历史来看，大多数支柱产业是由过去的先导产业演进而来的。先导产业依战略目标的不同，一般可分为出口先导和技术先导。日本在20世纪60年代中、后期努力追求出口增长和20世纪70年代后期以来努力追求向技术密集型结构率先转换过程中，曾先后选择汽车、家电、电子计算机等产业作为先导产业加以扶持，21世纪以来，发达国家纷纷选择通信、光电子、新能源作为先导产业。所谓"瓶颈"产业，是指在产业结构中由于其供给能力不足会对其他产业的发展形成严重制约的那些产业。历史经验表明，"瓶颈"产业常常与基础产业相重合。翻开任何一个国家的经济发展史，都有政府对这些易形成"瓶颈"的基础产业进行政策支持的记录，只是支持的方式和强度不同而已。对农业的保护和补贴是全世界通行的产业政策，对基础设施的政府支持与对农业的支持几乎相同，甚至支持强度更大。能源政策是任何一个国家都不可回避的政策之一，尤其是对不可能依靠直接进口的交通运输、邮电通信及其他基础设施，各国都采取相应政策进行扶植，包括国家财政直接投资这样的强支持政策。[①] 所谓幼稚产业，是指工业后发国家相对工业先行国家成熟产业来说新建立起来的，但仍处于幼小稚嫩阶段的产业。要使这些幼稚产业发展为国内的支柱、先导产业，并在国际上具有竞争力，就必须实行保护和扶植的政策。综观世界经济史，各国在历史上都曾对自己的幼稚产业实行过这类政策。保护幼稚产业，也符合WTO的有关规定。

关于支柱产业、先导产业、"瓶颈"产业及幼稚产业的扶持手段，主要有间接诱导手段、直接管制手段及行政、信息指导手段三种。

产业扶持政策法的针对性很强，且往往表现为一个个单项立法，是产业结构政策法中数量最为庞大的一类。例如，日本就曾制定过《机械工业临时措施法》《电子工业振兴临时措施法》《石油工业法》《农业现代化资金促进法》《沿海渔业等振兴法》《果农振兴特别措施法》等产业扶持政策法；韩国曾制定过《钢铁工业发展法》《机械工业发展

---

① 参见汪同三、齐建国：《产业政策与经济增长》，社会科学文献出版社1996年版，第39~40页。

法》《电子工业发展法》《造船工业发展法》等产业扶持政策法,它们均对所在国产业的振兴作出了重大的贡献。

二、产业调整政策法

产业调整政策法专指对衰退产业(德国法和日本法中也称不景气产业)进行调整的法律。衰退产业的缩小不像成长产业的发展那样引人注目,而且人们一般直觉地认为经济活动过程中的主要困难在于发展和成长,而不是衰退和缩减,因此,产业调整政策常为人们所忽视。事实上,在产业结构的转换过程中,衰退产业不能顺利缩减和退出比成长产业不能顺利发展和成长更严重。因此,与成长产业相比,衰退产业更需要政府的干预,需要用一套国家援助政策来推动产业的调整过程,以避免可能引起的社会和政治问题。[①] 20 世纪 90 年代我国纺织行业转型以及其他落后产业的淘汰,都是在政府的积极干预之下才顺利完成的。

三、产业技术政策法

产业技术政策,是指政府所制定的用以引导和干预产业技术进步的政策。产业技术政策法是产业技术政策在法律上的表现。由于产业技术进步可以推动产业结构的优化和升华,而且技术结构是供给结构的一个因素,是产业结构的一个侧面,因此,我们把产业技术政策法纳入产业结构政策法的范畴加以讨论。

我国在《90 年代国家产业政策纲要》中首次正式使用"产业技术政策"一词,提出了产业技术政策的重点和国家促进产业技术政策的措施。在此之前,党中央在 1956 年发出"向科学进军"的口号,制订了第一个全国科学技术规划。[②]

当今世界,科学技术日新月异,以信息技术、生物技术为代表的高新科技及其产业迅猛发展,深刻影响着各国的政治、经济、军事、文化等各个方面。在以经济实力、国防实力和民族凝聚力为主要内容的日趋激烈的综合国力竞争中,能否在高新技术及其产业领域占据一席之地已成为国家之间竞争的焦点。中华人民共和国成立以来特别是改革开放以来,我国科技事业取得了举世瞩目的巨大成就,科技体制改革取得了明显进展。现阶段我们既面临着严峻的挑战,又拥有难得的机遇。科技与经济脱节的问题还没有从根本上得到解决,科技向现实生产力转换能力薄弱、高新技术产业化程度低,依然是制约我国经济发展的一大障碍。我国科技竞争力还有明显的差距。因此,我们必须通过深化改革,从根本上形成有利于科技成果转化的体制和机制,加强技术,发展高科技,实现产业化。

产业技术政策法的主要内容包括技术创新制度、技术成果转化制度、技术引进制度、高新技术鼓励制度及技术设备的更新、改造制度。

---

① 参见张延军、张学军:《日本的产业调整援助政策及其对我国的启示》,载《外国经济与管理》1996 年第 3 期。

② 参见史际春:《经济法》,中国人民大学出版社 2010 年版,第 212 页。

技术创新,是指企业应用创新的知识和新技术、新工艺,采用新的生产方式和经营管理模式,提高产品质量,开发生产新的产品,提供新的服务,占据市场并实现市场价值。企业是技术创新的主体,技术创新是发展高科技,实现产业化的重要前提。国家应通过经济援助和非经济援助两种方式鼓励技术创新。经济援助政策包括财政补助、税收优惠、金融扶持等政策措施;非经济援助政策包括对研究和开发活动的组织协调、人才培养、国际合作以及有关技术发展战略的制定和实施等。我国鼓励技术创新的政策与法规主要有:原国家经贸委印发的《关于加速实施技术创新工程形成以企业为中心的技术创新体系的意见》,《中共中央、国务院关于加强技术创新,发展高科技,实现产业化的决定》,《科学技术部、财政部关于科技型中小企业技术创新基金的暂行规定》及《国家技术创新项目招标投标管理办法》等。今后,国家还应该制定促进技术创新条例。

技术成果转化,指的是为提高生产力水平而对科学研究与技术开发所产生的具有实用价值的科技成果所进行的后续试验、开发、应用、推广直至形成新产品、新工艺、新材料、发展新产业等活动。长期以来,我国的科技成果转化率偏低,这直接制约了我国的科技产业化进程。国家为了鼓励科技成果转化,曾颁布了《关于依靠科技进步振兴农业加强农业科技成果推广工作的决定》《农业技术推广法》《科技成果转化法》《关于促进科技成果转化若干规定的通知》等法律、法规,但效果并不显著,还应加大法律法规的贯彻落实力度。

技术引进对发展中国家的经济发展和技术进步具有特殊意义。有效的技术引进是一切后发国赶超先行国的出发点和捷径。一般认为,第二次世界大战后的东亚(包括日本在内)的经济起飞和经济奇迹是技术引进获得成功的范例。其实,19 世纪末德国超越英国、领跑欧洲都是技术引进获得成功的直接结果,[①]因此,技术引进制度在产业技术政策法中具有重要地位。我国对技术引进向来持积极态度,而且颁布了《技术引进合同管理条例》及其实施细则等法律、法规进行规范。

高新技术鼓励政策是建立在研究与开发政策基础上的一种产业技术政策,其主要政策目标是实现本国高新产业技术研究与开发成果的产业化、商品化和国际化。当前,所有的发达国家都把经济发展的重点放在高新技术产业上,把发展高新技术、实现产业结构升级作为发展战略核心。例如,美国重点发展的高新技术产业项目有机器人、计算机芯片、信息高速公路、现代生物技术、磁悬浮列车、数字成像、新材料技术、新能源技术等。其主要政策措施包括:由总统科技顾问兼白宫科技政策办公室主任制订高新技术发展计划,增加对高新技术的经费投入、财政补助,政府采购,提供税收优惠,重点做好军转民工作,设立高新技术开发区等。我国也十分重视利用政策和法律推动高新技术产业的发展,国家制定了《关于深化高新技术产业开发区改革,推进高新技术产业发展

① 参见杨治:《产业政策与结构优化》,北京新华出版社 1999 年版,第 198 页。

的决定》《关于以高新技术成果出资入股若干问题的规定》《国家高新技术产业开发区若干政策的暂行规定》等法规。

第五节　产业组织政策法

产业组织政策法以产业组织理论为指导,是产业组织政策的法律化。它的一个核心问题是解决产业组织过程中所包含的“马歇尔冲突”,即处理好规模经济与竞争活力之间的矛盾。它既要享受规模经济的效益,又要维护市场有效竞争,并通过协调市场经济规模和市场竞争效率,建立起正常的市场秩序,取得现实的利益。

从制度构成角度来看,产业组织政策法包括反垄断政策法、中小企业政策法、企业兼并联合政策法和直接管制政策法四个部分。其中,反垄断政策法和中小企业政策法的主要目的,在于抑制垄断以增强竞争活力,企业兼并联合政策法和直接管制政策法的主要目的,在于抑制过度竞争以实现规模经济。

一、反垄断政策法

在产业组织政策中,防止垄断、促进有效竞争主要是通过制定和实施反垄断法来实现的。反垄断法是最早也是最重要的产业组织政策法。由于反垄断法具有很强的政策性并且与反垄断政策有着密切联系,因此,反垄断法也称为反垄断政策法。综观工业发达国家的反垄断政策,可以发现,绝大多数是通过反垄断法的形式表现出来的。与其他经济政策相比,反垄断政策的一个重要特点是以有关具体的法律为基础的,或者说这些法律本身就属于反垄断政策的内容。与此同时,在许多方面,反垄断政策法的主要内容包括卡特尔规制、企业合并控制及垄断力滥用规制这三个方面。就反垄断政策法的规范形式而言,它主要是一些禁止性或限制性规范,但也包含了大量的许可性规范。这些许可性规范大多以适用除外的形式存在。例如,在《德国反限制竞争法》中,豁免了合理卡特尔、专业化卡特尔、出口卡特尔、进口卡特尔、采购协作卡特尔、中小企业合作卡特尔、结构危机卡特尔和部长批准卡特尔这 8 种形式的卡特尔协议;美国的反托拉斯法对农业、银行、保险、运输以及公用事业实行反垄断豁免;日本的《禁止私人垄断法》对铁路、电力和天然气等自然垄断行业也规定了适用除外;我国 2008 年实施的《反垄断法》也规定“农业生产者及农村经济组织在农产品生产、加工、销售、运输、储存等经营活动中实施的联合或者协同行为”不适用反垄断法的规定。这些适用除外的主要情形是为维护社会公益,适应产业法的要求而在特定行业、特定时期、对特定主体允许一定范围和一定程度的垄断的存在。[①]

① 参见孙晋:《反垄断法适用除外制度研究与政策性垄断的合理界定》,载《法学评论》2003 年第 3 期。

二、中小企业政策法

所谓中小企业，是就其规模而言不如大型企业，主要标准是看企业职工人数、固定资产或年产值等。我国2002年《中小企业促进法》第2条规定，本法所称中小企业，是指在中华人民共和国境内依法设立的有利于满足社会需求，增加就业，符合国家产业政策，生产经营规模属于中小型的各种所有制和各种形式的企业。中小企业的划分标准由国务院负责企业工作的部门根据企业职工人数、销售额、资产总额等指标，结合行业特点确定。

由于中小企业在各国企业总数中都占绝大比重(一般占95%以上)，对促进经济社会的发展具有举足轻重的作用，因而各国政府都十分重视制定中小企业政策。就产业结构看，中小企业对有效竞争的影响表现在两个方面：一是大量中小企业的存在有利于保持较低的市场集中度，使市场充满活力，因而具有抑制垄断的作用；二是中小企业若与大企业形成专业分工协作关系，则有利于促进生产集中，抑制过度竞争，实现各层次企业的规模经济。这就决定了制定中小企业政策的基本目标具有两重性，即以保持市场竞争活力为基本导向和以实现规模经济为基本导向。

关于中小企业的立法有两类性质的法律：一是关于中小企业的组织与活动法(简称组织法)；二是主要规定国家对中小企业扶持政策的法律(简称政策法)。[①] 由于中小企业的组织与活动一般已有专门的企业法加以规定，因此，一般意义上的中小企业法指的是中小企业政策法。中小企业与大企业相比，在劳动力、资金、信息、技术等市场竞争条件下处于不利地位，而且还常常受到大企业的打击和排挤。当市场外部环境发生变化时，对中小企业的损害也尤为明显。因此，中小企业的发展离不开政府的扶持。各国都制定了比较完备的中小企业法，规范中小企业的组织和活动，特别是保障政府各种扶持政策和措施的落实。从表面上来看，中小企业法似乎属于市场主体意义上的企业法范畴，但是，从实质和内容上来看，他们则属于宏观调控法意义上的产业政策法范畴，是现代经济法的典型和重要的组成部分之一。[②] 我国于2002年6月29日颁布并于2003年1月1日实施，并于2017年9月1日修订的《中小企业促进法》，是我国最重要的一部中小企业扶持政策法，对推动我国中小企业的发展发挥了重要作用。该法规定从资金支持、创业支持、技术创新、市场开拓、社会服务等方面促进中小企业的发展。

三、企业兼并与联合法

企业的兼并、联合是防止过度竞争、实现规模经济的最有效途径之一。企业兼并可以是实力相当的企业之间的新设合并，即建立起一个新的企业或公司；也可以是吸收式

---

① 参见漆多俊：《个体、私营企业与中小企业的发展和立法问题》，载漆多俊主编：《经济法论丛》(第3卷)，中国方正出版社2000年版，第65页。

② 参见史际春、王先林：《论我国建立中小企业法的若干基本问题》，载漆多俊主编：《经济法论丛》(第3卷)，中国方正出版社2000年版，第39页。

兼并或吞并,通常是大企业吞并一个或多个小企业。其结果是减少了产业内企业的数量,扩大了现存企业的规模。因而,它是政府用来抑制企业间过度竞争,形成大规模企业,提高市场集中度以实现规模经济的重要手段。企业兼并最早出现在欧美等先进的工业化国家,迄今在全世界范围内掀起了六次兼并浪潮。一般而言,那些规模经济不明显的国家对于企业兼并是持鼓励态度的,并通过一系列的法律和政策手段加以扶持。至于规模经济已经较为明显的国家,则通过反垄断法限制有损市场结构的垄断性兼并行为,但对任何有利于市场结构完善的竞争型兼并行为则予以鼓励。我国自改革开放以来较为重视企业联合与集中政策,早在 1980 年,国务院就颁布了《关于推动经济联合的暂行规定》,1986 年公国务院有关部门又颁布了《关于进一步推动横向经济联合若干问题的规定》,紧接着 1987 年国家经贸委发布《关于组建和发展企业集团的几点意见》;进入 21 世纪以来,国内企业联合、行政性垄断与外资进入国内市场三重因素导致的市场垄断情况日益严重,国家于 2007 年颁布并于 2008 年实施了《反垄断法》,对有损市场竞争的垄断性兼并行为予以限制,但对有利于强化市场竞争和完善市场结构的企业兼并行为仍然予以鼓励。从此我国的企业兼并与联合政策开始发生了变化。

根据联合的紧密程度,企业联合可分为建立企业间的专业化分工协作关系和组织企业集团两种类型。前者主要是以业务为纽带,一般不涉及资产关系的企业联合;而后者是以资产和业务两重纽带所形成的企业联合。无论哪一种企业联合,都有利于把企业竞争从无序引向有序,把分散引向集中,把过度竞争变为适度竞争,从而实现规模经济。①

由于反垄断政策法也规制企业的兼并和联合行为,因此,企业兼并联合政策法与反垄断政策法有着密切的联系。两者之间的主要区别在于企业兼并联合政策法往往鼓励企业的兼并和联合,而反垄断法则认为,企业的兼并和联合虽然可增进企业的规模经济和竞争能力,但也可能产生一些垄断弊端,因此要对企业的兼并和联合行为实施严格的控制。

四、直接管制政策法

直接管制政策法针对的对象是自然垄断行业。自然垄断,是指由于存在资源稀缺和规模经济效益、范围经济效益等技术理由或特别的经济理由而成立的垄断或寡头垄断。在反垄断法中,自然垄断通常属于适用除外范畴。

自然垄断产业具有下列三方面的特征:第一,规模经济非常明显,平均成本和边际成本总是随着产量增加而下降,规模越大,生产成本就越低,因此,一般要求由一家企业垄断性经营;第二,有大量的"沉淀资本",资金一旦投入就很难收回,也难以为其他用途,如果各行业之间进行竞争,其结果很可能是两败俱伤;第三,这些行业中的多数是公众所需要的基本服务,需要保证所提供服务的稳定性、质量的可靠性和可信赖性等。一

---

① 参见王俊豪等:《现代产业组织理论与政策》,中国经济出版社 2000 年版,第 260 页。

个国家供水、电力、煤气、热力供应、电信、邮政、铁路、航空等产业都是典型的自然垄断产业。[①] 由此可见,自然垄断产业大多属于公用事业。

国家为了保障自然垄断产业具有垄断地位及为了防止自然垄断产业因垄断所带来的弊害,往往要对其进行管制。一方面,政府采取限制新企业进入的政策,以保障自然垄断行业的独家垄断地位,使生产成本最低和保障服务;另一方面,政府对企业的定价进行管制,以防止垄断企业利用其垄断地位谋取高额利润,损害公众利益。[②]

从2008~2010年国际金融危机看产业政策与竞争政策的辩证关系

作为调控经济的两种不同手段,竞争政策与产业政策在一定程度上是此消彼长的。各国对两者的态度经常随着宏观经济形势的变化而呈现周期性的变化。在经济稳定时期,坚持自由竞争市场经济理念的国家通常都把竞争政策放在更为优先的位置,以更好地发挥市场优化资源配置的作用。而在经济危机中,随着政府加强管制倾向的增强,产业政策往往被放在更突出的地位,这也是1929~1933年大萧条时,罗斯福新政中所采取的做法。但随着人们对两者政策效果认识的加深,竞争政策在经济危机应对中的作用越来越受到重视。正如此次金融危机应对中,欧盟所采取的竞争政策优先的做法,任何政府的救市产业政策的出台都需要先行经过竞争评估。

与欧盟坚持竞争政策优先的做法不同,在此次金融危机应对中,我国产业政策大幅扩张,竞争政策却受到了忽略。这种政策选择和我国转型期的制度背景是分不开的。与从自由资本主义发展而来有着悠久的自由竞争传统的欧洲不同,我国仍然处于计划经济向市场经济的转轨中,市场经济的理念还不够深入,社会对政府的依赖心理还很强,国家全能主义和政府父爱的观念始终存在。面对来势凶猛的金融危机所带来的出口锐减、失业率上升等问题,人们在混乱中习惯性地求助于政府,寄希望于政府的强大力量。而政府在这种形势下也同样有强烈的加强管制的欲望,试图更直接地以自身的权力运用“有形之手”进行资源配置,修复出现问题的经济链条。[③] 在这方面,我国政府有着天然的优势,在危机应对中迅速而果断地采取各种产业政策措施,几乎没有遇到阻力,这种强大的行动力甚至为西方国家所艳羡和称赞,使所谓的“中国模式”成为西方国家讨论的热门话题。相比之下,维护竞争机制的竞争政策却被抛之脑后,因为人们认为危机时期严厉的竞争政策执法会扼杀原本就不够充分的经济活力,加重企业的负担,不仅对推动经济复苏没有帮助,还会造成阻碍。然而实际上,市场的竞争性是经济发展的基石,竞争性市场从来都没有替代品。市场竞争性的减弱不仅在短期内会导致物价

① 参见门建辉:《自然垄断行业放松管制:经验与借鉴》,载《中国经济问题》1999年第2期。

② 同上。

③ 参见[美]凯斯·R.桑斯坦:《权利革命之后:重塑规制国》,钟瑞华译,中国人民大学出版社2009年版,第4~7页。

攀升、产量减少,而且还会阻碍创新,进而损害经济的长期增长。① 而政府毕竟不是万能的,"只要一个国家的政府对经济进行干预和调节,就有可能存在政府失灵"。② 在运用政府力量干预经济,实施产业政策时必须保持谨慎,在关注产业政策的短期作用的同时,还必须考虑它对整个经济体制的长期影响,才能真正实现应对危机促进经济发展的目的。而牺牲竞争政策的做法,不仅削弱了竞争法的权威,不当地扭曲了市场竞争秩序,还对原本就脆弱的自由公平竞争理念造成了巨大冲击。

即使在应对金融危机时期,竞争机制的基础性作用也是政府的直接干预所不能替代的,以维护竞争机制为己任的竞争政策是政府应对危机的重要一环。竞争政策是约束产业政策的有效制衡机制,对避免产业政策破坏市场经济的根基具有重要作用。因此,在经济危机时期,坚持竞争政策优先并不是经济复苏的"绊脚石",相反,缺乏竞争政策约束而又扭曲竞争的短视的产业政策很可能会延长危机、造成复苏迟缓和乏力。当然,在金融危机背景下,时间上的紧迫性导致有着复杂程序的追求公平的竞争政策执法与强调效率的产业政策的实施存在一定的冲突,这使在金融危机时期难以实现和经济繁荣时期相同的竞争执法尺寸和力度,这一点在反垄断法领域尤为突出。正如有学者指出:"经济危机时期,在着眼于短期内摆脱困境的产业政策与着眼于长期目标的竞争政策之间冲突愈加激烈的情形下,当产业政策所维护的利益比反垄断法所维护的竞争秩序更重要或更急迫,而执行政策又不至于彻底破坏市场经济的竞争机制时,出于整体经济和社会公共利益的需要,反垄断法确实需要作出一定的让步和妥协。这就要求反垄断法表现出一定的灵活性和宽松性。"③当然,这种让步和妥协应该是在反垄断法自身提供的制度机制内通过经济形势的综合考量而进行,而不能完全依靠执法机构的自由裁量,更不是整部法律实施的全面停滞。这种灵活性的制度机制主要有以下两类:一种是不景气卡特尔豁免,如在1999年以前的日本《禁止垄断法》和2005年第7次修订前的德国《反对限制竞争法》中,都明确规定了不景气卡特尔可以豁免,并同时规定了豁免的条件、程序、方式和监督机制。另一种是经营者集中控制豁免。我国《反垄断法》第27条规定的审查经营者集中的考虑因素中包括经营者集中对市场进入、技术进步的影响以及经营者集中对国民经济发展的影响。第28条中规定,经营者能够证明该集中符合社会公共利益的,国务院反垄断执法机构可以作出对经营者集中不予禁止的决定。这两种制度能够在很大程度上调和产业政策和竞争政策的冲突。

然而,在逐步走出金融危机阴影的后危机时代,这种冲突虽然在一些领域仍然存

---

① 参见喻玲:《金融危机下仍需严格竞争执法——以美国两次"反危机"中的竞争执法为视角》,载《2009年中国经济法年会论文集》,2009年11月29日。

② 徐士英:《政府干预与市场运行之间的防火墙——〈反垄断法〉对滥用行政权力限制竞争的规制》,载《法治研究》2008年第5期。

③ 刘桂清:《助推器抑或绊脚石——经济危机时期的反垄断法实施》,载漆多俊主编:《经济法论丛》(总第18卷),武汉大学出版社2010年版。

在,两者之间的可协调性却已大大增强。同时,面对金融危机应对中放松竞争政策所造成的竞争秩序的扭曲问题,对后危机时代的我国而言,放松政府管制,减少政府干预,重拾竞争政策执法,矫正被扭曲的市场竞争秩序,恢复竞争法的权威成为使经济真正走上复苏之路和维护经济长期健康稳定发展的必要举措。此外,也有学者指出,在此次金融危机应对中,我国竞争政策并未发挥其应有功能的原因是,“尽管在法律层面,我国已经拥有了《反不正当竞争法》和《反垄断法》,但我国实际上尚未形成完整的或有体系的竞争政策”。[①] 因此,进一步完善我国竞争法律制度,建立合理的竞争执法体系也是充分发挥竞争政策的市场秩序保障作用,协调竞争政策与产业政策关系的重要前提。

可以借鉴欧盟的经验,在后危机时代,我国应着力恢复被扭曲的市场竞争秩序,在处理竞争政策和产业政策的关系时确立竞争政策的优先地位,以真正确立市场机制在资源配置中的基础作用,从而真正实现经济又好又快复苏和实现经济长期稳定健康发展。

复习思考题

➢ 1. 如何理解“绝对的计划经济不需要经济法,绝对的市场经济容不得经济法”?

➢ 2. 我国计划法的立法宗旨及计划的内容都具有政策性,那么计划的政策性与产业政策是否存在矛盾?如何协调?

➢ 3. 举例说明2008~2010年国际金融危机背景下,我国产业政策的变化、这些变化是怎样发挥宏观调控作用的、产业政策与竞争政策的关系如何协调?

---

① 应品广:《金融危机下竞争政策变化的比较考察和机理剖析》,载漆多俊主编:《经济法论丛》(总第18卷),武汉大学出版社2010年版。

第二十章　财　政　法

【重点内容提示】

由于国家财政处于国民收入分配的核心地位，财政调控机制在宏观调控体系中居于举足轻重的地位。而财政法是贯彻国家财政政策、调节国民收入分配的主要法律手段，主要由财政管理体制法、财政预算法、财政收入法（包括税收法、国债法、彩票法等）、财政支出法（包括政府采购法、财政转移支付法）等组成。

财政的本质在于它是公共风险的最终承担者，承担制度成本和最终风险。财政改革的重要性已经超越了财政制度本身，而具有重要的政治、经济和社会意义。在某种意义上，财政压力是中国社会经济制度变迁的基本动力，而财政实际就是观察分析中国经济、社会、政治的一个窗口。紧密关注我国财政法律制度的变迁，特别是《预算法》的完善，有助于准确把握财政法的基本原则。

第一节　财政与财政法概述

一、财政的概念、类型和职能

所谓财政，是指国家为满足实现自身职能的需要而凭借政治权力直接参与的社会产品或国民收入的分配。作为一种国家行为，它表现为国家旨在满足实现其职能的需要而取得、使用和管理资财的活动。

财政是一个历史范畴，是人类社会发展到一定历史阶段的产物，它随着国家的产生、发展而产生、发展，始终依赖国家而存在。财政又是一个经济范畴，是与私人经济并存的公共经济，是国家为满足公共需要而进行的经济分配。当财政活动发展到一定程度，由于其收支数额不断扩大，门类愈加复杂，原始的、具有很大不确定性的财政管理制度已不能适应财政活动发展的需要，用法律对财政行为加以规范，并对政府的财政权力有所约束，也就成了历史发展的必然。因此，财政还是一个法律范畴，以法律为依据和保障，既是一种法律行为，也是一种法律制度。在当代中国，财政改革的重要性已经超越财政制度本身，而具有重要的政治、经济和社会意义。在某种意义上，财政压力是中国社会经济制度变迁的基本动力，而财政实际就是观察分析中国经济、社会、政治的一扇窗口。

理解财政的含义，应当明确下述要点：(1)主体。财政是以国家为主体的分配，分配的对象、范围和规则都由国家确定,分配的过程由国家行为作主导,分配的效力以国家强制力为后盾。(2)客体。财政是国家对社会产品或国民收入的分配,其中主要是对剩余产品的分配。(3)目的。财政是国家为了满足实现其职能的需要而进行的分配。换言之,国家通过对社会产品或国民收入的分配,为实现其政治、经济、社会职能提供必要的条件和手段。(4)内容。财政是财政收入、支出和管理的结合,是财产关系和行政关系的统一。(5)形式。在自然经济条件下,财政主要表现为实物形式和力役形式的分配;在市场经济和计划经济条件下,财政主要表现为货币形式的分配。财政的上述各要点,也即财政的基本要素之中,主体和目的两要素直接表明财政的本质,即财政的本质在于,它是以国家为主体并且以满足实现国家职能的需要为目的的分配。

财政的上述基本要素表明,财政具有下述特征:(1)强制性,即财政是国家凭借政治权力对社会产品或国民收入实行的强行分配,财政收入和支出都由国家单方决定并强制实施,无须财政机关与其相对人达成协议。(2)非营利性,即财政虽然具有经济内容,但不具有营利目的,国家进行财政收支和管理活动,并不是为了营利,而是为了满足公共需要,向社会提供公共产品,给公众增加社会福利,保障经济与社会的正常运行和协调发展。(3)永续性,即财政是国家的一种永续性活动,在国家存续期间,财政必然连续运行而不可间断。(4)量出为入性,即财政既然以满足实现国家职能的需要为目的,在财政收支关系上,就应当以支出决定收入,也就是根据一定时期内实现国家职能所需要的财政支出量来确定一定时期的财政收入量,从而做到财政收支平衡。

财政作为国家的宏观调控手段,具有下述三项基本职能:(1)收入分配,即国家通过财政收支活动在全社会范围内分配社会产品或国民收入,调节各利益主体之间的物质利益关系,形成和调整特定的社会分配格局,以实现社会分配的相对公平。这是财政的基本职能,或者说,是财政的其他职能的基础。财政的收入分配职能是经由财政收入和支出两阶段实现的。在财政收入阶段,国家向企业和居民按一定比例收取社会产品或国民收入,由国家集中占有一定量的社会产品或国民收入,从而改变各种利益主体之间原有收入比例关系,此即第一次分配。在财政支出阶段,国家将其集中占有的社会产品或国民收入分配给社会再生产过程的不同环节和社会、经济领域的不同部门和单位,从而形成各种利益主体之间新的收入比例关系,此即再次分配。(2)资源配置,又称经济调节或经济杠杆职能,即国家通过分配社会产品或国民收入,引导资源流向,形成和调整特定的资产结构和产业结构,以实现资源的有效配置。主要表现为:国家运用税收、预算支出、国债、转移支付、政府采购等财政手段,将全社会资源在公共经济和私人经济之间,以及公共经济内部各部门之间进行分配。在资源配置系统中,财政的资源配置职能直接或间接地影响着市场和金融杠杆、国家投资等宏观调控手段的资源配置职能。因而,财政是触及国家与各种利益主体之间物质利益关系,作用于经济和社会各个领域的一种资源配置方式。(3)保障稳定,即国家运用财政手段为实现经济和社会稳定创造条件。可以说,财政的保障稳定职能是财政实现其收入分配职能和资源配置职能的结果。在经济方面,运用财政手段有效地分配收入、配置资源,有助于保障经济领域的公平和效率,从而有助于物价稳定、充分就业、国际收支平衡等经济稳定目标的实现,进而有助于促进经济增长。在社会方面,运用财政手段有效地分配收入、配置资源,有助于保障社会公平和基本人权,有助于缓解社会矛盾,从而有助于保障社会稳定。

二、财政法的概念和特征

财政法,是调整财政活动中所发生的社会关系的法律规范的总称。其调整对象,是财政活动中所发生的社会关系,统称财政关系。其中主要包括:(1)财政收入关系,即国家筹集和取得财政资金的社会关系,具体表现为税务机关向纳税人征收税金的关系,国家通过信用方式取得有偿性收入的关系,国家凭借国有资产所有权获得利润、租金、股息、红利、资金使用费等收入的关系,以及财政机关向特定国家机关或社会组织收取规费收入、罚没收入或其他收入的关系。通过财政收入关系,形成国库财产。(2)财政支出关系,即国家将财政资金分配给特定主体使用的社会关系,具体表现为财政机关向特定主体分配财政资金的关系,以及特定主体使用财政资金的关系。(3)财政管理关系,即国家管理财政收支的社会关系。具体表现为财政管理组织关系(又称财政管理体制关系)、财政收支计划关系(又称财政预算关系)、财政收入存缴关系、财政支出拨付关系、财政收支监督关系。财政收入关系、支出关系和管理关系相互联系,共同构成不可分割的财政关系总体,由财政法统一调整。

财政法在过去长时期内属于行政法范畴。过去国家的职能主要是政治性的,财政分配主要是为了满足国家实现其政治性职能对于经费的需要。但财政同社会经济的关系十分密切,它在组织财政收入和安排财政支出过程中,客观上对于社会资源的配置和社会经济的结构与运行产生重要影响。现代国家担负经济调节职能以后,必然要充分运用财政这种作用。为此,国家制定和不断调整财政政策,运用各种财政杠杆,以实现各个时期的国家经济调节目标。自此,财政法被纳入经济法范畴。当然,现代国家的财政法仍然具有行政法性质。这里发生经济法同行政法两个部门法的交叉。一般而言,关于财政机构的设立、组织、职权等规定,更多地属于行政法性质;而关于国家财政政策及财政杠杆的运用的法律规范,则主要属经济法性质。在经济法体系中,财政法具有同其他经济法部门相区别的许多特征:(1)财政法是公法。经济法在总体上是公法与私法兼容并且以公法为主的法律部门,在其体系中,各个市场规制法部门和金融法、国家投资经营法都以公法属性为主要属性,同时还兼有一定的私法属性。而财政法仅具有公法属性而不具有私法属性,因为在财政关系中,国家始终是居于主导地位的主体,完全排斥当事人的意思自治。(2)财政法是国家分配法。国家凭借政权力量分配社会产品或国民收入是财政法特有的法域,这既不同于企业收入分配,也不同于国家作为资产所有者参与利润分配。计划法、产业政策法、金融法、价格法虽然都属于宏观调控法部门,但各自规范的宏观调控行为都不是以国家分配的方式所进行的宏观调控,它们虽然与国家分配有联系,但并不规范国家分配;至于市场规制法部门则只规范市场行为和维护市场秩序，而不涉及国家分配。

以上是按大陆法系的学术传统所作的分析，而如果突破其框架或定势，则又是一种思路。不妨可以考虑像英美法系对待合同法那样，既将不同的合同和财政行为附随于对相关社会活动领域的社会关系进行调整的法律部门，又可以将某些不同社会活动领域中的共通现象——合同和财政行为本身，分别视为一种社会活动领域，从而将合同法和财政法作为法律部门。这样的领域法视野，于法治实践和法学研究有百利而无一害。对财政法既分门别类研究（如环境法中的环境保护财政制度、教育法中的教育财政制度），又将其作为一个法律部门，这是法的发展从"诸法合一"到逐渐分化，到今天的高度分化、高度整合的必然结果。

三、财政法的体系

财政法体系，是由一国全部财政法律规范按照一定标准分类组合而形成的具有一定结构并和谐统一的有机整体。它主要由下述几个财政法部门所构成：(1)财政管理体制法。它是设定财政管理体制的基本框架的法律部门，或者说，是确立中央和地方各级政府及其财政职能部门在财政分配系统中的法律地位的法律部门。它主要规定：中央和地方各级政府的财政分配权限划分；中央和地方各级财政职能部门的组织机构和权限；中央和地方各级财政职能部门与同级政府和相关行政部门的关系。(2)财政预算法。它是关于财政收支计划的法律部门。主要规定：中央预算和地方预算的关系；预算内容的构成和依据；预算制定和执行的权限划分和程序。(3)财政收入法。它是调整财政收入关系和财政收入管理关系的法律部门。财政收入的途径有很多，收税、发行公债、发行彩票、收费等。与此相应，财政收入法包括税收法、国债法、彩票法、费用征收法等。(4)财政支出法。它是调整财政支出关系和支出管理关系的法律部门。主要规定：财政支出的范围和结构；财政支出过程的主要环节和程序；财政支出效果的考评和责任。与此相应，财政支出法包括政府采购法和财政转移支付法。

关于财政法体系的结构，还需要说明下述三点：(1)上述财政法部门的划分只具有相对意义，也就是说，不同财政法部门之间，虽然各有特定主题而可彼此相对独立，但在调整范围和内容上都有一定交叉。(2)标准不同，体系设计也有所不同，财政法体系还可进行其他形式的设计。如依国家的"二元"经济结构，可将财政法体系设计为城市财政法和农村财政法。如依不同的财政类型，可将财政法设计为公共财政法和资本财政法。(3)在财政法体系中，税法由于其调整对象特别重要、法律规范多并且自成体系，而处于特别突出的地位，以致有必要将税法从财政法体系中独立出来。这样一来，狭义的财政法体系不包括税收法，广义的财政法体系可称为财政与税收法体系。

四、财政法的基本原则

（一）财政法治

财政法治，是指财政的收支活动要严格按照法律规定办事，是依法治国方略在财政领域中的具体体现。财政法治原则要求财政行为必须合法，必须得到法律的明确许可或立法机关的专门授权,财政基本制度只能由法律来规定;只有在法律允许的范围内,政府才享有财政方面的自由裁量权。财政法治原则的内容,可具体表现为财政职权法定、收支程序法定、收支主体法定、收支形式法定和财政责任法定。这五方面是相互关联的,也是宪法中的法治原则在财政领域中的具体体现,是对一切国家机关依法进行财政活动的基本要求。我国《立法法》(2000年3月15日通过,2015年3月15日修正)第8条规定:“下列事项只能制定法律……(六)税种的设立、税率的确定和税收征收管理等税收基本制度;(七)对非国有财产的征收、征用……(九)基本经济制度以及财政、海关、金融和外贸的基本制度……(十一)必须由全国人民代表大会及其常务委员会制定法律的其他事项。”

(二)财政透明度

财政透明度,既是行政公开在财政领域中的具体体现,也是WTO对财政活动的原则要求。依国际货币基金组织(International Monetary Fund, IMF)的《财政透明度良好做法守则——原则宣言》(1998年)的规定,财政透明度原则包括:(1)作用和责任的澄清,涉及确定政府的结构和职能、政府内部的责任以及政府与经济中其他部门的关系;(2)公众获得信息的难易程度,强调在明确规定的时间公布全面财政信息的重要性;(3)预算编制、执行和报告的公开,涉及提供关于预算程序信息的种类;(4)对真实性的独立保证,涉及数据的质量以及对财政信息进行独立检查的需要。

(三)财政民主

财政民主是经济民主在财政领域的体现。它与财政集中相对,其基本含义是指在充分尊重财政关系相关主体的经济自由的基础上,通过相关主体的平等参与、多数决定、保护少数的机制,充分满足公共需要。财政民主原则所要求的是人民通过一定的方式行使对重大财政事项的决定权。在现代社会,由于人民行使权力的机构大多是由人民代表所组成的议会,财政民主原则又被称为财政议会主义,其直接的要求是,一国的重大财政事项必须经过议会的同意才能付诸实施,否则即属于违法。依《预算法》及《各级人民代表大会常务委员会监督法》的要求,各级人大审查各级政府的预算及其执行情况,我国在法律形式上已具有财政民主原则的基础。

财政民主原则具体表现为:(1)财政目的的民主。就财富的占有量来看,现代国家财政收入占国民生产总值的比重一般维持在35%左右,北欧福利国家甚至超过60%。由于财政收入取之于民,财政支出又是用之于民,以满足公共需要,财政法应基于该目的构建和改革财政体制、确定收支总量和结构、实施财政管理等。(2)财政活动范围的民主。由满足公共需要的目的所决定,财政被现代国家作为宏观调控的重要手段而成为以国家分配为内容的经济杠杆,财政法应依该要求调整财政关系,以优化资源配置、调整经济结构、实现社会公平;还应赋予宏观经济社会目标对各种财政手段的约束,要求各种财政手段以实现宏观经济社会目标为中心进行组合,并且协调财政手段与其他宏观调控手段的关系。(3)财政运作机制的民主。前两者决定,财政法应保障财政运作通过政府预算制度,进行公共决策,以体现社会绝大多数人的偏好。

（四）财政平等

财政公平包含着对正义的价值追求,财政平等原则要求从制度上体现一种平等的对待。从财政收入上来说,富者多收,贫者少收,同样的条件下收取的数额应当相等。从财政支出上来说,要用财政资金保障社会中的每个成员最基本的生存发展的需要,为社会弱者提供力所能及的帮助救济。财政平等原则要求公共财政的阳光普照每一个公民。

（五）财政安全

财政安全原则,又称为财政健全主义,就是要求财政运行安全稳健。财政安全既是经济安全在财政领域的体现,也是经济安全的核心。它与财政危机相对,包含三重含义:(1)财政收支能够保持平衡。这是狭义上的财政安全。(2)尽管在相当长时期内不能实现财政收支平衡,但政府能够通过发行国债为财政赤字融资。这是中义上的财政安全。(3)当财政脱离平衡状态后,经济变量间的相互作用可以使财政恢复或趋于恢复平衡。这是广义上的财政安全。财政法应基于狭义上的财政安全,确立包括预算内收支和预算外收支的综合财政收支平衡体系,摒弃赤字财政的主张,从严控制财政赤字;实行严密的财政收支监督制度,强化各级政府及其财政职能部门的财政收支平衡责任。

第二节　财政管理体制法

一、财政管理体制的概念和依据

财政管理体制,又称财政体制,是界定一国的财政级次,划分各个财政级次的财政责任、财政权力和财政利益,确立不同财政级次之间的财政分配关系的一系列制度。换言之,是由一国的各个财政级次及其财政责任、财政权力和财政利益所构成的财政体系。狭义财政管理体制中的财政级次,仅限于分别以中央政府和地方各级政府为主体的中央财政和地方各级财政;广义财政管理体制中的财政级次,还包括国有企事业单位财务。

财政管理体制的框架、要素和内容,在各国都由立法具体规定。各国财政管理体制都直接受本国政府职能的影响,而各国职能又受制于本国特定经济体制和政治体制。一般说来,经济体制和政治体制决定着政府职能的内容和范围,以及政府职能在各级政府之间的划分;由此就决定了政府的财政责任、财政权力、财政利益的大小和划分,也即决定了财政分配额在整个社会产品量中所占比重的大小和在各级政府之间的划分。政府一般由多个级次组成,一级政府就有一级财政。通常的规则是,根据特定经济体制和政治体制的要求,划分中央和地方各级政府的职能;根据中央和地方各级政府的财政责任,确定各自的财政责任;根据中央和地方各级政府的财政责任,确定各自相应的财政权力和财政利益。这样一来,就可以形成使中央和地方各级政府各明其职(政府职能)、各负其责(财政责任)、各有其权(财政权力)、各得其利(财政利益)的财政管理体制。

二、财政管理体制的类型和内容

财政管理体制的核心问题,是处理好中央和地方政府在财政分配及其管理上的集权与分权的关系。综观各国的财政管理体制,可大致分为三种类型:(1)高度集中型。其特点是财政分配由中央政府“统收统支”,即财权高度集中于中央政府,全部财政收入都由中央政府支配,地方政府财权很小。(2)分级管理型。在明确各自职能的基础上,中央政府和地方政府各有其相应的财权,中央财政和地方财政相互独立,各有确定的收支范围。(3)折中型。以中央财政为主,绝大部分财政收支集中于中央政府,同时适当下放给地方政府一定的财权。我国的财政管理体制,曾属于高度集中型,而改革的目标模式则为折中型。

财政管理体制的具体内容,各国不尽相同。概言之,在各国的财政管理体制中,都包括下述两个方面的基本内容。

1. 各级政府职权范围的划分。各级政府作为国家职能的具体实施者,在各自地域范围内都有相应的管理权限。在中央和地方两个层次,既有分别专属于中央政府或地方政府的职能和管理权限,也有由中央政府和地方政府共同实施而以中央政府或地方政府实施为主的职能和管理权限。在地方各个层次之间,地方各级政府的职能和管理权限,也存在上述划分。

2. 各级政府财政收支的划分。即明确划定中央财政收支范围和地方财政收支范围,也即划分中央政府和地方政府的财政责任、财政权力和财政利益。根据中央和地方政府之间职权划分的需要,该集中的就集中,该分散的就分期;并且根据经济的可能性,框定集中与分散的量,进而确定中央政府、地方政府财政收支划分的形式。例如,可以采取分享税源、共享税源、中央对地方财政补助等形式。

三、我国现行财政管理体制的主要内容

(一)统一领导、分级管理原则

我国财政管理体制的建立和改革,一直坚持统一领导、分级管理的原则。“统一领导”,是指中央政府有权对全国整个财政体系实行统一管理,即有权制定统一的财政法律政策、财政计划和财政规章制度,有权决定财政级次的划分和各个财政级次的财政权限及相互关系。“分级管理”,是指一级政府实行一级财政,地方各级政府都具有与其政府职能相对应的财政收支和管理权限,有权统筹安排和调剂本级财政资金,有权支配和使用本地区机动财力,有权制定具体的财政措施。按照统一领导、分级管理的原则,地方政府分级管理是在中央政府统一领导下的分级管理,尽管中央财政将一部分财政收支划给地方政府去组织安排和使用,但地方各级财政都不是严格意义上的一级独立

财政,而是中央财政的附属物,唯有中央财政才是一级独立财政。这是因为,中央政府编制全国统一的预算,财政收支项目由中央政府统一确定,地方政府只是按照这些项目组织收入和安排支出,或者说只是替中央政府履行组织收入和安排支出的职责,地方政府绝大部分收入和支出的方向和规模仍由中央政府直接控制。

(二)分税制基本内容

分税制是在确定各级政府职能的基础上,按照税种划分和明确各级政府财政收支范围的制度,它构成财政管理体制的主干部分。根据 1993 年 12 月国务院《关于实行分税制财政管理体制的决定》,并结合 2018 年《深化党和国家机构改革方案》等相关规定,分税制改革的原则是按照中央政府与地方政府的事权划分,合理确定各级财政收支范围;根据事权与财权相结合原则,将税种统一划分为中央税、地方税和中央地方共享税,并建立中央税收体系和地方税收体系,中央税和中央地方共享税由中央税务机关负责征收,共享税中的地方分享部分由中央税务机关直接划入地方金库,地方税由地方税务机关负责征收。在国税地税机构 2018 年合并后,具体承担所辖区域内各项税收、非税收入征管等职责,实行以国家税务总局为主与省(自治区、直辖市)政府双重领导管理体制。为提高社会保险资金征管效率,将基本养老保险费、基本医疗保险费、失业保险费等各项社会保险费交由税务部门统一征收。其基本内容是以下几个方面。

1. 依据中央政府与地方政府的不同职能确定相应的财政支出

中央财政主要承担国家安全、外交和中央国家机关运转所需的经费,调整国家经济结构、协调地区发展、实行宏观调控所必要的支出,以及中央政府直接管理的事业发展支出。具体包括:国防费,武警经费,外交和援外支出,中央级行政管理费,中央统管的基建投资,中央直属企业的技术改造和新产品试制经费,地质勘探费,由中央财政安排的支农支出,由中央负担的国内外债务的还本付息支出,以及中央本级负担的公检法支出和文教卫科等各项事业费支出。

地方财政主要承担本地区政权机关运转所需支出以及本地区经济、事业发展所需支出。包括:地方行政管理费,公检法支出,部分武警经费,民兵事业费,地方统筹的基建投资,地方企业的技术改造和新产品试制经费,支农支出,城市维护和建设经费,地方文教卫科等各项事业费,价格补贴支出以及其他支出。

2. 依据中央政府与地方政府的不同职能及财政支出范围确定财政收入范围

为确保中央财政的宏观调控能力,将维护国家权益、实施宏观调控所必需的税种划为中央税;将同经济发展直接相关的主要税种划为中央地方共享税;将适合地方征管的税种划为地方税。

中央收入包括:关税以及海关代征的消费税和增值税,消费税,中央企业所得税,地方银行、外资银行和非银行企业所得税,铁道部门、各银行总行、各保险公司等集中交纳的营业税(自 2016 年 5 月 1 日起,中国全面推开“营改增”试点,营业税退出历史舞台)、所得税、利润和城市维护建设税。

地方收入包括:营业税除各银行总行、铁道部门、各保险总公司集中交纳的外,地方企业所得税除地方银行、外资银行和非银行企业所得税外,地方企业上缴利润,个人所得税,城镇土地使用税,固定资产方向调节税,城市维护建设税除各银行总行、铁道部门、各保险总公司集中交纳的以外,房产税,车船使用税(2007 年 1 月 1 日后被车船税所取代),印花税,屠宰税,农牧业税(2006 年 1 月 1 日农业税被取消),耕地占用税,契税,遗产和赠与税,土地增值税,国有土地有偿使用收入等。

中央与地方共享收入包括:增值税,中央分享 75%,地方分享 25%[根据《国务院关于印发全面推开营改增试点后调整中央与地方增值税收入划分过渡方案的通知》(国发〔2016〕26 号),增值税中央地方共享比例自 2016 年 5 月 1 日后调整至 50%∶50%];资源税,按不同资源品种划分,大部分资源税作为地方收入,海洋石油资源税作为中央收入;证券交易税,中央、地方各分享 50%(从 2016 年 1 月 1 日起,证券交易印花税中央地方共享比例被全部调整为中央收入)。

(三)民族自治地方的财政自治权

民族自治地方的财政自治权是依据《宪法》(1982 年 12 月 4 日通过并颁布,1988 年 4 月 12 日、1993 年 3 月 29 日、1999 年 3 月 15 日、2004 年 3 月 14 日、2018 年 3 月 11 日五次修正)和《民族区域自治法》(1984 年 5 月 31 日通过,2001 年 2 月 28 日修正)的规定赋予民族自治地方的专有自治权利。《宪法》第 117 条规定:“民族自治地方的自治机关有管理地方财政的自治权。凡是依照国家财政体制属于民族自治地方的财政收入,都应当由民族自治地方的自治机关自主地安排使用。”《民族区域自治法》以及国务院发布的《实施〈中华人民共和国民族区域自治法〉若干规定》据此作出了更进一步的细化规定,并扩大了民族自治地方财政自治权的范围。《预算法》(1994 年 3 月 22 日通过,2014 年 8 月 31 日、2018 年 12 月 29 日两次修正)第 99 条规定:“民族自治地方的预算管理,依照民族区域自治法的有关规定执行;民族区域自治法没有规定的,依照本法和国务院的有关规定执行。”

民族自治地方的财政自治权的基本内容包括:(1)财政自治的权限和程度由《宪法》、《民族区域自治法》及《预算法》规定。民族自治地方的财政自治必须是在国家财政体制下的地方财政自治。体现了“自治权”并不是绝对意义上的管辖权。(2)民族自治地方可以依法自主地安排使用属于民族自治地方的财政收入。(3)在财政预算方面有权享受国家的特殊照顾,《民族区域自治法》第 32 条第 4 款、第 5 款分别规定:“民族自治地方的财政预算支出,按照国家规定,设机动资金,预备费在预算中所占的比例高于一般地区”;“民族自治地方的自治机关在执行财政预算过程中,自行安排使用收入的超收和支出的节余资金”。(4)通过国家财政转移支付制度可以享受上级财政的援助与照顾。《民族区域自治法》第 32 条第 3 款规定:“民族自治地方在全国统一的财政体制下,通过国家实行的规范的财政转移支付制度,享受上级财政的照顾。”国务院发布的《实施〈中华人民共和国民族区域自治法〉若干规定》第 9 条第 1 款、第 4 款分别规定:“国家通过一般性财政转移支付、专项财政转移支付、民族优惠政策财政转移支付以及其他方式、充分考虑民族自治地方的公共服务支出成本差异,逐步加大对民族自治地方财政转移支付力度。上级人民政府有关部门各种专项资金的分配,应当向民族自治地方倾斜”;“国家规范省级以下财政转移支付制度,确保国家对民族自治地方的转移支付、税收返还等优惠政策落实到自治县”。(5)对属于地方财政收入的某些税收,民族自治地方可以实行减税或免税。由于上级税收政策造成自治地方财政减收时,可获得一定的照顾。(6)民族自治地方可以根据本地区少数民族的政治、经济和文化的特点,制定自治条例和单行条例,报国家权力机关或省级国家权力机关批准、备案;制定执行有关财税法规的变通或补充规定。

第三节　财政预算法

一、预算的概念、内容和体系

预算,又称国家预算,是指依法编制的,关于特定财政年度内财政收支及其平衡的具有法律效力的计划。理解此定义,应当明确下述要点:(1)预算以财政年度为计划期。财政年度又称会计年度或预算年度,通常为一年,有的国家采取公历年制,即从公历1月1日至12月31日;有的国家采取跨年制,具体确定预算年度的起止时间,如上一年度的4月1日至下一年度的3月31日。我国的预算采取公历年制。我国《会计法》(1985年1月21日通过,1993年12月29日第一次修正,1999年10月31日修订,2017年11月4日第二次修正)第11条规定,会计年度自公历1月1日起至12月31日止。(2)预算以财政收支一览表为基本内容。预算是依法定标准将财政收支项目分类列入特定表格,其中,财政收入反映着国家支配的财力规模和来源,财政支出反映着国家财力分配使用的方向和构成,财政收支对比反映着国家财力的平衡状况。(3)预算以立法文件为表现形式。预算是国家权力机关依法定程序制定的具有法律效力的文件,它经国家权力机关审批生效后,各级政府财政收支活动的范围、方向和结果都要受约束。

预算也是国家的一种财政管理活动。财政管理过程主要表现为国家有计划地筹集、安排、使用财政资金的过程,在此意义上也即国家依法制定和实施预算的过程。此过程分为预算准备、编制、审批、执行、调整、决算等阶段,每个阶段都应当严格遵循特定规则。为实现预算的规范化和法制化,国家制定了一系列的关于预算的法律法规,其中,《预算法》(1994年3月22日通过,2014年8月31日、2018年12月29日两次修正),是我国现行的预算基本法。

预算由预算收入和支出组成。政府的全部收入和支出都应当纳入预算。国家实行一级政府一级预算,设立中央,省、自治区、直辖市,设区的市、自治州,县、自治县、不设区的市、市辖区,乡、民族乡、镇五级预算。全国预算由中央预算和地方预算组成。地方预算由各省、自治区、直辖市总预算组成。地方各级总预算由本级预算和汇总的下一级总预算组成;下一级只有本级预算的,下一级总预算即指下一级的本级预算。没有下一级预算的,总预算即指本级预算。各级预算应当遵循统筹兼顾、勤俭节约、量力而行、讲求绩效和收支平衡的原则。各级政府应当建立跨年度预算平衡机制。

预算包括一般公共预算、政府性基金预算、国有资本经营预算、社会保险基金预算。一般公共预算、政府性基金预算、国有资本经营预算、社会保险基金预算应当保持完整、独立。政府性基金预算、国有资本经营预算、社会保险基金预算应当与一般公共预算相衔接。具体来说,一般公共预算是对以税收为主体的财政收入,安排用于保障和改善民生、推动经济社会发展、维护国家安全、维持国家机构正常运转等方面的收支预算。中央一般公共预算包括中央各部门(含直属单位,下同)的预算和中央对地方的税收返还、转移支付预算。中央一般公共预算收入包括中央本级收入和地方向中央的上解收入。中央一般公共预算支出包括中央本级支出、中央对地方的税收返还和转移支付。地方各级一般公共预算包括本级各部门(含直属单位,下同)的预算和税收返还、转移支付预算。地方各级一般公共预算收入包括地方本级收入、上级政府对本级政府的税收返还和转移支付、下级政府的上解收入。地方各级一般公共预算支出包括地方本级支出、对上级政府的上解支出、对下级政府的税收返还和转移支付。各部门预算由本部门及其所属各单位预算组成。政府性基金预算是对依照法律、行政法规的规定在一定期限内向特定对象征收、收取或者以其他方式筹集的资金,专项用于特定公共事业发展的收支预算。政府性基金预算应当根据基金项目收入情况和实际支出需要,按基金项目编制,做到以收定支。国有资本经营预算是对国有资本收益作出支出安排的收支预算。国有资本经营预算应当按照收支平衡的原则编制,不列赤字,并安排资金调入一般公共预算。社会保险基金预算是对社会保险缴款、一般公共预算安排和其他方式筹集的资金,专项用于社会保险的收支预算。社会保险基金预算应当按照统筹层次和社会保险项目分别编制,做到收支平衡。

二、国库集中支付制度

(一)国库集中支付的概念

国库是指国家金库,是一个存放具体实物、货币和黄金的库房。但现代意义上的国库,不仅仅是国家金库,已由传统的"财产"国库逐步发展为"财政"国库。国库往往担负着保管、管理财政资产和负债,反映预算执行情况的职能。国库的职能已由传统的"库藏"管理发展成全面的财政管理,即控制政府预算内、外资金,管理政府现金和债务。

国库集中支付,就是将政府所有的财政收入都集中到国库指定的账户,所有的财政支出都通过这一账户进行拨付,目的是进一步增强财政资金支出的透明度,提高财政资金使用效益。

《预算法》第59条规定："县级以上各级预算必须设立国库；具备条件的乡、民族乡、镇也应当设立国库。中央国库业务由中国人民银行经理，地方国库业务依照国务院的有关规定办理。各级国库应当按照国家有关规定，及时准确地办理预算收入的收纳、划分、留解、退付和预算支出的拨付。各级国库库款的支配权属于本级政府财政部门。除法律、行政法规另有规定外，未经本级政府财政部门同意，任何部门、单位和个人都无权冻结、动用国库库款或者以其他方式支配已入国库的库款。各级政府应当加强对本级国库的管理和监督，按照国务院的规定完善国库现金管理，合理调节国库资金余额。"依据《中国人民银行法》第4条、第24条的规定，中国人民银行为政府开立存款账户，直接办理政府的存款，并在此基础上依照法律、行政法规的规定经理国库，代理办理出纳业务和政府债券的发行和还本付息。

《预算法》第60条规定："已经缴入国库的资金，依照法律、行政法规的规定或者国务院的决定需要退付的，各级政府财政部门或者其授权的机构应当及时办理退付。按照规定应当由财政支出安排的事项，不得用退库处理。"

《预算法》第61条规定："国家实行国库集中收缴和集中支付制度，对政府全部收入和支出实行国库集中收付管理。"

(二)国库集中支付制度内容

财政部、中国人民银行2001年3月16日发布的《财政国库管理制度改革试点方案》(财库〔2001〕24号)，是我国国库集中支付制度的主要法律渊源。其主要内容包括以下几个方面。

1.财政部门在国库建立单一账户，并在商业银行建立零余额账户，各预算单位也在商业银行建立零余额账户。所谓零余额账户，就是这个账户没有资金存储的用途，而只作为财政资金周转的途径。每天结账清算以后，账户的余额均为零。

2.国库单一账户将资金划拨到财政零余额账户，财政零余额账户又负责财政的直接支付。各预算单位的零余额账户负责财政的授权支付。

3.划分收入类型，并将财政收入的收缴分为直接缴库和集中汇缴两种方式。

4.将财政支出类型分为购买性支出和转移性支出。支付方式按照不同的支付主体，对不同类型的支出，分别实行财政直接支付和财政授权支付。

三、预算的国际实践

(一)单式预算和复式预算

单式预算是在预算年度内，将全部财政收支计划汇集编入统一的总预算内，即财政收支计划通过统一的一个计划表格来反映。20世纪30年代以前，世界各国均采取单式预算制。单式预算符合自由资本主义时期"健全财政"的原则，与当时国家职能的简化、财政活动范围的狭小，以及人们对财政计划的透明、公开、简单的要求是合拍的，因而能从整体上反映年度内财政收支情况，便于了解财政全貌，完整性强，体现了国库统一和会计统一的原则要求，也便于立法机关的审议批准和社会公众了解。

复式预算是在预算年度内,将全部财政收支计划通过两个或两个以上的计划表格来反映,即将全部财政收支按收入来源和支出性质不同,分别编成两个或两个以上的预算:一为经常预算;二为资本预算(有的也称为普通预算和特别预算、经费预算和投资预算、统一基金预算和贷款基金预算等)。从内容上来看,经常预算主要包括政府一般行政经费支出,而其收入来源主要包括各项税收收入以及一部分非税收入。在一般情况下,经常预算的收支应保持平衡并力争结余,结余额转成资本项目的收入项目。资本预算主要包括政府的各项资本性支出,如政府对国营企业的投资、对公共工程项目的投资、战略物资储备、政府贷款以及偿还国债和国外借款等支出,其收入来源主要包括经常预算转来的结余额、国债收入和国外借款收入等。复式预算的出现与政府开支大幅度增加有直接关系,最早实行复式预算的国家是丹麦、瑞典等,我国也实行复式预算。

复式预算优于单式预算之处在于,它更能适应市场经济发展所带来的预算资金分配格局的变化;有助于对预算资金进行分类、分析和控制,可以清晰地反映预算平衡状况和预算赤字的原因,以便采取有效手段进行调整。采用复式预算使资本预算投资的伸缩性较大,有助于使预算成为促进经济发展的强有力杠杆,有利于提高就业水平。不过,复式预算在执行过程中也暴露出诸多缺点:(1)复式预算的资本支出的资金来源,主要依赖举债,如果举债规模控制不当,容易导致通货膨胀、物价上涨、影响国民经济的稳定。(2)经常性预算支出的资金来源主要是税收收入,而一国税收收入在整个预算收入中一般占有很大比重,这样容易掩盖支出浪费的现象;(3)将预算分成经常预算和资本预算两个部分,还会给预算编制带来困难,如经常预算和资本预算科目的划分标准就很难统一等。

(二)绩效预算和计划—项目预算

绩效预算,就是政府首先制订有关的事业计划和工程计划,再依据政府职能和施政计划制定执行计划的实施方案,并在成本—效益分析的基础上确定实施方案所需要支出的费用来编制预算。一个绩效预算主要包括以下一些内容:政府职能(经济、国防、教育等),部门(如教育又分初等教育、中等教育和高等教育等),支出费用(分为经常支出和资本支出),最终产品(受教育人数、新建校舍及教育设施等)的成本与目的,然后对各级计划从其最终产品成本及目的来衡量和评估其绩效。

绩效预算的特点是按计划决定预算,按预算并计算成本,按成本分析效益,然后根据效益来衡量其业绩。绩效预算与传统的只注重投入而忽视产出的预算不同,它十分重视对预算支出效益的考核,是以成本—效益作为衡量支出效率标准的预算组织形式,对于监督和控制预算支出,提出支出效益,防止浪费有着积极的作用。

计划—项目预算是在绩效预算的基础上发展起来的,它是依据国家确定的目标,着重对项目安排和运用进行定量分析而编制预算的一种制度。实行计划—项目预算制的特点是:(1)可以将预算中安排的项目和政府的中长期计划相结合,有利于政府活动的开展;(2)由于在选择和安排项目过程中,重视成本效益,因而要求依据数据资料对各个项目进行经济分析和评估,并通过项目间的比较,有利于降低项目的费用和提高资金的使用效果,为政府决策提供依据和参考。(3)对跨年度的项目安排预算,可以根据发展变化情况,对目标、计划和预算进行调整。与绩效预算相比,这二者虽然都属于以成本—效益为衡量支出标准、重视资金使用成效的预算形式,但是绩效预算的基本构想重点放在一个预算年度上,而计划—项目预算是将政府活动的长期计划和年度预算所包括的各项活动规划结合起来考虑的,属于滚动式预算的一种类型,其视野更为开阔,设计更科学。

(三)增量预算和零基预算

增量预算,是指财政收支计划指标是在以前财政年度的基础上,按新的财政年度的经济发展情况加以调整之后确定的。零基预算,是指财政收支计划指标的确定,只以社会经济的发展计划为依据,不考虑以前的财政收支状况。

零基预算最初是美国企业界于20世纪60年代初采用的一种企业财务管理方式,它要求对每个项目每年都要进行重新评估。1973年,美国佐治亚州州长吉米·卡特受企业家皮尔有关零基预算的论述的影响,开始运用零基预算来编制州政府预算。卡特在任总统后,开始在联邦政府及其所属各个部门采用零基预算。到20世纪80年代初,零基预算传入英国、我国香港等地。

零基预算的推行,首先,要求各基层预算单位每年根据下达计划重新编制预算,并要求提出尽可能多的方案,以供择优选择;其次,上级主管部门对基层预算单位上报的方案,必须进行认真审查和评估,提出意见供下级修正方案;最后,基层预算单位根据最后选中的最优方案,结合上级提出的修改意见,编制详细的执行预算。

零基预算的优点是没有现成框框,不受现成预算执行情况的约束,对编制预算的各级单位赋予一定的权力,从而能充分发挥各级管理人员的积极性和创造性,也有利于有效地对社会资源进行合理配置,提高宏观经济效益,同时大大加强了主管部门和执行单位的责任感和成本意识。但是,与传统的预算相比,为了确定最佳方案,就需要大量的管理人员,花费更多的管理时间,其中包括目标确定、资料收集、计划评估、决策分析与预算制定等。如果条件具备,管理人员素质较高、经验较丰富,并已广泛地采用电脑技术进行管理,采用零基预算无疑提高计划和预算管理水平。反之,效果就会欠佳。

四、预算职权的划分

预算职权,又称预算管理权,即国家机关依法享有的制定和实施预算的权力,也即对财政收支实行计划管理的权力。根据《预算法》的规定,预算的权力主体既包括中央和地方各级权力机关,又包括以财政部门为主体的各级行政机关。

(一)各级权力机关的预算职权

全国人大的预算职权为:(1)审查权,即审查中央和地方预算草案和预算执行情况报告;(2)批准权,即批准中央预算及其执行情况报告;(3)变更撤销权,即变更或撤销全国人大常委会关于预决算不适当的决议。

全国人大常委会的预算职权为:(1)监督权,即监督中央和地方预算的执行;(2)审批权,即审查和批准中央预算调整方案和中央决算;(3)撤销权,即撤销国务院、省级人大及其常委会制定的关于预决算的违法的规范性文件。

县级以上各级人大的预算职权为:(1)审批权,即审查和批准本级预算和预算执行情况报告;(2)变更撤销权,即变更或撤销本级人大常委会关于预决算的不适当的决议,本级政府关于预决算的不适当的决定和命令。

县级以上地方各级人大常委会的预算职权为:(1)监督权,即监督本级总预算的执行;(2)审批权,即审批本级预算调整方案和本级决算;(3)撤销权,即撤销本级政府关于预决算的不适当的决定和命令,下一级人大及其常委会关于预决算的不适当的决议。

乡级人大的预算职权为:(1)审批权,即审查和批准本级预算和预算执行情况报告;(2)监督权,即监督本级预算的执行;(3)撤销权,即撤销本级政府关于预决算的不适当的决定和命令。

(二)各级政府的预算职权

国务院的预算职权为:(1)编制权,即编制中央预算、决算草案和中央预算调整方案;(2)报告权,即向全国人大作关于中央和地方预算草案的报告,将各省级预算汇总后报全国人大常委会备案,向全国人大及其常委会报告中央和地方预算执行情况;(3)执行权,即组织中央和地方预算的执行;(4)决定权,即决定中央预算预备费的动用;(5)监督权,即监督中央各部门和地方政府执行预算;(6)变更撤销权,即变更撤销中央各部门和地方政府关于预决算的不适当的决定和命令。

县级以上地方政府的预算职权为:(1)编制权,即编制本级预决算草案和本级预算方案;(2)报告权,即向本级人大作关于本级总预算的报告,将下一级预算汇总后报本级人大常委会备案,向本级人大常委会报告本级总预算执行情况;(3)执行权,即组织本级总预算的执行;(4)决定权,即决定本级预算预备费的动用;(5)变更撤销权,变更或撤销本级各部门和下级政府关于预决算的不适当的决定和命令。

乡级政府的预算职权为:(1)编制权,即编制本级预决算草案和本级预算调整方案;(2)报告权,即向本级人大报告本级预算草案和本级预算执行情况;(3)执行权,即组织本级预算的执行;(4)决定权,即决定本级预算预备费的动用。

(三)各级财政部门的预算职权

各级财政部门的预算职权是本级政府的预算职权的具体化。主要内容为:具体编制本级预决算草案和本级预算调整方案;具体组织本级预算的执行;提出本级预算预备费动用方案。

五、预算制定和实施的主要程序

(一)预算的编制

各级总预算的编制,分别由各级政府负责并相应由各级财政部门具体进行。中央预算的编制:中央各部门根据国务院下达的编制预算草案的指示和财政部门的部署,具体布置所属各单位编制预算草案,并负责汇总编制本部门预算草案,报财政部审核;财政部审核汇总中央各部门预算草案,编制出中央预算草案。地方预算的编制:在本级政府下达编制预算的指示后,地方财政部门根据该指示和上级财政部门的部署,具体布置本级各部门和下级财政部门编制预算草案,并编制本级总预算草案,最后由财政部负责汇总。

(二)预算的审批

中央预算草案由财政部汇总后上报国务院,经国务院审核后由财政部向全国人大作关于预算草案的报告,全国人大经讨论通过,作出批准预算的决定。地方预算草案由本级财政部门交本级政府审定后,提请本级人大审议和批准。各级总预算经本级人大批准后,财政部门应当及时向本级各部门批复预算,各部门应当向本部门所属单位批复预算。

(三)预算的执行

预算经过权力机关立法程序之后,就成为正式法案,进入预算过程的执行阶段。各国预算都由国家的行政首脑或国家最高行政机关全权负责,由财政部负责办理执行预算的具体工作。各级财政部门应当在本级政府领导下做好预算执行工作。其主要环节是:(1)组织预算收入,及时、正确、足额地将应征的收入纳入国库;(2)按照计划拨付资金,保证用款单位的资金需要。在预算执行中,国库作为财政资金的出纳机构,及时、准确地办理预算收入的收纳、划分、留解和预算支出的拨付。除经同级财政部门的许可,任何部门、单位和个人都无权动用或者以其他方式支配国库库款。

(四)预算的调整

预算是经法定程序批准的财政收支计划,具有法律效力,任何单位或个人无权随意更改。但在预算的执行过程中,由于某些特殊情况的出现而需要增加支出或减少收入,使总支出超过总收入或者原举借债务的数额增加,可依法定程序对已批准的预算进行调整。预算调整方案由各级财政部门提出,经本级人大常委会审批。地方预算调整方案经批准后,须由本级政府报上级政府备案。

(五)决算

在每一预算年度终了后,各级政府、各部门、各单位都要按国务院规定的时间编制决算草案。各部门对所属各单位的决算草案,应当审核并汇总编制本部门的决算草案,在规定期限内报本级财政部门审核。由各级财政部门汇总编制的决算草案,应当报送同级政府审定。审定后除乡级决算草案由本级人大审批外,其他均由本级人大常委会审批。在决算批准后,各级财政部门要向本级各部门批复决算,地方各级政府还应当将决算报上级政府备案。

【典型案例】2006 年蒋时某诉湖南省常宁市财政局违法购车案

2006 年 4 月 3 日,湖南省常宁市荫田镇爷塘村主任蒋时某(又名蒋石某),以一名普通纳税人的身份向湖南省常宁市人民法院递交了一份起诉状。其诉称,被告常宁市财政局 2005 年 5 月 12 日和 7 月 6 日擅自违法超出预算,不通过正规采购程序,违法使用国家资金自行购买两辆高级小轿车。原告认为,被告作为国家法定的财政管理机关,没有依法定程序管理和使用财政税款,违反了《预算法》《政府采购法》《财政违法行为处罚条例》等法律法规,侵害了国家有关财政预算管理制度,也损害了纳税人的合法权利。2006 年 1 月 28 日,原告曾通过特快专递给市财政局去信"关于要求常宁市财政局对违法购车进行答复的申请",要求被告对此违法行为予以处理并给予原告答复,被告至今没有改正处理,也没有答复。因此,原告依《宪法》第 2 条和《财政违法行为处罚处分条例》第 2 条及《行政诉讼法》的规定,就此提起行政诉讼,列举的诉讼请求包括:(1)确认被告拒不履行处理违法购车和给原告答复的法定职责行为违法;(2)确认被告在 2005 年超出财政预算、超出政府小车编制自行购置高级轿车的行为属于滥用国家税款侵害纳税人合法权利的违法行为;(3)依法将违法购置的轿车收归国库,维护纳税人权益,促令被告当好纳税人的管家职责;(4)被告承担本案的全部诉讼费用。湖南省常宁市人民法院立案庭于2006 年 4 月 3 日签收了诉状,4 月 10 日作出了"不予受理"的裁定,理由是"起诉人蒋石某所诉事项不属于人民法院行政诉讼受案范围,不符合起诉条件,故法院不予受理"。

蒋时某诉湖南省常宁市财政局违法购车案,涉及宪法、财政法、诉讼法等诸多领域的诸多重要问题,成为 2006 年中国十大影响性诉讼之一,据此被誉为"中国纳税人诉讼第一案"。

本书认为,在现有法律框架内,类似的案件诉讼者本应由代表公权力的部门充当,蒋时某的诉讼"叫板"是"越俎代庖"的"错位",反证了作为具有职责的公权力"缺位"的证明。该案具有标本意义,是因为它反映出纳税人意识正在深入人心,反映一个公民对自己权利拥有的抗争和珍视,以及一些行政部门对纳税人权利存在误读和漠视。这样的权利和义务意识,以及由此衍生的理性维权行为,赋予这起诉讼案对公民意识的启蒙作用和辐射力量,公益诉讼的特质不言而喻。本书呼吁在《政府采购法》中建构公益代位诉讼制度,进而开放纳税人公益诉讼,以私权制衡公权的方式解决现行权力监督机制存在的问题,使纳税人公益诉讼成为我国法治建设与民权保障的突破口和切入点。

第四节 财政收入法

一、国债法律制度

(一)国债的概念和职能

国债,又称公债或国家公债,是指国家为筹措财政资金而向国内外发行债券或借贷,从而承担的债务。它兼有财政和信用双重属性,或者说,是具有信用形式的财政手段。首先,国债属于财政收入,但不同于税收、罚没收入、规费收入等财政收入形式。因为国债具有债务、信用的一般属性,如契约性、偿还性。其次,国债属于信用,但作为国家信用而不同于商业信用、银行信用、消费信用等信用形式。所谓国家信用,又称财政信用,是指国家(政府)作为债务人或债权人,以信用形式来筹集财政收入和使用财政支出。国债是国家信用的典型形式,以国家(政府)作债务人,以政府信誉作担保,构成财政收入,用作财政支出。

国债是债的一种特殊形式,同一般债权债务关系相比具有以下特点:(1)从法律关系主体看,国债的债权人既可以是国内外的公民、法人或其他组织,也可以是某一国家或地区的政府以及国际金融组织,而债务人一般只能是国家。(2)从法律关系性质来看,国债法律关系的发生、变更和消灭较多地体现了国家单方面的意志,尽管与其他财政法律关系相比,国债法律关系属平等型法律关系,但与一般债权债务关系相比,则又体现出一定的隶属性和国家政策性,这在国家内债法律关系中表现得更加明显。(3)从法律关系实现来看,国债属信用等级最高、安全性最好的债权债务关系。国债以国家信用和国家财力作为担保,一般不再需要其他特别担保,债权债务关系容易实现。一般来说,国债到期国家财政会足额偿还本息,因此,其风险很小甚至可以说没有风险。

我国的国债与西方国家的公债是两个不尽相同的概念。西方国家的公债包括中央政府债务、地方政府债务和公共机构债务,其中前两种债务才可称国债。在我国,国债或公债仅限于中央政府债务;地方财政不是一级独立财政,故地方政府无权举债;按照政企分开、政事分开的要求,国有企事业单位的债务属于民间私债。我国《预算法》第27条规定:“中央政府公共预算不列赤字。中央预算中必需的建设投资的部分资金,可以通过举借国内和国外债务等方式筹措,但是借债应当有合理的规模和结构。中央预算中对已经举借的债务还本付息所需的资金,依照前款规定办理。”第28条规定:“地方各级预算按照量入为出、收支平衡的原则编制,不列赤字。除法律和国务院另有规定外,地方政府不得发行地方政府债券。”2009年为缓解大规模增加政府公共投资的资金困难,国务院首次批准由财政部代理发行2000亿地方债券,列入省级预算管理,期限为3年。经国务院批准发行地方政府债券,是符合《预算法》的规范举债方式。债券规模由国务院确定,债券收支实行预算管理并报同级人大审批,债券资金统筹安排,使用监管较为规范。这与地方政府举债主要通过融资平台公司向银行贷款或发行企业债相比,具有合法、规范、融资成本低等多方面的优势。建立良好的地方政府举债监管框架,以控制和管理地方政府债务风险,是我国财政法制建设的重大挑战之一。

我国的国债与西方国家的公债的基本职能也极不相同。西方国家公债的基本职能一直是通过弥补财政赤字而间接调控宏观经济,故称为间控型公债,即公债是被国家作为与财政赤字配合使用的手段而运用的,公债规模直接取决于预算所安排的财政赤字大小,间接取决于经济波动状况。当经济不景气时,政府为刺激经济回升而增大财政赤字,就随之扩大公债发行量;当经济过热时,政府为控制经济增长而减少财政赤字,就随之缩小公债发行量。于是,公债不列入预算收入而以预算赤字为依据,并且作为间接调控手段而具有弹性和临时性。因此,弥补财政赤字是公债的基本作用和主要作用,筹集建设资金只是公债的派生作用和次要作用。我国国债传统的基本职能是筹集建设资金,故称为建设型公债。即国家举债的目的是弥补财政开支不能满足大规模经济建设的需求缺口,而动员和筹集财政资金。因此,国债被列作财政收入,然后又直接由国家安排投入特定建设项目中去。这样一来,国债随着我国经济建设的强劲需求而成为具有刚性和经常性的财政收入。我国国债与西方国家公债的职能差异,源于经济体制和财政职能。我国正处于计划经济体制向市场经济体制转变的阶段,财政职能中的经济调节职能日益加强,这就要求我国国债相应发生职能转换,逐步由建设型国债向间控型国债过渡。马克思在1867年就指出了国债的实质:“在所谓国民财富中,真正为现代人民所共有的唯一部分,就是他们的国债。因此,一个国家的人民负债越多就越富这一现代学说是完全合乎逻辑的,公共信用成了资本的信条。随着国债的产生,不可饶恕的罪恶,已不再是亵渎圣灵,而是破坏国债的信用了。”“公债成了原始积累的最强有力的手段之一。它像挥动魔杖一样,使不生产的货币具有了生殖力,这样就使它转化为资本,而又用不着承担投资于工业甚至高利贷时所不可避免的劳苦和风险。”①如何合理控制国债规模和有效使用国债资金,2011年美国债务上陷僵局殷鉴不远。

(二)国债的分类

1. 短期国债、中期国债和长期国债

短期国债通常是指期限在1年以内的国债。由于其发行日期和偿还日期相距较近,故称流动国债;由于其灵活性较大,国家可根据需要随时发行,因而可作为补充财政资金不足的经常性手段;由于其有较大流动性和灵活性,就可成为中央银行的公开市场业务的主要对象。

中期国债是指期限在1年以上10年以下的国债。由于它可以使国家较长时间内使用国债资金,因而政府能将它所筹得的资金用于弥补赤字和投资;由于它的偿还期限并不太长,债权人所承担的投资风险不是很大,易为债权人所接受。所以,它在各国公

---

① 《马克思恩格斯全集》(第44卷),人民出版社2001年版,第864~865页。

债体系中都占有重要地位。

长期国债是指期限在10年以上的国债。由于其期限过长,持券人面临货币贬值风险较大,因而不易推销。

2. 国家内债和国家外债

国家内债,是指在本国境内发行的国债。其债权人一般是本国企业和居民,其发行收入和还本付息以本国货币支付。内债发行会引起本国资源重新配置,一般不会影响国际收支。

国家外债,是指在本国境内发行的国债。其债权人一般为外国政府、国际组织或外国企业和居民,其发行收入和还本付息须以外币支付。发行外债是引进外资的一种重要方式,有利于利用外国资源和加快本国经济发展。但外债发行过多,易造成经济暂时过热和引发通货膨胀,还会因还本付息压力而导致国际收支失衡。

3. 强制国债和任意国债

强制国债,是指符合国家规定应募条件的组织或个人都必须购买的国债。随着市场经济、民主制度和社会信用的发展,国债已成为自愿投资的对象,故强制国债在各国一般不再发行。

任意国债,又称自由国债,是指发行时不附带任何应募条件而由企业和居民自愿购买的国债。它在当代各国被普遍采取。

4. 上市国债和非上市国债

上市国债,也称可出售国债,是指依法可在证券市场上自由买卖的国债,其价格取决于市场供求。非上市国债,也称不可出售国债,是指依法在证券市场上不能自由买卖的国债,它一般期限较长,利率较高,只能由政府以现金偿还或转变为其他国债。在国债总量中,非上市国债所占比重不大。

(三)国债的发行

国债发行,是指售出国债或者国债被认购的法律行为。我国对国债发行实行严格的计划审批制。每年预算中都包括国债发行计划,由财政部代表中央政府向个人、银行、机构投资人和证券中介机构发行国债。

1. 国债发行方法

(1)公募法,即由国家公开向社会公众募集国债的方法。可分为两种:一是直接公募,是指由财政部门直接或通过邮政部门及其他通信系统向社会公众募集国债,并由国库承担发行费用和全部损失。二是间接公募,是指政府与金融系统事先约定,由金融系统承购全部国债,代理国家向社会公众募集国债,并依约定承担发行费用和风险责任。

(2)公卖法,即政府通过委托经纪人在证券交易所出售国债的方法。公卖法与公募法的主要区别在于,公卖国债的价格由证券市场供求行情决定,具有波动性;公募国债的价格由国家确定,因而固定不变。

(3)摊派法,即政府将国债发行额分配给各地区、各部门、各单位,或者用国债来全部或部分顶替现金偿还债务或支付经费的方法。这种发行方法具有一定的强制性。

在上述各类发行方法中,公募法被较多采取,我国一般也采取此方法发行国债。

2. 国债发行价格

(1)平价发行,即国债发行价格与国债票面金额相同,因而发行收入额与今后还本额也相同。这样一来,未来的债权人和债务人都不会因购买和偿付公债而发生特别损益。在国债可自由流通的情况下,只有国债利率与市场利率相同时,才能平价发行国债。

(2)折价发行,即国债发行价格低于国债票面价值,偿还时则按票面价值返还本金。在国债利率低于市场利率的情况下,只有折价发行国债,即降低国债发行价格,才能保证国债购买者的利益。但折价发行自始就使政府承担了折价损失,并且在发行后很难弥补。

(3)溢价发行,即国债发行价格高于国债票面价值,偿还时仍按票面价值返还本金,因而使发行收入额大于未来还本额。只有在国债利率高于市场利率的前提下,国债才能溢价发行。国债溢价发行易使政府承受因高利率而导致的负债,也易使政府同市场主体争夺资金,因而较少被采用。

(四)国债的转让

国债持有者在必要时可以到国债流通市场转让国债。办理国债转让业务的中介机构主要是各类证券公司,其中介转让方式主要有两种:(1)自营买卖,即由中介机构用自己的资金向国债出售人买入国债,然后再将其售出。(2)代理买卖,即由中介机构根据国债出售人或购买人的委托,按其指定的价格、数额和交易期限代其买卖国债。

(五)国债的偿还

国债偿还,是指国家依法律规定和约定对到期国债支付本金和利息的法律行为。其中,偿还方法和资金来源特别重要。

1. 国债偿还的方法

(1)市场收买偿还法。又称市场购销法,即在国债到期前,政府通过中央银行依市场价格在证券市场上陆续收买国债而实现偿还的方法。该方法便于体现政府的经济政策,在宏观调控方面具有重要作用;但可能与原定偿还期限不符,以致出现偿还超前或滞后现象。

(2)直接偿还法。即在国债到期时,政府按国债面值直接向国债持有者偿还的方法。包括:第一,比例偿还法,即政府按照国债的数据分期按比例偿还。第二,轮次偿还法,即政府按照债券号码的一定顺序分次偿还。第三,抽签偿还法,即政府通过定期抽签确定应清偿的国债,再予偿还。

2. 国债偿还的资金来源

(1)基金偿还,即设立专门的偿债基金,以此作为偿债的资金来源。这种基金通常作为某种预算支出或财政收入的对应项目,逐年累积。1993 年 12 月 28 日中国人民银行《关于进一步改革外汇管理体制的公告》,鼓励和支持各地区、有关部门和外债较多的企业建立偿债基金,以保证借款的偿还,同时增强所发债券对投资者的吸引力。

(2)预算盈余偿还,即以预算盈余资金作为偿债的资金来源,其适用条件是预算有盈余或国债无期限规定。

(3)国债调换偿还,即政府借新债还旧债,实质上并非偿还方式。只有在财政困难的情况下才可采取。

(4)预算列支偿还,即政府将当年到期国债直接列入预算支出中,以预算资金抵偿国债。

(六)国债的管理

国债管理贯穿国债运行全过程,其主要目的是确保国债运行实现国家的财政政策,促进经济的稳定和增长,并兼顾投资者的利益。国债管理的主要内容,见诸以下几个方面。

1. 对国债总额的调控

国债总额,是指当年新债额与历年积累债额的总和。在国债总额调控理论中,一直有国债限额论和国债无限额论两种观点。基于国债限额论,才有必要调控国债总额。其主要方法有:(1)国家规定国债总额上限,财政部不得逾越;(2)财政部或中央银行在市场上买卖国债,以调节国债余额。

2. 对国债结构的调控

国债结构包括国债的类型结构、所有权结构和期限结构。国家在经济周期的不同阶段,注意结构的多样性,可通过改变国债结构来达到稳定经济的目标。例如,个人持有国债一般不会引发通货膨胀,而商业银行持有国债则能使信用膨胀,所以,充分就业时可扩大个人持有国债份额,经济萧条时可增加商业银行持有国债份额。又如,中长期国债比短期国债有利于经济稳定,当经济稳定目标更重要时,就需要加大中长期国债的比重。

3. 对国债利率的调控

国债利率的高低,不仅会影响国家付息负担(财政负担)的轻重,而且会影响人们对购买国债、投资和银行存款的选择,还会影响市场利率的变动。一种观点认为,对国债实行高利率,会加重国家付息的财政压力,减少私人投资,升高市场利率,这就不利于生产投资,不利于经济发展和充分就业。另一种观点认为,对国债实行高利率,能够给资本拥有者带来较高利息收入,提高人们的投资积极性,这有利于经济发展。一般认为,前一种观点较可取,即国债利率不宜太高。

4. 对国债使用的监督

国家有关部门对国债资金使用单位实行严格监督,主要是审查和批准国债资金所投资的项目,检查国债资金是否按规定用途使用、有无浪费、是否违反财经纪律等。这有利于提高国债使用的经济效益和社会效益。

(七)地方政府性债务法律制度

地方政府性债务,简称地方债或地方公债,是指有财政收入的地方政府及地方公共机构为满足地方财政支出的需要,以按期还本付息为条件,通过借款或发行有价证券等方式向社会筹集资金所形成的债务。地方债并不属于国家公债。

我国《预算法》第35条规定:"……经国务院批准的省、自治区、直辖市的预算中必需的建设投资的部分资金,可以在国务院确定的限额内,通过发行地方政府债券举借债务的方式筹措。举借债务的规模,由国务院报全国人民代表大会或者全国人民代表大会常务委员会批准。省、自治区、直辖市依照国务院下达的限额举借的债务,列入本级预算调整方案,报本级人民代表大会常务委员会批准。举借的债务应当有偿还计划和稳定的偿还资金来源,只能用于公益性资本支出,不得用于经常性支出。除前款规定外,地方政府及其所属部门不得以任何方式举借债务。除法律另有规定外,地方政府及其所属部门不得为任何单位和个人的债务以任何方式提供担保。国务院建立地方政府债务风险评估和预警机制、应急处置机制以及责任追究制度。国务院财政部门对地方政府债务实施监督。"国务院2014年9月21日印发的《关于加强地方政府性债务管理的意见》明确要求建立规范的地方政府举债融资机制,对地方政府债务实行规模控制和预算管理,控制和化解地方债务风险,完善配套制度等举措。从2015年开始,财政部推行地方政府债务置换工作,即通过"发新债偿旧债"的方式,将地方政府原来的非标准化和不可流通的债务转化为公开的、标准化和可流通的债务,以实现化解存量债务到期的风险、延缓地方政府到期偿还债务压力的目的。

二、彩票法律制度

(一)彩票的概念和特征

西方人认为,博彩乃是一种受上帝之手操纵的另类经济游戏,是"无痛的税收"和"微笑的纳税女神",政府发行彩票是"向公众推销机会和希望",公众认购彩票是"微笑纳税"。从法律上来讲,彩票是由政府制发并定价、消费者自愿认购的、具有投机性和价值不确定性的权利凭证。在世界范围内,彩票的发行非常普遍,大多数国家和地区集资目标主要锁定在社会福利、公共卫生、教育、体育文化方面。

与其他有价证券不同,彩票有自己的特征:(1)发行目的的公益性。彩票以筹集社会公益金为目的,彩票筹集资金的使用原则是取之于民、用之于民。(2)发行的垄断性。大多数国家的立法例对博彩业发行采取特许主义,彩票发行销售主体和彩票的种类及"玩法"等,都须经过国家的批准许可和监管。(3)交易购买的任意性。彩票的发行与销售活动并非强制性的公法活动,而是一项民事活动。作为民事主体的自然人、法人和其他组织是否购买彩票,何时购买,购买何种彩票,都应充分体现契约自由的精神。当然,对购买主体的限制,如禁止向未成年人销售及关系人不得购买等,各国都有类似的规定。(4)买卖合同的射幸性。"射幸"与"侥幸""机会"同义。彩票合同的射幸性取决于彩票中奖的偶然性。但这种射幸性质只针对单个彩票合同而言。就其全部彩票合同的总体来看,彩票购买者购买彩票支付的总金额与获奖总金额的比例关系可据概率计算,有人中奖的现象不具有偶然性。彩票是以抽签给奖方式筹措资金的融资手段,是风险与收益相伴生的机会性游戏。(5)交易购买的诚信性。发行销售彩票应遵循诚信原则,严禁以欺诈方式发行销售彩票,严禁采取任何摊派或变相摊派等强迫性手段发行销售彩票。

(二)我国彩票法律制度的主要内容

国务院2009年4月22日通过,2009年7月1日起施行的《彩票管理条例》,以及财政部、民政部、国家体育总局于2012年1月18日发布的《彩票管理条例实施细则》(2018年8月16日修订)是我国彩票法律制度的主要法律渊源。其主要包括以下内容。

1. 国家对彩票发行的垄断

国务院特许发行福利彩票、体育彩票。未能经国务院特许,禁止发行其他彩票。禁止在中华人民共和国境内发行、销售境外彩票。

2. 彩票监督管理的职责部门

国务院财政部门负责全国的彩票监督管理工作。国务院民政部门、体育行政部门按照各自的职责分别负责全国的福利彩票、体育彩票管理工作。

3. 彩票发行和销售管理

主要包括:(1)彩票发行和组织销售工作的主体。国务院民政部门、体育行政部门依法设立的福利彩票发行机构、体育彩票发行机构,分别负责全国的福利彩票、体育彩票发行和组织销售工作。(2)审批主体和审批程序。国务院财政部门负责对彩票发行机构开设、停止彩票品种或者变更彩票品种申请的审批。(3)彩票发行、销售机构的行业规范。彩票发行机构、销售机构应当建立风险管理体系和可疑资金报告制度,保障彩票发行、销售的安全。彩票发行机构、销售机构负责彩票销售系统的数据管理、开奖兑奖管理以及彩票资金的归属管理,不得委托他人管理。彩票发行机构、销售机构可以委托单位、个人代理销售彩票。(4)彩票发行机构、销售机构、代销者的行为禁止。彩票发行机构、销售机构、代销者不得有下列行为:第一,进行虚假性、误导性宣传;第二,以诋毁同业者等手段进行不正当竞争;第三,向未成年人销售彩票;第四,以赊销或者信用方式销售彩票。

4. 彩票开奖和兑奖管理

主要包括:(1)彩票的开奖管理。彩票发行机构、销售机构应当按照批准的彩票品种的规则和开奖操作规程开奖。当期彩票销售数据封存后至开奖活动结束前,不得查阅、变更或者删除销售数据。彩票发行机构、销售机构应当在每期彩票销售结束后,及时向社会公布当期彩票的销售情况和开奖结果。(2)彩票的兑奖管理。彩票中奖者应当自开奖之日起60个自然日内,持中奖彩票到指定的地点兑奖,彩票中奖奖金应当以人民币现金或者现金支票形式一次性兑付。不得向未成年人兑奖。彩票发行、销售机构和代销者应当对中奖者个人信息予以保密。

5. 彩票的资金管理

彩票的资金管理主要包括:(1)彩票资金的类型。彩票资金包括奖金、发行费和公益金,其构成比例由国务院决定。(2)彩票资金的账户及信息系统管理。彩票发行机构、销售机构应当按照国务院财政部门的规定开设彩票资金账户和彩票发行、销售和资金管理信息系统。(3)彩票发行费的管理。彩票发行费专项用于彩票发行机构、销售机构的业务费用支出以及代销者的销售费用支出。(4)彩票公益金的管理。彩票公益金专项用于社会福利、体育等社会公益事业,不用于平衡财政一般预算。彩票公益金按照政府性基金管理办法纳入预算,实行收支两条线管理。

6. 法律责任

法律责任主要包括:(1)彩票发行机构、销售机构的法律责任。彩票发行机构、销售机构违反《彩票管理条例》有关规定的,由财政部门责令停业整顿;有违法所得的,没收违法所得,并处违法所得3倍的罚款;对直接负责的主管人员和其他直接责任人员,依法给予处分;构成犯罪的,依法追究刑事责任。(2)彩票代销者的法律责任。代销者违反《彩票管理条例》有关规定的,由民政部门、体育行政部门责令改正,处2000元以上1万元以下罚款;有违法所得的,没收违法所得。(3)兑奖人的法律责任。兑奖人伪造、变造彩票或使用伪造、变造的彩票兑奖的,依法给予治安管理处罚;构成犯罪的,依法追究刑事责任。(4)彩票公益金管理、使用单位的法律责任。彩票公益金管理、使用单位违反相关规定的,由财政部门责令限期改正;有违法所得的,没收违法所得;在规定期限内不改正的,没收已使用彩票公益金形成的资产,取消其彩票公益金使用资格。(5)财政部门、民政部门、体育行政部门的工作人员的法律责任。财政部门、民政部门、体育行政部门的工作人员,在彩票监督管理活动中滥用职权、玩忽职守、徇私舞弊,构成犯罪的,依法追究刑事责任;尚不构成犯罪的,依法给予处分。

第五节　财政支出法

一、政府采购制度

(一)政府采购的概念

财政支出依据其在经济上能否直接获得补偿,可分为购买支出和转移支付两大类。财政购买支出,又称公共采购,即政府采购,是指政府以购买者身份在市场上购进商品或劳务时所发生的支出,它以所获得的商品或劳务为直接补偿。在我国,政府采购,是指各级政府及其所属部门的实体运用财政性资金采购依法制定的集中采购目录以内的或者采购限额标准以上的货物、工程和服务的行为。《政府采购法》(2002年6月29日通过,2014年8月31日修正)和《政府采购法实施条例》(2014年12月31日通过,自

2015 年 3 月 1 日起施行)是我国政府采购法律制度的主要法律渊源。

与财政转移支付不同,政府采购属于直接进入市场并获得对价补偿的财政支出,意味着政府以购买者和使用者的身份直接消耗了真实的经济资源,能够直接形成并调控当期市场需求。

与一般采购相比,政府采购具有以下特征:(1)主体的特定性。政府采购主体依 WTO 的《政府采购协议》规定,有直接或间接受政府控制的企事业单位。在我国为各级国家机关、事业单位和团体组织。(2)目的的公共性。采购是为满足政府提供公共产品的需要,采购主体在就采购什么、采购多少、向谁采购等事项进行决策时,应当服从此需要。(3)资金来源的财政性。采购所用资金为财政转移支付以外的财政支出资金,包括财政拨款和需要由财政偿还的公共借款。(4)过程的公开性。采购过程是在公开情况下进行的,一切采购活动都要作出公共记录,所有采购信息都要公布,涉及采购者都要受到公众和媒介的监督。(5)监管的严密性。采购的各个环节都置于严格监管下,既要遵循各种实体性规则和程序性规则,又要受到权力机关和财政、审计、质量技术监督等部门的监督。(6)规模的巨额性。政府始终是国内市场的最大用户,很多国家的政府采购金额占国内生产总值的 10% 以上。(7)功能的调控性。由于采购规模大而对经济有着其他采购主体不可替代的影响,故已成为各国政府通常使用的宏观调控手段。

政府采购不同于我国传统的控购(政府对社会集团购买力的控制)。控购制度是要解决国有单位对部分商品该不该买和买多买少的问题,政府采购制度是要解决利用采购资金安排的采购应当怎样买的问题。两者有许多区别,如对象不同。控购是以某些紧缺商品或价值较高商品(奢侈品)为控制对象;政府采购的对象则是政府需要自用的所有产品、工程和劳务。又如,目的不同。控购是短缺经济条件下为平衡市场供求矛盾、避免政府与民争夺商品而控制社会集团购买力;政府采购则是为了节约财政支出,提高财政资金使用效率,增强财政政策的调控力度。再如,管理手段不同。控购主要是用分配指标和审批等行政手段实现的;政府采购则主要是以市场购买与财政监督的方式进行的。

根据《政府采购法》的规定,在中华人民共和国境内进行的政府采购适用本法。使用国际组织和外国政府贷款进行的政府采购,贷款方、资金提供方与中方达成的协议对采购的具体条件另有规定的,可以适用其规定,但不得损害国家利益和社会公共利益;对因严重自然灾害和其他不可抗力事件所实施的紧急采购和涉及国家安全和秘密的采购,不适用《政府采购法》;军事采购法规由中央军事委员会另行制定。此外,《政府采购法实施条例》对《政府采购法》进行了补充规定:(1)将财政性资金认定为纳入预算管理的资金,以财政性资金作为还款来源的借贷资金,视同财政性资金;(2)服务包括政府自身需要的服务和政府向社会公众提供的公共服务;(3)国家机关、事业单位和团体组织的采购项目既使用财政性资金又使用非财政性资金的,使用财政性资金采购的部分,适用《政府采购法》及《政府采购法实施条例》;财政性资金与非财政性资金无法分割采购的,统一适用《政府采购法》及《政府采购法实施条例》。

(二)政府采购制度的产生及发展

政府采购制度最早形成于18世纪末的尚处于自由市场经济时期的西方国家。英国在1782年率先设立文具公用局,作为负责政府部门所需办公用品采购的特别机构,同时开始对政府采购的管理进行立法,标志着政府采购制度的初步形成。到了现代市场经济时期,尤其是20世纪30年代的经济大危机,使政府在经济中的作用日益突出,政府采购的规模也随之扩大,有关政府采购的各项法规应运而生,并在实践中不断得到完善,现代政府采购制度最终形成。

在1979年以前,各国普遍采购本国产品、保护本国产业,政府采购是封闭的、不对外开放,政府采购与贸易的关系很好协调。最突出的表现是,1947年由各国共同制定的《关贸总协定》就将规模巨大的政府采购刻意排除在外。随着一些工业化国家亟待为本国产品开拓海外市场,部分国家借以打破贸易壁垒解决本国贸易失衡问题,贸易自由化呼声越来越强烈,政府采购潜在的巨大市场在国际领域日益受到重视。1979年的关贸总协定东京回合上,《政府采购守则》由各缔约国在自愿的基础上签署,通过相互谈判确定政府采购市场开放的程度。WTO成立后,《政府采购协议》取代了《政府采购守则》,政府采购市场进一步开放。《政府采购协议》于1996年1月1日正式生效(对韩国1997年1月1日生效)。它仅对签字成员有约束力。与此同时,为"给那些希望按照一个经济有效的采购体系所通常接受的最低标准和保障措施进行采购立法,或将其采购立法现代化的国家提供指导",联合国国际贸易法委员会在1994年第27届年会上通过了《货物、工程和服务采购示范法》,同时发布了《立法指南》。WTO和联合国国际法贸易法律委员会的举动犹如一"双刃剑",客观上形成了前引后推的合力。随后,新加坡、韩国等诸多国家纷纷比照《政府采购协议》和《货物、工程和服务采购示范法》改革和完善本国政府采购制度;一些双边、多边地区性组织的成员也签署了各自政府采购协议,如墨西哥、哥伦比亚、美国、以色列等。欧共体制定了针对政府机构的四个《公共指令》和针对公用事业公司的两个《公用事业指令》。

(三)政府采购法的地位

政府采购作为财政支出方式,是一种政府调节市场的行为;作为采购类型,是一种市场行为。与此相应,政府采购法兼有财政法和市场规制法的双重归属。

现代发达国家看重政府采购法的市场规制法属性,如以前在财政法中规定政府采购制度的德国、挪威,现在都将其规定在反限制竞争法中,并倾向于与招投标法统一起来。究其原因,主要在于:(1)政府采购在采购市场中的份额越来越大,供应商之间的竞争越来越激烈,发挥政府采购法的竞争规制功能,有助于维护市场竞争的自由和公平。(2)在经济全球化的大趋势中,发达国家强调政府采购法的市场规制功能,有助于打破政府采购市场的壁垒,支持本国产品打入外国政府采购市场。(3)将政府采购法纳入财政法体系,旨在加强财政支出管理。而发达国家实行规范化的政府采购已有很长历史,其预算法对政府采购的约束已十分健全和有力,足以保证对财政支出的有效管理,财政支出管理对政府采购法的依存有所减弱。

我国由《政府采购法》和《政府采购法实施条例》所确立的政府采购制度并不完善,财政支出管理还存在很多问题,财政“重收轻支”的现象较普遍,《预算法》的约束力也不够强。在我国财政制度改革过程中,建立完备的政府采购法制,对于深化财政支出改革、强化预算法治观念、加强财政调控功能等诸多方面,大有裨益。当然,我们在强调政府采购法的财政法归属的同时,也要充分考虑其促进各类企业在市场上平等竞争的重要作用。在经济全球化背景下,我们应重视运用政府采购法的市场规制功能,为我国企业打入国际政府采购市场创造条件,以争夺政府采购市场的国际份额。

（四）政府采购的原则

1. 公开透明原则

公开透明原则,是指政府采购活动具有明确的采购规则并能使这些规则是否得以遵守得到查证的采购程序。它通常还包括使采购规则为参与方所了解、采购机会的公开以及审查采购决策的机会。依《政府采购协议》第 17 条的规定,应为全面详尽地公布采购条件,按公认的技术规格规定合同的内容,确保在一项采购过程中不改变采购规则等。政府采购中的公开,就是要将有关采购的法律法规和政策、项目和合同条件、资格预审和评价投标的标准、投诉和质疑的程序等信息都要公开,提高采购过程的透明度。《政府采购法》除在第 3 条确立公开透明原则外,还对采购人和采购代理机构妥善保存采购文件至少 15 年的义务、采购活动记录内容提出了具体要求。为保证该原则的实现,还在第六章专章规定了供应商质疑和投诉制度。

2. 公平竞争原则

公平竞争原则,是指政府采购合同的签订通常是通过公平竞争的方式进行的,以确定谁能为满足政府的需要而提供最好的条件。它的实现主要是通过招标广告或招标邀请来实现的。通过竞争,政府采购机构可形成一种买方市场,可促使投标人提供更好的商品和技术,并且设法降低产品成本和投标报价,从而使用户可以以较低的价格采购到优质的商品,实现政府采购的目标。《政府采购法》除在第 3 条确立公平竞争原则外,还通过规定广告的发布、邀请投标的形式和数量等,以保证该原则的实现。

根据我国特殊情况,《政府采购法》还专门规定,反对用行政首长的指令,依靠行政命令来决定相关事项。《政府采购法》第 19 条第 2 款规定:“采购人有权自行选择采购代理机构,任何单位和个人不得以任何方式为采购人指定采购代理机构。”第 22 条第 2 款规定:“采购人……不得以不合理的条件对供应商实行差别待遇或者歧视待遇。”第 25 条第 1 款规定:“政府采购当事人……不得以任何手段排斥其他供应商参与竞争。”第 64 条第 2 款规定:“任何单位和个人不得违反本法规定,要求采购人或者采购工作人员向其指定的供应商进行采购。”

3. 公正原则

公正原则,首先指所有参加竞争的供应商机会均等,并受到同等待遇。如采购机构向所有投标人提供的信息都应一致,对招标文件的解释和澄清也应提供给所有的投标人;允许所有有兴趣参加投标的供应商、承包商、服务提供者参加竞争;招标中的技术规格应尽可能地采用通行标准;等等。公正原则的另一个重要表现是,合同授予要兼顾政府采购社会公正目标的实现,从而体现政府采购的社会公正性。例如,《政府采购法》第9条规定,"政府采购应当有助于实现国家的经济和社会发展政策目标,包括保护环境,扶持不发达地区和少数民族地区,促进中小企业发展等"。

4. 诚实信用原则

政府采购中既有交易关系,也有竞争关系,当然应当适用诚实信用原则。如采购机关在项目公布、信息传达、评标审标过程要真实,不得有任何虚假;招标人不得以任何形式规避招标或虚假招标;投标人提交资格证明和招标书的各项内容应当真实;投标人不得在投标中弄虚作假或以他人名义投标。投标人在招标有效期内不得撤销投标;合同订立后双方都有严格履行合同的义务,全面完整地履行合同。违反诚实信用原则,给它方造成损失的,损害方应当承担赔偿责任。

(五)政府采购监管体制

政府采购监管体制有两种模式:一是委员会模式。即设立由财政等有关部门参加的政府采购委员会,负责主管本级政府及其所属部门和实体的采购工作,并在财政部门设立政府采购委员会的日常办事机构。二是部门模式。即由财政部门作为本级政府主管政府采购的职能部门,统一管理本级政府及其所属部门和实体的采购工作。我国实行以财政部门为主、其他部门为辅的监管体制。各级政府财政部门是负责政府采购监管的部门,依法履行监管职责。各级政府其他有关部门依法履行与政府采购活动有关的监管职责。

政府采购监管部门监督检查的内容主要包括:(1)有关政府采购的法律、行政法规和规章的执行情况;(2)采购范围、采购方式和采购程序的执行情况;(3)政府采购人员的职业素质和专业技能;(4)政府采购信息发布;(5)政府合同;(6)政府采购供应商投诉的处理。

为保证监督检查的有效性,监管部门不得设置集中采购机构,不得参与政府采购项目的采购活动,与采购代理机构与行政机关不得存在隶属关系或者其他利益关系;政府采购监管部门应当对集中采购机构的采购价格、节约资金效果、服务质量、信誉状况、有无违法行为等事项进行考核,并定期如实公布考核结果;政府采购监管部门对集中采购机构业绩的考核,有虚假陈述,隐瞒真实情况的,或者不作定期考核和公布考核结果的,应当及时纠正,由其上级机关或者监察机关对其负责人进行通报,并对直接负责的人员依法给予行政处分。监管部门及其工作人员如不能有效行使其职责,也应承担相应责任。

（六）政府采购当事人

政府采购当事人，是指在政府采购活动中享有权利和承担义务的各类主体，包括：(1)采购人。指依法进行政府采购的国家机关、事业单位、团体组织。采购人享有依法开展采购活动，作出采购决策的权利。其义务主要为按照《政府采购法》的目标与原则进行采购，不得对供应商实行歧视待遇等。(2)供应商。指向采购人提供货物、工程或者服务的法人、其他组织或者自然人。供应商的权利主要是按照《政府采购法》和采购人的要求，进行政府采购竞争，平等地获得政府采购合同，并获得政府支付；其义务为诚实地参与政府采购，并在获得政府采购合同后全面履行政府合同。(3)采购代理机构。其包括集中采购代理机构和其他采购代理机构。其中集中采购代理机构是设区的市、自治州以上政府根据本级政府采购项目组织集中采购的需要设立的、专门从事政府集中采购目录以内项目采购代理活动的非营利事业法人。而一般采购代理机构则需要依据监管部门的资格认定，参与采购代理活动。政府采购代理机构的权利根据采购人与其签订的采购代理协议来确定。但集中采购机构是专门开展政府采购目录以内采购项目代理活动的代理机构。采购人采购纳入集中采购目录的政府采购项目，必须委托集中采购机构代理采购。采购人如不当委托了不具备政府采购业务代理资格的机构办理采购事务，则应承担相应责任。

（七）政府采购方式和程序

各国政府采购方法数量不尽一致，名称也不尽相同。《政府采购法》规定了公开招标、邀请招标、竞争性谈判、单一来源采购、询价和国务院政府采购监管部门认定的其他采购方式。其中：(1)公开招标应作为政府采购的主要采购方式。采购人采购货物或者服务应当采用公开招标方式的，其具体数额标准，属于中央预算的政府采购项目，由国务院规定；属于地方政府预算的政府采购项目，由省级政府规定；因特殊情况需要采用公开招标以外的采购方式的，应当在采购活动开始前获得设区的市、自治州以上政府采购监管部门的批准。采购人不得将应当以公开招标方式采购的货物或者服务化整为零或者以其他任何方式规避公开招标采购。(2)如果货物或者服务，或具有特殊性，只能从有限范围的供应商处采购的；或采用公开招标方式的费用占政府采购项目总价值的比例过大的，采用邀请招标方式采购。(3)如果货物或者服务，或招标后没有供应商招标或者没有合格标的或者重新招标未能成立的；或技术复杂或者性质特殊，不能确定详细规格或者具体要求的；或采用招标所需时间不能满足用户紧急需要的；或不能事先计算出价格总额的，采用竞争性谈判方式采购。(4)如果货物或者服务，或只能从唯一供应商处采购的；或发生了不可预见的紧急情况不能从其他供应商处采购的；或必须保证原有采购项目一致性或者服务配套的要求，需要继续从原供应商处添购，且添购资金总额不超过原合同采购金额10%的，采用单一来源方式采购。(5)采购的货物规格、标准统一、现货货源充足且价格变化幅度小的政府采购项目，可以采用询价方式采购。

政府采购程序，指采用特定政府采购方式所应该遵循的采购步骤。例如，如果采购人采用了公开招标采购方法,那么采购人需遵循公开招标采购程序来完成采购过程。但所有政府采购程序,基本上包括从预算编制与审批开始,经过采购人所选择的采购方式及其程序、直到对供应商履约的验收和支付。

(八)政府采购救济机制

政府采购救济机制是供应商与采购实体以及政府有关部门在政府采购活动中发生争议而寻求合法解决的机制。《政府采购法》吸收了《货物、工程和服务采购示范法》、《政府采购协议》、国外政府采购法制以及我国地方政府采购制度的成功经验,科学构建了救济机制的流程:(1)询问。供应商对政府采购活动事项有疑问的,可向采购人提出询问,采购人应及时作出答复,但答复内容不得涉及商业秘密。(2)质疑。供应商认为采购文件、采购过程和中标、成交结果使自己的权益受到损害的,可在知道或者知道其权益受到损害之日起7个工作日内,以书面形式向采购人提出质疑。采购人应在收到供应商的书面质疑后7个工作日内作出答复,并以书面形式通知质疑供应商和其他有关供应商,但答复内容不得涉及商业秘密。(3)投诉。质疑供应商对采购人、采购机构的答复不满意或者采购人、采购机构未在规定的时间内作出答复的,可以在答复期满后15个工作日内向同级采购监管部门投诉。监管部门应在收到投诉后30个工作日内,对投诉事项作出处理决定,并以书面形式通知投诉人和与投诉事项有关的当事人。监管部门在处理投诉事项期间,可视具体情况书面通知采购人暂停采购活动,但暂停时间最长不得超过30日。(4)行政复议或者诉讼。投诉人对采购监管部门的投诉处理决定不服或者监管部门逾期未作处理的,可以依法申请行政复议或者向法院提请行政诉讼。

【典型案例】2005年现代沃尔公司诉财政部行政不作为案

2003年“非典”之后,国家决定采购114亿元医疗救治项目,对我国薄弱的公共卫生救治体系进行规划和建设。采购人国家发展和改革委员会、原卫生部分别委托社会中介机构进行代理。在2004年10月29日、2004年11月19日先后开标合计586台的血气分析仪采购项目中,现代沃尔公司在两次投标报价中均为最低,却都落标。该公司认为招标过程存在“暗箱操作”,先向采购人、招标公司提出质疑,未果。2004年12月21日,该公司针对卫生部在政府采购过程中存在的问题向财政部提出投诉,但财政部在法定30天时间内未能作出处理决定,也没有给予答复。2005年3月23日,该公司以财政部行政不作为为由,向北京第一中级人民法院提起行政诉讼。2005年3月28日,法院受理了这件后来被媒体称为“政府采购第一案”的案件。此案同时涉及国家发展和改革委员会、原卫生部等国家部委,采购项目总额又高达人民币114亿元,其诉讼当事人的级别和规格之高,标的额之大,在我国行政诉讼史上属于“空前”。

2006年12月8日,北京市第一中级人民法院作出一审判决,财政部被认为行政不作为,一审败诉。2006年12月22日,财政部向北京市高级人民法院提出上诉,要求撤销一审判决。经过多轮博弈,延至2019年5月30日,尽管现代沃尔公司坚称一、二审法院不应适用《政府采购法》而应适用《招标投标法》对评标委员会的组建等事项进行审查和处理,但最高人民法院(2019)最高法行申2951号作出裁定:针对本案现代沃尔公司的投诉事项,财政部是否应当根据《政府采购法》的相关规定进行处理,北京市第一中级人民法院(2005)一中行初字第432号行政判决中即已经予以明确;现代沃尔公司认为财政部应适用《招标投标法》对评标委员会的组建等事项进行审查和处理的主张,无事实和法律依据。

在本案诉讼过程中,争议最大的是工程建设项目的招投标由谁来主管?由谁来监督?我国有两部规范政府采购行为的法律,一部是由国家发展和改革委员会牵头制定的《招标投标法》(1999年8月30日通过,自2000年1月1日起施行,2017年12月27日修正),另一部是由财政部牵头制定的《政府采购法》。《政府采购法》第13条明确规定,财政机关是政府采购的监管部门;而按照《招标投标法》第3条和国务院有关部门之间分工、重大建设项目监督的有关规定,国家发展和改革委员会负责受理对国家重大建设项目投诉。因此,财政部上诉请求的法律依据是《政府采购法》中对工程类政府采购的规定,也就是"工程类政府采购适用《招标投标法》";依据《招标投标法》,国家发展和改革委员会承担着制定细则、审核代理机构等大部分职责。诉讼中涉及的采购项目是国家医疗救助体系项目的一个组成部分,属于国家重大建设项目,由国家发展和改革委员会来处理有关投诉。

本书认为,在国家重大工程的采购中,国家发展和改革委员会是采购人;如果依据《招标投标法》和有关规定,国家发展和改革委员会也是监督管理部门。但是《政府采购法》明确规定,采购人和监督管理部门应该分开,监督管理部门不得参与采购活动。国家发展和改革委员会在重大工程的采购中具有两种身份,与《政府采购法》的规定相违背。依据《立法法》的规定,必须遵循"新法优于旧法、后法优于前法"的原则来确定建设项目招投标的主管问题。既然《政府采购法》已明确规定政府采购对象包括工程建设项目,也明确规定了主管机关,财政部门享有的法定权力就不能转让、出让,或者怠于行使。就本案而言,国家发展和改革委员会、原卫生部等采购人掌握人民币114亿元的工程建设项目的采购权力,财政部作为法定监督人被排斥在政府采购活动之外;但问题出来后,采购人又未处理矛盾,法定监督人享有法定职权却不愿意承接。此案关涉如何划分政府部门权力和利益的难题。部门权益的划分在一定程度上造成法律、制度、市场的分裂。本书建议取消现行的《招标投标法》,将其相关内容并入《政府采购法》中,用一部统一的法律来规范政府采购行为。

二、财政转移支付制度

(一)财政转移支付的概念

财政转移支付,是指政府通过一定形式和途径,将部分财政资金无偿地转移给居民或非居民所发生的支出,它不能在经济上直接获得补偿。

财政转移支付,一般表现为中央政府或地方政府将部分财政收入无偿地让渡给下级政府、企业和居民时所发生的财政支出。其主要特征包括:(1)无偿性。转移支付又称无偿支出,通常表现为财政资金的无偿的、单方的转移,一般支出者是得不到直接的经济补偿的。但有人认为,某些特定建设项目的财政转移支付也可以是有偿的。(2)多层次性。在有多级财政层次的财政体制下,财政转移支付表现为中央政府对地方政府、上级地方政府对下级地方政府、各级政府对企业和居民的转移支付。(3)有条件性。无论哪个层次的转移支付,都只能发生在特定条件下,即只有在下级政府、企业、居民具备需要转移支付的法定条件时,才应当向其转移支付。

财政转移支付主要起因于财政失衡。所谓财政失衡,是指政府所拥有的财力与所负有的提供公共产品的责任不平衡,也即财政收支状况不平衡,包括上下级政府之间的纵向财政失衡和同级不同地方政府之间的横向财政失衡。过度的财政失衡会带来严重的经济、社会和政治问题。为此,需要通过财政转移支付来解决财政失衡问题,使各级各地政府都能完满地履行其提供公共产品的职责。财政转移支付故而具有配合其他财政手段实现财政平衡的职能。

在现代市场经济中,财政转移支付,尤其是政府对居民、企业的财政转移支付,还具有配合其他财政手段实现社会保障目标、产业政策目标和国际竞争目标的职能。我国目前尚无专门的财政转移支付法,财政转移支付法律制度散见于我国《预算法》及《预算法实施条例》等法律法规中。在分税制的基础上,我国建立了以纵向转移支付为支付脉络的财政转移支付制度体系。

(二)财政转移支付的主体和形式

确认财政转移支付的主体是财政转移支付法的主要任务。按照我国现行的财政转移支付法律制度的规定,财政转移支付的主体包括两类:(1)发动财政转移支付的主体,即向下级政府、企业、居民转移支付的政府。(2)接受财政转移支付的主体,即接受上级政府财政转移支付的下级政府和接受政府转移支付的企业、居民。可见,中央政府只能作为发出财政转移支付的主体。地方各级政府既可以是发出财政转移支付主体又可以是接受财政转移支付主体,企业、居民则只能作为接受财政转移支付主体。

在中央政府、地方各级政府、企业和居民(或非居民)之间,财政转移支付的形式可分为两大类,即政府间转移支付和财政补贴。

政府间转移支付,即上级政府的财政收入转作下级政府的财政收入来源并由下级政府作为本级财政支出来支付。简言之,是上级政府对下级政府的财政转移支付。此即狭义的财政转移支付。它在实践中一般表现为财政拨款或财政补助。根据转移支付的起因和目的不同,政府间财政转移支付可划分为下述几种形式:(1)一般性转移支付,或称体制性转移支付,即基于现行财政体制中各级各地政府固有财政收支状况而存在的常规性纵向和横向财政失衡,而发生的上级财政向下级财政转移支付。(2)专项转移支付,即为实现某一特定经济政治目标或专项任务,上级财政向下级财政进行专项拨款或支付相应配套资金。(3)特殊转移支付,即在遭遇自然灾害、社会动乱等非常情况,以及国家重大政策调整而影响地方财政利益时,由上级财政给下级财政以特殊补助。(4)建设性转移支付,即为支持经济建设,提高资金利用效率,对能够产生经济效益的项目给予财政性扶持而作出的有偿支付。严格地说,这已不是传统意义的转移支付。

《预算法》第52条规定:"……中央对地方的一般性转移支付应当在全国人民代表大会批准预算后三十日内正式下达。中央对地方的专项转移支付应当在全国人民代表大会批准预算后九十日内正式下达。省、自治区、直辖市政府接到中央一般性转移支付和专项转移支付后,应当在三十日内正式下达到本行政区域县级以上各级政府。县级以上地方各级预算安排对下级政府的一般性转移支付和专项转移支付,应当分别在本级人民代表大会批准预算后的三十日和六十日内正式下达。对自然灾害等突发事件处理的转移支付,应当及时下达预算;对据实结算等特殊项目的转移支付,可以分期下达预算,或者先预付后结算。县级以上各级政府财政部门应当将批复本级各部门的预算和批复下级政府的转移支付预算,抄送本级人民代表大会财政经济委员会、有关专门委员会和常务委员会有关工作机构。"

财政补贴,即各级政府向企业、居民作出的财政转移支付,也就是政府将部分财政资金转移给企业、居民的无偿支出。根据补贴对象和目的的不同,财政补贴可分为三种形式:(1)居民补贴,又称社会保障支出,是政府基于社会保障目的向居民支付的补贴。它主要用于社会保险和社会救济支出,与市场上的相对价格结构基本没有联系或联系不密切,故以市场上的相对价格结构没有影响。(2)企业补贴,即狭义财政补贴,是政府基于一定目的而在一定领域支付给企业的补贴,后者如减免税、税收抵免、税前还贷、亏损结转等。企业补贴源于产业政策、价格体系不合理、支持出口等经济原因直接影响市场上的相对价格结构,进而影响需求结构和供给结构。(3)特殊人才补贴,是政府基于奖励目的而对一定特殊人才所支付的补贴,如国务院津贴。这类财政补贴的适用对象,可以是居民,也可以是非居民。

(三)财政转移支付的条件和数额确定

财政转移支付的条件,也即接受财政转移支付主体的资格。就企业而言,必须从事法定为补贴对象的生产经营项目;就居民而言,必须具有享受社会保险或社会救济待遇的身份,并且已发生应当支付社会保险或社会救济待遇的法定事实;就地方政府而言,必须处在其地方税收能力指数小于其财政收支平衡指数的财政年度。

财政转移支付的数额,应当遵循法定的标准和计算规则予以确定。一般认为各种形式的转移支付,都有特定的相关因素。在确定转移支付的数额时,应当全面和综合考虑各种相关因素。在确定转移支付的数额时,应当全面和综合考虑各种相关因素,本着科学、公平、合理的原则,确定各种相关因素与特定形式转移支付数额之间的关系,并计算出具体数额。

在我国,影响地方财政支出的基本因素有下述几类:(1)基础因素,包括人口、面积、自然条件、财政供给人口等;(2)社会发展因素,包括科教文卫水平、市政建设、基础设施等;(3)经济发展因素,包括经济增长速度、经济效益、国民收入、财政收入等;(4)特殊因素,包括地区特殊性(如少数民族地区、经济特区、首都、省会等)、不同地区物价水平差异、贫困人口、农业产值等。

在具体确定特定形式财政转移支付的数额时,对上述各种因素都应当予以考虑。其中,下述因素对转移支付的意义尤其值得重视:(1)财政供给人口。即需要由财政负担的人口数量,它直接制约财政支出的水平,能明确反映地方财政负担状况。(2)总人口。地方财政提供公共物品的支出通常与本地区总人口数量成正比,因而,地区总人口数量对地方财政水平有重大影响。(3)少数民族人口。为了加强民族团结,维护国家统一和社会安定,必须向少数民族地区投入更多财力,以促进其经济和社会发展。因而,少数民族人口越多的地区,对其转移支付的数量就应当越大。(4)贫困人口。在贫困人口众多的地区,财政状况不好,社会事业欠账特别多,因而,贫困人口数量与向贫困地区转移支付数量也应当成正比例关系。(5)疆域面积。一般说来,疆域面积越大,基础设施建设、国土保护等方面支出就越多,并且待开发面积也越大,从而需要上级政府财力支持的量就越多。(6)农业产值。在现阶段,农业提供财政收入相对较少,而需要财政投入相对较多。因而,农业产值越大的地区,对政府财力支持的需求就越大。

(四)财政转移支付的方式和监管

财政转移支付的方式,可因转移支付形式不同而有差异。就政府间转移支付而言,一般性转移支付可采取就地抵留的方式来实现,即各地享有的一般性转移支付的财政资金,直接从本级财政应上缴中央国库的财政资金中就地转库支用,以充抵应上缴财政资金,而不是先缴入中央国库再由中央财政逐月拨付,这样一来,可以避免财政资金上解下划的在途时间损失,满足地方财政的正常支出需要。至于其他形式的转移支付,都属于非常规性转移支付,宜采取由中央财政及时足额向地方财政追加资金的方式,来满足地方财政的需要。

财政转移支付的资金来源是上级财政,因而,上级财政部门应当是财政转移支付的最主要、最经常的监管主体。此外,资金流动必须经由金融机构进行,金融机构通过对财政资金的专款专户专用等监督,同时充当财政转移支付的监管主体。

财政转移支付监管的方式,视财政转移支付形式不同而定。就政府间转移支付而言,一般性转移支付因其标的是就地抵留的财政资金,是地方固有财力的组成部分,可以由地方财政独立安排使用,因而,对一般性转移支付的监管只能依据《预算法》通过同级人大及其常委会和上级财政部门对预算、决算的监督来实现。对其他形式的转移支付,则可由上级财政部门采取跟踪检查、验收项目、考核效益、总结销号等方式进行监管。

复习思考题

- 1. 如何理解财政法的基本原则?
- 2. 如何认识“纳税人诉讼”?
- 3. 简述政府采购法的地位和功能?
- 4.《财政转移支付法》应当就哪些重要问题作出规定?

法律职业资格考试真题

1. 各级人民代表大会常务委员会有权审查和批准决算、听取预算的执行情况报告。根据《宪法》和《监督法》的规定,下列表述正确的是:(2008 年)

A. 县级以上地方各级人民政府应当在每年六月至九月期间,将上一年度的本级决算草案提请本级人大常委会审查和批准

B. 国务院应当在每年六月至九月期间向全国人大常委会报告本年度上一阶段预算的执行情况

C. 预算安排的农业、教育、科技、文化、卫生、社会保障等资金需要调减的,国务院和县级以上地方各级人民政府应当提请本级人大常委会审查和批准

D. 上级财政补助资金的安排和使用情况,是地方各级人大常委会对决算草案和预算执行情况重点审查的内容之一

参考答案:ABCD

2. 关于民族自治地方财政的说法,下列哪些选项符合《民族区域自治法》规定?(2009 年)

A. 国家财政体制下属于民族自治地方的财政收入,由自治机关自主地安排使用

B. 民族自治地方的财政预算支出,按国家规定设机动资金,但预备费在预算中不得高于一般地区

C. 自治机关对本地方的各项开支标准、定员、定额,按照国家规定的原则,结合本地方的实际情况,可以制定补充规定和具体办法,并须分别报国务院、省、自治区、直辖市批准

D. 民族自治地方在全国统一的财政体制下,通过国家实行的规范的财政转移支付制度,享受上级财政的照顾

参考答案:AD

第二十一章　税　　法

【重点内容提示】

税收是国家为实现其公共职能而凭借政治权力,依法强制地、非直接偿还性地征收货币或实物作为财政收入的活动或手段。“国家存在的经济体现就是捐税。”①税法是调整在税收活动中发生的社会关系的法律规范的总称,主要由税收体制法和税收征纳法组成。税收体制法的核心内容是在相同级次和不同级次的国家机关之间分配税权,居于基础和主导地位。税收征纳法可进一步分为税收征纳实体法和税收征纳程序法。其中,税收征纳实体法在整个税法体系中居于主体地位,依其所涉及的税种的不同,可细分为商品税法、所得税法和财产税法,它们的构成要素因应社会经济发展的要求适时变动,以保障宏观调控的有效实施。在纳税人权利世界范围内受到重视的大背景下,税收征纳程序法的保障地位正日趋提高。三者相互补充、相辅相成。

第一节　税收与税法概述

一、税收的概念和特征

税收,又称租税、赋税、捐税等,简称税,是国家为实现其公共职能而凭借其政治权力,依法强制、非直接偿还性地征收货币或实物作为财政收入的活动或手段。税收的重要性,可以用三句话来描述:“税收是政府的奶娘”,强调政府的运转不能没有税;“税收是文明的对价”,强调社会的进步不能没有税;“税收和死亡是人生无法避免的两件大事”,强调人的一生都与税相关联。

与其他财政收入形式相比较,税收具有四个基本特征。

(一)非直接偿还性

非直接偿还性,是指税收虽然最终用之于民,但政府不是按照每一纳税人从公共产品和劳务中的获益多少来征税,即不存在“一对一”的交换关系,因而也就不存在对每一纳税人的直接返还关系。但生活在社会中的每一个成员很难离开政府提供的公共产品和劳务,总是或多或少地从政府提供的公共产品和劳务中获取利益,那其就理应为公共产品和劳务提供费用,虽然他获益多少与其交纳税收的多少可能是不对称的。但如

① 《马克思恩格斯全集》(第4卷),人民出版社1958年版,第342页。

果把纳税人作为一个整体来对待,国家征税多少与纳税人从公共产品和劳务中得到的利益则是大体对称的。当然,当政府向纳税人提供的公共物品与纳税人承担的纳税义务在总量上处于均衡状态时,纳税人会认为政府是高效、廉政的,自然会主动依法纳税。

从这个角度来讲,税收的"非直接偿还性"特征较之传统的"无偿性"特征,更准确。它也可使税收与因政府提供特殊服务而收取的相关费用的规费收入、按期还本付息的国债收入等区别开来。

(二)强制性

税收的强制性,是指在国家税法规定的范围内,任何单位和个人都必须依法纳税,否则就要受到法律的制裁。在主体意志方面,税收并不取决于纳税人的认识和意愿(但税收的实效要取决于主观与客观是否能够相统一),因而具有单方强制性。延至现代社会,税收的强制性还表现在国家税务机关必须遵从税法的规定征税,既不准横征暴敛,也不得随意放弃,税收的强制性共同作用于征纳税双方。

税收的强制性,是税收非直接偿还性的必然要求。因为非直接偿还性使局部利益与整体利益发生矛盾与冲突,而且,整体的规模越大,矛盾就越突出。因此,税收必须具有强制性,必须运用强制性的公共权力,才能保证国家收入和社会整体利益不受侵犯。

(三)规范性

税收的规范性,是指税收课征的依据是税法,国家在征税之前,就通过法律形式,将应开征的税种、征税范围、纳税人、征收比例及违法处罚标准等规定下来,由征纳双方共同遵守。简言之,税收的规范性包含以下两方面的含义:一是税收活动的进行不是随意的,而是以法律形式规定的;二是税收征纳及其他一切税收关系的处理原则和标准都被预先规定。

税收的征收具有非直接偿还性,依靠国家政治权力,实行强制征收。但是,要保证这种分配活动的有序和有效,维护国家和纳税人双方正当的利益,就有必要规范征纳双方的行为,通过法律形式预先确定各项征收数额和征税办法,这样既有利于纳税人合理安排生产与投资、储蓄与消费,又有利于国家合理安排各项支出,更好地实现其承担的各项政治经济职责。

(四)公共目的性

税收作为提供公共物品的最主要的资金来源,着重以满足公共欲望、实现国家的公共职能为直接目的。为此,税收必须根据纳税主体的负担能力依法普遍课征,并不具有惩罚性,从而可以使税收同因处罚违法行为所获得的罚没收入区别开来。它们表现在税法规定的纳税主体日渐宽泛,征税对象多种多样,以及税收作为公共物品的最主要资金来源,着重以满足公共欲望、实现国家公共职能为直接目的。

值得指出的是,西方税收理论所强调的有限性特征,在一定意义上是税收的公共目的性特征所派生的。税收的有限性,即税收的征收规模和数额应有一定的限度,避免过重的税收危害资本的正常发展。国家征税应适度,即既要考虑公共支出的需要,也要考虑纳税人的承受能力,特别是不能借公共支出的需要而破坏税源。因为税源一旦遭到破坏,那么税收将成为"无源之水",也会引发社会震荡。

上述税收的四个基本特征,是古今中外一切税收的共性,它们是相互依存、不可分割的统一体,是税收区别于其他财政收入形式的基本标志,只有同时具备上述特征的财政收入形式才是税收。

二、税收的分类

(一)商品税、所得税和财产税

依据征税对象的不同,税收可以分为商品税、所得税和财产税,这是税收最重要、最基本的分类。由于征税对象是税制的核心要素,是区分不同税种的主要标准,它直接影响相关税种的特征、作用和征管方法等,因此,征税对象历来深受重视,许多国家、国际组织以及学者都较为认同以征税对象作为税收分类的最重要的依据,从而使上述分类在税收法制建设中也具有重要地位。

(二)直接税与间接税

依据税负能否转嫁,税收可分为直接税和间接税。凡税负不能转嫁给他人,而是由纳税人直接承担税负的税种,即为直接税,如各类所得税。凡税负可以转嫁他人,纳税人只是间接承担税负的税种,即为间接税,如各类商品税。这种分类,对于研究税收归宿、税法实效等问题具有重要意义。

(三)从量税与从价税

依据税收计征标准的不同,税收可分为从量税和从价税。凡以征税对象的数量、重量、容量等为标准从量计征的税种,为从量税,或称"从量计征",如资源税。凡以征税对象的价格为标准从价计征的税种,为从价税,或称"从价计征"。多数税种,如增值税等都是实行从价计征。这种分类,有利于研究税收与价格变化的关系,便于国家相机决策。

(四)中央税与地方税

依据税收管理权和税收收益权的不同,税收可分为中央税与地方税。凡由国家最高权力机关或经其授权进行税收立法、税收管理权和税收收益权归属于中央政府的税收,为中央税,也称国税。凡由地方权力机关立法开征,或者税收管理权和税收收益权归属于地方政府的税收,为地方税,也称地税。此外,某些税种的税收收入由中央政府和地方政府按分成比例共同享有,可以统称为中央与地方共享税。这种分类与一国的税收管理体制密切相关,且直接影响税收的征管。

(五)价内税与价外税

依据税收与价格的关系,税收可分为价内税与价外税。凡在征税对象的价格中包含税款的,为价内税,如我国现行消费税。凡税款独立于征税对象的价格之外的税,为价外税,如我国现行增值税。这种分类有助于认识税负转嫁和重复征税等问题。

(六)独立税与附加税

依据课税标准是否具有依附性,税收可分为独立税与附加税。凡不需依附于其他税种而仅依自己的课税标准独立课征的税,为独立税,也称主税。多数税种均为独立税。凡需附加于其他税种之上课征的税,为附加税。独立税可以单独征收,而附加税只能附加征收。

除上述分类外,税收还可分为对人税与对物税、实物税与货币税、经常税与临时税、财政税与调控税、累进税与累退税等。此外,在我国税收实践中,还将税收分为工商税收、农业税收和关税税收等。

三、税法的概念和体系

税法是调整在税收活动中发生的社会关系的法律规范的总称。换言之,税法是调整税收关系的法律规范的总称。它是经济法的重要部门法,在经济法的宏观调控法中居于重要的地位。

税收关系可分为税收体制关系和税收征纳关系。前者是指各相关国家机关因划分税收方面的权限划分而发生的社会关系,实质上是一种权力分配关系。后者是指在税收征纳过程中发生的社会关系,主要体现为税收征纳双方之间的关系。同时,税收征纳关系还可进一步分为税收征纳实体关系和税收征纳程序关系两类。与此相应,调整税收关系的法律规范也就可以分为两类,即税收体制法和税收征纳法。税收体制法的核心内容是在相同级次和不同级次的国家机关之间分配税权,而税收征纳法又可进一步分为税收征纳实体法和税收征纳程序法。其中,税收征纳实体法依其所涉及的税种的不同,又可以进一步分为商品税法、所得税法和财产税法,它们在整个税法体系中都占有重要地位,是需要适时变动,以保障宏观调控的有效实施的部分。

关于税法体系的结构,还需说明下述几点:(1)上述三个税法部门的划分只具有相对意义,也就是说,不同税法部门之间,虽然各有特定主题而可彼此相对独立,但在调整范围和内容上都有一定交叉。(2)从实体法与程序法的角度来说,税收体制法与税收征纳实体法都属于实体法,而税收征纳程序法则属于税收程序法。但税收程序法的地位正日趋提高。(3)税收体制法是规定税收权力分配的法律规范的总称,居于基础和主导地位;税收征纳实体法居于主体地位;税收征纳程序法居于保障地位。三者相互补充、相辅相成。(4)本章对税法体系的设计与上述理论有所不同。鉴于广义上的财政体制包含了税收体制,本章对税收体制法不再赘述,仅介绍税收征纳实体法和税收征纳程序法。

四、税法的构成要素

(一)税法的构成要素概述

税法的构成要素,又称税制构成要素、课税要素或课税要件,是构成税法的必要因素,是税法的必不可少的内容。税法的构成要素问题是税法理论中的重要问题。

依不同的标准,税法的构成要素可作不同的分类。例如,依据各类要素是否具有普遍意义,可将税法的构成要素分为一般要素和特别要素。前者是各类税法都必须具备的共同要素;后者仅是某类税法独具的、必备的要素。在通常情况下,一般要素往往更受关注,并可以分为人的要素、物的要素和关系要素。本节介绍一种更重要、更普遍的分类,即实体法要素和程序法要素。

(二)实体法要素

税法中的实体法要素,是决定征税主体能否征税和纳税主体的纳税义务能否成立的必要条件。主要包括以下几个方面。

1. 税法主体

税法主体是在税收法律关系中享有权利和承担义务的当事人,包括征税主体和纳税主体两类。从理论上来说,因为征税权是国家主权的一部分,征税主体是国家。在具体的征税活动中,国家授权政府的职能部门来实际行使征税权。各国一般是由税务机关和海关来具体负责税收征管。在我国,由各级财政机关、税务机关和海关具体负责税收征收。其中,税务机关是最重要的、专门的税收征收机关,它负责最大量的、最广泛的工商税收的征管;海关负责征收关税、船舶吨税,代征进口环节的增值税、消费税;财政机关曾主要负责农业税收的征管,其具体负责的税种和征管范围正在逐渐缩小。

纳税主体,又称纳税义务人,简称纳税人,是依照税法规定直接负有纳税义务的自然人、法人和非法人组织。纳税主体在具体的税法中还可能有其他的分类。例如,在增值税法中有一般纳税人和小规模纳税人之分;在所得税法中有居民纳税人和非居民纳税人之分等。依照《税收征收管理法》的规定,我国纳税人享有税收知情权、要求保密权、申请减免权、申请退税权、陈述申辩权、请求回避权、选择纳税申报方式权、申请延期申报权、申请延期缴纳税款权、拒绝检查权、委托税务代理权、取得代扣代收手续费权、索取完税凭证权、索取收据或清单权、税收救济权、请求国家赔偿权、控告检举举报权等权利。

2. 征税客体

征税客体,也称征税对象或课税对象,是指征税的直接对象或称标的。它说明对什么征税的问题。

征税客体在税法的构成要素中居于十分重要的地位。它是各税种相区别的主要标志,也是进行税法分类的最重要的依据,同时,还是确定征税范围的重要因素。依据征税对象性质的不同,可将其分为商品、所得和财产三大类。但在具体的税法中,还需要通过税目和计税依据来对其加以具体化。

3. 税目和计税依据

税目和计税依据是对征税对象在质与量上的具体化。所谓税目,就是税法规定的征税的具体项目。它是征税对象在质的方面的具体化,反映了征税的广度。所谓计税依据,也称计税标准、计税基数,简称税基,是根据税法规定所取得的用以计算应纳税额的依据,也是用以计算应纳税额的基数。它是征税对象在量的方面的具体化,直接影响着纳税人最终的税负的承担。

4. 税率

税率是应纳税额与计税基数之间的数量关系或比率。它是衡量税负高低的重要指标,是税法的核心要素;它反映国家征税的深度和国家的经济政策,是极重要的宏观调控手段。

税率可分为比例税率、累进税率和定额税率,这是税率的一种最重要的分类。比例税率,是指对同一征税对象,不论其数额大小,均按照同一比例计算应纳税额的税率。累进税率,是指随着征税对象的数额由低到高逐级累进,所适用的税率也随之逐级提高的税率。即按征税对象数额的大小划分若干等级,每级由低到高规定相应的税率,征税对象数额越大,适用的税率越高,反之则相反。累进税率可分为全额累进税率、超额累进税率、超率累进税率等。其中,全额累进税率因其违背公平原则,故一般已不采用。

5. 税收特别措施

税收特别措施包括两类,即税收优惠措施和税收重课措施。前者以减轻纳税人的税负为主要目标,并与一定的经济政策和社会政策相关;后者是以加重纳税人的税负为目标而采行的措施,如税款的加成、加倍征收等。

由于税法具有规制性,因而两类税收特别措施在税法中都会存在。但税收优惠措施采行更为普遍。如税收减免、税收抵免、亏损结转等,在广义上均属于税收优惠。其中,税收减免运用得最广泛。

(三)程序法要素

税法中的程序法要素,是保障税收征纳实体法有效实施的必不可少的要件。对此类要素,学者的概括不尽相同。但其中公认的一般要素是纳税时间和纳税地点。

1. 纳税时间

纳税时间,是指在纳税义务发生后,纳税人依法缴纳税款的期限,因而也称纳税期限。纳税期限可分为纳税计算期和税款缴库期。前者说明纳税人应多长时间计缴一次税款,反映了计税的频率;后者说明应在多长期限内将税款缴入国库,它是纳税人实际缴纳税款的期限。

2. 纳税地点

纳税地点是纳税人依据税法规定向征税机关申报纳税的具体地点。它说明纳税人应向哪里的征税机关申报纳税以及哪里的征税机关有权进行税收管辖的问题。通常,在税法上规定的纳税地点主要是机构所在地、经济活动发生地、财产所在地、报关地等。

除上述的纳税时间和纳税地点外,还有学者认为纳税环节、计税方法、处罚程序等也属于程序法要素,但它们在总体上属于特别要素,不像纳税时间和纳税地点那样在形式税法中规定得那么普遍。

五、税法的基本原则

税法的基本原则是税法基本精神的高度凝练,是确立税收法律制度应遵循的基本准则。综观各国税制的内容与特点,为世界各国所通用的原则为以下两种。

(一)税收法定原则

税收法定原则,也称税收法律主义、税收法定主义,是指税的课赋和征收必须基于法律进行。换言之,没有法律的根据,国家就无权课赋和征税,国民也不得被要求缴纳税款。这里的“法”,是指由国家立法机关制定的正式法律。以行政立法形式通过的税收法规、规章,如果没有正式的税收法律行为依据或者是违反正式税收法律的规定都是无效的。例如,2005 年 4 月 30 日,建设部、国家发展和改革委员会、财政部、国土资源部、中国人民银行、税务总局、银监会等七部委联合发布了《关于做好稳定住房价格工作的意见》,对房地产交易中的营业税进行了规定;2005 年 5 月 24 日,建设部、国家发展和改革委员会、监察部、财政部、国土资源部、中国人民银行、税务总局、统计局、银监会等九部委又下发了《关于调整住房供应结构稳定住房价格的意见》,对房地产交易中的营业税进行调整。显而易见,这里的房地产营业税的征收标准并不是由法律确定,而是由各部委出台的意见来调整,有违税收法定原则。

税收法定主义的功能就在于限制政府行政权的行使,使公民的经济生活具有法律的稳定性和可预测性,它包括税收要件法定原则和税务合法性原则。前者要求有关纳税主体、课税对象、归属关系、课税标准、缴纳程序等,应尽可能在法律中作明确详尽的规定;后者要求税务机关严格依法征税,不允许随意减征、停征或免征,更不能超出税法的规定加征。具体包括:(1)税的开征必须由法律、行政法规明文规定,没有法律依据国家不得征税。(2)课税要素法定、明确,行政机关尤其是税务机关没有征税自由裁量权。(3)符合征税条件的事项,税务机关就应该征税,法无明文规定,不得随意减免。(4)税法程序保障。税务机关应按照法定程序征税,纳税人有获得行政救济和司法救济的权利。党的十八届三中全会明确提出“落实税收法定原则”,2015 年新修改的《立法法》基于此将税收基本制度作为第 8 条第 6 项,单列为只能制定法律的事项。

(二)量能课税原则

量能课税原则,是指税的课赋和征收必须基于纳税人的税收负担能力进行。税收负担能力强的纳税人,应该多负担税收;税收负担能力弱的纳税人,可以少负担税收;没有税收负担能力的纳税人,则不应该负担税收。量能课税原则是法的公平原则在税收领域的体现,具有两方面的含义:一是指纳税人的地位平等;二是指税收负担须在纳税人之间公平分配。税收负担公平分配包括两个方面:横向公平是指经济情况相同、纳税能力相当的纳税人,其税收负担应当相同;纵向公平亦称根据负担能力课税,是指经济情况不同、能力不等的纳税人,在税收负担上应当区别对待。

第二节 税收征纳实体法

一、税收征纳实体法概述

税收征纳实体法在整个税法体系中居于主体地位,有关税收征纳实体法规范在税收立法中是最大量、最全面的部分,从而构成了十分重要的税收征纳实体法律制度。它具体包括商品税、所得税和财产税三个方面的法律制度。其中,由于商品税或所得税一般都是各国的主体税种,商品税法律制度和所得税法律制度相应重要一些;财产税因其一般是地方税,在国家的税收中并不占有重要地位,财产税法律制度相对较为次要。当然,这些税种及其相应法律制度的设置和地位也会因应市场发展阶段发生变化。例如,在股票市场发展初期,发达国家一般开征商品税对市场加以调控;随着市场日趋成熟逐步降低税率,甚至取消商品税,最终形成以所得税为中心的税制结构,并对投资所得尽量避免重复征税、对资本利得给予一定的税收优惠。

税收征纳实体法律制度在实现税法的宗旨方面有着重要作用。在我国现行税收立法中,有关税收征纳实体法律的规范所占比重较大,但也有相当数量的税收征纳程序法规范与之相随。本节旨在介绍税收征纳实体法律制度,因而下面将着重介绍商品税、所得税、财产税法律制度,有关税收征纳程序法律制度暂不展开介绍。

二、商品税法律制度

(一)商品税法律制度概述

商品税是以商品(包括劳务)为征税对象,以依法确定的商品的流转额为计税依据而征收的一类税。在国际上也通称"商品与劳务税"。此外,由于是以一定的流转额为计税依据,因而也有人称其为流转税。商品税的主要特点是包括:它以商品的流转或劳务的提供为前提,只要有商品或非商品流转,不问有无利润或纳税人负担能力如何,一律按规定的税率征收;征税在销售商品或提供劳务后进行;计税以商品价格或服务收费标准为依据。

商品税主要包括增值税、消费税和关税,是我国税收收入的主要来源。商品税法律制度在整个税法体系中也占有重要地位。在全球化的大背景下,我国商品税法律制度同样适用于外商投资企业,已经实现了内外两套税制的统一。

(二)增值税法律制度

增值税是以应税商品或劳务的增值额为计税依据而征收的一种商品税。它是商品税中的核心税种,对于保障财政收入、避免重复征税、保护公平竞争等具有特别重要的意义。增值税在20世纪50年代最先被法国提出并开征,其后世界各国纷纷效仿。

我国增值税法律制度主要表现为《增值税暂行条例》(1993年11月26日由国务院颁布,自1994年1月1日起施行;2008年11月5日国务院第34次常务会议修订通过,自2009年1月1日起施行;根据2016年2月6日《国务院关于修改部分行政法规的决定》第一次修订;根据2017年11月19日《国务院关于废止〈中华人民共和国营业税暂行条例〉和修改〈中华人民共和国增值税暂行条例〉的决定》第二次修订)以及《增值税暂行条例实施细则》(2008年12月18日由财政部和国家税务总局发布,自2009年1月1日起施行;根据2011年10月28日财政部、国家税务总局令第65号公布的《关于修改〈中华人民共和国增值税暂行条例实施细则〉和〈中华人民共和国营业税暂行条例实施细则〉的决定》修订,自2011年11月1日起施行)。增值税是目前我国第一大税种,国内环节的增值税由税务部门征收,进口环节的增值税由海关代征。

1. 纳税人

我国采用属地原则确定增值税的纳税人。在我国境内销售货物或者加工、修理修配劳务,销售服务、无形资产、不动产以及进口货物的单位和个人,为增值税的纳税人。

我国增值税实行凭增值税专用发票抵扣税款的制度,要求增值税纳税人会计核算健全,并能够准确核算销项税额、进行税额和应纳税额。目前,我国众多纳税人的会计核算水平参差不齐,加上某些经营规模小的纳税人直接面向最终消费者销售货物或提供应税劳务,无须开具增值税专用发票。从税法地位和税款计算的角度,《增值税暂行条例》将纳税人划分为一般纳税人和小规模纳税人。小规模纳税人的标准由国务院财政、税务主管部门规定。小规模纳税人以外的纳税人应当向主管税务机关办理登记。小规模纳税人会计核算健全,能够提供准确税务资料的,可以向主管税务机关办理登记,不作为小规模纳税人,依照《增值税暂行条例》有关规定计算应纳税额。纳税人一经认定为增值税一般纳税人,不得再转为小规模纳税人。

2. 征税范围

增值税的征税范围包括:(1)销售或者进口的货物。货物,是指有形动产,包括电力、热力、气体在内。(2)提供的加工、修理修配劳务。加工,是指受托加工货物,即委托方提供原料及主要材料,受托方按照委托方要求制造货物并收取加工费的业务;修理修配,是指受托对损伤和丧失功能的货物进行修复,使其恢复原状和功能的业务。(3)销售服务、无形资产、不动产。

3. 税率

《增值税暂行条例》规定,增值税的税率分为四档,即17%、11%、6%和零税率。17%为基本税率,适用于一般情况下的销售货物、劳务、有形动产租赁服务或者进口货物。纳税人出口货物,税率为零;但是,国务院另有规定的除外。境内单位和个人跨境销售国务院规定范围内的服务、无形资产,税率为零。纳税人销售交通运输、邮政、基础电信、建筑、不动产租赁服务,销售不动产,转让土地使用权,销售或者进口下列货物:(1)粮食等农产品、食用植物油、食用盐;(2)自来水、暖气、冷气、热水、煤气、石油液化气、天然气、二甲醚、沼气、居民用煤炭制品;(3)图书、报纸、杂志、音像制品、电子出版物;(4)饲料、化肥、农药、农机、农膜;(5)国务院规定的其他货物,适用11%的税率。纳税人销售服务、无形资产，除适用17%、11%和零税率的项目外，税率为6%。

《增值税暂行条例》还规定，税率的调整，由国务院决定。纳税人兼营不同税率的项目，应当分别核算不同税率项目的销售额；未分别核算销售额的，从高适用税率。为应对中美贸易战和推进供给侧改革，财政部和国家税务总局2018年4月4日发布《关于调整增值税税率的通知》（财税〔2018〕32号）：纳税人发生增值税应税销售行为或者进口货物，原适用17%和11%税率的，税率分别调整为16%、10%。

小规模纳税人经营规模小，会计核算不健全，难以按上述四档税率计税和使用增值税专用发票抵扣进项税款，因此发生应税销售行为，实行按销售额与征收率计算应纳税额的简易办法，并不得抵扣进项税额。小规模纳税人增值税征收率为3%，国务院另有规定的除外。

（三）消费税法律制度

消费税是对特定的消费品和消费行为征收的一种税。其特点是：只选择一部分消费品和消费行为作征税对象；它只在消费品的生产、流通和消费的某一环节征收；税率和税额有较大差别，这是根据消费品的种类、档次、结构、功能及消费品中某一成分的含量、供求关系和价格确定的；消费税税负具有转移性，最终都要转移到消费者身上。

我国消费税法律制度主要体现为《消费税暂行条例》（1993年12月13日由国务院颁布，经2008年11月5日修订，自2009年1月1日起施行），以及《消费税暂行条例实施细则》（1993年12月25日由财政部和国家税务总局发布，经2008年12月15日修订，自2009年1月1日起施行）。国内环节的消费税由税务部门征收，进口环节的消费税由海关代征。从收入归属来看，消费税是中央税，全部收入归中央政府所有。

我国消费税的实体法规范的主要内容为以下几个方面。

1. 纳税人

凡在我国境内从事生产、委托加工和进口应税消费品的单位和个人，均为消费税的纳税人。其中，生产者在生产销售环节、进口者在进口环节缴纳消费税，委托加工应税消费品的，由受托方在委托方提货环节代征代缴，但对委托个体经营者加工应税消费品的，一律于委托方收回应税消费品后在委托方所在地缴纳消费税。此外，凡从事金银首饰、钻石及其饰品生产经营业务的，以零售单位或个人为纳税人，生产、进口和批发上述消费品的不征收消费税。

2. 征税范围

征收消费税的产品主要分两种情况：一种是1994年由征收产品税改征增值税后税负大幅度下降的产品，另一种是需要进行特殊税收调节的消费品。需要进行税收调节的消费品主要有：（1）过度消费会对人类健康、社会秩序和生态环境等造成危害的消费品；（2）奢侈品和非生活必需品；（3）高耗能的高档消费品；（4）不可再生和替代的石油类消费品；（5）具有特定财政意义的消费品。

《消费税暂行条例》规定了征收消费税的14个税目，有的税目还进一步划分若干子目,以便分别适用不同的税率。具体为烟,酒及酒精,化妆品,贵重首饰及珠宝玉石,鞭炮、焰火,成品油,汽车轮胎,摩托车,小汽车,高尔夫球及球具,高档手表,游艇,木质一次性筷子和实木地板。

3. 税率

消费税的征收不采用单一税率行使,而是根据各自的不同情况,选择不同的税率。主要有比例税率和定额税率两种形式。定额税率适用的消费品有成品油、黄酒和啤酒三种。

根据国民经济和社会发展的需要,我国消费税改革将主要从两方面展开:(1)对征收范围的扩大或缩小,增大对“两高一资”(高耗能、高污染、资源性)产品的税率;(2)在征收环节进行改革,或将试点在加油站对消费者征收成品油消费税,即由向企业征收改为向居民个人征收。

(四)关税法律制度

关税是以进出关境的货物或物品的流转额为征税对象而征收的一种商品税。作为一种较为古老的税种,它在各国开征十分普遍,且具有较强的政策性。根据不同的标准,关税可分为不同的种类。例如,根据征税对象的流向,关税可分为进口税、出口税和过境税。这一分类直接影响关税调控制度的基本内容。各国一般主要是征收进口税,且以对进口货物征税为主,因为进口税对于国际经济和一国的民族经济的发展影响更大。又如,依据征税目的不同,关税可以分为财政关税和保护关税。这一分类与税收调控密切相关。所谓财政关税,就是以增加财政收入为主要目的而课征的关税,其特点是税率较低,从而能够鼓励进口,达到增加进口税收收入的目的。所谓保护关税,就是以保护本国的民族经济发展为主要目的而课征的关税。其主要特点是税率较高,从而可以削弱进口商品在本国市场上的竞争力,以实现保护本国民族经济的目的。诚如孙中山先生所说,“各国平时对于外国经济力的侵入,都是用海关作武器,来保护本国经济事业的发展,好比在海口上防止外来军队的侵入,便要筑炮台一样,所以保护税法就是用关税去抵制外货,本国的工业才可以发达”。① 在经济全球化的背景下,由于关税调控制度与各类宏观调控措施联系密切,需要随国家的各类经济政策的调整而不断作出调整,因而,其变化相对较大。自我国加入 WTO 以来,为适应市场经济发展的要求、履行“入世”承诺并促进对外经贸发展,我国曾先后多次大幅度自主降低关税税率。

我国关税法律制度主要表现为《进出口关税条例》(2003 年 10 月 29 日由国务院颁布,自 2004 年 1 月 1 日起施行)和《海关进出口税则》(多次修订)、《海关法》(1987 年 1 月 22 日通过,2000 年 7 月 8 日修正),以及《反倾销条例》(2001 年 10 月 31 日由国务院颁布,自 2002 年 1 月 1 日起施行)和《反补贴条例》(2001 年 12 月 11 日由国务院颁布,自 2002 年 1 月 1 日起施行)。其主要内容包括以下几个方面。

---

① 孙中山:《三民主义》,中国长安出版社 2011 年版,第 22 页。

1. 征税范围和纳税主体

我国关税的征税范围包括准许进出我国国境的各类货物和物品。其中,货物是指贸易性的进出口商品,这是关税最大量、最重要的征税对象。物品则包括非贸易性的下列物品:(1)入境旅客随身携带的行李和物品;(2)个人邮递物品;(3)各种运输工具上的服务人员携带进口的自用物品;(4)馈赠物品以及以其他方式入境的个人物品。

关税的纳税主体是依法负有缴纳关税义务的单位和个人。就贸易性商品而言,其纳税主体是:(1)进口货物的收货人;(2)出口货物的发货人。就非贸易性物品而言,其纳税主体为进境物品的所有人。

2. 税率

关税的税率是进行关税调控的重要工具。针对不同的进出口商品,适用不同的税率,是关税调控制度具有较强政策性的一个突出体现。关税调控涉及领域广阔,目前我国征收关税的税目达7000多个,相应的税率安排也非常复杂,主要是为了对原产于不同国家的不同商品,采取区别对待的政策。

我国关税实行差别比例税率,对同一税目货物分别规定进口税率和出口税率。其中,进口关税设置最惠国税率、协定税率、特惠税率、普通税率、关税配额税率等税率。对进口货物在一定期限内可以实行暂定税率。对出口货物在一定期限内可以实行暂定税率。

在税率的适用方面,上述各类税率分别有各自适用对象,从而有助于实现税收调控目标:(1)最惠国税率,适用于那些原产于共同适用最惠国待遇条款的WTO成员的进口货物,原产于与我国签订含有相互给予最惠国待遇条款的双边贸易协定的国家或地区的进口货物,以及原产于我国境内的进口货物。(2)协定税率,适用于那些原产于与我国签订含有关税优惠条款的区域性贸易协定的国家或地区的进口货物。(3)特惠税率,适用于那些原产于与我国签订含有特殊关税优惠条款的贸易协定的国家或地区的进口货物。(4)普通税率,适用于那些原产于上述第(1)、(2)、(3)项所列区域以外的国家或地区的进货物,以及原产地不明的进口货物。

另外,任何国家或地区违反与我国签订或者共同参加的贸易协定及相关协定,对我国在贸易方面采取禁止、限制、加征关税或者其他影响正常贸易的措施的,对原产于该国家或地区的进口货物,可以征收报复性关税,适用报复性关税税率。征收报复性关税的货物、适用国别、税率、期限和征收办法,由国务院关税税则委员会决定并公布。

国务院关税税则委员会,是进行关税调控的重要主体,其主要职责是:(1)负责关税的税目和税率的调整和解释,报国务院批准后执行;(2)决定实行暂定税率的货物、税率和期限;(3)决定关税配额税率;(4)决定征收反倾销税、反补贴税、保障措施关税、报复性关税以及决定实施其他关税措施;(5)决定特殊情况下税率的适用等。

3. 税基与应纳税额的确定

关税的税基,是关税的完税价格。完税价格的确定或估定,因货物的进口或出口而有所不同。进口货物以海关审定的成交价格为基础的到岸价格作为完税价格。到岸价格包括货价,加上货物运抵我国关境内输入地点起卸前的包装费、运费、保险费和其他劳务费等费用。进口货物的到岸价格经海关审查未能确定的,海关应当估定完税价格。进口货物应当以海关审定的货物售与境外的离岸价格,扣除出口关税后,作为完税价格。离岸价格不能确定时,完税价格由海关估定。

关税的应纳税额的确定,主要分为从价计征、从量计征两种情况。

(1)从价计征的计算公式为:应纳税额 = 完税价格 × 关税税率;

(2)从量计征的计算公式为:应纳税额 = 货物数量 × 单位税额。

4. 税收减免

关税的减免较为复杂,可分为法定减免、特定减免和临时减免三大类,这有助于结合关税领域里的复杂情况,更好地进行关税调控。

依照《进出口关税条例》的规定,下列进出口货物,免征关税:(1)关税税额在人民币50元以下的一票货物;(2)无商业价值的广告品和货样;(3)外国政府、国际组织无偿赠送的货物;(4)在海关放行前损失的货物;(5)进出境运输工具装载的途中必需的燃料、物料和饮食用品。除上述法定减免外,特定地区、特定企业或者有特定用途的进出口货物减征或者免征关税,以及临时减征或者免征关税,按照国务院有关规定执行。

5. 反倾销税和反补贴税的相关问题

在激烈的国际贸易竞争中,反倾销税和反补贴税这两类关税附加税的征收,是各国经常采用的关税调控措施。它们实际构筑的关税壁垒,与相关的产业保护和宏观调控等密切相关。

根据我国《反倾销条例》和《反补贴条例》(2001年11月26日公布,2004年3月31日修订,自2004年6月1日起施行)的规定,征收反倾销税和反补贴税,由商务部提出建议,国务院关税税则委员会根据其建议作出决定,由商务部予以公告。海关自公告规定实施之日起执行。

反倾销税的纳税人为倾销进口产品的进口经营者。反补贴税的纳税人为补贴进口产品的进口经营者。

反倾销税和反补贴税应当根据不同进口经营者的倾销幅度或补贴金额,分别确定。对未包括在审查范围内的出口经营者的倾销进口产品,需要征收反倾销税的,应当按照合理的方式确定对其适用的反倾销税;对实际上未被调查的出口经营者的补贴进口产品,需要征收反补贴税的,应当迅速审查,按照合理的方式确定对其适用的反补贴税。

三、所得税法律制度

(一)所得税与宏观调控

所得税即收益税,是以纳税人的纯收益为征税对象的一类税。所得税1799年首创于英国,是现在世界各国普遍采用的一种税,发达国家一般采取以所得税为主体的税制目标模式。我国于1958年才将工商业税中的所得税改为一种独立的工商所得税,目前我国采取的是以商品税和所得税为主体的复税制模式,所得税收入在国家税收收入中所占比重正逐年提高,地位日益重要。

所得税具有以下特点:(1)征税对象是所得,计税依据是纯所得额。这是所得税能够成为宏观调控工具的基础。(2)税基的确定较为复杂,国家可以通过在税基方面的特殊规定来实施调控。(3)比例税率与累进税率并用,使所得税不仅能够成为增进企业效率的重要工具,同时也能成为调控收入分配的重要杠杆。(4)所得税为直接税,税负不易转嫁,这使所得税的调控效果更显著。可见,所得税以纳税人的实际负担能力为征税原则,所得多的多征、所得少的少征、无所得的不征,不像商品税那样不问有无利润和负担能力都要征税。所得税通过调节纳税人的收入,不但可以为国家积累资金,集中财政收入,还可调节各经济主体的积累和消费水平,有利于坚持总供给与总需求的平衡,从而成为各国普遍采用的宏观调控的重要工具。所得税可分为企业所得税(或称公司所得税)和个人所得税两类。

(二)企业所得税制度

企业所得税是对我国境内的企业和其他组织的生产经营所得和其他所得征收的一种税。过去我国在企业所得税领域长期实行内外有别的两套税制,内资企业所得税和涉外企业所得税的两套制度长期并存。2008 年 1 月 1 日之后,我国企业所得税法律制度实现了统一。

我国现行企业所得税制度主要体现为《企业所得税法》(2007 年 3 月 16 日通过,自 2008 由国务院颁布,自 2008 年 1 月 1 日起施行)。其实体法律规范主要内容有以下几个方面。

1. 纳税人

在我国境内的企业和其他取得收入的组织,为企业所得税的纳税人。但我国对个人独资企业和合伙企业不征收企业所得税,这是基于不同企业形态的收益而作出的一种调控,这使我国企业所得税的性质主要成为一种法人所得税。

上述作为企业所得税的纳税人又可以分为居民企业和非居民企业。其中,居民企业是指依法在中国境内成立,或者依照外国(地区)法律成立但实际管理机构在中国境内的企业。非居民企业是指依照外国(地区)法律成立且实际管理机构不在中国境内,但在中国境内设立机构、场所的,或者在中国境内未设立机构、场所,但有源于中国境内所得的企业。

2. 征税范围

居民企业应当就其源于中国境内、境外的所得缴纳企业所得税。非居民企业在中国境内设立机构、场所的,应当就其所设机构、场所取得的源于中国境内的所得,以及发生在中国境外但与其所设机构、场所有实际联系的所得,缴纳企业所得税。对居民企业和非居民企业的划分,不仅有利于明确不同类型纳税人的纳税义务,而且也有助于明确税收调控的重点。

企业所得税的征税范围,包括纳税人以货币形式和非货币形式从各种来源取得的收入,包括营业收入、劳务收入、投资收入、捐赠收入等。不征税收入包括财政拨款,以及依法收取并纳入财政管理的行政事业性收费、政府性基金、国务院规定的其他不征税收入等。对征税收入和不征税收入的区分,有利于更好地提供公共物品,也有利于更好地实现税收的调控目标。

3. 税率

《企业所得税法》将企业的税率分为两类:一类是一般税率;另一类是预提所得税税率。其中,一般税率为25%,在国际上属于中等偏下水平,适用于居民企业和在中国境内设有机构、场所且所得与机构、场所有关联的非居民企业。对一般税率的统一,有利于形成企业公平竞争的外部环境,有利于更好地进行宏观调控。预提所得税税率为20%,适用于在中国境内未设立机构、场所的,或者虽设有机构、场所但取得的所得与其所设机构、场所没有实际联系的非居民企业。但实际征收时适用10%的税率。

4. 税基的确定

企业所得税的税基是应税所得额,其确定较为复杂,直接影响纳税人的纳税义务。税基的确定和调整是国家进行所得税调控的重要手段,也是有效适用税法的基础。

(1)税基的总体确定

企业每一纳税年度的收入总额,减除不征税收入、免税收入、各项扣除以及允许弥补的以前年度亏损后的余额,为应纳税所得额,这是确定税基的一项原则和方法。为了确定应税所得额,必须分别确定收入总额和各项应从收入总额中减除的项目的金额。

(2)税基的具体确定

在税基的确定方面,较为复杂的是准予扣除项目金额的确定,这也是体现税收调控精神的重要领域。

第一,准予扣除项目,是企业实际发生的与取得收入有关的合理的支出,包括成本、费用、税金、损失和其他支出。纳税人的财务会计对这些项目的处理与税法规定不一致的,应按照税法规定予以调整。准予在计算应纳税所得额时扣除,但并非无条件地都可以扣除。例如,企业发生的公益性捐赠支出,在年度利润总额12%以内的部分,准予扣除,但扣除比例已比过去有很大提高,体现了税法鼓励公益性捐赠的调控精神。

第二,不得扣除的项目,是那些经济上不合理、法律上不合法的项目,例如,向投资者支付的股息、红利;企业所得税税款;税收滞纳金;罚金、罚款和被没收财物的损失,等等。这些规定,体现了所得税调控的重要导向作用。

第三,准许亏损结转,即企业纳税年度发生的亏损,准予向以后年度结转,用以后年度的所得弥补,但结转年限最长不得超过5年。亏损结转是一种重要的调控措施,对于相关企业是一种税收优惠,有利于企业提高竞争力和持续发展。

上述有关税基确定的具体要求,并不适用于非居民企业缴纳预提所得税的情况,这在制度设计上体现了区别对待的精神。

5. 税收优惠

企业所得税的税收优惠类型是多种多样的，除税收减免（包括直接免税和裁量减免）外，还包括税率优惠、加计扣除、所得抵扣、加速折扣、减计收入、税额抵免等类型。这些类型，有的是税率上的优惠，有的是税基上的优惠，还有的是直接的税额上的优惠，它们都是进行所得税调控的重要手段。

（1）免税收入

免税收入包括国债利息收入；符合条件的居民企业之间的股息、红利等权益性投资收益；在中国境内设立机构、场所的非居民企业从居民企业取得的与该机构、场所有实际联系的股息、红利等权益性投资收益；符合条件的非营利组织的收入等。

（2）免征、减征

依法可以免征、减征企业所得税的所得包括从事农、林、牧、渔业项目的所得；从事国家重点扶持的公共基础设施项目投资经营的所得；从事符合条件的环境保护、节能节水项目的所得；符合条件的技术转让所得；非居民企业应缴纳预提所得税的所得。

此外，民族自治地方的自治机关对本民族自治地方的企业应缴纳的企业所得税中属于地方分享的部分，可以决定减征或者免征。自治州、自治县决定减征或者免征的，须报省级人民政府批准。

（3）税率优惠

《企业所得税法》设置了两档优惠税率：对符合条件的小型微利企业，根据量能课税原则的要求，实行照顾性税率，减按 20% 的税率征收企业所得税；对国家需要重点扶持的高新技术企业，减按 15% 的税率征收企业所得税。

（4）加计扣除

为了体现国家的相关经济政策和社会政策，企业的下列支出，可以在计算应纳税所得额时加计扣除：第一，开发新技术、新产品、新工艺发生的研究开发费用。这与对创新的鼓励，与研发的特殊性直接相关。第二，安置残疾人员及国家鼓励安置的其他就业人员所支付的工资。这与国家对残疾人员的保障、就业等社会政策直接相关。

（5）所得抵扣

创业投资企业从事国家需要重点扶持和鼓励的创业投资，可以按投资额的一定比例抵扣应纳税所得额。

（6）加速折旧

资产的税务处理，对企业来说是一个非常重要的问题，特别是在折旧方面，是否允许加速折旧，对企业的生产经营和投资选择都有重要影响。为此，《企业所得税法》规定，企业的固定资产由于技术进步等原因，确需加速折旧的，可以缩短折旧年限或者采取加速折旧的方法。

（7）减计收入

减计收入会直接减少税基，从而减轻企业的纳税负担。为了鼓励能源的综合利用，

《企业所得税法》规定,企业综合利用资源,生产符合国家产业政策规定的产品所取得的收入,可以在计算应纳税所得额时减计收入。

(8)税额抵免

在建设节约型社会的理念之下,相关的对环保、节能等方面的税收调控也会受到重视。为此,《企业所得税法》规定,企业购置用于环境保护、节能节水、安全生产等专用设备的投资额,可以按一定比例实行税额抵免。

此外,企业取得的所得已在境外缴纳的所得税税额,可以依法从其当期应纳税额中抵免,抵免限额为该项目所得依照税法规定计算的应纳税额;超过抵免限额的部分,可以在以后5个年度内,用每年度抵免限额抵免当年应抵税额后的余额进行抵补。

以上是《企业所得税法》明确规定的各类税收优惠。另外,根据国民经济和社会发展的需要,或者由于突发事件等原因对企业经营活动产生重大影响的,国务院可以制定企业所得税专项优惠政策,报全国人大常委会备案。例如,2017年6月6日财政部、税务总局发布的《关于扩大小型微利企业所得税优惠政策范围的通知》中的有关规定。

(三)个人所得税法律制度

个人所得税是以个人所得为征税对象,并由获取所得的个人缴纳的一种税。它是各国开征十分普遍的一个税种,在保障财政收入和实现社会政策方面具有重要作用。

我国的个人所得税制度主要表现为《个人所得税法》(1980年9月10日通过,并于1993年10月31日、1999年8月30日、2005年10月27日、2007年6月29日、2007年12月29日、2011年6月30日、2018年8月31日七次修正)和《个人所得税实施条例》(1994年1月28日由国务院发布,2005年12月19日、2011年7月19日、2018年12月18日四次修订),以及其他与之配套的法规、规章的规定。个人所得税属于中央与地方共享税,60%归中央,40%归地方。

我国个人所得税的实体法规范的主要内容包括以下几个方面。

1. 纳税人

纳税人可分为两类,即居民纳税人和非居民纳税人。其中,凡在我国境内有住所,或者无住所而一个纳税年度内在我国境内居住累计满183天的个人,即为居民纳税人;凡在我国境内无住所又不居住,或者无住所而一个纳税年度内在我国境内居住累计不满183天的个人,为非居民纳税人。

居民纳税人应就其源于我国境内和境外的所得,依法缴纳个人所得税。非居民纳税人只就其源于中国境内的所得向我国政府履行有限纳税义务,依法缴纳个人所得税。

2. 征税范围

我国实行综合与分类相结合的个人所得税制。《个人所得税法》第2条规定了9个税目:(1)工资、薪金所得,是指个人因任职或者受雇而取得的工资、薪金、奖金、年终加薪、劳动分红、津贴、补贴以及与任职或者受雇有关的其他所得。(2)劳务报酬所得,是指个人从事设计、装潢、安装、制图、化验、测试、医疗、法律、会计、咨询、讲学、新闻、广播、翻译、审稿、书画、雕刻、影视、录音、录像、演出、表演、广告、展览、技术服务、介绍服务、经纪服务、代办服务以及其他劳务取得的所得。(3)稿酬所得,是指个人因其作品以图书、报刊形式出版、发表而取得的所得。(4)特许权使用费所得,是指个人提供专利权、商标权、著作权、非专利技术以及其他特许权的使用权取得的所得;提供著作权的使用权取得的所得,不包括稿酬所得。(5)经营所得,是指:①个体工商户从事生产、经营活动取得的所得,个人独资企业投资人、合伙企业的个人合伙人源于境内注册的个人独资企业、合伙企业生产、经营的所得;②个人依法从事办学、医疗、咨询以及其他有偿服务活动取得的所得;③个人对企业、事业单位承包经营、承租经营以及转包、转租取得的所得;④个人从事其他生产、经营活动取得的所得。(6)利息、股息、红利所得,是指个人拥有债权、股权而取得的利息、股息、红利所得。(7)财产租赁所得,是指个人出租建筑物、土地使用权、机器设备、车船以及其他财产取得的所得。(8)财产转让所得,是指个人转让有价证券、股权、建筑物、土地使用权、机器设备、车船以及其他财产取得的所得。(9)偶然所得,是指个人得奖、中奖、中彩以及其他偶然性质的所得。

居民个人取得前款第(1)项至第(4)项所得(以下称综合所得),按纳税年度合并计算个人所得税;非居民个人取得前款第(1)项至第(4)项所得,按月或者按次分项计算个人所得税。纳税人取得前款第(5)项至第(9)项所得,依照本法规定分别计算个人所得税。

3. 税率

《个人所得税法》第3条规定了超额累进税率和比例税率两种形式,对于不同类型的所得适用不同的税率:

(1)综合所得,适用3%至45%的超额累进税率(见表1);

表1 个人所得税税率(综合所得适用)

级数	全年应纳税所得额	税率
1	不超过36,000元的	3
2	超过36,000元至144,000元部分	10
3	超过144,000元至300,000元部分	20
4	超过300,000元至420,000元部分	25
5	超过420,000元至660,000元部分	30
6	超过660,000元至960,000元部分	35
7	超过960,000元的部分	45

(注1:本表所称全年应纳税所得额是指依照《个人所得税法》第6条的规定,居民个人取得综合所得以每一纳税年度收入额减除费用6万元以及专项扣除、专项附加扣除和依法确定的其他扣除后的余额。注2:非居民个人取得工资、薪金所得,劳务报酬所得,稿酬所得和特许权使用费所得,依照本表按月换算后计算应纳税额。)

(2)经营所得,适用5%至35%的超额累进税率(见表2);

表2 个人所得税税率(经营所得适用)

级数	全年应纳税所得额	税率
1	不超过30,000元的	5
2	超过30,000元至90,000元部分	10
3	超过90,000元至300,000元部分	20
4	超过300,000元至500,000元部分	30
5	超过500,000元的部分	35

(注:本表所称全年应纳税所得额是指依照《个人所得税法》第6条的规定,以每一纳税年度的收入总额减除成本、费用以及损失后的余额。)

(3)利息、股息、红利所得,财产租赁所得,财产转让所得和偶然所得,适用比例税率,税率为20%。

4. 税收减免

《个人所得税法》第4条规定,下列各项个人所得,免征个人所得税:(1)省级人民政府、国务院部委和中国人民解放军军以上单位,以及外国组织、国际组织颁发的科学、教育、技术、文化、卫生、体育、环境保护等方面的奖金;(2)国债和国家发行的金融债券利息;(3)按照国家统一规定发给的补贴、津贴;(4)福利费、抚恤金、救济金;(5)保险赔款;(6)军人的转业费、复员费、退役金;(7)按照国家统一规定发给干部、职工的安家费、退职费、基本养老金或者退休费、离休费、离休生活补助费;(8)依照有关法律规定应予免税的各国驻华使馆、领事馆的外交代表、领事官员和其他人员的所得;(9)中国政府参加的国际公约、签订的协议中规定免税的所得;(10)国务院规定的其他免税所得。第(10)项免税规定,由国务院报全国人民代表大会常务委员会备案。

《个人所得税法》第5条规定,有下列情形之一的:可以减征个人所得税,具体幅度和期限,由省、自治区、直辖市人民政府规定,并报同级人民代表大会常务委员会备案:(1)残疾、孤老人员和烈属的所得;(2)因自然灾害遭受重大损失的。国务院可以规定其他减税情形,报全国人民代表大会常务委员会备案。

四、财产税法律制度

(一)财产税法律制度概述

财产税是以财产为征税对象,并由对财产进行占有、使用或收益的主体缴纳的一类税。尽管财产税的历史悠久,但随着流转税和所得税的兴起,它实现了从一般财产税向特种财产税的转变,在现代各国一般不具有主体税种的地位,因而主要是地方税收收入来源。通常认为,财产税是一种近似能够鼓励当地居民作出正确的财政决策的收益税,因为绝大多数地方政府的投票人认为政府的款项大部分用于增进他们的主要财产——

房屋的价值。当然,现代社会中财产税仍然发挥着调节贫富差距、优化资源配置、筹集财政收入的基本功能。

长期以来,我国居民个人财产有限,财产税起的作用不大。随着经济的发展,特别是多种收入形式的发展,居民个人积蓄的财产增多,运用财产税调节财富的分配所起的作用日益重要。我国财产税的税种较多,主要包括资源税、房产税、土地使用税、土地增值税、耕地占用税、契税、车船税等。

【典型案例】2001 年美国加州洛杉矶县人造卫星征税案

2001 年 7 月中旬,美国加州洛杉矶县的税务官员对闻名全球的休斯电子公司进行查账时,产生了一种想法,那就是要对远在大气以外的物体——人造卫星征税。这些卫星属于休斯电子公司所有。据评估员估计,这 8 颗备受关注的卫星每颗可能价值 1 亿美元。当地税务局立即向休斯公司发出通知,表示将对这 8 颗人造卫星征收财产税。这个征税计划引起了加州各界以及美国其他地区的关注,社会各界展开了激烈的争论。休斯公司自恃财大气粗,顶住压力,拒不缴纳"卫星税"。征纳双方各执一词,僵持不下,于是问题上交给公平委员会。

当地税务局认为,根据加州的法律,可以向动产征收财产税,而人造卫星属于可移动财产的范畴。既然船舶、建筑设备甚至是巡回演出团体的服装都要纳税,那人造卫星也一样得纳税。休斯公司则认为,这些卫星是从美国的佛罗里达州或法属圭亚那发射升空的,从来没有经过加州的上空。并且它们高悬于赤道上空 2230 英里处,远离加州地域,而且位置固定,并未与洛杉矶发生相对的移动,因此卫星不属于可移动财产,不应在财产税的征税范围之内。休斯公司还表示,尽管这些卫星可能是在洛杉矶境内制造的,但自升空后从未在加州降落过。休斯公司发言人声称:"难道要让汽车商为他们生产的每一辆汽车缴纳财产税吗?"休斯公司强调,征收财产税背后的含义是当地要为纳税人的这份财产提供公共服务,但人造卫星根本没有享受这种服务。休斯公司发言人讽刺地说:"如果一颗卫星着火了,洛杉矶政府一定很难为我们将火扑灭吧?"不少市民也指责政府异想天开。但有专家指出,对飞行于太空的卫星征税的计划并不完全与税法格格不入。事实上很多未位于纳税人所属区域内的移动的财产,如建筑设备、飞机等,通常也适用当地的财产税。甚至在 1995 年至 1998 年,弗吉尼亚州也曾对福克斯网络公司用于家庭频道的卫星征税。

2001 年 9 月 27 日,美国加利福尼亚州公平委员会以全票——5 票否定了对人造卫星征收财产税的方案,争论了 2 个多月的"人造卫星征税案"自此尘埃落定。

(二)资源税法律制度

资源税,是指对资源的级差收入征税,即对开发、使用我国资源的单位和个人,就各地的资源结构和开发、销售条件差别所形成的级差收入征收的一种税。开征资源税的作用在于:促进国有资源的合理开采、节约使用和有效配置;合理调节由于资源条件差异而形成的资源级差收入,促使企业在公平的条件下竞争;增加国家财政收入。

我国资源税法律制度主要表现为《资源税暂行条例》(1993 年 12 月 25 日由国务院颁布,2011 年 9 月 30 日修订,自 2011 年 11 月 1 日起施行),以及《资源税暂行条例实施细则》(1993 年 12 月 30 日财政部发布,2011 年 10 月 28 日修订,自 2011 年 11 月 1 日起施行)。其实体法律规范的内容主要有以下几个方面。

1. 税法主体

纳税主体为凡在我国领域及管辖海域开采矿产品或者生产盐的单位和个人。收购未税矿产品的单位为资源税的扣缴义务人。纳税人应纳的资源税,应当向应税产品的开采或者生产所在地主管税务机关缴纳。纳税人在本省、自治区、直辖市范围内开采或者生产应税产品,其纳税地点需要调整的,由省、自治区、直辖市税务机关决定。

2. 征税范围

根据国有资源有偿开采的原则,资源税的征税范围应包括一切可供开发的国有资源,但考虑到我国开征资源税尚缺乏经验,现行资源税征税范围限定如下:(1)原油,是指开采的天然原油,不包括人造石油。(2)天然气,是指专门开采或者与原油同时开采的天然气。(3)煤炭,是指原煤,不包括洗煤、选煤及其他煤炭制品。(4)其他非金属矿原矿,是指上列产品和井矿盐以外的非金属矿原矿。(5)固体盐,是指海盐原盐、湖盐原盐和井矿盐。液体盐,是指卤水。

3. 税目和税额

资源税的税目、税率,依照《资源税税目税率表》(见表 3)及财政部的有关规定执行。税目、税率的部分调整,由国务院决定。纳税人具体适用的税率,《资源税税目税率表》规定的税率幅度内,根据纳税人所开采或者生产应税产品的资源品位、开采条件等情况,由财政部商国务院有关部门确定;财政部未列举名称且未确定具体适用税率的其他非金属矿原矿和有色金属矿原矿,由省、自治区、直辖市人民政府根据实际情况确定,报财政部和国家税务总局备案。资源税应纳税额,按照从价定率或者从量定额的办法,分别以应税产品的销售额乘以纳税人具体适用的比例税率或者以应税产品的销售数量乘以纳税人具体适用的定额税率计算。

表 3　资源税税目税率

税目		税率
一、原油		销售额的 5% ~10%
二、天然气		销售额的 5% ~10%
三、煤炭	焦煤	每吨 8 ~20 元
	其他煤炭	每吨 0.3 ~5 元

续表

税目		税率
四、其他非金属矿原矿	普通非金属矿原矿	每吨或者每立方米0.5～20元
	贵重非金属矿原矿	每千克或者每克拉0.5～20元
五、黑色金属矿原矿		每吨2～30元
六、有色金属矿原矿	稀土矿	每吨0.4～60元
	其他有色金属矿原矿	每吨0.4～30元
七、盐	固体盐	每吨10～60元

4. 减、免税

有下列情形之一的，减征或者免征资源税：(1)开采原油过程中用于加热、修井的原油，免税。(2)纳税人开采或者生产应税产品过程中，因意外事故或者自然灾害等原因遭受重大损失的，由省、自治区、直辖市人民政府酌情决定减税或者免税。(3)国务院规定的其他减税、免税项目。纳税人的减税、免税项目，应当单独核算销售额或者销售数量；未单独核算或者不能准确提供销售额或者销售数量的，不予减税或者免税。

为深化财税体制改革，促进资源节约集约利用，加快生态文明建设，财政部、国家税务总局2016年5月9日发布《关于全面推进资源税改革的通知》(财税〔2016〕53号)，提出从2016年7月1日起，我国全面推开资源税改革。2017年12月20日，财政部、国家税务总局就《资源税法(征求意见稿)》向社会公开征求意见。这既是对党的十八届三中全会决定提出的“落实税收法定原则”的贯彻执行，也是对党的十九大报告提出的“坚持节约资源和保护环境的基本国策”在税制建设上的回应。

(三)土地增值税法律制度

我国自1987年实行国有土地有偿出让、转让制度以来，房地产业发展很快，某些单位和个人并因此而获得暴利。为了对由于房地产的转让而获得的过高收入作进一步的调整，1994年税制增设了土地增值税，以促进房地产的健康发展。

我国土地增值税法律制度主要表现为《土地增值税暂行条例》(1993年12月13日由国务院颁布，自1994年1月1日起施行，并根据2011年1月8日《国务院关于废止和修改部分行政法规的决定》修订)，以及1995年1月27日财政部发布的《土地增值税暂行条例实施细则》。其实体法规范主要有以下几个方面的内容。

1. 纳税主体

凡转让国有土地使用权、地上的建筑物及其附着物并取得收入的单位和个人，为土地增值税的纳税主体。

2. 征税对象

即纳税人转让房地产所取得的增值额，是纳税人转让房地产取得的收入减除法定扣除项目金额后的余额。法定扣除项目应包括:取得土地使用权所支付的金额;开发土地成本、费用;新建房及配套设施的成本、费用,或者旧房及建筑物的评估价格;与转让房地产有关的税金;财政部规定的其他扣除项目。

3. 税率

土地增值税实行四级超额累进税率:增值额未超过扣除项目金额50%的部分,税率为30%。增值额超过扣除项目金额50%、未超过扣除项目金额100%的部分,税率为40%。增值额超过扣除项目金额100%、未超过扣除项目金额200%的部分,税率为50%。增值额超过扣除项目金额200%的部分,税率为60%。

4. 免税

有下列情形之一的,免征土地增值税:(1)纳税人建造普通标准住宅出售,增值额未超过扣除项目金额20%的;(2)因国家建设需要依法征用、收回的房地产。

(四)房产税法律制度

房产税是以房屋为征税对象,按房屋的余值或租金收入向房产所有人征收的一种税。房产税有别于房地产税。房地产税是一个综合性概念,即一切与房地产经济运动过程有直接关系的税都属于房地产税。我国房产税主要是为了加强房地产市场的调控,通过付出税收代价来抑制投资投机性炒房。《房产税暂行条例》是我国房产税法律制度的主要法律渊源,于1986年9月15日由国务院颁布,自1986年10月1日起施行。自2009年1月1日起,外商投资企业、外国企业和组织以及外籍个人依照《房产税暂行条例》缴纳房产税。其实体法规范的内容主要有以下几个方面。

1. 纳税人

房产税以征税范围内的房屋产权所有人为纳税人:产权属国家所有的,以经营和管理单位为纳税人;产权属集体所有和个人所有的,以集体和个人为纳税人。

2. 征税对象

包括在城市、县城、建制镇和工矿区的用于生产经营的房屋。城乡居民用于居住的房屋免征。农村的房屋也未被纳入房产税征税范围。

3. 税率

房产税实行比例税率,按房产余值计算缴纳的,税率为1.2%;按租金收入计算缴纳的,税率为12%。

【典型案例】2011年沪渝房产税试点事件

2011年1月27日,上海市政府发布《上海市开展对部分个人住房征收房产税试点的暂行办法》(沪府发〔2011〕3号),决定对本市居民新购房且属于第二套及以上居民住房和非本市居民新购住房开征房产税。重庆市政府于当日发布《重庆市关于开展对部分个人住房征收房产税改革试点的暂行办法》(渝府令〔2011〕247号),对独栋别墅、高档公寓以及无工作户口无投资人员所购二套住房开征房产税。两地决定均于次日正式生效实施。

依沪渝房产税试点的两项暂行条例，此次房产税试点是根据国务院第 136 次常务会议有关精神而推行，属于国务院对地方政府的授权。1985 年第六届全国人大第三次会议决定，授权国务院对于有关经济体制改革和对外开放方面的问题，必要时可以根据宪法，在同有关法律和全国人大及其常委会的有关决定的基本原则不相抵触的前提下，制定暂行的规定或者条例，颁布实施，并报全国人大常委会备案。但按照 2000 年《立法法》第 10 条禁止立法转授权的规定，国务院无权将全国人大的立法授权转授予地方政府。国务院的此次转授权违背了《立法法》规定，应属于无效行为。而沪渝两地根据国务院授权而制定的房产税暂行办法，也不具备法律效力。

从内容上来看，两地房产税暂行办法与《房产税暂行条例》相抵触。沪渝两地房产税试点方案的最大特点，是对个人所有非营利性住房开征房产税，要么按房产交易价格征税，要么按房产评估价格征税。而依照《房产税暂行条例》规定，房产按其余值或租金征税，这种规定适用于所有房产，包括应税房产，也包括免税房产；个人所有非营利房产是免税房产。按 2000 年《立法法》第 79 条(2015 年《立法法》修改后为第 88 条)的规定，行政法规的效力高于地方性法规、规章。两地暂行条例属于地方政府规章或规范性文件，不能与《房产税暂行条例》冲突，应属无效。

此外，两地房产税暂行办法也违背了《税收征收管理法》的规定。按《税收征收管理法》第 3 条的规定，税收的开征、停征以及减税、免税、退税、补税，依照法律的规定执行；法律授权国务院规定的，依照国务院制定的行政法规的规定执行。个人所有非营利房屋是否征税，目前没有法律直接规定，而是根据国务院《房产税暂行条例》的规定。税务机关征税时，也应按照《房产税暂行条例》的规定。沪渝两地房产税暂行办法既不是法律，也不是国务院根据授权制定的行政法规，不能成为税务机关的执法依据，纳税人不承担相应的纳税义务。

中国 40 余年波澜壮阔的改革开放是一种“摸着石头过河”的试验性探索。改革试点是我国长期以来的惯例，是经济腾飞中一个至关重要的机制。在这种政策试验过程中，地方或部门的主动探索与中央的协调与组织相互结合，形成解决特定问题的“分级制试验”(experimentation under hierarchy)。这种模式既是推动制度创新的有力手段，也是减少因情况不明而导致改革动荡的有效方法。虽然经济运行的力量，本质上就有超出人为法律框架的潜能。经济法往往使用“目的程式”(仅表示出立法者意欲追求的目标)，而非一般传统法律的“条件程式”(法律预先规定构成要件及法律效果)。此次试点的房产税开始探索通过对房地产保有环节征税，使房地产领域的税收从原来的“重交易、轻保有”向“交易和保有并重”的转变，以调节收入分配、引导个人合理住房消费，兼具收入目的税和调控目的税属性。上海试点主要以“超出面积”[本市居民人均住房建筑面积超出 60 平方米(含)]为标准进行征税，征收范围完全着力于增量市场；而重庆试点主要以“超出价格”(超出上两年商品住房相关均价 2 倍及以上)为标准进行征税,征收范围既包括增量市场,还包括存量市场。但是,改革试点仍然需要满足最低程度的法治要求,不能因为其只可能影响一部分纳税人利益,就可以逾越法律、行政法规的规定。

2011年2月21日,武汉大学法学院熊伟教授联合国内10多位税法学教授向全国人大常委会寄送了《关于提请对房产税改革试点进行合法性审查的建议》,质疑国务院同意在部分城市进行个人住房征收房产税改革试点的做法,并建议全国人大常委会督促国务院依照法律规定,以合法的形式推动房产税改革试点。为矫正现行房产税试点合法性缺陷,有两种方法可供选择:一是由全国人大常委会授权国务院,允许其批准省级政府针对个人所有非营利房产进行房产税征收改革,具体征收办法由试点省级政府自行制定。二是国务院修改《房产税暂行条例》,针对个人自用非营利房产,允许省级政府制定房产税征收试点方案,报国务院审批后执行。教授们的普遍共识是,房地产税制度适宜由基层地方征收,应按照"宽税基和低税率"的基本原则,税制方案要经公众充分讨论,在取得广泛社会共识的基础上,依照税收法定原则在全国统一立法的框架下,局部先行、逐步推广。

(五)契税法律制度

契税是一个源于东晋的古老税种,是指国家对房屋所有权转移进行立契时征收的税,以所有权发生转移、变动的不动产为征税对象,并且是向产权承受人征收。其作用是保护产权人的房产权益,避免房产纠纷,适当增加财政收入。我国《契税暂行条例》(1997年7月7日由国务院颁布,自1997年10月1日起施行)和《契税暂行条例实施细则》(财法字〔1997〕第52号。财政部1997年10月28日发布,自1997年10月1日起施行)是我国契税法律制度的主要法律渊源。其实体法规范的内容主要有以下几个方面。

1. 纳税人

在我国境内转移土地、房屋权属时,承受产权的单位和个人是契税的纳税人。具体包括土地使用权出让或转让中的受让人、房屋的买主、房屋的买主、房屋的受赠人、土地使用权的受赠人以及房屋或土地使用权交换的双方。

2. 征税对象

包括:(1)国有土地使用权出让。(2)土地使用权的转让。(3)房屋买卖。包括以房产抵债或实物交换房屋,以房产作投资或作股权转让,买房拆料或翻新建房。(4)房屋赠与。(5)房屋交换。交换价格相等的,免征契税;交换价格不等的,按超出部分由支付差价方缴纳契税。

3. 税率

契税实行3% ~5%的幅度税率。各省级政府可以在规定范围内,按照本地区的实际情况决定。

（六）车船税法律制度

车船税是对在我国境内的车辆、船舶，按照规定的税目、计税单位和年税额标准计算征收的一种财产税，由地方税务机关负责征收。2006年12月29日，国务院颁布了《车船税暂行条例》，废止《车船使用牌照税暂行条例》和《车船使用税暂行条例》，车船税就此取代了原车船使用牌照税和车船使用税。我国《车船税法》（2011年2月25日通过，自2012年1月1日起施行），以及《车船税法实施条例》（2011年11月23日通过，自2012年1月1日起施行），是我国现行车船税法律制度的主要法律渊源。它们以科学发展观为指导，对《车船税暂行条例》进行改革完善并提升税收法律级次，以引导车辆、船舶的生产和消费，体现国家在促进节能减排、保护环境等方面的政策导向。其主要内容有以下几个方面。

1. 纳税人

车船税的纳税人是车辆、船舶的所有人或管理人。其中，所有人是指在我国境内拥有车船的单位和个人；管理人，是指对车船具有管理权或者使用权，不具有所有权的单位。上述单位，包括在我国境内成立的行政机关、企业、事业单位、社会团体以及其他组织；上述个人，包括个体工商户以及其他个人。

2. 扣缴义务人

从事机动车交通事故责任强制保险（以下简称交强险）业务的保险机构为机动车车船税的扣缴义务人，应当在收取保险费时按照规定的税目税额代收车船税，并在机动车交强险的保险单以及保费发票上注明已收税款的信息，作为代收税款凭证。

由保险机构在办理机动车交强险业务时代收代缴机动车的车船税，可以方便纳税人缴纳车船税，节约征纳双方的成本，实现车辆车船税的源泉控管。

3. 征税对象

车船税的征税对象是《车船税法》所附《车船税税目税额表》所列的车辆、船舶，既包括依法应当在车船登记管理部门登记的机动车辆和船舶；也包括依法不需要在车船登记管理部门登记的在单位内部场所行驶或者作业的机动车辆和船舶。

上述机动车辆包括乘用车、商用车（包括客车、货车）、挂车、专用作业车、轮式专用机械车、摩托车。拖拉机不需要缴纳车船税。

船舶，是指各类机动、非机动船舶以及其他水上移动装置，但是船舶上装备的救生艇筏和长度小于5米的艇筏除外。其中，机动船舶是指用机器推进的船舶；拖船是指专门用于拖（推）动运输船舶的专业作业船舶；非机动驳船，是指在船舶登记管理部门登记为驳船的非机动船舶；游艇是指具备内置机械推进动力装置，长度在90米以下，主要用于游览观光、休闲娱乐、水上体育运动等活动，并应当具有船舶检验证书和适航证书的船舶。

4. 适用税额

车辆的具体适用税额由各省、自治区、直辖市人民政府依照《车船税法》所附的《车船税税目税额表》规定的税额幅度和国务院的规定确定。

(1)乘用车

按照排气量区间划分为 7 个档次,每辆每年税额为:

1. 1.0 升(含)以下的,税额为 60 元至 360 元;

2. 1.0 升以上至 1.6 升(含)的,税额为 300 元至 540 元;

3. 1.6 升以上至 2.0 升(含)的,税额为 360 元至 660 元;

4. 2.0 升以上至 2.5 升(含)的,税额为 660 元至 1200 元;

5. 2.5 升以上至 3.0 升(含)的,税额为 1200 元至 2400 元;

6. 3.0 升以上至 4.0 升(含)的,税额为 2400 元至 3600 元;

7. 4.0 升以上的,税额为 3600 元至 5400 元。

(2)商用车

划分为客车和货车。其中,客车(核定载客人数 9 人以上,包括电车)每辆每年税额为 480 元至 1440 元;货车(包括半挂牵引车、三轮汽车和低速载货汽车等)按整备质量每吨每年税额为 16 元至 120 元。

(3)挂车

按相同整备质量的货车税额的 50% 计算应纳税额。

(4)其他车辆

包括专用作业车和轮式专用机械车,按整备质量每吨每年税额为 16 元至 120 元。

(5)摩托车

每辆每年税额为 36 元至 180 元。

至于船舶的适用税额,则由国务院公布的《车船税法实施条例》明确规定,其税额全国统一。

(1)机动船舶具体适用税额为:

净吨位不超过 200 吨的,每吨 3 元;

净吨位超过 200 吨但不超过 2000 吨的,每吨 4 元;

净吨位超过 2000 吨但不超过 10,000 吨的,每吨 5 元;

净吨位超过 10,000 吨的,每吨 6 元。

拖船按照发动机功率每 1 千瓦折合净吨位 0.67 吨计算征收车船税。拖船、非机动驳船分别按照机动船舶税额的 50% 计算。

(2)游艇具体适用税额为:

艇身长度不超过 10 米的,每米 600 元;

艇身长度超过 10 米但不超过 18 米的,每米 900 元;

艇身长度超过 18 米但不超过 30 米的,每米 1300 元;

艇身长度超过 30 米的,每米 2000 元;

辅助动力帆艇,每米 600 元。

5. 税收优惠

(1) 车船税法规定的法定免税车船如下:①捕捞、养殖渔船,是指在渔业船舶登记管理部门登记为捕捞船或者养殖船的船舶;②军队、武装警察部队专用的车船,是指按照规定在军队、武装警察部队车船登记管理部门登记,并领取军队、武警牌照的车船;③警用车船,是指公安机关、国家安全机关、监狱、劳动教养管理机关和人民法院、人民检察院领取警用牌照的车辆和执行警务的专用船舶;④依照法律规定应当予以免税的外国驻华使领馆、国际组织驻华代表机构及其有关人员的车船。

(2) 实施条例规定的减免税项目如下:①节约能源、使用新能源的车船可以免征或者减半征收车船税;②按照规定缴纳船舶吨税的机动船舶,自车船税法实施之日起 5 年内免征车船税;③依法不需要在车船登记管理部门登记的机场、港口、铁路站场内部行驶或者作业的车船,自车船税法实施之日起 5 年内免征车船税。

(3) 授权省、自治区、直辖市人民政府规定的减免税项目如下:①省、自治区、直辖市人民政府根据当地实际情况,可以对公共交通车船,农村居民拥有并主要在农村地区使用的摩托车、三轮汽车和低速载货汽车定期减征或者免征车船税;②对受地震、洪涝等严重自然灾害影响纳税困难以及其他特殊原因确需减免税的车船,可以在一定期限内减征或者免征车船税。另外,对纯电动乘用车、燃料电池乘用车、非机动车船(不包括非机动驳船)、临时入境的外国车船和我国香港特别行政区、澳门特别行政区、台湾地区的车船,不征收车船税。

(七) 车辆购置税法律制度

车辆购置税是对在我国境内购置应税车辆的单位和个人,按其所购置的车辆价格的一定比例征收的一种税。我国《车辆购置税法》(2018 年 12 月 29 日通过,自 2019 年 7 月 1 日起施行)是我国车辆购置税法律制度的主要法律渊源。其实体法规范的内容主要有以下几个方面。

1. 纳税人

凡在中华人民共和国境内购置应税车辆的单位和个人,都是车辆购置税的纳税人。

2. 征税对象

车辆购置税以列举的车辆为征税对象,未列举的车辆不纳税。其征税范围的应税车辆,包括汽车、有轨电车、汽车挂车、排气量超过 150 毫升的摩托车。

3. 税率

车辆购置税采取统一比例税率,税率为 10%。

车辆购置税实行一次征收制度。购置已征车辆购置税的车辆,不再征收车辆购置税。

第三节 税收征纳程序法

一、税收征纳程序法概述

税收征纳程序法,又称税收程序法,是指国家权力机关及其授权的行政机关制定的调整在税收活动中发生的程序关系的法律规范的总称。它与税收征纳实体法相对称,在税法体系中居于保障地位。

理解此定义,应明确下述要点:(1)制定主体。根据税收法定主义的要求,税收程序法的制定主体是我国《立法法》第8条所规定的全国人大及其常委会和第9条所规定的国务院。为更好地实行分税制财政体制,拥有地方立法权的各级地方权力机关及其授权的地方行政机关也应是制定主体。(2)调整对象。税收关系分为税收分配关系和税收征纳关系。税收征纳关系所要解决的是税收债务的实现问题,可区分为具有实质内容的税收程序权力关系和具有形式意义的税收程序权利关系,这两种关系在税收征纳关系中既相互分工又密不可分,由统一的税收程序法来调整符合税收征纳关系的直接性、执行性、大量性等特征的要求。(3)规范总称。税收程序法不是由一个或几个而是由许许多多调整税收程序关系的法律规范组成的;税收程序法不仅通过国家制定的税收程序性法律(如我国《税收征收管理法》)表现出来,而且还通过其他法律(如我国《行政处罚法》)表现出来;税收程序法不仅通过国家最高权力机关制定税收法律表现出来,而且也表现为国家最高行政机关制定的税收行政法规(如我国《发票管理办法》)、地方权力机关制定的税收地方性法规、民族自治地方权力机关制定的税收自治条例和单行条例、国家税收主管部门制定的税收部门规章、地方行政机关制定的税收地方规章等。(4)法律地位。随着人类社会成为"租税国家",控制和规范征税权力的正当行使,保障纳税人的基本权利成为各国规制税收活动的理想和实践。在实现税收活动的民主化和法治化理念的昭示下,税收程序法不仅具有一般程序法传统的、保障各实体税法实施的工具价值,而且还具有制约和规范征税权力的运作,保障纳税人在税收活动中的平等、尊严、参与等独立价值。这种双重价值使其在税法体系中居于独立的保障地位。

税收程序法是以规范税收的确定和征收为核心的一系列法律程序制度体系,因此,在税收管理、税收确定、税收征收、税收执行等税收征纳程序活动中实行的各种征纳程序制度是税收程序法必须规定的要素。按照总则分则相结合的分类方式,我们将有关税收程序制度的法律规范分为两类。一类是通则性税收程序制度,它是有关税收程序的一般规定,是分布在各种类型和不同阶段的税收程序中基本的、共同性的程序制度,如管辖、程序开始、证据、回避、听取意见、听证、信息公开、说明理由、期限、送达等制度;另一类是专门税收程序制度,它是针对不同的征纳程序活动规律和特点而作出的特别规定。在专门税收程序制度中,根据功能和阶段的不同,又可分为税收管理程序制度、税收征收程序制度和税收保障程序制度三类。此外,在广义上,税收程序制度要素还包括税收立法程序制度和税收争讼程序制度,并且后者属于税收保障程序制度的范围。

在我国,税收程序法曾长期处于不受重视的地位,立法也较为滞后。目前,这一领域中的主要法律渊源是《税收征管法》(1992 年 9 月 4 日通过,自 1993 年 1 月 1 日起施行,1995 年 2 月 28 日、2001 年 4 月 28 日和 2015 年 4 月 24 日三次修正),以及与其相配套的实施细则(2002 年 9 月 7 日国务院令第 362 号公布,2012 年 11 月 9 日、2013 年 7 月 18 日、2016 年 2 月 6 日三次修正)。本节主要结合该法所规定的税收程序制度予以介绍。

二、税收管理程序制度

税收管理程序制度是税收征纳程序制度的基础性环节,是征税机关对税收征纳活动实施的日常管理行为、措施和制度的总称。它为税收征收程序制度和税收保障程序制度提供条件和准备,在税收程序中具有基础性程序制度的地位。其主要内容包括以下几个方面。

(一)税务登记制度

税务登记,又称纳税登记,是指纳税人在开业、歇业前以及生产经营期间发生变动时,在法定时间内就其经营情况依法向主管税务机关办理书面登记的一项制度。税务登记是整个税收征管的首要环节,是征税机关对纳税人的基本情况及生产经营项目进行登记管理的一项基本制度,也是纳税人与征税机关建立联系的开始和证明。税务登记包括开业税务登记、变更税务登记、注销税务登记,以及停业、复业登记四种。从事生产、经营的纳税人应当自领取营业执照之日起 30 日内,持有关证件向生产经营地或者纳税义务发生地的主管税务机关申报办理税务登记。税务机关应当于收到申报的当日办理登记并发给税务登记证件。纳税人按照国务院税务主管部门的规定使用税务登记证件。税务登记证件不得转借、涂改、损毁、买卖或者伪造。为强化税源管理,堵塞税收漏洞,征税机关应注意加强与工商行政管理机关的配合,促进纳税人依法办理税务登记;加强对纳税人银行账户的管理,以有效监控纳税人的生产经营活动。

(二)账簿、凭证管理制度

账簿、凭证,是反映纳税人经济收入和计算应纳税额的主要依据,也是税务机关确定应纳税额,进行财务监督和税务检查的主要依据。账簿、凭证管理的内容包括:账簿、凭证设置的管理,账簿、凭证的使用和保管,财务会计制度的管理,税控装置的推广和使用的管理等。从事生产、经营的纳税人应当自领取营业执照或者发生纳税义务之日起 15 日内,按照国家有关规定设置账簿,根据合法、有效凭证记账,进行核算。

(三)发票管理制度

发票是会计核算的原始凭证,也是进行税款征收和税务检查的重要依据,在税收管理中发挥着"以票管税"的独特作用。发票管理的内容包括:发票的印制和领购制度,发票的开具、取得、保管制度,发票的缴销制度,发票的检查制度。此外,海关监督管理制度在关税的征纳程序中具有重要作用。

(四)纳税申报管理制度

纳税申报既是一项重要的税收管理制度,也是税收征收程序中的一个重要环节,是征税机关依据形式课税原则行使税款征收权的微观、现实的基础。纳税申报的主要内容包括:税种、税目,应纳税项目,适用税率或者单位税额、计税依据,扣除项目及标准,应纳税额,税款所属期限等。纳税申报的方式有直接申报、邮寄申报、电子申报等,纳税申报的具体程序有:先缴后报、预储报缴、支票报缴、现金报缴等。

三、税收确定程序制度

纳税义务在符合课税要素时成立,但这时的纳税义务还是一种抽象存在的纳税义务。为了使抽象的纳税义务具体化和明确化,通过专门设置的税收确定程序,来具体确定计税依据和应纳税额等纳税义务的内容,为税款的征收程序提供直接的依据。

(一)纳税义务的确定方式

有两种方式:(1)申报纳税方式,指原则上根据纳税人的申报确定应纳税额,只有在纳税人自动申报或申报不适当的情况下,才由征税机关重新进行确定的方式。申报纳税方式体现了民主纳税的思想,有利于提高税收征收的效率,已成为各国普遍采用的纳税方式。(2)课赋纳税方式,指纳税人的应纳税额完全根据征税机关的行政处分加以确定的方式,凡是税收法律对纳税人未设置申报义务的税收,一般都应采取这种方式来确定应纳税额。课赋纳税方式也是一种传统的纳税方式,但现在它的使用越来越少。

此外,某些税收无须通过纳税人或征税机关的特别程序来确定应纳税额,在纳税义务成立的同时其应纳税额即当然确定,称为自动确定方式。

(二)申报纳税方式

纳税申报是一种私人公法行为,具有确定应纳税额的效力。纳税申报应在法定申报期限内进行(期限内申报),也可延期申报(期限后申报)。由于种种原因,申报内容出现差错在所难免,应允许进行修正申报或更正请求。在申报纳税方式下,纳税人对应纳税额的申报属于对纳税义务内容的初次确定,但征税机关对未按照税法规定进行申报或怠于履行申报义务的,享有再次确定应纳税额的权力,可通过更正、决定的方式来确定应纳税额,它涉及更正、决定的程序和更正、决定的效力等内容。在申报纳税方式下,征税机关的确定权还涉及推计课税问题,即征税机关在对应纳税额进行核定、调整、更正时,不是根据直接资料,而是运用各种间接资料进行认定的方法,例如,《税收征收管理法》第35条规定的应纳税额的核定权、第36条对关联企业应纳税额的调整权等。为鼓励和推行该方式,还应在申报程序上区别对待,提供选择程序,日本的"蓝色申报"制度可资借鉴。此外,申报纳税还涉及申报义务的继承、违法所得的申报、确定权的除斥期间等问题。

四、税收征收程序制度

纳税义务的内容经过税收确定程序确定以后，征税机关具体实施税款征收行为和纳税人具体履行税款缴纳义务的纳税行为的程序称为税收征收程序制度。它是税收程序的核心，是税收程序活动的目的和归宿，在整个税收程序中处于普通程序制度的地位。

(一)税款征收方式

我国税务机关征收税款采取的方式有查账征收、查定征收、查验征收、定期定额征收、代扣代缴和代收代缴征收(源泉征收)、委托代征、自核自缴等。此外，税款征收方式还可划分为现金交纳、实物交纳、印花交纳等。

(二)纳税期限

缴纳税款具体期限的确定，在一定条件下也可变更纳税期限(分期纳税、部分缴纳、变更或终止延期的期间)。在特殊情况下可依法提前征收或延缓缴纳，前者是指在纳税期限届满前征收税款，包括提前请求、提前保全扣押、保全扣押等；后者允许迟延履行纳税义务，如纳税期限的延长。

(三)征收程序

比较重要的征收程序有纳税告知和督促，前者是向纳税人指定缴纳税款的具体期限，请求其履行已确定的纳税义务，后者是纳税人在指定的纳税期限内未完成纳税款时，催促其履行纳税义务，它一般是实行税收执行措施的前提。

(四)特殊情况的税收征收

主要有减免税、退税、补税、追征等征收程序，一般要经过纳税人的申请、征税机关的审批、监管等程序。

例如，《税收征收管理法》第51条规定，“纳税人超过应纳税额缴纳的税款，税务机关发现后应当立即退还；纳税人自结算缴纳税款之日起三年内发现的，可以向税务机关要求退还多缴的税款并加算银行同期存款利息，税务机关及时查实后应当立即退还；涉及从国库中退库的，依照法律、行政法规有关国库管理的规定退还”。

又如，《税收征收管理法》第52条规定，“因税务机关的责任，致使纳税人、扣缴义务人未缴或者少缴税款的，税务机关在三年内可以要求纳税人、扣缴义务人补缴税款，但是不得加收滞纳金。因纳税人、扣缴义务人计算错误等失误，未缴或者少缴税款的，税务机关在三年内可以追征税款、滞纳金；有特殊情况的，追征期可以延长到五年。对偷税、抗税、骗税的，税务机关追征其未缴或者少缴的税款、滞纳金或者所骗取的税款，不受前款规定期限的限制”。

五、税收执行程序制度

当纳税人在法定的纳税期限内不履行缴纳税款义务或者有提前逃避纳税义务的情形时，应赋予有关机关可采取对财产或人身的保全和强制措施的权力，以保证税款的征收，这种通过国家强制力来保证税收征收的程序制度就是税收执行程序(在日本称为滞纳处分程序)或者叫税收行政强制程序。

(一)税收保全措施程序

税收保全措施属于非执行性的税收行政强制,其目的是预防、制止或控制税收违法行为产生,保证强制执行措施的实施。税收保全措施程序的内容涉及税收保全措施实施的前提和条件、适用对象、采取税收保全措施的程序和范围、税收保全的终止、损害赔偿、税收保全的救济等。我国税收保全措施的程序依次为责令限期缴纳、责成提供纳税担保、采取税收保全措施、税收保全措施的终止。它既借鉴了民事诉讼法的财产保全,又吸收了民法中的债权保全,同时创设了对特定主体的人身限制。

1. 扣押、查封、冻结纳税人的财产。税务机关有根据认为从事生产、经营的纳税人有逃避纳税义务行为的,可以在规定的纳税期终止之前,责令期限缴纳应纳税款;在限期内发现纳税人有明显的转移、隐匿其应纳税的商品、货物以及其他财产或者应纳税的收入的迹象的,税务机关可以责成纳税人提供纳税担保。如果纳税人不能提供纳税担保,经县以上税务局(分局)局长批准,税务机关可以采取下列税收保全措施:(1)书面通知纳税人开户银行或者其他金融机构冻结纳税人相当于应纳税款的存款。(2)扣押、查封纳税人的价值相当于应纳税款的商品、货物或者其他财产。因扣押对象是动产和有价证券、债权、不动产、无形财产权等不同,其扣押的具体程序也不同。扣押对象不包括衣物、家具、住房等维持生活的必需品,并应遵守禁止超过扣押、禁止无益扣押等原则。

2. 限制出境。依照《税收征收管理法》第44条和《税收征收管理法实施细则》第74条的规定,欠缴税款的纳税人或者其法定代表人在离开国境前必须缴清应纳税款、滞纳金或者提供担保,才准许出境的税收征管制度。未结清税款、滞纳金,又不提供担保的,税务机关可以通知出境管理机关阻止其出境。阻止出境的具体办法,由国家税务总局会同公安部制定。

税收保全措施不仅是一项独立的行政强制行为,同时,它还常常成为实施强制执行措施的准备和前置程序,即纳税人在限期内仍未缴纳税款时,应终止保全措施,转入实施强制执行措施。

(二)强制执行措施程序

强制执行措施属于执行性的税收行政强制,其目的是强迫纳税人等履行纳税义务。强制执行的具体程序一般包括作出强制执行决定(在作出决定前,还应进行必要的调查,日本为征收人员执行滞纳处分设置了专门的质问、检查、搜查等权力)、告诫(强制执行中的核心程序)、强制执行措施的实施。在进行强制执行时,应严格遵循比例原则,尽量减少损失;建立行政协助制度,明确行政协助的条件和程序;在出现特殊情形时,应依法实行换价的延缓或执行停止等。

《税收征收管理法》规定了两项强制执行制度:

1. 间接强制执行制度,即加收滞纳金。这一强制执行的主要目的在于促使纳税主体尽早履行纳税义务。《税收征收管理法》第32条规定:"纳税人未按照规定期限缴纳税款的,扣缴义务人未按照规定期限解缴税款的,税务机关除责令限期缴纳外,从滞纳税款之日起,按日加收滞纳税款万分之五的滞纳金。"

2. 直接强制执行制度。直接强制执行,从事生产、经营的纳税人、扣缴义务人未按照规定的期限缴纳或者解缴税款,纳税担保人未按照规定的期限缴纳所担保的税款,由税务机关发出限期缴纳税款通知书,责令缴纳或者解缴税款的最长期限不得超过15日。逾期仍未缴纳的,经县以上税务局(分局)局长批准,税务机关可以采取下列强制执行措施:(1)书面通知其开户银行或者其他金融机构从其存款中扣缴税款;(2)扣押、查封、依法拍卖或者变卖其价值相当于应纳税款的商品、货物或者其他财产,以拍卖或者变卖所得抵缴税款。

(三)税收优先权制度

税款征收的优先权,是指税收债权和其他债权同时存在时,税收征收原则上应优先于其他债权。依照《税收征收管理法》第45条的规定,"税务机关征收税款,税收优先于无担保债权,法律另有规定的除外;纳税人欠缴的税款发生在纳税人以其财产设定抵押、质押或者纳税人的财产被留置之前的,税收应当先于抵押权、质权、留置权执行。纳税人欠缴税款,同时又被行政机关决定处以罚款、没收违法所得的,税收优先于罚款、没收违法所得……"

【典型案例】2003年浙江省龙泉市国税局税收优先权行使案

2003年10月10日,浙江省龙泉市国税局接到市中级人民法院《债权申报通知》。该通知称,龙泉市中级人民法院已于2003年7月1日受理了龙泉市国税局辖区内某锅炉厂(国有企业)的破产申请,限龙泉市国税局在接到通知后一个月内申报债权。龙泉市国税局接到法院通知后,经清理核实,该锅炉厂2002年12月8日所申报的20万元税款以及所欠涉税罚款10万元至今均未缴纳。在确定申报债权的数额时,龙泉市国税局税务干部们产生了分歧:第一种意见认为:申报债权的数额应包括20万元税款、10万元罚款及2002年12月11日起至2003年10月10日止20万元欠税所产生的税收滞纳金;第二种意见认为:申报债权的数额应包括20万元税款及2002年12月11日起至法院判决生效日止20万元欠税所产生的税收滞纳金。

本书认为,根据2002年最高人民法院发布的《关于审理企业破产案件若干问题的规定》第61条的规定,行政、司法机关对破产企业的罚款、罚金以及其他有关费用和人民法院受理破产案件后债务人未支付应付款项的滞纳金,不属于破产债权。在欠税企业破产后,税务机关作为债权人申报债权的数额应为破产企业欠缴的税款和税收滞纳金(税款滞纳之日起至法院破产案件受理之日止的滞纳金),不包括罚款。对罚款税务机关不享有相对于破产企业其他债务的税收优先权。

理论上应明确的是,不同阶段的税款本金及其滞纳金和罚款是否享有优先权,应具体问题具体分析。首先,在破产宣告前的税款本金是基于破产宣告前的经营行为而形成的,属于破产债权,为保护国家利益,依《企业破产法》第113条规定和《税收征收管理法》第45条规定应享有优先权。其次,滞纳金的性质有别于罚款。《税收征收管理法》修改之前的滞纳金,其性质更多的是惩罚;法律修改之后,滞纳金的比例降低,更多地体现了损失补偿。滞纳金应作为附带债权享有税收优先权。根据《国家税务总局关于税收优先权包括滞纳金问题的批复》(国税函〔2008〕1084号)的规定,按照《税收征收管理法》的立法精神,《税收征收管理法》第45条规定的税收优先权执行时包括税款及其滞纳金。至于在破产宣告前形成的罚款,为了避免把对债务人的处罚转嫁到全体债权人的身上,不应享有优先权;可将其作为劣后债权,在破产清偿顺序上劣后于普通债权,当破产债务人财产清偿完普通破产债权等前顺位债权后,在有剩余财产的情况下可参与破产财产的分配。最后,在破产宣告后形成的税收债权具有特殊性,不在税收优先权的范围,却属于破产费用,应当享有绝对优先权,在破产财产中优先偿付。因为当企业进入破产程序后,由清算组代表企业进行清算和其他民事活动,此时期发生的税收本金、滞纳金和罚款,都是清算组在破产财产的管理、变价和分配中产生的,而清算组的行为是为了全体债权人的共同利益,其支出的费用应当视为破产费用或共益费用。按照《民事诉讼法》关于民事执行费用的承担规则和民法关于共益费用优先受偿的规则,这些费用应当从破产财产中优先拨付。总而言之,在破产清算中,享有税收优先权的税收债权,包括在破产宣告前形成的税款本金,以及税款滞纳之日起至法院破产案件受理之日止的滞纳金。

(四)税收代位权和撤销权制度

税收代位权,是指因欠缴税款的纳税人有怠于行使到期债权等行为,对国家税收造成损害的,税务机关可以依照《合同法》第73条的规定,向法院请求以自己的名义代位行使纳税人的债权的权利。税收撤销权,是指因欠缴税款的纳税人有放弃到期债权,或者无偿转让财产,或者以明显不合理的低价转让财产而受让人知道该情形等行为,对国家税收造成损害的,税务机关可以依照《合同法》第74条的规定,请求法院撤销纳税人行为的权利。这是法律赋予税务机关的一种民事追索权,有助于扩大税务机关追缴税款、保证国家财政的需要。

依照《税收征收管理法》第50条的规定,“欠缴税款的纳税人因怠于行使到期债权,或者放弃到期债权,或者无偿转让财产,或者以明显不合理的低价转让财产而受让人知道该情形,对国家税收造成损害的,税务机关可以依照合同法第七十三条、第七十四条的规定行使代位权、撤销权。税务机关依照前款规定行使代位权、撤销权的,不免除欠缴税款的纳税人尚未履行的纳税义务和应承担的法律责任”。

（五）税款征收的滞纳金制度[①]

除前述《税收征收管理法》第32条对滞纳金的一般规定外，《税收征收管理法》第52条还对特定情况下的滞纳金作出了特殊规定："因税务机关的责任，致使纳税人、扣缴义务人未缴或者少缴税款的，税务机关在三年内可以要求纳税人、扣缴义务人补缴税款，但是不得加收滞纳金。因纳税人、扣缴义务人计算错误等失误，未缴或者少缴税款的，税务机关在三年内可以追征税款、滞纳金；有特殊情况的，追征期可以延长到五年。对偷税、抗税、骗税的，税务机关追征其未缴或者少缴的税款、滞纳金或者所骗取的税款，不受前款规定期限的限制。"

六、税务检查制度

税务检查，是指征税机关依法对纳税主体履行纳税义务的情况所进行的检验、核查。它有利于及时发现问题，纠正和处理税收违法行为，确保税收足额入库，促进税法的进一步完善。因此，税务检查程序又叫税收调查程序，它对税收征纳活动的进行起着重要的保障作用。

税务检查程序应遵循职权调查原则和当事人参与原则。一方面，征税机关基于税收法定主义和公平课税原则的要求，在税收检查程序中具有主动性，可依职权主动对有关事项进行全面调查；另一方面，基于申报纳税和民主征税的理念，纳税人的积极参与不仅是为了调查事实、收集证据，而且也是通过检查程序为纳税人等程序当事人提供主张和保护其合法权益的机会。

税务检查的对方有三类：纳税人、提供法定纳税资料的人、交易相对方，其中对纳税人的调查又叫本人调查，对后两者的调查叫反面调查，他们三者在税收检查中均负有协助调查的义务（容忍义务），但其内容和程度不同。税务检查的权力或措施通常包括：检查、询问、专业机构出具意见书、听取意见、勘验、鉴定等。《税收征收管理法》规定的检查权有资料检查权、实地检查权、资料取得权、税情询问权、单证查核权、存款查核权等，征税机关对与案件有关的情况和资料可以记录、录音、录像、照相和复制。

税务检查的程序规则涉及检查的时间、场所、范围、理由开示、表明身份、告知、提取证据、保密、参加人的权利义务等，由于纳税人对应纳税额享有初次确定权，因此，用于确定纳税义务的税务检查应在有必要时，即在合乎比例、可以履行以及有期待可能性时方可进行，并应就检查的理由、范围等事先告知当事人。征税人员在进行税务检查时，还应向当事人出示检查证件和检查通知书；对没有检查的必要性和违反法定程序的检查，被检查人有权拒绝。税务检查是征税机关以行使征税公权力为内容的事实行为或准备行为，当事人有接受检查的义务，对征税机关依法进行的税收检查行为无权拒绝，

---

① 被誉为"最高法税务行政诉讼第一案"的广州德发税案，其争议焦点之一就是税款征收的滞纳金制度。参见广州德发房产建设有限公司与广东省广州市地方税务局第一稽查局再审行政判决书[最高人民法院行政判决书(2015)行提字第13号]。

否则将受到处罚。税务检查,是一种以处罚来保证的间接强制检查或任意检查,征税机关不能直接强制当事人接受检查,但以查处税收违法犯罪为目的的税收检查不受此限,不过要事先取得司法机关的许可。此外,税务检查程序的内容还有第三人的协力义务及其例外情形,当事人的保密和检查结果的应用问题,物品检查的范围,当事人的权利救济,检查行为瑕疵所引起的征税决定的效力问题等。

七、税收处罚程序制度

由于征纳主体在具体权责和利益上的差异,纳税主体个人行为与国家税收秩序之间的冲突必然客观存在,这就需要通过制裁性的法律制度来协调这种紧张关系,以维护税收秩序,保证税法的执行。一般而言,行政制裁和刑事制裁是两种常见的制裁税收违法行为的处罚形式,本节重点讨论的是以征税机关作为行使处罚权主体的行政制裁程序。

正像各国没有统一的税收行政处罚概念一样,税收行政处罚程序也因此而呈现不同的样式,这尤其表现在何种主体对税收违法行为享有处罚权对处罚程序的影响很大。综观各国的处罚实践,税收处罚程序在性质上可区分为下列三种类型。

(一)司法性税收处罚程序

这种类型的税收处罚程序受司法程序特别是刑事诉讼程序的影响很大,体现了行政处罚从刑罚分离出来的痕迹。德国、日本即为实行这种处罚程序类型的国家,其总的特点是认为一般税收违法行为案件的社会危害性不大,伦理可责性不强,征税机关可按类似刑事程序的处罚程序来处理,但当受处罚人提出异议时,征税机关必须将案件移交司法机关,按照刑事诉讼程序作出裁决。

(二)行政性税收处罚程序

这种类型的税收处罚程序是将税收行政处罚完全视为征税机关的一种行政行为,由其按照行政程序作出处罚裁决,我国就是采取这种形式。我国税收处罚程序主要依据《行政处罚法》有关行政处罚决定程序和执行程序的规定。税收处罚决定程序包括简易程序和一般程序两种。简易程序又称当场程序,是对违法事实确凿、有法定依据、处以较小数额罚款或警告的处罚适用的,其程序制度有表明身份;确认违法事实、说明处罚理由和依据;制作行政处罚决定书、交付决定书等。一般程序是税收行政处罚通常所适用的普通程序,它的基本程序制度有立案、调查、决定、制作处罚决定书、说明理由并告知权利、当事人陈述和申辩、正式裁决、行政处罚决定书的送达等。但在拟作出给予较大数额罚款等处罚决定前,应当事人要求,须公开举行有利害关系人参加的听证会,以广泛听取各方意见,避免作出违法或不当的处罚。听证并不是与简易程序或一般程序并列的一项独立的程序,而是一般程序中的一种特殊的调查处理程序。行政处罚决定程序实行申诉不停止执行、作出罚款决定的机关与收缴罚款的机构相分离的原则,当事人应自觉履行处罚决定,否则由征税机关强制执行或是申请法院强制执行。

（三）介于司法性与行政性之间的税收处罚程序

这种类型的税收处罚程序虽然规定在行政程序法中，但其处罚程序制度的设计基本上参照刑事诉讼程序，带有明显的司法性。我国台湾地区以前的税收行政秩序罚由法院裁处，但1982年后，我国台湾地区"税捐稽征法"第50条规定，应处罚款的税收秩序罚案件，由主管的征税机关办理，其程序适用我国台湾地区"行政程序法"的有关规定，不适用税收处罚程序的规定。

一般而言，司法性税收处罚程序过于强调程序的保障性，征税机关的处罚程序只不过是司法程序的先行程序，不具有独立性，这不符合我国的法律传统，不利于发挥征税机关在较强专业化要求的税收征纳中的作用。但我国现行税收处罚程序又较行政化，法院和检察院没有行政处罚权，听证程序的适用范围又十分有限，当事人的权益保护程度仍需提高。因此，应借鉴介于司法性与行政性之间的税收处罚程序的有关制度，提高处罚程序的司法化程度，进一步扩大听证程序的适用范围，完善听证程序的具体制度，尽快制定统一的税收行政处罚程序法，为纳税人提供更多的程序保障。

八、税务救济程序制度

税务救济程序，又叫税收争讼程序，是指税务机关与纳税人、扣缴义务人、纳税担保人之间因征税纳税而产生的争议。我国税务争议可以分为两类：一类是纳税人对税务机关的征税决定不服而引起的争议；另一类是税务行政管理相对人对税务机关的税收保全措施、强制执行措施和处罚决定不服而引起的争议。对前一类税务争议实行"复议前置"，即纳税人对税务机关的征税决定不服、发生争议时，必须先经行政复议再提起行政诉讼。而对于后一类税务争议，则实行"自由选择"，即税务行政相对人对税务机关的税收保全措施、强制执行措施和处罚决定不服的，既可以选择税务行政复议，也可以选择税务行政诉讼。选择了行政复议的，如果对复议决定不服，还可以向法院起诉。

复习思考题

- 1. 如何理解税法的构成要素？
- 2. 如何认识税法的基本原则？
- 3. 所得税的基本特点是什么？
- 4. 税收征纳程序法由哪些基本制度构成？

法律职业资格考试真题

1. 甲创办了销售电脑的个人独资企业。至2007年8月，该企业欠缴税款近8000元。根据《税收征收管理法》的规定，税务机关采取的下列哪一强制措施是合法的？（2007年）

A. 扣押甲已出售并交付给刘某、但刘某尚未付款的一幅字画

B. 扣押甲一台价值 4800 元的电视机

C. 查封甲唯一的一辆家用轿车

D. 查封甲唯一的一套居住用房

参考答案:C

2. 根据《企业所得税法》规定,下列哪些表述是正确的?(2010 年)

A. 国家对鼓励发展的产业和项目给予企业所得税优惠

B. 国家对需要重点扶持的高新技术企业可以适当提高其企业所得税税率

C. 企业从事农、林、牧、渔业项目的所得可以免征、减征企业所得税

D. 企业安置残疾人员所支付的工资可以在计算应纳税所得额时加计扣除

参考答案:ACD

3. 纳税义务人具有下列哪些情形的,应当按规定办理个人所得税纳税申报?(2010 年)

A. 个人所得超过国务院规定数额的

B. 在两处以上取得工资、薪金所得的

C. 从中国境外取得所得的

D. 取得应纳税所得没有扣缴义务人的

参考答案:ABCD

第二十二章　中央银行法和金融监管法

【重点内容提示】

金融是货币资金的融通，中央银行法和金融监管法是对金融活动进行规制的基本法律制度。中国人民银行是我国的中央银行，具有金融服务职能、金融监管职能、调控职能。我国中央银行的货币政策目标是保持货币币值的稳定，并以此促进经济增长。为了实现货币政策目标，我国中央银行会采取存款准备金制度、中央银行基准利率政策、再贴现政策、再贷款政策、公开市场业务政策以及其他货币政策。除上述职能外，中央银行还具有金融服务职能和金融监管职能。

金融监管是由政府金融监管当局对金融市场、金融主体及其金融活动进行监督和管理的行为和制度的总称。我国金融监管法律制度包括银行业监督管理法律制度、证券业监督管理法律制度、保险业监督管理法律制度三部分内容。在我国中国人民银行与中国银保监会、中国证监会之间的监管职能分工与协调也是金融监管法律制度的重要内容。

第一节　中央银行法概述

一、中央银行的概念与历史发展

（一）中央银行的概念

中央银行，是指在一国金融体系内居于核心地位，负责制定和执行国家货币政策，提供公共金融服务，维护国家金融稳定，依法实施金融监管的特殊金融机构。以现代的标准来看，中央银行是发行货币的银行，一般垄断了货币发行权；是银行的银行，只与商业银行等金融机构发生业务往来；是政府的银行，代表国家贯彻执行金融政策，代为管理国家财政收支并为政府提供各种金融服务。

由于历史和文化习惯的原因，各国中央银行的名称不尽相同。有的国家直接以中央银行命名，如爱尔兰、菲律宾、智利、刚果等国；有的国家在“银行”前面冠以国名，如英国、法国、日本、意大利、加拿大、西班牙等；有的国家则称为“国家银行”，如丹麦、瑞典、荷兰、比利时等；有的国家成为“储备银行”，如美国、澳大利亚、南非、印度等；还有的国家称为“人民银行”，如中国、朝鲜等。可见，要识别一国的中央银行仅从名称是不能完全看出来的,应深入了解各国法律对其地位和职能的规定。①

(二)中央银行的历史发展

1. 萌芽阶段(1656~1844年)

历史上最早的中央银行是瑞典的里克斯银行(Sveriges Riks Bank),它成立于1656年,由私人出资组建。成立之初就把银行划分为两个部门:一个部门是汇兑银行;另一个部门是贷款银行。1661年,里克斯银行在欧洲首次发行银行券,以作为硬币的替代物。1668年里克斯银行被收归国有,成为瑞典国家银行(The State Bank of Sweden),但是该行当时并不具有现代中央银行职能,在很大程度上它是模仿后起之秀——英格兰银行逐渐演变成中央银行的。

英格兰银行(Bank of England)被学术界称为中央银行的鼻祖,它成立于1694年,由私人出资以股份公司的形式组建。但是当时英格兰银行只是一家普通的股份制商业银行,直至1833年国会立法规定英格兰银行发行的钞票为无限法定货币,英国《1844年银行特许条例》(又称《皮尔条例》)出台促使银行券的发行日益集中于英格兰银行,使英格兰银行正式开始向中央银行演变。

从1656年瑞典银行成立至英国《1844年银行特许条例》颁布这一期间,可视为中央银行的萌芽阶段。这一阶段成立的中央银行有芬兰银行(1809年)、荷兰国家银行(1814年)、挪威银行(1817年)、奥地利国家银行(1817年)、丹麦国家银行(1818年)、葡萄牙银行(1821年)、希腊国家银行(1840年)、美国第一银行(1791年)、美国第二银行(1816年)等。早起各国中央银行的产生均与战争相关,其多为帮助政府募集战争经费或解决战争遗留问题。② 这一阶段的中央银行,虽为发行货币的银行,但并没有在全国范围内垄断货币发行权。它实际上是所在国的大商业银行,具有私人企业性质。但由于其实力强、作用大、影响广泛,以及从开始就与政府建立特殊关系,这种特殊关系促使它们在银行体系中树立新的形象和影响力。

2. 创建阶段(1844~1920年)

这一阶段,中央银行逐步垄断了货币发行权,成为唯一的发行银行。由于这一缘故,中央银行的实力得到加强,其他银行纷纷与其建立联系,中央银行也为商业银行提供一些金融上的帮助(如票据交换、资金划拨转账、贷款、再贴现等),使中央银行最终成为银行的银行。中央银行职能的扩充是在政府的支持下通过立法程序解决的,中央银行与政府的关系逐渐密切起来,甚至以政府银行的面目为政府提供金融服务和支持。可以说,在这一阶段,中央银行逐渐与商业银行划清了界限,较彻底地实现了职能转换,开始成为真正的中央银行。

---

① 参见朱大旗:《金融法》,中国人民大学出版社2000年版,第44页。

② 参见常健:《金融危机状态下中国人民银行的核心角色——以最后贷款人制度为中心的展开》,载《华中科技大学学报》(社会科学版)2009年第3期。

这一时期也是世界各国纷纷创建中央银行的阶段,如1860年的俄罗斯银行、1875年的德国国家银行、1879年的保加利亚银行、1882年的日本银行、1883年的罗马尼亚国家银行和塞尔维亚国家银行、1893年的意大利银行、1896年乌拉圭银行、1898年的埃及银行、1905年的瑞士国家银行和大清户部银行、1909年的朝鲜银行、1911年的玻利维亚银行、1913年美国联邦储备体系等29家中央银行都是在这一时期成立的。它们大都是由普通银行通过逐步集中货币发行和对一般银行提供清算服务、资金支持甚至帮助一般银行渡过危机而演进为中央银行的。尤其是美联储的组建,其目的与商业银行截然不同,成为现代中央银行的典型代表。1913年年底国会通过《联邦储备法》(Federal Reserve Act)并成立美国中央银行——联邦储备委员会是应对金融危机的产物,“美国的中央银行——联邦储备体系,就是针对1907年的银行恐慌而设立的。它设立的本意是作为银行危机时期的最后贷款人,也即当其他人无法向银行提供储备时,为了阻止银行倒闭,联储应向银行提供储备”。① “美联储的宗旨是提供全国一个更加安全、更加富有弹性以及更加稳定的货币与金融系统,这里的弹性与最后贷款人公共产品的主要方式——紧急时刻的信贷援助吻合,因而可以说美联储的成立确实是金融危机的产物,是为了应对不断发生的金融危机的机构。”②因此,美联储的建立与欧洲各国早期建立的中央银行的不同之处在于,美联储的建立更为看重中央银行能够充当最后贷款人的功能,而不是其融资功能,③是为了帮助政府稳定金融体系,而不是获益。即美联储的存在就是要保证整个金融体系不受干扰地正常发挥作用。一旦金融体系受到干扰,那么美联储或是其他类似央行的机构就要进行干预,通过满足流动性需要或承担潜在的损失,使金融体系恢复到正常状况。④

3.改组和推广阶段(1920～1945年)

1920年在布鲁塞尔召开了国际金融会议,此次会议的召开是为了应对第一次世界大战后的金融动荡与经济危机。此次会议形成决议,阐明目标即“为了稳定币值,首先应使各国财政收支平衡,以割断通货膨胀的根源。对于发行银行则应脱离各国政府政治上的控制,按照稳健的金融政策活动”。这是战后中央银行制度建立的最重要的理论基础。会议重申在现代金融经济中建立中央银行制度的必要性,建议未建立中央银行的国家尽快设立中央银行,已经建立中央银行的国家,根据新的理论和新的实际情况进行改组。在此期间,各国改组和新设的中央银行有40多家。

这一阶段中央银行的发展特点是,一些新设的中央银行不再走从商业银行自然演进的老路,而是在国际社会和本国政府的推动下人工设计的结果;这一阶段中央银行除

---

① [美]米什金:《货币金融学》(第4版),李扬等译,中国人民大学出版社1998年版,第369页。

② 徐宝林、郭建伟:《美国最后贷款人:经验与启示》,载《银行家》2006年第4期。

③ 参见范建军:《现代中央银行最后贷款人制度的演进——一个制度历史变迁过程的个案研究》,载《经济评论》2004年第6期。

④ 参见崔之元:《不完全市场与中央银行》,载《经济社会体制比较》1997年第4期。

继续办理票据交换、再贴现等业务外，其活动重心放在稳定货币、解决通货膨胀问题方面。此外，商业银行的储备金也逐步集中放在中央银行，建立了存款准备金制度。在这个阶段，中央银行传统的三大职能——发行的银行、银行的银行、国家的银行——逐渐完善。

4. 加强阶段(1945 年至今)

第二次世界大战以后，在西方社会，基于战后经济金融秩序重建的需要，各国中央银行制度发生了新变化。在凯恩斯主义的影响下，国家加强了对中央银行的控制。措施之一是对中央银行实行国有化；措施之二是加强对中央银行的控制，即无论中央银行是否国有，均要求中央银行对议会或者政府负责，中央银行的最高首脑由议会或政府任命，其业务活动不得脱离国家经济社会发展总目标。就中央银行自身而言，其宏观调控和金融监管功能增强，货币政策与财政政策并列为两大主要宏观调控政策。货币政策的制定和实施逐步规范化，形成比较规范的存款准备金制度、再贴现制度、公开市场操作制度、金融监督与管理制度。同时，随着世界银行和国际货币基金组织得建立，各国中央银行的交流与合作也日益经常化和规范化。

(三)我国中央银行的产生与发展

我国的中央银行萌芽是清政府为整理币制于光绪三十年(1904 年)设立的官办银行“大清户部银行”，该银行于 1905 年 8 月在北京开业。1908 年“大清户部银行”依据《大清银行则例》改名为“大清银行”，经理国库、发行纸币，初具中央银行职能。

辛亥革命后，北洋政府于 1912 年 1 月改大清银行为中国银行，部分承担中央银行的职能。孙中山在广州成立中央政府后，曾设立中央银行。1927 年南京国民党政府制定了《中央银行条例》，于 1928 年 11 月成立了中央银行，但是没有垄断货币发行，而是与改组后的中国银行、交通银行及 1933 年成立的中国农民银行共同享有货币发行权。1942 年国民党政府将货币发行权收归中央银行，同时集中管理国家黄金、外汇储备，统一管理全国的金融业。

中华人民共和国的中央银行是中国人民银行。中国人民银行是 1948 年 12 月 1 日在华北银行、北海银行和西北农民银行合并的基础上于石家庄成立的。1949 年中国人民银行总部迁至北京。中华人民共和国成立后，中国人民银行又合并了东北银行、内蒙古人民银行等地区性银行，成为全国统一的国家银行。1950 年后，按照行政区域中国人民银行设置了总行、区行、分行、支行四级机构。当时的中国人民银行是各级政权的组成部分，既是货币发行和执行金融管理职能的国家机关，又是办理信贷、储蓄、结算、外汇等具体业务经营活动的经济组织；具有中央银行和一般银行、国家机关和经济组织的双重性质；是全国的现金出纳中心、信贷中心和转账结算中心。改革开放后，中国人民银行的中央银行职能与商业银行金融业务职能开始逐渐分离。1983 年 9 月国务院颁布了《关于中国人民银行专门行使中央银行职能的决定》，规定中国人民银行从 1984 年 1 月 1 日起专司中央银行职能，不再对企业和个人办理金融业务。1986 年 1 月 7 日国务院颁布了《银行管理暂行条例》,以行政法规的形式规定“中国人民银行是国务院领导和管理全国金融事业的国家机关,是国家的中央银行”。1995 年 3 月,第八届全国人大第三次会议表决通过了《中国人民银行法》,以法律的形式明确规定了中国人民银行作为我国中央银行的地位。

二、中央银行的性质、职能与组织机构

(一)中央银行的性质

《中国人民银行法》虽然没有对中国人民银行的性质进行明文确定,但是其第 2 条规定:“中国人民银行是中华人民共和国的中央银行。中国人民银行在国务院领导下,制定和执行货币政策,防范和化解金融风险,维护金融稳定。”第 8 条规定:“中国人民银行的全部资本由国家出资,属于国家所有。”上述规定表明:第一,中国人民银行是我国的中央银行。第二,中国人民银行在性质上属于特殊的国家机关。第三,中国人民银行是国务院专司制定和执行货币政策,维护金融稳定的内设职能部门,应属政府行政机关,同时中央银行属于中央政府机关,而不是地方国家机关。

(二)中央银行的职能

在现代市场经济国家,中央银行既是一国金融体系的核心,也是调节宏观经济的特殊政府机构,中央银行具有金融服务、金融监管和宏观经济调控三大职能。

1. 金融服务职能

中央银行的金融服务职能,是指中央银行作为金融体系中的银行,对政府、商业银行和非银行金融机构及社会公众提供金融服务,分为对政府的金融服务、对金融机构的金融服务和对社会公众的金融服务三种。对政府的金融服务体现在:代理国库、代理和发行兑付政府债券、代理国家经营黄金储备和外汇储备,代表政府参加国际金融活动,为政府提供金融咨询服务等。对金融机构的金融服务体现在:收存存款准备金、办理结算、提供最后贷款等。对社会公众服务体现在:依法发行货币并维护币值稳定,收集、整埋和反馈国民经济信息资料,为各方制定政策、方针提供参考,维护商业银行客户存款安全等。

2. 金融监管职能

中央银行的金融监管职能,是指中央银行作为国家金融管理机关,负责监管金融机构和金融市场。一是对商业银行和其他金融机构的监管;二是对金融市场的设置、业务活动、运行机制进行的监管。中央银行监管的目的,是通过草拟、制定金融法律法规,对金融组织、金融活动、金融市场进行严格的监管,以维护国家金融体系的稳健运行,防止和制止金融紊乱对社会经济发展的不良影响。

3. 调控职能

中央银行的调控职能,是现代市场经济国家中央银行最重要的职能,是指中央银行作为国家宏观经济调控体系的重要组成部分,制定和执行货币政策,通过金融手段、对国家的货币、信用活动进行有目的的、有目标的调节和控制,促进整个国民经济的健康

发展。中央银行调控的对象主要是货币供应量,主要运用的手段包括货币政策工具,包括存款准备金制度、再贴现制度、公开市场业务制度等。

按照《中国人民银行法》第2条的规定,中国人民银行的基本职能是制定和执行货币政策,防范和化解金融风险,维护金融稳定。《中国人民银行法》第4条也规定了中国人民银行的13项职责,职责是职能的具体化。根据《中国人民银行法》第4条的规定,中国人民银行的职责有以下13项:发布与履行其职责有关的命令和规章;依法制定和执行货币政策;发行人民币,管理人民币流通;监督管理银行间同业拆借市场和银行间债券市场;实施外汇管理,监督管理银行间外汇市场;监督管理黄金市场;持有、管理、经营国家外汇储备、黄金储备;经理国库;维护支付、清算系统的正常运行;指导、部署金融业反洗钱工作,负责反洗钱的资金监测;负责金融业的统计、调查、分析和预测;作为国家的中央银行,从事有关的国际金融活动;国务院规定的其他职责。

(三)中央银行的组织结构

中央银行一般根据其性质、地位和职能设置各自的组织机构,包括权力机构、内部组织机构及分支机构的设置。中央银行的组织机构的合理设置是中央银行法的重要内容。由于各国的历史传统、社会政治经济制定及经济发展水平的不同,各国中央银行法规定了不同的组织机构体系。中国人民银行的组织机构分为三个层次:最高权力机构和咨询机构,总行内部的职能机构,分支机构。

1. 最高权力机构

按照《中国人民银行法》第10条、第11条的规定,中国人民银行设行长一人,副行长若干人。行长的人选由国务院总理提名,由全国人大决定;在全国人大闭会期间,由全国人大常委会决定,国家主席任免。副行长由国务院总理任免。人民银行实行行长负责制,行长领导人民银行工作,副行长协助行长工作。

2. 咨询机构

根据《中国人民银行法》第12条的规定,中国人民银行设立货币政策委员会作为货币政策的咨询议事机构。1997年4月15日国务院颁布《中国人民银行货币政策委员会条例》,规定了货币政策委员会的性质、地位、职责、组织机构、委员的权利和义务以及工作程序。

(1)货币政策委员会的性质与地位

货币政策委员会是中国人民银行制定货币政策的咨询议事机构。其性质表明:第一,货币政策委员会不是决策机构,而是咨询、议事机构,对货币政策制定、调整有建议权。第二,该委员会不是中国人民银行的内设机构,而是根据法律法规设立的特别机构,其组成人员必须上报国务院批准。

(2)货币政策委员会的职责

货币政策委员会的基本职责是:在综合分析国家宏观经济形势的基础上,依据国家的宏观经济调控目标,讨论货币政策事项,并提出建议。讨论的主要事项为:货币政策的制定、调整；一定时期内的货币政策目标；货币政策工具的运用；有关货币政策的重要措施，以及货币政策与其他宏观经济政策的协调。

(3)货币政策委员会的组织机构

货币政策委员会由国务院主管财经的综合职能部委组成。其人员大体包括中国人民银行行长、国务院副秘书长、副行长2人、国家发展和改革委员会副主任1人、财政部副部长1人、国家统计局局长、国家外汇管理局局长、中国证监会主席、中国银保监会主席、国有商业银行行长2人、中国银行业协会会长、金融专家1人。其中中国人民银行行长、国家外汇管理局局长、中国证监会主席、中国银保监会主席为货币政策委员会的当然委员。其他委员人选，由中国人民银行提名或商请有关部门提名，报请国务院任命。委员中的国有商业银行行长以及金融专家任期为2年。

货币政策委员会设主席1人，由中国人民银行行长担任，副主席1人，由主席指定。货币政策委员会设立秘书长，作为货币政策委员会的常设办事机构。

3. 中国人民银行的内设机构

总行除机关党委、团委、工会、参事室、离退休干部局外，共设20个职能司局，即办公厅、条法司、货币政策司、货币政策二司、金融市场司、金融稳定局、调查统计司、会计财务司、支付结算司、科技司、货币金银局、国库局、国际司(港澳台办公室)、内审司、人事司(党委组织部)、研究局、征信管理局、反洗钱局(保卫局)、金融消费者权益保护局、党委宣传部(党委群工部)。

国家外汇管理局虽然是在中国人民银行领导下，但它并不是中国人民银行的内部局，而是国家局，是国务院授权由中国人民银行管理的。

4. 中国人民银行的分支机构

中央银行的分支机构是中央银行执行货币政策和实行金融监管的主要组织基础，是中央银行组织体系的重要组成部分。1998年12月，为强化中央银行的独立性，中国人民银行撤销了省级分行，在全国9个城市设立了跨省、自治区、直辖市的分行，即天津、沈阳、上海、南京、济南、武汉、广州、成都、西安分行。同时，在北京和重庆设立中国人民银行总行营业管理部。中国人民银行的分支机构是中国人民银行的派出机构，不具备法人资格，不享有独立的权力，根据中国人民银行的授权，维护本辖区的金融稳定，承办有关业务。

三、中央银行法的性质与地位

中央银行法，是指调整中央银行内部和外部各类关系的法律规范的总称。具体包括规定中央银行的性质、地位、职能职责、组织形式、组织机构以及金融调控、金融监管和金融服务的法律规范的总称。中央银行是一种特殊的金融机构，不以营利为目的，担负着制定和执行货币政策，调控货币流通，提供金融服务和稳定金融的职责。这就要求中央银行法的制定和施行，既要服从国家和社会公共利益，考虑金融体系的调控和监管，又要满足各类金融个体的权力配置和利益需求，从而既保护充分竞争，又维护金融体制安全和稳定。因此,中央银行法是金融组织法、金融调控法、金融监管法以及金融服务法的统一。它融合了公法和私法的特点,具有社会法的性质,在一国法律体系中,中央银行法属金融法的组成部分,是经济法的子部门。①

1995 年 3 月 18 日,我国第八届全国人民代表大会第三次会议审议通过并公布了《中国人民银行法》。这是我国关于中央银行的第一部法律。该法分为总则、组织机构、人民币、业务、金融监督管理、财务会计、法律责任和附则,共 8 章 51 条。2003 年 12 月 27 日,第十届全国人大常委会第六次会议通过《全国人大常委会关于修改〈中华人民共和国中国人民银行法〉的决定》,自 2004 年 2 月 1 日起施行。此修法决定共 25 条,其中,修改原法 19 条,删去 2 条,增加 4 条。修改后的中国人民银行法淡化了人民银行对金融机构的监管职能,突出了人民银行制定和执行货币政策、防范和化解金融风险、维护金融稳定的职能,还加强了人民银行货币调控的职能和组织协调国家反洗钱工作的职责。

第二节 中央银行的法律职能

一、货币政策及货币政策工具

(一)货币政策概念与货币政策目标

货币政策,是指主权国家为了实现其特定的经济目标而采用的各种调节货币供应量或管制信用规模的方针、政策和措施的总称,一国宏观经济政策的重要组成部分。货币政策包括三方面基本内容:(1)政策目标;(2)实现目标所运用的政策工具;(3)预期达到的政策效果。② 制定和实施货币政策,是各国中央银行的主要职责。

货币政策目标是中央银行实施货币政策所预定要对宏观经济产生的明确效果,包括最终目标、中介目标和操作目标。

1. 最终目标

最终目标,是指一国中央银行采取货币政策所要达成的总目标,是中央银行制定和执行货币政策的出发点和归宿点,一般表述为稳定物价、充分就业、经济增长、国际收支平衡四项。各国中央银行一般根据本国国情明确规定其中央银行的货币政策目标。现在大多数国家认识到,如果实行多种目标,货币政策就会失去可靠性,因此纷纷修订中央银行法或调整货币政策框架,把价格稳定作为主要货币政策目标。大多数中央银行所指的价格稳定,不是一般物价水平的稳定,而是指实现并保持较低的稳定的通货膨

---

① 参见强力:《金融法》,法律出版社 2004 年版,第 221 ~ 222 页。

② 参见黄达主编:《金融学》,中国人民大学出版社 2003 年版,第 624 页。

胀，它与货币币值稳定基本是同一含义。①

2. 中介目标

中介目标，也称中间目标，是货币政策的操作目标和最终目标之间的过渡性指标。中介目标一般包括货币供应量和信用总量。由于金融创新的发展，早期治理通货膨胀的货币数量论不再行之有效，因此，需要改用其他货币政策规则，货币数量和信用总量只能作为短期目标，而不能作为长期目标。

3. 操作目标

操作目标，是指受货币政策工具直接作用的金融变量指标，包括短期利率和存款准备金率等。关于我国的货币政策目标，《中国人民银行法》第3条规定："货币政策目标是保持货币币值的稳定，并以此促进经济增长。"显然，这种表述并不是将货币币值稳定与经济增长并列，而在"稳定货币币值"和"促进经济增长"之间有主次之分，即将货币币值稳定作为经济增长的前提条件，将货币币值稳定界定为中央银行促进经济增长的方式。因此，我国货币政策目标重点是保持货币币值稳定，保持币值稳定是中国人民银行货币政策的单一目标，而促进经济增长并不作为货币政策的主要目标。

（二）货币政策工具

货币政策工具是中央银行实现其政策目标的政策手段。中央银行运用货币政策工具影响金融机构及金融市场。各国中央银行主要采用的货币政策工具包括法定存款准备金制定、再贴现政策和公开市场业务，俗称中央银行的"三大法宝"，这些货币政策工具主要是从总量上对货币供应量和信贷规模进行调节，其运用会对整个金融系统的信用扩张与紧缩产生全面影响。除这三种工具外，中央银行还有一些针对特定金融领域和某些特殊信贷业务活动进行选择性调控的货币政策工具，如证券市场信用管理，是指规定购买证券的保证金比率，以控制证券的信用交易，防止证券投机，从而增加其他资金市场的资金供给，促进信贷资金运用的合理化；消费信用管理，是指中央银行对不动产以外的各种耐用消费品的销售融资予以控制；不动产信用控制，是指中央银行规定商业银行不动产贷款的最高期限、最高金额、首付值、分期付款时每期最低付款额。

根据我国实际情况和今后金融改革的发展方向，《中国人民银行法》第23条规定了以下六种货币政策工具。

1. 存款准备金制度

存款准备金制度，是指中央银行通过规定和调整商业银行等金融机构交存中央银行的存款准备金率，控制金融机构的信用创造能力，从而调节货币供应量的制度。而中央银行确定的提取存款准备金的比率，则被称为"存款准备金率"。中央银行通过调高或降低存款准备金率可以紧缩或扩张信用，调节货币供应量。

存款准备金制度之所以能够调节货币供应量的主要原因在于：在现代经济社会，存

① 参见殷少平：《金融法》，中国人民大学出版社2005年版，第49页。

款货币在货币供应量中占有很大比重,商业银行由于其特殊的经营方式,具有创造派生存款的能力;而存款准备金制度的实质,在于通过存款准备金率的调整,控制商业银行创造货币的基础(超额准备金头寸)和能力(货币创造乘数),实现对货币供应量的调节和控制。提高存款准备金率,则银根紧缩;降低存款准备金率,则银根放松。[①] 实践证明,存款准备金率的微量变动,足以使货币供应量发生巨额变化,因此在金融调控上存款准备金制度被视为威力巨大但必须慎用的武器,是货币政策中最严厉的货币政策工具之一。

我国的存款准备金制度是根据 1983 年 9 月《国务院关于中国人民银行专门行使中央银行职能的决定》重新恢复建立的,1984 年 5 月正式启动的,该制度主要内容包括:(1)存款准备金的缴存范围。我国所有吸收一般存款的金融机构,都应按照规定的比例和期限缴存存款准备金。(2)存款准备金率由中国人民银行规定、调整、公布,并组织其分支机构具体实施。(3)存款准备金的计提与考核。存款准备金率按存款机构一定时期的存款平均余额调整,调整起点为 10 万元。各金融机构应按旬于旬后 5 日内将汇总的全行或全系统旬末一般存款余额报送人民银行。(4)存款准备金欠缴、少缴的处罚。如果发生欠缴、少缴的情况,在每旬 5 日后,按欠缴金额每天处 2‰的罚息。

2. 中央银行基准利率政策

基准利率是指利率体系中起主导作用的基础利率,它的水平和变动决定其他各种利率的水平和变化。在西方国家一般以中央银行的再贴现率为基准利率。我国的基准利率不能简单理解为再贴现率,而应理解为中国人民银行制定和调整的法定利率,即 1999 年《人民币利率管理规定》第 5 条规定的利率,包括中国人民银行对金融机构存、贷款利率和再贴现利率;金融机构存、贷款利率;优惠贷款利率;罚息利率;同业存款利率;利率浮动幅度;其他利率等。中央银行通过对基准利率的调整,来实现紧缩银根或放松银根的目的。提高基准利率,就会减少社会货币供应量;降低基准利率,就会增加社会货币供应量。1995 年通过的《中国人民银行法》规定,利率事项由中国人民银行作出决定,报国务院批准。

3. 再贴现政策

再贴现,是金融机构以合格票据向中央银行贴现,中央银行对金融机构提供信用,实质上是中央银行与商业银行之间票据买卖和资金让渡的过程。再贴现政策,则是指中央银行通过制定和调整其对金融机构办理票据再贴现的再贴现率,影响金融机构的融资成本,影响市场利率及货币市场的供求,从而调节货币供应量,调控信用扩张或收缩的政策措施。

再贴现政策的调控作用有两方面的调控作用:一是通过调整再贴现率,影响社会的货币供应量;二是通过规定再贴现条件,影响金融机构和全社会的资金投向。当中央银

---

① 参见朱崇实主编:《金融法教程》(第 2 版),法律出版社 2005 年版,第 26 页。

行提高再贴现率时,商业银行向中央银行融资的成本就会提高,它们必然减少或压缩贴现借款,同时它也随之提高贷款利率,从而带动整个市场利率上涨,起到紧缩信用,减少社会的货币供应量的作用。反之,降低再贴现率,作用方向和效果相反,会造成货币供应量增加,市场利率降低,就会扩张信用,增加社会货币供应量。当中央银行规定某种票据的再贴现条件优越时,资金便会较容易的流向该种票据背后代表的产业、企业,从而影响社会资金的流动方向。

再贴现政策的内容包括:(1)再贴现的条件、对象和范围。以《票据法》为规范的社会信用高度的信用化及中央银行再贴现率为导向的市场利率体系是一国实行再贴现制度的条件。我国对再贴现的对象和范围有所限制,即必须是“在中国人民银行开户的金融机构”以合格的票据办理再贴现。(2)再贴现的业务程序。首先,中央银行应从信贷和票据两方面进行审查,即对再贴现资金的用途、投向和票据本身进行审查;其次,必须履行票据转让手段,在我国须以《票据法》的规定为背书。(3)制定和调整再贴现率。再贴现率由中央银行根据货币政策的需要制定和调整。在一般情况下,再贴现率低于同期贷款利率。①

中国人民银行开办再贴现业务始于1986年4月16日发布的《票据再贴现试行办法》,1994年7月发布的《再贴现办法》、1997年3月发布的《对国有独资商业银行总行开办再贴现业务暂行办法》、1997年5月发布的《商业汇票承兑、贴现与再贴现管理办法》等法规,对票据再贴现制度作出了比较全面系统的规定,再贴现政策作为货币政策工具的作用也日益明显。

4. 再贷款政策

再贷款,是指中央银行对商业银行、证券公司等金融机构的贷款。中央银行发放再贷款主要以发行货币、财政性存款、存款准备金为资金来源。人民银行通过再贷款控制、调节商业银行的信贷活动,从而控制和调节货币供应量和信用总量。我国中央银行再贷款的主要对象是国有商业银行与中国农业发展银行。为了维护金融稳定及社会稳定,人民银行对面临支付困难的金融机构也可以发放再贷款。再贷款在中国人民银行的资产中占有很大的比重,是我国基础货币吞吐的主要渠道和调节贷款流向的重要手段。

依据《中国人民银行法》第28条以及1993年3月3日发布的《中国人民银行对金融机构贷款管理暂行办法》的规定,中国人民银行对金融机构的再贷款为信用贷款,只能用于解决金融机构的临时资金不足,不得用于放款和证券投资。依据贷款期限的不同,中国人民银行的再贷款期限分为20天内、3个月内、6个月内、1年期4个档次,其利率由中国人民银行根据经济政策和货币政策的需要来确定和调整。

5. 公开市场业务政策

公开市场业务政策,又称公开市场操作,是指中央银行在金融市场(债券市场)上

---

① 参见强力:《金融法》,法律出版社2004年版,第244～245页。

公开买卖有价证券(主要是政府公债券、国库券和银行承兑票据等)或其他金融资产,调控货币供应量和市场利率,实现货币政策意图的一种业务活动。

公开市场业务政策的调控作用在于:当中央银行认为需要收紧银根时,就将手中的证券卖给有关金融机构(一级交易商),收回一部分基础货币(基础货币是中央银行的负债,包括商业银行在中央银行的存款和流通中的现金。商业银行持有基础货币可以创造货币,因此基础货币又被称为“高能货币”),那么金融机构可用的资金数量就相应减少,货币供应量也随之收缩。反之,当中央银行认为需要放松银根时,便通过买进有价证券的方式,投放一些基础货币,货币供应量也随之扩大。在现代市场经济国家中,公开市场业务政策是中央银行吞吐基础货币,调节市场流动性最重要、最常用的货币政策工具。①

根据《中国人民银行法》的规定,人民银行的公开市场业务限于在公开市场上买卖国债、其他政府债券和金融债券及外汇。中国人民银行总行的公开市场业务操作是从1996年4月1日开始正式运作。1997年3月中国人民银行发布的《公开市场业务暨一级交易商管理暂行规定》规定了公开市场业务交易的品种、交易对象、交易方式等具体事项。以银行间债券市场为依托,公开市场业务制度体系已经基本形成,其内容包括:公开市场业务一级交易商制度;对商业银行流动性监测制度;公开市场业务决策和操作程序;公开市场业务结算体系和公开市场业务公告制度等。目前,采用较多的公开市场业务的交易方式包括:直接买卖有价证券、再回购合同交易、边售边购交易等。其中以再回购协议方式进行的公开市场操作最多。中国人民银行于2003年4月正式启用央行票据这一工具进行公开市场操作,②并已经成为公开市场中回购交易、现券交易外的第三大交易品种,成为货币政策日常操作的一项重要工具。央行票据的发行传达着中国人民银行调控资金面和利率的政策意图,其上市交易实现了对市场短期债券流动性的增强和收益率调整的联动。

6. 其他货币政策

《中国人民银行法》第23条第1款第6项规定,中国人民银行可以采用的货币政策工具还包括“国务院确定的其他货币政策工具”。这一规定实为有关选择性、补充性货币政策工具的弹性条款。目前,我国经济结构失衡严重、金融市场化程度不高,故一些带有结构性、直接控制性的补偿性货币政策工具还具有适用条件。这些政策工具有:特种贷款、证券市场信用控制、消费信用控制、不动产信用控制及窗口指导、道义劝告等。

---

① 参见殷少平:《金融法》,中国人民大学出版社2005年版,第53页。

② 央行票据,即中央银行票据,是中国人民银行为调节商业银行超额准备金而向商业银行发行的短期债务凭证,其实质是中央银行债券。之所以叫“央行票据”,是为了突出其短期性特点(从已发行的央行票据来看,期限最短的3个月,最长的也只有1年)。央行通过发行央行票据可以回笼基础货币,央行票据到期则体现为投放基础货币。

二、中央银行的金融服务

(一) 中央银行的金融服务概述

提供金融服务是中央银行的一个重要职能。中央银行服务的对象包括政府、金融机构和社会公众。为政府提供的金融服务包括:经理国库、代理发行和兑付政府债券、代理国家经营外汇、黄金储备,代表国家参加国际金融活动,为政府提供金融咨询服务等。为金融机构提供的金融服务包括:为金融机构提供融资、办理结算等。为社会公众提供的金融服务包括:依法发行货币并维护币值稳定、收集、整理和反馈国民经济信息资料,为各方面制定政策、方针提供参考、维护银行客户存款安全等。

(二)人民币的发行和流通

几乎所有的现代国家货币发行都是由政府垄断。政府一般授权本国的中央银行或成立专门的货币局发行货币。在实行中央银行制度的国家,货币发行是中央银行最重要的负债业务,通过这项业务,中央银行既为商品流通和交换提供流通手段和支付手段,也相应筹集了社会资金,满足中央银行履行其各项职能的需要。

1. 人民币发行机关和发行的含义

《中国人民银行法》第 18 条规定:“人民币由中国人民银行统一印制、发行。中国人民银行发行新版人民币,应当将发行时间、面额、图案、式样、规格予以公告。”所以,中国人民银行是我国唯一的货币发行机关,发行人民币、管理人民币的流通。

人民币的发行有广义和狭义之分。广义的发行,是指中国人民银行代表国家发行、投放、回笼、销毁、保管以及调节各地人民币流通等业务活动的总称。狭义的发行,是指中国人民银行向流通领域中投放人民币现金的行为。具体而言,就是中国人民银行通过发行库把发行基金投入业务库,货币从中央银行的发行库通过各商业银行的业务库流向社会,使一部分货币进入流通领域的行为。

由于人民币的发行实际上是增加了基础货币的投放,而基础货币是高能货币,它具有数倍扩张的效应,直接关系人民币币值的稳定和国家货币政策目标的实现,因此,必须依法加强对人民币的管理。

2. 人民币发行的原则

为保证人民币币值稳定,促进国民经济协调、稳定、健康发展,我国人民币历来坚持以下三大发行原则:(1)垄断发行原则,即中国人民银行统一垄断人民币发行。货币发行权高度集中于中央银行,只有这样才能防止由多头发行造成的货币流通混乱,保证国内统一的通货形式,以便中央银行制定和执行货币政策。(2)计划发行原则,即指根据国民经济发展的需求,有计划地发行货币。货币发行是经济运行的总枢纽,是对国民经济及社会经济生活的综合反应,它能调节社会总供给和总需求的平衡。因此,人民币发行要根据国民经济发展的需求,有计划地发行货币,使货币发行动态地适应经济状况变化的需要。(3)信用发行原则,也称为经济发行原则,是指在经济增长的基础上增加货币投放,适应和满足商品生产和商品流通对货币的客观需要;而且货币发行要有一定的外汇、黄金或有价证券作保证,即通过建立一定的发行准备制度来保证中央银行独立发行。我国《中国人民银行法》第29条规定,中国人民银行不得对政府财政透支,人民银行不得直接认购、包销国债和其他政府债券。

3. 人民币的法律地位和流通的法律保护

《中国人民银行法》第16条规定:“中华人民共和国的法定货币是人民币。以人民币支付中华人民共和国境内的一切公共的和私人的债务,任何单位和个人不得拒收。”这一规定,确定了人民币是我国唯一的法定货币的法律地位;人民币依法具有无限清偿能力,是我国唯一的合法货币。

对于人民币流通的法律保护:(1)残损人民币的收兑与销毁。《中国人民银行法》第21条规定:“残缺、污损的人民币,按照中国人民银行的规定兑换,并由中国人民银行负责收回、销毁。”(2)危害人民币流通行为的禁止与惩处。《中国人民银行法》第19条规定:“禁止伪造、变造人民币。禁止出售、购买伪造、变造的人民币。禁止运输、持有、使用伪造、变造的人民币。禁止故意毁损人民币。禁止在宣传品、出版物或者其他商品上非法使用人民币图样。”《中国人民银行法》第20条规定:“任何单位和个人不得印制、发售代币票券,以代替人民币在市场上流通。”

(三)经营国库

国库是国家金库的简称,是指负责办理国家预算资金的收纳、划分、留解和拨付的专门机构。目前,世界各国的财政预算收支的出纳制度分为国家设立一定的专门机构从事国家财政收支出纳业务的国库制和国家财政在银行开户把国家财政存入银行,由银行按照存款办法管理的银行制。国库制又分为国家在财政部门设立专门机构办理国家业务的独立国库制和国家委托银行办理国库业务的委托国库制。目前,世界上大多数国家实行委托国库制,即由中央银行经理国库。

我国1908年时的大清银行即具有经理国库的职能。中国人民银行经理国库的法律依据除《中国人民银行法》第4条和第24条外,还有《国家金库条例》及其实施细则等配套法规和规章。我国国库的设置原则上一级财政设立一级国库,分为总库、分库、中心支库、支库和支库以下的经收处。经收处一般由商业银行的基层机构代理。各级国库主任,由各该级人民银行行长兼任。国库的基本职责是办理国家预算收入的收支出纳,具体业务包括国库库款的收纳、退付、报解、支拨等。在我国,国库库款和预算外存款一律不计利息,银行办理汇款和拨款时,亦不收费。

人民银行经理国库实际上是代理国库的出纳业务,国库款项的支配权属于政府财政部门。国库资金以及财政资金在收支过程中形成的存款也属于人民银行的存款,它可以作为人民银行向商业银行发放短期信贷资金的来源,提高财政资金的利用效率。

(四)提供结算服务、维护清算系统的正常运行

清算,是指不同银行之间因资金代收代付而引起的债权债务通过票据清算场所而得以清偿。商业票据清算场所是由各家金融机构参加的,互相进行资金清算的场所,各

金融机构的大部分债权债务可以互相抵销,只需清算彼此之间的差额。

中央银行提供清算服务,则是指中央银行建立票据交换中心,为在中央银行开立账户的金融机构之间由票据交换而产生的应收、应付款项以及轧差提供场地和记账服务。为了提供这种清算服务,中央银行必须建立和维护一套现代化的清算系统,清算系统包括四个子系统:商业银行内部资金汇划系统、票据交换中心、中国人民银行全国电子联行系统和正在建设中的中国现代化支付系统。

《中国人民银行法》第 27 条规定:“中国人民银行应当组织或者协助组织银行业金融机构相互之间的清算系统,协调银行业金融机构相互之间的清算事项,提供清算服务。具体办法由中国人民银行制定。……”据此,中国人民银行应当制定清算规则,设立、组织和维护清算系统,提供清算业务,同时还应积极协调各金融机构之间的清算事项。由中国人民银行支付结算司专门负责这项服务。

(五)经营国家外汇、黄金储备

外汇储备、黄金储备都是一国国家储备的重要组成部分,它们是一个国家对外经济交往实力的象征,对稳定币值、稳定汇价、调节国际收支具有重要意义。根据《中国人民银行法》第 4 条第 1 款第 7 项的规定,中国人民银行代表国家持有、管理、经营国家外汇储备、黄金储备,其实质上就是中央银行为政府提供的一项金融服务。其中国家外汇管理局专门负责经营外汇储备,在外汇储备经营中一般要注意满足安全性、流动性、营利性的要求,根据经济发展的需要和货币政策的要求合理确定适当的外汇储备规模,并根据外汇市场的情况,合理确定外汇资产的结构,既要保证国家外汇资产有稳定的收益,又要谨慎规避汇率风险。

三、中央银行的金融监管

(一)中国人民银行金融监管职能的演变

1949 年至 1984 年,我国实行的是大一统的人民银行体制,当时没有监管当局,没有监管对象,也没有监管法律法规,因此,这期间我国不存在现代意义上的金融监管。

从 1984 年开始,我国形成中央银行、专业银行的二元银行体制,中国人民银行开始行使中央银行职能,履行对银行业、证券业、保险业、信托业的综合监管。这一期间的银行监管主要围绕市场准入进行,重点是审批银行新的业务机构,监管的主要依据是 1986 年国务院颁布的《银行管理条例》。1992 年 10 月,国务院证券委员会(以下简称国务院证券委)和中国证券监督管理委员会(以下简称中国证监会)宣告成立,证券业的监管职能自此从中国人民银行分离出去(后国务院证券委和中国证监会于 1998 年 4 月合并)。此后,中国人民银行主要负责对银行、保险、信托业的监管。1998 年 11 月,中国保险监督管理委员会正式成立,专司对中国保险业的监管,将原来由中国人民银行承担的对保险业的监管职能分离出来。此后,中国人民银行主要负责对银行、信托业的监管。2003 年 3 月,中国银行业监督管理委员会(以下简称中国银监会)成立,履行原由中国人民银行履行的审批、监督银行业金融机构、金融资产管理公司、信托投资公司、财务公司、金融租赁公司以及经国务院银行业监督管理机构批准设立的其他金融机构的职责及相关职责。至此,中国人民银行将其对证券业、保险业、银行业、信托业的监管职能全部或部分的剥离。中国人民银行作为证监会、保监会、银监会三家监管机构之外的金融宏观管理部门,对整个金融业进行宏观监控,保留履行中国人民银行职能所必需的部分金融监管职能。

为深化金融监管体制改革,解决现行体制存在的监管职责不清晰、交叉监管和监管空白等问题,强化综合监管,优化监管资源配置,更好统筹系统重要性金融机构监管,逐步建立符合现代金融特点、统筹协调监管、有力有效的现代金融监管框架,守住不发生系统性金融风险的底线。2018 年 3 月,按照国务院机构改革方案,将中国银监会和中国保监会的职责整合,组建中国银行保险监督管理委员会(以下简称中国银保监会),作为国务院直属事业单位。中国银保监会的主要职责是,依照法律法规统一监督管理银行业和保险业,维护银行业和保险业合法、稳健运行,防范和化解金融风险,保护金融消费者合法权益,维护金融稳定。

(二)中国人民银行与中国银保监会金融监管职能比较

中国银保监会的金融监管职能是从中国人民银行原来的金融监管职能中分离出来的,在分离后二者的金融监管职能有了明显区别。

1. 中国人民银行的金融职能

根据《中国人民银行法》第 32 条的规定,中国人民银行有权对金融机构以及其他单位和个人的下列行为进行监管:(1)执行有关存款准备金管理规定的行为;(2)与中国人民银行特种贷款有关的行为;(3)执行有关人民币管理规定的行为;(4)执行有关银行间同业拆借市场、银行间债券市场管理规定的行为;(5)执行有关外汇管理规定的行为;(6)执行有关黄金管理规定的行为;(7)代理中国人民银行经理国库的行为;(8)执行有关清算管理规定的行为;(9)执行有关反洗钱规定的行为。

此外,按照 2018 年 3 月国务院机构改革方案的规定,将中国银监会和中国保监会拟订银行业、保险业重要法律法规草案和审慎监管基本制度的职责划入中国人民银行。

2. 中国银保监会的金融监管职能

根据《银行业监督管理法》第三章"监督管理职责"的规定,中国银监会在银行业务领域履行下列金融监管职能:(1)依照法律、行政法规制定并发布对银行业金融机构及其业务活动监督管理的规章、规则;(2)依照法律、行政法规规定的条件和程序,审查批准银行业金融机构的设立、变更、终止以及业务范围。(3)申请设立银行业金融机构,或者银行业金融机构变更持有资本总额或者股份总额达到规定比例以上的股东的,对股东的资金来源、财务状况、资本补充能力和诚信状况进行审查;(4)银行业金融机构业务范围内的业务品种,应当按照规定经中国银监会审查批准或者备案。需要审查批准或者备案的业务品种,由中国银监会依照法律、行政法规作出规定并公布;(5)制定具体对银行业金融机构的董事和高级管理人员实行任职资格管理;(6)在相关法律、法规没有规定的情况下，根据相关法律、法规制定银行业金融机构的审慎经营规则，包括风险管理、内部控制、资本充足率、资产质量、损失准备金、风险集中、关联交易、资产流动性等内容。银行业金融机构应当严格遵守审慎经营规则。

依据《保险法》第六章“保险业监督管理”的规定，中国保监会在保险业务领域履行下列金融监管职能：(1)依照法律和国务院规定的职责，遵循依法、公开、公正的原则，对保险业实施监督管理，维护保险市场秩序，保护投保人、被保险人和受益人的合法权益；依照法律、行政法规制定并发布有关保险业监督管理的规章。(2)应当遵循保护社会公众利益和防止不正当竞争的原则，审批关系社会公众利益的保险险种、依法实行强制保险的险种和新开发的人寿保险险种等的保险条款和保险费率；对其他保险险种的保险条款和保险费率实行备案制。保险公司使用的保险条款和保险费率违反法律、行政法规或者国务院保险监督管理机构的有关规定的，由保险监督管理机构责令停止使用，限期修改；情节严重的，可以在一定期限内禁止申报新的保险条款和保险费率。(3)应当建立健全保险公司偿付能力监管体系，对保险公司的偿付能力实施监控；对偿付能力不足的保险公司，应当将其列为重点监管对象。(4)对保险公司未依照本法规定提取或者结转各项责任准备金，或者未依照法律规定办理再保险，或者严重违反法律关于资金运用的规定的行为进行查处和整顿。(5)对公司的偿付能力严重不足的或者违反《保险法》规定，损害社会公共利益，可能严重危及或者已经严重危及公司的偿付能力的保险公司实行接管。(6)对保险公司股东、实际控制人、董事、监事和高级管理人员实施监管。

(三)中国人民银行主要的监管职责

1. 监管银行间同业拆解市场和银行间债券市场

中国人民银行对同业拆借市场和银行间债券市场的监管的内容主要有四个方面：一是依法制定同业拆借管理有关的规章制度；二是审核、批准有关金融机构成为同业拆借市场的交易成员；三是对交易成员的行为进行监督、检查；四是授权相关金融中介机构发布市场信息。

中国人民银行对银行间债券市场的监管包括两个方面：一是对银行间债券市场发行债券的管理，包括审查货币市场工具发行的方式和工具(债券)的利率水平；二是对银行间债券市场交易行为的管理，包括确定可以在银行间债券市场交易的货币市场工具、明确交易的规则(包括公开市场一级交易商资格、债券回购市场交易规则、交易清算规则、交易报价规则、交易成交规则、交易信息报告规则等)、监测市场的日常变化以及对违反交易规则的主体的处罚等。

2. 监管黄金市场

中国人民银行监管黄金市场的职责主要体现在两个方面：一是监督管理黄金交易所市场，主要是上海黄金交易所；二是监督管理黄金进出口业务。中国人民银行有权按照《中国人民银行法》第32条的规定对金融机构、其他单位和个人有关黄金管理规定的行为进行检查监督,并可根据《中国人民银行法》第46条的规定对违反黄金管理规定的行为进行处罚。

3. 实施外汇管理

《中国人民银行法》明确了中国人民银行实施外汇管理,监督管理银行间外汇市场的职责。我国外汇管理的实施部门是国家外汇管理局。外汇管理局是中国人民银行管理的国家局,中国人民银行通过国家外汇管理局来行使外汇管理职责。

4. 监管全国反洗钱工作

《中国人民银行法》第4条第1款第10项规定,中国人民银行指导、部署金融业反洗钱工作,负责反洗钱的资金监测。2003年中国人民银行先后颁布了《金融机构反洗钱规定》、《人民币大额和可疑支付交易报告管理办法》和《金融机构大额和可疑外汇资金交易报告管理办法》,这三部规章规定了金融机构反洗钱工作的原则和框架,初步建立了我国反洗钱的立法框架。

根据《金融机构反洗钱规定》的规定,中国人民银行是金融机构反洗钱工作的监督管理机关。其主要职责是:统一监管、协调金融机构反洗钱工作;研究和制定金融机构反洗钱战略、规划和政策,制定反洗钱工作制度,制定大额和可疑人民币资金交易报告制度;建立支付交易监测系统,对支付交易进行监测;研究金融机构反洗钱工作的重大疑难问题,提出解决方案与对策;参与反洗钱国际合作,指导金融机构反洗钱工作的对外合作交流等。

【经典案例】成克杰洗钱案

2000年9月14日,经最高人民法院核准,曾任广西壮族自治区政府主席、全国人大常委会原副委员长成克杰因受贿罪被执行死刑。这是中华人民共和国成立以来高级干部中数额最大的受贿案件,也是中华人民共和国历史上因经济犯罪被处以极刑的职位最高的领导干部。成克杰与情妇李某妄图利用手中的权柄,聚敛钱财。他在洗钱时相信专业分工的优势,做的是一套国际通用的"标准动作"。专家这样分析成克杰的洗钱套路:他与情妇李某将受贿所得4109万元交给了中国香港商人Z,Z再帮助其转款,为此成克杰付给Z 1150万元。按照惯例,洗钱的设计者和执行人通常要收10%~15%的手续费,对于成克杰这样的公职人员洗钱,由于承担更大风险,要另外加收25%左右的手续费。如此,成克杰的4000多万元洗了半程,就变成了不到2000万元。成克杰以李某的名义在香港注册一家皮包企业。设立这家公司纯属为了掩人耳目,但即使什么业务都不做,为了假戏真唱,不露马脚,还是需要伪造经营活动,请会计师作虚假账目,缴纳25%左右的企业所得税,40%的个人所得税。如此,近2000万元资产又缩水不少。成克杰还得想办法把"洗白"的钱转到自己指定的账户上,整个洗钱过程才算大功告成。实际上,成克杰并没有享用到煞费苦心"洗白"的钱,就已经走到末路。

成克杰采用的洗钱方式是洗钱分子惯用的方式。先注册一个公司,然后虚拟交易,再以公司经营所得的名义将犯罪收入向税务当局申报纳税，赃款纳税后就变成了完全可以公开的正当收入。这些公司一般来说规模都比较小，现金存入的数量和频率相对稳定，票面比较齐整，商业银行在遇到此种交易时，应结合客户档案和实地核查资料进行判断。商业银行一旦发现大额和可疑人民币资金交易，应立即向中国人民银行及其相关职能部门报告。

第三节　金融监管法概述

一、金融监管概述

金融监管，是由政府金融监管当局对金融市场、金融主体及其金融活动进行监督和管理的行为和制度的总称。

（一）金融监管的内容

金融监管的内容包括对金融市场的准入、金融机构业务经营以及金融市场退出的全过程的监管。

1. 市场准入监管

市场准入，是金融监管当局依法对金融机构的资质和业务范围进行审查并颁发许可证的过程。市场准入监管的目的是通过金融机构和金融产品准入审查，对整个金融体系实施有效的控制，保证金融机构的数量、结构和规模符合国家金融发展规划和市场需要。[①] 金融机构的市场准入包括三个方面，即机构准入、业务准入和高级管理人员准入。此外，金融机构合并或分立，变更名称、住所和注册资本，调整业务范围，修改章程等，也属市场准入监管的范围，需由监管当局审查批准。

2. 业务运营监管

（1）业务范围。不同的金融机构所经营的业务范围不同，而不同金融体制下相同的金融机构所能经营的业务范围也是不同的。例如，有的国家将商业银行与投资银行业务分开，并禁止商业银行认购股票；有的国家禁止银行从事非银行业务，但允许银行控股公司等参与某些风险较大的金融活动等。因此，对金融机构业务范围的监管也是金融监管的重要环节之一。

（2）业务运营合规性监管。其目的在于督促金融机构遵守金融法律法规以及相关的规章制度，以保证金融市场和金融活动的秩序和正当竞争。

（3）业务运营风险性监管。风险性监管主要包括对金融机构资本充足率、资本质量和流动性的监管。对资本充足率的监管要求商业银行自有资本与资本总额、存款总额、负债总额以及风险投资之间保持适当的比例。银行的流动性与资本充足性同样重

---

① 参见赵霜茁主编：《现代金融监管》，对外经济贸易大学出版社2004年版，第27页。

要,流动性不足是金融机构发生危机的一个直接原因,对流动性的监管包括对本币流动性和外币流动性的监管。对资本质量的监管主要通过控制不良贷款比例进行。此外,对业务运营风险性的监管还包括对贷款投向的限制,以防止贷款投向过度集中,降低风险。有的国家为保护存款者的利益,维护金融安全,在银行准备金制度之外又建立了存款保险制度。

(4)金融机构内部控制。金融机构内部控制是金融机构对其内部各职能部门以及工作人员的业务活动进行控制、管理和制约的方法、措施和程序的总称。[①] 根据巴塞尔银行监管委员会颁布的《银行内控制度基本原则》,内部控制包括五大因素:管理性监督与内部控制文化、风险认定与评估、控制措施与职责分工、信息与交流、监督行为与修正缺陷。

3. 市场退出监管

市场退出监管是对发生危机的金融机构采取的处置措施,主要包括:对危机机构的拯救、金融机构完全退出市场和放松对危机机构的管制。

(1)对危机金融机构的拯救。当金融机构发生危机时,各国采用的救助方法主要有:①行业内互助。包括对危机机构重新注资和收购或合并。②监管当局的行政救助。包括接管或整顿。由危机机构申请或金融监管当局强制将危机机构进行整顿,以恢复其经营能力。③存款保险制度。即由经营存款业务的金融机构按照一定比例向特定保险机构缴纳保险金,当投保金融机构出现支付危机、破产倒闭或其他危机时,由该保险机构对其提供资金支援,或由保险金机构向存款人支付全部或部分存款的制度。④破产和解。使债权人参与对危机机构的治理,以挽救危机机构。

(2)金融机构退出市场。金融机构完全退出市场有以下几种方式:①解散。指金融机构因法定事由丧失继续经营的能力而由监管部门依法程序消灭其法人资格。②撤销与关闭。指金融监管部门对金融机构依法采取行政强制措施,终止其经营活动,对其债权债务进行清算,消灭其法人资格的行为。③破产。由于金融机构的高负债经营,金融机构的破产将导致一系列负面效果,因此破产清算是金融机构市场退出的最后选择。

(3)放松对危机机构的管制。为减少金融机构破产或重组带来的负面影响,金融主管部门经过评估认为维持其存在更为有利,可放松对危机金融机构的管制,而对其提供特殊的制度安排。但这种方法必须辅以完善的立法和监管以及其他监管手段,否则将造成严重后果。

(二)金融监管的方法

1. 直接监管

直接监管,指由金融监管部门直接对金融机构进行的监管。

(1)非现场监管。指监管机构根据一系列风险监测和评价指标,对金融机构的财

---

① 参见史福厚:《金融监管导论》,中国商务出版社 2004 年版,第 27 页。

务报表等相关资料进行分析和评估,从而达到监控金融机构的业务活动的目的。非现场监管主要针对金融机构的资产负债比例、资产流动性、资本充足性与市场风险情况。非现场监管可以为现场检查提供指导,根据非现场监管发现的风险信号制定现场检查计划和重点,合理分配监管力量,提高现场检查的效率和质量。

(2)现场检查。指监管机构工作人员对金融机构的实地检查。一方面,现场检查针对非现场监管中发现的问题进行重点调查;另一方面,是针对金融机构的各项业务和风险进行常规的全面检查,视金融机构的经营状况决定检查的频率。

2. 间接监管

间接监管,指为加强金融机构的内控机制,金融监管部门委托审计机构、信用评估机构及其他机构对金融机构进行的监管。

(1)金融机构的内部审计。指通过金融机构内部设立的专门审计机制对金融机构的各项业务与管理工作的实施进行监督。金融机构的内部审计与国家金融监管当局的监管、稽核内外结合,有效的内部审计可节约监管当局的监管力量。

(2)金融机构的外部审计。对金融机构的审计工作也可由金融机构外部的会计师事务所承担,可提高金融监管的客观性与公正性,减轻金融监管当局的负担。

除此之外,对金融机构的间接监管手段还有对金融机构进行评级等。

二、金融监管体制

金融监管体制是金融监管体系及基本制度的总称。一个国家的金融监管体制由该国政治经济体制、经济发展水平、社会机构、文化历史背景、金融业的规模等多重因素决定,没有一个万能的或者说最好的监管体制可以在各国普遍适用,并且各国现行的监管体制都存在不同程度的问题,各国都在经济发展过程中不断完善金融监管体制,一国应根据本国的实际情况和需要选择适当的金融监管模式,建立有效的金融监管体制。

具体来说,影响各国金融监管体制的选择的主要因素有:(1)是否有助于防范金融危机,保持金融稳定;(2)是否会降低监管成本;(3)是否会提高监管效率;(4)是否会影响货币政策的制定和实施;(5)经济发展水平与经济结构特征;(6)混业经营模式的情况和程度;(7)监管目标;(8)央行的职能;(9)金融部门的规模。①

(一)金融监管体制的分类

1. 根据一国金融分业经营或混业经营体制的不同,金融监管体制可分为统一监管模式、分业监管模式、不完全集中监管模式。

(1)统一监管模式。统一监管,是指建立单一的金融监管机构对金融各业实行统一监管,一般为中央银行实施监管。

(2)分业监管模式。分业金融监管,是指建立不同的金融监管机构分别对银行业、证券业、保险业进行监管。这种模式将金融业分为银行、保险、证券三大领域,每个领域

---

① 参见李园丁、孙涛:《金融业监管体制选择的比较研究》,载《国际金融研究》2001年第6期。

分别由独立的监管机构进行监管。

(3)不完全集中监管模式。这种模式又存在“牵头式”、“双峰式”和“伞形+功能监管模式”类型。“牵头式”监管体制,是指在分业的监管机构之上设立一个牵头的监管机构,负责在不同监管机构之间进行协调。巴西是实行这种模式的典型国家。“双峰式”监管体制则根据监管目标设置两类监管机构:一类专门对金融机构和金融市场进行审慎监管,另一类则对不同机构的金融业务进行监管,这种监管模式以澳大利亚为典型。“伞形+功能监管”模式是美国在分业监管体制基础上改进形成的监管体制,即对从事银行、证券、保险、互助基金等多种金融业务的金融持股公司由联邦储备理事会进行综合监管的同时,金融持股公司又要按其经营业务的种类接受各行业监管者的监管。

2. 按照中央与地方金融监管权限的分工来划分,可将金融监管体制分为以下几种模式。

(1)双线多头模式。中央与地方都有金融监管权,同时中央与地方各级行政又有若干机构对金融进行监管。一般适用于地域辽阔、金融机构多难以进行统一管理的联邦制国家,以美国和加拿大为代表。这种模式的优点在于监管效率高,可有效防止集中,弊端在于监管目标容易交叉重叠,金融法规不统一,增加监管难度。

(2)一线多头模式。由中央监管机构对全国的金融机构进行监管,地方没有独立的权力,在中央一级有两家或以上机构共同行使监管权,适用于中央权力集中的国家,并适应权力制衡的需要,以日本、法国、德国为代表。其优点在于监管效率高,但需要监管部门之间的配合与协作。

(3)集中单一模式。由一家金融机构统一行使监管权,通常为中央银行,是一种较普遍的监管体制,为大多数发展中国家所采用,也为英国、荷兰、澳大利亚等国采用。没有建立中央银行的国家如新加坡、沙特阿拉伯等国则由货币局或金融管理局负责监管。

(4)跨国监管模式。在经济合作区域内由跨国中央银行对区域内的金融机构实施统一监管的体制,如西非货币联盟、中非国家联盟和欧洲中央银行对本区域金融机构实施监管。

3. 按照监管对象确立标准的不同,可将金融监管体制分为功能监管与机构监管。前者是根据经营业务划分监管对象,如银行业务、保险业务、证券业务、信托业务,后者则是根据金融机构的不同来确定监管对象。从这个角度来看,分业监管体制是将按功能监管或按机构监管设置监管机构的问题外部化,统一监管体制则是将这一问题内部化的结果。①

(二)我国的金融监管体制

目前,我国实行的是金融业分业经营基础上以国务院为统一领导,中国银保监会、证监会分工协作的金融监管体制,同时,中国人民银行仍在对货币政策和市场利率的监

---

① 参见蔡浩仪:《抉择:金融混业经营与监管》,云南人民出版社 2002 年版,第 124 页。

测方面享有监管权,并初步建立了"一行两会"金融监管机构的分工合作机制。

然而,在金融全球化的大趋势下,随着金融自由化进程的加快,我国金融市场将进一步开放,2006 年年底,外资银行从事人民币业务将享受国民待遇,如何提高国内金融机构的抗风险能力和竞争能力成为重要问题。同时,受国际上金融综合经营体制改革和发展的潮流影响,国内建立混业经营体制的呼声越来越高,我国金融业开始进行综合或混业经营的试点工作,并制定了一系列管理规章,推动综合经营的渐进发展。我国金融业综合经营的发展主要表现在商业银行中间业务、交叉性金融业务的发展以及金融控股公司的出现。为配合金融综合经营的发展趋势,我国金融监管体制及法律制度仍有待完善。

【经典案例】美国《华尔街改革与消费者保护法案》的主要内容及其影响

2010 年 7 月美国奥巴马总统签署了《华尔街改革与消费者保护法案》(亦称《多德-弗兰克法案》),该法案的主要内容:(1)成立金融稳定监管委员会:成立金融稳定监管委员会,负责监测和处理威胁国家金融稳定的系统性风险。(2)设立消费者金融保护局:在美国联邦储备委员会下设立新的消费者金融保护局,对提供信用卡、抵押贷款和其他贷款等消费者金融产品及服务的金融机构实施监管。(3)强化场外衍生品市场监管:将之前缺乏监管的场外衍生品市场纳入监管视野。(4)设立新的破产清算机制:设立新的破产清算机制,由联邦储蓄保险公司负责,责令大型金融机构提前作出自己的风险拨备,以防止金融机构倒闭再度拖累纳税人救助。(5)限制银行自营交易及高风险的衍生品交易:限制银行自营交易及高风险的衍生品交易。(6)联储被赋予更大的监管职责:美联储被赋予更大的监管职责,但其自身也将受到更严格的监督。(7)美联储将对企业高管薪酬进行监督:美联储将对企业高管薪酬进行监督,以确保高管薪酬制度不会导致对风险的过度追求。

《华尔街改革与消费者保护法案》必将对全球金融监管产生重大影响。(1)注重宏观审慎监管和微观审慎监管的有机结合。宏观审慎监管的缺失被认为是本次危机发生的重要原因。法案提出不仅要完善微观审慎监管,同时应加强宏观审慎监管,并将二者有机结合。宏观审慎监管是一种新型的金融监管模式,它是将众多金融机构看成一个整体,从整体上评估金融体系的风险,以此作为基础来制定健全金融市场的政策。(2)加强资本监管和流动性监管,金融监管标准全面提高。(3)金融监管范围将会更加全面。法案被认为是大萧条以来最全面的,无论是危机爆发的起因——衍生品,还是危机蔓延和深化的推手——金融评级机构等都被纳入监管范围。

三、金融监管法概述

金融监管法,是调整国家在监管金融市场主体及其活动过程中形成的法律关系的法律规范的总称,有法律、行政法规、部门规章等多种渊源。金融监管法,是金融监管最重要的行为规范,与金融业内的自律性规范以及金融机构的章程及内控机制等相辅相成,共同实现金融监管的目标。

(一)金融监管法的基本原则

金融监管法的基本原则,是指贯穿于金融监管法律制度之中、在金融监管过程中必须遵循的根本准则。

1. 依法监管原则。依法监管原则是依法治国基本方略在金融监管法中的体现,是金融监管的核心原则,其内涵包括:(1)金融监管活动必须依法进行,即监管者依据法定的权限和程序对法定的监管对象进行监管;(2)金融监管应以法定标准为依据;(3)所有金融机构都应接受监管;(4)监管者和被监管者违反国家法律法规都应承担相应的法律责任。

2. 适度竞争原则。

3. 保护金融消费者权益原则。

4. 安全、稳健与促进创新相结合原则。

5. 国际金融监管协调与合作原则。

(二)金融监管法的内容

金融监管法作为经济法的一部分并不具备统一的法典形式,而是散见于各种法律、法规和规章中,共同组成金融监管法律体系。可以将不同效力的法律文件中的金融监管法律制度的内容归纳为:(1)金融监管体制;(2)监管机构的设置及其权限;(3)监管对象及其权利义务;(4)监管措施及程序;(5)法律责任。此外,也可以按照监管功能的不同将监管法律的内容分为银行业监管法、证券业监管法和保险业监管法。

第四节　我国金融监管的法律规则

我国目前实行的是金融业分业经营基础上以国务院为统一领导,中国银保监会、证监会分工协作的金融监管体制,同时,中国人民银行仍在对货币政策和市场利率的监测方面享有监管权。因此,金融监管法律规则,依据监管机构和法律规则来源的不同,可以分为中央银行金融监管法律规则,银行业金融监管法律规则、保险业金融监管法律规则、证券业金融监管法律规则。此处着重介绍银行业金融监管法律规则、保险业金融监管法律规则、证券业金融监管法律规则。

一、银行业监督管理法律制度

银行业监管法,是调整在国家金融监管机构对银行业金融机构的组织和业务活动进行监督管理过程中形成的法律关系的法律规范的总称。银行业监管法的主体包括作为监管主体的国家金融监管机构和作为监管受体的商业银行、政策性银行、信用合作社、财务公司、信托投资公司、金融资产管理公司等银行业金融机构。

世界各国的银行业监管法律制度一般散见于各种效力的金融立法中,我国的银行业监管法的独特之处在于我国制定有专门的银行业监管法,2003 年年底通过并于 2006 年 10 月修改的《银行业监督管理法》(以下简称《银行业监管法》)从法律上确立了中国银监会为我国专门的银行业监督管理机构,对全国的银行业金融机构及其业务活动进行监管。2018 年 3 月,按照国务院机构改革方案规定,将中国银监会和中国保监会的职责整合,组建中国银保监会。目前,中国银保监会是我国银行业监督管理机构。

此外,还有相当数量的行政法规和部门规章,如 2001 年 12 月国务院发布的《外资金融机构管理条例》和银监会发布的《商业银行资本充足率管理办法》(2004 年 2 月)、《金融机构衍生产品交易业务管理暂行办法》(2004 年 4 月)、《商业银行内部控制评价试行办法》(2004 年 12 月)、《信托投资公司信息披露管理暂行办法》(2005 年 1 月)等,与《银行业监管法》共同构成银行业监督管理法律体系。

(一)我国银行业监管目标

我国《银行业监管法》规定我国银行业监督管理的目标有两个。

1. 促进银行业的合法、稳健运行,维护公众对银行业的信心。这一目标主要涉及银行业的安全和稳健问题。公众对银行业的信心来自银行业的安全和透明度,又是实现银行业适度竞争目标的前提条件。为实现银行业的稳健,一方面,要求银行经营管理的透明;另一方面,要求银行市场运作行为依法进行,而政府监管的作用就是指引银行建立完善的内控机制,并监督银行的业务经营行为。

2. 保护银行业公平竞争,提高银行业竞争能力。政府监管作为对银行业的外部监管,其作用是有限的,[①]需有与金融机构的内部控制机制以及市场约束相配合,更多地发挥市场规律的作用,通过提高银行自身竞争能力来实现银行业的良性竞争。

(二)我国银行业监管原则

银行业监管原则,是银行业监管机构在进行监督管理时应遵循的基本原则。我国银行业监管应遵循以下原则。

(1)依法、公开、公正和效率原则。依法原则,指银行监管机构应按照法定职权范围、依照法定程序履行监管职能。公开原则包括两方面内容:一是信息的公开披露,指除应保密的信息外,监管的立法、政策、程序等方面信息,银行业金融机构依法应向社会公开的信息,金融风险信息以及其他监管信息都应向社会公开;二是监管行为应依法公开进行。公正原则,指所有依法成立的银行业金融机构的法律地位平等,监管机关应平等的对待所有的监管对象。效率原则,是指银行业监管机构在监管活动中应不断提高监管水平,提高监管效率,降低监管成本。

---

① 政府监管存在以下问题:(1)政府监管的成本往往过高,并导致市场行为扭曲;(2)监管者掌握银行财务状况、管理水平、潜在问题等信息,有可能被认为应该对银行的过失负责,将导致银行业金融机构道德风险的产生;(3)政府监管的事后性本身揭示了其监管效力的局限性。

(2)独立监管原则。该原则是指银行业监管机构及其工作人员依法独立履行监管职责,其他国家机关、政府部门、社会团体和个人不得干涉。

(3)审慎监管原则。审慎监管原则来自巴塞尔银行监管委员会于1997年发布的《银行业有效监管的核心原则》中一项核心原则,①根据该原则,银行业监管机构应对银行的资本充足率、流动性、风险管理以及内控机制等方面制定审慎标准,以进行有效的监管。我国《银行业监管法》及其他监管法规借鉴《银行业有效监管的核心原则》的精神以及国际银行监管的实践确立了本原则。

(4)协调监管原则。该原则是指各金融监管机构之间要相互配合、协调合作,建立信息共享、定期协商机制,以避免监管空白和重复监管,提高监管水平和效率。

(5)跨境合作监管原则。跨境监管合作也是《银行业有效监管的核心原则》规定的原则之一,以确保所有跨境银行都处在其母国和东道国的有效监管之下,为此,跨境银行的母国和东道国监管当局之间应建立合理有效的监管分工与合作。即母国监管机构应对跨境银行的境内外机构和业务进行全球并表监管,东道国也应对境内的外国银行机构在本国的经营活动实施有效监管,并对其母行的全球经营风险管理能力进行评价。目前,中国银保监会已与美国、加拿大、英国、法国、德国、波兰、韩国、新加坡、吉尔吉斯斯坦、巴基斯坦、我国香港特别行政区、我国澳门特别行政区等多个国家和地区签订了监管合作谅解备忘录,进行跨境银行监管合作。

(三)中国银行业监督管理机构与监管职责

目前,中国银保监会是国务院银行业监督管理机构。2003年3月第十届全国人大第一次会议批准的国务院机构改革方案确定了国务院设立中国银行业监督管理委员会。2003年4月26日,第十届全国人大常委会第二次会议通过《关于中国银行业监督管理委员会行使原由中国人民银行行使的监督管理职权的决定》。2003年4月28日,中国银行业监督管理委员会正式履行职责,根据《银行业监管法》和国务院的授权统一监管商业银行、城市信用合作社、农村信用合作社等吸收公共存款的金融机构和政策性银行以及金融资产管理公司、信托投资公司、财务公司、金融租赁公司以及经银监会批准设立的其他金融机构。2018年3月,按照国务院机构改革方案规定,组建中国银行保险监督管理委员会,中国银保监会对银行业监督管理职责包括以下两个方面。

1. 对银行业金融机构的市场准入监管

市场准入监管是银行监管的重要环节,各国对银行业金融机构的市场准入普遍实施行政许可制。中国银保监会根据《银行业监管法》、《商业银行法》、《公司法》和其他

---

① 《银行业有效监管的核心原则》(Core Principles for Effective Banking Supervision)由巴塞尔委员会于1997年发布,包括中国在内的9个新兴市场国家的代表参加了文件的起草工作。该文件包括7个部分25条原则,从银行业有效监管的前提条件、银行准入和结构、审慎监管及其要求、持续监管手段、信息披露、监管者权力、跨境银行监管等7个方面明确了有效的银行监管体系应具备的各项基本要求,成为指导各国实施银行监管的国际标准。

法律法规对银行业金融机构的市场准入进行监管，监管内容包括银行业金融机构的设立条件、业务范围和高级管理人员的资格三个方面。

2. 对银行业金融机构的审慎监管

银行业的审慎监管包括两个方面内容：一是银行等金融机构执行监管机构制定的审慎经营规则，加强内部风险管理；二是监管当局检查金融机构对审慎经营规则的执行情况，进行审慎评估并及时进行风险预警和控制。我国银行业的审慎经营规则涉及风险管理、内部控制、资本充足率、资产质量、损失准备金、风险集中、关联交易等方面内容。

二、保险业监督管理法律制度

保险监管，指对保险业实施的监督和管理。保险监管是政府金融监管的一部分，包括对保险行业和保险市场主体及其市场行为的监管。

保险监管法，是调整在国家监管机构对保险业监督管理的过程中形成的法律关系的法律规范的总和。我国有关保险监管的法律法规散见于相关的保险立法中，例如，我国《保险法》《外资保险公司管理条例》《保险公司管理规定》《保险保障基金管理办法》《保险经纪机构管理规定》等。

（一）保险监管机构的职权

2018 年以前，中国保监会是国务院保险监督管理机构，其于 1998 年 11 月 18 日成立，根据国务院授权履行保险监管职能，统一监管全国保险市场，维护保险业的合法、稳健运行。[①] 2018 年 3 月，按照国务院机构改革方案规定，将中国银监会和中国保监会的职责整合，组建中国银保监会；目前，中国银保监会是我国保险业监督管理机构。

中国银保监会对保险行业监管的主要任务包括：制定有关商业保险的政策法规和行业发展规划；对保险企业的经营活动进行监督管理和业务指导，维护保险市场秩序，保护被保险人利益；培育和发展保险市场，完善保险市场体系，促进保险业的公平竞争；建立保险业的风险评价与预警系统，防范、化解保险业风险，促进保险企业稳健经营与业务发展。

为实现上述任务，中国银保监会在对保险行业实施监管过程中享有以下职权。

（1）发展规划权。中国银保监会及其派出机构负责拟定全国或本辖区内的保险业发展战略和规划。

（2）监管立法权。中国银保监会有权起草保险业监管的法律法规，制定规章制度。各派出机构为实施中国银保监会规章可制定本辖区内的实施细则和具体办法。

（3）机构审批权。中国银保监会有权审核批准各类保险公司及其分支机构、各类保险中介机构及其分支机构、涉外保险机构的设立，审核批准保险机构的变更和终止。各派出机构有权管理本辖区内保险公司分支机构和保险中介机构的设立、变更和撤销。

---

① 参见《国务院关于成立中国保险监督管理委员会的通知》（国发〔1998〕37 号）。

(4)条款监管权。中国银保监会审批关系社会公共利益的重要险种的保险条款，对其他险种的保险条款实施备案管理。

(5)资金监管权。中国银保监会监管保险保证金,监管保险公司的资金使用和偿付能力。

(6)任职监管权。中国银保监会审查保险机构高级管理人员的任职资格并制定保险从业人员的基本资格标准。

(7)市场监控权。中国银保监会建立保险风险评价、预警和监控系统,分析、监测保险市场运行状况,并对保险机构及其从业人员的违法违规行为进行调查和惩处。

(二)保险监管的内容

1. 对保险公司的监管

保险公司是经营保险业务的重要主体,对保险公司及其市场行为的监管是保险监管的重要内容。中国银保监会根据《保险法》、《公司法》以及 2004 年 6 月开始实施的《保险公司管理规定》对保险公司进行监管。

(1)市场准入及退出监管。①保险公司及其分支机构的设立监管。保险公司及其分支机构的设立应经中国银保监会批准,并持有中国银保监会颁发的专门的保险许可证。②保险公司的变更监管。根据保险公司变更事项的不同,中国银保监会分别采取批准、核准、备案和报告的方式进行监管。③保险公司的终止监管。保险公司的解散、撤销或破产均需取得中国银保监会的批准。保险公司的清算工作的进行也须在保监会的监管下进行。

(2)对保险公司经营管理活动和市场活动的监管。①经营业务监管。保险分为财产保险和人身保险。保险公司的业务范围由保险监管机构依法核定。保险公司只能在经核定的业务范围内进行保险经营活动。②内部管理监管。保险公司按照公司法规定建立内部组织机构,实行公司治理。保险公司应建立健全控制和管理关联交易的相关制度,并在保险公司重大的关联交易发生后 15 日内向中国银保监会报告。③资本变动监管。保险公司可对其注册资本的最低限额进行调整,但不得低于法定最低限额。保险公司成立后提取的保证金存入中国银保监会指定银行,除清算时用于清偿债务外不得动用。企业或其他组织可向保险公司投资入股,但所持股份不得超过保险公司股份总额的一定比例。④资金使用监管。保险公司应依法提取各类基金,包括责任准备金、未决赔款准备金、法定公积金和保险保障基金,并按规定用途使用、管理各项基金。

2. 对保险公司市场活动的监管

(1)对保险公司市场交易行为的监管。对市场交易行为的监管主要是对交易条款的监管,特别是对关系社会公众利益的保险险种、依法实行强制保险的险种和新开发的人寿保险险种的保险条款应报中国银保监会审批,其他险种的保险条款应报中国银保监会备案。

(2)对保险公司竞争行为的监管。对保险公司竞争行为的监管主要是对保险公司的限制竞争或不正当竞争行为的监管以及对相关主体利益的保护。

3. 对保险公司的绩效监管

(1)对保险公司经营绩效的一般监管。保险监管机构主要采取非现场监管的方式进行一般监管,即检查保险公司的营业报告、财务会计报告、精算报告及其他有关报表、文件和资料,并有权查询保险公司在金融机构的账户。

(2)对保险公司的整顿与接管。对保险公司违反保险法律制度规定的行为,中国银保监会有权责令其限期改正,在限期内未予改正的,中国银保监会有权决定组成整顿组织对保险公司进行整顿。保险公司违反法律规定,损害公共利益,可能严重危机或已经危及保险公司偿付能力时,保险监管机构可对该保险公司进行接管。接管期限届满后,对已恢复正常经营能力的保险公司,中国银保监会可决定终止接管,反之则经中国银保监会批准后向法院依法申请宣告破产。

4. 对保险中介机构的监管

保险中介机构主要包括保险代理机构、保险经纪机构和保险公估机构。我国有关保险中介机构监管的法律文件主要有《保险法》以及中国银保监会制定的《保险代理机构管理规定》、《保险经纪机构管理规定》和《保险公估机构管理规定》。

(1)对保险中介机构的设立、变更和终止的监管。保险中介机构的设立须符合中国银保监会规定的资格和条件,经其审核批准,并取得业务经营许可证,如经营保险代理业务许可证和经营保险经纪业务许可证。保险中介机构变更其注册资本、出资或组织形式,须报中国银保监会批准,其他事项的变更应书面报告中国银保监会。保险中介机构的终止方式有解散、撤销以及破产,都需中国银保监会批准或组织管理。

(2)保证金制度。保险中介机构应按注册资本或出资的一定比例缴存保证金或投保职业责任保险,未经中国银保监会书面批准,不得擅自动用或处置。

(3)人员资格监管。保险中介机构的业务人员需通过中国银保监会组织的保险代理、保险经纪从业人员资格考试或其他资格考试,取得资格证书之后,才能取得执业证书,开展保险中介业务。保险中介机构任用高级管理人员,其任职资格应报经中国银保监会核准。

(4)对保险中介机构经营活动的监管。保险中介机构及其分支机构从事保险中介业务,应签订书面合同,合同应符合法律、法规和中国银保监会的规定。保险中介机构不得从事不正当竞争行为,不得有欺骗保险公司、投保人、被保险人或受益人利益的行为。保险公司应制止、纠正其保险中介机构及其分支机构的保险违法行为,不得教唆、诱导其保险中介机构从事保险违法行为,并应对保险中介机构及其分支结构业务活动中的损害被保险人利益的行为承担责任。

三、证券业监督管理法律制度

(一)证券监管的模式

证券监管,即证券市场监管,是指证券市场监管机构根据证券法律法规,对证券发行、交易记忆证券经营机构等市场主体及其行为实施的监督与管理活动。

世界各国对证券市场的监管体制,大体有三种模式:一是集中式监管体制,是指政府积极参与对证券市场的全面管制,靠各种全国性或地方性法令来贯彻实施,而证券交易所和证券商协会等证券组织机构及其规章,在对证券市场的管制中并不占重要地位,这种类型的代表是美国。二是自律管理型体制,指政府对证券业较少进行干预,基本上由证券交易所及证券交易商协会等机构管理证券市场。这种类型的代表是英国。三是中间型管理体制,这种体制既强调立法管理,又注重自律管理,其代表性国家是德国。

(二)我国证券监督管理机构与职责

1. 我国证券监管机构

在1992年以前,我国的证券市场监督管理职责由中国人民银行承担。1992年10月,国务院同时成立了国务院证券监督管理委员会和中国证监会两个机构。根据国务院1992年12月17日发布的《关于进一步加强证券市场宏观管理的通知》,证券市场管理机构大致分为国务院证券委、中国证监会、其他政府机构及证券业自律机构。1993年4月22日国务院颁布实施《股票发行与交易管理暂行条例》,规定国务院证券委是全国证券市场的主管机关,中国证监会是国务院证券委的监督管理执行机构。1998年,国务院决定保留设置中国证监会,将国务院证券委的职能和中国人民银行履行的证券业务监管职能都划入中国证监会,建立起全国统一的证券监督管理机构。国务院证券监督管理机构根据需要可以设立派出机构,按照授权履行监督管理职责。

根据我国2014年《证券法》第7条的规定,国务院证券监督管理机构依法对全国证券市场实行集中统一监督管理;2014年《证券法》第178条还规定,国务院证券监督管理机构依法对证券市场实行监督管理,维护证券市场秩序,保障其合法运行。根据我国目前的监管体制,国务院证券监督管理机构即中国证监会。

2. 证券监管机构的职责

中国证监会在对证券市场实施监督管理中履行下列职责:(1)依法制定有关证券市场监督管理的规章、规则,并依法行使审批或者核准权;(2)依法对证券的发行、上市、交易、登记、存管、结算,进行监督管理;(3)依法对证券发行人、上市公司、证券交易所、证券公司、证券登记结算机构、证券投资基金管理公司、证券服务机构的证券业务活动,进行监督管理;(4)依法制定从事证券业务人员的资格标准和行为准则,并监督实施;(5)依法监督检查证券发行、上市和交易的信息公开情况;(6)依法对证券业协会的活动进行指导和监督;(7)依法对违反证券市场监督管理法律、行政法规的行为进行查处;(8)法律、行政法规规定的其他职责。

国务院证券监督管理机构可以和其他国家或者地区的证券监督管理机构建立监督管理合作机制,实施跨境监督管理。

3. 证券监管机构的执法措施

国务院证券监督管理机构依法履行职责,有权采取下列措施:(1)对证券发行人、上市公司、证券公司、证券投资基金管理公司、证券服务机构、证券交易所、证券登记结算机构进行现场检查;(2)进入涉嫌违法行为发生场所调查取证;(3)询问当事人和与被调查事件有关的单位和个人,要求其对与被调查事件有关的事项作出说明;(4)查阅、复制与被调查事件有关的财产权登记、通讯记录等资料;(5)查阅、复制当事人和与被调查事件有关的单位和个人的证券交易记录、登记过户记录、财务会计资料及其他相关文件和资料;对可能被转移、隐匿或者毁损的文件和资料,可以予以封存;(6)查询当事人和与被调查事件有关的单位和个人的资金账户、证券账户和银行账户;对有证据证明已经或者可能转移或者隐匿违法资金、证券等涉案财产或者隐匿、伪造、毁损重要证据的,经国务院证券监督管理机构主要负责人批准,可以冻结或者查封;(7)在调查操纵证券市场、内幕交易等重大证券违法行为时,经国务院证券监督管理机构主要负责人批准,可以限制被调查事件当事人的证券买卖,但限制的期限不得超过15个交易日;案情复杂的,可以延长15个交易日。

(三)自律性监管机构

自律性监管与政府监管相对,是由特定范围的组织成员通过制定章程等规范性文件方式设立的,凭借组织成员赋予的适当权力,对组织成员参与证券发行、交易及相关活动进行监督、检查和处理的管理性行为。

在我国,对证券业进行自律性监管的组织,主要是指证券业协会。根据2014年《证券法》第174条的规定,证券业协会是证券业的自律性组织,是社会团体法人。证券公司应当加入证券业协会。证券业协会的权力机构为全体会员组成的会员大会。

证券业协会章程由会员大会制定,并报国务院证券监督管理机构备案。

证券业协会履行下列职责:(1)教育和组织会员遵守证券法律、行政法规;(2)依法维护会员的合法权益,向证券监督管理机构反映会员的建议和要求;(3)收集整理证券信息,为会员提供服务;(4)制定会员应遵守的规则,组织会员单位的从业人员的业务培训,开展会员间的业务交流;(5)对会员之间、会员与客户之间发生的证券业务纠纷进行调解;(6)组织会员就证券业的发展、运作及有关内容进行研究;(7)监督、检查会员行为,对违反法律、行政法规或者协会章程的,按照规定给予纪律处分;(8)证券业协会章程规定的其他职责。

复习思考题

- 1. 中央银行的基本职能有哪些?
- 2. 我国中央银行的货币政策目标是什么?应怎样理解?
- 3. 中央银行货币政策工具有哪些?
- 4. 我国金融监管机构的产生、发展过程如何?
- 5. 我国各金融监管机构之间关系如何?

- 6. 中央银行与金融监管的关系如何?
- 7. 银行业所面临的风险有哪些?
- 8. 对银行业的监管在整个金融监管中有何意义和作用?
- 9. 我国金融监管协调机制有哪些?
- 10. 加入 WTO 对我国金融监管意味着什么?

法律职业资格考试真题

1. 关于《银行业监督管理法》的适用范围,下列哪一说法是正确的?(2011 年)

A. 信托投资公司适用本法　　B. 金融租赁公司不适用本法

C. 金融资产管理公司不适用本法　　D. 财务公司不适用本法

参考答案:A

2. 某省银行业监督管理局依法对某城市商业银行进行现场检查时,发现该行有巨额非法票据承兑,可能引发系统性银行业风险。根据《银行业监督管理法》的规定,应当立即向下列何人报告?(2008 年)

A. 该省人民政府主管金融工作的负责人

B. 国务院主管金融工作的负责人

C. 中国人民银行负责人

D. 国务院银行保险监督管理机构负责人

参考答案:D

李大伟是 M 城市商业银行的董事,其妻张霞为 S 公司的总经理,其子李小武为 L 公司的董事长。2009 年 9 月,L 公司向 M 银行的下属分行申请贷款 1000 万元。其间,李大伟对分行负责人谢二宝施加压力,令其按低于同类贷款的优惠利息发放此笔贷款。L 公司提供了由保证人陈富提供的一张面额为 2000 万元的个人储蓄存单作为贷款质押。贷款到期后,L 公司无力偿还,双方发生纠纷。根据《商业银行法》的规定,请回答第 3 ~ 5 题。(2011 年)

3. 关于 M 银行向 L 公司发放贷款的行为,下列判断正确的是:

A. L 公司为 M 银行的关系人,依照法律规定,M 银行不得向 L 公司发放任何贷款

B. L 公司为 M 银行的关系人,依照法律规定,M 银行可以向 L 公司发放担保贷款,但不得提供优于其他借款人同类贷款的条件

C. 该贷款合同无效

D. 该贷款合同有效

参考答案:BD

4. 关于李大伟在此项贷款交易中的行为,下列判断正确的是:

A. 李大伟强令下属机构发放贷款,是《商业银行法》禁止的行为

B. 该贷款合同无效,李大伟应当承担由合同无效引起的一切损失

C. 该贷款合同有效，李大伟应当承担因不正当优惠条件给银行造成的包括利息差额在内的损失

D. 分行负责人谢二宝也应当承担相应的赔偿责任

参考答案：ACD

5. 现查明，保证人陈富为 S 公司财务总监，其用于质押的存单是以 S 公司的资金办理的存储。并查明，L 公司取得贷款后，曾向 S 公司管理层支付 50 万元报酬。对此，下列判断正确的是：

A. S 公司公款私存，是我国银行法禁止的行为

B. S 公司公款私存，只是一般的财务违纪行为

C. S 公司管理层获取的 50 万元报酬应当由银监会予以收缴

D. S 公司管理层获取的 50 万元报酬应当归 S 公司所有

参考答案：AC

第二十三章　价　格　法

【重点内容提示】

市场经济对社会资源的优化配置依赖两大机制得以完成，一是竞争机制，二是价格机制，而且二者关系密切，通过竞争形成的商品价格最接近其真实价值。价格法确立了价格机制。价格法规定了政府价格（政府定价和政府指导价）和经营者自主定价（市场价格），随着市场经济体制日益成熟，政府价格的范畴会越来越小，市场价格会越来越普遍。

第一节　价格法概述

价格反映商品或服务价值，传递市场信息，引导人们的生产和消费，因而成为市场的中枢神经和调控市场的重要工具。当产生商品或服务供求不平衡的现象，通过市场自我调节仍不能恢复物价平衡时，则不得不以国家物价规制求得物价稳定平衡。物价规制就是在这种情况下，国家为控制物价暴涨或暴跌所采取的一种稳定措施。① 规范物价规制行为的法律即价格法。我国关于价格法的归属，人们尚未达成共识，有的学者主张价格法属于宏观调控法，有的学者则认为价格法应当归属于市场规制法，还有学者主张在学理上可以对相关价格规范进行"一分为二"的解析——价格法既有宏观调控法属性又有市场规制法属性。② 为了便于阐释和教学，本书把价格法归入宏观调控法的范畴。

一、价格与价格体系

（一）价格与价格机制

价格是商品价值的货币表现，价值是价格的基础。关于价格的定义，有狭义上的价格和广义上的价格之分。狭义上的价格，是指商品的价格和经营性服务的价格；广义上的价格则除上述之外还包括各种生产要素的价格，如劳动力价格——工资，资金价格——利率、汇率等。我国《价格法》调整的是狭义的价格。

价格机制，是指在竞争过程中与供求相互联系、相互制约的市场价格的形成和运行

---

① 参见［日］金泽良雄：《经济法概论》，满达人译，中国法制出版社2005年版，第394页。

② 参见张守文：《经济法理论的重构》，人民出版社2004年版，第278～279页。

机制。它包括价格形成机制和价格调节机制这两个方面。价格形成机制，是指商品或服务的价格通过市场竞争、供求状况而形成。价格调节机制，是指价格通过价值规律调节资源配置的功能。

我国于1997年12月颁布并于1998年5月1日实施的《价格法》第2条规定，在中华人民共和国境内发生的价格行为，适用本法。本法所称价格包括商品价格和服务价格。商品价格，是指各类有形产品和无形资产的价格。服务价格，是指各类有偿服务的收费。

(二)价格在市场经济中的作用

价格是一种经济杠杆，通过价格机制发挥其在市场经济中的作用，主要体现在以下两个方面：

1. 价格是国家宏观经济调控的重要手段

在市场经济条件下，价格的作用范围，遍及经济关系的各个方面。国民经济各部门之间，产品的生产、分配、交换、消费各个环节之间，都要借助价格这个桥梁来实现相互间的经济联系。同时，价格也反映和体现了国家或政府与生产者、经营者之间的宏观经济调控关系。

2. 价格具有灵敏反映市场供求信息的职能

市场中各种价格的起伏变化，不断向生产者、经营者、消费者提供各种信息，直接关系到生产者、经营者、消费者等市场主体的经济利益。正确运用这些信息，可以发展生产，促进流通，指导消费。

(三)价格体系及其构成

价格体系，是指价格的种类及不同种类价格之间相互关系的总和。按照不同的标准，可以对价格体系作不同的分类。按照国民经济的不同部门，可以把价格体系区分为农产品价格、轻工业价格、重工业价格、交通运输价格、建筑产品价格、饮食业价格、劳务价格等；按照商品流通过程或流通环节可将价格体系区分为农产品收购价格、工业品出厂价格、商品调拨价格、商品批发价格、商品零售价格及商品的地区差价和季节差价等；按照生产要素的构成区分，价格体系包括资金价格、土地价格、劳动力价格、科技信息产品价格；按照价格形成的形式划分，价格体系包括市场调节价、政府指导价和政府定价。最后一种区分方法是我国《价格法》对价格体系的法定分类，也是在价格管理中最常用最具实际意义的一种分类。

价格影响着社会生活的方方面面，某一产品的价格不仅影响到消费者的利益，还会影响到经营者、生产者以及相关产业的生产者的利益。同样，某一行业产品的价格也会影响到相关行业产品的价格。

二、价格法的概念

(一)价格法的定义

价格秩序需要国家法律予以维护，健全的价格调控体制有利于资源优化配置。价格法是调整价格关系的法律规范的总称,它包括国家立法机关制定的价格基本法及国家行政机关及价格主管部门制定的价格法规和规章。价格法有狭义、广义之分,狭义的价格法专指我国全国人大常委会通过的《价格法》;广义的价格法除包括《价格法》外,还包括其他有关价格管理方面的法律、法规。本书中采用的观点是狭义的价格法。

(二)价格法的调整对象

价格法的调整对象是价格关系。价格关系,是指在价格制定、调控、执行和监督过程中所发生的各种价格社会经济关系,包括国家、生产者、经营者和消费者之间的各种经济关系。主要包括以下几个方面的内容:

(1)各级人民政府价格主管部门及其他有关部门在制定、调整和执行商品价格和服务价格中所发生的价格关系;

(2)经营者在自主定价过程中与政府价格主管部门及其他有关部门、行业组织在价格指导、监督和检查过程中所发生的价格关系;

(3)各种商品的生产者和经营者、服务的提供者相互之间以及他们与消费者之间因提供商品和服务而发生的价格关系。

中华人民共和国成立以后,国家长期采用行政手段对价格实行集中控制和管理,价格立法未受到重视。1982 年国务院颁布了《物价管理暂行条例》,该条例以法规形式赋予企业一定定价权,初步建立了价格监督检查制度,正式肯定了"价格双轨制"。与之前的计划价格体制相比,是我国价格制度上的一个重大进步。1987 年国务院在总结物价管理条例的经验上,制定了《价格管理条例》,初步把市场机制引入价格管理体制,确定了直接管理与间接管理相结合的价格管理模式。此后国务院及价格管理部门颁布了一系列价格方面的相关规定。1997 年 12 月 19 日第八届全国人大常委会通过的《价格法》,分 7 章 48 条,确定了价格立法的宗旨、适用范围以及价格工作的基本原则,全面系统地规范了经营者的价格行为和政府的定价行为,并对价格总水平调控、价格监督检查以及各种价格违法行为的处罚给予了明确的规定,是中华人民共和国成立以来的第一部价格法。

三、价格法的作用

价格法作为规范价格关系的法律,对于规范各种价格行为,创造公平有序的竞争环境,保护经营者和消费者的合法权益,促进经济的健康发展,均具有重要的作用。具体来说,主要体现在三个方面。

(一)有利于改善宏观经济调控,稳定市场价格总水平

市场调节具有自发性、盲目性、滞后性等缺陷,往往造成经济的起伏波动和不稳定状态。因此,为保持市场价格总水平的稳定,需要由《价格法》来对市场经济进行规范。此外,稳定市场价格总水平作为国家宏观调控的重要目标,对保证国民经济持续、稳定、健康发展也具有重大意义。

(二)有利于规范市场主体与政府价格主管部门的价格行为,维护市场经济秩序

在现代市场经济中,除少数重要商品和服务的价格由政府价格主管部门直接制定外,大多数价格均由企业自主制定并在竞争中形成,这样就需要有统一的规则来规范各市场主体的价格行为,使之有法可依。另外,《价格法》也利于政府价格主管部门依法进行价格制定或监查。《价格法》通过规定定价主体的定价行为规则和违反《价格法》的法律责任,将价格行为纳入了法制轨道,使价格形成方式更加规范化、合理化。

(三)有利于保护经营者与消费者的合法权益

一方面,对经营者来说,依法赋予其自主定价的权利,使经营者的正当权益得到保障,有利于促进各行业建立起一个良好的、有活力的经营机制;另一方面,相对于经营者来说,消费者处于弱势地位,只有限制、禁止非法价格行为,使价格公平、合理化,才能使消费者的利益得到保障。《价格法》不仅可以稳定价格总水平,而且也能有效地保护经营者和消费者的合法权益。

在现行规定方面,我国《价格法》第1条规定,为了规范价格行为,发挥价格合理配置资源的作用,稳定市场价格总水平,保护消费者和经营者的合法权益,促进社会主义市场经济健康发展,制定本法。

第二节 经营者价格行为

《价格法》第3条明确规定了我国大多数商品和服务价格实行市场调节价,极少数商品和服务价格实行政府指导价或政府定价,可见市场调节价是我国市场经济最主要的价格形式。市场调节价又称经营者定价,为了便于读者更好地理解市场调节价,本书一律采用"经营者定价"这一概念。

一、经营者定价

经营者定价,是指由经营者自主制定,通过市场竞争形成的价格。经营者是指从事生产、经营商品或者提供有偿服务的自然人、法人和其他组织。《价格法》中所称的经营者,即流通过程中经营销售的经营者,也包括生产者。[①] 我国确定了经营者自主定价在价格形成中的主要地位,使生产经营者能够直接根据市场价格和供求的变化,决定生产经营活动。

经营者是经营者定价的主体,其定价的原则、依据和范围关系市场合理价格的形成,也会影响健全的市场价格秩序的形成。我们将在下面分别作介绍。

(一)经营者定价的原则

经营者定价,应当遵循公平、合法、诚实信用的原则。在社会主义市场经济体制中,

---

① 参见漆多俊:《经济法学》,高等教育出版社2003年版,第493页。

经营者享有广泛的价格决策权,但要遵循一定的行为准则。经营者定价原则既体现了我国社会主义市场经济发展内在规律的要求,又是我国民法的基本原则在价格领域的具体体现。

公平原则,是指经营应当遵循等价交换原则,制定合理的商品、服务价格,既不损害竞争者的利益也不损害消费者的利益。合法原则,是指经营者价格行为要符合法律、法规的规定,不得与现行立法相违背或冲突。诚实信用原则,是指导经营者从事价格活动时必须恪守信用、诚实不欺,这是道德要求在法律原则中的具体体现。

我国《价格法》第7条规定,经营者定价,应当遵循公平、合法和诚实信用的原则。

(二)经营者定价的依据

价值规律表明,价格作为价值的货币表现,受供求关系等因素的影响,价格并不总是与价值一致,而是趋向于价值、围绕着价值上下波动。这一规律揭示了经营者定价的基本依据是生产商品或提供服务的生产经营成本和市场供求状况。在市场形成价格时,决定价格水平高低的诸多因素中,生产经营成本是基本因素,供求关系是最终的决定因素。

生产经营成本,是经营者在生产商品和提供服务过程中发生的各种活劳动和物化劳动耗费的总和,类似《企业会计准则》中"费用"概念,既包括直接材料、直接人工和制造费用,又包括财务费用、管理费用和销售费用。只有将生产经营成本核定准确,才能制定出合理的商品差价和价格。

在市场经济中,价格的形成受供求关系的制约。供大于求,则价格下降;供不应求,则价格上升。这种供求规律是客观存在的,如果供求关系变化以后,价格没有及时调整,供求关系就会通过各种形式表现自己。经营者制定价格必须尊重供求规律,主动适应供求变化,及时调整价格,并相应的调整自己的生产经营活动。

我国《价格法》第8条规定,经营者定价的基本依据是生产经营成本和市场供求状况。

(三)经营者定价的范围

经营者定价的范围,是指未列入政府定价范围内并适应市场竞争形成的商品和服务价格,列入政府指导价的,经营者可以在国家规定的价格浮动范围内,制定销售价格。界定实行经营者定价的范围有一个总的客观标准,即是否适宜于市场竞争中形成价格。在实际工作中有三个判断依据。

1. 垄断程度

凡宜于也能够形成竞争的商品和服务,应放开价格,实行经营者定价;凡不宜或难以形成竞争的商品和服务,即垄断性强的商品和服务,应由政府制定价格,实行政府,指导价或政府定价。

2. 资源约束程度

凡资源约束相对较小,供给的价格弹性相对较大的产品,宜放开价格,实行经营者定价;凡资源稀缺,供给的价格弹性较小的产品,宜由政府制定价格,实行政府指导价或政府定价。

3. 重要程度

凡与国民经济发展和人民生活关系重大的极少数商品价格、重要的公用事业价格、重要的公益性服务价格,政府在必要时可以实行政府指导价或者政府定价;反之,其他价格可以放开,让其在市场竞争中形成。

为了便于准确划定经营者定价的具体范围,考虑绝大多数商品和服务价格实行经营者定价,根据上述三个判断依据,我国《价格法》采取了排除法,除按该法第18条规定适用政府指导价或政府定价外的商品和服务项目,均实行经营者定价,由经营者自主制定。

我国《价格法》第18条规定,下列商品和服务价格,政府在必要时可以实行政府指导价或者政府定价:(1)与国民经济发展和人民生活关系重大的极少数商品价格;(2)资源稀缺的少数商品价格;(3)自然垄断经营的商品价格;(4)重要的公用事业价格;(5)重要的公益性服务价格。

同时,该法第6条规定,商品价格和服务价格,除依照本法第18条规定适用政府指导价或者政府定价外,实行市场调节价,由经营者依照本法自主制定。

二、经营者的价格权利与义务

在我国社会主义市场经济体制中,绝大多数商品和服务价格实行经营者定价,经营者在市场经济中享有法律规定的定价权利,并履行法律规定的价格义务。

(一)经营者的价格权利

在现代市场经济条件下,经营者的价格行为在价格体系中占有十分重要的地位,直接决定着大部分商品和服务的最终价格。经营者的定价权利受到法律的保护,可以在合法的限度内进行价格行为。根据《价格法》的规定,经营者享有下列价格权利。

1. 自主定价权

自主定价权,是指经营者有权按照《价格法》的规定自主确定商品和服务的价格。这是经营者作为社会主义市场经济条件下的独立市场主体所享有的最基本权利。该权利包括以下几个方面。

(1)经营者有权制定属于市场调节的商品或服务的价格。这种价格形式能够及时反映市场的供求变化和竞争状况,自由灵活。赋予广大经营者自主制定市场调节价的权利,有助于形成以市场为主要导向的价格体系。

(2)在国家规定的基准价或浮动幅度内,经营者享有自主制定商品和服务价格的权利。这种价格形式,要求经营者必须在国家规定的基准价或者浮动幅度内,根据市场供求关系和竞争状况,在国家允许的幅度内进行定价权。

(3)一定新产品的试销定价权。实行政府定价和政府指导价的商品价格主要由政府行使定价权,但在某些特殊情况下,仍有必要将定价权赋予经营者。如新产品上市之初,该产品的市场供求状况尚未明朗化,此时由该新产品的经营者根据该产品的生产成本及对市场需求状况的预测,自由制定市场价格是较为切实可行的。

2. 建议权

建议权,是指经营者有权对政府指导价和政府定价提出意见和建议。这是实行政府价格决策、价格管理民主化、科学化的必要条件。该权利包括两个方面的内容。

(1)经营者有权对政府价格主管部门和其他有关部门在制定政府指导价、政府定价时提出意见,经营者提出意见的途径有三个:一是参加政府举办的价格听证会;二是在政府进行价格、成本调查时提出意见;三是直接向政府价格主管部门和其他有关部门反映意见。

(2)经营者有权对政府指导价及政府定价提出调整建议。经营者认为政府定价及政府指导价不合理,可以向政府价格部门提出调整的建议,政府价格部门应该听取经营者的意见,作出相应处理。

3. 检举、控告权

经营者享有自主定价权,对确立以市场调节价为主体的市场经济价格体系具有重要意义,经营者定价权能否得到切实保障,直接关系到市场经济体制的建立,因此,确保经营者法定定价权的实现尤为重要。当经营者的自主定价权受到他人的侵犯,导致这一法定权利难以实现或遇到障碍时,法律赋予经营者向有关主管部门或司法机关进行检举或控告的权利,通过对侵害行为人的制裁来消除权利行使的妨碍,以保障自主定价权的最终实现。

我国《价格法》第 11 条规定,经营者进行价格活动,享有下列权利:(1)自主制定属于市场调节的价格;(2)在政府指导价规定的幅度内制定价格;(3)制定属于政府指导价、政府定价产品范围内的新产品的试销价格,特定产品除外;(4)检举、控告侵犯其依法自主定价权利的行为。

《价格法》第 25 条规定,政府指导价、政府定价的具体适用范围、价格水平,应当根据经济运行情况,按照规定的定价权限和程序适时调整。消费者、经营者可以对政府指导价、政府定价提出调整建议。

(二)经营者的价格义务

经营者自主制定的价格比较灵活,可以及时反映市场的供求变化与竞争状况,但在经营者自主定价的过程中,一些经营者可能实行不正当手段排斥竞争对手、操纵市场,损害竞争者与消费者的合法权益。因此,根据《价格法》的规定,经营者在享有价格权利的同时,必须承担下列价格义务。

1. 依法定价的义务

依法定价有两层含义:一是经营者的价格行为要合乎现行法律、法规的规定,这里所说的法律、法规既包括价格管理方面的法律、法规,如《价格法》以及与其配套的行政法规、地方性价格管理法规,也包括其他与价格管理有关的法律、法规,如《消费者权益保护法》等；二是要执行依法制定的政府定价、政府指导价以及法定的价格干预措施、紧急措施等。

2. 合理诚实定价的义务

合理诚实定价的义务表现在：一是经营者在定价权限内制定的价格要有合理的依据，这就是商品或服务的生产经营成本及市场供求状况。经营者的经营行为可以对生产经营成本产生明显的影响，经营者应当努力改进生产经营管理，降低生产经营成本，同时也必须考虑市场的供求状况，合理地确定商品或服务的价格。二是经营者应当根据其经营条件建立、健全内部价格管理制度，准确记录与核定商品和服务的生产经营成本，不得弄虚作假。这是合理定价的基础和前提，同时也便于价格监督部门对商品与服务的价格进行及时的监控和管理。

3. 明码标价的义务①

价格行为应当公开，经营者对法律规定的应当公布的项目必须如实公布。经营者的这一义务直接关系到消费者的知悉权的实现，即消费者有知悉其购买、适用的商品或接受的服务的真实情况的权利，作为经营者有义务保证消费者知悉权的实现。经营者应按照诚实信用原则，如实标明法律要求公布的商品或服务项目，与消费者公平交易，不得牟取未予标明的额外利益。

4. 不得从事不正当价格行为的义务②

不正当价格行为，是指经营者违背价格立法的原则或规则，出于非正当目的而为的各种行为。《价格法》第 14 条对经营者的不正当价格行为作了具体规定。

5. 不得从事价格垄断行为

价格垄断行为，是指经营者通过相互串通或者滥用市场支配地位、操纵市场调节价，扰乱正常的生产秩序，损害其他经营者或者是消费者合法权益，或者危害社会公共利益的行为。价格垄断行为包括价格垄断协议与滥用市场支配地位进行价格垄断。

(1) 价格垄断协议

价格垄断协议，是指两个以上经营者以书面或者口头形式达成的，在价格方面排除、限制竞争的协议、决定，或者其他协同行为。各国反垄断法一般规定，经营者之间不

---

① 我国《价格法》第 13 条规定，经营者销售、收购商品和提供服务，应当按照政府价格主管部门的规定明码标价，注明商品的品名、产地、规格、等级、计价单位、价格或者服务的项目、收费标准等有关情况。经营者不得在标价之外加价出售商品，不得收取任何未予标明的费用。

② 我国《价格法》第 14 条规定，经营者不得有下列不正当价格行为：(1) 相互串通，操纵市场价格，损害其他经营者或者消费者的合法权益；(2) 在依法降价处理鲜活商品、季节性商品、积压商品等商品外，为了排挤竞争对手或者独占市场，以低于成本的价格倾销，扰乱正常的生产经营秩序，损害国家利益或者其他经营者的合法权益；(3) 捏造、散布涨价信息，哄抬价格，推动商品价格过高上涨的；(4) 利用虚假的或者使人误解的价格手段，诱骗消费者或者其他经营者与其进行交易；(5) 提供相同商品或者服务，对具有同等交易条件的其他经营者实行价格歧视；(6) 采取抬高等级或者压低等级等手段收购、销售商品或者提供服务，变相提高或者压低价格；(7) 违反法律、法规的规定牟取暴利；(8) 法律、行政法规禁止的其他不正当价格行为。

得通过协议、决议或者协调等串通方式实行下列价格垄断行为:(1)统一确定、维持或变更价格;(2)通过限制产量或者供应量,操纵价格;(3)在招投标或者拍卖活动中操纵价格;(4)其他操纵价格的行为。

(2)滥用市场支配地位进行价格垄断

经营者不得滥用市场支配地位进行价格垄断,滥用市场支配地位的价格垄断行为包括:(1)以不公平的高价销售商品或者以不公平的低价购买商品;(2)没有正当理由,以低于成本的价格销售商品;(3)没有正当理由,以过高或者过低的价格,变相拒绝与交易相对人进行交易;(4)没有正当理由,对条件相同的交易相对人在交易价格上实行差别待遇;(5)国务院价格主管部门认定的其他滥用市场支配地位的价格垄断行为。经营者如果实行了以上任何一种行为,都要负相应的法律责任,本书将在本章最后一节中详细介绍。

【典型案例】2012 年“8 · 15”电商大战案

2012 年 8 月 14 日,京东商城 CEO 刘强东发布声明称:“京东大家电从今天起在未来三年内将会实行零毛利政策,保证所有大家电至少比国美、苏宁易购连锁店便宜 10%。”[①]20 多万网友争相转发了刘强东微博。随后,苏宁易购总经理回应保证包括大家电在内的苏宁的所有商品价格均会低于京东,15 日 9 时苏宁将会启动历史上最大力度的促销活动,欢迎广大网友监督。国美电器也承诺全部商品价格比京东低 5%,并在 1700 多家门店实行线上线下同价。此后,三方更是在网络、微博、电视媒体上相互喊话,誓将此次价格大战进行到底。8 月 17 日刘强东再次发微博称要将此次价格战由大家电扩展到全品类,随后大中、当当、易迅、一淘网也全面“参战”,将此次价格战推向高潮。然而,在人们期待着淘到心仪商品时,8 月 21 日,刘强东突然悄悄删除了要将此次价格战扩展到全品类的微博,随后,比价网站一淘网发布报告称此次价格战存在欺骗消费者的问题,报告称其中参与降价促销的商品种类数量少,实际降价幅度并不是各大电商所说的 10%,平均降幅只有 5% 左右。另外,部分电商先提价后再降价,14 日晚上,部分商家悄悄提升了此次参加活动的商品的价格,16 日商家开始纷纷涨价,到了 17 日,只剩下国美仍在降价。比价系统有道网数据显示从 15 日到 19 日,京东和苏宁重合的可比价的商品价格都在逐渐回升,除此之外,各大电商不同程度缺货,京东达 30%,降价的商品同样型号的极少,无可比性。网友戏称这场价格战是电商相互约架的“口水战”,是精心策划的一场微博营销骗局。

2012 年 8 月 15 日,商务部新闻发言人沈丹阳发表声明要求电商遵守法律规定,以消费者利益为先;2012 年 8 月 16 日商务部发言人表示京东、国美、苏宁几家家电销售企

---

① 《8 · 15 电商价格战的幕后台前》,载凤凰网:http://tech.ifeng.com/it/detail_2012_09/19/17735610_0.shtml,最后访问日期:2020 年 3 月 26 日。

业竞相降价已经引起了国家发展和改革委员会的关注,相关部门已派出3个工作组分头向3家企业了解价格战的具体情况;8月21日一淘网被爆料公布数据涉嫌造假之后,国家发展和改革委员会又增派1个工作组对一淘网进行派驻调查;9月5日晚新闻联播报道国家发展和改革委员会价格监督局对电商大战初步调查的结果,认定三大电商在"8·15"电商价格战中存在虚构原价、欺诈消费者的行为。国家发展和改革委员会价格监督局监督处处长陈达表示,此次电商价格战存在的问题具体包括虚构原价、未完全履行价格承诺、商家用独有商品和独家代理的商品参加活动造成无法比价,一淘网向社会公布的部分数据失实四个方面。

根据我国《价格法》第14条第4项的规定,经营者不得利用虚假的或者使人误解的价格手段,诱骗消费者或者其他经营者与其进行交易。在此次电商大战中,各商家事前作出"降价""低价"等承诺吸引广大消费者与其发生交易,事后却并未兑现承诺,属于"利用虚假的或使人误解的价格手段",违反了价格法的规定,不仅侵犯了消费者的利益,同时也对整个电商行业的价格秩序和竞争秩序造成了负面影响。

第三节 政府的定价行为

在市场经济条件下,经营者定价已成为价格体系的主体,为了保障国计民生,仍需对部分商品和服务实行政府定价和政府指导价,以规范政府的定价行为。本节我们将主要介绍《价格法》对政府定价、政府指导价的相关规定以及价格听证制度的具体内容。

一、政府定价

政府定价,是指由政府主管部门及其他相关部门依照《价格法》的规定制定价格。它的特点是生产经营者没有自主确定价格的权利。鉴于这一特点,政府定价的适用必须严格限制。这主要涉及两方面原因:一是只有极少数涉及国计民生的重要商品或服务的价格才应使用国家定价;二是定价机关要尽可能地了解市场状况,遵循价值规律,制定出合理的价格,并随时根据新形势调整价格标准。

(一)政府定价的主体

政府定价行为要求定价主体必须由法律授权。对此我国价格法规定了两级主体:一是国务院价格主管部门及其他相关部门,二是省级人民政府价格主管部门及其他相关部门。[①] 以法律形式确定政府定价的主体和权限,有利于价格的统一管理,避免"价

---

① 其中国务院价格主管部门和其他有关部门的权限是依照列入中央定价目录的商品和服务及适用范围来制定政府指导价和政府定价,重要的要报国务院批准;省级人民政府价格主管部门和其他有关部门的定价权限是依照列入省级政府价格目录的商品和服务及适用范围来制定政府指导价和政府定价,且只能在本地区执行。除此以外,市、县人民政府无权制定定价目录,但可以根据省级人民政府的授权,按照升级定价目录规定的定价权限和具体范围在本地区执行政府指导价和政府定价。

出多门”,和因部门和地区利益而扭曲价格机制的定价行为。

(二)政府定价的依据

政府在依法实施价格行为时,必须遵照科学的定价依据。根据《价格法》的规定,政府定价必须依据以下三个客观情况。

1. 社会平均成本

成本是指生产活动中所使用的生产要素的价格。社会平均成本是指部门内的不同企业生产同种商品或者提供同种服务的平均成本。以社会平均成本为基础制定价格,可以避免政府定价脱离市场实际情况,有利于整个经济的发展。

2. 市场供求状况

商品的价格是在竞争中形成的,市场供求状况不仅是经营者制定市场调节价的重要依据,也是政府指导价和政府定价的重要依据。

3. 国民经济和社会发展的要求

政府定价行为只有符合国民经济和社会发展的总体要求,才能更好地抑制通货膨胀,保持价格总水平的稳定。

我国《价格法》第21条规定,制定政府指导价、政府定价,应当依据有关商品或者服务的社会平均成本和市场供求状况、国民经济与社会发展要求以及社会承受能力,实行合理的购销差价、批零差价、地区差价和季节差价。

(三)政府定价范围

为规范政府的价格行为,建立科学的市场价格体系,保证政府定价权的正确行使,需要对政府定价的范围进行明确的规定,即明确哪些种类的商品和服务需要实行政府定价。

在我国传统计划经济体制下,90%以上的商品价格由政府直接制定和调整,其结果是商品价格与价值严重背离、市场缺乏竞争,导致经济结构不合理、生产力低下。因此,应当将政府定价行为控制在一个合理范围之内,以不损害价格机制的作用为原则,以创造价格机制正常运行的条件和弥补价格机制缺陷为目的,确定价格范围。

我国《价格法》第18条规定,下列商品和服务价格,政府在必要时可以实行政府指导价或者政府定价:(1)与国民经济发展和人民生活关系重大的极少数商品价格;(2)资源稀缺的少数商品价格;(3)自然垄断经营的商品价格;(4)重要的公用事业价格;(5)重要的公益性服务价格。

(四)政府定价的程序

为有效规范政府的定价行为,减少政府定价的盲目性和随意性,除明确政府定价的主体、依据与范围之外,还须通过立法对政府的定价行为进行程序上的规定,以保障政府的定价行为有序运行,对社会经济起到适时、正确的调控作用。

1. 调查

价格和成本调查,是指对商品和服务生产经营过程中价格和成本构成因素情况的了解、审核，是定价的一项基础工作，是提高政府制定价格科学性的重要保证。

2. 听证

我国《价格法》第23条规定，制定关系群众切身利益的公用事业价格、公益性服务价格、自然垄断经营的商品价格等政府指导价、政府定价，应当建立听证会制度，由政府价格主管部门主持，征求消费者、经营者和有关方面的意见，论证其必要性、可行性。

3. 公布及调整

政府指导价和政府定价制定之后，由制定价格的部门向经营者、消费者公布。实行价格公布制度可以规范政府的定价行为，提高定价的透明度，便于经营者执行，也便于消费者监督。

此外，由于社会经济生活处于不断变化之中，政府对政府定价的具体适用范围、价格标准也应该根据经济运行情况，按照规定的定价权限和程序适时进行调整；消费者、经营者也可对政府定价提出调整建议。

二、政府指导价

政府指导价，是指由政府主管部门及其他相关部门依照《价格法》的规定，制定一个基准价及浮动幅度，经营者在这一基准价及其浮动内自主制定价格。经营者可以根据自身生产状况以及市场情况在规定的浮动内自主定价，但不能超过浮动幅度。政府指导价主要适用于极少数关系国计民生的重要商品的价格和服务价格。它是一种兼具计划调节性与市场调节性的价格，在执行过程中，经营者既要遵从政府指导价格的有关规定，不得突破，同时在一定范围内又有充分的价格权利。

这种价格就其实质来讲，属于国家控制的价格形式，因为生产经营者所享有的价格自主权是有限的。然而，比起政府定价来讲，政府指导价灵活性要大。这一特点使它能够在一定程度上满足国家和企业的要求，适应价值规律和市场供求关系的变化，起到协调国家和企业关系，缓和双方矛盾的作用。

政府指导价的形式有浮动价格、最高限价、最低保护价三种，有关政府指导价的主体、依据、范围、程序，基本上与政府定价相同，这里不再赘述。

【典型案例】机票价格的确定

我们很多人都买过不同折扣的机票，但机票价格是如何确定的？折扣是怎么来的？从2004年4月20日起，我国开始实施《民航国内航空运输价格改革方案》，该方案规定：民航国内航空旅客运输票价以现行航空运输企业在境内销售执行的各航线公布票价为基准价（平均每客公里0.75元）。国内航空旅客运输，将以现行航空运输企业在境内销售执行的国内各航线票价水平（不含燃油加价）作为基准价，允许航空运输企业在上浮幅度不超过基准价的25%、下浮幅度不超过基准价的45%的范围内，自行制定具体票价种类、水平、适用条件，提前报中国民用航空总局、国家发展和改革委员会备案，并向社会公布后执行。另外，该方案还明确规定：部分以旅游客源为主的航线票价下浮幅度不限,具体航线目录由中国民用航空总局商国家发展和改革委员会规定,并通过航空价格信息系统对外公布。航空运输企业独家经营的航线票价下浮幅度不限。

三、价格听证制度

价格听证制度,是指政府在制定和调整公用事业价格、公益性服务价格、自然垄断经营的商品价格时,由政府价格主管部门支持,请社会有关方面对其必要性、可行性、科学性进行论证,以形成合理价格制度。《价格法》第23条提出应当建立价格听证制度,2002年发布的《政府价格决策听证办法》明确了具体的听证规则,专门设计了价格听证的程序,标志着听证制度在我国的初步确立。

(一)价格听证制度适用范围

根据《价格法》的规定,实行价格听证制度的商品和服务的范围如下。

1. 重要的公用事业

公用事业,是指为适应生产和生活需要而经营的具有公共用途的服务行业,如公共交通、邮政、电讯、城市给排水、热力、供气等。

2. 重要的公益性服务

公益性服务,是指设计公众利益的服务行业,如教育、医疗、防疫、环卫、绿化、博物馆、公园、有线电视、公益广告等。

3. 自然垄断经营的商品

自然垄断经营,主要是指由于自然条件、技术条件以及规模经济的要求而无法竞争或不适宜竞争形成的垄断经营,如自来水、燃气、集中供热、电网等。

(二)价格听证应遵循的原则

价格听证制度是为了实现政府定价行为的民主性、公正性,以便更好地保护经营者、消费者的权益,因而价格听证应当遵循以下两个原则。

1. 保护经营者、消费者权益的原则

建立价格听证制度的根本目的就是要维护经营者和消费者的合法权益。价格听证制度拓宽了民众参与价格决策的渠道,使民众切实参与到价格制定的过程中,增强了价格决策的民主性,提高民众对价格决策的认同,也使经营者和消费者更直接地维护自己的权益。

2. 公正与公开的原则

公正首先要求在价格决策听证过程中,政府应当站在客观公正的立场上,既要维护国家的整体利益,又不能忽视经营者和消费者的权益。其次要求听证会的程序公正。程序公正是实体公正的基础。价格决策听证可以借助各种媒体加强宣传,增加其透明度,保证听证的高效与规范。价格听证制度的公开原则要求听证内容的公开、听证程序的公开,包括听证会之前的代表选拔与名单的公开、听证会代表发言与论辩的公开、听证结果的公布与质询等。[1]

（三）价格听证会的程序

听证会由价格主管部门组织，邀请人大代表、政协委员、群众团体代表、经济技术专家、学者、政府有关经济管理部门代表、经营者、消费者等方面代表参加。

听证会的主要程序是：首先，申请调定价格的经营者及其主管部门，必须依照法律规定，如实向价格主管部门先行提交调定价格的申请书。[2] 其次，听证会公开审核调定价格的经营者和主管部门所上报的生产经营成本，讨论调价对社会的影响程度，按照国家政策的规定，公开确定作价原则和作价办法，论证申报调定的价格水平与实施时间，确定调定价格的方案或进一步审议听证的工作安排，以及其他有关需审议和建议的事项。

为保证政府定价、政府指导价的合理制定，应该越来越多地运用价格听证制度。价格听证的内容包括自来水、电、天然气和煤气、汽车、教育等关系人民日常生活的收费。

【典型案例】电价调整听证会

据报道，2009年11月19日，为理顺电价关系，促进节能减排，进一步推进电价改革，国家发展和改革委员会经商国家电监会、国家能源局，出台了电价调整方案，决定自2009年11月20日起，将全国销售电价每千瓦时平均提高2.8分钱。各地区、各行业电价调整标准有所差异。这次电价调整的主要内容，一是对上网电价作了有升有降的调整。陕西等10个省（区、市）燃煤机组标杆上网电价适当提高；浙江等7个省（区、市）适当下调。二是统筹解决去年8月20日火电企业上网电价上调对电网企业的影响。三是提高可再生能源电价附加标准。四是适当疏导脱硫电价矛盾。在调整电价同时，对销售电价结构做了进一步优化和完善。加快了城乡各类用电同价、工商业用电同价步伐，并按照公平负担的原则，适当调整了电压等级之间的差价。此次电价调整暂不调整居民电价，国家发展和改革委员会已要求各地研究对居民用电推行阶梯式电价改革方案，将居民用电分档定价，对基本电量，保持较低的电价水平，用电越多，电价越高，以促进节约用电。居民用电实行阶梯式电价具体何时实施，如何实施，将由各地结合当地实际情况，充分论证后，提出可操作的方案，并严格履行听证程序后实施。

---

① 参见吴远远、陈凤新：《我国价格听证制度的缺陷及改进建议》，载《中国物价》2006年第10期。

② 调定价格的申请书一般应包括以下内容：企业概况及其生产经营状况，目前存在的困难与问题；上年度及当年财务成本资料及财务审计或检查结论；经权威技术部门认可的关于调定价格项目的批准文件；调定价格的理由；所在地区内外和国内外同类项目的现行价格水平；申报调定价格的水平以及调价后对各方面的影响程度；本企业成本增支消化程度；有必要介绍的其他情况。

第四节 价格总水平调控

一、价格总水平的含义

(一)价格总水平的含义

价格总水平是国民经济的综合反映,是指一个国家或地区在一定的时期内,各种商品和服务价格动态的综合反映,是社会各类商品价格指数的加权平均。

对价格总水平实施调节和控制,防止其剧烈波动,是国家进行宏观经济引导调控的重要目标,也是价格管理的核心内容。在市场经济条件下,由于市场价格机制在确保价格总水平稳定方面存在不足,需由国家宏观引导调控来弥补。因此现代市场经济国家纷纷把价格总水平的相对稳定作为国家宏观引导调控的主要目标之一。

(二)价格总水平调控的目标

价格总水平调控的目标是稳定市场价格总水平,即价格总水平的相对稳定或基本稳定,或者说价格不发生大幅度的波动,特别是关系国计民生的重要商品和服务的价格更不应暴涨暴跌。保持价格总水平稳定,主要包括三个方面内容。

第一,价格总水平不是固定不变的,允许相邻时期有较小的变动。由社会总供给与总需求的矛盾引起的价格总水平一定幅度的波动是正常的,也是必需的,这正是市场价格机制在发挥作用。稳定价格不等于始终冻结价格,而是在价格波动中求稳定。

第二,不排除某些具体商品价格有较大幅度的变动,具体商品价格的变动应以不严重推动总水平的上升为限。

第三,稳定最终产品中人民基本生活消费品的价格及重要资源的价格。由此,价格总水平基本稳定应有三个数量界限,即价格上涨的幅度不超过经济增长率,不超过人们工资收入增长的幅度,不超过银行存款的利率。

我国《价格法》第26条规定,稳定市场价格总水平是国家重要的宏观经济政策目标。国家根据国民经济发展的需要和社会承受能力,确定市场价格总水平调控目标,列入国民经济和社会发展计划,并综合运用货币、财政、投资、进出口等方面的政策和措施,予以实现。

二、价格总水平调控的具体措施

调控价格总水平的手段是多种多样的,按其性质的不同可分为经济手段、法律手段和行政手段。我国《价格法》第四章对价格总水平调控的基本制度作出了具体的规定。这些制度包括价格监测制度、重要商品储备制度、保护重要农产品价格制度、价格干预措施与紧急干预措施等。

(一)价格监测制度

价格监测制度是一项依据价格运行的规律,对构成和影响价格变动的各种因素进行监测、分析、研究,用科学的方法和手段对未来一定时期内商品市场价格和价格总水平的变化及其趋势进行判断和推测的制度。[①] 价格监测有利于政府价格部门对重要商品、服务价格进行监督、管理,也有利于经营者及时了解市场动态、作出正确决策。

我国《价格法》第28条规定,为适应价格调控和管理的需要,政府价格主管部门应当建立价格监测制度,对重要商品、服务价格的变动进行监测。2003年4月国家发展和改革委员会颁布《价格监测规定》,其中第2条规定,价格监测是指政府价格主管部门对重要商品和服务的变动情况进行跟踪、采集、分析、预测、公布的活动。价格监测的基本任务是调查和分析重要商品、服务价格,以及相关成本与市场供求的变动情况;跟踪反馈国家重要经济政策在价格领域的反映;实施价格预测、预警,并及时提出政策建议。

（二）重要商品储备制度与价格调节基金

对于一些关系国计民生的重要产品,如石油产品、钢材、肉类等,其价格波动起伏如果超过消费者和生产者的承受能力,就会影响市场经济的健康发展和社会的安定。因此,我国《价格法》第27条规定,政府可以建立重要商品储备制度,设立价格调节基金,调控价格,稳定市场。通过储备商品的吞吐来调节供给和需求。当某种重要商品价格上涨过高时,可以抛售储备商品,抑制价格上涨;当某种重要商品价格过低,影响生产者的合理收益时,即收购这种商品,以支持价格。设立重要商品储备制度与价格调节基金可以平抑物价,也可以避免或减缓商品价格出现反常和较大波动带来的冲击。

（三）保护重要农产品价格制度[②]

农业是国家自立、社会安定、经济发展的基础。为防止谷贱伤农,稳定和保障农产品市场供给,我国《价格法》规定了对重要农产品实行保护价格。当重要农产品价格过低时,为保护农民的生产积极性,动用粮食风险基金等财政性基金,以高于市场价格收购农民粮食。

（四）价格干预措施与紧急干预措施

价格干预措施,是指当重要商品和服务价格显著上涨或者可能显著上涨时,国家基于稳定市场、稳定物价的特殊需要而采取的临时性行政干预措施。紧急干预措施,是指在市场价格总水平出现剧烈波动时,国务院决定在全国范围内或者部分区域内实行临时集中定价权限、部分或全面冻结价格的制度。

我国《价格法》第30条规定,当重要商品和服务价格显著上涨或者有可能显著上涨,国务院和省、自治区、直辖市人民政府可以对部分价格采取限定差价率或者利润率、规定限价、实行提价申报制度和调价备案制度等干预措施。省、自治区、直辖市人民政

---

① 参见李昌麒:《经济法学》,法律出版社2007年版,第475页。

② 我国《价格法》第29条规定,政府在粮食等重要农产品的市场购买价格过低时,可以在收购中实行保护价格,并采取相应的经济措施保证其实现。

府采取前款规定的干预措施,应当报国务院备案。第31条规定,当市场价格总水平出现剧烈波动等异常状态时,国务院可以在全国范围内或者部分区域内采取临时集中定价权限、部分或者全面冻结价格的紧急措施。

【典型案例】天然气价格调控

2009年11月以来,我国部分地区出现大范围雨雪低温天气,居民采暖用气等需求量大幅攀升,一些地区供需矛盾比较突出,武汉、重庆、西安、南京、杭州等地相继出现用气供应紧张的情况。按照中央部署,国家发展和改革委员会同有关部门认真贯彻落实《国务院办公厅关于做好强降雪防范应对工作的通知》(国办发明电〔2009〕25号)精神,积极组织协调中石油集团、中石化集团、中国海洋石油总公司等企业和有关地方,迅速采取措施,增加资源供应,加强运行调节,强化需求管理,稳定市场供应。一是天然气生产企业在安全生产的前提下,保持高负荷生产,千方百计挖掘潜力,合理安排检修,科学调用储气资源,积极组织进口,努力增加天然气资源供应。11月1日至11月20日,中石油日均供气1.82亿立方米,同比增长22%。二是统筹资源平衡,做好产销衔接和调运,搞好科学调度,优化管网运行,针对薄弱环节强化安全管理,确保天然气产销运储设施平稳运行。三是加强监测协调,及时掌握供应状况,特别是对“西气东输”“忠武线”“陕京系统”等沿线重点地区予以高度关注,加强组织协调,完善应急预案,搞好应急调度,及时发现问题和隐患,采取积极措施予以协调解决。四是进一步加强需求侧管理,制定保供序列,始终把确保居民生活用气摆放在第一位。在此前提下,妥善安排好公共设施等重点领域用气。通过采取以上措施,各地天然气供应紧张局面已逐步缓解。

像天然气这种关系国民日常生活的重要物资的供求出现大的波动并影响人民正常生活时,国家就会用其宏观调控之手来对它的价格进行调节,如果不稳定它的价格,很可能导致社会价格总水平的重大波动。

第五节 价格监督检查与违法责任

一、价格监督检查

价格监督检查,是指政府价格主管部门及相关的业务管理部门,社会团体和人民群众对各种价格违法行为所进行的监督检查、处理和处置等活动的总称。① 我国《价格法》规定了对经营者价格行为的监督检查,确定了专门机构的监督检查与民间社会性监督检查相结合的形式。

---

① 参见朱崇实、卢炯星:《经济法》,厦门大学出版社2007年版,第298页。

（一）专门机构的监督检查

专门机构的监督检查，是指县级以上各级人民政府价格主管部门，依法对经营者价格活动进行的监督检查。政府对违法行为进行监督检查的权利来自法律的授权。

依据我国《价格法》第34条的规定，政府价格主管部门进行价格监督检查时，可以行使下列职权：（1）询问当事人或者有关人员，并要求其提供证明材料和与价格违法行为有关的其他资料；（2）查询、复制与价格违法行为有关的账簿、单据、凭证、文件及其他资料，核对与价格违法行为有关的银行资料；（3）检查与价格违法行为有关的财物，必要时可以责令当事人暂停相关营业；（4）在证据可能灭失或者以后难以取得的情况下，可以依法先行登记保存，当事人或者有关人员不得转移、隐匿或者销毁。

为保证价格主管部门顺利行使监督检查职权，经营者在接受政府价格主管部门的监督检查时，应当如实提供价格监督检查所必需的账簿、单据、凭证、文件以及其他资料。政府部门价格工作人员在行使上述职权时，应遵守以下义务：不得将依法取得的资料或者了解的情况用于依法进行价格管理以外的任何其他目的；不得泄露当事人的商业秘密。

对于专门机构的监督检查，要特别注意各机构在价格监管上的权限划分，要处理好中央和地方的关系。坚持“中央统一领导，地方分级管理”，对价格进行统一的、分层次的灵活控制，明确规定和划分中央（包括国务院、国家物价局和有关业务主管部门）、地方和企业在价格管理权限上质和量的界限。对国家价格方针、政策和价格计划、价格总水平的宏观控制由中央统一决定，大多数一般商品价格和劳务收费由地方分级管理。①

（二）社会的监督

我国《价格法》规定的民间社会监督包括群众社会监督、新闻媒体监督以及违反价格法的举报制度。群众社会性的监督检查是指消费者组织、职工价格监督组织、居民委员会、村民委员会等组织和消费者，对经营者价格行为进行的社会监督。由于目前新闻媒介对现实生活的巨大影响力，价格法明确赋予了新闻单位进行价格舆论监督的权利。另外，我国还实行价格违法行为的举报制度，任何单位和个人均有权对经营者价格违法行为进行举报。

依据《价格法》第37条的规定，消费者组织、职工价格监督组织、居民委员会、村民委员会等组织以及消费者，有权对价格行为进行社会监督。政府价格主管部门应当充分发挥群众的价格监督作用。新闻单位有权进行价格舆论监督。

另外，根据《价格法》第38条的规定，任何单位和个人均有权对价格违法行为进行举报。政府价格主管部门应当对举报者给予鼓励，并负责为举报者保密。

《价格法》的颁布，完善了价格监督检查制度，使价格监督检查机构的行为有法可依，价格监督检查的体系也更加健全。但现行价格监督制度仍有一些不合理之处，例

---

① 参见杨云：《论我国价格立法的若干问题》，载《西北政法学院学报》1987年第2期。

如,一些政府价格主管部门既是价格的制定者,又是管理者,甚至还是监督者;此外,现实生活中的价格行为具有多样性和复杂性的特点,这些因素无疑都增加了价格监督检查工作的难度。因此,加强价格监督法律体系建设,完善价格监督法律制度,需要多方面努力。例如,应确立与市场价格运行机制相适应的政府价格监督管理方式;维护经营者的价格主体地位,促进其自我约束机制形成;使各项具体的价格监督管理制度,如价格听证会制度、明码标价制度、价格违法行为的举报制度等发挥功能;将价格监督的重点从具体价格转向经营者的具体价格行为,增强价格监督的服务功能;等等。[①]

二、违反价格法的责任

为有效防范和惩治违反价格法律、法规的行为,维护社会主义市场经济价格秩序的稳定,促进经济的健康发展,我国《价格法》专门规定了对违反价格法行为的处罚措施。以下分别介绍经营者、政府管理部门及工作人员、行业协会的违法责任。

(一)经营者的违法责任

《价格法》对经营者违反价格法的行为作了一系列的规定。

1. 不执行政府定价和政府价格干预政策

我国《价格法》第39条规定,经营者不执行政府指导价、政府定价以及法定的价格干预措施、紧急措施的,责令改正,没收违法所得,可以并处违法所得5倍以下的罚款;没有违法所得的,可以处以罚款;情节严重的,责令停业整顿。

《价格违法行为行政处罚规定》对《价格法》第39条中规定的没收违法所得的,处5万元以上50万元以下的罚款。

2. 从事不正当价格行为的责任

依据《价格违法行为行政处罚规定》第4条的规定,“经营者违反价格法第十四条的规定,有下列行为之一的,责令改正,没收违法所得,并处违法所得5倍以下的罚款;没有违法所得的,处10万元以上100万元以下的罚款;情节严重的,责令停业整顿,或者由工商行政管理机关吊销营业执照:(一)除依法降价处理鲜活商品、季节性商品、积压商品等商品外,为了排挤竞争对手或者独占市场,以低于成本的价格倾销,扰乱正常的生产经营秩序,损害国家利益或者其他经营者的合法权益的;(二)提供相同商品或者服务,对具有同等交易条件的其他经营者实行价格歧视的”。

【典型案例】多家企业串通绿豆涨价

2010年7月1日,国家发展和改革委员会、商务部、国家工商行政管理总局联合宣布,吉林玉米中心批发市场有限公司等多家企业因去年10月召集国内16个省区市上百家绿豆经销企业开会,串通涨价、哄抬绿豆价格,被物价部门依法处以50万元至100万元不等的处罚。

---

① 参见肖惠敏:《试论我国价格监督法律体系的完善》,载《价格理论与实践》2004年第8期。

国家发展和改革委员会价格监督检查司副司长张光远表示，国家发展和改革委员会正按照法规定律履行处罚程序，已将处罚决定书送达相关企业。如果企业拒不执行，价格主管部门可以依照《价格行政处罚程序规定》第50条的规定，对到期不缴纳罚款的企业，每日按罚款数额的3%加处罚款。张光远还说，行业协会应该遵守相应法律法规，加强价格自律，接受价格主管部门的指导，不得组织本行业的经营者相互串通，操纵市场价格，不得捏造散布涨价信息，哄抬物价。做到知法依法，严格依照法律办事。

张光远说，价格主管部门在价格监管方面准备采取下面几项措施：第一，进一步完善反映市场波动的价格监测制度，建立更加灵敏的价格预警体系，扩大监测覆盖面，增加监测深度。第二，制定完善价格异常波动的应急预案，完善现有价格监管法律法规。第三，国家发展和改革委员会网站公布了《关于市场价格异常波动时期价格违法行为处罚的特别规定（征求意见稿）》，在征求意见。第四，强化价格监管力量。2010年以来，为了在市场价格异常波动时期快速而严厉打击哄抬物价、囤积居奇、牟取暴利的行为，稳定通胀预期，发展和改革委员会拟订了《关于市场价格异常波动时期价格违法行为处罚的特别规定（征求意见稿）》。根据这份规定，经营者捏造、散布涨价信息，扰乱市场价格秩序的，有关部门将责令其改正，没收违法所得，并处违法所得5倍以下的罚款；没有违法所得的，处20万元以上200万元以下的罚款，罚款最高限额比现有法规允许的最高额增加了一倍。这份征求意见稿规定，因情况紧急，需要立即制止和查处价格违法行为的，有关部门可采取下列措施：当场决定立案；责令暂停相关营业，查封扣押相关财物；以口头方式履行行政处罚事先告知程序、听证告知程序；先行收缴违法所得，并按有关规定处理。

3. 损害消费者的行为

我国《价格法》第41条规定，经营者因价格违法行为致使消费者或者其他经营者多付价款的，应当退还多付部分；造成损害的，应当依法承担赔偿责任。

4. 违反明码标价的行为

我国《价格法》第42条规定，经营者违反明码标价规定的，责令改正，没收违法所得，可以并处五千元以下的罚款。

5. 转移、隐匿财产的行为

我国《价格法》第43条规定，经营者被责令暂停相关营业而不停止的，或者转移、隐匿、销毁依法登记保存的财物的，处以相关营业所得或者转移、隐匿、销毁的财物价值一倍以上三倍以下的罚款。

6. 拒绝接受价格监督检查行为

我国《价格法》第44条规定，拒绝按照规定提供监督检查所需资料或者提供虚假资料的，责令改正，予以警告；逾期不改正的，可以处以罚款。

7. 违反《反垄断法》的规定

经营者在价格制定过程中，不得实行价格垄断行为，我国《反垄断法》规定了经营者违反反垄断法的责任。

我国《反垄断法》第46条规定,经营者违反该法规定,达成并实施垄断协议(包括垄断价格协议)的,由反垄断执法机构责令停止违法行为,没收违法所得,并处上一年度销售额1%以上10%以下的罚款;尚未实施所达成的垄断协议的,可以处50万元以下的罚款。行业协会违反《反垄断法》规定,组织本行业的经营者达成垄断协议的,反垄断执法机构可以处50万元以下的罚款;情节严重的,社会团体登记管理机关可以依法撤销登记。

《反垄断法》第47条规定,经营者滥用市场支配地位(包括滥用市场支配地位实施价格垄断)的,由反垄断执法机构责令停止违法行为,没收违法所得,并处上一年度销售额1%以上10%以下的罚款。

(二)政府有关部门及其工作人员的法律责任

1.《价格法》的规定

政府部门在进行价格工作管理的过程中,负有依法履行职责的义务。对于政府部门违反法律责任的,《价格法》规定了政府部门及其责任人员双重的责任,其中价格工作人员不仅要承担行政责任还可能承担刑事责任。

我国《价格法》第45条规定,地方各级人民政府或者各级人民政府有关部门违反本法规定,超越定价权限和范围擅自制定、调整价格或者不执行法定的价格干预措施、紧急措施的,责令改正,并可以通报批评;对直接负责的主管人员和其他直接责任人员,依法给予行政处分。

《价格法》第46条规定,价格工作人员泄露国家秘密、商业秘密以及滥用职权、徇私舞弊、玩忽职守、索贿受贿,构成犯罪的,依法追究刑事责任;尚不构成犯罪的,依法给予处分。

2.《反垄断法》的规定

《反垄断法》对行政机关违法实施价格垄断行为作出规定。行政机关和法律、法规授权的具有管理公共事务职能的组织不得滥用行政权力,强制经营者从事本规定禁止的各类价格垄断行为。行政机关不得滥用行政权力,制定含有排除、限制价格竞争内容的规定。

依据《反垄断法》第51条的规定,行政机关和法律、法规授权的具有管理公共事务职能的组织滥用行政权力,实施排除、限制竞争行为的,由上级机关责令改正;对直接负责的主管人员和其他直接责任人员依法给予处分。反垄断执法机构可以向有关上级机关提出依法处理的建议。

法律、行政法规对行政机关和法律、法规授权的具有管理公共事务职能的组织滥用行政权力实施排除、限制竞争行为的处理另有规定的,依照其规定。

(三)行业协会的法律责任

《价格法》第17条规定,行业组织应当遵守价格法律、法规,加强价格自律,接受政府价格主管部门的工作指导。随着市场经济的发展，行业协会在市场经济中发挥的作用日益重要，某些行业协会出于保护本行业企业的目标，可能作出有损消费者或者是社会大众的行为，因此，对行业协会违法责任的规定是价格法律制度不可缺少的部分。

我国《价格违法行为行政处罚规定》第 5 条第 3 款规定："行业协会或者其他单位组织经营者相互串通，操纵市场价格的，对经营者依照前款的规定处罚；对行业协会或者其他单位，可以处 50 万元以下的罚款，情节严重的，由登记管理机关依法撤销登记、吊销执照。"

【典型案例】方便面协会串通涨价案

2007 年 8 月 16 日，国家发展和改革委员会对外公布称，世界方便面协会中国分会串通市场上的主要方便面企业联合涨价。国家发展和改革委员会查明，2006 年年底至 2007 年 7 月初，世界方便面协会中国分会先后三次召集有关方便面企业参加会议，商量涨价幅度、时间和步骤。有关企业按照会议安排，从 2007 年 6 月起相继调高了方便面价格。2007 年 7 月中旬，这个协会组织中国 20 多家方便面厂商在郑州开会，讨论涨价时间和涨价幅度，参会企业的方便面产品全国市场覆盖率达 95%。国家发展和改革委员会价格监督检查司李青处长表示：这些行为违反了《价格法》规定，已经构成了价格法明令禁止的第 14 条第 1 项，即相互串通市场价格，损害其他经营者和消费者合法利益行为。国家发展和改革委员会责令方便面中国分会立即改正错误、消除不良影响；撤销三次会议纪要中有关集体涨价的内容。

复习思考题

➢ 1. 简述价格法的主要作用。

➢ 2. 简述经营者定价、政府指导价与政府定价之间的区别。

➢ 3. 2003 年以来，三峡大坝观光门票由最初的 32 元已涨至 105 元。结合《价格法》的规定，谈谈三峡旅游有限公司门票涨价应办理哪些法定手续。

➢ 4. 简述政府定价应遵守的法定程序。

➢ 5. 简述价格总水平调控的含义和主要手段。

➢ 6. 政府为稳定价格总水平可以采取哪些措施？

➢ 7. 简述价格监督检查的主体以及政府部门在监督检查中享有的权利。

➢ 8. 政府有关部门及其工作人员违反价格法应承担哪些法律责任？

第二十四章　房地产宏观调控法

【重点内容提示】

房地产宏观调控法是调整国家对房地产宏观调控中发生的各种社会关系的法律规范的总称。房地产宏观调控需要尊重市场在资源配置中的基础地位，间接调控，依法调控。房地产调控的手段主要有经济手段、行政手段与法律手段，各国主要依赖的是法律化的经济手段。房地产调控法律制度的核心组成部分是房地产金融法律制度和房地产税收法律制度，这两类制度在我国都有非常丰富的内容，也有广阔的发展空间。

第一节　房地产宏观调控概述

一、房地产宏观调控法的含义

房地产宏观调控，是国家运用经济、法律和行政等手段对房地产行业给予指导、鼓励或者约束，促进房地产市场总供给与总需求、供给与需求结构的平衡与整体优化，实现房地产业与国民经济协调发展的管理活动。房地产调控不是随意性的，而是需要国家法律法规来规范的行为，房地产宏观调控法就是调整国家对房地产宏观调控中发生的各种社会关系的法律规范的总称。

房地产宏观调控是国家综合运用财政税收法律制度、货币金融法律制度、价格法律制度以及税率利率等经济杠杆对房地产市场的引导调控。房地产调控主要是国家对房地产市场的间接调控，应尽量避免对房地产市场的直接干预，而注重通过税收、货币、企业资质等间接手段调控。同时，房地产调控应当依法进行，也即需要把宏观调控政策上升到宏观调控法律的高度。

2011 年年初以来，我国中央政府对房地产市场通过“限购”“限价”的方式进行调控，是对市场的直接干预，是通过行政手段对市场价值规律和供求关系的人为改变，从长远来看，可能不利于市场调节机制作用的发挥，不利于房地产市场的正常发展。

总而言之，房地产宏观调控需要尊重市场在资源配置中的基础地位，间接调控，依法调控，这样才能真正从长远和根本上规范房地产市场。

二、房地产宏观调控手段

（一）房地产宏观调控的经济手段

房地产宏观调控的经济手段主要包括价格政策、财政政策和金融政策三方面，它们可以直接或间接调节和控制房地产市场的变化。

价格政策,是指通过调控土地出让价格、制定经济适用房的价格政策,以及调整收费的品种与比率来影响市场。

财政政策,主要指税收政策。政府可以通过设立有关房地产的税种、调控房地产税率等税收手段调节房地产成本价格和购买力,影响房地产市场上房地产开发、交易的种类和数量或某一类房地产产品的供给与需求,进而直接或间接影响房地产市场。较之金融政策,税收政策更具有针对性,且负效应相对较小。财政税收政策对控制房地产投机的作用远大于金融政策,加重税负可以有效抑制房地产投机行为。

金融政策,是指通过资金融通和利率调整来调节房地产活动进而影响房地产的供给与需求,一般表现为对房地产开发贷款的发放量、按揭贷款利率、首付比例等的调节。资金面是与房地产泡沫关系最为紧密的要素,回顾美国 1975 年以来的历史,每一次住房信贷规模扩大都伴随着房价上涨。需要注意的是,金融政策产生效果需要一定的时间。根据新古典经济学大家弗里德曼的理论,金融政策对生产过程产生影响需 6 ~ 9 个月,对价格的影响需要再过 6 ~ 9 个月,即金融政策从实施到对名义收入产生影响,需要约 1 年或 1 年半的时间。

(二)房地产宏观调控的行政手段

房地产宏观调控的行政手段,是指一国(地区)行政管理部门通过行政管理办法和规章制度等形式调控房地产开发、交易市场,直接或间接影响房地产供给。主要表现在如下两个方面:首先,在建设、计划、土地、规划等有关部门在审批开发项目时的松紧把握上,通过行政审批调整房地产市场供应和产品结构;其次,通过限制某些开发、经营行为,从而调控市场活动。在土地所有权非垄断的美国、英国等国家,行政手段也经常被采用。因为发生较为严重的住宅危机或房地产泡沫时,行政手段可以在最短的时间内取得良好效果。例如,20 世纪 40 年代至 50 年代,美国发生了一次巨大的城市迁移行动,中产阶级从城市迁居郊区,非洲裔美国人则搬至市中心。由于当时非洲裔美国人不得购买或租用白人社区住房,因而不得不居住在拥挤、高价、低质的住宅中。于是,一场城市危机爆发了。在这种情况下,联邦政府成立了住房与城市发展部(Housing and Urban Development,HUD),在全美住宅营造商协会(National Association of Home Builders,NAHB)的支持下,推出了新的可支付住宅计划,帮助建设了无数新住宅和公寓,很快缓解了这场城市危机。

(三)房地产宏观调控的法律手段

房地产调控的法律手段,是指房地产市场管理中比较成熟、稳定、带有强制性的原则、制度和办法,各级政府、企业和个人从事房地产活动都必须遵守。法律的制定一般需要较长周期,因而很难立即看到效果,它对房地产市场的保护或限制作用主要体现在长期。美国历史可以说是一部土地住宅私有化史。17 世纪,在美国目前拥有的 23 亿英亩土地中,仅有 20% 为私有,而 1994 年这一数字达到了 59%。在这个过程中,美国政府出台了许多法律、法规和政策来推进房地产市场的发展。尤其在20世纪,政府出台了一系列鼓励居者置其屋(Homeownership)的计划和政策,具体包括:联邦住宅管理局的住房抵押保险计划、退伍军人管理局的住房抵押担保计划;修改税法,让利给商业和工业房地产的私人投资者和住房使用者。随着我国房地产市场的蓬勃发展,政府也出台了一系列房地产相关法律法规。据中国消费网统计,除去有关房地产税收的规定,目前我国有近20个规范房地产市场的法律法规。

三、房地产宏观调控的原则和作用

(一)房地产宏观调控的原则

政府调控在房地产业发展中的地位突出,调控成败与否将直接关系我国房地产业的兴衰得失,更是关乎国计民生和社会稳定的大事。因此,政府在制定房地产政策并进行宏观调控时要遵循一定的原则:一是坚持市场机制在房地产资源配置中的基础作用;二是坚持房地产市场的政府宏观调控;三是坚持落实政府在保障性住房上的作用和责任;四是住房政策机制体现的是因地制宜,分散决策的政策目标;五是在政策制定上着力规范市场的秩序,提高公平交易的水平。

遵循上述原则积极制定适合我国国情的有效调控政策,可以为我国的房地产业发展发挥积极作用,进一步实现房地产市场行为的规范化,保证各个市场主体在公平环境下有序竞争,使房地产业的政策性和商业性、保障性和市场性、经济拉动性和经济破坏性能够处在一个合理的博弈区间内。

(二)房地产宏观调控的作用

房地产宏观调控是国家宏观调控的一个方面,在充分尊重市场在土地资源配置基础性作用的基础上,政府通过对房地产市场的宏观调控来弥补市场调节这只"无形之手"的不足,维护房地产市场的稳定。从这个角度来说,房地产宏观调控的作用也即政府在房地产经济运行中的作用。

我国政府在房地产经济运行中的基本作用主要有以下几个方面。

第一,建立有效的产权制度,界定房地产产权,维护房地产产权所有者的利益。

第二,制定和实施公平的交易和竞争规则,建立和维护公平交易和公平竞争的房地产市场秩序。

第三,解决在房地产开发、交易、消费等活动中的外部经济效应问题,促进具有正的外部经济效应的房地产经济活动,而禁止或者限制具有负的外部经济效应的房地产经济活动。

第四,防止、抑制或者消除房地产市场中的垄断,建立和维护有效竞争的房地产市场结构,促进房地产市场生产效率和资源配置效率的提高。

第五,提供房地产经济领域的公共信息,并且通过立法、行政管制等措施促进房地产经济活动信息供应量的增加。

第六,弥补房地产市场的不足,鼓励非政府力量提供或房屋使用人自己提供市场供应不足的属于私人物品性质的房地产。例如，由政府提供或政府鼓励非政府力量提供低收入者使用的住房等。

第七，维护房地产市场的平衡，平抑房地产经济的波动，促进房地产经济的稳步发展。

第八，矫正房地产经济运行中的结构性失衡，促进房地产经济的结构性平衡。

四、我国房地产宏观调控政策回顾

我国对房地产的重要宏观调控分别发生在1993年、1998年、2003年、2005年、2008年、2010年。代表性调控政策包括"国十六条""国八条""国六条""（新）国十条""23号文件""18号文件"等。以下就近年来房地产宏观调控政策做一简单梳理。

2005年房地产开发虽然继续保持着快速发展的惯性，但增速明显减慢，然而，房价快速上涨的势头仍然没有改变，以深圳、北京为代表的全国众多城市房价迅猛上涨，房价成为社会关注的焦点。

为了抑制投资过热、调整住房供应结构、稳定房地产价格，中央政府打出调控"组合拳"——2005年3月底，国务院办公厅下发《关于切实稳定住房价格的通知》，提出抑制住房价格过快上涨的8项措施（以下简称"国八条"），建立政府负责制，将稳定住房价格提升到政治高度。2005年4月，国务院常务会议提出，当前加强房地产市场引导和调控要采取8项措施（"新国八条"），对"国八条"进一步细化、延伸。随即，国务院转发由原建设部等七部委联合制定的房地产调控操作层面的细化方案。

2006年5月，国务院常务会议通过有针对性的6项措施（以下简称"国六条"），将调整住房供应结构作为调控着力点。随后出台的《关于调整住房供应结构稳定住房价格的意见》对"国六条"进一步细化。其中提到的"限套型""限房价"的普通商品住房，被称作"限价房"——以期解决中等收入群体的住房问题。

2007年，以稳定房价为诉求的房地产调控进一步深化。土地、信贷、税收等为房地产市场降温的各项调控新政密集推出，从土地管理、规范市场秩序、抑制投机（尤其抑制外商投资房地产）、调整住房结构等多方面全面出击。

此轮调控措施促使房地产市场出现了一些积极变化，开发投资实现平稳增长，住宅开发结构得到一定改善。但是房价调控效果并没立即显现出来，反而出现边调控边上涨的现象。到2007年下半年，虽然总体房价涨幅有所放缓，但北京、上海、广州、深圳、杭州等城市住房价格仍在高位，且不断上扬。

"国六条"提出的"规范发展经济适用房"方针，将门槛提高至城镇低收入阶层，试图构建一种"最低收入阶层靠廉租房，低收入阶层靠经济适用房，其他阶层靠房地产市场"的解决方案。这意味着，自2003年调控以来，政府保障房惠及的人群范围进一步缩小，政府将更多的人的住房问题交给了市场。从供需关系上来看，这一方针的确立势必推动房价上涨。而加快城镇廉租住房制度建设和"限价房"方案的提出曾让人们看到希望，然而以后的房价走势却又不尽如人意。

2008 年是具有戏剧性的一年。年初货币政策将从“适度从紧”改为“从紧”，而财政政策继续保持稳健。下半年随着世界金融危机的影响扩大，中国人民银行宣布存贷款率“双率”齐降，货币政策再度从“从紧”向“适度宽松”转变。本来在前期调控政策和金融危机的影响下，房地产投资迅速减少，国际热钱纷纷撤出，房地产市场进入观望状态，成交量日减，房价也有所下降。然而，在调控效果刚刚显现时，政策再次松动，最终导致前功尽弃。2009 年，中国房地产市场从年初的“试探性抄底”，到年中的“放量大涨”，再到年底的“恐慌性抢购”，短短一年间，中国楼市迅速地由低迷转变为亢奋，由萧条转变为繁荣，调控由“去库存”转变为“挤泡沫”。2010 年第一季度，房市神话继续上演，房价持续攀高。

2009 年 12 月，为遏制部分城市房价过快上涨，中央政府决定不再延长 2008 年年底出台的二手房营业税减免优惠政策，将个人住房转让营业税免征时限由 2 年恢复至 5 年，遏制炒房现象。随后提出了“增加普通商品住房的有效供给；继续支持居民自住和改善型住房消费，抑制投资投机性购房；加强市场监管；继续大规模推进保障性安居工程建设”四条具体措施(简称“国四条”)，以完善促进房地产市场健康发展为目标。国务院各部委陆续出台调控细节，逐渐废除了 2008 年的刺激房市政策，再次转向稳定房价。

2010 年，以稳定房价为主的房地产调控到了关键时刻。2010 年 4 月 17 日，国务院发布了《关于坚决遏制部分城市房价过快上涨的通知》(以下简称“国十条”)。2010 年 9 月出台被称为“史上最严厉的调控政策”，要求各商业银行暂停发放居民家庭购买第三套及以上住房贷款，消费性贷款的禁止用于购买住房。房价过高、上涨过快、供应紧张的城市，要在一定时间内限定居民家庭购房套数。加快推进房产税改革试点，并逐步扩大到全国，并在 2011 年 1 月 28 日开始在上海和重庆两直辖市推行试点改革。

由于各级部门的落实问题和房地产市场的复杂实况，“国十条”的威力未能完全释放。两城市房产税试点改革正在进行中，对个人住房征收房产税能够合理地调节收入分配，缩小贫富差距，促进社会公平，但是，对能否长期性抑制房价上涨的趋势尚不明朗，政府需要警惕在尚未开征个人房产税的城市短期内出现的为了规避房产税而出现的购房潮，反而推动房价的提高。

2011 年 2 月，国务院发布“国八条”房地产调控措施，要求各地方政府在一季度之前向社会公布当地房价的调控目标。但在已公布的调控目标当中，绝大多数城市将当地的房价的涨幅定在 10% 左右，这和当初出台“国八条”控制房价上涨的预期相反，没有起到引导市场预期的作用。与此同时，继出台地方最严的楼市“限购令”之后，北京市政府于 2011 年 3 月 29 日再度重拳出击，确定当年新建普通住房价格“稳中有降”的控制目标。从而，北京市成为国内首个提出“降”字房控目标的城市。此次北京市政府抛出的房地产调控政策进一步加剧了市场的观望，促使市场交易量下降，价格开始下调。

五、我国房地产市场泡沫及原因

(一)我国房地产市场泡沫

我国自1988年全面展开城镇住房制度改革，从福利住房向住房的市场化、社会化过渡，即“住房商品化”以来，房地产市场从20世纪90年代初的急剧升温，到20世纪90年代末21世纪初的有序快速发展，再到2003年至今的过热发展，短短20多年，普通民众经历了从告别分配住房到买不起商品房的过程。在这个过程中，国家采取了行政、经济、法律等多重手段抑制房价的过快增长，但仍挡不住房地产市场的炙热。

2003年全国平均房价为2359元/平方米，[①]2009年的平均房价涨幅为24%，达到4695元/平方米，这一涨幅是15年中最高的。2010年上半年，房价同比继续上涨，但得益于4月起出台的多项调控政策，房价涨幅有所回落。2010年6月，全国100个城市住宅平均价格为8419元/平方米，环比上涨0.35%，其中80个城市价格环比上涨，20个城市价格环比下跌。[②] 另外，北京、上海、深圳、杭州4个城市房价均突破了2万元/平方米。

我国国家统计局官方公布的数据：2008年我国的人均国民总收入为2940美元。

(二)我国房价居高的原因

对于我国房价不断上涨的原因，各方意见多有不同。原建设部部长于2009年年底表示有四点原因：一是土地供应减少；二是投机性买房增加；三是开发商囤积住房；四是部分城市保障型住房建设滞后。但有人认为，其中的第一点、第四点才是原因，而第二点、第三点则是结果。

总而言之，推动我国房地产价格的因素既有市场因素，也有非市场因素。

1. 市场因素

市场因素主要体现在供求关系上。虽然多年来我国采取了多种措施抑制房价，房价仍不断攀升，仍有人在高房价下购买商品房，说明了市场需求旺盛。从而越来越多的房地产开发商设计多种类别的房屋投放市场，这与我国人口众多，需求多样化，且近年来城市化进程加快，许多人需要在城市里购房的刚性需求不无关系，这是无法用政策措施有效遏制的。

除购房的刚性需求外，弹性需求也体现在部分民众通过购房投资保值。经过40余年的改革开放，一部分先富起来的人已经积累了一定的财富，但我国的金融市场不发达，银行存款利率低、股市等投资市场规模小且抗风险能力差，没有比房地产更好地替代投资领域来吸收民众积累的货币资本，再加上买房置地在中国传统观念中根深蒂固

---

① 房地产市场中有多种房屋品种的价格，本书仅以城镇商品房价格为例，不特别说明的房价均为商品房销售价格，本书中不特别说明的房屋则指城镇商品房。

② 北京、杭州、南京、上海、深圳、天津、重庆、成都、广州、武汉这10个重点城市的房地产价格同比上涨了61.72%，北京涨幅最大，接近80%。

的影响以及房价不断上涨的现状,都促使更多的人愿意将自己多年的积蓄投入房地产。当然,这其中不乏投机者,但投机者所起到的可能只是拉升某些特定地区房价的作用,同时给市场以房价上涨的预期,在高房价中购买房屋的人实际还是以居住或投资为目的的居多。

另外,在供求关系的影响下,服务于房地产开发与买卖的贷款银行、中介服务机构等也为房价上涨推波助澜。

2. 非市场因素

非市场因素主要体现在政府对房地产市场的管理制度上。政府对房地产市场的管理主要体现在两个方面:

一是土地使用权出让制度。我国的城市土地为国家所有,从事房地产开发需要履行国家出让所开发土地使用权的手续,为了规范该手续,国家和各地政府已经频繁出台了包括《土地管理法》等一系列法律法规和规范性文件,设定了详细具体的要求。目前,根据国土资源部于2002年发布的《招标拍卖挂牌出让国有土地使用权规定》,我国国有土地使用权出让实行招标、拍卖、挂牌出让制度,也称之为"招、拍、挂"制度。这种制度自推行以来,且无论制度本身在操作程序严谨规范方面的问题,我们还可以发现该制度设计实际是让土地使用者把使用期内年租金的折现值之和一次性支付给土地出让方,此时的地价实际包含了未来几十年的土地增值预期。这虽然给了开发商较重的资金负担,但其并非此高价的最终承受者,只要房价能维持高位,银行等贷款机构能向其提供资金,市场上还有涌动的购房者,开发商仍然愿意冒此风险。同时,开发商为了快速回笼资本,将会把此成本附加在其新近开发的房地产项目上,加大了住房建设成本,也限制了以后的住宅建设和城市发展。

二是房地产税收制度。我国实行房地产税费并存的制度,自1994年税制改革后,房地产税收几乎涉及现行税制的所有税种,各地政府对房地产企业的各种收费项目名目繁多。全国工商联房地产商会调查表明,房地产开发总费用支出的一半,通过税费与土地出让金流向政府。建房须交人防费、消防费、配套费、规划费、规划定界费、复核费、评价费、防雷检验费、开口费、治安费、印花税、增值税、城建税、教育设施建设附加税、营业税、所得税等,有些城市甚至能达到62种之多。[①] 毋庸置疑,最终的买房者看到的高房价中这些税费占了相当比例。

市场因素和非市场因素推动房价不断上涨的过程中,各地政府、房地产开发商、提供房屋贷款的商业银行等主体都在短期内获得了好处和实惠,这些主体一定程度上有动力也有能力推动房地产价格上涨。随着房价的飙升,我国的房地产企业作为主要的得益者之一,取得了可观的效益。上交所和深交所的"沪深300指数"中,有数十家房地产企业,其中就不乏万科、保利地产、华侨城等颇具规模实力的房地产公司。另外,商

① 参见孙秀岭:《评论:捆着62种税费的房价能便宜吗?》,载《大众日报》2010年3月10日,第7版。

业银行相当比例的放贷进入了房地产市场,相比较向其他行业贷款,贷款给不断涨价的房地产市场不仅获益可观,而且风险较小。

但这些部门利益、行业利益在国家和社会整体利益面前,并不能成为主流。因为占用了从普通公众处汇聚起来的国家投资支撑起来的高房价仍由普通公众去承受的怪圈,既影响国民经济发展,也影响百姓安居乐业。从2003年起,从国务院、财政部、国土资源部等中央机关部委,到地方各级与房地产沾边的部门,先后出台了数十条调控房地产市场的积极政策措施;房地产业被调控的主体涉及各级土地规划、审批部门、房地产开发商、设计施工单位、商业银行、房地产中介、购房者等几乎整个房地产流通市场。如此高的重视程度,如此广泛深入的调控力度和措施,堪称前所未有。

六、我国房地产宏观调控存在的主要问题

我国对房地产市场宏观调控存在的问题主要体现在两个方面:一方面,是宏观调控政策本身的问题,综观近年来的一系列国家和地方制定的宏观调控政策措施,存在不尊重市场规律、违反基本法律法规以及政策措施相互矛盾和不稳定等情况;另一方面,是宏观调控措施的落实不力、执行错位等问题。具体而言,主要包括以下几方面。

第一,直接针对房地产市场采取的调控政策过于具体且频繁出台,无法起到宏观指导的作用。房地产市场首先是一个竞争的市场,受价值规律和供求关系制约,对房地产市场采取宏观调控的政策也应当是在尊重市场竞争规律和秩序的基础上作出的引导,但综观我国的房地产政策,规定极为具体,比如,包括对二套房如何解释在内的二套房、三套房贷款比例限制以及三套房停贷条件等,几乎是对房地产开发商和银行越俎代庖地进行决策,如果这样的决策符合市场规律,满足市场需求,将无条件地被市场接受,但现实是,包括制定、实施调控政策措施的部门以及各类市场主体在内都是采取了各自为战的态度来对待,即使短时间内房地产市场价格被迫下降,而价格上涨的市场预期仍然是主流。

第二,国家宏观调控对集体所有土地重视不足。我国实行土地公有制,城市市区的土地属于国家所有,农村和城市郊区的土地,除法律规定属于国家所有的外,属于农民集体所有。集体土地,由村集体经济组织或者村民委员会经营、管理。随着城市化进程的加快,越来越多的城郊农村集体土地被征为国有,越来越多的集体土地上的农民房屋被拆迁,在集体土地上建造起来的“小产权房”越来越多,由此也引发了纠纷,这些矛盾不仅反映出在快速发展的房地产市场中,我国城市房地产开发用地需求大而投放量不足的矛盾,也反映出国家宏观调控对集体所有土地开发的关注度不足,未能在因需求导向土地资源市场化的趋势中有效平衡农民、农村集体经济组织等的利益的情况。

第三,各类房地产调控政策发布部门由于权限重叠或冲突,降低了宏观调控措施的权威性和执行力度。我国的各类职能部门通常“联合出击”,共同发布七部委通知或九部委意见等,这从名义上似乎显示了所发布文件的权威性,其实也反映了各部门职责交叉的现状。

对房价政策的检视可发现同一权力主体政策的前后矛盾,不同行政部门间的政策更是大相径庭,这些都不同程度地弱化了中央宏观调控政策的权威和效力。例如,2003年6月13日出台的第121号文件《中国人民银行关于进一步加强房地产信贷业务管理的通知》就要求对房地产企业严格审批、重点监控;但随后《国务院关于促进房地产市场持续健康发展的通知》肯定了房地产市场健康发展的重要意义,且规定要继续加大信贷支持力度;2005年8月15日,中国人民银行建议取消期房销售,10天后建设部新闻发言人明确指出商品房预售制度不能取消。国土资源部指责有的地方政府直接插手违法用地,但地方国土资源管理部门又无法对其进行有效制约,因此,国土资源部责怪相关法院不作为,要求人大赋予其"先行拆除权"。最高人民法院要求各级法院不再受理尚未达成补偿协议的强制拆迁案件(法释〔2005〕9号),以防重演和相关地方政府联合强制执法的尴尬。另外,2004年年底最高人民法院《关于人民法院民事执行中查封、扣押、冻结财产的规定》(法释〔2004〕15号)第6条规定:"对被执行人及其所扶养家属生活所必需的居住房屋,人民法院可以查封,但不得拍卖、变卖或者抵债。"这遭到中国人民银行以及中国银监会的极力反对,因为此项司法解释虽然可使银行收缩房地产信贷,和中央银行提高房地产首付比例一样起了宏观调控的效用,但由于其禁止执行将相当程度地放大商业银行房地产贷款的风险,因而中央银行、银监会以及上海市、北京市、深圳市的银行业公会各自向最高人民法院反映并最终促使最高人民法院对房地产执行作出特别规定。①

由此产生的直接后果:一是政策制定部门权威性降低,不利于有效地落实相关政策;二是市场对国家宏观调控预期不明,导致市场决策无法有效执行,不利于稳定市场。因此,需要把政策上升到法律的地位,依法进行宏观调控。法律具有至上的权威,制定法具有明确性、公开性、普遍性、可行性、安定性、不溯及既往性,国家机关遵守法律并相互制约、审判独立、具有以法律控制立法权和行政权的制度是现代法治的内涵和精髓。在依法治国方略已明确载入我国《宪法》的今天,宏观调控作为国家和政府干预市场经济的最重要的手段,我国的宏观调控应该依法而实施,宏观调控应该法治化是一个不言而喻的理念和目标。

第四,地方政府可能无法完全严格执行国家宏观调控政策。中央发布的宏观调控政策有相当一部分是需要通过地方政府执行才得以落实的。实际上,地方政府可能无法完全严格执行国家宏观调控政策。一是中央政策通常针对全国情况,有的地方因特殊情况不愿意执行;二是有些地方政府从房地产行业获得的税费收入可观,其主观上不

---

① 2005年11月14日通过的最高人民法院《关于人民法院执行设定抵押的房屋的规定》(法释〔2005〕14号)专门就房屋执行进行了特殊规定,改变了一年之前的司法解释,允许执行被抵押的房屋。该规定第2条规定:"人民法院对已经依法设定抵押的被执行人及其所扶养家属居住的房屋,在裁定拍卖、变卖或者抵债后,应当给予被执行人六个月的宽限期。"但"上述宽限期届满后,被执行人仍未迁出的,人民法院可以作出强制迁出裁定",进行强制执行。

愿意抑制房价。原建设部多次要求各地区、各有关部门要确保政令畅通，确保中央调控政策落到实处，以维护中央调控政策的统一性、权威性、有效性，但效果差强人意。

第五，利率调控手段对宏观经济影响大，但对房地产市场调控力度不足。中国人民银行也在运用利率手段调控房地产市场。例如，自 2007 年 3 月至 2007 年 8 月 21 日这 5 个月中分 4 次将金融机构一年期人民币存贷款基准利率从 2.52% 上调至 3.60%，这样的利率调整措施对房地产市场的影响不可谓没有，但并未达到预期的效果，但却对其他市场产生重要的影响，导致整个市场对经济的信心受挫。

七、完善我国房地产宏观调控法律制度建议

在现代国家，国家行使职权对经济进行调节，特别是对社会经济或重要行业实行宏观调控，需要纳入相应的法律框架中，以明确宏观调控目标、任务，政策发布和实施的部门，对市场主体的执行要求等。目前，多数市场经济国家对社会经济的宏观调控已形成以“国家计划—经济政策—调节手段”为轴线的体系，宏观调控法的体系从内容构成上看则包括了计划法、经济政策法和关于各种调节手段运用的法律。[①] 市场经济国家的计划法不是国家统治一切经济活动的政府指令，也不是整个社会都必须全盘接受的计划，而是对经济发展作出指导性计划的法律。现代资本主义国家大都制定有各种不同的国家计划，法国在 1982 年就通过了一部《计划改革法案》，规定减少国家直接干预，使计划更加注重指明经济发展方向和对宏观经济的协调和平衡。经济政策是连接国家计划与各种调节手段的中介，经济政策不等于法律，不需要将所有的经济政策都制定为法律，但对于各个时期国家的各项基本经济政策，通常需要制定相应的法律保障其规范化及更强的执行力，包括税率、利率、汇率等调节手段的运用，通常规定于财政法、金融法等综合性法律之中。上述法律贯彻共同的指导思想和基本原则，执行国家宏观调控任务，充分发挥国家宏观调控的权威作用。

我国对房地产市场采取的一系列宏观调控政策措施之所以出现上述问题，主要原因与我国未建立完善的宏观调控法制有关。本书结合上述问题，运用经济法宏观调控理论，主要从经济政策和调节手段方面提出完善我国房地产市场宏观调控的法律建议。[②]

（一）宏观调控政策应尊重市场调节的基础地位

在市场经济条件下，国家调节是国家行政权力针对市场的缺陷而进行的有限干预，它是对市场调节的必要补充，以市场调节为基础。宏观调控作为国家调节的方式之一，是基于市场调节的滞后性和盲目性而产生的，也必须以市场调节为基础，不能违背价值规律，更不能以国家调控完全取代市场调节。把握好调控的尺度，处理好国家与市场之

---

① 参见漆多俊：《经济法基础理论》（第 4 版），法律出版社 2008 年版，第 246 页。

② 虽然我国没有完善的经济运行计划法，但每年的政府工作报告都会根据上一年的情况提出该年度的经济发展计划，况且，我国从计划经济向市场经济的转变仅有 30 年的时间，许多经济领域还带有计划色彩，故本书不再专门强调计划法方面的内容。

间的关系是我国宏观调控取得成效的第一个先决条件。[①]

宏观调控政策应着眼于经济或行业宏观层面的引导和激励。我国市场经济已经快速发展30年,房地产市场主要还是以民间社会经济关系为基础形成的市场,如开发商与购房者之间、贷款者与银行之间、建筑商与开发商之间都是通过与房地产相关联的民事合同联系起来的普通民事主体,他们之间所形成的民间社会经济关系就应当尊重市场调节,并由调整平等主体间经济关系的民商法来调整。为此,我国所制定的直接针对房地产市场的那些调控政策中,有些如户型结构、贷款比例、几套房政策等过于具体的措施就应当考虑是留给市场调节还是在市场调节基础上作出必要的针对性调整,否则即使制定了类似的调控政策,也不易被市场接纳,并可能迅速被其后的政策取代。

政府应主要使用市场手段如税收、利率、财政补贴等方式进行调节,以行政手段为辅,而不是直接通过“限购”“限价”这样的非市场手段调控房地产市场,这样是对房地产自由市场的过度干预。所以政府需要做的是在充分尊重市场价值规律和供求关系的基础上进行间接调控,这样才能更好地解决中低收入阶层的住房问题。

国家进行间接调控需要建立在法律的基础上,税收法定原则是世界各国税收的首要原则,我国也不例外。但在这轮房地产调控中,国务院以政策为依据在上海和重庆推行房产税试点改革即涉嫌对税收法定原则的违反。首先,没有法律依据,现行房产税并未规定对个人征收房产税,全国人大也没有通过法律案对现行税法进行修改;其次,全国人大没有授权国务院制定这方面的法规。这需要全国人大及时地修改现行税法。

(二)制定发布宏观调控政策应有相应的法律规范约束

宏观调控政策的制定和发布需要有相应的法律规范的约束,既是防止权力滥用,也是保障更好地发挥职能作用。政府制定发布宏观调控政策需要从以下几个方面加以规范:

一是制定宏观调控政策的主体需明确,以保证宏观调控政策及措施的权威性,便于市场主体对政策的理解和落实,这也是完善我国国家宏观调控机制的基本要求。

在产业政策的制定和发布方面,我国2003年3月由第十届全国人大第一次会议通过的国务院机构改革方案规定:为完善宏观调控体系,将国家发展计划委员会改组为国家发展和改革委员会;为综合协调各方面改革,使改革更好地为促进发展服务,将国务院体改办的职能并入国家发展和改革委员会。可见,国家发展和改革委员会是我国目前综合研究、拟定经济和社会发展政策,进行总量平衡,指导总体经济体制改革的宏观调控部门。由于房地产市场涉及实体行业广泛,相关部门可根据各自所掌握的管理范围内的情况拟定对策意见,最终的产业政策制定并发布的部门可以由国家发展和改革委员会统一进行,由此改变目前的“政令多门,无所适从,矛盾叠加”的局面。同时,我

---

① 参见漆丹:《经济法对宏观调控权的规制——以房地产市场、证券市场调控为例》,载《河北法学》2008年第8期。

国目前宏观调控政策中比较重要的财政税收方面的政策也可以与上述产业政策的制定和发布一样,最终统一由国家发展和改革委员会向社会发布。

由于货币金融政策一旦启用,往往适用于整个国家的社会经济全行业,影响也会如“蝴蝶效应”一样在广度、深度上进行全方位渗透,所以其调整力度也要建立在对全国货币流通情况和行业发展情况充分掌握的基础上,货币金融政策的制定和发布由中国人民银行担当较合适,这与世界上绝大部分国家的中央银行所担当的职责一致。

二是宏观调控政策的制定和发布应有严格的程序性规范。

首先,宏观调控政策的制定应建立在对市场情况充分掌握的基础上,主要是要有权威统计数据的依据和科学严谨的分析论证,保证宏观调控政策以及措施能切实针对房地产市场的客观实际而作出。目前,国家统计局和一些地方的统计部门担负着对国民经济各行业的各类数据进行统计的工作,其发布的一些统计数据能在一定程度上反映我国经济发展情况和行业运行走势,国家有关部门的一些重要调控政策都是依据或参考该统计数据而制定的。

其次,应对宏观调控政策的制定和发布进行合法性审查。目前,我国的宏观调控政策在性质上属于规范性文件,但其中有的内容与《行政处罚法》《行政许可法》《立法法》《房地产管理法》《土地管理法》《城市规划法》《担保法》等法律强制性规范并不吻合。如国务院办公厅于2006年5月29日转发原建设部等九部委意见第2条“明确新建住房结构比例”中规定,“自2006年6月1日起,凡新审批、新开工的商品住房建设,套型建筑面积90平方米以下住房(含经济适用住房)面积所占比重,必须达到开发建设总面积的70%以上”,“过去已审批但未取得施工许可证的项目凡不符合上述要求的,应根据要求进行套型调整”。这违反了《行政许可法》第8条“公民、法人或者其他组织依法取得的行政许可受法律保护,行政机关不得擅自改变已经生效的行政许可”的规定。

最后,宏观调控政策的制定和发布应完善配套和关联政策。市场对宏观调控政策从理解到具体落实执行会有一定的反应期,而且有些政策措施的落实还需要多部门配合才能完成。为此,宏观调控政策的出台就需要考虑与此前政策措施的过渡问题,以及与其他部门配套措施的衔接问题。宏观调控政策应对市场采取平稳有序的调整,才能充分被市场接受,从而最大程度地发挥政策效果。

三是宏观调控政策应引导房地产开发实现应有的社会化功能。我国的房地产业不仅担负着提升国民经济的重要角色,而且也担负着实现社会化功能的重要使命,即落实城市规划、满足人民群众对优质城市居住环境的需求。房地产开发商作为商主体,通常仅会从追求商业利益最大化角度开发房地产项目,而宏观调控政策需要引导房地产业较多地完成其社会化职能的任务,主要体现在科学引导房地产市场的发展,在充分了解掌握房地产供需现状的基础上,对城市房地产开发进行科学合理的预测,特别是引导普通商品房、经济适用房、廉租住房等满足不同层次人民群众需求的房地产开发的供应量、供应结构和建设时序等。

(三)宏观调控政策应注重落实

有些学者认为,房地产宏观调控政策落实的障碍主要来自有的地方政府违法,如地方政府违法批地现象严重。各种媒体包括建设部网站均披露有的地方违法用地占到50%,有的地方甚至占到90%,其中相当大的一部分是地方政府违法批地。有的地方政府违法批地主要原因是“土地财政”现象,根据国务院发展研究中心的研究结论,土地税收占地方预算内收入的40%,土地出让金净收入占政府预算外收入的60%以上。“土地财政”又使地方政府成了中央政府的调控对象,一方面,地方政府要贯彻中央的政策;另一方面,有的地方政府还有自己的“目的”。①

就宏观调控政策本身而言,宏观调控政策的制定发布部门往往不直接落实政策,而是需要相关部门和地方政府部门配合落实,因此,我国的宏观调控政策在制定的时候就应考虑市场承受能力和落实执行的问题。对此,宏观调控政策的执行落实应由一系列的行政法律法规为后盾,运用相关职能部门依职权管理的方式方法,加大责任追究的力度;在确保宏观调控政策本身科学、合法的基础上,也可以发动全社会力量共同对政策落实情况给予监督,从而能全面快速反映宏观调控政策措施对市场作用的影响,检验政策措施的可行性,也能为下一步的宏观调控政策措施的出台和落实提供依据。

第二节　房地产金融法律制度

一、房地产金融概述

(一)房地产金融的概念

房地产金融,是指以产权或产权人的信誉为信用基础,以房地产金融市场为运作载体,借助各种金融工具,由金融机构组织实施,为房地产经济活动筹集、融通、结算或清算资金并提供风险担保或保险的所有金融活动的总称。简单地讲,房地产金融就是房地产资金的融通,它是房地产业与金融业互相渗透,融合而成的一个专门的经济领域。

房地产金融在我国是一门新兴的学科,其内容十分丰富。一种看法认为,房地产金融最简单的含义就是房地产资金的融通。但严格来说,房地产资金的融通不等于房地产金融,融资是房地产金融的一个主要方面,它包括房地产信贷融资、房地产股本融资、房地产债券融资和运用信托方式融资等。房地产金融除了融资功能外还有许多其他的金融功能,如房地产保险、房地产信托、房地产证券、房地产典当等。我国的房地产金融现状,还没有形成真正意义上的房地产金融。随着我国金融体制改革的深化和房地产

---

① 参见张忠野:《房地产宏观调控的法学思考——新一轮房地产宏观调控政策法律研讨会综述》,载《华东政法学院学报》2007年第2期。

业的发展,房地产金融业务将进一步扩宽,房地产金融内涵和外延将进一步拓展。

(二)房地产金融的特点

房地产金融作为直接服务于房地产业的一种业务形式,与一般金融业务相比,有自己的独特之处。

1. 具有较高的投资收益率。作为房地产基础的地产具有保值和增值性,而房产则具有升值性,故投资于房地产领域可以获得较高的投资收益和丰富的投资回报。

2. 房地产是较好的抵押担保物。银行或非银行金融机构在从事信用贷款时,必须考虑其信贷资金的安全性,这主要是因为信贷资金的安全性是其活动性与增值性的保障。而房地产属于不动产物品,具有保值和增值的特点,其债权可靠,安全性高,以其作为抵押担保物,相对于其他物品来说,有着债权可靠及安全性高等优点。

3. 房地产贷款及债券可稳定地提供现金流。房地产贷款及房地产债券的偿还期较长,其利息来源稳定可靠,每年可以为金融机构或投资者提供一笔相对固定的利息收益。

4. 房地产流动性较差的缺陷可通过债券化经营来弥补。房地产作为抵押品不像其他有价值的财物一样可交给债权人保管,且不易分割。但在市场经济条件下,在证券市场发展到一定程度后,可通过实施房地产抵押贷款债券化,增强其流动性。

二、房地产信贷制度

(一)房地产信贷的概念

房地产信贷,是银行或者其他金融机构围绕房地产再生产各环节向房地产开发、经营、流通和消费领域发放的信贷总称,是银行进行资金营运活动的主要业务。房地产信贷主体主要是银行。

房地产信贷,既可以向个人发放,也可以向单位发放;既可以用于土地开发,又可以用于购、建住房。

(二)房地产信贷的类型

1. 根据信贷对象不同,可以分为单位购建房信贷、个人购建房信贷、住宅合作社建房信贷和房地产开发经营企业信贷等。

2. 根据贷款的担保方式不同,可以分为信用信贷和担保信贷,担保信贷又可分为保证信贷与抵(质)押信贷。

3. 根据信贷的资金性质的不同,可以分为自营性房地产信贷和委托性房地产信贷两大类。

4. 根据信贷用途不同,可以分为住房开发信贷、商业用房开发信贷、其他房地产信贷等。

5. 根据信贷期限的不同,可以分为短期、中期和长期房地产信贷。短期,是指期限在一年(包含1年)以内的房地产信贷;中期,是指期限在1年以上(不含1年)5年以下(包含5年)的房地产信贷;长期,是指期限在5年(不包含5年)以上的房地产信贷。

(三)房地产信贷业务基本操作流程

1. 申请和受理。借款人主动向信贷人提出申请并填写借款申请书,写明借款金额,用途,偿还能力及还款方式等内容,同时提供与信贷有关的材料。以此进入受理阶段,由信贷人初步审查。

2. 调查评价。在信贷人初步审查后,对借款人的偿债能力作出全面的评价;对风险和成本效益进行分析;核实抵押物,质押物,保证人情况,对借款人所提供的担保措施的合法性和安全性作出评价。

3. 信贷审批。信贷应实行"审贷分离,分级审批"的信贷管理制度,对申报材料进行合规审查,并以此作出审批。

4. 发放。审批通过的信贷业务,需要落实贷款条件的,信贷人与客户协商落实后应签订有关信贷业务合同。

5. 贷后管理,归还信贷。在信贷发放后,信贷人应对借款人执行借款合同情况及借款人的营运情况进行追踪调查,把握借款人资信变化等情况。借款人应当按借款合同的约定按时足额归还贷款。

(四)房地产信贷风险

房地产信贷风险,是指银行或其他金融机构在房地产信贷资产经营活动中,因不确定因素的单一或综合影响,使房地产信贷业务的实际收入与预期收益发生偏差,造成商业银行房地产信贷资产发生损失的可能性,即借款人不能按照约定偿还贷款的可能性。

1. 我国商业银行房地产信贷风险类型

商业银行房地产信贷风险主要包括:(1)向房地产开发企业发放贷款带来的发展风险;(2)向个人按揭贷款带来的违约风险;(3)金融机构内控机制存在的问题带来的操作风险;(4)国家一些法律或政策的出台带来的风险。

2. 我国防范住房信贷风险的方法措施

(1)商业银行应提高认识并理性地开展房地产信贷业务

商业银行要提高认识,克服把房地产信贷作为一种"优良资产"大力发展、经营上急功近利的不良倾向,高度重视房地产信贷风险及其危害性,增强防范金融风险的意识。要改变把住房信贷当作低风险品种开发的观点,让房地产信贷业务步入理性运行的轨道,既要支持好的有前景的房地产项目和个人购房,又要谨防房地产泡沫积聚的潜在风险。对房地产虚热要适当降温,不要相互间大打房地产信贷"争夺战"。

按照有关规定,严格审批手续,杜绝不符合规定的开发商和购房者套取贷款。严格控制不具备房地产开发资格的企业或个人开发房地产项目。对资本金达不到规定标准、行为不规范的开发商和个人购房者,不得审批和发放贷款。

加强贷款管理,对发放的贷款实行全过程动态监控。对开发商贷款要独立开设账户,视工程进展情况分期拨付。当开发商卖楼所得款项超过了贷款额时,再把全部贷款拨付给开发商。这样可以避免"烂尾楼盘"的出现。同时,适当提高个人购房首付款,抑制开发商套取贷款,使消费者更为理智地进行住房投资消费,防止投机行为。

运用利率杠杆,调整楼房开发结构。对高档住宅适当上浮利率,对广大群众需要的经济适用房采取下浮利率,以此来促进开发商开发适销对路的中、低档住宅,抑制房地产泡沫的出现。商业银行要进一步完善房地产抵押贷款风险的措施,形成有效的金融风险化解机制。

(2)拓宽房地产融资渠道以实现资金来源多元化

大力推动房地产证券化,向社会大众筹集开发资金。目前,我国4万余家的房地产企业中只有70多家实现了在证券市场上市融资,其数量与其在国民经济中的作用极不相称。因此,有关监管部门应该适当放松对房地产公司上市的严格限制,扩大融资渠道,积极推进房地产投资权益证券化和房地产抵押贷款证券化,吸收社会上大量小规模闲散资金。建立房地产投资基金组织,吸收长期资金投资于住宅产业。房地产投资基金属于股权投资,要逐渐把房地产投资变成大众化的投资工具。将保险资金引入住宅融资市场。保险资金比较稳定、数额巨大、运用周期长,比较适合投资住宅产业开发,有利于提高投资规模。鼓励发行公司债券,吸引社会剩余资金投资房地产业。积极发展住房公积金贷款。利用公积金贷款具有政策补贴、利息低的特点,满足部分居民的购房需要。

(3)加强贷后管理并注重偿还风险的预测

对借款人跟踪调查和分析是检测偿还风险的重要内容。一是要及时发现贷款人在借款周期内的各种不利于银行风险防范的行为。如借款人没有合法继承人或合法馈赠人、抵押人不能维修管理的住宅易加速住宅贬值等,要及时采取补救措施,以最大程度减少偿还风险;二是建立对开发商的动态跟踪系统,及时掌握开发公司的工程进度、资金运用和企业领导更换、产权变化等重大的企业行为,为贷款的发放提供可靠依据;三是对档案及抵押物的保管,要做好登记造册、专人保管、专库储存,交接制度要健全,交接手续要清楚,避免档案和抵押物的遗失。

(4)进一步建立健全房地产信贷的法律法规体系

一是修改现行的法律法规,确定房地产信贷的法律地位。在《商业银行法》、《合同法》、《建筑法》、《公司法》和《反不正当竞争法》等法律法规条文中新增有关房地产信贷和金融条款的法律条例,用法律的方式约束规范房地产开发商及个人的金融行为。二是建立健全有关房地产信贷的法律法规。如制定房地产开发企业贷款管理法、个人购房贷款管理法及违反房地产信贷管理办法处罚条例等一系列配套法规,明确规定开发商及个人的权利与义务,使企业和个人严格按照法规规范房地产贷款行为,认真履行还款职责,建立良好的银行与企业及银行与个人客户之间的合作关系,共同促进市场经济的健康发展。三是严格执法,依法办事。对提供假资料、假资信来骗取贷款的开发商或个人,应立即停止贷款,通过法律手段尽量挽回损失,并追究当事人的法律责任。

(5)加强社会道德和信用建设并完善个人征信管理体系

政府和银行要通过电视、广播、网络、报刊、座谈会、咨询会等多种形式,向全社会详细宣传介绍道德和信用的知识,以及宣传房地产信贷有关知识,使各行各业、广大居民对此有深入了解。走出认识误区,重树道德和信用观念,以严格的道德和信用观念约束房地产借贷行为。开发商要确保财务、统计资料的真实性、准确性和及时性,严格按照国家统一的会计制度规定进行会计核算,不得账外设账;不得授意、指使、强令会计机构、会计人员违法办理会计事项。个人购房者要确保自身信用资料的真实性,杜绝一切弄虚作假行为。

三、住房公积金制度

(一)住房公积金的概念

住房公积金简称公积金,根据我国《住房公积金条例》的规定,其是指城镇在职职工及其所在的机关、企事业单位和社会团体按照规定的比例交存的长期性的住房储金。它是具有保障性和互助性的职工工人住房基金,归其个人拥有,专门用于职工住房建设和消费。

住房公积金制度就是围绕住房公积金的交存、提取、使用管理和监督形成的相关制度的总称。其是我国城镇住房制度改革的产物。我国在学习和借鉴新加坡经验的基础上,1991 年首先在上海试行,后来逐步在全国推广开来。1994 年 7 月,国务院顺应形势,发布了《关于深化城镇住房制度改革的决定》,明确指出要全面推行住房公积金制度。至 1996 年 10 月,该制度在全国范围内建立起来。

(二)住房公积金的特点

1. 义务性,也称强制性。其是指凡是在职职工及其所在单位都需按照规定的交存基数,交存比例,为职工建立住房公积金,个人在交存期间内定向使用住房公积金。

2. 专用性。其是指公积金应当专门用于住房建设和消费。

3. 保障性。公积金只能定向用于安居工程、住宅建设、城市危旧房改造和集资合作建房项目。这些都体现了保障性。

4. 政策性。公积金受到国家政策的影响,必须按照国家政策规定运行。

(三)住房公积金的管理机构

1. 住房公积金管理委员会

住房公积金管理委员会是在省、自治区、直辖市人民政府所在地的市以及其他设区的市(地、州、盟)设立的住房公积金管理决策机构。组成人员包括人民政府及建设、财政、人民银行等有关部门负责人,有关专家、工会代表、职工代表和单位代表,其中人民政府负责人和建设、财政、人民银行等有关部门负责人以及有关专家占 1/3,工会和职工代表占 1/3,单位代表占 1/3。

2. 住房公积金管理中心

住房公积金管理中心,是在当地人民政府的领导下,具体负责住房公积金管理运作的不以营利为目的的独立的事业单位，住房公积金管理中心设立在直辖市和省、自治区人民政府所在地的市以及其他设区的市（地、州、盟），县（市）不设立住房公积金管理中心，但可以在有条件的县设立分支机构。

（四）住房公积金的缴存

1. 住房公积金的缴存对象

国家机关、城镇国有企业、集体企业、外商投资企业、私营企业以及其他城镇企业、事业单位，社会团体及其在职职工都要按时缴存住房公积金。无工作的城镇居民，离退休职工不建立住房公积金，农村也不建立住房公积金。

新设立的单位应当自设立之日起30日内到住房公积金管理中心办理住房公积金缴存登记，并自登记之日起20日内持住房公积金管理中心的审核文件，到受委托银行为本单位职工办理住房公积金账户设立手续。

单位合并、分立、撤销、解散或者破产的，应当自发生上述情况之日起30日内由原单位或清算组织到住房公积金管理中心办理变更登记或者注销登记，并自办妥变更登记或者注销登记之日起20日内持住房公积金管理中心的审核文件，到受委托银行为本单位职工办理住房公积金账户转移或者封存手续。

单位录用职工的，应当自录用之日起30日内到住房公积金管理中心办理缴存登记，并持住房管理中心的审核文件，到受托银行办理职工住房公积金账户的设立或者转移手续。单位与职工终止劳动关系的，单位应当自终止劳动关系之日起30日内到住房公积金管理中心办理变更登记，并持住房公积金管理中心的审核文件，到受托银行办理职工住房公积金账户转移或者封存手续。

2. 住房公积金的缴存程序

实行住房公积金制度的单位，首先需要在住房公积金管理机构制定的部门或网点开设单位住房公积金账户，并在该账户下设立职工个人住房公积金账户。接下来，设立住房公积金户头的单位一般要填报住房公积金账户开户情况登记表，本单位职工住房公积金汇交清册，进行登录建账。登录建账后的单位，在每年规定的时间里，应向指定部门汇报下一年度本单位一般应具备独立核算的条件。单位因发生撤销、变更、合并、破产等变动的，需及时向住房公积金指定部门申请撤销账户。

职工住房公积金一般逐月交存，月缴存额为职工本人上一年度月平均工资分别乘以职工和单位住房公积金缴存比例后的和，具体计算公式如下：住房公积金月缴存额 =（职工本人上一年度月平均工资 × 职工住房公积金缴存比例）+（职工本人上一年度月平均工资 × 单位住房公积金缴存比例）。职工和单位住房公积金的缴存比例不得低于职工上一年度月平均工资的5%，有条件的城市可以适当提高缴存比例，但一般也不得高于12%。

3. 住房公积金的提取

提取，是指缴存住房公积金的职工，因特定住房消费或丧失缴存条件时，按照规定程序,把个人账户内的住房公积金存储余额部分或全部提出的行为。

提取一般有三种情况:一是职工在公积金缴存期间,因住房消费而使用住房公积金以及偿还购房贷款本息时的提取等;二是职工因离退休,丧失劳动能力并与单位终止劳动关系,出境定居等而丧失缴存条件时发生的提取;三是因职工死亡,其继承人,受遗赠人等发生的提取。

提取首先应向所在单位申请,并填写申请书,单位应当对申请书核实并出具提取证明,职工应当持提取证明向住房公积金管理中心申请提取,住房公积金管理中心应自收到申请之日起3日内作出准予或不准予的决定,并通知申请人。

四、房地产资产证券化制度

(一)房地产资产证券化概述

1. 房地产资产证券化概念

房地产证券化是房地产融资手段的创新,是随着全球房地产金融业的发展而衍生出来的。资产证券化源于20世纪70年代美国的住房抵押证券,随后证券化技术被广泛应用于抵押债权以外的非抵押债权资产,并于20世纪80年代在欧美市场获得蓬勃发展。20世纪90年代起,资产证券化开始出现在亚洲市场上,特别是东南亚金融危机爆发以后,在一些亚洲国家得到迅速发展。资产证券化(包括不良资产证券化和房地产证券化)是近30年来世界金融领域最重大和发展最快的金融创新和金融工具,是衍生证券技术和金融工程技术相结合的产物。

房地产证券化就是金融机构以流动性较低的,非证券形态的房地产长期债权为基础,将房地产直接投资转化为资本市场上的有价债券或证券出售给投资者,实现房地产所有权与使用权分离的金融交易过程,它使投资者与房地产投资标的物之间的关系由物权关系转化为拥有证券的债权。房地产证券化通常包括房地产抵押债权证券化和房地产投资权益证券化。

房地产抵押贷款债权证券化,是指金融机构以一级市场上所拥有的房地产抵押贷款为基础,将其组合起来出售给特设目的机构,特设目的机构以此作为基础资产,通过特定的程序发行抵押贷款证券,然后出售给投资者,从而将房地产的长期债权转化为可获得现金流,使其得以流动起来的金融融资行为。

房地产投资权益证券化,即商业性房地产投资证券化,是指以房地产投资信托为基础,将房地产直接投资转化为有价证券,是投资者与投资标的物之间的物权关系转变为有价证券的债权关系的过程。

房地产证券化的核心是以房地产实物做担保,对房地产投资权益予以证券化。它是以房地产抵押贷款债券为核心的多元化融资体系,侧重于资产负债表外的融资。其宗旨是将巨额价值的房地产资产化、细分化,利用证券市场的功能,实现房地产资本大众化,经营专业化及投资风险分散化,为房地产市场提供多来源、充足的资金,推动房地产业与金融业协调快速发展。

2. 房地产证券化的功能

房地产证券化的功能主要有:(1)能够增强金融机构资产的流动性,它既可以拓宽融资渠道,又可以提供金融机构资本充足率,增强其抵御风险的能力;(2)有利于扩大房地产业融资规模;(3)可以满足房地产市场主体即开发商和消费者以及投资人的多元化需要。

(二)我国房地产证券化的发展现状

房地产证券化是当代经济、金融证券化的典型代表,是一国经济发展到较高阶段的必然趋势。20 世纪 70 年代以来,西方国家金融业发生了重大变化,一直占据金融业主导地位的银行业面临着挑战,而证券化却在竞争中得到了迅速发展,成为国际金融创新的三大主要趋势之一。在金融证券化浪潮中,房地产证券化成了金融银行业实践结构变化和新的国际金融工具创新的主要内容之一。我国目前对房地产证券化还处于研讨和摸索阶段。

1. 房地产抵押债权证券化的发展现状

房地产证券化从银行金融机构的角度来看,表现为金融机构出于单纯的融资目的,将其拥有的房地产抵押权即债权分割成小单位的有价证券面向公众出售以筹集资金的方式。由此形成的资金流通市场,又被称为房地产二级抵押市场。从我国目前的实际情况来看,抵押债权证券化的发展尚为一片空白。主要表现为以下几个方面。

(1)抵押贷款的规模很小。以中国建设银行为例,该行房地产信贷部所经办的抵押贷款业务仅占房贷部贷款总额的 10.7%,占总行贷款总额的比例还不到 1%。由于没有相当规模的抵押贷款积累,抵押债权的证券化便难以推行。

(2)我国住房抵押贷款市场只有一级市场还不存在二级市场。我国的住房抵押贷款市场结构单一,仍处在“放贷—还款”的简单循环阶段,由此决定了抵押贷款资金的流动性差,抵押贷款市场尚需进一步发展。

2. 房地产投资权益证券化的发展现状

我国改革开放以来,随着资本证券市场的不断形成和发育,房地产投资权益证券化也得到了一定程度的发展,并成为我国当前房地产证券化发展的主体格局。主要表现在以下两个方面。

(1)房地产股票市场的发展。我国目前股票市场的上市公司中,几乎 80% 左右的企业,其从股票市场上发行股票筹集来的资金均有一部分流入房地产业。有条件的房地产企业,除可以在深交所和上交所办理一定的手续上市外,还可以在 NET 和 STAQ 两个场外交易所系统上市。这都为房地产融资业务的进一步扩展创造了极为有利的条件。

(2)房地产债券市场的发展。我国目前的债券市场上,为房地产开发而发行的债券已有两种:一是房地产投资券;二是受益债券。例如,农业银行宁波市信托投资公司于 1991 年 1 月 20 日向社会公开发行的“信托投资收益证券”,总额达人民币 1000 万元,期限为10年,主要投资于房地产和工商业等项目。

(三)我国房地产证券化的有利条件

1. 实施房地产证券化的宏观环境日趋成熟

(1)国际上房地产证券化的成功经验。自从1930年美国政府二级抵押贷款市场开拓以来,各市场经济国家均推出了多样化且富有弹性的房地产证券化产品。我国房地产证券化的推行可以借鉴相关经验。

(2)土地产权和房地产产权改革提供了前提条件。随着土地使用制度改革的不断深入,用地单位或居民逐步拥有了房地产产权,通过承租国有土地,补交土地出让金的方式拥有了土地使用权。同时,住房制度的改革使居民通过购买公有住房、微利房、商品房、自建、合建等方式逐步拥有了住房的所有权,为土地和房屋的抵押开辟了道路,也为房地产权益的分割提供了条件,为推广房地产证券化做了积极准备。

(3)快速发展的房地产市场和金融市场是经济基础。从整个国家的宏观经济基础看,我国金融体制改革不断深化,经济运行状况良好,发展势头强劲。国民经济连续几年保持了7.5%以上的增长率,为房地产证券化创造了一个稳定的宏观经济环境。2003年以来,我国房地产投资增速快速下降,但房地产投资额一直处于上升趋势,总体上呈现与经济发展相对应的快速增长特征。同时,国家针对房地产金融领域的违规操作现象,自2001年以来连续出台了一系列促进金融市场健康发展的房地产金融政策,繁荣的房地产市场和规范发展的金融市场为房地产证券化提供了经济基础。

2. 初步具备实施房地产证券化的微观基础

(1)房地产市场存在巨大资金缺口。1998年住房制度市场化改革以后,城镇居民长期被抑制的住房需求逐步释放,投资性的需求在增长。但从房地产市场供给上来看,现在我国大多数开发企业不具备雄厚的开发资本,银行贷款、信托融资、发行企业债券、发行股票并上市、股权投资、产业基金等融资方式均有一定局限性,只有推行房地产证券化,在金融市场上直接向社会大众融资,才能较好地解决房地产开发资金短缺的矛盾。庞大的住房消费市场的资金来源不可能依靠国家财政,也不可能完全依靠银行,住房消费的直接融资势在必行,推行房产证券化成为一种客观需要。

(2)住房抵押贷款证券化业务基本成熟。住房抵押贷款是最容易进行证券化的优质资产之一,其原始债务人信用较高,资金流动性稳定,安全性高,各国的资产证券化无不源于住房抵押贷款证券化。而我国随着住房货币供给体制逐步取代住房福利供给体制以来,住房抵押贷款不断上升已经初步形成规模。

(3)庞大的房地产证券化投资需求群体。我国居民拥有大量储蓄。2005年3月末,我国人民币储蓄存款余额12.9万亿元,同比增长15.5%,这样一个拥有大量结余资金的群体,将为房地产证券化及其上市创造一个必要的市场环境。首先,证券可以根据需要以一定的面额等额分割,可以用较小的数额表现,房地产证券化的实施将大大降低资金进入的“门槛”。其次,房地产证券不仅可以使投资者享受资金在房地产领域运作所产生的增值回报,在有价证券代表有关房地产产权(如持有房地产产权收益凭证)的情况下,这笔资金可以根据需要转化为房地产的实物消费。

(4)走向规范的资本和证券市场。以买卖发行各种债券和股票的资本市场在我国已形成基本框架,资本市场的发展不仅为房地产证券提供了市场规模,也因资本市场证券品种丰富而使房地产融资形式有多样化的选择。我国的证券市场也已初具规模,形成了以众多证券公司组成的证券发行市场以及上海、深圳两地证券交易所,STAQ 系统和 NET 系统为代表的证券交易市场,并且交易的容量和辐射范围不断地扩大,硬件和软件均达到国际先进水平,这就为房地产证券的交易提供了良好的发展空间。

3. 政府的推动

证券化是一种市场行为,但离不开政府的有力支持。在房地产证券化发展的初期,我国政府也极力推动住房抵押证券化的发展。例如,2005 年 3 月,由中国人民银行牵头,发展和改革委员会、财政部、建设部、国家税务总局等十部门负责人共同组成了信贷资产证券化业务试点工作协调小组,在国务院直接领导下,具体组织和协调信贷资产证券化的试点工作,分析研究试点工作进展情况,讨论有关难点问题并商议解决方案。

(四)我国房地产证券化的障碍

1. 体制制约

房地产证券化是西方国家金融创新的产物,其基础是私有制,房地产产权的细分出售正是私有化的集中体现。而我国所要建立的社会主义市场经济体制是有别于西方国家的市场经济体制。从实际情况来看,目前我国还不能将大量资金投资于房地产,而是优先用于农业、能源、交通、原材料等短线部门,这就决定了我国所要推行的房地产证券化有一定的范围限制。况且,我国现行的房地产投资与金融体制正在进行重大改革,专业银行商业化、利率市场化、项目业主负责制等举措正是改革的重大步骤,但是这些目标的真正实现还要经历一个相当长的过程。这也在一定程度上制约了我国的房地产证券化进程。

2. 法律制约

住房贷款证券化是一项极其复杂的系统工程,将银行债权转化为投资者有价证券持有权的过程中,涉及原始债权人、证券特设机构、信用评级机构、贷款服务、证券投资者等方面的利益。然而,我国现行《证券法》的相关条款中,缺乏对资产证券化在房地产融资业务应用中的规定,这势必增加住房贷款证券化的推进难度。同时,在建立风险隔离机制所要借助的相关法律有《破产法》和《信托法》,由于这两种法律在国内出现的时间还不长,实施过程中难免存在种种困难。

3. 资本市场制约

现阶段,我国的证券市场虽然发展迅速,但仍属初级阶段,市场容量和市场规模十分有限。而房地产证券化品种很多,一经推出势必会给已经"饱和"的证券市场带来巨大压力,这对证券市场的发展很不利。房地产证券化工具多半是依赖证券交易所进行交易的,房地产证券流通市场要承受证券市场与房地产市场的双重风险,这更会使其在流通中受阻。

4. 房地产金融一级市场欠发达

西方房地产证券化的规律是:房地产金融一级市场发展到一定程度后,必然要寻求发展二级市场,因为二级市场能解决一级市场发展中面临的流动性、资金来源、信贷集中性等主要矛盾;二级市场的出现又促进了一级市场的发展。我国长期实行的福利住房制度使房地产金融市场一直没有获得实质性的发展,尤其是国有四大商业银行在金融市场上的垄断地位,决定了我国房地产金融市场以非专业性房地产金融机构的商业银行为主体。

5. 信用制约

现阶段,我国尚无完整意义上的个人信用制度,银行很难对借款人的资信状况作出准确判断,对个人信贷业务的贷前调查和对贷款风险的评价显得困难重重。为了保障抵押贷款证券的安全性,应有一个统一、权威的信用担保机构与评估机构,并对这些机构加以法律规范,充分发挥其应有的作用。

6. 技术制约

首先,房地产证券化虽然原理简单,但在实践中以何种方式加以推出才符合中国国情是一个很复杂的问题。其次,我国现阶段的会计与税收处理远远不能满足房地产证券化进展的需要。怎样才能避免双重征税是一个复杂的问题,不同的会计处理会导致不同的证券化成本与收益,如何设计合理的房地产证券化会计制度将是一个漫长的过程。最后,我国对房地产证券化技术研究刚刚起步,国内缺乏相关技术人才,房地产证券化具体操作技术尚不成熟。

五、我国住房金融制度存在的问题与完善措施

(一)我国住房金融制度存在的主要问题

1. 商业银行住房金融运作难度大

由于银行的资金来源以居民储蓄存款为主,流动性大,缺乏稳定的长期资金来源;住房金融业务单一,仅有公积金贷款和个人住房抵押贷款等业务,贷款期限较长(一般为5~15年,有的长达20年),利率和信用风险大,又缺乏其他的金融工具支持变现,导致资金长期占用,出现资金结构性不匹配问题,进而影响到资金的周转。住房金融涉及面广、历时长,在我国目前还缺乏有力的保护机制,来缓冲和分担商业银行的风险商业银行在住房金融领域开拓较晚,涉足不深,尚未实现住房信贷、结算等一系列程序的规范化运作,从业人员的素质也有待提高。由于金融中介机构的欠缺,相应的房地产评估、个人和开发商的资信调查以及抵押处置等一系列技术性极强的业务几乎完全由银行承担,加重了商业银行的业务量和难度,提高了运作成本。

2. 整体金融业对住房金融支持度有限

由于我国对于发展住房金融的迫切性和重要性认识不足,缺乏全国性的住房金融

机构。地方性金融机构的发展亦处于停滞阶段,仅依赖现有商业银行的住房信贷业务,远不能满足资金融通的需要。住房金融涉及面广,涵盖房地产交易、估价、保险、抵押、信用保险、抵押物处置等,关系开发商、金融机构、消费者等多方利益,特别是房地产价值评估和保险.前者涉及金融机构发放贷款额度,后者关系到贷款的安全性。需要有专业的机构实现社会分工,提高效率。目前,我国与之相关的律师所、评估机构及产权交易所数量不多,且良莠不齐,从业人员的行为还有待规范,职业道德和专业水准都需要进一步提高。

住房抵押贷款二级市场尚属空白,直接制约了一级市场的发育。我国住房抵押贷款二级市场的作用目前还没有得到应有的重视,其发展受到诸多限制。我国住房金融机构资金筹集方式仍以传统的活期储蓄、定期储蓄为主。采取固定低利率制,缺乏复合式、收益率高的品种。住房融资以间接融资为主,以金融机构为媒介进行,缺乏完善的住房直接融资机制。住房直接融资,即指住房开发商通过发行住房金融债券、住房抵押债券、住房开发股票等有价证券来进行融资,该融资方式尚未大量采用。

3. 政策性住房金融发展相对不规范

公积金制度是我国政策性住房金融的最主要形式。大部分城市住房公积金的缴存比例达到职工工资的5%,部分城市达到10%。然而肩负我国房改重任的公积金制度并没有发挥其应有的作用。主要表现在以下几方面。

(1)住房公积金的覆盖率还不高。目前,全国各地都有相当一部分职工还没有被纳入住房公积金制度中,没有完全达到这项制度建立的要求。在相当多的地区,住房公积金还仍局限于国有单位之内,占职工总数更大份额的非国有单位职工尚未建立这一制度。这无疑会制约住房公积金在我国住房金融体制改革中发挥更大的作用。

(2)住房公积金运作效果不佳,公积金贷款使用率偏低。到2003年9月,全国住房公积金使用率只有48%,还有约1800亿元资金沉淀在商业银行,有11个省(市、区)的个人贷款余额不到归集余额的15%。个别地区违反国家规定,把住房公积金大量用于城市建设,甚至挪用到与住房无关的项目上,还有一些地区的公积金管理机构违规通过委托机构购买国债,有些城市违规使用的比例高达60%~80%,并且对公积金贷款监管不力,导致出现公积金贷款风险。为数众多的从未分配过住房又无机会以低价购房的中小企事业单位的中低收入职工则很难从公积金制度中受益,这显然违背了建立住房公积金的初衷。住房公积金管理透明度低,缺乏监督约束机制。这就要求住房公积金的归集、使用和管理等工作必须纳入法制轨道,建立起透明度较高的运营管理机制和有效的监督约束机制。

4. 个人住房抵押贷款发展缓慢

由于贷款条件偏严、贷款期限偏短、贷款额度偏低等原因,个人住房抵押贷款发展缓慢。2002年以来,中国人民银行宣布降低金融机构人民币存贷款利率,个人住房贷款利率相应下调。5年以内由现行的5.31%降为4.77%;5年以上由现行的5.58%降为5.04%。不仅如此,我国住房抵押贷款一般都采取固定利率,除非政府统一调整利率,一般不能变动。实行如此僵硬的贷款利率,会使借款人因市场利率下调而承受较高的成本,或者使贷款银行因市场利率走低而蒙受利率损失。无论发生哪种情况,对我国个人住房抵押贷款的发展都是不利的。贷款利率水平低且固定不变,住房抵押贷款又属于零售性贷款,成本相对较高,所以银行不可能像发展其他资产业务那样大力发展住房抵押贷款。为深化利率市场化改革,进一步推动贷款市场报价利率(Loan Prime Rate,LPR)运用,2019年2月28日,中央人民银行宣布,推进存量浮动利率贷款定价基准转换。老的浮动利率贷款的定价基准将可以转化为LPR。新政从2020年3月1日起办理,原则上在2020年8月31日前完成。

(二)我国住房金融制度的完善

住房金融制度的改革与完善是个十分复杂的问题,但可以从以下几点着手。

1.围绕房地产发展的目标,建立发展与中国国情相符和、适应中国住房制度的房地产金融制度。建立起商业性和政策性两者并行的住房金融体系,既满足了商业化的需要,又考虑了中低收入者等特定人群的住房需要问题;通过对现行的住房金融体系改革建立起"市场为主导、监管有度、一二级市场联动、风险共担"的住房金融体系。

2.建立多层次的住房金融市场。利用不同融资方式,不同金融产品、不同金融市场,来满足多层次住房融资需求。房地产开发融资可以依据住房的不同性质采取差异化的金融政策,通过差异化的金融政策鼓励房地产开发商进入保障性等政策性住房建设、鼓励房地产开发商围绕着房地产发展目标进行产品结构的调整。

3.取消或改革现行的住房预售制度。改变这种单边风险承担机制的现状,使"空手套白狼"真正成为过去。

4.建立良好的住房信贷消费政策。良好的住房信贷消费政策可以引导居民理性购房、居民住房需求有序地释放,防止居民住房购买力在短期内集中释放对未来形成大量透支,保护与鼓励居民的正常住房消费需求,严厉遏制住房投机需求与房地产炒作。

5.建立住房贷款风险分担制度。针对住房贷款风险高的特点,对住房贷款制度进行全面改革,要建立住房金融市场风险的监测与防范系统。加强住房金融市场信息搜集、整理,研究与分析,并给市场提供更多透明公开的相关信息,以维护金融体系安全。

第三节 房地产税收法律制度

一、房地产税收概述

房地产税,是指以房地产或与房地产有关行为和收益为征收对象的税,是房地产开发经营过程中,房地产开发商和消费者需要交纳的税种。在我国现行土地制度下,对于房屋和土地是分别予以征税的,所以房地产税是房产税和土地税的总称,并且以土地税为主。目前,我国征收的房产税包括房产税和契税,土地税主要有土地使用税、土地增值税、耕地占用税等,其他与房地产紧密相关的税种有固定资产投资方向调节税、营业税、城市维护建设税、印花税等。

房地产税除具有税收的强制性、无偿性和固定性外,还有以下几个方面的特征:

第一,税收来源充足且稳定。房地产与一般财产相比,具有价值大,不能移动的特点。以房地产为征税对象,税源充足,收入稳定。在一些国家和地区,房地产税收可以达到国家财政收入的1/4以上。

第二,房地产税是一种地方税种。

第三,房地产税属于经常性税收。

第四,房地产税是对房屋和土地的存量课税。

就效用而言,房地产税具有杠杆调节、发展经济的作用,还具有平等负担、缩小差距的功能,并且是国家组织公共财政收的重要手段,同时具有抑制投机、确保社会公平的作用。

二、我国房地产税收的种类

(一)耕地占用税

耕地占用税,是指国家对占用耕地建房或从事其他非农业建设的单位或个人,按其实际占用耕地面积所征收的一种税。1987年4月1日国务院颁布了《耕地占用税暂行条例》,随着经济的发展,耕地的价值急剧攀升,原有的规定不再适合经济的发展,为此,国务院于2008年1月1日起颁布实施新的《耕地占用税暂行条例》。

我国人多地少,耕地后备资源严重不足。“珍惜和合理利用每寸土地,切实保护耕地”是我国的一项基本国策。中华人民共和国成立以来,我国耕地面积不断减少,1987年开始征收耕地占用税在一定程度上降低了耕地的减少速度,保护了农业土地,为农业发展筹集了资金,增加了农业收入。但是耕地占用税也存在一定不足之处,有待进一步完善。如该税种采用定额税制,随着时间的推移和通货膨胀的加剧,该税种的实际调控功能会下降,不利于进一步遏制耕地减少势头。因此,有必要进行修改,提高税额。纳税人范围也有待扩大到外商投资企业,实现市场经济主体地位平等。

根据2007年的《耕地占用税暂行条例》,该税种的主要内容如下。

1. 纳税人。占用耕地建房或者从事其他非农业建设的单位和个人,都是耕地占用税纳税义务人。

2. 征税对象。征税对象是耕地,即用于种植农作物的土地。除耕地外,占用林地、牧草地、农田水利用地、养殖水面以及渔业水域滩涂等其他农用地建房或者从事非农业建设的,比照耕地占用税暂行条例的规定征收耕地占用税。

3. 税额。该条例规定如下:(1)人均耕地不超过1亩的地区(以县级行政区域为单位,下同),每平方米10~50元;(2)人均耕地超过1亩但不超过2亩的地区,每平方米为8~40元;(3)人均耕地超过2亩但不超过3亩的地区,每平方米6~30元;(4)人均耕地超过3亩的地区,每平方米为5～25元。

国务院财政,税务主管部门根据人均耕地面积和经济发展情况确定各省、自治区、直辖市的平均税额。各地具体适用的税额,由省、自治区、直辖市人民政府在上述税额幅度内,根据本地区情况核定。各省、自治区、直辖市人民政府核定的适用税额的平均水平,不得低于国务院财政,税务主管部门根据人均耕地面积和经济发展情况确定各省、自治区、直辖市的平均税额。此外,经济特区,经济技术开发区和经济发达且人均耕地特别少的地区,适用税额可以适当提高,但是提高的部分最高不得超过上述规定税额的50%;占用基本农田的,适用税额应当在上述规定的当地适用税额的基础上提高50%。

4. 税额计算。耕地占用税以纳税人实际占用的耕地面积计税。耕地占用税税额的计算公式是:计征税额＝计税面积(平方米)×用税额(元/平方米)。

5. 耕地占用税的减免。根据该条例的规定,下列经批准征用的耕地,免征耕地占用费:(1)军事设施占用耕地;(2)学校、幼儿园、养老院、医院占用耕地;(3)建设直接为农业生产服务的生产设施占用林地、牧草地、农田水利地、养殖水面以及渔业水域滩涂等其他农用地的,不征收耕地占用税。

有关耕地占用税的减征规定有:(1)铁路线路、公路线路、飞机场跑道、停机坪、港口、航道占用耕地,按每平方米2元的税额征收耕地占用税。但根据实际需要,国务院财政、税务主管部门会商国务院有关部门并报国务院批准后,可以免征或者减征耕地占用税。(2)农村居民占用耕地新建住宅,按照当地适用税额减半征收耕地占用税。(3)农村烈士家属、残疾军人、鳏寡孤独以及革命老根据地、少数民族聚居区和边远贫困山区生活困难的农村居民,在规定用地标准以内新建住宅交纳耕地占用税确有困难的,经所在乡镇人民政府审核,报经县级人民政府批准后,可以免征或者减征耕地占用税。

依照耕地占用税暂行条例规定免征或者减征耕地占用税后,纳税人改变原占地用途,不再属于免征或者减征耕地占用税情形的,应当按照当地适用税额补缴耕地占用税。

(二)城镇土地使用税

城镇土地使用税,是指国家向在城镇或工矿区范围内使用国家土地和集体所有土地的单位和个人,按占用土地面积等定额征收的一种土地税。我国于1988年9月29日发布《城镇土地使用税暂行条例》,开始征收土地使用税;2006年国务院修改了该条例。

国家征收土地使用税,既有利于保证城市建设对土地的需要,也有利于防止多占少用,浪费土地的现象。从实际来看,城镇土地使用税的开征,对促进城镇土地管理,增加政府财政收入,起到了明显的作用。但随着市场经济的发展,该税种有些地方已经不能适应市场经济的要求。例如,征税范围只限于城市、县城、建制镇和工矿区范围内,而位于农村的非农业用地,属乡办的乡镇企业则无须缴纳土地使用税,明显存在税负不公平的问题。随着经济的发展,城乡界限已逐渐难以区分。因此,有必要采取规范化的税收形式,对土地使用不分城乡,一律征收土地使用税。

具体来说,城镇土地使用税的内容如下。

1. 纳税义务人。在城市、县城、建制镇、工矿区范围内使用土地的单位和个人,为城镇土地使用税的纳税人。上述所称单位,包括国有企业、集体企业、私营企业、股份制企业、外商投资企业、外国企业以及其他企业和事业单位、社会团体、国家机关、军队以及其他单位;所称个人,包括个体工商户以及其他个人。

2. 对象及范围。城镇土地使用税的征税对象是城市、县城、建制镇、工矿区范围内土地使用者使用的土地。

3. 计税依据和税额。城镇土地使用税以纳税人实际占用的土地面积为计税依据,依照规定税额计算征收。土地使用税每平方米年税额按照城市大小确定:大城市 1.5 元至 30 元;中等城市 1.2 元至 24 元;小城市 0.9 元至 18 元;县城、建制镇、工矿区 0.6 元至 12 元。具体税额由省级人民政府,根据市政建设状况,经济繁荣程度等条件确定。

4. 减免规定。下列土地免缴土地使用税:(1)国家机关、人民团体、军队自用的土地;(2)由国家财政部门拨付事业经费的单位自用的土地;(3)宗教寺庙、公园、名胜古迹自用的土地;(4)市政街道、广场、绿化地带等公共用地;(5)直接用于农、林、牧、渔业的生产用地;(6)经批准开山填海整治的土地和改造的废弃土地,从使用的月份起免缴土地使用税 5 年至 10 年;(7)由财政部另行规定免税的能源、交通、水利设施用地和其他用地。此外,纳税人缴纳城镇土地使用税确有困难需要定期减免的,由省、自治区、直辖市税务机关审核后,报国家税务总局批准。

(三)土地增值税与房产税

土地增值税,是以转让房地产取得的增值额为征税对象的一种税。其法律依据为国务院于 1993 年 12 月 13 日发布的《土地增值税暂行条例》和 1995 年 11 月 27 日由财政部发布的《土地增值税暂行条例实施细则》。开征土地增值税,对规范土地、房地产市场交易秩序,合理调节土地增值收益,维护国家权益,具有十分重要的意义。

契税是在房屋所有权转移登记时,向不动产取得人征收的一种税。我国 1997 年颁布的《契税暂行条例》对契税征税对象,纳税义务人,税率等问题作了规定。该税在保障单位和公民不动产的合法权益,减少产权纠纷和增加财政收入等方面起到了积极作用。1997 年的暂行条例还规定对土地使用权交易征收契税,适应了土地制度改革的需要。在纳税主体方面,规定国有企业,集体企业也是纳税主体,不属于减免税范围,这体现了市场经济主体地位的平等,也有利于企业间的公平竞争和国家对国有企业、集体企业从事房地产流转行为实施税收调控。

房产税,是以房屋为征税客体,向城市、县城、建制镇和工矿区的房地所有人征收的一种财产税。我国 1986 年 10 月 1 日开征房产税,加强了对房屋的管理,该税对提高房屋的使用效率,增加了地方的财政收入具有一定的作用。但房产税也有许多不足之处,主要表现为房产税征收范围窄,且因历史和现实原因,抑制房价的作用并不明显。

关于土地增值税、契税与房产税的具体内容,在“税法”一章中已有涉及,此处不再赘述,但需特别指出的是,《契税法》已于2020年8月11日由第十三届全国人大常委会第二十一次会议通过,税收法治又迈一步。为了抑制房地产价格过快上涨,2010年年底国务院推出最严厉的房地产宏观调控政策,2011年开始在上海和重庆两大直辖市试点征收房地产税,此次征收房产税是面向个人家庭住房,改变了以前个人所有非营业用的房产免征房产税的规定。重庆规定对于房价达到当地均价2倍至3倍的房产,将按房产价值的0.5%征税;对于房价达到当地均价3倍至4倍的房产,将按房产价值的1%征税;4倍以上,按1.2%的税率征税。重庆市2017年修订2011年施行的《重庆市关于开展对部分个人住房征收房产税改革试点的暂行办法》和《重庆市个人住房房产税征收管理实施细则》(重庆市人民政府令第247号),将“征收对象”中的“在重庆市同时无户籍、无企业、无工作的个人新购的第二套(含第二套)以上的普通住房”调整为“在重庆市同时无户籍、无企业、无工作的个人新购的首套及以上的普通住房”。因此,重庆非本市居民新购住房也要缴纳房产税,2011年不含首套,2017年后含首套。上海则规定征收对象为本市居民家庭在本市新购且属于该居民家庭第二套及以上的住房(包括新购的二手存量住房和新建商品住房)和非本市居民家庭在本市新购的住房适用税率暂定为0.6%。

从长远来看,这次开征房产税如果逐步推广开来会增加国家的财政收入,调节收入分配,缩小贫富差距,但是能否真正起到长期抑制房价过快增长的势头还是未知的,房地产市场热或许还会持续下去。

(四)营业税中的相关规定

按照《营业税暂行条例》(1993年12月13日公布,2008年11月5日修订)的规定,在土地使用权转让和建筑物出售时,国家会向土地使用权转让者和建筑物出售者征收营业税。《营业税暂行条例》中有关这方面的内容主要包括以下几个方面。

1.纳税主体。在中国境内转让土地使用权或者销售建筑物及其他土地附着物的单位和个人,需要缴纳营业税。转让不动产有限产权或者永久使用权以及单位将不动产无偿赠与他人的,视同销售不动产,转让人和赠与人也是纳税人。

2.征税对象和计税依据。销售不动产营业税的征税对象是销售不动产的收入金额。计税依据包括纳税人向对方收取的全部价款和一切费用。价外费用包括向对方收取的手续费、基金、集资费、代收款项、代垫款项及其他各种性质的价外收费。

3.税率。销售不动产和转让土地使用权的营业税实行比例税率,均为5%。

4.免税情形。根据财政部、国家税务总局发布的《关于调整个人住房转让营业税政策的通知》(财税〔2011〕12号),自2010年1月1日起,个人将购买超过5年(含5年)的普通住房对外销售的,免征营业税。

（五）固定资产投资方向调节税

固定资产投资方向调节税是对我国境内进行固定资产投资的单位和个人，就其固定资产投资按规定的税率征收的一种税，是在建筑税的基础上发展而来的。其法律依据是1991年4月16日国务院发布的《固定资产投资方向调节税暂行条例》。该税种能够贯彻国家产业政策，控制投资规模，引导投资结构，加强重点建设，促进国民经济持续、快速、健康发展。

1. 纳税人。纳税人为在中国境内进行固定资产投资的单位和个人。主要包括：进行固定资产投资的各级政府、机关、团体、部队、国有企事业单位、集体企业、私营企业、个体工商户以及其他单位和个人。但外商投资企业除外。

2. 征税范围：包括全社会固定资产投资。从资产来源来看，包括国家预算资金、国内外贷款、赠款、各种自用资金、自筹资金及其他各种渠道的资金。从投资形式来看，包括赠款、各种自有资金、更新改造基金、商品房投资及其他固定资产投资。

3. 计税依据。计税依据是固定资产项目实际完成的全部投资额，包括建筑安装工程投资、设备投资、其他投资、转让投资、待摊投资和应核销投资。

4. 税率。固定资产投资方向调节税实行差别税率。主要有零税率、5%税率和30%税率3种，直接涉及房地产的固定资产投资项目，其税率情况主要为：(1)绝大部分适用零税率；(2)一般民用住宅（包括商品住宅）投资等项目，适用5%税率；(3)公费建筑超标准独立院，别墅式住宅投资以及按《楼堂馆所建筑管理暂行规定》及其他有关规定，经有关单位批准由房地产开发公司建设的楼堂馆所投资项目，一律适用5%的税率。

从近几年的实施情况来看，固定资产投资方向调节税有利于落实国家产业政策，有利于控制投资规模，引导投资方向，改善投资结构，有利于集中资金，加强国家重点建设。该税种的基本内容也改变了原建筑税机械地按照规定的比例10%、20%、30%和应税项目及投资征税的做法；税目税率变动较大，有利于国家根据产业政策及时调整税目税率。第一次采用零税率这一概念，用零税率取代免征规定。实行源泉控制法，计划部门凭完税证发放投资许可证，银行和其他非银行金融机构根据投资许可证办理固定资产投资项目的拨款，贷款手续；没有完税凭证，计划部门就不发放投资许可证，从而达到源泉控制的目的。

固定资产投资方向调节税的不足之处在于，纳税主体方面将外商投资企业排除，又没有采取措施杜绝假冒外商投资企业之名逃避纳税行为；在纳税范围方面，该税种将国家固定资产投资与非国家固定资产投资混合在一起，在不同情况下，适用相同的税率。

复习思考题

➤ 1. 简述房地产宏观调控的手段和作用。

- 2. 简述房地产宏观调控的法律化路径。
- 3. 简述各种主要房地产金融制度。
- 4. 简述房地产资产证券化的功能。
- 5. 简述我国几种主要的房地产税。

第二版后记

感谢法律出版社对本书付梓出版的帮助,尤其感谢法治与经济分社沈小英社长的鼎力支持和信任,陈妮编辑的辛勤付出和专业编辑,没有你们的信任、支持和精心编辑,在新冠肺炎疫情影响下,本书不会这么快且以这么高的质量与大家见面。

感谢武汉大学法学院、中国政法大学、中南财经政法大学、中南大学法学院、华中科技大学法学院、安徽大学法学院、海南大学法学院等院校对本书编写提供的支持和便利。

本书由各位作者独立完成相关章节,主编孙晋教授负责统稿,孙晋教授在武汉大学法学院指导的博士研究生袁野和徐则林辅助统稿,一并致谢。各章节分工如下(按章节撰写顺序排列):

孙晋:第一章、第二章、第四章、第九章、第十九章、第二十三章、第二十四章;

常健:第三章、第五章、第六章、第二十二章;

焦海涛:第七章、第十八章;

刘桂清:第八章、第十三章;

李胜利:第十章、第十一章、第十二章;

李国海:第十四章、第十五章、第十六章、第十七章;

管斌:第二十章、第二十一章。

感谢广大读者的厚爱,并请读者批评指正。如果在书中发现问题或者有好的意见建议,请不吝指出,可发邮件到 sunjinlaw@ 163. com,不胜感激。

图书在版编目(CIP)数据

现代经济法学：第二版／孙晋主编. -- 新1版. -- 北京：法律出版社，2020
ISBN 978-7-5197-4619-3

Ⅰ. ①现… Ⅱ. ①孙… Ⅲ. ①经济法－法的理论－中国－高等学校－教材 Ⅳ. ①D922.290.1

中国版本图书馆CIP数据核字(2020)第094759号

现代经济法学(第二版)
XIANDAI JINGJI FAXUE (DI-ER BAN)

孙 晋 主编

策划编辑 陈 妮
责任编辑 陈 妮 黄 筝
装帧设计 马 帅

出版 法律出版社
总发行 中国法律图书有限公司
经销 新华书店
印刷 固安华明印业有限公司
责任校对 晁明慧
责任印制 吕亚莉

编辑统筹 法治与经济出版分社
开本 710毫米×1000毫米 1/16
印张 38.25
字数 782千
版本 2020年11月第1版
印次 2020年11月第1次印刷

法律出版社／北京市丰台区莲花池西里7号(100073)
网址／www.lawpress.com.cn
投稿邮箱／info@lawpress.com.cn
举报维权邮箱／jbwq@lawpress.com.cn
销售热线／400-660-8393
咨询电话／010-63939796

中国法律图书有限公司／北京市丰台区莲花池西里7号(100073)
全国各地中法图分、子公司销售电话：
统一销售客服／400-660-8393/6393
第一法律书店／010-83938432/8433
西安分公司／029-85330678
重庆分公司／023-67453036
上海分公司／021-62071639/1636
深圳分公司／0755-83072995

书号:ISBN 978-7-5197-4619-3
定价:118.00元
(如有缺页或倒装,中国法律图书有限公司负责退换)